高等学校法学系列教材

法律职业伦理

主　编◎王进喜　陈　宜

撰稿人◎（以撰写章节先后为序）

王进喜　刘坤轮　姜登峰　郭晓飞

董静姝　赵志华　陈　宜　许身健

袁　钢　程　滔　王超奕　苑宁宁

张陆庆　张　宏

中国政法大学出版社

2022·北京

图书在版编目（ＣＩＰ）数据

法律职业伦理 / 王进喜，陈宜主编. —北京：中国政法大学出版社，2022.7
ISBN 978-7-5764-0467-8

Ⅰ.①法…　Ⅱ.①王…②陈…　Ⅲ.①法伦理学－高等学校－教材　Ⅳ.①D90-053

中国版本图书馆CIP数据核字(2022)第100388号

出　版　者	中国政法大学出版社
地　　　址	北京市海淀区西土城路 25 号
邮　　　箱	fadapress@163.com
网　　　址	http://www.cuplpress.com (网络实名：中国政法大学出版社)
电　　　话	010-58908435(第一编辑部) 58908334(邮购部)
承　　　印	固安华明印业有限公司
开　　　本	787mm×1092mm　1/16
印　　　张	21
字　　　数	537 千字
版　　　次	2022 年 7 月第 1 版
印　　　次	2022 年 7 月第 1 次印刷
印　　　数	1~4000 册
定　　　价	49.00 元

　　王进喜　男，1970 年生，法学博士，博士研究生导师，中国政法大学法学院教授，律师学研究中心主任，司法部律师惩戒委员会委员、中国法学会律师法学研究会副会长；2008 年度教育部新世纪人才支持计划入选者，2010 年教育部长江学者和创新团队发展计划"证据科学研究与应用"创新团队负责人；澳大利亚新南威尔士大学 2009—2012 年度客座研究人员，2002—2003 年度美国西北大学法学院美国富布莱特项目研修学者，2010 年 9 月—2011 年 6 月美国加州大学戴维斯分校法学院高级访问学者。主要著作有：《新编法律职业伦理》《法律职业伦理》《法律职业行为法》《法律伦理的 50 堂课》《美国律师职业行为规则理论与实践》等。主要译作有：《苏格兰诉辩律师协会诉辩律师职业行为指引和惩戒规则》《面向新世纪的律师规制》《律师的职业责任与规制》等。

　　陈　宜　女，中国政法大学教授，中国法学会律师法学研究会常务理事、副秘书长。2003 年曾担任律师法修改专家起草小组组长，2008 年律师事务所管理办法个人律师事务所课题小组组长，2018 年律师法修改专班成员。主要担任《法律职业伦理》《法律职业行为规则》《律师学》《大学生职业素养提升》的授课。主要研究领域：律师制度和法律职业规则、基层法律服务。出版专著《律师执业组织形式和律师管理体制研究》《我国基层法律服务工作者的现状与发展对策研究——兼论法律服务市场的规制》，主编《新编法律职业伦理》《律师职业行为规则概论》《律师职业行为规则论》《律师公证制度与实务》等多部教材，《北京律师行业发展报告（1-5）》主要撰写人，发表学术论文数十篇。

法律职业伦理是伴随我国法律职业的成长而形成的新的部门法学。法律职业伦理以律师、法官、检察官、公证员等法律职业人员和/或其所属机构实施的、与其职业身份有关的行为为规范对象，是加强法律职业队伍建设的重要保证。中国共产党十八届三中全会、四中全会就推进全面依法治国提出的一系列改革目标的实现，与法律职业伦理存在密切联系。2017 年 5 月，中共中央总书记、国家主席、中央军委主席习近平同志来到中国政法大学考察，提出"法学教育要坚持立德树人，不仅要提高学生的法学知识水平，而且要培养学生的思想道德素养"。2018 年 1 月，教育部发布我国高等教育领域首个教学质量国家标准，其中《法学类专业教学质量国家标准》明确规定，法学专业核心课程采取"10＋X"分类设置模式。法律职业伦理成为法学专业学生必须完成的 10 门专业必修课之一。为深入贯彻习近平新时代中国特色社会主义思想和党的十九大精神，贯彻落实习近平总书记在中国政法大学考察时重要讲话精神，教育部、中央政法委于 2018 年 9 月发布《关于坚持德法兼修实施卓越法治人才教育培养计划 2.0 的意见》，明确规定"加大学生法律职业伦理培养力度，面向全体法学专业学生开设'法律职业伦理'必修课，实现法律职业伦理教育贯穿法治人才培养全过程。坚持'一课双责'，各门课程既要传授专业知识，又要注重价值引领，传递向上向善的正能量。"

因此，加强法律职业伦理的教学、研究，对于培养合格法律人才，促进法治国家、法治政府、法治社会一体建设至关重要。本书以服务于这一目的为出发点，在建构我国法律职业伦理基本体系的同时，力求反映我国法律职业伦理的最新发展状态，反映理论与实践的结合，在介绍法律职业伦理基本知识的同时，力求从根本上培养学生的法律职业精神，确立法律职业行为方式。

本书介绍了律师、法官、检察官、公证员、仲裁员、涉法公务员以及其他法律职业的职业伦理和职业责任。我国法律职业伦理规范和学科均处于发展之中，而教材的编写又不能完全脱离实证法。因此，本书在介绍我国法律职业伦理的基本知识的同时，就法律职业伦理建设中存在的一些问题为学生适度提供了一些启发性的材料，以培养学生的探索与求真精神。本书可以作为普通高等院校法学本科生、法学硕士研究生、法律硕士研究生的教材，也可以作为广大法律实务工作者的参考资料。

中国政法大学法律职业伦理育人团队自 1990 年成立，经过 30 余年的发展，经历了"律师学教研室""法律职业伦理教研室""法律职业伦理研究所"三个发展阶段，1990 年开设的选修课《律师学》《司法组织学》中，包含律师职业道德和法官、检察官职业道德的内容，1998 年开设了《律师职业行为规则》课程，2003 年开设了《法律职业伦理》《法律职业行为规则》课程，有着丰富的教学经验和教学研究的积累，并形成了以《法律职业伦理》为核心的课程群。本书由团队中长期从事法律职业伦理学科教学科研工作的人员参与编写，凝结了大家的心血，总结了教学活动的有益经验，对于提升我国法律职业伦理教育的规范化、科学化水平，完善我国法律职业伦理学科体系有着重要的意义。

本书各章的撰稿人如下（以撰写章节先后为序）：

第一章，王进喜；

第二、五章，刘坤轮；

第三章，姜登峰；

第四章，郭晓飞；

第六、八章，董静姝；

第七章，赵志华；

第九、十章，陈宜；

第十一、十九章，许身健；

第十二、十七章，袁钢；

第十三、十四章，程滔；

第十五章，王超奕；

第十六章，苑宁宁；

第十八章，张陆庆；

第二十章，张宏。

最后，衷心感谢中国政法大学出版社的编辑老师们为本书所做的辛勤编辑工作。

主编   王进喜   陈宜

2022 年 3 月 1 日

第一章 法律职业

■ **本章概要**

本章介绍了关于法律职业的学说，我国立法关于法律职业的界定，我国法律职业资格制度的历史发展，现行国家统一法律职业资格考试制度，以及我国各个法律职业的资格取得制度。

■ **本章关键词**

法律职业；国家统一法律职业资格考试；律师；法官；检察官；公证员；法律顾问；法律类仲裁员；涉法公务员

第一节 法律职业概述

一、关于法律职业的学说

学习法律职业伦理，首先要解决的问题就是什么是法律职业，法律职业有哪些特点，法律职业包括哪些人员。

在我国，法律职业在不同的语境下又被称为法律共同体、法律职业共同体、法律人、法律工作者。[1] 在理论上，法律职业有广义和狭义之说。据广义之说，法律职业可以泛指一切从事法律工作的人员，包括侦查员、检察员、审判员、执行员、仲裁员、公证员、律师、基层法律服务工作者以及司法辅助人员，等等，甚至可以包括立法工作者、企业法律顾问。[2] 据狭义之说，法律职业主要是指法官、检察官、律师和法学学者，这是因为"这四类人基本上主持着法律的运作和循环，并且是法治理念和法律精神的主要载体"[3]。一般而言，我国学者关于法律职业的界定，是围绕"以法律活动为专业"或者"具有法律教

---

[1] 参见张文显、信春鹰、孙谦主编：《司法改革报告：法律职业共同体研究》，法律出版社 2003 年版，第 168 页、第 189 页；沈宗灵：《比较法研究》，北京大学出版社 1998 年版，第 573 页。

[2] 另请参见霍宪丹、王红："建立统一的国家司法考试制度与法律教育的改革"，载《法学》2001 年第 10 期 ["一般来说，法律职业主要是由法官、律师和检察官等法律人法律家构成的。从广义上讲法律职业人才还包括从事法律教育和法学研究的法学家及法律职业的辅助者。法律职业辅助者主要指的是法律家的助手以及法律技术和法律执行人员，就我国的情况来看，一般分为四类：法律辅助事务类（如培养书记官、法律助理、法律文秘等）、法律执行类（监狱和劳教管理人员、矫正教育人员和安全防范人员等）、基层法律实务类和法律技术类（司法信息人员、司法鉴定技术人员等）。"]。

[3] 张文显、信春鹰、孙谦主编：《司法改革报告：法律职业共同体研究》，法律出版社 2003 年版，第 193 页。另请参见沈宗灵：《比较法研究》，北京大学出版社 1998 年版，第 728 页（"在中国，'法律职业'一词可以指所有从事法律工作的人。但一般仅指以下四者：法官、检察官、律师、法律教员与研究人员。"）。

育背景"这样的命题展开的。[1]

尽管在中国漫长的历史发展过程中，必然存在行使审判权的人员，也不乏讼师这样的提供法律服务的人员，但是从法律的比较与移植角度来看，"当代中国语境和知识谱系中的法律职业、法律人以及律师的概念不仅是现代的，也是外来的"[2]。因此，有必要了解西方关于法律职业的认识。西方关于法律职业的认识，以英美法系为典型。[3]英美法系关于法律职业的界分，则主要是围绕"职业"的含义展开的。从英美法的历史来看，对法律职业的描述，始终是通过与商业的对照来进行的，强调该职业的利他性。　"职业（profession）"来自拉丁语"professionem"，意思是"进行公开的声明"。这一词语演变为描述这样的职业，即要求新成员进行宣誓，声明他们要致力于与一个博学的职业相关的理想和业务活动。[4]现代的职业概念已经成了一个具有特定内涵的概念。美国法学家 Roscoe Pound 将职业界定为"作为共同职业以公共服务的精神追求博学艺术（pursuing a learned art as a common calling in the spirit of public service……）"的群体，这一界定被认为抓住了职业的本质。据此，美国律师协会在一个著名报告中，将职业律师界定为"一个作为促进公正和公共福祉的共同职业（calling）的一分子，在为委托人服务和为公共服务的精神中，追求博学艺术的法律专家"。[5]根据美国学者 Charles W. Wolfram 教授的观点，职业具有以下特征：①博学，即在从事其职业活动之前，要经过漫长的教育、训练或者学徒期间；②要经过测试，达到作为职业人员的最低称职标准；③拥有很高的社会声望；④高收入；⑤作为群体拥有相当程度的自治权，即职业上的独立性；⑥职业群体通过道德守则等形式对其成员进行严格的控制；⑦其服务对人们的需要至关重要，而这些需要对于许多人而言，是具有普遍性的，它们涉及人的健康、自由、精神、经济福祉，等等；⑧职业人员同其所服务的人有着紧密的个人联系；⑨职业和公共服务密切联系在一起。[6]因此，法律职业的核心特点是公共服务，公正和公共福祉则是公共服务的目标，是职业的理想。从外延来看，一般认为法律职业包括法官、检察官、律师和法学学者。例如，已故美国联邦最高法院首席大法官 William H. Rehnquist 认为，法律职业是由执业律师界、司法界、法律学术界和政府律师界构成的。[7]

二、我国立法关于法律职业的界定

（一）2008 年《国家司法考试实施办法》关于法律职业的界定

在不同阶段，我国立法中关于法律职业的外延是不同的。

最高人民法院、最高人民检察院、司法部 2008 年《国家司法考试实施办法》第 2 条规

[1]　黄文艺、卢学英："法律职业的特征解析"，载《法制与社会发展》，2003 年第 3 期（"何谓法律职业，无疑是法律职业研究中的核心问题。正是在这一问题上，法学界对法律职业存在着一种极为宽泛的解释，即认为法律职业就是以法律为营生的人所构成的行业。"）。

[2]　李学尧：《法律职业主义》，中国政法大学出版社 2007 年版，第 3 页。

[3]　李学尧：《法律职业主义》，中国政法大学出版社 2007 年版，第 4 页〔"许多西方学者认为，（法律）职业主义主要是英美国家的一种理念和实践，如德国此类大陆法系国家根本不存在职业（Profession）。不过，不管现实中是否存在所谓的职业结构，但还是有很多证据能够证明，法律职业主义，不仅起源于欧陆，而且还构成了欧陆国家（甚至包括苏联）构建法律职业制度的主流理念。"〕。

[4]　See Deborah L. Rhode and Geoffrey C. Hazard, Jr. , *Professional Responsibility and Regulation*, 1 (Second edition, 2007).

[5]　ABA Professionalism Committee, *Teaching and Learning Professionalism*, 6 (1996).

[6]　See Charles W. Wolfram, *Modern Legal Ethics*, 15 - 16 (1986).

[7]　See William H. Rehnquist, "*The Legal Profession Today：Dedicatory Address*", 62 Ind. L. J. 151, 155 (1987).

定："国家司法考试是国家统一组织的从事特定法律职业的资格考试。""初任法官、初任检察官，申请律师执业和担任公证员必须通过国家司法考试，取得法律职业资格。法律、行政法规另有规定的除外。"司法部 2002 年《法律职业资格证书管理办法》第 2 条规定："法律职业资格证书是证书持有人通过国家司法考试，具有申请从事法律职业的资格凭证。"因此，根据"特定法律职业"一语，可以得出的结论是：上述规定认为法律职业的范围实际上并不限于律师、检察官、法官和公证员；"特定法律职业"可以理解为法律认可的狭义的法律职业，即律师、检察官、法官和公证员，从事这些职业以依法取得法律职业资格证书为前提。这种资格要求，保证了法律职业在教育背景方面的同质性，也为形成共同的职业意识、思维方式、话语系统、相互衔接的行为标准等职业特点创造了前提条件。

按照上述界分，我国法律职业的界定，既有可操作的形式上的要求，例如资格准入制度、行为守则，也有理论上的要求，例如专门化的知识结构、与公共利益的密切联系。特别是就准入制度而言，2001 年《法官法》[1]、2001 年《检察官法》、2001 年《律师法》以及 2005 年《公证法》，使得这四类与法律相关的职业具有同样的准入要求。这种共同的准入要求，增加了法律职业的同质性，无疑是我国法律职业开始形成的标志。当然，由于历史条件的限制，虽然这种准入制度得到了确立，但是还没有完全形成法律职业群体的共同精神，职业之间的流动也没有形成常态，职业人员之间的冲突也时有发生，依据职业守则对法律职业进行治理的机制还没有完全形成。从这个意义上讲，我国的法律职业还处于一个动态的成长过程中。

（二）国家统一法律职业资格制度关于法律职业的界定

2014 年 10 月 23 日，中国共产党第十八届中央委员会第四次全体会议通过的《中共中央关于全面推进依法治国若干重大问题的决定》提出："完善法律职业准入制度，健全国家统一法律职业资格考试制度，建立法律职业人员统一职前培训制度。"2015 年 12 月，中共中央办公厅、国务院办公厅印发了《关于完善国家统一法律职业资格制度的意见》。该意见贯彻落实党的十八大和十八届三中、四中全会精神，提出了完善国家统一法律职业资格制度的目标任务和重要举措。在司法考试制度确定的法官、检察官、律师和公证员四类法律职业人员基础上，该意见将部分涉及对公民、法人权利义务的保护和克减、具有准司法性质的法律从业人员纳入法律职业资格考试的范围。

该意见中明确规定：法律职业人员是指具有共同的政治素质、业务能力、职业伦理和从业资格要求，专门从事立法、执法、司法、法律服务和法律教育研究等工作的职业群体。担任法官、检察官、律师、公证员、法律顾问、仲裁员（法律类）及政府部门中从事行政处罚决定审核、行政复议、行政裁决的人员，应当取得国家统一法律职业资格。国家鼓励从事法律法规起草的立法工作者、其他行政执法人员、法学教育研究工作者，参加国家统一法律职业资格考试，取得职业资格。

2017 年 9 月 1 日，第十二届全国人民代表大会常务委员会第二十九次会议《关于修改〈中华人民共和国法官法〉等八部法律的决定》对相关法律作出了修改，正式确立了国家统一法律职业资格考试制度。2018 年 4 月，司法部公布了《国家统一法律职业资格考试实施办法》。该办法第 2 条规定，国家统一法律职业资格考试是国家统一组织的选拔合格法律职业人才的国家考试。初任法官、初任检察官，申请律师执业、公证员执业和初次担任法

---

[1]　即《中华人民共和国法官法》，为表达方便，本书中涉及的我国法律无特指时，直接使用简称，省去"中华人民共和国"字样。

律类仲裁员，以及行政机关中初次从事行政处罚决定审核、行政复议、行政裁决、法律顾问的公务员，应当通过国家统一法律职业资格考试，取得法律职业资格。

根据上述规定，我国的法律职业有两层含义：

首先，法律职业人员是指具有共同的政治素质、业务能力、职业伦理和从业资格要求，专门从事立法、执法、司法、法律服务和法律教育研究等工作的职业群体。这是法律职业的宏观概念，立足于共同的政治素质、业务能力、职业伦理和从业资格要求，涵盖从立法、执法、司法、法律服务到法律教育的所有从业者，既涉及法律实务工作人员，也涉及立法工作者、法学教育研究工作者。

其次，法律职业人员是指取得国家统一法律职业资格，担任法官、检察官、律师、公证员、法律类仲裁员的人员及行政机关中从事行政处罚决定审核、行政复议、行政裁决、法律顾问的公务员。这是一个中观层面的概念，强调的是取得国家统一法律职业资格，从事法律实务工作这一特点，突出了法律实务取向，并不涵盖立法工作者、法学教育研究工作者。本书所称法律职业，以该中观层面的概念为准。

因此，从中国的实际情况来看，法律职业，是指由取得国家统一法律职业资格，担任法官、检察官、律师、公证员、法律类仲裁员的人员及行政机关中从事行政处罚决定审核、行政复议、行政裁决、法律顾问的公务员组成的职业群体。

首先，成为法律职业的一员，必须取得国家统一法律职业资格。这种资格要求，保证了法律职业在政治素质、教育背景等方面的同质性，为形成共同的职业意识、思维方式、话语系统、相互衔接的行为标准等职业特点创造了前提条件。

其次，这一界定也与英美法系关于职业的描述基本契合。这些法律职业人员与英美法系关于职业的描述具有很多共同之处。例如，根据法律规定从事这些职业都需要首先具备一定的学历条件并通过资格考试；这些职业都具有职业行为上的独立性要求；这些职业往往有着各种形式的行为守则。因此，这一界定尽管与其他国家关于法律职业的理解存在一定差异，但是从基本内涵上看是并行不悖的。

最后，这些职业都具有公共性。这些职业所肩负的职能，都与公共利益和公共秩序有着密切的联系。作为法官、检察官，要通过职业活动维护法律的正确实施；作为律师，在维护当事人合法权益的同时，同样要"维护法律正确实施，维护社会公平和正义"[1]；作为公证员，在办理公证时，也应当遵守法律，坚持客观、公正的原则[2]。等等。换言之，这些法律职业人员，无论是作为法治专门队伍的一员，还是作为法律服务队伍的一员，都应当有意识地维护法律秩序，这是由法律秩序本身所具有的脆弱性所决定的。正是在这个意义上，法律职业具有共生关系。因此，明确的公共性要求，是这些法律职业人员共同的根本性特征。"社会主义法治工作队伍"的提法本身是对这种公共性的另一种表达。

三、国家统一法律职业资格考试制度

资格考试是职业化的重要标志之一，是保证职业成员具有称职性的重要措施之一。应当承认，资格考试测试的仅仅是职业活动所需要的技能的一部分，并不能完美地测试所有技能。但是资格考试是平等的，可以无视参加考试者的身份，在参加考试人员之间创造平等竞争的机会。因此，资格考试是打破身份界限、从身份走向能力的必要制度，是平等观念的重要体现。

---

[1] 2017年《律师法》第2条第2款。
[2] 2017年《公证法》第3条。

　　我国法律职业资格取得制度的演变，经历了从考核到考试、从内部考试到公开考试、从律师资格考试到国家司法考试的发展过程，在保证法律职业新进人员质量、提高法律职业队伍整体素质方面发挥了重要的作用。

　　律师工作恢复初期，受历史条件的限制，我国采取了考核授予律师资格的制度。1980年《律师暂行条例》明确规定了考核授予律师制度。[1]这种制度在参加考核的条件和程序等方面并不严格，[2]因而在实践中弊端颇多。1984年江西省举办了全省律师资格统一考试，1985年北京等地也举行了律师资格考试。1986年司法部在借鉴国外相关做法和总结国内各地经验的基础上，举行了第一次全国律师资格统一考试。这次考试是一次内部考试，参考人员仅限于正在申请律师资格的专职或者兼职律师工作人员，以及法学研究教学人员当中符合做律师工作的人员。第二次全国律师资格考试于1988年9月举行，报考人员的范围不受限制。这是从内部考试到公开考试的重要变革，意味着从强调报考者的身份到强调报考者的专业能力的转型，为法治时代追求实现自身人生价值的人搭建了平等竞争的舞台；意味着律师资格考试储备法律人才的作用开始发挥。1996年《律师法》正式以法律的形式确认了律师资格考试制度。[3]

　　1979年《人民法院组织法》第34条规定："有选举权和被选举权的年满二十三岁的公民，可以被选举为人民法院院长，或者被任命为副院长、庭长、副庭长、审判员和助理审判员，但是被剥夺过政治权利的人除外。"这一规定对于法官的专业知识并没有作出要求。直到1983年9月第六届全国人民代表大会常务委员会第二次会议对该条进行修订，才增加了第2款，规定"人民法院的审判人员必须具有法律专业知识"。1979年《人民检察院组织法》和1983年《人民检察院组织法》对于与此类似的要求也没有规定。这在实践中造成了法官、检察官队伍来源复杂，专业素质偏下。[4]随着律师职业面向社会通过考试形式来取得资格的方式越来越受到社会的肯定，人民法院系统和人民检察院系统也开始积极探索以考试形式任命法官、检察官。1995年《法官法》《检察官法》通过并实施。根据该两法规定，人民法院、人民检察院开始建立初任法官、初任检察官考试制度，即初任审判员、助理审判员、检察员、助理检察员，要采用公开考试、严格考核的办法，按照德才兼备的标准，从具备法官、检察官条件的人员中择优提出人选。最高人民法院于1995年、1997年、1999年组织了3次"初任法官资格考试"，最高人民检察院也先后组织了4次"初任检察官资格考试"。

　　1982年《公证暂行条例》确立的公证员、助理公证员的任命制度，并没有明确规定考试要求。[5]实践中，一些地区举办了省级的公证员资格统一考试。为了提高公证人员的业

---

[1]　1980年《律师暂行条例》第8条、第9条。

[2]　1980年《律师暂行条例》第9条规定："取得律师资格，须经省、自治区、直辖市司法厅（局）考核批准，发给律师证书，并报中华人民共和国司法部备案。司法部发现审批不当的，应当通知司法厅（局）重新审查。"

[3]　1996年《律师法》第6条。需要指出的是，1980年《律师暂行条例》所称"律师资格"，是指充任律师的全部条件，而1996年《律师法》以后所称的"律师资格"或者"法律职业资格"仅仅代表的是法律专业水平。二者所对应的管理要求也是不一样的。

[4]　参见杨海坤、黄竹胜："法律职业的反思与重建"，载《江苏社会科学》2003年第3期（"法官队伍的人员来源复杂，且没有统一的准入资格限制，各类人员的准入条件实际上只有政治素质标准而无其它硬性的衡量尺度，这使得法官队伍素质参差不齐、良莠难分"）。

[5]　1982年《公证暂行条例》第8条、第9条。

务素质，1991 年，司法部发布《关于举行一九九二年全国公证员资格统一考试的通知》[1]，规定从 1992 年起举行首次全国公证员资格统一考试，今后这种考试原则上每两年举行一次，省、自治区、直辖市司法厅（局）不再举行统一考试。

总之，在 2001 年前，我国的律师、检察官、法官和公证员在职业准入问题上，分别确立了相应的资格考试制度。这些考试在报考资格要求、考试内容、难度等方面都存在一些差别。这些法律职业准入门径的不同，造成了中国法律职业的碎片化，进一步恶化了"法律职业群体内部的矛盾、冲突及离散现象"，[2]这必然会影响中国法治建设的进程。

2001 年，《法官法》《检察官法》和《律师法》相继修正，确立了国家统一的司法考试制度。2002 年，国家统一司法考试开始举办，它将"律师资格考试""初任法官资格考试"和"初任检察官资格考试"这三种考试合而为一。2001 年 11 月，司法部下发了《司法部关于从通过国家司法考试人员中录用公证员的通知》[3]，决定今后不再举行全国公证员统一考试。今后公证处选用公证员将从通过国家司法考试的人员中录用。2005 年《公证法》第 18 条又明确规定，担任公证员的前提条件之一是通过国家司法考试。因此，按照这些法律规定，无论是从事法官、检察官职业，还是从事律师、公证员职业，都必须通过国家司法考试这种职业资格考试。这为建立具有共同知识背景、共同认同价值、共同追求目标的法律职业共同体，创造了必要的制度条件。但是，2001 年修正的《法官法》《检察官法》和《律师法》在通过律师资格考试取得的律师资格凭证和通过国家统一司法考试取得的法律职业资格证书二者的关系上，没有进行很好的衔接，过去取得的律师资格凭证在效力上不能等同于法律职业资格证书。这为从律师中选任法官、检察官制造了障碍。如果取得律师资格凭证的律师要转任法官、检察官，则要再次参加国家统一司法考试。这无疑是叠床架屋之举，徒费人力。

2007 年修订的《律师法》第 5 条第 2 款明确规定："实行国家统一司法考试前取得的律师资格凭证，在申请律师执业时，与国家统一司法考试合格证书具有同等效力。"这在上述两个资格考试取得的合格证书的效力同一问题上，迈出了可喜的一步。2009 年，最高人民法院、最高人民检察院在《关于将取得律师资格人员列入法官、检察官遴选范围问题的通知》[4]中规定："为了广泛吸收优秀人才进入法官、检察官的遴选范围，经研究并报经全国人大常委会法制工作委员会同意，今后在遴选法官、检察官时，对具备法官、检察官任职条件并已通过律师考试取得律师资格的执业律师和其他从事法律工作的人员，可以视为已通过国家统一司法考试，列入法官、检察官的遴选范围，不必再通过国家统一司法考试。"这一规定破除了上述制度障碍，为法官、检察官、律师等法律职业之间的双向流动创造了重要的制度前提，对于形成具有共同理念、共同精神、互相尊重的法律职业具有重要的意义。

全面推进依法治国，必须大力提高法治工作队伍思想政治素质、业务工作能力、职业道德水准，着力建设一支忠于党、忠于国家、忠于人民、忠于法律的社会主义法治工作队伍，为加快建设社会主义法治国家提供强有力的组织和人才保障。为此，2014 年中国共产党十八届四中全会审议通过的《中共中央关于全面推进依法治国若干重大问题的决定》明

---

[1]　司公通字〔1991〕083 号。

[2]　杨海坤、黄竹胜："法律职业的反思与重建"，载《江苏社会科学》，2003 年第 3 期。

[3]　司发通〔2001〕114 号。

[4]　高检会字〔2009〕4 号。

确提出要"完善法律职业准入制度，健全国家统一法律职业资格考试制度，建立法律职业人员统一职前培训制度"。2015年12月，中共中央办公厅、国务院办公厅印发的《关于完善国家统一法律职业资格制度的意见》规定，要建立国家统一法律职业资格考试制度。2017年9月，十二届全国人大常委会第二十九次会议审议通过《关于修改〈中华人民共和国法官法〉等八部法律的决定》，明确了参加国家统一法律职业资格考试的人员范围、规定了取得法律职业资格的条件、增加了有关禁止从事法律职业的情形等，为组织实施国家统一法律职业资格考试提供了法律依据。2018年4月，司法部公布了《国家统一法律职业资格考试实施办法》，标志着国家统一法律职业资格考试制度的正式实施。国家统一法律职业资格考试制度的建立，对于按照政治过硬、业务过硬、责任过硬、纪律过硬、作风过硬的要求，选拔培养社会主义法律职业人才，具有重要意义。

根据司法部2018年《国家统一法律职业资格考试实施办法》，国家统一法律职业资格考试是国家统一组织的选拔合格法律职业人才的国家考试，由司法部负责实施。初任法官、初任检察官，申请律师执业、公证员执业和初次担任法律类仲裁员，以及行政机关中初次从事行政处罚决定审核、行政复议、行政裁决、法律顾问的公务员，应当通过国家统一法律职业资格考试，取得法律职业资格。法律、行政法规另有规定的除外。

符合以下条件的人员，可以报名参加国家统一法律职业资格考试：①具有中华人民共和国国籍。②拥护中华人民共和国宪法，享有选举权和被选举权。③具有良好的政治、业务素质和道德品行。④具有完全民事行为能力。⑤具备全日制普通高等学校法学类本科学历并获得学士及以上学位；全日制普通高等学校非法学类本科及以上学历，并获得法律硕士、法学硕士及以上学位；全日制普通高等学校非法学类本科及以上学历并获得相应学位且从事法律工作满三年。[1]

有下列情形之一的人员，不得报名参加国家统一法律职业资格考试：①因故意犯罪受过刑事处罚的；②曾被开除公职或者曾被吊销律师执业证书、公证员执业证书的；③被吊销法律职业资格证书的；④被给予二年内不得报名参加国家统一法律职业资格考试（国家司法考试）处理期限未满或者被给予终身不得报名参加国家统一法律职业资格考试（国家司法考试）处理的；⑤因严重失信行为被国家有关单位确定为失信联合惩戒对象并纳入国家信用信息共享平台的；⑥因其他情形被给予终身禁止从事法律职业处理的。有上述规定情形之一的人员，已经办理报名手续的，报名无效；已经参加考试的，考试成绩无效。[2]

上述规定，提高了国家统一法律职业资格考试的报名专业学历门槛，有利于从源头上保证法律职业人员的专业素养和专业能力。与此同时，按照"老人老办法、新人新办法"原则，在该办法实施前已取得学籍（考籍）或者已取得相应学历的高等学校法学类专业本科及以上学历毕业生，或者高等学校非法学类专业本科及以上学历毕业生并具有法律专业知识的，可以报名参加国家统一法律职业资格考试。[3]

国家统一法律职业资格考试每年举行一次，分为客观题考试和主观题考试两部分，综合考查应试人员从事法律职业应当具有的政治素养、业务能力和职业伦理。应试人员客观题考试成绩合格的方可参加主观题考试，客观题考试合格成绩在本年度和下一个考试年度内有效。国家统一法律职业资格考试实行纸笔考试或者计算机化考试。国家统一法律职业

---

[1]　司法部2018年《国家统一法律职业资格考试实施办法》第9条。
[2]　司法部2018年《国家统一法律职业资格考试实施办法》第10条。
[3]　司法部2018年《国家统一法律职业资格考试实施办法》第22条。

资格考试实行全国统一评卷，统一确定合格分数线，考试成绩及合格分数线由司法部公布。

参加国家统一法律职业资格考试成绩合格，可以按照规定程序申请授予法律职业资格，由司法部颁发法律职业资格证书。以欺骗、贿赂等不正当手段取得法律职业资格证书的，由司法部撤销原授予法律职业资格的决定，注销其法律职业资格证书。此外，取得法律职业资格人员有违反宪法和法律、妨害司法公正、违背职业伦理道德等行为的，由司法行政机关根据司法部有关规定，视其情节、后果，对其给予相应处理。[1]

2015 年 8 月 29 日，第十二届全国人大常委会十六次会议表决通过《刑法修正案（九）》，自 2015 年 11 月 1 日起开始施行。该修正案规定，在刑法第 284 条后增加一条，作为第 284 条之一："在法律规定的国家考试中，组织作弊的，处三年以下有期徒刑或者拘役，并处或者单处罚金；情节严重的，处三年以上七年以下有期徒刑，并处罚金。""为他人实施前款犯罪提供作弊器材或者其他帮助的，依照前款的规定处罚。""为实施考试作弊行为，向他人非法出售或者提供第一款规定的考试的试题、答案的，依照第一款的规定处罚。""代替他人或者让他人代替自己参加第一款规定的考试的，处拘役或者管制，并处或者单处罚金。"2019 年 9 月最高人民法院、最高人民检察院《关于办理组织考试作弊等刑事案件适用法律若干问题的解释》第 1 条规定，刑法第 284 条之一规定的"法律规定的国家考试"，仅限于全国人民代表大会及其常务委员会制定的法律所规定的考试，包括国家统一法律职业资格考试。

第二节　我国的法律职业分说

一、律师

律师是指依法取得律师执业证书，提供法律服务的执业人员。从我国目前的实际情况来看，律师包括社会律师、公职律师、公司律师和军队律师。

（一）社会律师

社会律师是指"依法取得律师执业证书，接受委托或者指定，为当事人提供法律服务的执业人员"[2]。律师事务所是社会律师的执业机构。2017 年《律师法》第 28 条规定，社会律师可以从事下列业务：①接受自然人、法人或者其他组织的委托，担任法律顾问；②接受民事案件、行政案件当事人的委托，担任代理人，参加诉讼；③接受刑事案件犯罪嫌疑人、被告人的委托或者依法接受法律援助机构的指派，担任辩护人，接受自诉案件自诉人、公诉案件被害人或者其近亲属的委托，担任代理人，参加诉讼；④接受委托，代理各类诉讼案件的申诉；⑤接受委托，参加调解、仲裁活动；⑥接受委托，提供非诉讼法律服务；⑦解答有关法律的询问、代写诉讼文书和有关法律事务的其他文书。

就社会律师而言，我国实行的是一般执业许可和特别执业许可相结合的执业许可制度。

就一般执业许可而言，申请律师执业，应当具备下列条件：①拥护中华人民共和国宪法；②通过国家统一法律职业资格考试取得法律职业资格；③在律师事务所实习满 1 年；[3]

---

〔1〕 司法部 2018 年《国家统一法律职业资格考试实施办法》第 20 条。

〔2〕 2017 年《律师法》第 2 条。

〔3〕 中华全国律师协会 2021 年新发布的规定《申请律师执业人员实习管理规则》就实习培训的内容和期限、实习指导律师应当具备的条件、实习人员行为规则、实习考核等事项进行了规定。

④品行良好。〔1〕〔2〕

实行国家统一法律职业资格考试前取得的国家统一司法考试合格证书、律师资格凭证，与国家统一法律职业资格证书具有同等效力。〔3〕

申请人有下列情形之一的，不予颁发律师执业证书：①无民事行为能力或者限制民事行为能力的；②受过刑事处罚的，但过失犯罪的除外；③被开除公职或者被吊销律师、公证员执业证书的。〔4〕

1996年《律师法》中对于律师的执业年龄没有明确规定，司法部在1999年《关于律师执业年龄问题的批复》〔5〕中曾规定：“一、国资律师事务所占编律师的退休年龄，按照国家劳动用工制度的规定执行。国资律师事务所的占编律师办理退休手续后，作为该所聘用律师的，适用第二条中‘年满70岁不再注册’的规定。二、合作律师事务所、合伙律师事务所的律师以及国资律师事务所的聘用律师，年满70岁不再注册。如果律师事务所确实需要，本人身体健康并愿意继续在律师事务所工作的，可被聘为顾问，不再从事执业活动。三、为保证合伙律师事务所的稳定，促进其向高层次、规模化发展，设立合伙所时，年满64岁的人员不得作为发起人。”这一规定缺乏上位法根据，难以在实践中施行。因此，司法部2003年在《关于进一步加强律师执业管理若干问题的通知》〔6〕中又规定：“律师年满70周岁，身体健康，符合执业条件的，可允许继续执业。以往的有关规定与此不符的，按本通知规定办理。”因此，目前我国没有关于律师执业年龄的上限规定。

申请律师执业，应当向设区的市级或者直辖市的区人民政府司法行政部门提出申请，

---

〔1〕《律师法》就律师准入规定的“品行良好”条件是比较含糊的。但是中华全国律师协会2021年《申请律师执业人员实习管理规则》就实习人员的实习设定了一些前置性条件，在一定程度上弥补了《律师法》规定的不足。该规则第5条规定：“申请实习人员应当符合下列条件：（一）拥护中国共产党领导，拥护社会主义法治，尊崇宪法；（二）取得法律职业资格证书或者律师资格凭证；（三）品行良好；（四）具有完全民事行为能力。”第6条规定：“有下列情形之一的，不符合本规则第五条规定的‘品行良好’条件：（一）因故意犯罪受过刑事处罚的；（二）被开除公职的；（三）因违法违纪行为被国家机关、事业单位辞退的；（四）因违犯党纪受到撤销党内职务以上处分的；（五）被吊销律师、公证员执业证书的；（六）因违法违规行为被相关行业主管机关或者行业协会撤销其他职业资格或者吊销其他执业证书的；（七）因违反治安管理行为被处以行政拘留的；（八）因严重失信行为被国家有关单位确定为失信联合惩戒对象并纳入国家信用信息共享平台的；（九）受到不得再次申请实习的处分，处分期限未满的；（十）有其他产生严重不良社会影响行为的。”“前款所列第（三）、（四）、（六）、（七）、（十）项情形发生在申请实习人员十八周岁以前或者发生在实习登记三年以前，且申请实习人员确已改正的，应当提交书面承诺及相关证明材料，经律师协会设立的专门委员会审核同意，可以准予实习登记。”“申请实习人员在移出失信联合惩戒对象名单之前，不得准予实习登记。移出失信联合惩戒对象名单后，按照本条第二款的规定提交相应书面承诺，经律师协会设立的专门委员会审核同意的，可以准予实习登记。”
〔2〕2017年《律师法》第5条。根据司法部2002年《关于公安机关辞退人员能否申请律师执业问题的批复》（司复〔2002〕9号），对于因违法违纪被公安机关辞退的人员，应认定其丧失了“良好的品行”的条件。因此，对于因违法违纪被公安机关辞退后申请律师执业的人员，应认定其不符合“品行良好”的条件，不能申请领取律师执业证书；司法部2003年《关于因泄露国家秘密而受到原单位行政处分的人员能否参加领取律师执业证书前实习的批复》（司复〔2003〕17号）规定，“保守国家秘密是公务员职业道德的要求，对泄露国家秘密受到行政机关处分的，应认定为品行不良。因此，因泄露国家秘密受到行政处分的人员，不能申请执业，也不能允许其参加领取律师执业证书前的实习。”
〔3〕2017年《律师法》第5条第2款。
〔4〕2017年《律师法》第7条。
〔5〕司复〔1999〕4号。
〔6〕司发通〔2003〕51号。

并提交下列材料：①国家统一法律职业资格证书；②律师协会出具的申请人实习考核合格的材料；③申请人的身份证明；④律师事务所出具的同意接收申请人的证明。

申请兼职律师执业的，还应当提交所在单位同意申请人兼职从事律师职业的证明。

受理申请的部门应当自受理之日起 20 日内予以审查，并将审查意见和全部申请材料报送省、自治区、直辖市人民政府司法行政部门。省、自治区、直辖市人民政府司法行政部门应当自收到报送材料之日起 10 日内予以审核，作出是否准予执业的决定。准予执业的，向申请人颁发律师执业证书；不准予执业的，向申请人书面说明理由。[1]

律师特别许可执业制度，是指在律师的一般执业许可程序之外，由主管机关根据一定的条件和程序授予一些人以律师执业证书的制度。通过特别许可执业制度取得执业证书的律师与一般律师最大的区别在于他们无须经过律师的一般执业许可程序（包括通过国家统一司法考试、进行一定时间的实习等）的严格考核，而只需要通过主管机关按照一定的条件进行的审核即可获得律师执业证书。2017 年《律师法》第 8 条规定："具有高等院校本科以上学历，在法律服务人员紧缺领域从事专业工作满十五年，具有高级职称或者同等专业水平并具有相应的专业法律知识的人员，申请专职律师执业的，经国务院司法行政部门考核合格，准予执业。具体办法由国务院规定。"特别执业许可制度是考虑到我国法律服务人员的现状与法律服务需求之间的矛盾而于 2007 年《律师法》中设立的特别制度。截至目前，国务院尚未出台关于特别许可律师执业的规定。中共中央办公厅、国务院办公厅 2015 年《关于完善国家统一法律职业资格制度的意见》明确要求："对一些未取得法律职业资格但长期从事立法、法学研究的优秀法律人才，通晓国外法律或者某些特殊领域稀缺的杰出法律人才，通过相关程序，可以直接选拔为法官、检察官、律师等法律职业人员。"

2017 年《律师法》第 9 条规定，对于申请人以欺诈、贿赂等不正当手段取得律师执业证书的，以及对于不符合该法规定条件的申请人准予执业的，由省、自治区、直辖市人民政府司法行政部门撤销准予执业的决定，并注销被准予执业人员的律师执业证书。

2017 年《律师法》第 10 条规定，律师只能在一个律师事务所执业。律师变更执业机构的，应当申请换发律师执业证书。律师执业不受地域限制。[2]

我国实行专职律师与兼职律师相结合的制度。2017 年《律师法》第 12 条规定，高等院校、科研机构中从事法学教育、研究工作的人员，符合该法第 5 条规定条件的，经所在单位同意，依照该法第 6 条规定的程序，可以申请兼职律师执业。此外，2017 年《律师法》第 11 条还特别规定，公务员不得兼任执业律师。律师担任各级人民代表大会常务委员会组成人员的，任职期间不得从事诉讼代理或者辩护业务。

在 2000 年以前，我国没有建立律师宣誓制度。"申请人在从事律师职业前宣誓，对其以后在履行律师职责时会产生一定的心理上的约束，利于其尽职尽责，努力工作，以实现所担负的律师的使命。同时，实行律师宣誓的做法，也表明律师职业的崇高和神圣。"[3]为加强对新律师的教育和管理，使其自始即建立律师职业的社会责任感、使命感，严格依法开展律师工作，增强遵守律师职业道德和执业纪律的自觉性，加强集体主义观念和敬业精

---

[1] 2017 年《律师法》第 6 条。

[2] 根据司法部 1999 年《关于律师异地执业有关问题的批复》（司复〔1999〕9 号），"律师执业不受地域限制"是指律师承办业务不受地域限制；律师接受当事人委托，可以到其律师事务所所在地市、县以上的地区履行职责；不应理解为注册地不受限制。

[3] 陶髦、宋英辉、肖胜喜：《律师制度比较研究》，中国政法大学出版社 1995 年版，第 63 页。

神，成为真正符合《律师法》及《律师协会章程》要求的社会主义律师，中华全国律师协会于 2000 年决定实行律师执业宣誓制度。[1]律师执业宣誓和入会宣誓一并举行。宣誓仪式由省以上律师协会组织，律师协会会长或副会长领誓，秘书长主持，可聘请司法行政机关有关人员监督。宣誓会场应悬挂中华人民共和国国旗和中华全国律师协会会徽。新律师应在宣誓后取得执业证书。[2]

为了引导广大律师牢固树立做中国特色社会主义法律工作者的信念，自觉践行"忠诚、为民、公正、廉洁"的核心价值观，切实提高律师队伍思想政治素质、职业道德素质和业务素质，不断增强律师的职业使命感、荣誉感和社会责任感，培育和形成中国特色社会主义律师执业精神，2012 年 2 月，司法部作出《关于建立律师宣誓制度的决定》，决定在全国建立律师宣誓制度。根据该决定，经司法行政机关许可，首次取得或者重新申请取得律师执业证书的人员，应当参加律师宣誓。律师宣誓，应当在律师获得执业许可之日起 3 个月内，采取分批集中的方式进行。[3]

进入新时代，党和国家对律师事业发展提出了新的要求。2018 年 10 月，根据中共中央办公厅、国务院办公厅《关于深化律师制度改革的意见》，以及《中华人民共和国律师法》和司法部《关于建立律师宣誓制度的决定》，中华全国律师协会决定对原有的《关于实行律师执业宣誓的决定》进行重大修改，出台了《律师宣誓规则（试行）》。根据该规则，首次取得或者重新申请取得律师执业证书的执业律师应当进行律师宣誓。宣誓仪式由地市一级律师协会或者省级律师协会组织实施。律师协会应当在律师取得执业证书之日起三个月内组织律师宣誓。

《律师宣誓规则（试行）》第 8 条规定，宣誓人宣誓，应免冠，内着浅色衬衣，领口系戴深红色领巾，外着律师出庭服装，律师出庭服装胸前佩戴律师徽章，穿着深色正装裤和深色皮鞋；女律师可着深色正装裙。2020 年 9 月 27 日司法部第 32 次部长办公会议对 2011 年 12 月 1 日司法部第 25 次部长办公会议通过的《关于实行律师宣誓制度的决定》进行了修订。明确"律师宣誓誓词为：我宣誓：忠于中华人民共和国宪法、忠于祖国、忠于人民，拥护中国共产党领导、拥护社会主义法治，忠实履行中国特色社会主义法律工作者的神圣使命，执业为民，依法从业，勤勉敬业，诚信廉洁，维护当事人合法权益，维护法律正确实施，维护社会公平正义，为建设富强民主文明和谐美丽的社会主义现代化强国努力奋斗！"

监督人对符合该规则要求的宣誓，宣布确认有效。监督人发现宣誓活动中存在不符合该规则的情形的，应当宣布宣誓无效，要求重新宣誓。宣誓人拒不宣誓或者重新宣誓仍不符合要求的，由律师协会在律师执业年度考核时审查确定其不称职的考核等次，或者责成

[1] 中华全国律师协会 2000 年《关于实行律师执业宣誓制度的决定》（中华全国律师协会四届七次常务理事会会议通过）。
[2] 中华全国律师协会 2000 年《关于实行律师执业宣誓制度的决定》第 5 条规定的律师宣誓誓词如下："我志愿加入律师队伍，成为中华人民共和国律师和中华全国律师协会会员，严格执行《律师法》，遵守《律师协会章程》，履行律师义务，恪守律师职业道德，勤勉敬业，为维护法律的正确实施，捍卫法律的尊严而努力奋斗。"
[3] 司法部 2012 年《关于建立律师宣誓制度的决定》第 6 条规定的律师宣誓誓词如下："我志愿成为一名中华人民共和国执业律师，我保证忠实履行中国特色社会主义法律工作者的神圣使命，忠于祖国，忠于人民，拥护中国共产党的领导，拥护社会主义制度，维护宪法和法律尊严，执业为民，勤勉敬业，诚信廉洁，维护当事人合法权益，维护法律正确实施，维护社会公平正义，为中国特色社会主义事业努力奋斗！"

所属律师事务所重新进行考核确定其不称职的考核等次。经确认有效并由宣誓人签署姓名的誓词存入该宣誓人的执业档案。[1]

为促进律师队伍建设，加强对律师人员的培养、考核和合理使用，鼓励律师努力学习，提高政治和业务素质，发挥积极性、创造性，促进律师事业的繁荣和发展，更好地为社会主义经济建设服务，为发展社会主义民主和健全社会主义法制服务，司法部于 1987 年制定了《律师职务试行条例》。根据该条例，律师职务是根据律师工作的性质及其实际工作需要而设置的工作岗位。律师职务设一级律师、二级律师、三级律师、四级律师、律师助理。一级律师、二级律师为高级职务，三级律师为中级职务，四级律师和律师助理为初级职务。

为贯彻落实中共中央办公厅、国务院办公厅《关于深化律师制度改革的意见》，提高律师专业能力和服务水平，进一步加强律师队伍建设，2017 年 3 月，司法部印发《关于建立律师专业水平评价体系和评定机制的试点方案》，在内蒙古、上海、安徽、陕西 4 省（自治区、直辖市）开展试点。试点工作选择刑事、婚姻家庭法、公司法、金融证券保险、建筑房地产、知识产权、劳动法、涉外法律服务、行政法 9 个专业开展评定工作。评定的律师分别称为相应的专业律师。每名律师参评的专业不超过 2 个。被评为专业律师的，不影响其办理参评专业以外的其他律师业务；没有被评定为专业律师的，也可以从事该专业律师业务。

参评条件包括：①政治表现。参评律师应当拥护中国共产党领导、拥护社会主义法治，遵守宪法和法律，恪守律师职业道德和执业纪律。②诚信状况。参评律师应当依法、规范、诚信执业，参评前 5 年没有因执业行为受到党纪处分、行政处罚、行业惩戒和信用惩戒，律师执业年度考核称职。律师在接受刑事、行政案件立案调查和未执行生效民事法律文书期间，暂缓参评专业律师。③执业年限。参评律师具有法学博士、法学（法律）硕士、法学学士学位的，应当在相关专业领域分别连续执业 3 年、5 年、7 年以上，其他参评律师应当在相关专业领域连续执业 10 年以上。曾经从事审判、检察、立法等法律业务的律师，其实际从事审判、检察、立法等法律业务的时间应计算为相关专业领域的执业时间。④执业能力。参评律师应当系统掌握法学基本理论、律师业务知识和相关专业知识，经省（自治区、直辖市）律师协会对其专业能力考核合格，在所申报的专业领域具有丰富的执业经验，办理过一定数量的本专业领域有较大影响的法律事务，业务办理质量良好，在服务经济社会发展，全面依法治国，履行社会责任等方面做出贡献。

评定工作由律师事务所对申请人进行考核，设区的市或直辖市的区律师协会组织评审委员会进行评审。设区的市或直辖市的区没有设立律师协会的，由省（自治区、直辖市）律师协会组织评审委员会进行评审。评审委员会由相关专业领域的律师和人民法院、人民检察院、公安机关、国家安全机关、司法行政机关、法学教学科研单位等有关部门的专业人士组成。律师协会在评审过程中，应当坚持发扬民主，充分听取人民法院、人民检察院、公安机关、国家安全机关、司法行政机关、广大律师以及委托人的意见，做到程序公正、条件公平、结果公开。评定程序包括申报、评审、公示、颁证等环节。专业律师评定结果应当在律师协会网站及时公开，方便社会、个人查询和选聘律师，作为有关部门从律师中选拔立法工作者、法官、检察官，选聘高等院校、科研机构教学、科研岗位职务，选拔培养律师行业领军人才，推荐律师担任党政机关和国有企业法律顾问、服务国家和地方重大

---

[1]　中华全国律师协会 2018 年《律师宣誓规则（试行）》第 10 条、第 11 条。

工程、重大项目的参考。

在试点过程中，各试点地区探索完善了配套制度措施，培育了一批评审工作力量，评选出一批专业律师，为开展律师专业水平评价工作积累了一些经验，在一定程度上提高了广大律师的专业化意识和专业服务水平。为推动律师专业水平评价体系和评定机制试点工作深入开展，2019年3月，司法部决定把试点范围扩大到全国31个省（自治区、直辖市）和新疆生产建设兵团。[1]

为了落实国务院批准的《内地与香港关于建立更紧密经贸关系的安排》和《内地与澳门关于建立更紧密经贸关系的安排》，规范取得内地法律职业资格的香港、澳门居民在内地从事律师职业的活动及管理，司法部2003年制定了《取得内地法律职业资格的香港特别行政区和澳门特别行政区居民在内地从事律师职业管理办法》，[2]根据该规定，参加内地举行的有关考试合格，取得《中华人民共和国法律职业资格证书》的香港、澳门居民，可以在内地申请律师执业。取得内地律师执业证的香港、澳门居民在内地律师事务所执业，可以从事内地非诉讼法律事务，可以代理涉港澳民事案件，代理涉港澳民事案件的范围由司法部以公告方式作出规定。获准在内地执业的香港、澳门居民，符合规定条件的，可以成为内地律师事务所的合伙人。

（二）公职律师

公职律师，是指任职于党政机关或者人民团体，依法取得司法行政机关颁发的公职律师证书，在本单位从事法律事务工作的公职人员。

建立公职律师制度，是我国加入世界贸易组织后社会、经济生活发展的客观需要，也是推进依法治国，实施依法行政，进一步完善我国律师结构的需要。2002年司法部制定了《关于开展公职律师试点工作的意见》，推动开展并规范公职律师试点工作。2014年10月，中国共产党第十八届中央委员会第四次全体会议通过《中共中央关于全面推进依法治国若干重大问题的决定》，明确要求加强法律服务队伍建设，构建社会律师、公职律师、公司律师等优势互补、结构合理的律师队伍；各级党政机关和人民团体普遍设立公职律师。2016年6月，中共中央办公厅、国务院办公厅印发了《关于推行法律顾问制度和公职律师公司律师制度的意见》。为了加强公职律师队伍建设，规范公职律师管理，发挥公职律师在全面依法治国中的职能作用，根据《关于推行法律顾问制度和公职律师公司律师制度的意见》等有关规定，结合公职律师工作实际，2018年12月，司法部印发了《公职律师管理办法》。

根据该办法，申请颁发公职律师证书，应当具备下列条件：①拥护中华人民共和国宪法；②依法取得法律职业资格或者律师资格；③具有公职人员身份；④从事法律事务工作二年以上，或者曾经担任法官、检察官、律师一年以上；⑤品行良好；⑥所在单位同意其担任公职律师。[3]

申请人有下列情形之一的，不予颁发公职律师证书：①无民事行为能力或者限制民事行为能力的；②曾被吊销律师、公证员执业证书的；③涉嫌犯罪、司法程序尚未终结的，或者涉嫌违纪违法、正在接受审查的；④上一年度公务员年度考核结果被确定为不称职的；

---

〔1〕 2019年司法部《关于扩大律师专业水平评价体系和评定机制试点的通知》（司发通〔2019〕35号）。

〔2〕 2003年11月30日司法部令第81号发布，2005年12月28日司法部令第99号、2006年12月22日司法部令第105号、2009年9月1日司法部令第117号和2013年8月7日司法部令第128号修正。

〔3〕 司法部2018年《公职律师管理办法》第5条。

⑤正被列为失信联合惩戒对象的。[1]

国家统一法律职业资格制度实施前已担任法律顾问但未依法取得法律职业资格或者律师资格的人员，同时具备下列条件的，经司法部考核合格，可以向其颁发公职律师证书：①在党政机关、人民团体担任法律顾问满十五年；②具有高等学校法学类本科学历并获得学士及以上学位，或者高等学校非法学类本科及以上学历并获得法律硕士、法学硕士及以上学位或者获得其他相应学位；③具有高级职称或者同等专业水平。[2]

公职律师可以受所在单位委托或者指派从事下列法律事务：①为所在单位讨论决定重大事项提供法律意见；②参与法律法规规章草案、党内法规草案和规范性文件送审稿的起草、论证；③参与合作项目洽谈、对外招标、政府采购等事务，起草、修改、审核重要的法律文书或者合同、协议；④参与信访接待、矛盾调处、涉法涉诉案件化解、突发事件处置、政府信息公开、国家赔偿等工作；⑤参与行政处罚审核、行政裁决、行政复议、行政诉讼等工作；⑥落实"谁执法谁普法"的普法责任制，开展普法宣传教育；⑦办理民事案件的诉讼和调解、仲裁等法律事务；⑧所在单位委托或者指派的其他法律事务。

公职律师所在单位应当按照国家有关规定，建立健全决策合法性审查机制，将公职律师参与决策过程、提出法律意见作为依法决策的重要程序。公职律师所在单位讨论、决定重大事项之前，应当听取公职律师的法律意见。依照有关规定应当听取公职律师的法律意见而未听取的事项，或者公职律师认为不合法的事项，不得提交讨论、作出决定。公职律师所在单位起草、论证有关法律法规规章草案、党内法规草案和规范性文件送审稿，应当安排公职律师参加，或者听取其法律意见。[3]

公职律师所在单位应当完善公职律师列席重要会议、查阅文件资料、出具法律意见、审签相关文书的工作流程和制度安排，提供必要的办公条件和经费支持，保障公职律师依法履行职责。[4]

司法行政机关对公职律师业务活动进行监督、指导。公职律师所在单位对公职律师进行日常管理。律师协会对公职律师实行行业自律。[5]

法律、法规授权的具有公共事务管理职能的事业单位、社会团体及其他组织，可以参照上述办法设立公职律师。[6]

（三）公司律师

公司律师，是指与国有企业订立劳动合同，依法取得司法行政机关颁发的公司律师证书，在本企业从事法律事务工作的员工。

建立公司律师制度，是为了应对加入世界贸易组织后我国企业界和律师业面临的严峻挑战，提高企业和律师的国际竞争力，完善我国企业法律制度和律师制度。2002年司法部制定了《关于开展公司律师试点工作的意见》。2014年10月中国共产党第十八届中央委员会第四次全体会议通过《中共中央关于全面推进依法治国若干重大问题的决定》，明确要求加强法律服务队伍建设。构建社会律师、公职律师、公司律师等优势互补、结构合理的律

---

[1]　司法部2018年《公职律师管理办法》第6条。
[2]　司法部2018年《公职律师管理办法》第12条。
[3]　司法部2018年《公职律师管理办法》第15条。
[4]　司法部2018年《公职律师管理办法》第16条。
[5]　司法部2018年《公职律师管理办法》第4条。
[6]　司法部2018年《公职律师管理办法》第24条。

师队伍。2016 年 6 月，中共中央办公厅、国务院办公厅印发了《关于推行法律顾问制度和公职律师公司律师制度的意见》。为了加强公司律师队伍建设，规范公司律师管理，发挥公司律师在全面依法治国中的职能作用，根据《关于推行法律顾问制度和公职律师公司律师制度的意见》等有关规定，结合公司律师工作实际，2018 年 12 月，司法部印发了《公司律师管理办法》。

根据该办法，申请颁发公司律师证书，应当具备下列条件：①拥护中华人民共和国宪法；②依法取得法律职业资格或者律师资格；③与国有企业依法订立劳动合同；④从事法律事务工作二年以上，或者曾经担任法官、检察官、律师一年以上；⑤品行良好；⑥所在单位同意其担任公司律师。[1]

申请人有下列情形之一的，不予颁发公司律师证书：①无民事行为能力或者限制民事行为能力的；②受过刑事处罚的，但过失犯罪的除外；③曾被开除公职或者吊销律师、公证员执业证书的；④涉嫌犯罪、司法程序尚未终结的，或者涉嫌违纪违法、正在接受审查的；⑤正被列为失信联合惩戒对象的。[2]

国家统一法律职业资格制度实施前已担任法律顾问但未依法取得法律职业资格或者律师资格的人员，同时具备下列条件的，经司法部考核合格，可以向其颁发公司律师证书：①在国有企业担任法律顾问满十五年；②具有高等学校法学类本科学历并获得学士及以上学位，或者高等学校非法学类本科及以上学历并获得法律硕士、法学硕士及以上学位或者获得其他相应学位；③具有高级职称或者同等专业水平。

公司律师可以受所在单位委托或者指派从事下列法律事务：①为企业改制重组、并购上市、产权转让、破产重整等重大经营决策提供法律意见；②参与企业章程、董事会运行规则等企业重要规章制度的制定、修改；③参与企业对外谈判、磋商，起草、审核企业对外签署的合同、协议、法律文书；④组织开展合规管理、风险管理、知识产权管理、法治宣传教育培训、法律咨询等工作；⑤办理各类诉讼和调解、仲裁等法律事务；⑥所在单位委托或者指派的其他法律事务。[3]

公司律师所在单位应当建立健全决策合法性审查机制，将公司律师参与决策过程、提出法律意见作为依法决策的重要程序。公司律师所在单位讨论、决定企业经营管理重大事项之前，应当听取公司律师的法律意见。依照有关规定应当听取公司律师的法律意见而未听取的事项，或者公司律师认为不合法的事项，不得提交讨论、作出决定。公司律师所在单位制定、修改企业章程、董事会运行规则等规章制度，对外签署合同、协议，处理涉及本企业的诉讼、仲裁、调解等法律事务，应当安排公司律师参加或者审核。[4]

公司律师所在单位应当完善公司律师列席重要会议、查阅文件资料、出具法律意见、审签相关文书的工作流程和制度安排，提供必要的办公条件和经费支持，保障公司律师依法依规履行职责。[5]

司法行政机关对公司律师业务活动进行监督、指导。公司律师所在单位对公司律师进

---

[1] 司法部 2018 年《公司律师管理办法》第 5 条。
[2] 司法部 2018 年《公司律师管理办法》第 6 条。
[3] 司法部 2018 年《公司律师管理办法》第 13 条。
[4] 司法部 2018 年《公司律师管理办法》第 15 条。
[5] 司法部 2018 年《公司律师管理办法》第 16 条。

行日常管理。律师协会对公司律师实行行业自律。[1]

探索开展民营企业公司律师试点的，参照适用上述办法有关规定。[2]

（四）军队律师

军队律师是指依法取得军队律师工作证，为军队提供法律服务的现役军人。[3]军队律师在军队法律顾问处执业。军队律师执业应取得军队律师工作证。

运用法律手段保护国家军事利益，维护军队和军人合法权益，为部队和官兵提供法律服务；战时进行法律战，开展军事司法和法律服务工作，是军队政治工作的重要内容。[4]我国军队律师制度建立较晚。1985年2月，我军在海军司令机关试点设立了第一个法律顾问处，随后几年内各军区、各军兵种和各总部等军队大单位也纷纷设立，这一时期是我国创建军队律师制度的探索阶段。1992年9月中央军委批准设立总政治部司法局，领导全军司法行政工作，从而使军队律师、法律顾问、法律咨询等工作归口政治机关统一领导和管理。1993年3月司法部与中国人民解放军总政治部联合发布了《关于军队法律服务工作有关问题的通知》，标志着国家认可在军队建立律师序列，并把军队律师初步纳入国家律师体制。1996年5月通过的《律师法》第50条明确规定："为军队提供法律服务的军队律师，其律师资格的取得和权利、义务及行为准则，适用本法规定。"这标志着国家军队律师制度在立法中正式得以确立。根据现有规定，军队律师的职责范围严格限定在军队内部以及军队与地方互涉的法律服务中。1993年3月，司法部和中国人民解放军总政治部在联合颁布的《关于军队法律服务工作有关问题的通知》中明确规定：军队律师是国家律师队伍的组成部分，在执行职务时，依法享有国家法律规定的律师权利，承担相应的义务，并受国家法律保护。中央军委批准总政治部设立的司法局是总政治部管理全军司法行政工作的职能部门，在司法部的指导下负责全军法律服务工作的业务指导；部队军以上单位的法律顾问处是军队律师执行职务的工作机构，其主要任务是：领导律师开展业务工作，依法为首长、机关决策和管理提供法律咨询；接受军队单位和军办企业的委托处理军队内部或者军地互涉的法律事务；为军内单位和人员提供法律服务；协助有关部门对部队进行经常性的法制教育。

二、法官

法官是依法行使国家审判权的审判人员，包括最高人民法院、地方各级人民法院和军事法院等专门人民法院的院长、副院长、审判委员会委员、庭长、副庭长和审判员。[5]法官实行员额制管理。法官员额根据案件数量、经济社会发展情况、人口数量和人民法院审级等因素确定，在省、自治区、直辖市内实行总量控制、动态管理，优先考虑基层人民法院和案件数量多的人民法院办案需要。法官员额出现空缺的，应当按照程序及时补充。最高人民法院法官员额由最高人民法院商有关部门确定。[6]法官实行单独职务序列管理。法官等级分为十二级，依次为首席大法官、一级大法官、二级大法官、一级高级法官、二级高级法官、三级高级法官、四级高级法官、一级法官、二级法官、三级法官、四级法官、

---

[1] 司法部2018年《公司律师管理办法》第4条。

[2] 司法部2018年《公司律师管理办法》第24条。

[3] 2017年《律师法》第57条。

[4] 2016年《中国人民解放军政治工作条例》第14条。

[5] 2019年《法官法》第2条。

[6] 2019年《法官法》第25条。

五级法官。最高人民法院院长为首席大法官。[1]法官等级的确定,以法官德才表现、业务水平、审判工作实绩和工作年限等为依据。法官等级晋升采取按期晋升和择优选升相结合的方式,特别优秀或者工作特殊需要的一线办案岗位法官可以特别选升。[2]

2019年《法官法》第14条规定:"初任法官采用考试、考核的办法,按照德才兼备的标准,从具备法官条件的人员中择优提出人选。""人民法院的院长应当具有法学专业知识和法律职业经历。副院长、审判委员会委员应当从法官、检察官或者其他具备法官条件的人员中产生。"第15条规定:"人民法院可以根据审判工作需要,从律师或者法学教学、研究人员等从事法律职业的人员中公开选拔法官。""除应当具备法官任职条件外,参加公开选拔的律师应当实际执业不少于五年,执业经验丰富,从业声誉良好,参加公开选拔的法学教学、研究人员应当具有中级以上职称,从事教学、研究工作五年以上,有突出研究能力和相应研究成果。"

法官的任职条件分为积极条件和消极条件两个方面。2019年《法官法》第12条规定,担任法官必须具备下列条件:①具有中华人民共和国国籍;②拥护中华人民共和国宪法,拥护中国共产党领导和社会主义制度;③具有良好的政治、业务素质和道德品行;④具有正常履行职责的身体条件;⑤具备普通高等学校法学类本科学历并获得学士及以上学位;或者普通高等学校非法学类本科及以上学历并获得法律硕士、法学硕士及以上学位;或者普通高等学校非法学类本科及以上学历,获得其他相应学位,并具有法律专业知识;⑥从事法律工作满五年。其中获得法律硕士、法学硕士学位,或者获得法学博士学位的,从事法律工作的年限可以分别放宽至四年、三年;⑦初任法官应当通过国家统一法律职业资格考试取得法律职业资格。适用上述第5项规定的学历条件确有困难的地方,经最高人民法院审核确定,在一定期限内,可以将担任法官的学历条件放宽为高等学校本科毕业。

2019年《法官法》第13条规定了担任法官的消极条件,即下列人员不得担任法官:①因犯罪受过刑事处罚的;②被开除公职的;③被吊销律师、公证员执业证书或者被仲裁委员会除名的;④有法律规定的其他情形的。

法官职务的任免,依照宪法和法律规定的任免权限和程序办理。根据我国现行规定,法官职务的任命采用的是选举制与任命制相结合的方式。2019年《法官法》第18条规定,最高人民法院院长由全国人民代表大会选举和罢免,副院长、审判委员会委员、庭长、副庭长和审判员,由院长提请全国人民代表大会常务委员会任免。最高人民法院巡回法庭庭长、副庭长,由院长提请全国人民代表大会常务委员会任免。地方各级人民法院院长由本级人民代表大会选举和罢免,副院长、审判委员会委员、庭长、副庭长和审判员,由院长提请本级人民代表大会常务委员会任免。在省、自治区内按地区设立的和在直辖市内设立的中级人民法院的院长,由省、自治区、直辖市人民代表大会常务委员会根据主任会议的提名决定任免,副院长、审判委员会委员、庭长、副庭长和审判员,由高级人民法院院长提请省、自治区、直辖市人民代表大会常务委员会任免。新疆生产建设兵团各级人民法院、专门人民法院的院长、副院长、审判委员会委员、庭长、副庭长和审判员,依照全国人民代表大会常务委员会的有关规定任免。

根据《宪法》《人民法院组织法》的规定,各级人民法院院长的任期同各级人民代表大会每届任期相同。对于副院长、庭长、副庭长、审判员、审判委员会委员,其任职期限

---

〔1〕　2019年《法官法》第26条、第27条。
〔2〕　2019年《法官法》第28条。

不受人民代表大会的任期限制，因此，不需要各级人大换届后重新任命。[1]

法官实行任职回避制度。2019年《法官法》第23条规定："法官之间有夫妻关系、直系血亲关系、三代以内旁系血亲以及近姻亲关系的，不得同时担任下列职务：（一）同一人民法院的院长、副院长、审判委员会委员、庭长、副庭长；（二）同一人民法院的院长、副院长和审判员；（三）同一审判庭的庭长、副庭长、审判员；（四）上下相邻两级人民法院的院长、副院长。"第24条规定："法官的配偶、父母、子女有下列情形之一的，法官应当实行任职回避：（一）担任该法官所任职人民法院辖区内律师事务所的合伙人或者设立人的；（二）在该法官所任职人民法院辖区内以律师身份担任诉讼代理人、辩护人，或者为诉讼案件当事人提供其他有偿法律服务的。"

2010年，最高人民法院在《关于进一步加强人民法院文化建设的意见》[2]中提出，要根据公正、廉洁、为民的司法核心价值观，建立并推广实施法官宣誓制度。法官应当以公开宣告誓词的方式，郑重承诺对党和国家的忠诚、对人民的热爱、对法律的尊崇和对职责的坚守。2012年12月，最高人民法院印发《中华人民共和国法官宣誓规定（试行）》，规定初次担任或重新担任法官职务的人员，应当以公开宣告誓词的方式，对于忠实执行宪法和法律，全心全意为人民服务，公正廉洁司法，自觉接受监督，作出郑重承诺。为彰显宪法权威，激励和教育国家工作人员忠于宪法、遵守宪法、维护宪法，加强宪法实施，2015年7月，全国人民代表大会常务委员会作出《关于实行宪法宣誓制度的决定》。2018年《宪法》修正后第27条第3款规定："国家工作人员就职时应当依照法律规定公开进行宪法宣誓。"2018年2月，全国人大常委会表决通过了修订后的《关于实行宪法宣誓制度的决定》。2019年《法官法》第19条规定："法官在依照法定程序产生后，在就职时应当公开进行宪法宣誓。"根据上述规定，法官在依照法定程序产生后，应当进行宪法宣誓。宣誓誓词如下："我宣誓：忠于中华人民共和国宪法，维护宪法权威，履行法定职责，忠于祖国、忠于人民，恪尽职守、廉洁奉公，接受人民监督，为建设富强民主文明和谐美丽的社会主义现代化强国努力奋斗！"

三、检察官

检察官是依法行使国家检察权的检察人员，包括最高人民检察院、地方各级人民检察院和军事检察院等专门人民检察院的检察长、副检察长、检察委员会委员和检察员。[3]我国对检察官实行员额制管理。检察官员额根据案件数量、经济社会发展情况、人口数量和人民检察院层级等因素确定，在省、自治区、直辖市内实行总量控制、动态管理，优先考虑基层人民检察院和案件数量多的人民检察院办案需要。检察官员额出现空缺的，应当按照程序及时补充。[4]检察官实行单独职务序列管理。检察官等级分为十二级，依次为首席大检察官、一级大检察官、二级大检察官、一级高级检察官、二级高级检察官、三级高级检察官、四级高级检察官、一级检察官、二级检察官、三级检察官、四级检察官、五级检察官。最高人民检察院检察长为首席大检察官。[5]

---

[1] 2003年7月14日全国人大常委会法制工作委员会《关于人民法院院长以外的法官任职期限是否受人民代表大会任期的限制的答复》。

[2] 法发〔2010〕31号。

[3] 2019年《检察官法》第2条。

[4] 2019年《检察官法》第26条。

[5] 2019年《检察官法》第27条、第28条。

2019 年《检察官法》第 14 条规定："初任检察官采用考试、考核的办法，按照德才兼备的标准，从具备检察官条件的人员中择优提出人选。""人民检察院的检察长应当具有法学专业知识和法律职业经历。副检察长、检察委员会委员应当从检察官、法官或者其他具备检察官条件的人员中产生。"第 15 条规定："人民检察院可以根据检察工作需要，从律师或者法学教学、研究人员等从事法律职业的人员中公开选拔检察官。""除应当具备检察官任职条件外，参加公开选拔的律师应当实际执业不少于五年，执业经验丰富，从业声誉良好，参加公开选拔的法学教学、研究人员应当具有中级以上职称，从事教学、研究工作五年以上，有突出研究能力和相应研究成果。"初任检察官实行统一职前培训制度。[1]

检察官的任职条件分为积极条件和消极条件两个方面。2019 年《检察官法》第 12 条规定，担任检察官必须具备下列条件：①具有中华人民共和国国籍；②拥护中华人民共和国宪法，拥护中国共产党领导和社会主义制度；③具有良好的政治、业务素质和道德品行；④具有正常履行职责的身体条件；⑤具备普通高等学校法学类本科学历并获得学士及以上学位；或者普通高等学校非法学类本科及以上学历并获得法律硕士、法学硕士及以上学位；或者普通高等学校非法学类本科及以上学历，获得其他相应学位，并具有法律专业知识；⑥从事法律工作满五年。其中获得法律硕士、法学硕士学位，或者获得法学博士学位的，从事法律工作的年限可以分别放宽至四年、三年；⑦初任检察官应当通过国家统一法律职业资格考试取得法律职业资格。适用上述第五项规定的学历条件确有困难的地方，经最高人民检察院审核确定，在一定期限内，可以将担任检察官的学历条件放宽为高等学校本科毕业。[2]

2019 年《检察官法》第 13 条规定了担任检察官的消极条件，即下列人员不得担任检察官：①因犯罪受过刑事处罚的；②被开除公职的；③被吊销律师、公证员执业证书或者被仲裁委员会除名的；④有法律规定的其他情形。公开选拔是初任法官、检察官任职人选的选拔方式之一。

2019 年《检察官法》第 16 条规定，省、自治区、直辖市设立检察官遴选委员会，负责初任检察官人选专业能力的审核。省级检察官遴选委员会的组成人员应当包括地方各级人民检察院检察官代表、其他从事法律职业的人员和有关方面代表，其中检察官代表不少于三分之一。省级检察官遴选委员会的日常工作由省级人民检察院的内设职能部门承担。遴选最高人民检察院检察官应当设立最高人民检察院检察官遴选委员会，负责检察官人选专业能力的审核。

---

[1]　2019 年《检察官法》第 31 条。

[2]　这里所讲的"从事法律工作"，主要包括从事国家或地方的立法工作，审判、检察工作，公安、国家安全、监狱管理、劳动教养管理工作，律师，法律教学和研究工作，党的政法委员会以及政府部门中的法制工作等。其中"从事检察工作"，应以从事检察机关的检察业务工作为宜。参见 2006 年 2 月 24 日全国人大常委会法制工作委员会《关于〈中华人民共和国法官法〉、〈中华人民共和国检察官法〉中"从事法律工作"的含义的答复》；2006 年 8 月 14 日全国人大常委会法制工作委员会《关于如何理解〈中华人民共和国检察官法〉规定的"从事法律工作"和"具有法律专业知识"的答复》。这里所讲的"具有法律专业知识"，根据《检察官法》的规定，对于高等院校非法律专业本科以上毕业的人员，具有法律专业知识与从事法律工作满一定年限，是担任检察官应当同时具备的两个条件。实践中有些非法律专业本科以上毕业的同志，较长时间从事法律工作，在工作中学习和掌握了法律专业知识，认为其"具有法律专业知识"是可以的，但是，《检察官法》第 10 条第 1 款第 6 项规定的从事法律工作的有关年限还应当另行计算。参见 2006 年 8 月 14 日全国人大常委会法制工作委员会《关于如何理解〈中华人民共和国检察官法〉规定的"从事法律工作"和"具有法律专业知识"的答复》。

2019 年《检察官法》第 17 条规定，初任检察官一般到基层人民检察院任职。上级人民检察院检察官一般逐级遴选；最高人民检察院和省级人民检察院检察官可以从下两级人民检察院遴选。参加上级人民检察院遴选的检察官应当在下级人民检察院担任检察官一定年限，并具有遴选职位相关工作经历。

检察官职务的任免，依照宪法和法律规定的任免权限和程序办理。根据我国现行规定，检察官职务的任命采用的是选举制与任命制相结合的方式。2019 年《检察官法》第 18 条规定，最高人民检察院检察长由全国人民代表大会选举和罢免，副检察长、检察委员会委员和检察员，由检察长提请全国人民代表大会常务委员会任免。地方各级人民检察院检察长由本级人民代表大会选举和罢免，副检察长、检察委员会委员和检察员，由检察长提请本级人民代表大会常务委员会任免。地方各级人民检察院检察长的任免，须报上一级人民检察院检察长提请本级人民代表大会常务委员会批准。省、自治区、直辖市人民检察院分院检察长、副检察长、检察委员会委员和检察员，由省、自治区、直辖市人民检察院检察长提请本级人民代表大会常务委员会任免。省级人民检察院和设区的市级人民检察院依法设立作为派出机构的人民检察院的检察长、副检察长、检察委员会委员和检察员，由派出的人民检察院检察长提请本级人民代表大会常务委员会任免。新疆生产建设兵团各级人民检察院、专门人民检察院的检察长、副检察长、检察委员会委员和检察员，依照全国人民代表大会常务委员会的有关规定任免。

在任法官调入人民检察院担任检察官或者在任检察官调入人民法院担任法官的，不需要再通过国家统一司法考试，上述人员经调入方考核合格者，即可由人民法院或者人民检察院依照法定程序任命或者提请任命相应的法官、检察官职务；对于在任的于 2001 年 12 月 31 日以前担任法官、检察官职务，但不具备高等院校本科毕业学历条件的，依法接受培训后，可以相互交流任职。[1]

对于曾任法官、检察官职务，不是现任法官、检察官的人员，再调入法院、检察院担任法官、检察官的问题，《法官法》《检察官法》没有具体规定。全国人大常委会法制工作委员会认为："鉴于《中华人民共和国法官法》《中华人民共和国检察官法》已经规定了国家统一司法考试制度，建议对这部分人员再任法官、检察官时，严格掌握进入标准。原则上应经过国家统一司法考试，对属于干部交流或经组织批准调到党委政法委、人大和政府的法制部门从事与法律相关工作的人员，或者从事公安等工作的人员，再任法官、检察官时，符合在任法官、检察官依法接受培训后的学历条件的，可以不经过国家统一司法考试。"[2]

检察官的级别分为十二级。最高人民检察院检察长为首席大检察官，二级至十二级检察官分为大检察官、高级检察官、检察官。检察官的等级的确定，以检察官所任职务、德才表现、业务水平、检察工作实绩和工作年限为依据。[3]

检察官实行任职回避制度。2019 年《检察官法》第 24 条规定："检察官之间有夫妻关

---

[1] 2004 年 10 月 8 日全国人大常委会法制工作委员会《关于法官、检察官相互交流任职是否还需要通过国家统一司法考试的答复》。

[2] 2004 年 10 月 8 日全国人大常委会法制工作委员会《关于法官、检察官相互交流任职是否还需要通过国家统一司法考试的答复》。

[3] 2001 年《检察官法》第 21 条、第 22 条（最新修订见 2019 年《检察官法》第 27 条、第 29 条）；1997 年《检察官等级暂行规定》；1998 年《评定检察官等级实施办法》。

系、直系血亲关系、三代以内旁系血亲以及近姻亲关系的,不得同时担任下列职务:(一)同一人民检察院的检察长、副检察长、检察委员会委员;(二)同一人民检察院的检察长、副检察长和检察员;(三)同一业务部门的检察员;(四)上下相邻两级人民检察院的检察长、副检察长。"第25条规定:"检察官的配偶、父母、子女有下列情形之一的,检察官应当实行任职回避:(一)担任该检察官所任职人民检察院辖区内律师事务所的合伙人或者设立人的;(二)在该检察官所任职人民检察院辖区内以律师身份担任诉讼代理人、辩护人,或者为诉讼案件当事人提供其他有偿法律服务的。"

为加强检察官队伍建设,增强检察官的职业使命感、职业责任感和职业荣誉感,2010年最高人民检察院制定了《中华人民共和国检察官宣誓规定(试行)》。为彰显宪法权威,激励和教育国家工作人员忠于宪法、遵守宪法、维护宪法,加强宪法实施,2015年7月,全国人民代表大会常务委员会作出《关于实行宪法宣誓制度的决定》。2018年《宪法》修正后第27条第3款规定:"国家工作人员就职时应当依照法律规定公开进行宪法宣誓。"2018年2月,全国人大常委会表决通过了修订后的《全国人大常委会关于实行宪法宣誓制度的决定》。2019年《检察官法》第19条规定:"检察官在依照法定程序产生后,在就职时应当公开进行宪法宣誓。"根据上述规定,检察官在依照法定程序产生后,应当进行宪法宣誓。宣誓誓词为:"我宣誓:忠于中华人民共和国宪法,维护宪法权威,履行法定职责,忠于祖国、忠于人民,恪尽职守、廉洁奉公,接受人民监督,为建设富强民主文明和谐美丽的社会主义现代化强国努力奋斗!"

四、公证员

公证员是指符合我国《公证法》规定的条件,经法定任职程序,取得公证员执业证书,在公证机构从事公证业务的执业人员。公证员的配备数量,根据公证机构的设置情况和公证业务的需要确定。公证员配备方案,由省、自治区、直辖市司法行政机关编制和核定,报司法部备案。

担任公证员,应当具备下列积极条件:①具有中华人民共和国国籍;②年龄二十五周岁以上六十五周岁以下;③公道正派,遵纪守法,品行良好;④通过国家统一法律职业资格考试取得法律职业资格;⑤在公证机构实习二年以上或者具有三年以上其他法律职业经历并在公证机构实习一年以上,经考核合格。从事法学教学、研究工作,具有高级职称的人员,或者具有本科以上学历,从事审判、检察、法制工作、法律服务满十年的公务员、律师,已经离开原工作岗位,经考核合格的,可以担任公证员。[1]

有下列情形之一的,不得担任公证员:①无民事行为能力或者限制民事行为能力的;②因故意犯罪或者职务过失犯罪受过刑事处罚的;③被开除公职的;④被吊销公证员、律师执业证书的。[2]

担任公证员,应当由符合公证员条件的人员提出申请,经公证机构推荐,由所在地的司法行政部门报省、自治区、直辖市人民政府司法行政部门审核同意后,报请国务院司法行政部门任命,并由省、自治区、直辖市人民政府司法行政部门颁发公证员执业证书。公证员有下列情形之一的,由所在地的司法行政部门报省、自治区、直辖市人民政府司法行政部门提请国务院司法行政部门予以免职:①丧失中华人民共和国国籍的;②年满六十五周岁或者因健康原因不能继续履行职务的;③自愿辞去公证员职务的;④被吊销公证员执

〔1〕 2017年《公证法》第18条、第19条。
〔2〕 2017年《公证法》第20条。

业证书的。[1]

为切实提高公证员队伍思想政治素质、职业道德素质和专业素质，不断增强公证员的职业使命感、荣誉感和社会责任感，根据《中华人民共和国公证法》，司法部于2017年7月作出《关于建立公证员宣誓制度的决定》，决定在全国建立公证员宣誓制度。根据该决定，经省、自治区、直辖市司法行政机关许可，首次取得或者重新取得公证员执业证书的人员，应当进行公证员宣誓。公证员宣誓，应当在公证员取得公证员执业证书之日起六个月内进行，采取分次集中的方式进行。公证员宣誓誓词为："我是中华人民共和国公证员。我宣誓：忠于祖国，忠于人民，忠于宪法和法律，拥护中国共产党的领导，拥护社会主义法治，依法履行职责，客观公正执业，遵守职业道德，勤勉敬业，廉洁自律，为全面依法治国、建设社会主义法治国家努力奋斗！"

1988年中央职称改革工作领导小组转发的《公证员职务试行条例》规定，公证员职务是根据公证工作的性质和公证业务工作的实际需要而设置的专业工作岗位。公证员职务名称为：公证员助理、四级公证员、三级公证员、二级公证员和一级公证员。公证员助理和四级公证员为初级职务，三级公证员为中级职务，二级公证员和一级公证员为高级职务。公证处应定编定员，公证员职务应有合理的结构比例并实行限额聘任或任命制度。

五、法律顾问

法律顾问，是指具有法律专业知识，为自然人、法人或者其他组织提供法律咨询和其他法律服务的人员。

党的十八届三中全会提出"普遍建立法律顾问制度"；十八届四中全会通过的《中共中央关于全面推进依法治国若干重大问题的决定》提出，要"积极推行政府法律顾问制度，建立政府法制机构人员为主体、吸收专家和律师参加的法律顾问队伍，保证法律顾问在制定重大行政决策、推进依法行政中发挥积极作用。"2016年6月，中共中央办公厅、国务院办公厅印发了《关于推行法律顾问制度和公职律师公司律师制度的意见》规定："实行老人老办法、新人新办法，国家统一法律职业资格制度实施后，党政机关、人民团体、国有企事业单位拟担任法律顾问的人员应当具有法律职业资格或者律师资格。"司法部2018年《国家统一法律职业资格考试实施办法》第2条规定，行政机关中初次从事法律顾问的公务员，应当通过国家统一法律职业资格考试，取得法律职业资格。2018年《公务员法》第25条第2款规定："国家对行政机关中初次从事行政处罚决定审核、行政复议、行政裁决、法律顾问的公务员实行统一法律职业资格考试制度，由国务院司法行政部门商有关部门组织实施。"

根据中共中央办公厅、国务院办公厅2016年《关于推行法律顾问制度和公职律师公司律师制度的意见》，党政机关法律顾问履行下列职责：①为重大决策、重大行政行为提供法律意见；②参与法律法规规章草案、党内法规草案和规范性文件送审稿的起草、论证；③参与合作项目的洽谈，协助起草、修改重要的法律文书或者以党政机关为一方当事人的重大合同；④为处置涉法涉诉案件、信访案件和重大突发事件等提供法律服务；⑤参与处理行政复议、诉讼、仲裁等法律事务；⑥所在党政机关规定的其他职责。

六、法律类仲裁员

仲裁是指由双方当事人以协议方式将争议提交第三者，由该第三者对争议的是非曲直

---

[1]   2017年《公证法》第21条、第24条。

进行评判并作出裁决的争议解决方法。2017 年《仲裁法》第 2 条规定，平等主体的公民、法人和其他组织之间发生的合同纠纷和其他财产权益纠纷，可以仲裁。第 3 条规定，"下列纠纷不能仲裁：（一）婚姻、收养、监护、扶养、继承纠纷；（二）依法应当由行政机关处理的行政争议"。第 77 条规定，"劳动争议和农业集体经济组织内部的农业承包合同纠纷的仲裁，另行规定"。2017 年《仲裁法》、2007 年《劳动争议调解仲裁法》、2009 年《农村土地承包经营纠纷调解仲裁法》都对仲裁员的选任作出了规定。2017 年《仲裁法》第 13 条规定，"仲裁委员会应当从公道正派的人员中聘任仲裁员。仲裁员应当符合下列条件之一：（一）通过国家统一法律职业资格考试取得法律职业资格，从事仲裁工作满八年的；（二）从事律师工作满八年的；（三）曾任法官满八年的；（四）从事法律研究、教学工作并具有高级职称的；（五）具有法律知识、从事经济贸易等专业工作并具有高级职称或者具有同等专业水平的"。从仲裁员的专业背景来看，可以区分为法律类和非法律类。根据 2017 年《仲裁法》第 13 条的规定，法律类仲裁员是指通过国家统一法律职业资格考试取得法律职业资格，从事仲裁工作满八年的仲裁人员。

仲裁员有下列情形之一的，必须回避，当事人也有权提出回避申请：①是本案当事人或者当事人、代理人的近亲属；②与本案有利害关系；③与本案当事人、代理人有其他关系，可能影响公正仲裁的；④私自会见当事人、代理人，或者接受当事人、代理人的请客送礼的。当事人提出回避申请，应当说明理由，在首次开庭前提出。回避事由在首次开庭后知道的，可以在最后一次开庭终结前提出。仲裁员是否回避，由仲裁委员会主任决定；仲裁委员会主任担任仲裁员时，由仲裁委员会集体决定。仲裁员因回避或者其他原因不能履行职责的，应当依照本法规定重新选定或者指定仲裁员。因回避而重新选定或者指定仲裁员后，当事人可以请求已进行的仲裁程序重新进行，是否准许，由仲裁庭决定；仲裁庭也可以自行决定已进行的仲裁程序是否重新进行。[1]

七、从事行政处罚决定审核、行政复议、行政裁决的公务员

2018 年《公务员法》第 25 条第 2 款规定："国家对行政机关中初次从事行政处罚决定审核、行政复议、行政裁决、法律顾问的公务员实行统一法律职业资格考试制度，由国务院司法行政部门商有关部门组织实施。"2017 年《行政处罚法》第 38 条第 3 款规定："在行政机关负责人作出决定之前，应当由从事行政处罚决定审核的人员进行审核。行政机关中初次从事行政处罚决定审核的人员，应当通过国家统一法律职业资格考试取得法律职业资格。"[2]2017 年《行政复议法》第 3 条第 2 款规定："行政机关中初次从事行政复议的人员，应当通过国家统一法律职业资格考试取得法律职业资格。"

行政裁决是行政机关根据当事人申请，根据法律法规授权，居中对与行政管理活动密切相关的民事纠纷进行裁处的行为。行政裁决的受理范围是与行政管理活动密切相关的民事纠纷，主要集中在自然资源权属争议、知识产权侵权纠纷和补偿争议、政府采购活动争议等方面。2019 年 6 月，中共中央办公厅、国务院办公厅印发了《关于健全行政裁决制度加强行政裁决工作的意见》。对行政机关中初次从事行政裁决的公务员实行统一法律职业资格考试制度，是推动行政裁决队伍建设的重要举措，有利于进一步推进行政裁决工作、充分发挥行政裁决工作的重要作用。

鉴于 2018 年《公务员法》第 25 条第 2 款要求国家对行政机关中初次从事行政处罚决

---

〔1〕　2017 年《仲裁法》第 34 条至第 37 条。
〔2〕　最新修订见 2021 年《行政处罚法》第 58 条。

定审核、行政复议、行政裁决、法律顾问的公务员均实行统一法律职业资格考试制度，我们将行政机关中从事行政处罚决定审核、行政复议、行政裁决、法律顾问的公务员，统称为涉法公务员。

■思考题

1. 什么是法律职业？我国的法律职业包括哪些人员？
2. 申请取得律师执业证书，应当具备哪些条件？
3. 担任法官、检察官应当具备哪些条件？
4. 担任公证员应当具备哪些条件？
5. 根据司法部 2005 年《司法鉴定人登记管理办法》，担任司法鉴定人应当具备哪些条件？

■参考书目

1. 张文显、信春鹰、孙谦主编：《司法改革报告：法律职业共同体研究》，法律出版社 2003 年版。
2. 李学尧：《法律职业主义》，中国政法大学出版社 2007 年版。
3. ［美］德博拉·L. 罗德、小杰弗瑞·C. 海泽德著，王进喜等译：《律师的职业责任与规制（第二版）》，中国人民大学出版社 2013 年版。

第二章 法律职业伦理概述

■ **本章概要**

　　法律职业伦理，是指律师、检察官、法官、公证员等法律职业人员、其辅助人员以及其他相关人员及其所属机构，在与其职业身份有关的活动中应当遵守的行为规范的总称。很长一段时间以来，国内法学教育并不重视法律职业伦理课程，理论界和实务界对法律职业伦理的建设并不重视，往往把法律职业伦理简单地视为一种修养性的职业道德，认为其仅仅具有一种道德教化作用，而不具有可操作性，并且在理论分析上往往套用一般性的道德理论，同实践的要求还有相当的差距。根据国务院学位办《关于转发〈法律硕士专业学位研究生指导性培养方案〉的通知》，自2017级法律硕士专业学位研究生开始执行的指导性方案中，明确将《法律职业伦理》作为法律硕士（法学）和法律硕士（非法学）的必修课。2018年1月30日，《法学类专业教学质量国家标准》正式发布，法律职业伦理位列核心课程体系之中，成为全国各个法学院学生都必须修习的10门必修课之一。法律职业行为法正在逐渐成为一个具有相当影响力的、日益复杂的体系，其内容不能为当前任何一个法学二级学科所涵盖。在实务领域，其重要性日益凸显，识别法律职业行为法问题被许多国家视为律师的基本技能之一，甚至在一些国家出现了以律师职业行为法（职业责任）为专业的律师。在法学教育中，开展法律职业伦理教育实属必要。无论是从法律教育的职业属性来看，还是从法律职业发展繁荣需求来看，都有必要进行和强化法律职业伦理教育。同时，即便是出于功利主义的考虑，进行法律职业伦理教育，在培养对象、培养主体、法律职业共同体以及法治社会等四个方面，所获取的收益也要高于所付出的成本。此外，法律职业伦理教育之所以必要，还在于其一旦缺失，法科学生很可能会认为自己是一个非道德性的职业，从而走向纯商业主义的技术理性。尽管这一理念今天有泛滥之势，但法学院学生都接受这样的理念，显然不是法学教育的理想状态。从法律职业伦理教育的角度考虑，教授既有技术专业，又致力于公共福利和职业荣誉的法律人，才是法学院校应当传递给其培养对象的信念，才是我们法学教育的理想图景。法律职业伦理的学习而言，有两个重要的学习方法：一是理论联系实际的学习方法；二是比较研究的方法。

■ **本章关键词**

　　法律职业伦理；概念；渊源；学科发展；理论基础；学习方法

第一节   法律职业伦理的概念和渊源

一、法律职业伦理的概念与特征

法律职业伦理，是指律师、检察官、法官、公证员等法律职业人员、其辅助人员以及其他相关人员及其所属机构，在与其职业身份有关的活动中应当遵守的行为规范的总称。法律职业伦理具有以下特征：

第一，法律职业伦理的适用对象，是法律职业人员、其辅助人员以及其他相关人员及其所属机构。法律职业人员的辅助人员的行为，往往是法律职业人员的职业活动的重要支撑和组成部分，因此其行为也受到法律职业行为法的调整。例如，关于法官的职业行为法，不仅调整法官的职业行为，而且调整人民法院其他工作人员的职业行为〔1〕。法律职业人员的所属机构，在法律职业人员的职业活动中往往发挥着组织、领导、管理的重要作用，其内部管理上的上下级关系和平等地位关系往往对法律职业人员的职业活动有着至关重要的影响。因此，法律职业人员的所属机构往往也是法律职业行为法的适用对象。例如，律师职业行为法的适用对象，既包括律师，也包括律师事务所〔2〕。

第二，法律职业伦理调整的是法律职业人员、其辅助人员以及其他相关人员及其所属机构在与其职业身份有关的活动中的行为。并非上述人员及其所属机构的所有行为都受到法律职业行为法的调整，只有与上述人员及其所属机构的职业身份有关的活动才受到法律职业行为法的调整。换言之，法律职业行为法所关注的核心问题是上述人员及其所属机构的行为对其职业能力、职业形象的影响，以确保这些人员和机构的行为符合职业的要求。

第三，法律职业伦理所调整的与法律职业人员、其辅助人员以及其他相关人员的职业身份有关的活动包括业内活动和业外活动两个方面。〔3〕法律职业人员的业内活动与法律职业人员的职业身份有着直接关系，毫无疑问，它是法律职业行为法所调整的主要内容。但是，法律职业人员的业外活动与其业内活动是不能截然分开的。他们的业外活动同样可能使得人们对其履行职务的能力和品格产生怀疑，会造成其难以履行职务的情况，因此有必要对法律职业人员的业外活动加以调整，以维护法律职业的形象，保障法律职务的适当履行。例如，2019年《法官法》第22条规定："法官不得兼任人民代表大会常务委员会的组成人员，不得兼任行政机关、监察机关、检察机关的职务，不得兼任企业或者其他营利性组织、事业单位的职务，不得兼任律师、仲裁员和公证员。"如果有法官兼任企事业单位的职务，兼任律师等业外活动，毫无疑问会造成诉讼中的回避、其他法官的职业独立性和裁决的稳定性受到影响等问题。

第四，我国目前并不存在统一的法律职业伦理规范或者法律职业行为法典。法律职业伦理是调整不同法律职业的行为的规范体系。每个法律职业的运作背景都有所不同。不考

---

〔1〕 2010年《法官职业道德基本准则》第27条规定："人民陪审员依法履行审判职责期间，应当遵守本准则。人民法院其他工作人员参照执行本准则。"2004年最高人民法院、司法部《关于规范法官和律师相互关系维护司法公正的若干规定》第15条第2款规定："对人民法院其他工作人员和律师辅助人员的纪律约束，参照本规定的有关内容执行。"

〔2〕 2017年《律师执业行为规范（试行）》第5条规定："本规范适用于作为中华全国律师协会会员的律师和律师事务所，律师事务所其他从业人员参照本规范执行。"

〔3〕 2010年《法官职业道德基本准则》第3条规定："法官应当自觉遵守法官职业道德，在本职工作和业外活动中严格要求自己，维护人民法院形象和司法公信力。"

虑具体背景而适用这些规则几乎是不可能的。由于不同背景下所涉及的角色、关系不同，各个法律职业的职业行为法需要进行区别，它们在内容和比重上都存在显著差别。以法官和律师的为例，法官职业活动的主要特点是中立性与被动性，所涉及的社会关系较少，因此，其职业行为法在总体比重上较少；律师职业活动的特点则是当事人性与主动性，所涉及的社会关系较多，因此，其职业行为规范在总体比重上较多。此外，就每个具体法律职业而言，从我国的实际情况来看，也不存在统一的职业行为伦理规范，职业伦理有着法律、法规、司法解释、行业规范等诸多渊源。因此，同一行为，在法律、法规或者行业规范中可能均会找到相应的规范。

第五，违反法律职业伦理规范应当承担一定的后果。从应然角度来看，法律职业伦理应具有法律属性，比如法律职业行为法本质上应是法律，只有是法律，才能够超越各个法律职业本身的狭隘性而得到广泛的适用；只有具备法律这样的品质，才能够在实践中与法律背景相适应。因此，法律职业伦理不同于一般的道德，违反了法律伦理规范，应当承担一定的后果，否则，法律职业伦理规范就会因为缺乏执行机制而被束之高阁。从我国现行的规范来看，违反法律职业伦理，具有刑事、民事、行政和行业纪律上的后果。

二、法律职业伦理/道德与法律职业行为规则/法

在我国，法律职业伦理又往往被称为法律职业道德。毫无疑问，所有的法律都有一定的道德基础。但是，法律职业伦理主体上应为法律规范，绝大多数内容仍为法律行为法，是对法律职业人员及其所属机构的具体职业活动加以指导的规范。因此，法律职业伦理的主体内容从性质上讲，应当是一种程序法。而就道德而言，道德是具有实体性要求的规范。实体性要求的实现和体现，在很大程度上要依赖于程序的保障。因此，法律职业伦理不同于道德，是高层面的具有规范性、执行力的规范体系，作为其主体内容的法律职业行为法是法律，是一种程序法。

但就法律职业行为法和法律职业道德的关系来看，一定意义上讲，我们在探讨法律职业行为法和法律职业道德之间的区别时，可以以其表现形式和效力作为主要的参考标准。在对法律职业行为的规制问题上，如果相应规则是法律所规定的，我们就称其为法律职业行为法；如果相应的规则不具有这样的法律效力，而是由相应的规制机构（如律师协会、公证员协会）所制定的，我们就称其为法律职业道德。然而，从实际情况来看，这种区分存在相当的难度，因为同样的行为既可能受到法律的规制，也可能受到职业道德的规制。例如，从中国目前关于律师职业行为的规范渊源来看，一部分是以法律、部门规章等法律规范形式体现的，如2017年《律师法》、司法部2010年《律师和律师事务所违法行为处罚办法》，另一部分则是以律师协会所制定的行业规范的形式体现的，如中华全国律师协会2017年《律师执业行为规范（试行）》。许多职业行为规范，如利益冲突问题、保密问题，在这些规范中都有体现。我们很难说哪些职业行为受法律职业行为法调整，哪些受法律职业道德调整。同样，关于法官的职业行为（如回避）的规范，既有诉讼法、2019年《法官法》、最高人民法院2011年《关于审判人员在诉讼活动中执行回避制度若干问题的规定》[1]这样的渊源，也有最高人民法院2010年《法官职业道德基本准则》这样的行业性渊源。从实然的角度来看，法律活动背景下的行为规范如果不具有法律的性质，则难以得到普遍的执行和有效的适用。例如，律师违反关于利益冲突的规定，可能会影响到审判的质量，面对不

---

[1]　法释〔2011〕12号。

是法律的所谓律师职业道德，主持庭审的法官很难执行这样的职业道德。因此，从应然的角度来看，所谓的法律职业道德，都应当是具有强制力的法律。只有这样，才能保证法律职业行为法得到有效的实施。

三、法律职业伦理与业务操作规范

法律职业活动需要遵循特定的业务操作规范来进行，这些业务操作规范主要表现为程序法，例如《刑事诉讼法》《民事诉讼法》等法律及相关司法解释。法律职业行为法也主要是一种程序法。从实证法的角度来看，这两种程序法存在一定程度的重合，例如关于法官、检察官的回避。但是，二者也存在着诸多区别：

第一，法律职业行为法除了对法律职业人员的业内活动进行规范外，还对法律职业人员的业外活动进行了约束；业务操作规范则不涉及法律职业人员的业外活动方面的内容。

第二，法律职业行为法的程序性，主要是为了展现法律职业人员从事相关职业活动的适正性；业务操作规范的程序性，则主要是为了保证业务操作的秩序性、效率性。

第三，法律职业行为法的主线，是法律职业人员的行为；业务操作规范的主线，则是具体案件的运行程序，即具体案件的主体和事实所涉及的处理步骤和方法。

第四，法律职业行为法主要体现为法律职业的自我约束，或者是法律职业的行业意志与国家意志；[1]业务操作规范则主要是以法律或者司法解释形式表现出来的，直接体现的是国家的意志。

第五，法律职业行为法的调整范围是跨越各个具体部门法的，例如，法官的职业行为法在刑事诉讼、民事诉讼抑或行政诉讼中都应适用；而业务操作规范仅仅适用于某个领域，例如关于刑事诉讼的操作规范仅仅适用于刑事诉讼领域。

第六，在同一空间内，可以运行多个法律职业的职业行为法，例如，在法庭审理过程中，法官、检察官和律师要遵行各自的职业行为法；而在同一空间内，只能运行一种业务操作规范。例如在刑事法庭上，通常只能允许适用刑事诉讼法。

四、法律职业伦理的作用

法律职业伦理作为调整法律职业人员、其辅助人员以及其他相关人员及其所属机构在与其职业身份有关的活动中应当遵守的行为规范，具有重要的作用。

首先，法律职业伦理对法律职业行为具有重要的指导作用。法律职业行为法的主体内容是程序法，它规定的是法律职业的行为规则而不是业务规则，通过精心设计的行为规则来加强对法律职业活动的约束与指导，通过对违反法律职业行为法的行为加以处罚，指导法律职业如何处理好各种职业关系，使得法律职业活动能够以看得见的公正、看得见的称职、看得见的平等等方式进行，从而展现法律职业应有的尊严和专业性，促进法律事务的有效解决。

其次，法律职业伦理是维护法律职业理想，塑造法律职业精神的重要机制。法律职业之所以成为职业，在于其职业活动的公共性或者利他性。法律职业在服务于他人利益、服务于公共利益时，必须能够超越法律职业自身的利益。律师、检察官、法官等职业在职业活动中都涉及其私人利益与公共利益、他人利益的冲突，尽管表现形式不同。回避规则、利益冲突规则就是对这种冲突加以调整的规则的集中体现。以律师职业为例，律师职业的个人利益表现为律师职业活动的商业化。律师职业活动的商业化固然能够改善服务的质量、

---

[1]　联合国《关于律师作用的基本原则》第26条规定："应由法律界通过其有关机构或经由立法，按照本国法律和习惯以及公认的国际标准和准则，制定律师职业行为守则。"

扩大委托人的选择机会，但是在法律服务市场中，信息是不对称的。总的来看，委托人群体难以通过市场机制来对律师的服务进行有效淘汰。律师职业活动商业化的绝对性，必然会导致其在商业性竞争活动中丧失其职业性。因此，如何在二者之间寻求适当的平衡点，使得律师对经济利益的追求和对公共利益的伸张之间保持一种适度的平衡，是一个重要的理论和实践问题。这种冲突与平衡是律师职业行为法的中心问题。一个以利益权衡为基本出发点、强调律师职业性因素的律师职业行为法，能为律师的职业活动提供有效指南。总之，法律职业有责任保证其制定的有关规则是基于公共利益而不是为了促进法律职业自身的狭隘利益，否则就会损害法律职业的独立性及所服务的公共利益，损害法律职业的职业理想。

最后，法律职业伦理具有保护法律职业人员的作用。规范、科学的职业伦理，将实现职业行为后果的可预测性，将成为保护法律职业的一道屏障。在规范、科学的职业伦理指导下的法律职业行为，应当受到保护。法律职业因其职业活动在当代社会中的重要作用而具有相对的独立性，这种独立性同时产生了自治的特殊职责。法律职业伦理的很多内容是法律职业本身所制定的，很多内容是对法律职业本身的自我约束和限制，[1]因此，法律职业伦理在相当程度上体现了法律职业的独立与自治性。例如，联合国《关于律师作用的基本原则》规定，律师在任何时候都应根据法律和公认的准则以及律师的职业道德，自由和勤奋地采取行动。各国政府应确保律师"不会由于其按照公认的专业职责、准则和道德规范所采取的任何行动而受到或者被威胁会受到起诉或行政、经济或其他制裁"，"律师如因履行其职责而其安全受到威胁时，应当得到当局给予的充分保障"。该法律文件要求各成员国应在其本国立法和习惯做法范围内考虑和尊重这些原则，并提请律师以及其他人员例如法官、检察官、行政和立法机关成员以及一般公众予以注意。以"促进和确保律师发挥正当作用"。因此，法律职业伦理是一块界碑，法律职业活动只要符合"公认的专业职责、准则和道德规范"，任何制裁均不可越入。因此，法律职业伦理是保护法律职业不受不公正限制和侵权的武器之一。

五、我国现行法律职业伦理的渊源

法律职业因其在国家政治、经济生活中占据重要的地位而受到严格的规范，并非一个"自由职业"。从我国的情况来看，经过三十多年的建设，我国调整法律职业行为的规范形成了一个多层次的规范体系。调整法律职业行为的规范，既包括立法层面的规范，也包括职业协会的规范；既有法典模式的综合性职业行为法，也有对个别问题的单行性规定。因此，其渊源非常复杂。我国现行的法律职业行为规范体系主要由以下几部分组成：

（一）法律

关于法律职业行为的法律文件主要是《宪法》《刑事诉讼法》《民事诉讼法》《行政诉讼法》《刑法》等基本法律，以及《法官法》《检察官法》《律师法》《公证法》中有关法律职业行为的法律规范。这些规范是法律职业行为法的最高层次的法律规范，法律效力最高。

（二）司法解释类

例如，最高人民法院 2011 年《关于审判人员在诉讼活动中执行回避制度若干问题的规定》[2]。

---

〔1〕　2011 年《律师执业行为规范》第 2 条规定："本规范是律师规范执业行为的指引，是评判律师执业行为的行业标准，是律师自我约束的行为准则。"
〔2〕　法释〔2011〕12 号。

（三）行政法规和部门规章类

例如，国务院 2003 年《法律援助条例》[1]，司法部 2010 年《律师和律师事务所违法行为处罚办法》，司法部 2016 年《律师执业管理办法》，司法部 2018 年《律师事务所管理办法》等。

（四）国务院部委有关规范性文件

这类规范性文件主要体现为司法部发布的有关律师工作的通知、办法、批复、答复、函等。如司法部 2001 年《对关于律师从事经营性活动的批复》[2]；司法部 1999 年《关于律师事务所不得在两个以上办公场所开展业务的批复》[3]等。这类规范性文件往往只涉及具体的部门和具体的事务。

（五）行业性规范

例如，最高人民法院 2010 年《法官职业道德基本准则》[4]；最高人民检察院 2010 年《检察官职业行为基本规范（试行）》；中华全国律师协会 2017 年《律师执业行为规范（试行）》；最高人民法院 2011 年《关于对配偶子女从事律师职业的法院领导干部和审判执行岗位法官实行任职回避的规定（试行）》[5]；最高人民法院、司法部 2004 年《关于规范法官和律师相互关系维护司法公正的若干规定》[6]。从实然的角度来看，这些规定虽然不属于法律规范，但是对本行业的法律职业人员具有约束力。

（六）地方性规范性文件

这类规范比较复杂，有的体现为地方性法规，如 2011 年《海南经济特区律师执业条例》、2004 年《深圳经济特区律师执业条例》；有的是地方行业性组织制定的规范[7]。这类规范性文件的效力往往只及于当地和本行业，具有地域性和行业限制。

总体上，我国已经初步形成了法律职业伦理的基本体系框架，但是从这些法律法规和规范性文件的内容考察，也会发现其中存在许多重复、重叠甚至冲突的地方，并且在基本体系上还相当不成熟，因此，对于法律职业的指导作用和保护作用都明显不足，特别是对于诉讼活动中的一些敏感性的问题缺乏明确的规定。在这种情况下，法律职业活动难免出现盲目性，从而容易造成当事人、律师、检察官和法官之间的冲突，造成法律职业管理上的空白。因此，加强对法律职业伦理规范体系的研究，为中国特色法律工作者提供最基本的职业伦理规范，具有重要意义。

第二节　法律职业伦理的学科发展

法律职业伦理是律师、检察官、法官、公证员等法律职业人员、其辅助人员及其所属机构开展职业活动的重要指南，其规制伴随法律职业人员的职业生涯，是司法质量和法律服务质量的重要保障措施。"徒法不足以自行"，只有通过人来执行，纸面上的抽象、枯燥

---

[1] 现为全国人大常委会 2021 年《法律援助法》。
[2] 司复〔2001〕2 号。
[3] 司复〔1999〕8 号。
[4] 法发〔2010〕53 号。
[5] 法发〔2011〕5 号。
[6] 法发〔2004〕9 号。
[7] 2017 年《律师执业行为规范（试行）》第 107 条规定："地方律师协会可以依据本规范，结合本地区情况制定实施细则。该实施细则与本规范不得冲突，并报全国律师协会备案后实施。"

的法律才能变成生活中的生动、鲜活的法律。而执行法律的人如非良人，则同样不能实现法律所要维护的公序良俗。因此，加强法律职业伦理的研究、教学和立法，对于法治建设，对于法律职业人员的发展，都具有重要意义。

一、法律职业伦理教育与学科发展概况

在西方国家的法学教育中，法律职业伦理是其重要内容。19世纪90年代，美国法学院就已经开设了法律职业伦理课程。到1915年，81所法学院中有57所开设了相关课程，这些课由法官或著名律师讲授，并且用各种规则、沙斯伍德法官的著作或职业道德规范委员会的报告作为教材。"水门事件"将很多律师牵连到不道德和违法行为中以后，美国律师协会和法学院采取行动改革并加强了法律职业伦理教育。美国律师协会在1974年修订后的《法学院认证标准》第302（a）（Ⅲ）条中，强制性要求法学院把律师职业伦理设为必修课。法科生只有在通过法律职业伦理考试的情况下才能毕业。美国的大部分州都要求学生在参加律师职业资格考试之前必须通过全国统一的法律职业伦理考试——跨州职业责任考试，这无疑是一种促进法科生认真学习法律职业伦理的有效措施。

很长一段时间以来，国内法学教育并不重视法律职业伦理课程，理论界和实务界对法律职业伦理的建设并不重视，往往把法律职业伦理简单地视为一种修养性的职业道德，认为其仅仅具有一种道德教化作用，而不具有可操作性，并且在理论分析上往往套用一般性的道德理论，同实践的要求还有相当的差距。近年来，司法部、中华全国律师协会和一些地方律师协会在律师职业行为规范的完善上做了大量工作，各级人民法院和人民检察院也制定了一些加强法官和检察官职业行为规范建设的规定。例如中华全国律师协会2004年3月20日发布的《律师执业行为规范（试行）》，作为律师的职业行为规范有条文190条，包括了律师在执业机构中的纪律，律师在诉讼、仲裁活动中的纪律，律师与委托人、对方当事人的纪律，律师与同行之间的纪律等内容。[1]与司法部和中华全国律师协会以前发布的关于律师职业道德的规定相比，该规范在律师职业行为规则的系统化方面已经有了重大突破，并大大增强了律师职业活动中的技术性因素，改变了人们将律师职业行为法视为修养性道德的传统认识。最高人民法院在2001年制定的《法官职业道德基本准则》，初步体现了法官职业行为法的体系。这些制定规制法律职业行为的规范性文件的活动，表明加强法律职业行为法的建设已经成为一种明确的实践诉求。因此，加强理论研究和教学，尽快完善律师、检察官、法官和公证员的职业行为法，以保证法律职业活动的有序化，已经成为当务之急。我们应当将其纳入司法改革的大视野中，作为加强法官、检察官司法能力以及律师、公证员服务能力建设的重要组成部分。

尽管20世纪初开始的中国大学法律教育在始建阶段，法律职业行为法已经受到重视，如1933年东吴大学法学院的课程编制计划中，"法律伦理学"是第二学年的2学分选修课，此后还被定为必修课，但是法律职业行为法在改革开放后的法学教育和研究中都没有得到应有的重视。[2]从20世纪90年代开始，一些法律院校陆续以"律师学""律师实务""司

---

[1] 为了贯彻落实2007年《律师法》对律师职业行为的要求，中华全国律师协会在2009年对《律师执业行为规范（试行）》进行了修订，2017年1月8日第九届全国律协常务理事会第二次会议审议通过试行，形成《律师执业行为规范（试行）》，条文共计109条。

[2] 造成这种状况的一个重要原因是，计划经济体制下的学科设置造成学科格局多年不变，新的学科内容无法融入，使得该学科的研究缺乏应有的资源和人才梯队；另外，这种状况造成的学术研究的荒芜，反过来又影响着法律职业行为法的制定，造成了一大批低质量的规范性文件，无法形成看得见的学术体系，从而又影响了这一学科的教学。

法职业伦理"等课程形式开展了这方面的教学和研究,但是由于我国缺乏法律职业行为法的制度建设,这些课程往往限于对相关法律制度的介绍,或者是没有法律技术含量的一般性宣教,而没有从法律职业行为法的角度建立应有的学科体系,没有形成自己的学科语言,没有形成自己的学科技术点。1999年6月14日全国法律硕士专业学位教育指导委员会秘书处制定的《法律硕士专业学位研究生指导性培养方案》中,法律硕士课程包括必修课、推荐选修课和自选课三类,其中"司法伦理学(法律职业道德与执业规则)"属于2学分的推荐选修课。但是,从实际情况来看,法律职业行为法受到忽视的状况并没有得到根本改变,其中的一个重要原因就是这门学科所立足的规范建设依然薄弱,在不具有技术含量的规范基础上的教学,很容易沦为空洞的说教、对现行制度的简单注解或者是对其他部门法相关内容的重复性介绍,缺乏应有的理论体系。

随着调整法律职业行为的规范不断增加,法律职业伦理问题日益引起理论界与实务界的重视,一些关注法律职业伦理的著作和教材开始出现。此外,在原国家统一司法考试制度中,法律职业道德与伦理已经成为必考科目这一事实,也促使人们开始加强对这一问题的教学。如中国政法大学法学院2002年在原先"律师学"课程的基础上,为本科生开设了2学分的"法律职业行为规则"课程,主要内容是"通过对利益冲突、保密、广告与劝诱、单方交流、诉讼宣传、回避等法律职业行为规则的教学,帮助学生正确掌握职业活动中的具体程序,认识职业行为规则的重要性,增强学生的公正理念和规则意识,塑造合格的律师、检察官、法官等法律职业者,促进公正司法和公正执法"。中国人民大学法学院近几年也给本科生开设了"法律伦理"选修课,从2007年开始,该课程成为2005级本科生的必修课。吉林大学法学院2008年以后开始为法学专业本科立法律职业伦理选修课程,从2010年开始,按照《法学专业指导性教学计划及其进程表(2009版)》,法律职业伦理课程调整为专业教育课程模块中的必选课,从2010年开始为法律硕士设立法律职业伦理选修课程。

根据国务院学位办《关于转发〈法律硕士专业学位研究生指导性培养方案〉的通知》,自2017级法律硕士专业学位研究生开始执行的指导性方案中,明确将《法律职业伦理》作为法律硕士(法学)和法律硕士(非法学)的必修课。2018年1月30日,《法学类专业教学质量国家标准》正式发布,[1]法律职业伦理位列核心课程体系之中,成为全国各个法学院学生都必须修习的10门必修课之一。法学类专业核心课程的调整,是回应中国经济政治社会发展的重要举措,是坚定落实十八届四中全会《决议》的重要工作,是对习近平总书记全国哲学社会科学工作座谈会上讲话精神、习近平总书记考察中国政法大学重要讲话精神和中国共产党十九大精神的坚定落实。目前,教育部、中央政法委《关于坚持德法兼修实施卓越法治人才教育培养计划2.0的意见》已经明确指出,加大学生法律职业伦理培养力度,面向全体法学专业学生开设"法律职业伦理"必修课,实现法律职业伦理教育贯穿法治人才培养全过程。虽然法律职业伦理已经纳入法学类专业核心课程体系,但国内很多法学院校尚未认识到法律职业伦理教学的重要性和紧迫性,普遍开设法律职业伦理课程面临着诸多现实性困难,比如缺乏合格师资、精品教材等。至今尚未成立全国性的法律职业伦理研究会或者组织,国内从事法律职业伦理研究和教学的专家学者缺少相应平台进行定期交流。

---

〔1〕"我国首个高等教育教学质量国家标准发布涉及56000多个专业点",载人民网 http://edu.people.com.cn/n1/2018/0130/c367001-29795328.html,访问时间:2018年11月7日。

法律职业行为法正在逐渐成为一个具有相当影响力的、日益复杂的体系，其内容不能为当前任何一个法学二级学科所涵盖。在实务领域，其重要性日益凸显，识别法律职业行为法问题被许多国家视为律师的基本技能之一，甚至在一些国家出现了以律师职业行为法（职业责任）为专业的律师。[1]然而，我国目前的法律职业行为法教育仍然不能与《律师法》《检察官法》《法官法》和《公证法》等法律关于法律职业准入的品行良好要求相呼应，不能根据各个法律职业的特质深入阐发其行为要求和价值逻辑，存在学科地位不明确、学科界限不清晰、学科语言不纯粹、学科体系不周延、师资力量薄弱、教材建设相对贫乏等诸多问题。这些问题严重影响着法律职业人员的培养，严重影响着社会正义的实现。因此，法律职业行为法的建设及其教育应当引起业内外足够的重视。在整个法学教育的学科体系规划中，这门课程应当独立成为专门的学科。我们希望这门课程在法学教育中能够引起人们足够的重视，这门课程应当成为所有接受法学教育的人的必修课程。

二、法律职业伦理研究发展概况

国际层面上法律职业伦理的研究已经相对成熟，争论也越来越细微，转型也越来越偏离存在的"合理性""必要性"等问题，而是走向更为细致的操作内容。从研究内容来看，所涉范围极其宽泛，既有法律职业伦理发展历史的介绍，也有法律职业伦理基础理论的介绍；既有法律职业伦理必要性的介绍，也有法律职业伦理可行性的研究；既有法律职业伦理具体内容的剖析，也有法律职业伦理课程设置和教学方法的探索；既有法律职业伦理对法学教育意义的研究，也有法律职业伦理对法律职业影响的研究。从这些覆盖面宽泛的研究可以概括得出，法律职业伦理作为一门学科，从研究文献的深度和广度上来判断，在国际上的研究中它是基本完备的。

国内关于法律职业伦理的研究总体上有进步，但依然相对薄弱，亟需加强。在某种意义上，法律职业伦理的研究在过去十多年中取得的进步是里程碑式的。这主要归功于若干具有代表性研究者的出现，例如李本森教授将法律服务、法律职业与法律行业规范统一起来，从经济、社会、价值层面进行了多元分析；王进喜教授专注于律师职业规范的研究，严格限定法律职业伦理为行业规范研究旨向，代表了中国法律职业伦理研究的技术性流派，说明了国际法律职业伦理研究的技术性走向；许身健教授带领法律职业伦理团队所进行的多维度研究，在"悦读"与"实证"之间，在"教学"和"执业"之间，探索着法律职业伦理学科专业内涵和外延的挖掘与扩展；李学尧教授在其后期的研究中，纳入了儒家思潮、国家与社会、政党政治等分析工具和框架，将法律职业伦理研究的内容推向另一个高度；刘思达教授的研究则从职业社会学角度大大推进了法律职业研究的严谨程度；袁钢副教授关注于法律职业资格考试中法律职业伦理部分考核的科学性和应用性，论证《法律职业伦理》应当成为法律硕士必修课的必要性和可行性，并作为爱德华项目学者在哥伦比亚大学法学院专门从事法律职业伦理教学的课题研究工作。尽管有着这些研究成果的推进，但与国际层面相关研究对比，则清晰反映出国内相关研究的薄弱。虽然近些年来关于法律职业伦理的主要译介有一些，但比较研究、实证研究依然缺乏，理论体系有待进一步完善。从未来发展的角度来说，这些都是需要改进的方向。

---

[1] 参见王进喜：《法律伦理的 50 堂课》，五南图书出版股份有限公司 2008 年版，第 50 页；Geoffrey C. Hazard, Jr., "*Lawyer for Lawyers: The Emerging Role of Law Firm Legal Counsel*", 53 U. KAN. L. REV. 795 (2005).

三、我国法律职业伦理的研究方向和研究内容

法律职业伦理的主要研究方向及研究内容

法律职业伦理的主要研究方向包括：律师职业与伦理、律师事务所管理、法官检察官职业与伦理、监察官职业与伦理、公证仲裁职业与伦理。研究内容分述如下：

（一）律师职业与伦理方向

本研究主要以律师在具体执业中所面临的诸如与委托人关系、利益冲突、职业秘密、业务推广、职业关系以及律师惩戒等问题为对象，力求通过对上述问题的研究，在规范律师执业活动的同时，为律师所面临的执业困境提供解决办法。同时，除了律师的正常执业活动，本方向还会对律师的社会责任问题予以关注，发挥提升整体职业的社会形象，促进法治国家的建设。

（二）律师事务所管理方向

截至 2017 年底，全国共有律师事务所 2.8 万多家，共有来自 23 个国家和地区的 242 家律师事务所在中国设立了 308 家代表机构，全国律师办理各类诉讼案件 465 万多件。这些数据说明中国律师行业的发展达到了前所未有的繁荣，也给作为律师、律师业务管理的最基本单元律师事务所的管理带来了诸多挑战。本方向主要研究与关注律师事务所组织形式、律师事务所的执业风险管理、律师事务所知识管理、律师事务所人力资源管理、律师收费与薪酬、市场营销、法律服务技术、律师事务所的行为规范、律师事务所党建、律师事务所与主管机关的关系等。

（三）法官检察官职业与伦理方向

主要关注的是司法从业人员的道德行为和伦理规范，它以司法道德为其研究对象。司法伦理的根本内容是公正司法、清正廉洁。这要求司法工作人员必须具备正义凛然、不为利诱、不畏强暴、公正司法的职业道德素养。司法道德对司法从业人员的要求除了公正之外，还要求他们有良好的敬业精神、崇高的职业责任感和荣誉感，勤勉尽责。

（四）监察官职业与伦理方向

《监察法》规定，国家实行监察官制度，依法确定监察官的等级设置、任免、考评和晋升等制度。根据全国人大公布的《十三届全国人大常委会立法规划》，《监察官法》已被列入十三届全国人大立法规划中。中央纪委国家监委将研究起草监察官法。本方向主要关注与研究监察官等级设置，监察官任免、考评和晋升等制度，监察员的政治、道德、廉洁、专业等素质，监察员忠于职守、秉公执法、清正廉洁、保守秘密等行为规范，监察员专业化职业化的人才队伍建设等。

（五）公证仲裁职业与伦理方向

本研究主要聚焦于公证和仲裁的职业伦理问题研究，公证员的职业道德伦理主要围绕公证制度对于行为违法的预防，以及权利实现的保障为中心，开展对公证员的权利、任职资格与条件的研究，在公证员的行为规范上侧重研究其与当事人的关系规范、公证员之间的关系规范，以及与律师和司法人员的关系规范。仲裁员的职业伦理围绕仲裁员的行为规范开展研究，作为仲裁员应当负有诚实信用、公正、勤勉高效、保密等义务。

四、法律职业伦理的理论基础

（一）习近平新时代中国特色社会主义法治思想

党的十八大以来，以习近平同志为核心的党中央在坚持和发展中国特色社会主义的探索中，紧紧围绕新时代为什么要全面依法治国、怎样全面依法治国、如何建设法治中国等重大问题，从法治理论上做出科学回答，从顶层设计上做出战略部署，从法治实践上着力

全面推进，形成和发展了习近平新时代中国特色社会主义法治思想。其中，全面推进依法治国的一个重要方面就是，必须大力提高法治工作队伍思想政治素质、业务工作能力、职业道德水准，着力建设一支忠于党、忠于国家、忠于人民、忠于法律的社会主义法治工作队伍，为加快建设社会主义法治国家提供强有力的组织和人才保障。

（二）习近平总书记关于法治人才培养的重要论述

习近平总书记在多次会议上谈及法治人才培养这一问题。2017年5月3日，习近平总书记在中国政法大学考察时强调，立德树人、德法兼修，抓好法治人才培养。建设法治国家、法治政府、法治社会，实现科学立法、严格执法、公正司法、全民守法，都离不开一支高素质的法治工作队伍。法治人才培养上不去，法治领域不能人才辈出，全面依法治国就不可能做好。中国特色社会主义法治道路的一个鲜明特点，就是坚持依法治国和以德治国相结合，强调法治和德治两手抓、两手都要硬。法学教育要坚持立德树人，不仅要提高学生的法学知识水平，而且要培养学生的思想道德素养。各级领导干部要做尊法学法守法用法的模范，以实际行动带动全社会崇德向善、尊法守法。

（三）关于法律职业共同体及其职业伦理

法律职业是指以律师、法官、检察官和公证员为代表的，受过专门的法律专业训练、具有娴熟的法律技能与法律伦理的法律事务岗位从业人员所构成的共同体。职业伦理是指职业活动中的关系及其调节原则。根据在社会系统中的角色及其功能性要求，职业活动获得具体社会角色及其社会权利与义务、责任的规定，职业活动中一切关涉伦理性的方面构成职业伦理的现实内容。法律职业伦理的基本原则包括：忠于执行宪法和法律，以事实为根据、以法律为准绳，严明纪律、保守秘密，互相尊重、互相配合，恪尽职守、勤勉尽责，清正廉洁、遵纪守法。法律职业伦理的基本规范包括：正义规范、独立规范、效率规范、平等规范、诚信规范、保密规范、勤勉规范、清廉规范、礼仪规范。

五、法律职业伦理的重要性与养成

关于法律职业伦理的重要性。法律职业伦理作为调整法律职业人员、其辅助人员以及其他相关人员及其所属机构在与其职业身份有关的活动中应当遵守的行为规范，具有重要的作用。首先，法律职业伦理对于法律职业行为具有重要的指导作用。其次，法律职业伦理是维护法律职业理想、塑造法律职业精神的重要机制。最后，法律职业伦理具有保护法律职业人员的作用。

关于法律职业伦理的养成与教育。法律职业是一个需要高度自律的职业，而这种自律主要是一种道德意义上的自治。只有法律职业伦理内化为法律职业者的品德，内化为法律职业者的自觉意识，才会有稳定的道德行为。即只有将法律职业伦理内化以后，才可以做到道德观念与道德行为的有机统一。法律职业伦理的养成问题，需要探索法律职业伦理内化的规律，发现并利用内化法律职业伦理的因素，寻找法律职业伦理内化的途径，使每一个法律职业者都能够清醒地、自觉地进行法律职业伦理内化。因此，探索法律职业伦理教育，要从法律职业伦理教育的任务、方法与途径等方面着手，以促进法律职业伦理教育的科学性和规范化。

法律职业伦理的学习方法。一是理论联系实际的学习方法。这是学习法律职业伦理的根本方法。法律职业伦理必须与丰富的法律实践相结合，因为只有在法律实践中才能于人与人之间的关系中表现职业行为，在改造客观世界的同时改造主观世界。在丰富的法律实践中，正面经验与反面教训，无不表明社会评价。特别是在我国法律职业伦理的发展过程中，对各种法律职业行为的规范还存在许多空白，还存在许多争论，只有理论联系实际，才能不断认识法律职业伦理的重要作用，才能不断强化依据法律职业伦理行事的自觉性。二是比较研究的方法。各国法律职业的发展与其政治、历史、文化渊源密切而五彩缤纷，各国的法律职业伦理也因此异彩纷呈。通过法律之间的比较，不仅可以了解外国的法律，加深对本国法律的认识，还可以就如何改进和发展本国的法律获得灵感。联合国关于律师、检察官、法官行为的国际法律文件表明，在法律职业伦理方面，各国法律职业伦理存在诸多的共通之处。在一个全球化的时代，比较研究既是一种学术研究方法，也是学术视野和学术胸怀的体现。近些年来随着对法律职业伦理的关注，关于法律职业伦理的译介也有了长足的进步。这些译介既涉及具体的职业伦理，也涉及职业伦理背后的基础理论和历史背景，为法律职业伦理的比较研究提供了初步基础。

六、法律职业伦理与其相近二级学科的关系

学科是科学研究发展成熟的产物，是一种知识体系的综合体。人文社会科学研究发展成熟而申报独立学科需要具备一定的内外部条件。作为法学二级学科，法律职业伦理具备独立的研究内容，难以被其他法学学科完全涵盖。

一方面，法律职业伦理具有相对独立的研究对象。从内容来看，法律职业伦理的研究对象包括三个方面，即法律职业者应当遵从的行为规则体系及其背后的职业伦理观念和职业伦理关系。

法律职业伦理规则体系是法律职业伦理研究的具象层面，其可依法律职业的不同而进行不同的划分。律师的规则体系主要包括：《律师法》《律师执业管理办法》《律师事务所管理办法》《律师与律师事务所违法行为处罚办法》《律师职业道德基本准则》《律师执业行为规范（试行）》《律师协会会员违规行为处分规则（试行）》。法官的规则体系主要包括：《法官法》《法官职业道德基本准则》《法官行为规范》《人民法院工作人员处分条例》。检察官的规则体系主要包括：《检察官法》《检察官职业道德基本准则》《检察官职业行为基本规范（试行）》《检察人员纪律处分条例》。公证员的规则体系主要包括：《公证法》《公证机构执业管理办法》《公证员执业管理办法》《公证员职业道德基本准则》。总的来看，我国目前已经形成初步完善的法律职业伦理规则体系，这是建立法律职业伦理学科的实证基础。

法律职业伦理关系和法律职业伦理观念则是法律职业伦理研究的抽象层面。法律职业伦理关系是法律职业伦理的载体，是在法律职业活动中形成的并由法律职业行为规范予以调整的社会关系。律师与法官之间的关系、律师与检察官之间的关系以及律师与当事人之间的关系是最基本的法律职业伦理关系。法律职业伦理观念是法律职业伦理的灵魂，是法律职业者在职业伦理方面的价值追求。例如，独立审判和司法公正是法官的基本职业伦理观念，打击犯罪和弘扬正义是检察官的基本职业伦理观念。法律职业伦理是法律职业者应当遵从的行为规范。

另一方面，法律职业伦理难以被其他法学学科包含。首先，它难以被部门法学包含。与其他部门法律规范不同，法律职业伦理仅适用于法律职业者，不是全民皆应遵从的规范。其次，它难以被法理学包含。法理学是研究法律现象的共性问题和一般规律的法学学科，和法律职业伦理的研究对象存在很大差异。再次，它与宪法、行政法关系密切，但也难以完全为其包含。更重要的是，从本次法学类专业核心课程体系调整来看，法律职业伦理是与法理学和宪法学与行政法学并列的核心课程，如果把它纳入法理学或宪法学与行政法学之中作为一个研究方向或三级学科，显然不符合本次课程体系调整的目的。

从美国、英国、加拿大、澳大利亚等国的情况来看，法律职业伦理也是一门独立的法

学学科体系，是法学教育的重要组成部分，是法律职业资格考试的重要内容。

总之，法律职业伦理已经逐渐成为一个具有相当影响力的、日益复杂的体系，其内容具有很强的独立性、整体性，不能为当前任何一个或几个法学二级学科所涵盖。因此，建立独立的法律职业伦理二级学科是比较合理的。如果归到其他二级学科，不但难以凸显法律职业伦理的独立性和重要性，会在其他二级学科的光环下黯然失色，而且学科地位不明确、学科界限不清晰、学科语言不纯粹、学科体系不周延等问题会继续恶化，严重影响着法律职业人员的培养，严重影响着社会正义的实现。

第三节　为什么要强化法律职业伦理教育

一、基本理由

高等法学教育中，进行法律职业伦理教育是必要的，这种必要性存在如下几个基本理由。

（一）法学教育特殊属性

法学教育职业教育属性。尽管关于法学教育的基本属性问题，即便是在西方社会中，也仍然存在着一定的争议。[1]在中国，因特定的社会原因，从法学教育开始之时，就存在着偏离其基本属性的根本性缺陷问题。[2]但是，在西方社会中，几乎没有哪个国家的法学教育否定它具有职业教育的属性。在中国，法学教育是职业教育，也越来越得到认同。与这种属性直接相联系的问题就是职业教育的特殊属性要求，法学教育除了强化法律技能教育之外，必须要同时强化法律职业伦理教育，这是由职业教育的特殊属性所决定的。

法律服务提供者之所以能够成为一个职业，乃是基于其提供法律服务的专业化。当法律职业产生之后，作为一个职业共同体，它必然要求特殊的职业技能和职业伦理。每一个法律职业者都应该兼具法律技能和职业伦理，"一定要有法律学问，才可以认识并改善法律；一定要有社会的常识，才可以合于时宜地运用法律；一定要有法律的道德，才有资格来执行法律"[3]。法律职业共同体必然是公共性和技术性的最佳组合，尽管二者所代表的公共理性和技术理性之间，从来就没有断缺过争论，但二者不可偏废其一仍是法律职业者的基本共识。这也就决定了，法学教育中，除了教授法律技能，另外一部分必要要教授的就是法律职业伦理。从根本上讲，正是法学教育的职业教育属性，决定了法律职业伦理教育的不可偏废。

尽管存在着伦理是否可教的争论，比如美国法经济学学派的领军人物波斯纳法官就认为，道德不具有可教性，并给出了三个主要的理由[4]。但除了其他学者所指出的道德可教

---

[1] 是否是职业教育问题，西方社会也不能完全共识，法学教育越来越学术化的走向，在发达国家成为和职业教育属性相悖的模式。这也成为法律职业伦理教育不受重视的一个重要原因，例见，Downie, J. (1997) "A Case for Compulsory Legal Ethics Education in Canadian Law Schools", 20 Dalhousie L. J 224.

[2] 徐显明："法学教育的基础矛盾与根本性缺陷"，载《法学家》，2003年第6期。

[3] 孙晓楼：《法律教育》，中国政法大学出版社1997年版，第12~13页。

[4] 这三个理由是：第一，道德哲学教授的行为并不比他们的受众更道德；第二，很多道德哲学教授也不愿意将精力耗费着授课上；第三，很多怀着理想接受理想伦理教育的法学院学生毕业后立刻成为商业主义的奴隶。[美]理查德·A. 波斯纳著，苏力译：《道德和法律理论的疑问》，中国政法大学出版社2001年版，第80~87页。

的理由外[1]，法律职业伦理教授的必要性还能够反制其是否可教的问题，进一步强化法律职业伦理教育的必要性。

1. 法律职业伦理的技术化走向。从美国的经验来看，法律职业伦理经过若干次美国律师协会的修订，并不断得到法学院校的认证，纯粹公共性的价值话语已经越来越少，逐步为律师行业的执业惩戒规范所取代，职业伦理也日益为职业规范、行业规范等术语所取得。这就直接说明，法律职业伦理除了在演进历史内容上可教外，在具体的实行领域，除去宏大叙事的价值诉求，技术性的知识日益占据大部分内容，由此决定了法律职业伦理更具有可教性。[2]

2. 替代选择的缺乏。如果法律职业伦理不具有可教性，大学法学教育职业教育的根本属性就将会成为一个悖论。如果一个职业教育所培养出的职业个体存在技能和伦理的分离，那么，这种职业教育本身就是失败的。尽管在中国以及很多其他国家，这种分离确实存在，并且有时是很严重的，但这并不意味着，这是应然的状态。相反，这恰恰是我们意识到，并将努力修正的状态。对于法学教育而言，修正的一个方向就是，想方设法成就完整的法律职业教育，包括但不限于法律职业伦理教育。因而，无论法学院如何埋怨伦理道德不可教，它们都必须要承担起这项任务，否则，这一工作就无人去做，[3]法学教育的产品就会成为失败的残次品。

法律职业伦理教育并不能保证法科学生日后的行为必然符合道德，但是，它却能让学生认识到在特定法律制度中，哪些行为更符合职业伦理，哪些行为是更妥善的法律实践方式。它能够给予学生一种在认识到职业伦理问题时的选择能力，尽管学生并不必然选择伦理的做法，但这种选择权的赋予对于法律教育而言，就至为重要。公众对法律职业的信任决定了法律职业必须要遵守一定的伦理规则，因而，法律职业伦理教育也就成了打造法律职业者过程中尽管不完善、但却非常必要的一个环节。

（二）法律职业发展的需要

与法学教育职业教育属性直接互为因果，开展法律职业伦理教育的另一个重要的原因来自法律职业发展繁荣的需要。关于法律职业共同体，尽管学界的争议之声从未间断，但并没有谁去否定法律职业的发展繁荣需要。[4]因为这种发展繁荣与否直接和中国法治建设的成败相关联。[5]法律职业是一种具有特殊品质的专门职业，与神职、医生并列为三大传

---

[1]　如伦理学存在本身就说明，伦理可教；若从早期学者那里考察，也有大量学者认为，美德可教，比如苏格拉底就认为美德即知识。除此之外，法律职业伦理本身的技术属性和知识属性，也决定了它并不只是美德教育，在很大程度上，它还是一种知识教育和技术教育，因而，可教性不存在问题。

[2]　Laurel S. Terry, "*A Survey of Legal Ethics Education in Law Schools in Legal Ethics in Academia*", Chap. 5 (Penn. Academy of Science 1999)。

[3]　杨欣欣主编：《法学教育与诊所式教学方法》，法律出版社 2002 版，第 183 页。

[4]　关于法律职业共同体的浪漫呼吁，代表性的作品，可参见强世功："法律共同体宣言"，载《中外法学》2001 年第 5 期。其他持支持和怀疑态度的相关研究如张文显、卢学英："法律职业共同体引论"，载《法律与社会发展》2002 年第 6 期；2002 年关于法律职业共同体的研讨会，也值得参考，相关综述可参见强昌文、颜毅艺、卢学英、于宁："呼唤中国的法律职业共同体——'中国法治之路与法律职业共同体'学术研讨会综述"，载《法律与社会发展》2002 年第 5 期等，这个时期的大多研究都收入张文显、信春鹰、孙谦主编：《司法改革报告——法律职业共同体研究》，法律出版社 2003 年版。

[5]　相关论述可参见贺卫方：《司法的理念与制度》，中国政法大学出版社 1999 年版；季卫东：《法治秩序的建构》，中国政法大学 1999 年版；孙笑侠、李学尧："论法律职业共同体自治的条件"，载《法学》2004 年第 4 期；李学尧：《法律职业主义》，中国政法大学出版社 2007 年版；等等。

统职业。[1]在长久的历史脉络中，这个特殊的职业群体逐渐形成了自己独特的品质特征，拥有了专业化的法律知识[2]和独特的法律技能，具备自我管理的能力和要求，能够并愿意致力于公共福利，从而获得良好的社会地位。[3]

与这些品性相对应，法律职业地位的保持、发展与繁荣，都需要法律职业伦理教育，都需要作为这一职业要素之一的伦理的发达。无论是从外在还是内在视角来看，以下几个理由都是法律职业发展繁荣所衍生出来的，是法律职业伦理教育存在必要性的重要理由。

1. 保证司法公信力的需要。司法公信力的来源，诚然需要具备精深的法律专业知识，但与之相比，更不可或缺的则是法律职业伦理道德。从我国当前来看，司法公信力不高的一个很重要的原因就在于司法腐败的严重，尽管这个问题牵涉到从制度到结构方方面面的原因，[4]但法官自身素质，尤其是伦理素质不高，自律性不强无疑是一个重要的原因。法律职业者要自觉提高自身道德水平，法律教育则应当强化未成品产出的伦理水准，从而使走向法律职业岗位者更能够胜任法律工作，保障司法公信力，获得公众对法律职业群体的信任，[5]这也就直接表明了法律职业者职业伦理的缺乏以及强化法律职业伦理教育的紧迫性。[6]

2. 法律知识和技能组成部分。随着法律职业伦理自身的发展，其本身的道德教化属性逐渐式微，职业主义甚至曾经一度被等同于法律职业的非道德性，[7]尽管这种趋势一度引发西方社会和东方社会的哀叹和反思，[8]但其可操作性强，意图从技术理性来保障促进公共理性的主旨却了然清晰。无论是大陆法系，还是英美法系之中，法律职业伦理内容越来越丰富，越来越技术性的转向都清晰可见，[9]法律职业伦理越来越多地演化成一种法律人在处理是非曲直问题时所需要遵守的取舍规范。其价值诉求的修辞性内容渐行渐远，而规范性的行为规范体系则越来越庞杂、细微。这就决定了法律职业伦理应当，也不能不被作为整套知识体系在不同的法学教育体系中予以教授。

---

〔1〕　Henry Campbell Black. *M. A. Black's Law Dictionary*. West Publishing，Com. 2004. p. 1246.

〔2〕　关于这种法律知识专业性在中国的发展脉络和正反影响，可参见刘思达："当代中国日常法律工作的意涵变迁（1979—2003）"，载《中国社会科学》2007 年第 2 期。

〔3〕　张志铭："法律职业道德教育的基本认知"，载《国家检察官学院学报》2011 年第 3 期；孙笑侠将其概括为职业能力、职业精神、职业自治和职业声望四个方面，大体意思一致，参见孙笑侠："法律家的技能与伦理"，载《法学研究》2001 年第 4 期。

〔4〕　关于司法公信力不高的成因分析，可参见关玫编著：《司法公信力研究》，人民法院出版社 2008 年版，第 132 ~ 149 页。

〔5〕　也有学者对此保持怀疑，认为法学教育并不能保障法律人更好，或不会学坏，参见苏力："法律人自身的问题"，载《北方法学》2011 年第 4 期。

〔6〕　郑小楼："法官腐败报告"，载《财经》2013 年第 15 期或 http：//www. 21cbh. com/HTML/2013 – 6 – 5/1OMDM2XzcwMDY1OQ. html，访问时间：2013 年 9 月 1 日。

〔7〕　孙笑侠："法律家的技能与伦理"，载《法学研究》2001 年第 4 期；李学尧："非道德性：现代法律职业伦理的困境"，载《中国法学》2010 年第 1 期。

〔8〕　［美］克罗曼著，周战超、石新中译：《迷失的律师：法律职业理想的衰落》，法律出版社 2002 年版；陈长文、罗智强：《法律人，你为什么不争气？——法律伦理与理想的重建》，法律出版社 2007 年版。

〔9〕　例如大陆法系德国的法律职业伦理内容，参见邵建东编著：《德国法学教育的改革与律师职业》，中国政法大学出版社 2003 年版；英美法系关于法律职业伦理技术性走向的概括可参见 Rhode L. Deborah，*Legal Ethics In Legal Education*，Clinical Law Review. Fall 2009，Vol. 16 Issue 1；W. Bradley Wendel，*should Law Schools Teach Professional Duties，Professional Virtues，Or Something Else? A Critique of The Carnegie Report On Educating Lawyers*，9 U. St. Thomas L. J. 497.

3. 自我管理的必要条件。近代民族国家建立开始以来，国家和社会之间的紧张关系走过了一个逐步贴近、渐次分离的摸着石头过河的过程。[1]在不断地试错过程中，一些社会领域逐渐脱离出政治国家的规制之外，实现自治。在这个过程中，一些层次较高、自治能力较强的行业组织也渐次从政府的规制中解脱出来，成为独立的社会场域，其中，商业、法律职业、教育都具有一定的代表性。从国家规制中脱离的一个重要前提就是行业伦理体系的完备，对于法律职业而言，法律职业伦理的相对体系化也就成为法律职业自治的一个必要条件。同时，这种体系既是行业自治组织存在的依据，也是其存在的使命，如我国的中华全国律师协会[2]，美国的全美律师协会（American Bar Association）[3]。

4. 职业公共性的要求。法律职业兼具技术性与公共性双重属性，[4]二者在不同的历史阶段，地位此消彼长，不断变换，但从来没有任何一种属性遭到完全摒弃。其中，法律专业知识表征的是法律职业的技术性特征，法律职业伦理表征的就是法律职业的公共性需求。那么，随之而来的逻辑就是，无论是在多大程度上，法律职业都需要致力于一定的社会公共利益，而不能仅仅只有冷冰冰的技术理性，对公众福利冷暖不知。尽管商业主义对现代法律职业伦理的公共性冲击较大，但法律职业中，无偿代理、法律援助等具有公共属性的法律职业活动却始终都存在。这就是法律职业公共性对法律职业的伦理要求，也是法律职业长期存续的重要条件。

二、功利主义理由

开展法律职业伦理教育，其必要性除了从法学教育的职业教育属性，从法律职业的基本特征来寻找外，以功利主义的视角来看，通过比较成本收益，可以看出，在法学院校中开展法律职业伦理教育也很有必要性。通过法律职业伦理教育的展开，其培养对象、培养主体、法律职业共同体，乃至全社会都会获得较大的收益。

（一）对培养对象

作为法学教育的培养对象，法科生在接受法律职业伦理时，会获得较大的收益。同时，尽管法科生接受法律职业伦理教育可能会面临着成本和收益的对比，但综合来看，对于法科生而言，接受法律职业伦理，在收益上，要高于成本的付出。

1. 法律职业伦理教育的效益。法律职业伦理教育能够提高学生的分析能力，增强学生做出道德判断的能力，培养他们的责任感，并明确掌握执业相关的伦理规则体系。无论是在学校还是未来在社会之中，法科生都会面临着各色各样的伦理问题。法律职业伦理教育的接受，可以让法科生在一些重大问题的选择上，不会任由商业主义的侵蚀，避免陷入利益的泥沼而无法自拔。经过法律职业伦理教育，法科生无论是在学校的模拟法庭、实践教学，还是在未来的法律实战中，他们都能够做出知情的决策，从而使之在成为何种法律人之间做出理性的、符合行业期待和社会期待的选择。

2. 机会成本的比较。在反对进行法律职业伦理的理由中，其中之一是站在技术性的立场，认为法律职业伦理毫无意义，如果强行实施，将会占据学生学习法律技能的大量时间，

〔1〕 关于国家与社会的关系问题，是政治学研究的一个宏大命题，存在各种理论，这里不多展开。
〔2〕 相关介绍可参见其官方网站 http://www.acla.org.cn/。
〔3〕 相关介绍可参见其官方网站 http://www.americanbar.org/aba.html。
〔4〕 李学尧概括法律职业的三大基石包括法律职业的技术性、公共性和自治性，本文认同自治性是法律职业最根本属性的观点，但同时也认为，这一根本属性的来源恰恰在于技术性和公共性，而整个法律职业的演进历史，恰恰是技术性和公共性此消彼长的张力变化过程。参见李学尧：《法律职业主义》，中国政法大学出版社2007年版，第5~10页。

从而使得学生的机会成本消失，增加学习的边际成本。同时，也有人担心，法律职业伦理的教育会将法科生培养成为道德人，从而吓走未来的雇主。[1]从机会成本的角度而言，这些理由无法成立，原因在于当前法学院的课程体系中，技能性课程并非全部，对于新入学的法科生而言，非技能性课程占据着重要地位。[2]与通识必修课程相比，法律职业伦理的技能性显然要更高。同时，法律职业伦理也并不旨在培养道德人，[3]它只是以法律职业伦理知识的获得和公共性的认知为目标，因而所谓对未来职业不利的理由也无法成立。

（二）对培养主体

对于培养主体，也就是高等法学院校而言，法律职业伦理教育也能使其获益。

1. 良好的院校文化。法律职业伦理教育能够让法科生更多地认识到何种行为不当，何种行为不受鼓励，如何成为受尊重的人。其中，诚信乃是法律职业伦理的基本要求。经过法律职业伦理训诫的法科毕业生，在处理社会冲突的过程中，往往能够多一些容忍，少一些暴力，更自然地以德法处事，从而使得整个校园文化更加积极向上。

2. 良好的社会声誉。对法律职业伦理教育的重视，能够让法学院在同类院系中迅速脱颖而出。现代社会的社群属性越来越深刻，多元交错的相互影响也越来越显著。在这样一个信息瞬息交换的时代里，无论是从招生还是从就业角度来考虑，重视法学院学生培养德育教育的院校都较容易获得认同。在司法腐败蔓延、司法公信力不高的当前语境中，中国法学院校之中如果有高举法律职业伦理教育大旗者，自然更容易获得法律实务界的认同。同时，对于未来优秀的学生，这也非常具有吸引力。

3. 促进学科研究发展。高等教育中，教学和科研应当处于一种正向推进的关系，所谓教学相长。这就意味着学科的教学工作和学科的知识累积处于一种积极的正向互动。因而，强化法律职业伦理教育"可能会丰富法律职业伦理领域的研究，发挥学科的教学潜力"[4]。关于这一点，美国进行法律职业伦理教育的历程已经清晰地证明出来。通过强制要求法律职业伦理教育，许多非本领域的学者都开始思考本专业领域中的法律职业伦理问题，从而使得这一领域的研究越来越丰富。[5]

4. 获取自我满足。尽管教授道德伦理者本身未必是道德家，[6]但这本身会让教授者得到更大程度的心理满足。有学者对此进行过调查和访谈，结果表明，50%的教职人员认为，全职教授法律职业伦理，比教授其它学科能获得更多的满足感。30%的教职人员认为，全职教授法律职业伦理，至少和教授其它学科一样让人满足。[7]依据研究者自己的经验，教授职业伦理不仅能获取巨大的心理满足感，还能够反向促进个人行为的伦理性，更伦理地行为和生活。

---

[1] W. Bradley Wendel, *should Law Schools Teach Professional Duties, Professional Virtues, Or Something Else? A Critique of The Carnegie Report On Educating Lawyers*, 9 U. St. Thomas L. J. 497.

[2] 比如我国，法学本科学制四年，目前只有16门法学核心课程，其它均为非法学类专业课和通识课。可参见中国各个高校法学院的培养方案。

[3] 张志铭："法律职业道德教育的基本认知"，载《国家检察官学院学报》2011年第3期。

[4] D. Rhode, *"Ethics by the Pervasive Method"* (1992) 42 J. L. Ed. 31 at 44.

[5] W. B. Cotter, Professional Responsibility Instruction in Canada: A Coordinated Curriculum for Legal Education (Montreal: Joint National Committee on Legal Education of the Federation of Law Societies of Canada and the Council of Canadian Law Deans, 1992).

[6] [美]理查德·A. 波斯纳著，苏力译：《道德和法律理论的疑问》，中国政法大学出版社2001年版，第80~87页。

[7] Downie, J. (1997) *"A Case for Compulsory Legal Ethics Education in Canadian Law Schools"*, 20 Dalhousie L. J 224.

（三）对法律职业共同体

根据研究者的总结，进行法律职业伦理教育的另一个重要收益是之于法律职业共同体的。这里仅从功利主义的角度来审视法律职业伦理教育对法律职业整体所能够带来的成本收益。对于法律职业伦理教育而言，尽管可能对现有法律职业秩序带来一定的挑战，但这并非一种不可负担的成本。相反，这是一种可期待的成本，指向获取更高的收益。因而在成本上，这是可以接受的。在收益上，法律职业共同体则能够从以下层面获益。

1. 增强公众信任。对于法科学生而言，如果公众了解法学院所要培养的学生未来是什么样的，那么他们就会选择支持或反对，这一点对于公办大学或私人捐助的大学法学院校而言都至关重要。法律职业公众信任的获得，一方面是通过职业群体符合伦理的法律实践，另一方面，也可以来自法学院校培养伦理法律人的未来预期。当公众更确信法学教育培养伦理的法律职业群体时，他们对法律职业的信任也就会得到强化，从而减少法律职业群体提供法律服务时的信赖成本。

2. 优化法律职业结构。当法律职业伦理教育得到重视后，随之而来的趋势就是，越来越多的预备法律职业者会有能力也有意愿分析并参与解决职业结构中所面临的各种问题，如利益冲突问题、虚假广告问题、客户欺诈问题等。并且也会有越来越多的研究者实际介入这些问题的研究，为这些问题的解决提供不同视角的解决方式。研究和实践层面的人员富足，将会为法律职业结构的优化，提供更好的保证。这也是我们所乐于看到的。

（四）对法治社会

法律职业伦理教育的发展强化将会对法治社会的建设发挥正面的促进作用。如果将法治社会的建构看做一个立体的过程，那么，毫无疑问，这一过程中的所有典型环节，都将主要由法律职业来承担。法律职业群体的素质，在一定程度上决定着中国法治建设的质量问题。尽管并不必然，但法律职业伦理教育却是保障法律职业素质、保障法治国家建设成功的重要条件。至少在如下几个方面，法律职业伦理教育能够促进法治国家的建设。

1. 保障良善立法。立法的质量受到多种条件的制约，立法机构虽属民主机构，但随着法律专业化程度越来越高，法律家立法已经成为世界潮流。在这一语境之下，法律人的立法技巧就对立法品质起着至关重要的作用。在立法过程中，从立法调研、立法案提出、立法案调研、立法案审议，到立法案的通过和发布，每一个程序中，经过法律职业伦理训诫的立法专业人员，都会做出最符合伦理要求的选择，在可能的限度内防止部门立法、利益立法的泛滥，为全社会争取更多的制度收益。

2. 确保公正司法。法律职业伦理教育一个最具有显著度的收益为司法收益。公平、公正、正义等司法要求本身就是法律职业伦理教育的题中之义。有效的法律职业伦理教育至少能够让司法者认识到，在面临疑难案件中，何种选择符合司法伦理，何种选择不符合职业规范，从而能够公平、公正地司法为民。从一定程度上而言，司法公信力的取得，和司法伦理关系最为紧密，只有司法者切实保证社会的公平正义，公众对司法的信心才能确立，全社会尊重司法的社会收益也因而能够最大限度地获取。

3. 确保法律服务。法律服务主要是由律师来提供。法律职业公共地位衰落、信仰走低的一个重要原因在于，商业主义强势突出，压过了法律职业对公共福利的致力。需要法律服务的人因为某些先天或后天的原因无法得到基本的法律服务保障，接近正义成为富人的囊中之物和穷人遥不可及的梦想。这就使得公众对法律职业的信任降低，从而非不得已时，不愿意将纠纷交给法律人解决。因而整体上有损于法治社会的制度收益。法律职业伦理教育的实行，可以造就更多的法律人遵循职业道德，致力于公共理想和公共福利，保障社会的基本法律需求，从而保证法治国家中所有人的基本的接近正义。

除此之外，在法治的其它环节中，如法律执行、法律文化等，法律职业伦理教育的开展也能够同地推进，从而为法治社会的建设带来制度层面的收益。

三、默许地位原因

关于法律职业伦理教育的开展，除了以上所罗列的基本理由和功利主义理由之外，当然还存在着一些其它的理由。其中，重要的一个原因在于法学院校对法律职业伦理的默许地位问题。从默许地位角度来看，法学院校开展法律职业伦理教育，在正反两个方面都实属必要。

若不要求法律职业伦理教育。在市场经济模式下，商业主义侵蚀着各个领域。如果法学院校不重视法律职业伦理教育，使之成为可有可无的摆设和象征。那么，从接受法律教育那一刻开始，学生就会接收到这样的信息：法律职业伦理不重要，或至少没那么重要，法律技能对于法学院的学生才是最重要的。至于伦理道德的问题，不过是应付性的，有没有都无所谓。若这种思潮蔓延，接下来的逻辑就是，在法律职业行为中，当事人主义、客户至上流行，符不符合伦理并不重要，从而进一步损害社会对法律职业群体的信任，有损于法律职业在整个社会中的地位和法治国家的品质。这是法学教育所需要警惕的。

若要求法律职业伦理教育。无论是通过必修课程的设置要求，还是通过贯穿性教学方式，若法学院校严格要求法科生的职业伦理教育，那么在学生那里就会形成这样的默示信息：法律职业伦理至关重要，关乎自己未来职业的声誉，并由此关乎自己作为其中重要一分子的整个职业群体荣誉。由此，在法学院校的不断重申中，在学生之间的交互信息传递之中，法律职业伦理的地位也就悄然形成。这种默示信息的形成无疑会对未来的法学新生形成重要的引领作用，吸引他们重视法律职业伦理，成为某种理想中的法律人，而不仅仅只是成为工具主义的法律服务提供者。

综上所述，在法学教育中，开展法律职业伦理教育实属必要。无论是从法律教育的职业属性来看，还是从法律职业发展繁荣需求来看，都有必要进行和强化法律职业伦理教育。同时，即便是出于功利主义的考虑，进行法律职业伦理教育在培养对象、培养主体、法律职业共同体以及法治社会等四个方面，所获取的收益也要高于所付出的成本。此外，法律职业伦理教育的开始之所以必要，还在于如果缺失，法科学生很可能会认为自己是一个非道德性的职业，从而走向纯商业主义的技术理性，尽管这一理念今天有泛滥之势，但法学院学生若都接受这样的理念，显然不是法学教育的理想状态。从法律职业伦理教育的角度考虑，教授既有技术专业，又致力于公共福利和职业荣誉的法律人，才是法学院校应当传递给其培养对象的信念，才是我们法学教育的理想图景。

第四节 法律职业伦理的学习方法

就法律职业伦理的学习而言，有两个重要的学习方法。

一是理论联系实际的学习方法。这是学习法律职业行为法的根本方法。法律职业行为法必须与丰富的法律实践相结合，因为只有在法律实践中才能于人与人之间的关系中表现职业行为，在改造客观世界的同时改造主观世界。在丰富的法律实践中，正面经验与反面教训，无不表明社会评价。特别是在我国法律职业行为法的发展过程中，对各种法律职业行为的规范还存在许多空白，还存在许多争论。只有理论联系实际，才能不断认识法律职业行为法的重要作用，才能不断强化依据法律职业行为法行事的自觉性。

　　二是比较研究的方法。诺瓦里斯云："一切认识、知识均可溯源于比较。"[1] ■国法律职业的发展与其政治、历史、文化渊源密切而五彩缤纷，各国的法律职业行■■因此异彩纷呈。通过法律之间的比较，不仅可以了解外国的法律，加深对本国法律的■■，还可以就如何改进和发展本国的法律获得灵感。联合国关于律师、检察官、法官行■的国际法律文件表明，在法律职业行为法方面，各国法律职业行为法存在诸多的共通之处。在一个全球化的时代，比较研究既是一种学术研究方法，也是学术视野和学术胸怀的体现。近些年来随着对法律职业行为法的关注，关于法律职业行为法的译介也有了长足的进步。[2]这些译介既涉及具体的职业行为法，也涉及职业行为法背后的基础理论和历史背景，为法律职业行为法的比较研究提供了初步基础。

■思考题

1. 什么是法律职业行为法？法律职业行为法具有哪些特征？
2. 法律职业行为法与业务操作规范有哪些区别？
3. 法律职业行为法有哪些作用？
4. 我国的法律职业行为法有哪些渊源？
5. 法律职业伦理有哪些理论基础？
6. 强化法律职业伦理教育基本理由包括哪些？
7. 从功利主义角度看，为什么要强化法律职业伦理教育？
8. 用什么方法可以学好法律职业伦理这门课程？

■参考书目

1. 王进喜：《法律职业行为法》，中国人民大学出版社 2014 年版。
2. 许身健：《法律职业伦理》，中国政法大学出版社 2019 年版。
3. 刘晓兵、程滔编著：《法律人的职业伦理底线：法律职业伦理影响性案件评析》，中国政法大学出版社 2017 年版。
4. 陈宜、李本森主编：《律师职业行为规则论》，北京大学出版社 2006 年版。
5. ［英］Richard O'Dair 著，朱力宇、袁钢编注：《法律伦理教程（导读本）》，中国人民大学出版社 2007 年版。
6. 陈卫东主编：《转型与变革：中国检察的理论与实践》，中国人民大学出版社 2015 年版。
7. 程滔、高金波主编：《律师在社会矛盾的非诉讼解决机制中的功能研究》，法律出版社 2014 年版。

---

[1] 转引自［德］K. 茨威格特、H. 克茨著，潘汉典等译：《比较法总论》，法律出版社 2003 年版，德文第二版序。

[2] 近些年来，关于法律职业行为法的主要译介成果有，王进喜译：《美国律师协会职业行为示范规则（2004）》，中国人民公安大学出版社 2005 年版；［美］罗伯特·W. 希尔曼著，王进喜、唐俊译：《论律师的流动管理》，中国人民公安大学出版社 2005 年版；［美］Mary Ann Altman、Bobert I. Weil 著，冯蕊等译：《律师事务所管理》，社会科学文献出版社 2006 年版；［美］蒙罗·H. 弗里德曼、阿贝·史密斯著，王卫东译：《律师职业道德的底线（第 3 版）》，北京大学出版社 2009 年版；［美］理查德·L. 埃贝尔著，张元元、张国峰译：《美国律师》，中国政法大学出版社 2009 年版；［日］森际康友编，丁晓琪、沈军译：《司法伦理》，商务印书馆 2010 年版；［美］安索尼·T. 克罗曼著，田凤常译：《迷失的律师：法律职业理想的衰落》，法律出版社 2010 年版；北京市律师协会组编：《境外律师行业规范汇编》，中国政法大学出版社 2012 年版；［美］德博拉·L. 罗德、小杰弗瑞·C. 海泽德著，王进喜等译：《律师的职业责任与规制（第二版）》，中国人民大学出版社 2013 年版；等等。

8. 刘思达：《失落的城邦——当代中国法律职业变迁》，北京大学出版社 2008 年版。

9. 李学尧：《法律职业主义》，中国政法大学出版社 2007 年版。

10. 刘坤轮：《中国法律职业伦理教育考察》，中国政法大学出版社 2014 年版。

第三章　委托人—律师关系规则

■ **本章概要**

　　本章介绍了委托人—律师关系的性质及错误定位，委托人—律师关系的建立、维持，委托人—律师关系的终止和终止程序，以及我国相关法律的有关规定。

■ **本章关键词**

　　委托人；律师事务所；委托人—律师关系的性质、类型；委托人—律师关系的建立、维护、终止；终止程序

第一节　委托人—律师关系概述

一、委托人—律师关系的性质

　　委托人—律师关系，一般是指委托人与律师之间基于委托协议而形成的权利义务关系。委托人—律师之间的关系可以涉及律师执业范畴各个领域，涉及整个律师职业活动过程的始终。因此，委托人—律师关系的建立、维持和终止特别需要注意各个方面相关事项和法律法规等相关规定。律师在履行代理合同过程中，必须严格履行自己各项职责。可以说，"如果没有委托人—律师关系，也就没有律师的职责问题"[1]。委托人—律师的关系不仅受到国家各项法律法规的调整，同时也要受到律师职业行为法的调整，可以说，委托人—律师之间的关系是律师职业行为法所调整的最主要关系。

　　委托人与律师的关系是一种比较特殊的关系，这种特殊性不仅表现在二者之间关系的建立，也表现在调整二者关系的法律的多重性。在建立彼此关系时，律师并不是委托代理合同的主体，委托人也并不一定是案件的当事人；委托代理合同既要受到合同法的调整，同时还要受到职业行为法的约束，因此委托人—律师之间的关系就必须从多个视角进行考察和分析。我国 2017 年《律师法》虽然规定了可以建立个人律师事务所，但是个人律师事务所的律师仍必须以律师事务所的名义对外开展法律服务。我国法律没有允许律师个人可以脱离律师事务所自由执业，"因此从接收代理的角度，我国律师与委托人的基本法律关系包括其中权利与义务关系，主要体现为律师事务所与委托人的关系"。[2]

　　（一）委托人—律师关系的建立的前提

　　"律师—委托人关系从本质上讲，是一种合同关系。"[3]《民法典·合同编》第 919 条

---

[1]　王进喜：《法律职业行为法》，中国人民大学出版社 2014 年版，第 29 页。
[2]　中华全国律师协会编：《律师职业道德与执业基本规范》，北京大学出版社 2007 年版，第 23 页。
[3]　李本森主编：《法律职业伦理》，北京大学出版社 2008 年版，第 162 页。

规定，"委托合同是委托人和受托人约定，由受托人处理委托人事务的合同"。委托人—律师之间的关系所依据的合同就是合同法所规定的代理合同中的一种，因此，委托人—律师之间的关系必须受到合同法的调整和约束。律师必须在委托权限内就受委托事项开展相关活动。委托人—律师之间的关系也具有一般民事合同的地位平等性和意思自治性。但是委托人—律师之间又有一般民事合同之外的特殊性，这种合同关系还要受到《律师法》的调整和约束。2017年《律师法》第25条第1款规定："律师承办业务，由律师事务所统一接受委托，与委托人签订书面合同，按照国家规定统一收取费用并如实入账。"根据此款规定，委托合同的主体是委托人（自然人、法人等）和律师事务所。由此可见，律师并不是委托合同当事人，也不是委托合同的双方主体之一。根据《律师法》的规定，律师只不过是接受律师事务所指派从事代理事务或开展执业活动的具体行为人，是律师事务所签订的委托合同中权利义务的具体执行人。委托人—律师之间的关系特别容易被误解为是合同双方主体的权利义务关系，这是在认识二者关系时必须注意的。如果受指派的律师因为某种过错造成委托人利益损失，承担赔偿责任的主体是律师事务所，当然律师事务所可以对律师行使追偿权。律师也可以受到委托人的追责，但这种追责不是基于委托合同的约定，而是基于律师职业行为法对律师职业行为约束与规范的结果。

基于上述分析，委托人—律师关系建立的前提和基础是委托人与律师事务所签订委托代理合同。委托合同一式两份，一份交委托人，一份交律师事务所保存。由此，接受律师事务所指派的律师与委托人之间才形成具体的权利与义务关系。我们通常所说的委托人—律师之间的关系，实质上就是指接受律师事务所指派的律师和委托人的关系。委托人—律师的关系何时建立，是个比较复杂的问题。西方有观点认为，从委托人有理由认为律师已经向其提供法律服务开始[1]，这种观点反映了委托人与律师的关系中委托人主导关系的本质，也符合律师职业伦理和法律的要求。但是无论何时开始接受委托，根据我国《律师法》的规定，委托人都必须同律师所在的律师事务所签订委托合同，这是明确委托人和律师彼此权利和义务的基础。即使是提供法律援助的业务，律师事务所可以指派律师，但也应该按规定办理委托手续。

（二）委托合同的主体——律师事务所

根据2017年《律师法》第14条的规定，律师事务所是律师的执业机构。一般而言，律师只能依托在律师事务所内以律师事务所律师的身份开展活动。所谓某人是律师，一定是在律师事务所内具有司法行政机关颁发律师执业证的人或"任职于党政机关或者人民团体，依法取得司法行政机关颁发的公职律师证书，在本单位从事法律事务工作的公职人员"[2]。律师为什么要挂靠在律师事务所内才能执业？因为只有律师事务所才可以接受当事人的委托，并且律师事务所也是对律师和律师业务进行有效管理的重要手段。律师事务所对律师进行有效管理的内容主要体现在以下几个方面：

1. 能够有效地监督、促使律师在执业活动中严格遵纪守法，尽职尽责地履行义务，防止违法乱纪和不公平竞争现象，维护委托人的合法权益；

2. 律师事务所对委托人进行统一管理，有利于处理好利益冲突，保守代理案件中获知的秘密，保证法律服务的质量，促进良好的委托人—律师的关系。所以，由律师事务所统

[1]　[美]詹姆斯·E. 莫利泰尔诺：《律师职业责任》，中信出版社2003年版，第45页。
[2]　2018年《公职律师管理办法》第2条。

一接受委托，然后指派律师进行法律服务是非常重要的[1]。由于现在律师事务所在发展过程中逐渐规模化，各项管理也越来越制度化，并向公司化管理的方向发展，这非常有利于提高法律服务的质量和扩大法律服务的规模，律师只有依托律师事务所才能更有利于律师业务的开展和发挥律师团队的整体作用。

当前，我国律师事务所的建立主要有三种组织形式：①合伙制律师事务所；②个人律师事务所；③国家出资设立的事务所。

（三）委托人

本章节所说的委托人是指律师实务中的委托人，即指与某法律事实有直接或者间接关系，需要律师提供法律帮助并同律师事务所签订了委托合同的公民、法人和其他组织。2017 年《律师法》第 28 条规定了律师可以接受哪些人的委托。也就是说哪些可以成为委托人，具体有如下人员：①法人、自然人和其他组织；②民事案件、行政案件当事人；③刑事案件犯罪嫌疑人、被告人的委托或者依法接受法律援助机构的指派，担任辩护人，自诉案件自诉人、公诉案件被害人或者其近亲属。

从实践来看，外国公民、法人和其他组织，包括无国籍人也可以成为委托人。随着我国政治体制改革和社会主义经济的发展，能够委托律师从事法律服务的委托人也会越来越多样化，包括政府机构和其他组织聘请从事法律服务的业务量会越来越大。除企业法人外，政府法人委托律师从事法律服务的数量也不断地增加。1987 年《民法通则》第 50 条规定各级政府机关具有法人资格，可以聘任律师。2017 年《律师法》第 28 条第 1 款规定律师可以接受公民、法人和其他组织委托担任法律顾问。但是公职律师不得以律师的身份办理本级政府或部门以外的诉讼与非诉讼案件[2]。

委托人委托律师的事项主要有委托律师担任民事诉讼代理人或者刑事案件或自诉案件代理人或辩护人，也可以委托律师进行代理、调解、咨询等非诉讼法律事务。

由于委托人不同，委托事项也就多种多样。律师是基于当事人的委托来提供法律服务的，因此应该勤勉尽责、忠诚守信，最大限度地维护当事人的合法权益。但优质法律服务提供的基础是委托人和律师之间要保持一种合法、融洽的关系，因此，研究和维护好委托人—律师之间的关系显得尤为重要。

二、委托人—律师关系的基本特征

委托人与律师事务所签订委托协议后，律师事务所指派具体的律师作为该委托协议的执行人（或案件的承办人），该律师（一个委托人可以委托一到两名律师）就成为当事人聘请的代理人或者辩护人，委托人与律师双方建立的是基于合同法和《律师法》规定的平等的民事法律（服务）关系。对二者关系的特点可以从以下几个方面来认识。

（一）双方是基于意思自治建立的关系，体现了彼此的自主性

根据我国现有法律规定，委托人选择律师不受行政区划的限制，不受律师事务所的限制，可以完全根据自己的意愿和律师事务所签订委托合同。同时委托人为获得法律帮助，维护自己的合法权益委托律师事务所也不受任何团体和个人的干涉，享有完全意思自治。

---

[1]　中华全国律师协会 2003 年《律师法律顾问工作规则》第 4 条第 2 款规定："未经律师事务所指派，律师个人不得以任何形式或名义担任法律顾问。"

[2]　2018 年《公职律师管理办法》第 14 条第 2 款："公职律师应当接受所在单位的管理、监督，根据委托或者指派办理法律事务，不得从事有偿法律服务，不得在律师事务所等法律服务机构兼职，不得以律师身份办理所在单位以外的诉讼或者非诉讼法律事务。"

但是申请法律援助的委托人申请援助时应根据 2021 年《法律援助法》的规定，对诉讼事项的法律援助，由申请人向办案机关所在地的法律援助机构提出申请；对非诉讼事项的法律援助，由申请人向争议处理机关所在地或者事由发生地的法律援助机构提出申请[1]。虽然法律没有明确规定要签订法律援助委托代理协议，但从《律师法》的规定看，还是应该签订委托协议。虽然法律援助不收取任何费用，但是签订委托协议可以对律师代理案件形成有效和必要的约束，以便律师更好地履行援助职责。除法律援助案件外，律师事务所也有是否接受委托的选择权，被指派的律师也有权决定是否接受指派担任某一案件的代理人或辩护人。在委托代理合同签订之前或之后，律师也可完全依据自己的意愿为维护国家法律，履行律师职责来挑选当事人。

（二）委托人—律师是相互信任的关系

这种信任关系对双方都是至关重要的。这种信任关系是签订委托协议的前提，也是律师开展良好服务的基础。"这种史无前例的信任依靠来源于人们为了自己的目的去雇佣律师做出执业司法判断……是充满十分的信任和信心"[2]。委托人信任关系建立有三种主要形式：第一种是基于对律师事务所的信任，并由律师事务所为其指派律师；第二种是基于对律师的信任，故此才和律师所在的律师事务所签订委托协议；第三种是基于对律师事务所和该所律师的混合型信任，才签订委托协议[3]。也有一种间接信任，是委托人有非常信任的朋友，而该朋友有认识的律师或比较熟悉律师事务所，基于对朋友的信任而与某个律师事务所签订委托协议。委托人在委托律师代理诉讼或者非诉讼法律事务之前，如果没有这种信任，尽可能不要建立委托关系。当然也有委托人急于需要法律服务，就随便签订了委托代理协议，但这个协议签订也必然包含着委托人对律师行业和律师专业技能的整体的信任。

信任对开展良好的法律服务有重要的意义。委托人（包括当事人）要充分相信自己委托的律师，不仅要相信律师的业务能力，也要相信律师的品格，向律师如实反映案情，提出自己要求和心中的顾虑，征求律师的建议。这样便于律师掌握案件真实的情况，对律师的法律服务工作有很大的帮助。如果对律师心存疑虑，甚至不信任，不能如实介绍案情，不仅对律师办案不利，更严重的是，当事人自身的利益也难以得到充分的保障。同样，律师也应选择自己信任的当事人提供法律服务，努力弄清案件事实，发掘案件证据，维护当事人的合法权益。

（三）律师和委托人是相互合作关系

委托人委托律师作为代理人之后，并不是对案件撒手不管，任凭律师行事，只等待案件处理结果。在委托代理关系存续期间，需要双方相互配合，共同完成调查取证、诉讼、仲裁等工作。有些案件涉及某些专业领域，委托人有责任提供事实依据，如某些交易习惯、行业惯例、某领域的专业知识，委托人可能比律师更加清楚。因此，就需要委托人积极配合律师工作。律师尽管作为委托人的代理人，也不可代替委托人做出决定，律师更多的是给委托人提供意见和建议，配合委托人完成法律实务。

（四）委托人—律师是被代理和代理的关系

律师要时刻提醒自己和委托人二者是委托代理关系，在代理权限内，律师行为（律师

---

〔1〕　2021 年《法律援助法》第 38 条。

〔2〕　吴秋发、邵爱红："谈美国的律师与当事人关系"，载《江西律师》2000 年第 1 期。

〔3〕　王进喜：《法律职业行为法》，中国人民大学出版社 2014 年版，第 32 页。

的违法失职行为除外）的法律后果，都需要由委托人承担。因此，遇到涉及委托人重大利益的问题，必须要由委托人本人做出决策，而非律师本人。

委托代理关系的核心在于，代理人（律师）必须在委托人的授权范围内行使代理权，实施代理行为；委托人的利益依赖于代理人的行为，但其行为的后果要由委托人承担。律师的职责应当集中在从法律的角度分析、评估相关风险，为降低和避免这些风险提出方案供委托人参考和决策。[1]

委托代理关系在有些案件中也是一种相互独立的关系。以刑事诉讼律师为例，辩护律师一旦接受委托人的委托成为辩护人之后，便具有独立的诉讼地位。辩护律师不仅独立于法院和检察院，同样独立于委托人。但辩护律师在履行法律职责时应当与委托人进行充分的沟通与协商，也要尊重委托人的意志与选择。

委托代理关系要求律师在授权范围内来维护委托人合法权益。委托人与律师签订的委托代理协议的授权分为两种，一种是概括式的授权，一种是列举式的授权。以民事诉讼委托代理为例，授权委托书必须记载委托事项和委托的权限，对委托人权益有重大影响的代为承认、放弃、变更诉讼请求，进行和解，提起反诉或者上诉，必须有委托人的特别授权。

（五）委托人—律师关系是一种利益实现和权益维护的关系

委托人委托律师主要目的是维护自己合法利益，或实现自己合法合理的利益。律师利用其专业知识为当事人提供帮助和服务，但律师的任务并不是不择手段地维护委托人的利益。律师应当依法维护委托人的合法权益，维护法律的正确实施，实现公平与正义，对当事人不合法、不合理要求，受托律师有权加以拒绝。

三、委托人—律师关系的类型

委托人与律师关系的类型，是根据不同的标准对委托人—律师关系进行的划分，其目的是了解不同样态下委托人—律师关系的特点。

（一）自然人委托、法人委托和其他组织委托形成的委托人—律师关系

这是以委托人的身份为标准进行的划分。自然人作为委托人，包括我国的公民，也包括我国领域内的外国人、无国籍人。这些自然人都可以在我国境内依法与律师事务所签订委托合同，委托律师进行诉讼和非诉讼活动。在委托关系存续期间，同律师进行交流，并且接受律师服务的对象基本是同一人。

法人委托和其他组织委托可以统称为组织委托。组织委托在签订委托合同时，主体是法人组织或其他组织。但是签订委托合同的却是法人组织的法定代表人或其他组织的负责人。律师服务的主体是法人和其他组织，但是沟通联系的对象则是法人或其他组织的法定代表人或负责人。

（二）潜在委托人、现行委托人、前委托人—律师关系

这是根据委托人—律师关系形成前、持续中和终止后为标准进行的划分。

1. 潜在委托人—律师关系。潜在委托人，是指就委托事项同律师进行探讨形成委托关系可能的委托人。潜在委托人与律师探讨某些法律事项时，具有建立委托关系的意图。二者虽然没有签订委托合同，但是在沟通过程中，律师可能会获知潜在委托人的某些信息，委托人也可能根据律师的意见采取某些行为。因此，律师与潜在委托人之间也要承担某些责任与义务。虽然在潜在委托人—律师关系中委托关系没有正式成立，但并不意味着律师

---

[1]　高忠智：《推开高端律师之门》，北京大学出版社 2009 年版，第 193 页。

不承担某种责任。司法部 1994 年《关于对海南省司法厅以政治部名义对吴清滚律师停职检查处理问题的批复》中指出："律师为当事人提供法律咨询意见的行为，无论发生在委托关系成立之前，还是成立之后，都属于律师职业行为，如确有违反职业道德和职业纪律的。都适用《律师惩戒规则》给予惩戒。"可见，潜在委托人尽管没有与律师建立委托关系，但律师还是会受到法律职业行为法的约束，潜在委托人也会受到法律职业行为法的保护。

2. 现行委托人—律师关系。这是在已经签订委托合同之后，委托代理合同存续期间，委托人—律师关系的样态。它是潜在委托人—律师关系进一步发展的结果。这种委托关系是法律职业行为法关注的重点。

3. 前委托人—律师的关系。它是委托协议履行完毕之后，委托人—律师关系的样态。委托合同履行完毕并不意味着律师职责和义务的终止。律师还要受到关于保密、利益冲突问题的法律职业行为法的约束，还要承担相应的法律职责和义务。委托关系终止后，律师仍然要承担这些责任与义务，恰恰是为了促进进行中的委托人—律师关系。但是，这种前委托人—律师关系的保护对于现行委托关系的保护来讲是相对有限的。

（三）单数委托人—律师关系与复数委托人—律师关系

这是以委托人的内部关系和为其服务的律师内部关系为标准对委托人—律师关系的划分。

单数委托人—律师关系，是指委托人与律师事务所指派的直接承办该事务的律师都是单数，这是一种较为简单的委托人—律师关系。

复数委托人—律师关系，是指委托人和接受委托后承办该事务的律师是复数的关系样态。如果委托人是复数，律师在处理法律事务时应当注意避免职业行为法中关于利益冲突的规制。在民事案件中律师可以接受一方委托人是多数人委托。但是在刑事案件中，律师在处理委托人—律师关系时就受到职业行为法的限制[1]。如果律师是复数，则涉及律师之间的分工与合作问题[2]。

（四）外部委托人—律师关系与内部委托人—律师关系

这是根据律师的执业背景进行的划分。社会律师与委托人建立的关系，属于外部委托人—律师关系；公司律师和公职律师所建立的委托人—律师关系，属于内部委托人—律师关系。外部委托人—律师关系中律师具有较大的独立性和执业自由，内部委托人—律师关系中律师的限制较多，有着更少的独立性和执业自由。[3]

四、委托人与律师关系的错误定位

（一）委托人利用律师的社会关系获得非法利益

有些委托人认为律师从事法律工作，长时间和司法机关、政府部门打交道，与这些公权力单位有着密切的社会关系。聘请一些社会能量很强的律师，可以利用这种熟人关系、走门路找关系，甚至是规避法律、谋取非法利益。遇到这种情况下，律师应该做到：

1. 律师执业必须"以事实为依据，以法律为准绳"，依法办案，拒绝接受委托人的非

---

〔1〕 司法部 1991 年《关于一个律师可否为同一案件两个以上被告人辩护等问题的批复》（司发函〔1991〕052号）指出，在同一案件中，一个律师不能同时为同一案件中的两个或两个以上被告人担任辩护人。

〔2〕 中华全国律师协会 2000 年《律师办理民事诉讼案件规范》第 13 条规定：收案后，如发现委托人已经委托了一名其他代理人时，应当与该代理人交换意见。如果意见基本一致，可以共同代理；如果意见不一致，应当向委托人讲明情况，由委托人选任一名代理人，或者两个代理人就不同的事项接受委托，分别接受不同的代理权限。

〔3〕 本部分主要参考王进喜：《法律职业行为法》，中国人民大学出版社 2014 年版，第 33 ~ 34 页。

法要求。

2. 律师在执业过程中结识的法官、检察官等都是工作中形成的关系，切勿掺杂私交左右办案，使原本正常的执业活动蒙上一层不光彩的阴影。

（二）委托律师代理关系被视作纯粹的金钱雇佣关系

委托人委托律师办理法律事务，是建立在双方自愿的基础上的关系。律师接受委托之后，在委托人授权范围内进行代理活动，并不是唯委托人的意志是从，而是要依法处理委托事项。委托人合法、合理的要求，律师应当全力以赴地代理，对于不合法的事项要懂得拒绝。律师绝不可以为了赚取律师费无原则按照委托人的意志行使代理权。如果把自己定位为当事人的雇员或者工具，无原则地按照当事人的意思去做，甚至在法律上提供对当事人毫无意义、毫无帮助的代理，误导当事人进行毫无意义的诉争，可能会加大当事人的损失。有些时候，一些律师在忠诚于当事人、维护当事人合法权益的名义下，成为当事人雇佣的"枪手"，虽然一时会获得某些收益，但终将毁坏律师职业的形象和尊严。委托人更不应以为支付了律师代理费，就等于雇佣了律师听从自己的安排和意志。同样，律师在处理与委托人之间的关系时，也要切实遵守律师职业道德，依法执业，正当执业。

（三）律师是帮助委托人捣乱的捣乱者，律师是麻烦制造者

律师是帮助委托人捣乱的，律师为什么要替坏人说话？为什么会出现律师串供现象？设置律师这一职业是来监督公权力的行使的吗？[1]

律师的身份是兼具私益性与公益性的。一方面，律师肩负着维护委托人合法权益、全力以赴使委托人权益最大化的职责，为委托人提供法律服务获得报酬也是律师谋生的手段。律师在维护当事人权益时，有时不可避免会采取一些拖延诉讼的手段，为当事人争取利益。但绝不是麻烦制造者；另一方面，律师通过提供法律服务，推动社会法律进步，实现社会正义，维护国家法律秩序[2]，所以律师也不是什么捣乱者。

因此，就律师本身而言，在为委托人提供法律服务的同时，也要注重对自身公益性义务的承担，避免为法治事业制造麻烦。

（四）委托人与律师是顾客与商人的关系

律师这一职业是以盈利为目的的吗？律师是商人吗？社会上关于律师营销的书很多，许多律师也在运用这些营销手段和技巧，做律师赚钱成为当下一些律师选择职业的目的。有些律师事务所也认为律师在本质上就是商人。由于律师向委托人提供法律服务，委托人向律师支付费用。因此，律师在提供法律服务时，就需要按照市场经济的要求树立委托人至上的原则以及建立长远的经营目标，要使委托人觉得他的事情就是你的事情。[3]

如果律师把自己定位为商人，赚钱作为自己职业的主要目的，律师就不再是公平正义的守护者，不是委托人尊严的守护者，律师这一职业就很容易失信于人。

律师不应是"无利不起早"的商人，律师在谋求个人经济利益的同时，也不要忘记自己所肩负的政治、法律与社会责任[4]。把个人利益同国家和社会对法律的需求结合起来，做伸张正义的律师。

---

〔1〕　马贺安：《生存与尊严：律师定位与展业方法》，法律出版社 2016 年版，第 45 页。

〔2〕　2017 年《律师法》第 2 条第 2 款规定：律师应当维护当事人合法权益，维护法律正确实施，维护社会公平和正义。

〔3〕　君合律师事务所：《律师之道——新律师的必修课》，北京大学出版社 2010 年版，第 213 页。

〔4〕　孙建新："律师不是'无利不起早'的商人"，载《中国律师》2011 年第 9 期。

第二节　委托人—律师关系的建立、维持与保护

如何与委托人建立委托代理关系，建立委托关系需要哪些条件，在与委托人建立委托代理关系之后，如何维持与保护委托人—律师之间的关系是本节学习的主要内容。

一、委托人—律师关系的建立

根据我国 2017 年《律师法》的规定，在委托人与律师事务所签订委托代理合同后，律师事务所才能为委托人提供相应的法律服务。但是，从法律服务实际操作上看，接受指派的律师才是法律服务的实际提供者。所以委托人—律师关系就是指委托人与实际承办案件或提供服务律师之间的关系，而这个关系成立，必须以签订委托协议为前提。因此探讨委托人—律师关系时必须探讨律师事务所和律师两个基本要素。前文已经对律师事务所进行了介绍。在此，我们重点介绍承办律师在建立委托人—律师关系时应具备的基本条件。

（一）律师必须具备必要的法律知识和职业技能

律师只有具备必要的法律知识和技能才能够为委托人提供相应的法律服务，才能够有效解决当事人提出的法律问题。如果律师不具备相应的法律知识和技能，律师就不应该接受律师事务所的指派。我国对于律师法律知识和技能管理是通过两种方式进行的。

1. 执业许可前审查。2017 年《律师法》第 5 条第 2 款规定，申请律师执业应当通过国家统一法律职业资格考试[1]，并在律师事务所实习满 1 年。国家法律职业资格考试主要测试应试人员应具备的法律专业知识和从事法律职业的能力。一般认为，取得法律职业资格证书是律师具有法律知识和技能的外在表现，只要取得律师执业证书，即应认为该律师已经具备向社会提供法律服务的最低法律知识和技能。

为了规范申请律师执业人员的实习活动，完善律师执业准入制度，确保为律师队伍培养、输送合格人才。2021 年中华全国律师协会《申请律师执业人员实习管理规则》规定申请律师执业人员的实习期为 1 年。实习人员在实习期间应当参加律师协会组织的集中培训和律师事务所安排的实务训练，遵守实习管理规定，实习期满接受律协组织的考核。集中培训由省、自治区、直辖市或者设区的市的律师协会组织进行，每期集中培训的时间不得少于 1 个月。集中培训的内容主要包括：习近平新时代中国特色社会主义思想，特别是习近平法治思想；党的路线、方针、政策；中国共产党党史、国史教育；律师制度和律师的定位及其职责使命；律师执业管理的规定；律师职业道德和执业纪律；律师实务知识和执业技能。根据中华全国律师协会编著的实习律师培训指定教材看，主要有律师执业基本技能、律师执业基本素养、律师职业道德与执业基本规范三大部分。组织集中培训的律师协会可以根据本地的实际情况增加有关的培训内容。实习人员的实务训练由接受其实习的律师事务所负责组织实施。律师事务所应根据中华全国律师协会制定的《申请律师执业人员实务训练指南（试行）》，指派符合条件的律师指导实习人员进行实务训练，并为实习人员进行实务训练提供必要的条件。律师协会组织对实习人员进行考核，并出具体考核意见。考核的合格意见是实习人员符合申请律师执业条件的有效证明文件。经考核合格的人员应当自收到考核合格通知起 1 年内向司法行政机关申请律师执业，超过 1 年申请执业的，应当由律协重新对其考核。如无法定不发证的情形，可发证注册，对重新申请执业的人员不

---

[1]　修改前的《律师法》规定的是律师资格考试，后来是司法资格考试，现在《律师法》规定的是法律职业资格考试。

再要求实习[1]。

2. 执业许可后的继续教育。由于社会的政治、经济、文化和科技等是不断发展变化的，法律制度本身也在不断地发展，为了保持职业活动必需的法律知识和技能，律师应当和社会以及法律的发展并进，不断地参加学习和接受教育，并努力遵守律师应当遵循的关于法律教育的所有要求。

为了加强和规范对执业律师的继续教育，1996 年中华全国律师协会制定了《执业律师继续教育试行办法》，建立了律师强制继续教育制度。根据该办法，凡在中国注册的执业律师均有权利，也有义务定期接受义务教育。中华全国律师协会和省级律师协会应当成立律师继续教育委员会，具体指导继续教育工作。继续教育委员会由司法行政部门、律师协会、教育部门的有关人员和执业律师组成。中华全国律师协会和各省级律师协会应当组建培训机构，具体负责继续教育的组织实施。中华全国律师协会每年发布律师继续教育培训要点，各省级律协应当根据要点编制年度培训计划，并报中华全国律师协会备案。执业律师的继续教育应当结合执业律师的特点，采取脱产或业余的短期培训班、讲习班、讲座等多种形式进行。执业律师继续教育的内容包括：律师职业道德和执业纪律；专门法务培训；新颁布法律、法规培训；律师执业技能培训；律师管理法规培训以及涉外进修、学历教育、专业资格教育等。鼓励执业律师参加各种在职学历教育，凡是读法律专业的本科、研究生、双学位课程者，在读期间可以不参加其他继续教育培训。执业律师每年应当参加中华全国律师协会或省级律协培训机构举办的不少于 30 课时的继续教育学习，没有完成规定课时学习的，律师管理部门不予年度注册。

（二）具有适当的工作条件

适当的工作条件，是指律师在接受律师事务所指派后，能够有充分的时间和便利来为该项法律事务进行准备。如果缺少这些基本条件，律师就不应该接受指派。不然会影响办案或法律服务的质量。律师在办理案件时应当根据具体情况保持适当的工作量，这也是律师事务所管理的重要内容[2]。2017 年《律师法》第 27 条也规定，律师事务所不得从事法律服务外的经营活动，这也是保证律师具有适当工作条件的重要措施。

（三）律师必须在律师事务所执业

2017 年《律师法》第 14 条规定"律师事务所是律师的执业机构"。也就是说，律师在提供法律服务时，应当在执业证书所列的律师事务所执业，并遵守该律师事务所相应的管理制度。这是律师向社会提供法律服务的基本要求之一。律师执业活动必须接受律师事务所的管理和监督，一方面有利于保证律师提供法律服务的称职性[3]；另一方面是为了保证委托人的基本权益。总之，律师处于律师事务所的有效管理中，是律师执业的基本前提之一。[4]律师在律师事务所执业，包括以下含义：

1. 律师只能在一个律师事务所执业。2017 年《律师法》第 10 条规定，律师只能在一个律师事务所执业。中华全国律师协会 2017 年《律师执业行为规范（试行）》第 12 条第 2

---

[1] 司法部 1998 年《关于对律师停止执业后申请重新执业如何办理执业证的批复》（司发函〔1998〕100 号）。
[2] 司法部 1997 年发布的《关于创建司法部部级文明律师事务所实施办法》规定了"合理分配案件制度"。
[3] 中华全国律师协会 2003 年《律师法律顾问工作规则》第 22 条规定："顾问律师应将聘方交与承办的重大的、疑难的或事关聘方重大利益的法律事务提交律师事务所讨论，以保证工作质量。"
[4] 中华全国律师协会 2003 年《律师法律顾问工作规则》第 4 条第 2 款规定："未经律师事务所指派，律师个人不得以任何形式或名义担任法律顾问。"

款规定："律师只能在一个律师事务所执业。"如果违反上述规定，就可能触犯2010年司法部《律师和律师事务所违法行为处罚办法》的有关规定。比如该办法第5条第1款规定，在律师事务所执业的同时又在其他社会法律服务机构执业的，就构成违反《律师法》第47条"同时在两个以上律师事务所"执业的规定。其他社会法律服务机构是指公证处、基层法律服务所、提供法律服务的公司等。

律师不得在两个律师事务所执业，一方面有利于律师事务所的有效管理，避免混乱和陷入利益冲突；另一方面是为了保证律师事务所具有适当的工作条件和保障委托人的合法权益[1]。

2. 律师在执业期间不得以非律师身份从事法律服务。中华全国律师协会2017年《律师执业行为规范（试行）》第12条第1款规定："律师在执业期间不得以非律师身份从事法律服务。"中华全国律师协会2017年《律师协会会员违规行为处分规则（试行）》第27条第4项规定，律师在执业期间不能以非律师身份从事有偿法律服务。这样规定的意义在于，为了避免律师事务所陷入利益纠纷和维护律师事务所在案源方面的利益。

司法部2002年《关于律师以非律师身份参与诉讼并提供伪造证据是否适用〈律师法〉予以处罚的批复》（司复〔2002〕5号）规定，"律师以非律师身份参加诉讼并向法院提供伪造证据，隐瞒事实真相，妨碍了人民法院诉讼程序，应适用《律师法》第四十五条第三款、《律师违法行为处罚法》第七条第三款的规定对其进行处罚"[2]。司法部2005年《关于执业律师以公民身份接受当事人委托参与诉讼并在诉讼中牟取当事人争议的权益应当适用〈律师法〉有关规定给予处罚的批复》（司发函〔2005〕234号）中规定："律师无论是以律师身份还是非律师的身份接受委托承办案件，其行为均应符合《律师法》的规定。对于违反《律师法》规定的行为，应当依法处理。因此律师以公民的身份接受当事人委托参与诉讼并在诉讼中谋取当事人争议的权益的，应当适用《律师法》第四十七条第（七）项规定给予处罚。"[3]也就是说，在律师以非律师身份提供法律服务的情况下，应适用关于律师的更为严格的处罚措施。

（四）不存在不可克服的利益冲突

2017年《律师法》第23条规定："律师事务所应当建立健全执业管理、利益冲突审查、收费与财务管理、投诉查处、年度考核、档案管理等制度，对律师在执业活动中遵守职业道德、执业纪律的情况进行监督。"第39条规定："律师不得在同一案件中为双方当事人担任代理人，不得代理与本人或者近亲属有利益冲突的法律事务。"司法部2016年《律师执业管理办法》第26条规定："律师承办业务，应当由律师事务所统一接受委托，与委托人签订书面委托合同，并服从律师事务所对受理业务进行的利益冲突审查及其决定。"该办法第27条重述了《律师法》第39条的规定。中华全国律师协会2017年《律师执业行

---

[1] 如果律师在两个以上律师事务所执业如果给当事人造成损失，可能造成律师事务所在赔偿责任问题上的互相推诿，不利于律师赔偿制度的落实。参见王胜明、赵大成主编：《中华人民共和国律师法释义》，法律出版社2007年版，第29页。但是，王进喜教授认为，由于《律师法》规定律师承办业务，只能由律师事务所统一接受委托，责任由签订委托合同律师事务所承担，因此不会造成推诿问题。参见王进喜：《法律职业行为法》，中国人民大学出版社2014年版，第37页。笔者认为是不是也有特殊情况，比如，某律师拿的是在甲律师事务所注册的执业证，用的是乙律师事务所签订的委托合同，因此就会出现遭受损害的当事人同时向甲、乙两个律师事务所请求赔偿的情形。于是，就产生甲、乙律师事务所互相推诿的情况。

[2] 根据2017年《律师法》，此句中"四十五条第三款"，现为《律师法》第49条第4款。

[3] 根据2017年《律师法》，此句中"第四十七条第（七）项"，现为《律师法》第48条第1款。

规范（试行）》第49条规定，律师事务所应当建立冲突审查制度。第50条规定："办理委托事务的律师与委托人之间存在利害关系或利益冲突的，不得承办该业务并应当主动提出回避。"律师利益冲突规则是一种预防性规则，在接受委托前，律师及其所属律师事务所应当进行利益冲突审查。

（五）执业行为能力未受到限制

所谓执业行为能力未受到限制，是指律师没有受到停止执业处罚或者其执业范围没有受到限制。律师执业行为能力受到限制主要包括三种情况：

1. 律师担任全国各级人大常委会组成人员。全国人大常委会办公厅、司法部1989年《关于各级人大常委会组成人员不宜履行律师职务的通知》规定，各级人大常委会组成人员，如果担任律师并履行律师职务，将会产生诸多不便，体制上也不尽合适。因此，今后对各级人大常委会组成人员，司法机关一律不再批准其担任专职、兼职律师，履行职务；已经取得律师资格的专职、兼职律师当选为各级人大常委会委员的，自当选之日起，停止履行律师职务，但可以保留律师资格。2017年《律师法》第11条第2款规定："律师担任各级人民代表大会常务委员会组成人员的，任职期间不得从事诉讼代理或者辩护业务。"司法部2016年《律师执业管理办法》第27条进行了相应规定。2017年《律师执业行为规范（试行）》第14条也作了同样的规定。2019年《检察官法》第23条规定："检察官不得兼任人民代表大会常务委员会的组成人员，不得兼任行政机关、监察机关、审判机关的职务，不得兼任企业或者其他营利性组织、事业单位的职务，不得兼任律师、仲裁员和公证员。"

这些规定的理由主要有三点。第一，由于各级人大常委会对司法机关具有监督职责，律师在担任人大常委会委员期间履行律师业务，势必使得办案机关有所顾虑。第二，作为人大常委会委员的律师进行执业，会导致律师之间出现不公平竞争，也会破坏法律适用上的平等性与严肃性。第三，由于各级人大常委会有权任免法官和检察官，作为常委会成员的律师继续从事代理和辩护业务，不利于其客观公正地行使该项国家权力。

2. 律师有应当回避的情形。律师回避，是指由于国家法律法规的规定，使得律师开展律师业务或执业受到相应限制情形。律师回避情形主要有以下几种：

2017年《律师法》第41条、司法部2016年《律师执业管理办法》第28条规定，曾经担任法官、检察官的律师，在离任2年内，不得担任代理人或辩护人。司法部2010年《律师和律师事务所违法行为处罚办法》第8条进一步规定，除担任代理和辩护外，如果以其它方式参与所在律师事务所承办诉讼法律事务的，属于《律师法》第47条第4项规定的"从人民法院、人民检察院离任后两年内担任诉讼代理人或辩护人的"违法行为。2019年《法官法》第36条也规定，法官从人民法院离任两年内，不得以律师身份担任代理人或者辩护人，法官从人民法院离任后，不得担任原任职法院办理案件的诉讼代理人或者辩护人。但是作为当事人的监护人或者近亲属代理诉讼或者进行辩护的除外。2019年《检察官法》第37条规定，检察官从人民检察院离任后两年内，不得以律师身份担任诉讼代理人或辩护人，也不得担任原任职检察院办理案件的诉讼代理人或者辩护人，但是作为当事人的监护人或者近亲属代理诉讼或者进行辩护的除外。

这些回避情形的规定都对委托人—律师关系的建立形成了相应的限制。按照司法部2010年《律师和律师事务所违法行为处罚办法》第8条的规定精神，所有这些应当回避的情形，不仅要求相关律师在相关期限内不得从事诉讼或辩护业务，也要求不得以其他方式参与所在律师事务所承办的诉讼法律事务。

3. 律师被暂停执业或者从事特定业务的资格受到限制。2017 年《律师法》第六章对律师的各种违法情况规定了停止执业的处罚措施。停止执业是允许律师继续保持其律师身份，但是在特定期限内其执业权被暂停的处罚。律师在受到停止执业处罚期间不得执业，也就无法建立委托人—律师关系。司法部 2016 年《律师执业管理办法》第 48 条第 2 款规定"律师受到停止执业处罚的，应当自处罚决定生效后至处罚期限届满前，将律师执业证书缴存其执业机构所在地县级司法行政机关"。中华全国律师协会 2017 年《律师执业行为规范（试行）》第 12 条第 3 款规定："律师不得在受到停止执业处罚期间继续执业，或者在律师事务所被停业整顿期间、注销后继续以原所名义执业。"此外，中国证券监督管理委员会、司法部 2007 年《律师事务所从事证券法律业务管理办法》第 10 条规定："律师被吊销执业证书的，不得再从事证券法律业务。律师被中国证监会采取证券市场禁入措施或者被司法行政机关给予停止执业处罚的，在规定禁入或者停止执业的期间不得从事证券法律业务。"

总之，律师办理法律事务的称职性，既包括宏观法律知识和技能以及律师事务所管理方面的要求，也包括具体个案中需要具体考虑的利益冲突等问题。因此，建立委托人—律师关系的前提条件是一个具体事实问题。在确定律师是否应当接受某案件的委托时，应当进行各个方面的考虑。

二、委托范围与委托人—律师权限划分

在委托人—律师关系中一个重要的内容是委托范围和律师的权限问题。委托人的委托范围与律师的权限密切相关，从一定意义上讲每一项被委托的法律事务都是律师和委托人的共同事业，清晰的委托范围和明确的权限划分是营造这一事业的前提条件。中华全国律师协会 2017 年《律师执业行为规范（试行）》第 35 条规定："律师应当与委托人就委托事项范围、内容、权限、费用、期限等进行协商，经协商达成一致后，由律师事务所与委托人签署委托协议。"

（一）委托范围

一般讲，委托范围就是指律师接受委托提供服务内容的范围。一方面，在法律规定的范围内，委托人对于委托律师所要完成的事项有最终决定权；另一方面，律师对委托也有一定的权限。2017 年《律师法》第 32 条第 2 款规定："律师接受委托后，无正当理由的，不得拒绝辩护或者代理。但是，委托事项违法、委托人利用律师提供的服务从事违法活动或者委托人故意隐瞒与案件有关的重要事实的，律师有权拒绝辩护或者代理。"根据该条规定，律师对于违法的委托事项有权拒绝。因此，委托范围的确立是律师和委托人的协商过程。在该协商过程中律师应该坦诚地说明有关事项，不得作虚假承诺。司法部 2016 年《律师执业管理办法》第 33 条第 1 款规定："律师承办业务，应当告知委托人该委托事项办理可能出现的法律风险，不得用明示或者暗示方式对办理结果向委托人作出不当承诺。"中华全国律师协会 2017 年《律师执业行为规范（试行）》第 79 条第 6 项规定，"明示或者暗示可以帮助委托人达到不正当目的，或者以不正当的方式、手段达到委托人的目的"是律师执业的不正当竞争行为。同样在实现目的的手段上也是可以协商的。中华全国律师协会 2017 年《律师执业行为规范（试行）》第 37 条规定："律师与所任职律师事务所有权根据法律规定、公平正义及律师执业道德标准，选择实现委托人或者当事人目的的方案。"委托人同样有权就委托服务目标实现所要使用的手段同律师进行协商。

（二）委托人—律师权限的划分

委托权限的确定主要存在于律师的代理活动中。2017 年《律师法》第 30 条规定："律师担任诉讼法律事务代理人或者非诉讼法律事务代理人的，应当在受委托的权限内，维护委托人的合法权益"。中华全国律师协会 2017 年《律师执业行为规范（试行）》第 41 条规定："律师接受委托后，应当在委托人委托的权限内开展执业活动，不得超越委托权限。"2021 年《民事诉讼法》第 62 条第 1、2 款规定："委托他人代为诉讼，必须向人民法院提交由委托人签名或者盖章的授权委托书。授权委托书必须记明委托事项和权限。诉讼代理人代为承认、放弃、变更诉讼请求，进行和解，提起反诉或者上诉，必须有委托人的特别授权。"第 63 条规定："诉讼代理人的权限如果变更或者解除，当事人应当书面告知人民法院，并由人民法院通知对方当事人。"中华全国律师协会 2003 年《律师办理民事诉讼案件规范》第 10 条第 2 款第 3 项规定："律师事务所与委托人签订委托代理合同及委托人签署授权委托书时，应当记明具体的委托事项和权限，委托权限应注明是一般授权还是特别授权。变更、放弃、承认诉讼请求和进行和解，提起反诉和上诉，转委托，签收法律文书，应当有委托人的特别授权。"因此律师在进行代理活动时，应当通过委托合同和授权委托书对自身的权限进行明确的界定。

三、转委托

转委托是指代理人为了被代理人的利益需要，将其享有的代理权限的全部或者一部分转委托给他人行使的行为。转委托是在律师事务所、律师丧失执业资格或者执业权利受到限制等紧急情况下为了委托人的利益而进行的，转委托应当事先取得委托人的同意或者事后追认。中华全国律师协会 2017 年《律师执业行为规范（试行）》第 56 条规定："未经委托人同意，律师事务所不得将委托人委托的法律事务转委托其他律师事务所办理。但在紧急情况下，为维护委托人的利益可以转委托，但应当及时告知委托人。"第 57 条规定："受委托律师遇有突患疾病、工作调动等紧急情况不能履行委托协议时，应当及时报告律师事务所，由律师事务所另行指定其他律师继续承办，并及时告知委托人。"第 58 条规定："非经委托人的同意，不能因转委托而增加委托人的费用支出。"

由于转委托时，可能会涉及委托协议内容的变更或委托协议的解除，以及新的委托协议签订等问题，为了维护委托人的合法权益和明确委托权限，委托人应当和新的律师事务所重新签订新的委托协议。即使仅仅是承办律师的更换，也要在委托协议中注明，或签订补充协议，以便明确新接手律师所受委托事项的范围和委托权限。

四、委托人—律师关系的维持

律师是一个充满挑战的职业，也是运用法律来保护委托人合法权益的职业。但是，在诸如收费、办案质量、对当事人的承诺未兑现等方面，司法行政部门也接受数量较多的对律师投诉的问题。律师在接受当事人的委托后，运用法律规范来维护当事人的合法权益，但律师的使命不仅仅在于通过诉讼、非诉讼等法律业务维护当事人的合法权益，更在于通过对司法机关、行政机关准确适用法律来进行法律监督、批评与制衡，借以维护社会公平正义，促进法治事业的进步。因此，律师在维护法律的尊严和当事人的合法权益的同时，也更要学会对委托人—律师关系的保护，也要学会保护自己，使得委托人—律师关系维持在一个合法合理的状态。

委托人—律师关系的维持，可以从两个角度理解。狭义上委托关系的维持是指在委托关系存续期间，委托人—律师之间能够保持良好的合作与沟通，从而使得双方签订的委托合同得以顺利履行。广义上委托关系的维持是指委托人—律师不仅在委托合同存续期间应该保持良好的合作关系，甚至在委托协议履行完毕后也应保持双方之间建立起来的信任关系。一方面，该委托人可能会成为律师下一项业务的潜在客户；另一方面，由于委托人与律师之间建立的良好信任关系，也使得委托人在将来的法律事务中可能会获得该律师更好的法律服务。可以说，委托人—律师之间的关系维持的情况直接影响到律师提供法律服务的质量以及律师今后的案源。就律师而言，努力维持二者的关系更能显示一个律师的智慧和能力。

本节所讲的维持主要指狭义上维持。由于委托人—律师关系建立后，一项重要的工作就是这种关系的维持，关系维持的情况不仅影响律师的办案质量，而且也可以避免律师与委托人之间将来可能产生的某些纠纷。其中"最重要的是律师与委托人之间的持续信息交流"[1]。为此，中华全国律师协会 2017 年《律师执业行为规范（试行）》第 38 条规定："律师应当严格按照法律规定的期间、时效以及与委托人约定的时间办理委托事项。对委托人了解委托事项办理情况的要求，应当及时给予答复。"第 43 条规定："律师在承办受托业务时，对已经出现的和可能出现的不可克服的困难、风险，应当及时通知委托人，并向律师事务所报告。"司法部 2016 年《律师执业管理办法》第 33 条第 2 款规定："律师承办业务，应当及时向委托人通报委托事项办理进展情况；需要变更委托事项、权限的，应当征得委托人的同意和授权。"

基于上述有关规定，委托人和律师之间关系的维持至少应当满足两个要求：一是及时，即对委托人提出的合理要求应在合理的时间限度内予以满足；二是充分，即这种交流的目的在于使委托人就有关事项能够由此作出合理的判断和明智的决定。这两项要求的满足可以最大限度地减少和避免委托人—律师之间产生纠纷。

五、委托人—律师关系的保护

近年来，随着我国法律制度的不断完善，以及律师行业不断发展，法律职业行为法更是针对委托人—律师关系的保护给予了较为全面的规定。不仅在委托人—律师关系内部设定了各种保护措施，而且还在委托人—律师关系外部设定了保护措施，即为了防止委托人—律师关系受到干扰和破坏，对其他律师的行为进行了限制[2]。进行这样限制主要有三个目的：

（1）防止其他律师对委托人—律师关系进行干扰；

（2）保护委托人不受其他律师的不当接触，避免委托人不当披露有关信息；

（3）保护委托人—律师关系中的律师利益。

司法部令 1995 年第 37 号《关于反对律师行业不正当竞争行为的若干规定》第 4 条第 7 项规定："故意在当事人与其代理律师之间制造纠纷"是律师或律师事务所的不正当竞争行为。中华全国律师协会 2017 年《律师执业行为规范（试行）》第 79 条第 3 项规定，"故意在委托人与其代理律师之间制造纠纷"是律师执业不正当竞争行为。从这些规定来看，我国对委托人—律师关系的保护似乎侧重对律师的保护，而忽视对这种关系进行不当介入给委托人带来的不利影响。

第三节　委托人—律师关系的终止

本节主要内容是委托人—律师关系的终止概念、分类、终止的程序，以及终止后的律师义务。

---

[1]　王进喜：《法律职业行为法》，中国人民大学出版社 2014 年版，第 42 页。

[2]　美国律师协会《职业行为示范规则》4.2 规定："在代理某委托关系时，律师不应就代理事项同律师知道在该事务中已由其他律师代理的人进行交流，除非该律师已征得该其他律师的同意，或者法律或者法庭命令授权律师可以这样做。"

一、委托人—律师关系的概述及分类

（一）委托人—律师关系终止的概述

委托人—律师关系的终止，是指委托协议履行完毕、委托期限届满、案件撤销，或者因其他原因导致委托协议的解除而使双方之间的权利义务终止或不再履行。委托人—律师关系的终止是法律职业行为法特别关注的事项，对这种关系的终止进行规制，是因为它涉及委托人与律师的利益，也涉及正在进行的诉讼程序的效率。具体内容如下：

1. 委托人—律师关系的终止（非正常履行结束以外）可能会对委托人的利益造成不利影响。如果律师任意终止委托人—律师关系，就可能会使得委托人不能及时获得其他律师的帮助，从而使其法律困境更加窘迫。所以，我国2017年《律师法》第32条第2款规定，律师接受委托后，无正当理由的，不得拒绝辩护或者代理。就是基于对委托人利益的保护而对律师终止委托关系的限制。同时该条款也规定，如果"委托事项违法、委托人利用律师提供的服务从事违法活动或者委托人故意隐瞒与案件有关的重要事实"，律师可以解除委托协议。即使这样也可能导致法律事实认定者得出当事人具有上述行为，进而对委托人作出某些不利的猜测。

2. 委托人—律师关系的终止，可能会对律师和律师事务所的利益造成不利影响。律师任意终止委托人—律师关系，不仅会损害律师职业的声誉，也会影响律师和律师事务所的经济利益，律师和律师事务所甚至可能要承担民事赔偿责任。

3. 委托人—律师关系的终止可能会影响诉讼程序的效率。在委托人—律师关系终止的情况下，委托人另行委托律师进行辩护或者代理无疑会造成诉讼等程序的迟滞，影响程序的效率，影响其他诉讼参与人的利益。同样，委托人在临近审判时或者审判过程中解雇律师，也有可能被认为是一种为了达到拖延诉讼的目的而采取的间接行为。

（二）委托人—律师关系终止的分类

1. 自然终止与干预终止。这是根据终止过程有无人为干预因素进行的划分。所谓自然终止，即因委托事项办理完毕、委托期限届满、案件中止审理或者撤销等原因，委托人—律师关系自然宣告终结的情形。所谓干预终止，就是指在委托事项尚未办理完毕的情况下，基于法律规定等原因，人为终结委托人—律师关系的情形。干预终止是法律职业行为法关注的重点。

2. 委托人终止与律师终止。这是按终止活动的启动权主体不同所进行的划分。所谓委托人终止，就是指委托人拒绝律师辩护或者代理的终止形式。2017年《律师法》第32条第1款规定："委托人可以拒绝已委托的律师为其继续辩护或者代理，同时可以另行委托律师担任辩护人或者代理人。"律师终止是指2017年《律师法》第32条第2款规定的，如果"委托事项违法、委托人利用律师提供的服务从事违法活动或者委托人故意隐瞒与案件有关的重要事实的，律师有权拒绝辩护或者代理"的终止形式。

3. 有因终止与无因终止。这是根据终止活动有无明确的原因进行的划分。有因终止就是指拒绝辩护或者代理而终结委托人—律师关系时，需要有法律上明确原因的终止情形。2017年《律师法》32条第2款（见上述分类2）就是律师有因终止的情形，有因终止即规定律师终止的条件，也同时限制了律师拒绝辩护或者代理的权利，目的在于保护委托人的合法权利和保障诉讼等程序的顺利进行。司法部2010年《律师和律师事务所违法行为处罚办法》第19条第4项就规定，律师无正当理由，当庭拒绝辩护或者代理的，就是扰乱法庭、仲裁秩序，干扰诉讼、仲裁活动的正常进行的违法行为。

无因终止，就是指拒绝辩护或者代理而终结委托人—律师关系时，不需要提出法律上

明确原因的终止情形。2017 年《律师法》第 32 条第 1 款规定的委托人有权拒绝辩护或者代理的情形，就是无因终止。无因终止有利于维护委托人的选择权。

4. 可分割终止与不可分割终止。这是根据终止委托关系时所委托事项的内容是否可以分割为标准进行的分类。可分割的终止就是指委托事项可以分割，不可分割的终止就是指委托的事项不可以分割，一旦终止，全部委托事项均告终止。

5. 强行性终止与任选性终止。这是根据律师有无终止委托人—律师关系的自由裁量权进行的划分。强行性终止是指律师无终止委托人—律师关系的自由裁量权的终止。委托人拒绝律师辩护或者代理的终止就属于强行性终止。任选性终止是指律师有终止委托人—律师关系的自由裁量权的终止。在事先无法预见的前提下，律师向委托人提供法律服务将会给律师带来不合理的负担，或者给律师造成难以承受的、不合理的困难，即属于任选性终止。

二、委托人—律师关系的强制性终止

我国 2017 年《律师法》、中华全国律师协会 2017 年《律师执业行为规范（试行）》、全国人大常委会 2021 年《法律援助法》、司法部 2018 年《律师事务所管理办法》、司法部 2012 年《办理法律援助案件程序规定》等法律、法规分别规定了强行性终止的情形。

（一）委托人提出终止委托关系

2017 年《律师法》第 32 条规定，委托人可以拒绝律师为其继续辩护或者代理，也可以另行委托辩护人或者代理人。中华全国律师协会 2017 年《律师执业行为规范（试行）》第 59 条第 1 项规定，委托人提出终止委托协议的，律师事务所应当终止委托关系。2021 年《法律援助法》第 48 条第 7 项规定，受援人有正当理由要求终止法律援助的，办理法律援助案件的人员应当向法律援助机构报告，法律援助机构经审查核实的，应当终止该项法律援助。保障委托人有权终止委托协议有利于保障委托人的裁量权和选择权。

（二）律师被吊销执业证书、停止执业或者律师事务所终止

中华全国律师协会 2017 年《律师执业行为规范（试行）》第 59 条第 2 项规定，律师受到吊销执业证书或者停止执业处罚的，经过协商，委托人不同意更换律师的，律师事务所应当终止委托关系。司法部 2018 年《律师事务所管理办法》第 32 条第 1、2 款规定："律师事务所在终止事由发生后，不得受理新的业务。律师事务所在终止事由发生后，应当向社会公告，依照有关规定进行清算，依法处置资产分割、债务清偿等事务。"此外，国家工商总局（现更名为国家市场监督管理总局）、司法部 2012 年《律师事务所从事商标代理业务管理办法》第 18 条规定："律师事务所在终止事由发生后，有未办结的商标代理业务的，应当及时与委托人协商终止委托代理关系，或者告知委托人办理变更委托代理手续；委托人为外国人或者外国企业的，应当协助其办理变更委托代理手续。律师变更执业机构、终止执业或者受到停止执业处罚的，应当在律师事务所安排下，及时办妥其承办但尚未办结的商标代理业务的交接手续。"因此，律师被吊销执业证书、停止执业或者律师事务所因被吊销执业证书或者其他事由终止的，委托人—律师关系应当强行终止。

我国现行法律对律师事务所受到停业整顿期间的委托人—律师关系问题没有做出明确规定，但从保护委托人利益的角度出发，对此应当理解为，停业整顿期间，律师事务所不应接办新的业务，已经接办的业务应当继续办理。

（三）存在不可克服的利益冲突

中华全国律师协会 2017 年《律师执业行为规范（试行）》第 51 条规定："有下列情形之一的，律师及律师事务所不得与当事人建立或维持委托关系：（一）律师在同一案件中为

双方当事人担任代理人，或代理与本人或者其近亲属有利益冲突的法律事务的；（二）律师办理诉讼或者非诉讼业务，其近亲属是对方当事人的法定代表人或者代理人的；（三）曾经亲自处理或者审理过某一事项或者案件的行政机关工作人员、审判人员、检察人员、仲裁员，成为律师后又办理该事项或者案件的；（四）同一律师事务所的不同律师同时担任同一刑事案件的被害人的代理人和犯罪嫌疑人、被告人的辩护人，但在该县区域内只有一家律师事务所且事先征得当事人同意的除外；（五）在民事诉讼、行政诉讼、仲裁案件中，同一律师事务所的不同律师同时担任争议双方当事人的代理人，或者本所或其工作人员为一方当事人，本所其他律师担任对方当事人的代理人的；（六）在非诉讼业务中，除各方当事人共同委托外，同一律师事务所的律师同时担任彼此有利害关系的各方当事人的代理人的；（七）在委托关系终止后，同一律师事务所或同一律师在同一案件后续审理或者处理中又接受对方当事人委托的；（八）其他与本条第（一）至第（七）项情形相似，且依据律师执业经验和行业常识能够判断为应当主动回避且不得办理的利益冲突情形。"

利益冲突分为可以克服的利益冲突和不可以克服的利益冲突两种类型。前者是指尽管存在利益冲突，但在受到影响的当事人做出明确同意的情况下，法律允许继续进行辩护或者代理的情形。后者指在存在利益冲突的情况下，法律不允许继续进行辩护或者代理，即使受到影响的当事人表示同意。上文所列几种情形就属于不可克服的利益冲突，在这种情况下进行辩护或者代理不仅影响当事人的利益，也可能影响纠纷解决程序的效率和纠纷解决结果的质量。

（四）律师的健康状况不适合继续履行委托协议

中华全国律师协会 2017 年《律师执业行为规范（试行）》第 59 条第 4 项规定，"受委托律师因健康状况不适合继续履行委托协议的，经过协商，委托人不同意更换律师的"，律师事务所应该终止委托关系。这一规定既满足、强化了对律师的称职性要求和对委托人的协作要求，也满足了法院与其他机构提高工作效率的需要。

（五）继续履行为委托协议将导致律师违规

2017 年《律师法》第 32 条第 2 款规定："律师接受委托后，无正当理由的，不得拒绝辩护或者代理。但是，委托事项违法、委托人利用律师提供的服务从事违法活动或者委托人故意隐瞒与案件有关的重要事实的，律师有权拒绝辩护或者代理。"中华全国律师协会 2017 年《律师执业行为规范（试行）》第 59 条第 5 项规定，"继续履行委托协议违反法律、法规、规章或者本规范的"，律师事务所应当终止委托关系。律师作为法律职业人员，应当维护当事人的合法权益，维护法律的正确实施，维护社会公平正义。2017 年《律师法》第 3 条第 1 款规定："律师执业必须遵守宪法和法律、恪守律师职业道德和执业纪律。"因此，在继续履行委托协议将导致律师违规的情况下，应当终止委托人—律师关系。

（六）法律援助的受援条件不再存在

2021 年《法律援助法》第 48 条规定："有下列情形之一的，法律援助机构应当作出终止法律援助的决定：（一）受援人以欺骗或者其他不正当手段获得法律援助；（二）受援人故意隐瞒与案件有关的重要事实或者提供虚假证据；（三）受援人利用法律援助从事违法活动；（四）受援人的经济状况发生变化，不再符合法律援助条件；（五）案件终止审理或者已经被撤销；（六）受援人自行委托律师或者其他代理人；（七）受援人有正当理由要求终止法律援助；（八）法律法规规定的其他情形。法律援助人员发现有前款规定情形的，应当及时向法律援助机构报告。"法律援助是为了保障经济困难或者特殊案件的当事人获得必要的法律服务而设立的法律救助制度，由于法律援助资金短缺、援助人员稀缺，因此在受援人员经济状况发生变化、不符合法律援助的经济条件等情况下，为保证其他需要的人员能够获得法律援助，该项法律援助应当终止，其所涉及的委托人—律师关系也遂告终止。

三、委托人—律师关系的任选性终止

委托人—律师关系的任选性终止是基于律师在终止这一关系时具有一定的自由裁量权的终止类型。中华全国律师协会 2017 年《律师执业行为规范（试行）》第 60 条规定："有下列情形之一，经提示委托人不纠正的，律师事务所可以解除委托协议：（一）委托人利用律师提供的法律服务从事违法犯罪活动的；（二）委托人要求律师完成无法实现或者不合理的目标的；（三）委托人没有履行委托合同义务的；（四）在事先无法预见的前提下，律师向委托人提供法律服务将会给律师带来不合理的费用负担，或给律师造成难以承受的、不合理的困难的；（五）其他合法的理由的。"所谓"律师事务所可以解除委托协议"是指在这些情况下，律师事务所解除委托协议时，要根据具体情况判断，既可以立即解除委托协议，也可以暂时不解除委托协议。在考虑是否解除委托协议时，应当综合考虑所掌握的信息、委托行为的性质与严重性、给委托人利益造成的损害、给律师的利益造成的影响等因素。任选性终止主要涉及以下四种情况。

（一）委托人利用律师提供的法律服务从事违法、犯罪活动

在这种情况下，律师提供的服务本身不涉及违反法律规定的问题。只是委托人利用这种合法的服务从事违法犯罪活动。这是委托人滥用律师的信任的行为。由于委托人的违法犯罪活动的隐蔽性，使得律师可能完全不知情。所以，中华全国律师协会 2017 年《律师执业行为规范（试行）》没有把这种情况定为强制性终止。

（二）委托人要求律师完成无法实现或者不合理的目标

所谓不合理或无法实现的目标，是指在律师看来，委托人设定的目标无法实现或者可能会给委托人造成严重损害，律师与委托人的分歧如此严重，以至于大多数的理性律师不会继续进行代理。但是不能仅仅因为律师与委托人意见不一致，律师就终止委托人—律师关系。

（三）委托人没有履行委托合同

这主要指委托人没有履行支付律师费的义务，以及未能向律师提供必需的证据等情况。在这种情况下，律师对终止委托人—律师关系有自由裁量权。

（四）无法预见的前提下，给律师造成不合理负担、费用或困难等

这主要是因为费用计算错误、预见不足等，给律师的代理造成不合理的负担、费用、困难等情况，律师有解除委托人—律师关系的自由裁量权。

总之，律师与委托人建立委托关系后，就应当尽职尽责地为委托人提供法律服务，不得随意拒绝辩护或者代理。否则，就会使委托人的利益得不到及时的维护。但在某些特殊情况下，由于主、客观原因，委托关系难以继续存在，继续履行将损害律师或者当事人的利益，在律师对当事人进行教育或者协商后当事人仍然固执己见或拒不接受的，律师可以解除二者之间的关系。

四、委托人—律师关系终止的程序

委托人—律师关系的终止的程序就是指这一关系终止过程中所要遵循的步骤、方法等。

（一）委托人—律师关系终止的程序要求

委托人—律师关系的终止涉及委托人和律师之间的权利、义务关系，涉及法院等司法机关的办案效率，因此这种关系的终止同样应当遵循一定的程序要求。委托人—律师关系的终止，既可以由委托人终止，也可以由律师终止，但是双方终止所受的限制是不同的。

委托人可以在任何时间，以任何理由，甚至没有任何理由的情况下解雇律师。委托人解雇律师，几乎是不需要任何特别的形式，只需要做出明确解除委托人—律师关系的意思表示就足够了。而律师主动提出解除与委托人之间的关系则要受到较多的程序性限制。根据我国法律规定，主要有以下程序：

1. 查证和通知。中华全国律师协会 2003 年《律师办理民事诉讼案件规范》第 18 条规定："委托人利用律师提供的服务从事违法活动或者隐瞒事实的，律师可以拒绝代理，经律师事务所收集证据，查明事实后，告知委托人，解除委托关系，记录在卷，并整理案卷归档。"

律师事务所在搜集证据、查明事实之后，应尽早告诉委托人有关情况，以便委托人尽早聘请其他律师或者做其他安排，也尽可能地避免法院等有关机构因更换律师而使工作进程受到太多影响。

2. 批准。当律师被法律援助机构指定担任辩护人或者代理人时，退出辩护或者代理通常要得到指定机构的批准。根据国务院 2003 年《法律援助条例》[1]第 23 条规定，办理法律援助案件的人员遇有应当终止法律援助情形的，应当向法律援助机构报告，法律援助机构经审查核实的，应当终止该项法律援助。司法部 2004 年《律师和基层法律服务工作者开展法律援助工作暂行管理办法》第 12 条规定："律师和基层法律服务工作者在承办法律援助案件过程中，发现受援人有《法律援助条例》第二十三条规定列举的情形时，应当及时向法律援助机构报告，由法律援助机构负责审查核实，决定是否终止该项法律援助。"司法部 2012 年《办理法律援助案件程序规定》[2]第 33 条规定："有下列情形之一的，应当终止法律援助：（一）受援人不再符合法律援助经济困难标准的；（二）案件依法终止审理或者被撤销的；（三）受援人自行委托其他代理人或者辩护人的；（四）受援人要求终止法律援助的；（五）受援人利用法律援助从事违法活动的；（六）受援人故意隐瞒与案件有关的重要事实或者提供虚假证据的；（七）法律、法规规定应当终止的其他情形。有上述情形的，法律援助人员应当向法律援助机构报告。法律援助机构经审查核实，决定终止法律援助的，应当制作终止法律援助决定书，并发送受援人，同时函告法律援助人员所属单位和有关机关、单位。法律援助人员所属单位应当与受援人解除委托代理协议。"基于上述有关规定，作为法律援助律师退出辩护或者代理时应当得到有关机构的批准。

（二）委托人—律师关系终止后的律师义务

在委托人—律师关系终止时，律师要采取适当的措施来保护委托人的权益。律师在依法拒绝辩护或者代理而退出时，应当采取合理、可行的措施来维护委托人的合法权益，不应因此给委托人造成更大的损失。一般而言，律师在委托人律师关系终止后负有以下义务：

1. 采取措施表明委托关系终止，并处理好有关交接事宜。这种做法有利于避免不必要的误解。美国许多律师事务所在工作结束后，发出服务终止函（termination letter）来表明法律服务关系的终止，这是一种值得借鉴的做法。北京律师协会 2008 年《律师事务所管理评价体系标准及评估指南》就对此作了相应的规定，这是对律师和律师事务所应当如何终止委托人—律师关系规定的有益尝试。

2. 退还当事人的材料。中华全国律师协会 2017 年《律师执业行为规范（试行）》第 62 条规定："律师事务所与委托人解除委托关系后，应当退还当事人提供的资料原件、物证原物、视听资料底版等证据，并可以保留复印件存档。"这一规定既肯定了当事人对证据材料

---

〔1〕 现为全国人大常委会 2021 年《法律援助法》第 48 条。

〔2〕《法律援助案件办理程序规定（征求意见稿）》于 2022 年 3 月 21 日至 2022 年 4 月 21 日公开征求意见，待发布。

的所有权，也肯定了律师事务所保留有关复印材料的权利。律师事务所在委托人案卷上的权利应当得到基本的尊重。律师事务所要保留这些案卷有很多原因，如保留关于本案的信息，以便应对前委托人可能提出的不当执业赔偿的诉讼，为以后更好地提供法律服务提供研究的样本等。律师事务所保留有关材料复印件就可以满足这样的权利要求。

3. 返还尚未耗用的律师费。2006 年修订的《律师服务收费管理办法》对委托代理关系终止后是否应退还律师费、按照何标准来退还并没有明确规定。中华全国律师协会 2017 年《律师执业行为规范（试行）》第 61 条规定："律师事务所依照本规范第五十九条、第六十条的规定终止代理或者解除委托的，委托人与律师事务所协商解除协议的，委托人单方终止委托代理协议的，律师事务所有权收取已提供服务部分的费用。"

4. 不接受与委托人有利害关系的对方当事人的委托办理法律事务。律师的保密义务决定了律师不得在与委托人解除委托关系以后，再接受与委托人有利害关系的对方当事人的委托，从而可能会损害原委托人的利益。但是如果律师告知委托人后，委托人同意的除外。中华全国律师协会 2017 年《律师执业行为规范（试行）》第 52 条第 5 项规定的"在委托关系终止后一年内，律师又就同一法律事务接受与原委托人有利害关系的对方当事人的委托的"就属于这种情形，因此律师并不需要回避。

5. 向有关方面进行报告。有些法律规定了委托人—律师关系终止后，律师进行报告的义务。例如中国证券监督管理委员会、司法部 2007 年《律师事务所从事证券法律业务管理办法》第 17 条规定："律师在从事证券法律业务时，委托人应当向其提供真实、完整的有关材料，不得拒绝、隐匿、谎报。律师发现委托人提供的材料有虚假记载、误导性陈述、重大遗漏，或者委托人有重大违法行为的，应当要求委托人纠正、补充；委托人拒不纠正、补充的，律师可以拒绝继续接受委托，同时应当按照规定向有关方面履行报告义务。"

■思考题

1. 如何认识理解委托人—律师关系的性质？
2. 委托人—律师关系建立的前提条件有哪些？
3. 委托人—律师关系强制性终止有哪些情形？
4. 委托人—律师关系终止时的基本程序要求？
5. 委托人—律师关系有哪些错误定位？
6. 强制性终止委托人—律师关系有哪些类型？
7. 委托人—律师关系有哪些类型？

■参考书目

1. 王进喜：《法律职业行为法》，中国人民大学出版社 2014 年版。
2. 全国律师协会编：《律师执业基本素养》，北京大学出版社 2009 年版。
3. 陈宜、李本森：《律师职业行为规则论》，北京大学出版社 2006 年版。
4. ［美］约瑟夫·阿莱格雷迪著，王军译，《律师的天职：信仰与法律工作》，当代中国出版社 2014 年版。
5. 张品泽主编：《律师学》，中国人民公安大学出版社 2015 年版。
6. 田文昌主编：《律师制度》，中国政法大学出版社 2007 年版。
7. 李本森主编：《法律职业伦理》，北京大学出版社 2008 年版。

第四章　律师保密规则

■ **本章概要**

　　本章介绍了关于律师保密规则的理论基础，以及律师保密义务的主体、客体、期间及例外规定。

■ **本章关键词**

　　律师—委托人特权；保密义务；忠诚义务；防止未来伤害

第一节　律师保密规则的理论基础

　　律师保密规则指的是律师对于因执业而获知的信息，一般情况下不得对外披露，除非法律或者法律职业行为规则有例外规定。无论是大众对于律师的角色期待，还是委托人对于律师的道德信任，以及法律职业伦理对于律师的强制要求，律师保密规则都是非常重要的。

　　一、律师保密规则：既是权利也是义务

　　律师保密到底是一种权利还是义务，之所以会产生这个问题，是因为证据法和法律职业伦理两种规范出于不同的重心都对这一问题进行了规制。例如美国的证据法上规定了律师—委托人特权，不得强迫律师就和委托人之间的秘密交流作证。这更多的是强调律师就像医师、牧师等职业一样享有拒绝作证的特权。而律师职业伦理上的保密规范，更多的是强调律师应该履行的义务。一般来说，保密义务的范围要更大一些。有些信息并不来自于委托人，并不是律师—委托人特权保护的范围，但却是律师保密义务涵盖的内容。

　　如此看来，律师保密是一种权利，这体现为证据法上律师拒绝作证的特权，强调的是司法诉讼中的拒绝披露秘密信息；律师保密也是一种义务，这体现为律师职业伦理对律师职业道德的要求，强调不向任何人披露秘密交流的信息。两种规范在强调的重心和保密的范围上有所不同，但都是律师职业内在特性所产生的必要规范。

　　二、律师保密规则：职业伦理对抗大众伦理的压力

　　律师保密义务的职业伦理让律师承受了很大的大众伦理的压力，这典型地体现在此类案件中：假如委托人告诉律师自己就是一个命案的真正凶手，并且律师内心确信这是真实的，但是律师的职业伦理是要保守秘密，甚至可以从程序上作出无罪辩护。大众伦理更加强调实体正义和惩恶扬善，而律师职业伦理却强调律师要忠实于自己的当事人，禁止律师去揭发自己当事人的罪行，除非很少的一些例外。

　　这在很大程度上和律师职业伦理的道德基础有关，按照美国律师和学者布莱恩·肯尼迪的看法，法律伦理的道德基础是"因角色而异的行为"（role differentiated behavior），意思是当一个人是律师的时候，与私人和平常身份的行为的责任不同，医生、律师等专业人士必须有符合该行业伦理规定的行为。一个社会决定哪些价值更重要，然后按照重要性高低排列这些价值。"因角色而异的行为"，一直都是社会在各种相互竞争的价值之间取得的一种平衡。发现真相，和律师拒绝作证的特权，就是相互冲突的价值，美国人并不认为追求真相的价值高于一切。[1]当然，这么说绝不意味着律师完全站在委托人的立场，类似于"枪手"（hired gun），律师保密义务也有一些例外，这些规定就是各种价值之间的平衡。

律师保密规则屡屡被大众伦理诟病，认为律师在刑事辩护中的角色就是为"坏人"开脱罪名，这样的指责忽视了职业伦理也有自身独特的价值，除了发现真相、惩恶扬善之外，法律也珍视维护委托人和律师之间的信任这一重要价值，所以职业伦理教育部分的功能是帮助法律人对抗大众伦理的压力。但是大众伦理中的实质正义的强调并没有完全缺席，律师保密规则也有例外，这都显示了多元价值之间协调的难度和必要。

三、律师保密规则的基础：忠诚与信任

律师—委托人特权及律师保密义务的基础是什么呢？学者麦考密克（McCormick）的总结是这样的："法律相当复杂，为了使社会大众在管理其事务与解决纷争时守法，他们需要专业律师的协助。其次，如果律师无法充分了解委托人的处境，律师将无法履行这项职责。最后，如果不能保障律师不会在委托人的反对下被强迫在法庭上披露委托人与律师之间的秘密通讯内容，将无法期待对委托人据实以告，让律师完全掌握事实。根据这项理论，让委托人在法律事务所对律师据实以告所产生的司法利益（不是对个别委托人），更胜于法律以其权责要求案件双方呈现所有相关事实所产生者。"[2]如果没有这样的机制，委托人噤若寒蝉，将会使得美国的对抗制难以为继。

然而著名哲学家边沁反对这些观点，他认为遏止一个有罪的人征求法律咨询对司法无害，而无辜的人没什么好怕的。但是边沁的观点也可能有问题，认为一个人有罪就要绳之以法，侧重于实体结果，忽略了程序正义。而且无辜的人也可能误认为自己有罪，可能他不知道有可供主张的阻却事由。边沁只强调刑事案件，而在民事案件中，两造都可能有不利于自己的事实，双方都想要保密，[3]这里并没有列出所有这个领域的争论，但是对于这些问题的争论和思辨有助于提升法律职业伦理学习的知识品质，切不可以为这个学科的学习就是简单的道德说教和干巴巴的教条规则。

整体而言，律师保密规则的基础是忠诚与信任。忠诚指的是律师对委托人应该做到"受人之托，忠人之事"，这体现了一种"因角色而异的行为伦理"，由此达成律师和委托人之间的信任结构，没有这样的信任结构，律师制度的存在都岌岌可危。试想，如果刑事辩护律师向法庭揭发委托人告知的秘密信息，将会使整个律师刑事辩护制度瘫痪。刑事辩护制度还有一种功能就是平衡国家公权力和犯罪嫌疑人的关系，律师保密制度在一定程度上也是对于国家公权力的一种制约，或许这对于发现真相是一种阻碍，但这是一种不得不追求的价值平衡。

---

〔1〕 ［美］布莱恩·肯尼迪著，郭乃嘉译：《美国法律伦理》，商周出版社家庭传媒城邦分公司2005年版，第45～47页。

〔2〕 ［美］Deborah L. Rhode、David Luban著，林利芝译：《法律伦理》（上册），新学林出版股份有限公司2018年版，第305页。

〔3〕 ［美］Deborah L. Rhode、David Luban著，林利芝译：《法律伦理》（上册），新学林出版股份有限公司2018年版，第308～310页。

如果说刑事辩护中的律师—委托人特权更加容易引起争论，那么作为律师职业伦理的保密规则比较容易获得广泛共识，这个规则对于民事案件、非诉业务等所有类型的委托代理关系都适用。律师通过和委托人之间的交流掌握了委托人大量的秘密信息，对这些信息的保密是律师对于委托人忠诚义务所必然要求的，由此才能建立起信任关系的架构。

王进喜教授认为律师的保密规则贯穿于律师的职业活动，构成很多其他规则的基础："例如，在利益冲突的规则中，如果律师对前委托人的代理中所获得的秘密资讯可能会被用来促进后以委托人的利益，则律师就可能不能代理该委托人。因此，律师的保密规则被一些学者称为律师职业行为的核心规则。"[1]所以，在学习有关利益冲突的律师职业行为规则时，也要能够和律师保密规则融会贯通。

四、律师保密规则与律师坦诚义务的关系

任何权利都不得滥用，律师保密规则作为一种包含权利要素的规范，有其限度；而律师所要履行的保密义务，也不能对公共利益有所损害，其中一个重要的考量，就是律师对裁判庭的忠诚义务。

很多人有一种误解，体现为以下推论：委托人告诉律师，自己犯下了某个刑事罪行。按照保密规则，律师有拒绝披露的权利和保守这个秘密的义务，不但如此，律师进行无罪辩护也不违反法律和法律职业伦理，于是，律师职业伦理允许律师可以撒谎。

这个推论看似有理实则荒谬，如果职业伦理准许律师撒谎，将会对公共利益、社会公正和法律职业共同体的职业形象造成极大的损害，也会使得"不道德的职业伦理"成为一种醒目而刺眼的存在。事实上，律师遵守保密规则的同时，也要遵守对法庭的坦诚义务。这如何可能呢？尤其是律师在所谓"知道"委托人有罪的情况下，怎么可以做到既做无罪辩护又不违反保密义务和坦诚义务呢？其实律师在法庭上不需要回答自己的当事人是否有罪这一问题，律师当然要为委托人披露的既有的犯罪行为等信息保密，但是仍然可以做无罪辩护，因为这种辩护可以是程序上的、证据上的，可以提出非法证据排除的辩护，可以打破控方的证据链环，证明控方的证据没有达到"排除合理怀疑"的标准。律师在"明知"自己当事人有罪的情况下，仍然可以根据证据规则、逻辑推理和经验法则，证明控方证据没有排除自己当事人无罪的诸种可能。这样，律师就在没有撒谎的情况下同时遵守了保密义务和坦诚义务。这里面一个重要的原理就是谨慎地区分了"撒谎"和"隐瞒"，撒谎是积极地编造违背事实的话去欺骗法庭，伪造证据和提供虚假证人证言更是违反法律和职业伦理的行为；而律师向法庭"隐瞒"自己当事人的犯罪行为是消极意义上的不披露真实，这样做并不违反法律和职业伦理。在大众伦理那里，"隐瞒"和"撒谎"可能是一回事儿，所以律师在美国大众眼里一直是撒谎者，"lawyer"常被称作"liar"，而在职业伦理的视野下，却要细腻区分"隐瞒"和"撒谎"的不同，刑事辩护律师也要小心翼翼的走钢丝，维持保密规则和坦诚义务的平衡。

那么律师对法庭的坦诚义务意味着律师要遵守哪些规范呢？美国律师协会《职业行为示范规则》包括以下几个方面：第一，律师不得就事实或法律向裁判庭作虚假陈述，或者没有就律师以前向裁判庭作出的关于重要事实或者法律的虚假陈述作出修正；第二，律师不得明知在有管辖权的司法辖区存在直接不利于其委托人并且对方律师没有发现的法律依据，而不向裁判庭公开该法律；第三，律师不得提交明知虚假的证据。[2]其中第一点和第

---

〔1〕 王进喜：《法律伦理的 50 堂课》，五南图书出版股份有限公司 2008 年版，第 139 页。

〔2〕 王进喜：《美国律师职业行为规则理论与实践》，中国人民公安大学出版社 2005 年版，第 152 页。

三点，中美的伦理规范应该没有不同，但是第二点所强调的，在中国的规范中付之阙如，甚至在一些人眼里显得略有一点"迂阔"，但是美国的职业伦理逻辑认为，法律依据并不等同于事实，并不属于哪一方委托人，律师不能明知而隐瞒。尽管律师实务中如何操作这一规范是个难题，职业伦理规范却树立了一个高标准。

刑事辩护律师尤其需要在保密和坦诚之间走钢丝，于是催生了法律职业领域一个经典的伦理困境问题，就是委托人在作证的时候撒谎，律师可能会左支右绌，面临三难困境。这个问题是由美国律师和教授门罗·弗里德曼所提出的。刑事辩护律师对于委托人的信息有保密义务，只有让委托人大胆的和律师交流，律师才能提供称职有效的服务。但在美国律师又是"一名法庭官员"（officer of court），对法庭有坦诚义务，有些律师为了避免这个伦理困境，就在第一次会见的时候，告诉当事人，自己并不想知道他是否真的有罪。这叫做"选择性无知"（selective ignorance），然而职业伦理可能会要求律师和当事人进行充分的事实交流，才能提供有效辩护。"选择性无知"也有技术上的难度，当事人并不是法律专业人士，并不知道什么该让律师知道，什么不该让律师知道。对于贫穷的犯罪嫌疑人来说，律师在会见的时候尤其需要告知双方的交流不会被披露或者损害当事人利益。因为穷人的律师一般是官方指定的，还是将来可能惩罚自己的体系指定的，所以尤其需要律师建立一个信任的气氛。其中比较难处理的就是律师明知虚假，被告人坚持要作伪证的问题。弗里德曼教授的意见比较简单，就是律师有道德义务劝告委托人不要这么做，如果委托人坚持，律师就只能跟委托人合作，放弃向法庭的坦诚义务。因为其他方式都有弊端，如果向法庭揭露就破坏了律师和委托人之间的信任，甚至出现知道被告人作伪证的法官继续审理此案的荒谬现象。如果律师退出辩护，解除委托关系也有问题，因为委托人在解除委托以后会找到新的律师，吸取教训之后，委托人将不会讲出事实真相，新的律师想要进行不作伪证的道德规劝都不可能。还有一种方式就是律师可以让委托人自己去进行作伪证的行为，不启动问答模式，并且律师在结束辩论的最后陈词的时候，不提及委托人的证言。这样的方式就明显把被告人晾在一边，暗示陪审团这一有利于被告人的证言是不真实的。弗里德曼教授几乎完全是委托人中心的观点，认为美国的对抗制、无罪推定、非法证据排除、获得律师帮助权、保密规则，都提供了站在委托人一边，牺牲部分实体真实的制度基础。[1]美国律师协会的《职业行为示范规则》没有采取如此激进的立场，规定律师不得提交明知违法的证据。如果律师不是明知，而是合理认为委托人的证言是虚假的，不能拒绝提交，但是鼓励律师做出规劝委托人，必要时退出代理等行为。显然，这是平衡了委托人的利益和公共利益，也就是平衡了保密规则和坦诚的义务。

五、反思律师保密规则

有些律师会通过"我从不知道委托人是否犯罪"的方式来回避与提交伪证有关的伦理困境，一个律师真正"知道"什么呢？判断标准是主观的还是客观的？是否要达到排除合理怀疑的程度？即使被告承认了有罪的事实，就一定是真实的吗？所以"知道"的标准是模糊的。弗里德曼教授从三个方面来理解律师"永远不知道委托人是有罪的"。第一，在认识论意义上，认知从本质上来说是不确定的。第二，是个人层面的对道德责任的拒斥："我不知道，我也不想知道。"第三，它可以被理解为一种系统的回应。在对抗制中，辩护律师的角色不是按照有罪或者无罪这样的最终事实结论来行事，这项功能被分配给法官或陪审

---

[1] Monroe Freedman, *Professional of Responsibility of the Criminal Defense Lawyers: The Three Hardest Questions*, 64 Mich. L. Rev. 1469, 1469 - 1484 (1966).

团，因此有罪无罪的事实与已经分配给辩护律师的角色无关。[1]这样的论证是典型的角色伦理的思路，更多强调律师为委托人热忱服务，不承担过多的公共责任，而这些论证也遭遇到了一些批判，职业伦理的学习不是一种道德教条的灌输，而是更要培育一种反思精神，接下来就介绍一些反省律师保密规则的观点。

（一）造成伦理困境的案例

律师很难完全摆脱律师保密规则带来的伦理困境，例如一个案子中的被告人被错判，甚至是死刑或者终身监禁，真正的罪犯另有其人并且告诉了自己的律师，律师披露这样的信息可能会不利于自己的当事人，不披露就可能会坐视无辜之人遭受司法极大的伤害。2008 年，美国著名电视节目《60 分钟》播出的一个案例引发全国关注，45 岁的阿尔顿·洛根（Alton Logan）获得释放，他曾经因谋杀罪被监禁了 26 年，其实罪犯另有其人，两名公设律师的委托人告知律师说自己才是真正的凶手，这名委托人本身也因其他犯罪处于终身监禁当中，但是只有在自己死后，才允许律师披露司法机关没有掌握的杀人事实；同样，在另一个案件里，李韦恩·亨特在一次错误的定罪后被监禁了数年。另外一名律师的当事人死后，律师才说出自己当事人是真正的罪犯。法官向州纪律部门报告了该律师的情况，州纪律部门毫不意外地驳回了指控。一些州已经规定在这种情况下，律师披露相关信息并不违反职业伦理，但是一些州，仍然规定禁止律师披露相关信息，即使这种披露是为了避免无辜之人被定罪。[2]

一名为一家洗肾机公司工作的律师，获悉公司在德国的子公司刚刚用船送来一批机器，而这批机器不符合美国食物卫生管制局的标准。这些机器的系统会释放过度的钾和磷酸锰，使一些病人处于危险之中。公司总裁表示他会接收货物并转售给他认为更看重价格而不计较质量的委托人。律师在威胁揭发其罪行后被解雇，而机器也被转售了。按照职业伦理规范，律师没有权利披露这些信息。律师向法院控告公司不当地终止他的雇佣，伊利诺伊州最高法院驳回其请求，认为律师应该预料到他们常常"必须放弃经济收入以保全职业利益"，法院认为如果公司担心不满的前律师的诉讼，雇主可能更不愿意向内部的律师坦诚相见。代理人隐瞒委托人的一些行为也造成了美国的一些公共健康的危机，一些烟草公司刻意通过律师事务所来传递有争议的科学研究，然后以声称律师保密规则而免于披露有关欺骗行为的文件。[3]

这些案例显然对律师的职业形象造成了损害，更重要的是，角色伦理偏重委托人利益而罔顾司法公正、公共福祉的现象需要得到一定程度的反思，并在制度建构上作出调整，尽管制度永远是有局限的。

（二）多余的规则

有学者认为，作为一种律师委托人特权的保密规则，有着悠久的历史传统，有着"任何人不被自证其罪"的制度基础，有其存在价值。而作为职业伦理规范的律师保密义务，在制度上的存在是一种冗余，原因有以下几个。首先，市场激励机制自发地会促使律师对和委托人的交流进行保密，否则律师就很难获得更多的客户。而要让律师对法庭保证坦诚

〔1〕［美］门罗·弗里德曼著，吴洪淇译：《对抗制下的法律职业伦理》，中国人民大学出版社 2017 年版，第62~69 页。

〔2〕Dru Stevenson, *Against Confidentiality*, 48 U. C Davis L. Rev. 337, 349~351（2014）.

〔3〕［美］德博拉·L. 罗德著，张群、温珍奎、丁见明译：《律师的贪婪之路》，博雅书屋有限公司 2001 年版，第 147~150 页。

反而更需要制度来进行规范，因为那违反了律师的自利的本能。其次，实践中发现，很少有律师因为违反保密义务而受到惩戒。第三，在执业过程中，委托人经常不告诉律师真相。律师们也常常避免从客户那里听到整个真相，要么是为了为日后保持似是而非的否认态度，例如不属于"明知是伪证"，要么是为了排除令人泄气的不利于辩护的信息。这些并不难理解，正如病人也经常向医生撒谎。而且如果律师过问太多让当事人尴尬的事实，也会让当事人怀疑律师对自己的忠诚度。第四，很多委托人并不知道律师保密规则的存在，而且更不知道保密规则有哪些例外，如果知道了，可能更恐惧说出真相。例如，如果当事人知道将来和律师关于代理事项出现了纠纷，律师就可以披露秘密交流的信息，就更不敢说出真相了。第六，保密规则当然和利益冲突规则相关，律师不能利用自己从前委托人那里获得的信息，来为正在进行的委托事项服务，但是既然利益冲突规则已经存在，那么保密规则就是多余的。[1]

这些反思性批判让我们看到了更多的面向，有些论述甚至可以对照中国现象而获得一定程度的证成。当然也有其局限，例如，中国在改革开放恢复律师制度以来，曾经在很长时间内并没有明确规定律师拒绝作证的特权，也没有规定律师保密的职业伦理规范，然而并没有发生很多律师大量揭发自己当事人使之受到刑事制裁的现象。但是这种批判又有其局限性，不能因为利益冲突和律师保密制度紧密相关就认定后者是多余的制度，反而是两者都不可或缺的例证。同时，我们也看到中国的律师在推广自己的过程中，对自己曾经办过的案子著书立说，未必都得到了委托人的知情同意，在美国看来理所当然的伦理规范在我们这里未必是已经根深蒂固。所以律师保密规则有其重要的存在价值，尽管我们也需要职业伦理的反思性平衡。

（三）律师保密规则受益人主要是律师

律师保密规则的主要受益人是律师，看起来很难让人相信，我们当然不能否认律师——委托人特权使得委托人不必担心和律师的交流而被揭发，类似于"自证其罪"，无数的组织性委托人例如一些大型公司，也会利用律师保密特权做一些违法悖德的事情。例如一些公司在引进新产品之前想进行内部测试，律师会提醒，这些测试在将来的诉讼中可能会对公司不利，然而通过律师找到某一领域的专家，就可以在将来的诉讼中通过律师保密规则得以豁免披露的义务。委托人当然获益于保密规则，这些获益或者是良性的，或者是恶性的。

但是有学者指出，律师保密规则主要是为了律师存在，而不是委托人。第一，律师保密规则为律师增加了大量的业务。律师提供的服务在某些方面与其他专业人员提供的服务重复。律师或会计师可以提供税务咨询；律师或投资银行家可以针对投标报价制定防御策略；律师或财务规划师可以提供房地产规划服务；律师或其他调查人员可以针对监管调查从公司员工处收集事实。然而，只有律师才能提供与他们沟通的独特优势享有特权。这就增加了法律咨询相对于其他专业人士的建议的价值，从而再次增加了对法律服务的需求。第二，律师保密规则使得外界很难对其活动进行监督。律师保密规则的例外允许律师为了自身利益而披露秘密交流，例如委托人为了收费而与律师起了纠纷，律师为了"自卫"就可以泄密，于是就可能发生这样的现象：律师在获得保密承诺的敏感信息后威胁客户，如果客户拒绝支付有争议的账单或企图揭露律师不当执业行为，律师就会泄露信息。第三，美国的律师职业伦理规范规定，律师揭露客户不当行为的自由裁量权——即对客户不当行

[1] Dru Stevenson, *Against Confidentiality*, 48 U. C Davis L. Rev. 337, 382－398（2014）

为"揭发"的自由裁量权——已被大幅削减。这个看起来是更加强调保密，和受雇律师对于组织类委托人的忠诚，实际上是更重要的原因是，扩大律师保密义务，缩小律师披露信息的空间，是为了让律师在将来的诉讼中不用承担更多的责任。例如，某公司因产品缺陷陷入诉讼，被判赔偿责任，律师不因没有揭发雇主的不当行为而承担连带责任。[1]

律师保密规则当然在一定程度上维护了律师职业的利益，英美法传统上赋予的律师拒绝作证的特权，一开始是赋予律师的，强调律师作为"体面阶级"，作为"贵族"来培养的职业，是不能泄密的，是为了保证一个阶层的特权。而随着被告人宪法权利的兴起，"每个人不能被迫自证其罪"成为律师保密权利的新的制度基础。而作为一种义务的律师保密职业伦理，是更加晚近出现的规范，当然有对抗大众伦理压力，维护整个律师职业形象的需要，但是不能不说委托人也深受其益。只不过因为这些反思论述，我们开始警惕律师保密规则被滥用的可能。这种滥用尽管维护了职业利益，却损害了职业形象，过于强调律师对当事人的忠诚将会使律师成为被雇佣的"枪手"，独立性丧失殆尽，职业的公共性遭到蚕食，所以批判性的反思不可或缺。

第二节　我国关于律师保密的具体规范

一、法律规范中关于律师保密的规定

（一）《刑事诉讼法》关于律师保密的规定

我国《刑事诉讼法》第48条规定：辩护律师对在执业活动中知悉的委托人的有关情况和信息，有权予以保密。但是，辩护律师在执业活动中知悉委托人或者其他人，准备或者正在实施危害国家安全、公共安全以及严重危害他人人身安全的犯罪的，应当及时告知司法机关。

然而我国《刑事诉讼法》第62条又规定：凡是知道案件情况的人，都有作证的义务。生理上、精神上有缺陷或者年幼，不能辨别是非、不能正确表达的人，不能作证人。

公民的一般作证义务与律师保密的权利出现了立法上的冲突，《刑事诉讼法》第62条应该加以完善，在普遍作证义务后明确"本法另有规定的除外"。在立法完善之前，应该按照法律解释技术"特别规定优先于一般规定"的理论，确认律师拥有保密权利。

此外，一些看起来无关的法条，也和律师保密制度有着千丝万缕的联系。我国《刑事诉讼法》第39条第4款规定：辩护律师会见在押的犯罪嫌疑人、被告人，可以了解案件有关情况，提供法律咨询等；自案件移送审查起诉之日起，可以向犯罪嫌疑人、被告人核实有关证据。辩护律师会见犯罪嫌疑人、被告人时不被监听。

律师保密制度不是在真空中的制度，如果没有相关刑事诉讼制度做基础，保密制度会形同虚设。试想，如果律师"会见难"，和犯罪嫌疑人的沟通交流都很难，如果在会见的时候遭到警察的监听，那就没有秘密可言，何来保密的权利和义务呢？这对于律师保密制度而言就是釜底抽薪，一句话，根本就"无密可保"。按照中国的追诉制度模式，犯罪嫌疑人取保候审是例外，被羁押是常态，而美国正好相反，取保候审是常态，而羁押是例外，所以两国间律师和委托人交流的机会大为不同。

这就是一直以来律师保密制度在我国的律师研究中不被重视的原因，在基本制度建构

---

〔1〕 Fischel, Daniel R. *Lawyers and Confidentiality*, 65 University of Chicago Law Review. 1, 5 – 14（1998）

起来之前，这个律师职业伦理规范必然是处于"皮之不存，毛将焉附"的尴尬境地。尽管相关刑诉制度渐臻完善，实践中的执行还有待加强。2019 年江西律师熊昕在会见犯罪嫌疑人的时候，遭到警察的监听，侦查机关用监听所得到的信息对律师进行拘留、逮捕，检察院以辩护人伪造证据罪提起公诉，这件事情在律师界引起很大震动。当律师在和当事人交流时不被监听的权利还岌岌可危的时候，当律师因为这个本来应该是秘密交流而可能自陷于罪的时候，律师保密规则的讨论的确是有一些奢侈。当然，并不是说律师和当事人的交流可以不受任何制约，而律师保密规则如果得到严格执行的确也使得这种交流回避了应该有的一些职业伦理上的规制，但是动辄用刑法罪名来管制律师和当事人的交流，无论如何都是一个既笨又坏的手段。

（二）《刑法》中与律师保密规则有关的规定

我国《刑法》第 306 条规定，在刑事诉讼中，辩护人、诉讼代理人毁灭、伪造证据，帮助当事人毁灭、伪造证据，威胁、引诱证人违背事实改变证言或者作伪证的，处三年以下有期徒刑或者拘役；情节严重的，处三年以上七年以下有期徒刑。辩护人、诉讼代理人提供、出示、引用的证人证言或者其他证据失实，不是有意伪造的，不属于伪造证据。这个法条加大了刑辩律师的执业风险，很多律师伪证的案件，都与"引诱"的模糊性相关。以至于有学者提出要对"引诱"进行限制性解释，因为司法工作人员引诱作伪证没有单独的罪名，是按照《刑法》第 307 条妨害作证罪处理，所以律师的引诱作伪证行为，应该和《刑法》第 307 条"暴力、威胁、贿买"等行为具有相当性才可以构成犯罪。[1]事实上，将来的立法模式应该对《刑法》第 306 条里"引诱作伪证"的条款进行从刑法规范到职业伦理规范的转换，以纪律的惩戒来代替刑法的制裁，一方面实现刑法的谦抑性，另一方面也认真对待职业纪律惩戒的严肃性。律师毁灭、伪造证据，以及威胁作伪证应该受到刑罚制裁无可厚非，处于灰色地带的"引诱"应该有一个获得缓冲地带的空间，纪律惩戒可能会是一个选项。律师在法庭上进行交叉询问的时候也可能为了希望证人改变证言而提出引诱性的问题，法官作为居中裁判者及时制止这样的提问，其实已经是一种程序性制裁。即使是对律师引诱作伪证进行纪律上的制裁，这个引诱也要理解为物质利益或者非物质利益的引诱，如果仅仅是语言技巧上的诱导性提问，也不具有实体上的可罚性。

另外一个解释性的问题与律师保密规则有更紧密的关系，那就是《刑法》第 306 条中的"证人"是否包括了犯罪嫌疑人和被告人。答案是否定的，因为犯罪嫌疑人、被告人并不承担刑事案件的证明责任，我国《刑法》也没有惩罚犯罪嫌疑人、被告人在刑事诉讼中作出虚假陈述的行为。[2]如果动辄把犯罪嫌疑人、被告人的翻供看作律师引诱证人作伪证，就是为了规训律师而无视"证人"的确切含义，对律师和犯罪嫌疑人的交流虎视眈眈，使得律师保密规则没有存在的可能性。

2015 年通过的《刑法修正案（九）》规定了一个与律师保密规则密切相关的新罪名泄露案件信息罪，体现在我国《刑法》第 308 条之一第 1 款规定：司法工作人员、辩护人、诉讼代理人或者其他诉讼参与人，泄露依法不公开审理的案件中不应当公开的信息，造成信息公开传播或者其他严重后果的，处三年以下有期徒刑、拘役或者管制，并处或者单处罚金。"不公开审理"的案件指的是国家秘密案件、个人隐私案件、当事人申请的涉及商业

---

〔1〕　罗翔："刑法第 306 条辨正"，载《政法论坛》2013 年第 3 期。

〔2〕　郭旭："律师伪证罪及程序控制——以《刑法》306 条为线索展开"，载《上海政法学院学报（法治论丛）》2015 年第 6 期。

秘密的不公开审理案件以及庭审时被告人不满十八周岁的案件。但是按照《刑法》第308条之一第2款规定，有前款行为，泄露国家秘密的，依照本法第398条的规定定罪处罚。即泄露国家秘密的，成立泄露国家秘密罪。

值得注意的是，这样一个规定与美国背景下的以律师和委托人交流为中心的律师保密规则制度有着重大区别，主要目的是对律师庭外言论的约束，维护庭审的秩序和司法的权威，当然也在一定程度上有利于保护个人隐私和商业秘密。

（三）《律师法》关于律师保密的规定

我国《律师法》第33条规定：律师担任辩护人的，有权持律师执业证书、律师事务所证明和委托书或者法律援助公函，依照刑事诉讼法的规定会见在押或者被监视居住的犯罪嫌疑人、被告人。辩护律师会见犯罪嫌疑人、被告人时不被监听。

我国《律师法》第38条规定：律师应当保守在执业活动中知悉的国家秘密、商业秘密，不得泄露当事人的隐私。律师对在执业活动中知悉的委托人和其他人不愿泄露的有关情况和信息，应当予以保密。但是，委托人或者其他人准备或者正在实施危害国家安全、公共安全以及严重危害他人人身安全的犯罪事实和信息除外。

这两个条款之间有着紧密的联系，互相支撑，相辅相成，律师会见犯罪嫌疑人、被告人不被监听，正是一定程度的秘密交流，才使得律师的保密规则有了基础，否则侦查机关早都监听到了交流的信息，律师的保密无论是作为权利和作为义务都会失去意义。

关于罚则，我国《律师法》第48条第4项规定，泄露商业秘密或者个人隐私的，由设区的市级或者直辖市的区人民政府司法行政部门给予警告，可以处一万元以下的罚款；有违法所得的，没收违法所得；情节严重的，给予停止执业三个月以上六个月以下的处罚。

二、法律职业伦理关于律师保密的规定

（一）《律师执业行为规范（试行）》关于律师保密的规定

中华全国律师协会《律师执业行为规范（试行）》第9条规定：律师应当保守在执业活动中知悉的国家秘密、商业秘密，不得泄露当事人的隐私。律师对在执业活动中知悉的委托人和其他人不愿泄露的有关情况和信息，应当予以保密。但是，委托人或者其他人准备或者正在实施危害国家安全、公共安全以及严重危害他人人身安全的犯罪事实和信息除外。

在利益冲突的行为规则部分，也强调了律师保密的义务。有些情形下，存在利益冲突的状况，律师应当告知委托人并主动提出回避，但委托人同意其代理或者继续承办的除外。这种豁免情形下尤其需要强调保密规则，典型的体现在《律师执业行为规范（试行）》第53条规定：委托人知情并签署知情同意书以示豁免的，承办律师在办理案件的过程中应对各自委托人的案件信息予以保密，不得将与案件有关的信息披露给相对人的承办律师。

（二）《律师协会会员违规行为处分规则（试行）》关于律师保密的罚则

中华全国律师协会《律师协会会员违规行为处分规则（试行）》第四章第三节规定了对于泄露秘密和隐私行为的处分。其中第24条规定：泄漏当事人的商业秘密或者个人隐私的，给予警告、通报批评或者公开谴责的纪律处分；情节严重的，给予中止会员权利三个月以上六个月以下的纪律处分。

第25条规定：违反规定披露、散布不公开审理案件的信息、材料，或者本人、其他律师在办案过程中获悉的有关案件重要信息、证据材料的，给予通报批评、公开谴责或者中止会员权利六个月以上一年以下的纪律处分；情节严重的，给予取消会员资格的纪律处分。

第26条规定：泄漏国家秘密的，给予公开谴责、中止会员权利六个月以上一年以下的纪律处分；情节严重的，给予取消会员资格的纪律处分。

第三节　律师保密规则的要素分析

一、律师保密规则的主体

表面看来，律师保密规则的主体仅仅是律师与委托人，其实除了明显的两个主体之外，学理上还应该考虑以下内容。

（一）律师对第三人的保密义务

律师是否对第三人的资讯有保密的义务，尤其是针对律师在诉讼中所获知的和委托人相对的一方的资讯。学者姜世明做了如下论述："德国实务上有认为律师因执行委托任务而获知委托人之程序上相对人之资讯，亦不可泄露，否则，亦违反律师伦理。但论者有认为如此将有混淆律师及法官角色之疑虑，亦违反委托关系之相对性。惟应注意，在德国律师法上已发展所谓律师之第三人责任，律师对于委托人之外之第三人，并非不可能发生民事责任。"[1]律师泄密导致第三人权利受到损害，也应该承担相应的责任。

2013年发生在北京的李某某涉嫌强奸一案的审理过程中，就发生了律师违反保密规则侵犯第三人利益而引发的职业伦理责任。这个案件牵涉到未成年人，还涉及强奸的指控，属于不公开审理的案件。但是某个被告人的律师周某某通过微博、博客等新媒体公开了受害人的妇科检查记录、病例等内容。这种行为有悖于律师的职业素养，损害了律师的职业形象，更严重侵犯了公民的隐私权。北京市律师协会认为，此律师的行为构成了《律师协会会员违规行为处分规则（试行）》中规定的"严重损害律师职业形象的行为"，给予公开谴责的纪律处分，并且建议司法机关给予相应的行政处罚。按照规定，受公开谴责、取消会员资格的处分，律协向公共媒体进行了通报。这个处理就属于律师没有遵守保密规则，侵犯了委托人以外的第三人的责任。但是不得不说的是，律协的处罚有一点"高高举起，轻轻放下"的味道，因为按照《律师协会会员违规行为处分规则（试行）》对于泄露隐私和秘密的处罚规定，如果律师行为构成情节严重，处罚应该是中止会员权利三个月以上、六个月以下，或者是取消会员资格。在纪律责任之外，律师不能豁免与泄露隐私的民事责任，如果隐私受到侵犯的公民以民事侵权为由来起诉律师，律师可能会承担相应的民事责任，造成既承担职业伦理上的责任，又承担民事责任的后果。

（二）律师的范围

律师保密义务主体中的"律师"，应该从学理上解释为"律师一方"。《律师执业行为规范（试行）》第96条规定："律师事务所对受其指派办理事务的律师辅助人员出现的错误，应当采取制止或者补救措施，并承担责任。"第97条规定："律师事务所有义务对律师、申请律师执业实习人员在业务及职业道德等方面进行管理。"所以，这里的律师一方就包括了律师辅助人员、实习人员等律所的其他受雇人员。

因为切磋案情等需要，同一律所的其他律师可能接触到案件的资讯，因而也受到保密义务的约束，并不限于建立委托关系的律师。在一些国家的规范中，律师所雇佣的其他领域的专家，也负有保密义务。

二、律师保密规则的客体

律师保密的客体应该是其为执行业务而获知的事实，不包括私下或者因非执行职务时

---

[1]　姜世明：《法律伦理学》，元照出版有限公司2014年版，第266页。

候所获知的资讯，所强调在于因律师的职业身份而获得的事实。这里所强调的是律师因私人身份获得的信息还是因为职业身份而获得的信息，前者不属于律师保密的客体。当然，如何截然划分两者的界限是困难的，例如学者姜世明所举的如下例子："基本上，若律师在非其执业时间及职业场域，所接触者亦非其委托人或利害关系人，如仅系在非法律咨询之正式场合，因朋友间闲聊而获知之资讯，应可被评价为私知。但若资讯提供者，明示有委托之可能或乃基于其律师身份所以为此资讯之告知则例外可认为系保密义务之范围。"[1]律师保密客体的过分扩张将会危及律师私人生活存在之可能性，所以还是应该有一定程度的平衡，划分出私人领域的信息交流和因执业而产生的信息交流。

考察中国的律师保密规则客体，有其不同于其他国家的特殊性，有很大的结构和制度上的差异，方流芳教授对此有很精辟的论述：无论是《律师法》还是《律师执业行为规范（试行）》都规定律师保密的客体是国家秘密、商业秘密、委托人和其他人不愿意泄露的有关情况和信息。国家秘密、商业秘密和委托人信息存在哪些差异？律师代表客户，如何引发他对国家秘密和商业秘密的保密义务？国家秘密的保密义务可能成为当事人对抗信息公开义务抗辩事由，如：在美国上市的中概股公司涉嫌财务欺诈，美国证管会要求"四大"审计公司提供工作底稿，后者认为：工作底稿属于中国法律规定的国家秘密，审计公司无权披露。虽然，中国证监会最终同意公开审计工作底稿，但"四大"最初的拒绝构成一项表面成立的抗辩理由。法律、行业规范将国家秘密、商业秘密和客户秘密混为一体，阻碍了有效规则的形成。[2]所以，我们可以看到中国的律师保密规则不是以律师—委托人为中心的，不仅仅是对委托人的义务，还是指向对国家和公众的义务，抑或是并行不悖兼而有之，所以可以称之为"律师保密规则的多中心面向"。这样一个比较绝不意味着其他国家的律师保密规则就不考虑国家和公众的利益，例如美国就详细规定了律师保密规则的例外，以防止未来的犯罪造成死亡或严重的伤害，但是制度设计还是以律师—委托人为中心，而我们国家的规定明显呈现为多个中心。

美国学者在论述律师保密规则的时候，经常引用英国作家爱德华·摩根·福斯特（E. M. Forster, 1879—1970）的观点："如果我必须在背叛我的国家和背叛我的朋友之间选择，我希望我有勇气背叛我的国家。"[3]在对抗制下律师被赋予的角色不是强调对真相的发现，而是强调监督政府公权力，避免司法偏见，维护被告作为弱势一方的权利。中国律师保密规则制度的设计，也不可避免地有这个维度的考量，但是也充分考虑了国家秘密的不能被泄露，并且规定，对准备或正在实施的危害国家安全、公共安全的犯罪，律师有披露的义务，在个人权利和国家安全的维护上，中国的规则赋予后者更多的权重，对于这些问题的思考必须和具体的中国国情相结合。

三、律师保密规则的期间

美国的制度特别区分了律师—委托人特权和律师保密义务的不同，前者是一个证据法则，只保护司法诉讼中律师享有不披露秘密交流于司法机关的权利，而后者是律师不得向任何人披露与委托人的交流，时间上也不限于委托关系存续期间。

表面看来，律师对委托人的义务应该是从建立委托关系开始，直至委托关系终止。然

〔1〕 姜世明：《法律伦理学》，元照出版有限公司2014年版，第269～270页。
〔2〕 方流芳："律师保密义务"，载孙国栋主编《律师文摘》2013年第3辑，第125～135页。
〔3〕 [美]德博拉·L.罗德著，张群、温珍奎、丁见明译：《律师的贪婪之路》，博雅书屋有限公司2001年版，第146页。

而，对于律师保密义务而言，却不能这么简化地理解，而是有着类似于前契约义务和后契约义务的连续性。例如有研究者认为："基本上只要律师以律师的身份和当事人接触商谈，并且因而得知当事人本身以及该案件的秘密，就负有保密的义务。即使事后没有成立委托关系，但只要商谈接触过程中所获知的资讯。都负有保密义务。"[1]即使委托关系终止后，这种保密义务依然存在。即使委托人死亡以后，律师一般情况下也不得泄露和委托人之间的交流。当我们学习利益冲突职业行为规则的时候，会对于委托关系终止后律师仍然要履行的保密义务有更深刻的体认。

四、律师保密规则的例外

（一）美国规范分析

如果律师保密规则是以律师—委托人关系为中心，并且特别强调主要归属于委托人的利益，那么委托人在知情同意之下的弃权就是一个重要的律师保密规则的例外，即委托人或其代理人明示或者默示同意律师披露本属于秘密的信息。知情同意要求委托人具有一定的判断能力，获得充分的信息，对于律师公布相关信息的范围和后果有能力辨别。

对于律师—委托人特权而言，如果委托人利用委托人的服务，进行犯罪或者欺诈行为，构成律师保密的一个重要例外。正如卡多佐大法官所说："如果此律师与委托人关系遭到滥用，律师或委托人通讯权就消逝无踪。为了进行诈欺行为而咨询律师的委托人，将得不到任何法律上的协助。委托人必须让真相公诸于世。"[2]但这个例外仅仅是指向委托人正在进行或者将要进行的犯罪或欺诈行为，如果是委托人针对过去的犯罪或诈欺行为进行咨询，仍受到保密规则的保护。

在美国律师协会制定的《职业行为示范规则》中，对于律师保密规则的例外大概有三个重点：

第一，伤害的未来性，重点是要防止未来的伤害，已经实施完成的犯罪，律师不存在披露秘密的问题。1975年纽约州发生的一个案件中，律师代理被指控谋杀的被告人。在审判前，被告人告诉律师他还进行其他两桩谋杀，并告诉律师掩埋尸体的地方。律师找到这些尸体，发现他们是已经失踪了一段时间的两个女性。后来有关方面也怀疑是这个被告人谋杀了这两个人，某个被害人的父亲还找到律师问他是否知道被害人的下落，律师当时并没有向有关人员披露有关情况。按照上述美国规则，律师行为并不违反职业伦理。

第二，损害结果的严重性问题，根据美国律师协会1969年的《职业责任示范守则》的规定，只要委托人意图犯罪，无论严重性，都允许律师进行资讯披露。1983年美国律协对此进行了修正，强调委托人的犯罪活动要有可能造成迫在眉睫的死亡或者严重身体伤害。但是这一标准也存在一些问题，例如，如果委托人意图使用慢性毒药来杀人，则不存在迫在眉睫的死亡。2002年修改后的规定将有关标准修改为合理确定的死亡或者严重身体伤害。

第三，律师保密规则一个重要的例外是律师的自我防护。例如关于律师费的争议和关于律师不当执业的控告，当委托人提起指控要求对律师进行惩戒的时候，律师可以不用遵守保密规则，可以自由地进行作证和反诘问，这种例外是必要的，否则保密规则就成了律师无法突破的、缺乏公平性的"第二十二条军规"。[3]

---

[1]　王惠光：《法律伦理学讲义》，元照出版有限公司2007年版，第105页。

[2]　[美]Deborah L. Rhode、David Luban著，林利芝译：《法律伦理》（上册），新学林出版股份有限公司2018年版，第313页。

[3]　王进喜：《法律伦理的50堂课》，五南图书出版股份有限公司2008年版，第145～148页。

经过多方变迁，美国律师协会现行的《职业责任示范守则》所规定的律师保密规则的例外有以下内容：

（1）防止合理确定的死亡或重大身体伤害。

（2）防止委托人去犯下合理确定会对其他人金融利益或者财产造成重大损害的罪行或者欺诈，并且防止委托人已经并且正在使用律师的服务促成这一犯罪和欺诈。

（3）防止、减轻或者纠正对其他人的金融利益或财产的实质损害，假如这种损害是合理确定的，或者是由于委托人的犯罪或欺诈而造成的，并且委托人利用了律师的服务。

（4）就律师是否遵守本规则获得法律意见。

（5）在委托人与律师的争议中代表律师提出诉求或辩护，根据与委托人有关的行为对律师的刑事指控或者民事索赔提出辩护，或在任何有关对律师代理委托人行为的指控中作出回应。

（6）遵守其他法律或者法庭命令。

（7）发现并解决因律师的雇佣关系或公司的组成或所有权的变化而产生的利益冲突，但前提是披露的信息不会损害律师—委托人特权或者以其他方式损害委托人。

（二）中国规范分析

我国《刑事诉讼法》所规定的保密规则例外情形是，辩护律师在执业活动中知悉委托人或者其他人，准备或者正在实施危害国家安全、公共安全以及严重危害他人人身安全的犯罪的，应当及时告知司法机关。《律师法》和《律师执业行为规范（试行）》基本上重复了这样的条文。立法者的价值排序和利益平衡是这样的：国家安全、公共安全这样的公共利益压倒了委托人的个人利益，不需要区分是否严重。而危及他人人身安全的犯罪，必须是严重，才导致保密规则例外情形的出现，而什么样的情形构成严重，又是一个比较难以判断的问题。

正是因为中国律师保密规则不是完全以律师—委托人关系为中心，而呈现出"多中心"的向度，尤其是比较重视国家安全和公共安全，所以对于要求律师披露委托人正在实施的此类犯罪并不区分是否严重，这是一个非常重要的中国特色，值得认真加以体会和研究。

认真分析中国关于保密规则的例外，会发现一个重要特点，中国的律师保密规则的例外仅仅是规定在律师保密权利的后面，而作为法律职业伦理的保密义务的例外，付之阙如。

同时，中华全国律师协会所制定的职业行为规则中关于律师保密规则的例外，完全照搬《刑事诉讼法》和《律师法》的条文，没有认识到法律和职业伦理的区分，职业行为规则完全可以在遵守法律规定的基础上进行更详细的带有伦理考量的规定。例如法律规定的例外是律师必须披露，并且告知司法机关。而伦理规则完全可以更详细的规定什么情况下，允许而不是必须要求律师披露，伦理规则需要给予律师更大的自由裁量权，以决定是否披露。这其实体现了今天中国法律职业伦理相关规则的一个整体性困境：缺乏对于职业伦理的学科化建设的研究，无视职业伦理的自主性，没有对于相关具体规则的通盘考虑，法律职业伦理无论是智识上还是规范上都相对贫乏，有很大的提升的空间。

第四节　律师庭外言论约束与保密规则关系

一、律师庭外言论约束的理论基础

律师庭外言论有广义和狭义之分，广义的律师庭外言论指的是律师在庭外发表的所有言论，而狭义的律师言论指的是律师在庭外就代理的案件所公开发表的言论。律师作为公民，当然享有言论自由的权利，然而法律职业伦理却要限制律师的庭外言论，主要是平衡律师的案件宣传和公平审判之间的矛盾。理论上关于限制律师庭外言论的正当性，有以下一些考量。

（一）律师庭外言论约束的两个模式

有人提出关于律师庭外言论约束的两个模式，一个是法院职员模式（the officer of the court），一个是委托人的代理人模式（the client representative model）。法院职员模式的理论基础是法院有权力来维护司法程序的正当性，该权力包括了对所有法院职员包括律师在内的控制权。案件审理期间的程序外言论存在着损害裁判中立的危险性，所以法院可以通过规则或者命令来禁止律师进行程序外言论。在委托人的代理人模式中，律师的主要义务是维护委托人的权益，在某些情况下，委托人为了获得公正审判要求减少审判的宣传，在另一些情况下，委托人的利益则是要加强审判宣传，在这种模式下，律师宣传的力度和范围，主要是委托人同律师协商，由委托人来确定。律师的角色兼有法院职员和委托人的代理人两种角色，是对司法质量负有特殊职责的公民，所以需要平衡这两种角色才能制定出适当的法律职业规范。[1]

委托人的代理人模式在很大程度上就强调了委托人对于律师宣传的控制，对于委托人和律师的交流，委托人知情同意之后，律师才能披露交流的信息，而这种同意和这种披露，必然是选择性的、阶段性的，不太可能是委托人完全放弃要求律师保密的权利。

委托人的代理人模式之所以可以作为控制律师庭外言论的基础，就是律师保密原理在支撑，律师保密义务本身就是在约束律师的言论，但律师庭外言论约束除此之外还有别的理论来源。

（二）律师庭外言论约束的美国因素——陪审团制度

在美国的法律理论上，对言论自由的约束是个宪法问题，约束的理论基础一定是诸个宪法权利之间的平衡，对律师言论的约束也不例外，是当事人获得公平审判的权利与律师言论自由之间的一种平衡。

美国宪法第六修正案赋予公民获得公正陪审团审判的权利，陪审团成员的挑选是随机的，对于法律的专业性而言属于"外行"，希望借此制度设计来保证公民参与司法审判的权利，是司法民主的体现。没有法律专业知识的普通人通过审判，把普通人的常识理性带入进来，避免法律人的僵化和机械司法。然而"外行"的审判就很容易受到舆论的影响，如何保证陪审团成员能够公正无私，甚至理想状况下能够被隔绝在喧嚣的舆论之外，美国在制度设计上做了很多努力，对律师的庭外言论约束就是其中一种。律师作为一方当事人的代理人，在参与诉讼程序的过程中获得了大量信息，在媒体上发言的时候更容易呈现出"接近真相"的观感，而律师从代理人利益出发，也有很大的动力去通过有利于己方的"事实"为舆论带风向。所以美国律师协会的《职业责任示范守则》明确规定，如果参与调查或诉讼事项的律师知道或者理应知道自己的庭外言论对裁判程序有产生实质性损害的重大可能，就不能发表。

二、律师庭外言论约束与保密规则的关系

律师保密规则常常被认为是律师职业伦理的核心规则，与利益冲突规则紧密相关，同时也构成律师庭外言论约束的理论基础之一。律师在庭外所发表的言论，动辄涉及与委托

---

[1]　王进喜：《美国律师职业行为规则理论与实践》，中国人民公安大学 2005 年版，第 158 页。

人之间的秘密交流，没有委托人的知情同意，这些内容就不应被披露。所以，律师的庭外言论常常意味着委托人对于律师—委托人特权的放弃，而这样的放弃是有风险的，必须注意到以下几个问题。首先，律师的披露必须得到当事人明确或者默示的授权。其次，从当事人利益的角度，即使律师得到了授权，也必须在必要时和对当事人有利的条件下做披露，必须意识到披露可能对当事人的不利影响。最重要的是，从诉讼效果的角度来说，律师一旦进行了庭外披露，就意味着放弃了律师—委托人特权，而庭外披露的信息可能就会变成对当事人不利的信息。而且律师要保证自己庭外披露的信息和当事人在庭上的表达完全一致很难，这种特别的"证据开示"可能会带来不利的诉讼后果。[1]

律师庭外言论很容易影响到保密规则的遵守，所以职业伦理上尤其强调律师不能误导当事人，必须要把庭外言论的后果详细地展示给当事人，以便于理性决策。在是否要对外发言的问题上，律师和委托人之间有利益的一致性，毕竟有些审判宣传有利于廓清对当事人的不利舆论，但是既然叫审判宣传，就可能出现律师为了扩张自己的影响力，只追求律师营销而罔顾当事人利益的现象。这是一种很常见的利益冲突，职业伦理上也需要给予约束。

三、律师庭外言论约束规范分析

（一）法律中有关律师庭外言论约束的规范

我国《律师法》第38条规定：律师应当保守在执业活动中知悉的国家秘密、商业秘密，不得泄露当事人的隐私。律师对在执业活动中知悉的委托人和其他人不愿泄露的有关情况和信息，应当予以保密。但是，委托人或者其他人准备或者正在实施危害国家安全、公共安全以及严重危害他人人身安全的犯罪事实和信息除外。

这条规范既是律师保密规则，又是对律师言论进行约束的规则，只不过这个保密规则不仅仅适用于庭外言论，也适用于庭内言论。这又一次证明了律师庭外言论约束规则本身受到律师保密规则的制约。

（二）部门规章中有关律师庭外言论约束的规范

我国《律师事务所管理办法》第50条规定：律师事务所应当依法履行管理职责，教育管理本所律师依法、规范承办业务，加强对本所律师执业活动的监督管理，不得放任、纵容本所律师有下列行为：

（1）采取煽动、教唆和组织当事人或者其他人员到司法机关或者其他国家机关静坐、举牌、打横幅、喊口号、声援、围观等扰乱公共秩序、危害公共安全的非法手段，聚众滋事，制造影响，向有关部门施加压力；

（2）对本人或者其他律师正在办理的案件进行歪曲、有误导性的宣传和评论，恶意炒作案件；

（3）以串联组团、联署签名、发表公开信、组织网上聚集、声援等方式或者借个案研讨之名，制造舆论压力，攻击、诋毁司法机关和司法制度；

（4）无正当理由，拒不按照人民法院通知出庭参与诉讼，或者违反法庭规则，擅自退庭；

（5）聚众哄闹、冲击法庭、侮辱、诽谤、威胁、殴打司法工作人员或者诉讼参与人，否定国家认定的邪教组织的性质，或者有其他严重扰乱法庭秩序的行为；

---

[1] 杨先德："刑事司法中律师庭外言论法律问题探讨"，载《政法论坛》2015年第2期。

（6）发表、散布否定宪法确立的根本政治制度、基本原则和危害国家安全的言论，利用网络、媒体挑动对党和政府的不满，发起、参与危害国家安全的组织或者支持、参与、实施危害国家安全的活动；以歪曲事实真相、明显违背社会公序良俗等方式，发表恶意诽谤他人的言论，或者发表严重扰乱法庭秩序的言论。

其中第1、2、3、4、6款都和对律师的庭外言论约束相关。

我国《律师和律师事务所违法行为处罚办法》第14条第3款规定，以对案件进行歪曲、不实、有误导性的宣传或者诋毁有关办案机关和工作人员以及对方当事人声誉等方式，影响依法办理案件的。属于《律师法》第49条第1项规定的律师"违反规定会见法官、检察官、仲裁员以及其他有关工作人员，或者以其他不正当方式影响依法办理案件的"违法行为。律师如果违反，罚则可见于本规章第32条，由司法行政机关给予警告，可以处五千元以下的罚款；有违法所得的，没收违法所得；情节严重的，给予停止执业三个月以下的处罚。

（三）法律职业伦理中有关律师庭外言论约束的规范

中华全国律师协会《律师协会会员违规行为处分规则（试行）》第34条规定：影响司法机关依法办理案件，具有以下情形之一的，给予中止会员权利六个月以上一年以下的纪律处分；情节严重的给予取消会员资格的纪律处分：

（1）未经当事人委托或者法律援助机构指派，以律师名义为当事人提供法律服务、介入案件，干扰依法办理案件的；

（2）对本人或者其他律师正在办理的案件进行歪曲、有误导性的宣传和评论，恶意炒作案件的；

（3）以串联组团、联署签名、发表公开信、组织网上聚集、声援等方式或者借个案研讨之名，制造舆论压力，攻击、诋毁司法机关和司法制度的；

（4）煽动、教唆和组织当事人或者其他人员到司法机关或者其他国家机关静坐、举牌、打横幅、喊口号、声援、围观等扰乱公共秩序、危害公共安全的非法手段，聚众滋事，制造影响，向有关机关施加压力的；

（5）发表、散布否定宪法确立的根本政治制度、基本原则和危害国家安全的言论，利用网络、媒体挑动对党和政府的不满，发起、参与危害国家安全的组织或者支持、参与、实施危害国家安全的活动的；

（6）以歪曲事实真相、明显违背社会公序良俗等方式，发表恶意诽谤他人的言论，或者发表严重扰乱法庭秩序的言论的。

（四）中国律师庭外言论约束的三个维度

仔细梳理这些约束律师庭外言论的规范，可以总结出中国对律师庭外言论约束规范的三个维度，也就是说，三个支撑的理论基础。

第一个维度，是保密规则。这是构成律师庭外言论约束的一个基础限制，律师庭外言论涉及委托人秘密的部分，必须获得委托人的授权，只有委托人同意放弃保密，律师才可以发表相关言论。

第二个维度，是公平审判。美国律师庭外言论约束的基础之一也是为了公平审判，然而和中国相比是形同则实异。美国的制度设计是担心律师的庭外言论干扰了陪审团的公正判断，采取了预选和隔离陪审员、延期审理，异地审理等措施，律师的庭外言论约束不过是这一系列纠偏措施的一部分。而中国的律师庭外造势一是为了对抗官方媒体的压倒性影响，二是不相信法官的中立，通过庭外舆论来影响案件判决。[1]曾几何时，中国涌现出来一批"死磕派律师"，他们更多的利用自媒体与法官进行"死磕"，形成独具中国特色的"辩审冲突"。一方面，我们要认识到这个现象其来有自，正是因为"以审判为中心"的司法改革还没有完成，辩护律师的意见很难得到认真对待，所以"死磕派"律师才把重心放在法庭之外的舆论场，再加上网络舆论和自媒体的兴起，就更加推波助澜了律师和法官的冲突。我们要加快司法改革，真正让法庭成为实质性的审判。另一方面也要认识到，律师庭外言论毕竟有可能侵犯当事人要求保密的权利，律师为了宣传自己的"博出位"也可能和当事人利益产生利益冲突，更重要的是，舆论影响之下的所谓公正也不是高质量的司法。总之，职业伦理上需要对此进行规制没有疑问，只是当下的规制还比较粗糙，这个规制是一个不平衡的规制，"舆论公诉"大行其道，媒体的报道对当事人产生了不利影响之时应该允许律师利用庭外言论进行平衡，当下，我们还缺乏这类"以毒攻毒"的条款。

第三个维度，是根本政治制度。这个维度典型地体现在禁止发表、散布否定宪法确立的根本政治制度、基本原则和危害国家安全的言论这一规定，也构成约束律师庭外言论规则出台的最重要的原因，这证明了职业伦理规范探讨的政治性视角不可或缺。

■思考题

1. 中国的律师保密规则是否是以律师—委托人关系为核心的？与其他国家相比呈现出什么特点？
2. 如何从前契约义务和后契约义务的角度思考律师保密规则的期间？
3. 如何看待哲学家边沁反对律师—委托人拒绝作证特权的观点？
4. 关于律师保密规则的例外，中华全国律师协会的职业行为规则几乎完全照搬法律规定，同学们有哪些评论？
5. 如何看待反对律师保密规则的理论？
6. 律师保密规则与律师庭外言论约束规则是什么样的关系？

■参考书目

1. 王进喜：《美国律师职业行为规则理论与实践》，中国人民公安大学出版社 2005 年版。
2. ［美］门罗·弗里德曼著，吴洪淇译：《对抗制下的法律职业伦理》，中国人民大学出版社 2017 年版。

---

[1]　方娟："刑事案件律师庭外造势若干法律问题研究"，载《政法论坛》2016 年第 2 期。

第五章　律师利益冲突

■ **本章概要**

利益冲突是律师在执业活动中面临的一个具有普遍意义的重大问题，处理利益冲突是律师生活的固有部分。利益冲突规则的理论基础主要有三个：①律师保守职业秘密的职责；②律师忠诚于委托人的职责；③司法制度的有效运作机制。利益冲突在理论上可以分为委托人和律师的利益冲突与委托人之间的利益冲突、同时性利益冲突与连续性利益冲突。同时性利益冲突包括现行委托人之间的利益冲突和律师—现行委托人利益冲突。现行委托人之间的利益冲突主要包括：律师不得在同一案件中为双方当事人担任代理人；同一律师事务所的律师不得担任有利益冲突的双方当事人的代理人；律师在未征得委托人同意的情况下，不得接受对方当事人办理其他法律事务的委托。律师—现行委托人利益冲突主要包括：因律师个人经济利益产生的律师—现行委托人利益冲突；因律师个人立场利益产生的律师—现行委托人利益冲突；因律师个人利益冲突而产生的推断性利益冲突。连续性利益冲突也是利益冲突的主要模式之一，主要包括律师和律师事务所的业务引起的连续性利益冲突以及前职业关系造成的连续性利益冲突两大类型。

■ **本章关键词**

律师；利益冲突；同时性利益冲突；连续性利益冲突

第一节　利益冲突概述

一、利益冲突的概念

利益冲突是律师在执业活动中面临的一个具有普遍意义的重大问题，处理利益冲突是律师生活的固有部分。这不仅仅是说律师的业务活动是为了帮助他人消除争端、解决争端或者预防争端，还意味着律师本身往往会卷入某种形式的利益冲突。律师与委托人的关系、律师事务所的管理结构、律师的流动、律师事务所的合并等事项，都可能产生利益冲突问题。[1]

---

[1] 参见［美］罗伯特·W.希尔曼著，王进喜、唐俊译：《论律师的流动管理》，中国人民公安大学出版社2005年版；另请参见司法部2018年《律师事务所管理办法》第30条（"律师事务所因分立、合并，需要对原律师事务所进行变更或者注销原律师事务所、设立新的律师事务所的，应当在自行依法处理好相关律师事务所的业务衔接、人员安排、资产处置、债务承担等事务后，提交分立协议或者合并协议等申请材料，按照本办法的相关规定办理。"）。律师事务所合并时处理业务衔接时的一个重要方面，就是避免产生利益冲突，或者是就利益冲突作出妥善处理。

律师和律师事务所的专业化，也带来了越来越多的利益冲突问题。[1]利益冲突问题对律师执业活动而言，不仅无所不在，而且具体可见。无论是律师个人还是律师事务所，无论是规模较大的律师事务所还是规模较小的律师事务所，都面临着如何有效处理执业活动中的利益冲突这一棘手问题。利益冲突在各种业务活动中都可能出现，且形式多种多样。如果律师不能有效地处理利益冲突，不仅可能受到职业惩戒，而且可能要退出对委托人的代理，从而导致产生不必要的费用，甚至还可能受到民事追究。因此，调整利益冲突的规则是关于律师的职业行为法的重要组成部分。

在律师职业活动中，利益冲突问题很早就受到了规制，有文献称英国早在 1280 年就存在相关的规定。[2]我国司法部在 1993 年《律师职业道德和执业纪律规范》中也对利益冲突问题作出了初步规定。[3]如何有效地识别和处理利益冲突问题，也是律师事务所日常管理的重要事项，是风险管理的重要组成部分。例如，美国律师协会《职业行为示范规则》规定："律师应当采用与该律师事务所及其业务的规模和类型相适应的适当程序，来测定在诉讼和非诉讼事务中涉及哪些当事人和问题，来确定是否存在实际或潜在的利益冲突。"[4]利益冲突规则有着密集的技术点，从我国目前的情况来看，现行有关规定在处理纷繁复杂的利益冲突问题方面还显不足。因此，如何提高识别和处理利益冲突问题的能力必须引起广大律师的注意。

对于律师职业活动而言，所谓利益冲突，是指律师为委托人的辩护或者代理将因律师自身的利益、律师对其他现委托人、前委托人或者第三人的职责而受到重大不利影响的重大风险状态。律师的利益冲突规则具有以下特点：

第一，制订利益冲突规则的目的，在于保护律师以保证其为现行委托人提供的辩护与代理的质量。利益冲突能够破坏律师职业判断的独立性，会削弱律师提供辩护与代理时的热忱。为了保证律师职业判断的独立性，使得律师在为委托人提供服务时具有适当的热忱，应当通过利益冲突规则对律师的行为进行规制。否则，委托人得到有效辩护与代理的期待就会遇到挫折，有效的律师帮助就会落空。即使是为前委托人提供保护的连续性利益冲突的规则，在根本目的上，也是对当时进行中的委托人—律师关系提供保护，以保证辩护与代理的质量。

第二，利益冲突产生的根源，是律师有自身利益、律师对其他现委托人、前委托人或者第三人担负着职责，而这些利益与职责与对现行委托人的职责相悖或者不一致。"律师应当维护当事人合法权益，维护法律正确实施，维护社会公平和正义。"[5]律师在维护当事人合法权益的时候，应当超越自身的利益，并在委托人（包括前委托人）之间、委托人与第三人的利益之间进行适当的平衡。正是因为如此，律师行业才被塑造为一个职业而不是商业。

第三，利益冲突规则是一种以预防为目的的规则。不仅在对律师的辩护与代理存在实际影响的情况下存在利益冲突问题，而且在存在这种重大不利影响的重大风险的情况下，也视为存在利益冲突问题。以造成实际影响为标准来确立利益冲突规则，将严重降低律师

---

[1]　See Deborah L. Rhode and Geoffrey C. Hazard, Jr., *Professional Responsibility and Regulation*, 123 (Second edition, 2007)（"与此类似，律师事务所内部以及律师事务所之间在法律服务上的日益专业化，也使得对相互冲突的利益进行同时性或者连续性代理的可能性也越来越大"）.

[2]　See H. Cohen, *History of the English Bar*, 233 – 34 (1929).

[3]　司法部 1993 年《律师职业道德和执业纪律规范》第 12 条、第 14 条。

[4]　美国律师协会：《职业行为示范规则》，规则 1.7。

[5]　2017 年《律师法》第 2 条第 2 款。

的职业行为水准，严重影响法律服务的质量，大大增加律师事务所的风险。

第四，"利益冲突"仅仅是一个随近逐便的表述。利益冲突规则在很大程度上是预防性规则，并不一定发生了实际可见的冲突，把这种规则叫作"利益冲突"规则是含混的、不准确的。[1]利益冲突在存在样态上既可能是潜在的，也可能是实际存在的；在表现形式上既可能是针锋相对、相互冲突的，也可能是分道扬镳、方向不一的。

第五，利益冲突的考察是一个个案的具体事实问题。利益冲突的概念难以有一个界限非常明确的界定，其存在的风险需要根据案件的具体情况，在考虑律师与委托人关系的性质、委托人的性质、相关委托人、前委托人等的态度等因素的基础上综合加以评估。

我国法律层面上关于律师利益冲突的规定相当简陋。2017 年《律师法》第 39 条规定："律师不得在同一案件中为双方当事人担任代理人，不得代理与本人或者其近亲属有利益冲突的法律事务。"第 47 条对于违反该规定的行为规定了行政处罚措施。这样的规定显然不足以解决实践中的问题。因此，司法部 2010 年《律师和律师事务所违法行为处罚办法》第 7 条规定："有下列情形之一的，属于《律师法》第四十七条第三项规定的律师'在同一案件中为双方当事人担任代理人，或者代理与本人及其近亲属有利益冲突的法律事务的'违法行为：（一）在同一民事诉讼、行政诉讼或者非诉讼法律事务中同时为有利益冲突的当事人担任代理人或者提供相关法律服务的；（二）在同一刑事案件中同时为被告人和被害人担任辩护人、代理人，或者同时为二名以上的犯罪嫌疑人、被告人担任辩护人的；（三）担任法律顾问期间，为与顾问单位有利益冲突的当事人提供法律服务的；（四）曾担任法官、检察官的律师，以代理人、辩护人的身份承办原任职法院、检察院办理过的案件的；（五）曾经担任仲裁员或者仍在担任仲裁员的律师，以代理人身份承办本人原任职或者现任职的仲裁机构办理的案件的。"显而易见，这一解释很显牵强、笨拙，进一步暴露了立法本身的局限性。此外，各地律师协会从实际需要出发，制定了一些地方性的利益冲突规则，但是总的来看，在规则原理、适用范围、效力及执行等方面仍然存在很多问题。[2]

二、利益冲突规则的理论基础

一般而言，利益冲突规则的理论基础主要有三个：

1. 律师保守职业秘密的职责。如前所述，律师保守职业秘密的职责是律师职业活动中最为重要的职责，体现在众多的方面。2017 年《律师法》第 38 条规定："律师应当保守在执业活动中知悉的国家秘密、商业秘密，不得泄露当事人的隐私。律师对在执业活动中知悉的委托人和其他人不愿泄露的有关情况和信息，应当予以保密。但是，委托人或者其他人准备或者正在实施危害国家安全、公共安全以及严重危害他人人身安全的犯罪事实和信

---

[1] 有学者提出利益冲突问题更为准确的表述应当是"其他利益（additional interests）"、"复合利益（compound interests）"或者"不一致利益（differing interests）"问题。See Charles W. Wolfram, *Modern Legal Ethics*, 313 (1986).

[2] 参见徐莹："律师执业利益冲突探讨"，载《河南司法警官职业学院学报》2008 年第 1 期（"我国目前的律师执业利益冲突规范体系较为凌乱，发布主体众多，效力层次混乱，内容既有交叉又有矛盾。制定主体和效力层次的混乱、内容的不统一冲淡了利益冲突规范本身的严肃性和重要性，使得我国的利益冲突规范长期处于'说有看似无，说无看似有'的尴尬境地，从而无法真正起到指导和评价律师执业行为的作用"）。

息除外。"[1]律师的保密义务具有延续性，即一般情况下不因委托事项的终结而消灭。[2]在利益冲突规则中，该保守职业秘密的职责有许多具体的运用。例如：如果律师同时代理委托人 A 和 B，或者现在所代理的是委托人 B，以前代理的是委托人 A，则律师可能知道有关委托人 A 的秘密信息，且该信息对委托人 B 来讲具有一定的利益。如果律师在明知有关 A 的秘密信息的情况下而不向 B 披露这些信息，则律师违反了真诚代理委托人 B 的职责；如果律师向委托人 B 透露了这些信息，则律师就会违反对 A 所承担的保守职业秘密的职责。

设定利益冲突规则，就是为了促进律师对委托人秘密的保守，减少律师向他人披露委托人秘密的机会和动机，减少律师利用该信息为自己的利益或者为他人的利益服务而滥用该信息的行为，从而促进委托人同律师开诚布公地进行交流，保证律师的辩护与代理服务建立在充分的信息基础上。

2. 律师忠诚于委托人的职责。2017 年《律师法》第 2 条第 2 款规定："律师应当维护当事人合法权益，维护法律正确实施，维护社会公平和正义。"中华全国律师协会 2017 年《律师执业行为规范（试行）》第 7 条规定："律师应当诚实守信、勤勉尽责，依据事实和法律，维护当事人合法权益，维护法律正确实施，维护社会公平和正义。"根据这些规定，可以推论出律师负有忠诚于委托人的职责。律师忠诚于委托人的职责是一种不可分割的职责，是利益冲突产生的重要基础之一。前述案例中既涉及律师保守职业秘密的职责，也涉及律师忠诚于委托人的职责。但是，即使在不存在律师违反有关保守职业秘密的职责的情况下，律师也可能因违反忠诚于委托人的职责而导致利益冲突问题。例如：在离婚案件中，律师代理妻子反对丈夫，同时律师又在另一案件中代理丈夫索取工伤赔偿。虽然这两个案件本身是不相关的，并不会产生在一个案件中使用在另一个案件中了解的秘密信息的问题，但是这种情况下存在律师对于忠诚于委托人职责的违反。在这种情况下，存在损害某个委托人利益的可能性。如果丈夫是律师的长期的、稳定的委托人，律师就有可能不能做到单独代理妻子那样热忱地维护她的利益。

再如，如果律师在刑事诉讼中为共同被告人进行辩护，律师可能会发现如果其要为其中一个进行减轻罪责的辩护，则其为另一个委托人所进行的辩护就可能会受到影响。

如果律师没有履行其所持有的不可分割的忠诚的职责，不仅会损害委托人的利益，还会损害律师职业，会贬低律师职业在公众中的形象，进而会损害对与司法活动有关的行为的公共信任。

3. 司法制度的有效运作机制。设定利益冲突规则的目的之一是促进司法制度的有效运作。信息的充分披露和有力的诉辩，是保障司法制度有效运作的前提。在存在利益冲突的情况下，律师承担的保密职责和忠诚职责会削弱律师提出信息的充分性和诉辩的力度，因而影响裁决的质量。例如，律师不能在诉讼中同时代理双方当事人，将有利于保证双方能够充分提出自己的意见，避免同一律师因同时代理双方当事人而削弱辩论的力度，从而有利于保证司法裁决活动的质量。"如果律师试图代理争端的双方，则就可能不能提供明示裁

---

[1]　中华全国律师协会 2017 年《律师执业行为规范（试行）》第 9 条作出了同样的规定。另请参见司法部 1989 年《关于律师担任政府法律顾问的若干规定》第 9 条（"担任政府法律顾问的律师，对其工作中接触、了解到的机密和不宜公开的情况，负有保守秘密的责任。"）；司法部 1992 年《关于律师担任企业法律顾问的若干规定》第 15 条（"担任企业法律顾问的律师，对在工作中接触、了解到的有关企业生产、经营管理和对外联系活动中的业务秘密，负有保守秘密的责任。"）。

[2]　中华全国律师协会 2004 年《律师执业行为规范（试行）》第 59 条曾规定："律师代理工作结束后，仍有保密义务。"遗憾的是，不知出于何种原因，中华全国律师协会 2011 年《律师执业行为规范》删除了这一规定。

决所必需的有力诉辩。无论是事实还是看得见的正义都会遭受风险，公布的判例也是这么认识的。"[1]事实上，随着现代诉讼程序的不断发展，对利益冲突的规制也成为法院维护诉讼程序正当性的一个方面。在实践中，法院对利益冲突的调整应当是一种预先工作而不是事后工作。在诉讼事务中，法院对利益冲突的规制，既可以依照当事方的申请来进行，也可以依照职权采取行动。

然而，利益冲突在律师的执业生活中是不可避免的，利益冲突的回避可能给委托人和律师带来很高的成本问题。因此，对利益冲突的禁止应当限制在具体情况所必需的范围内。为此，在利益冲突规则本体之外，还有例外的规定。例外规定的理论基础主要有：

（1）避免法律服务活动的高昂代价。利益冲突的回避可能会使得代理活动代价昂贵。在某些情况下，如果禁止一个律师对多个委托人进行同时代理，则一些委托人将不得不去寻求其他律师的帮助。在这种情况下，不仅可能带来更高的代理成本问题，而且后续律师的代理称职性也可能得不到保障。

（2）实现委托人对律师的合理期待。利益冲突规则的设定，意味着减少了律师服务的可得性。绝对严格地执行利益冲突规则有可能挫伤委托人对律师的合理期待，因为过分严格地执行该规则将使得律师在很多情况下无法代理案件，这无疑将大大削弱委托人选择律师的自主权。

（3）降低对律师和律师事务所执业活动的消极影响。绝对严格执行利益冲突规则，会影响律师的流动和律师事务所吸纳人才的能力。例如，如果律师事务所的规模很大，人员众多，则会存在很多的利益冲突问题。当一个律师代理过很多当事人的时候，在他从一个律师事务所流动到另外一个律师事务所的时候，也会存在很多利益冲突问题。如果不设定适当的例外规定，这些律师流动的自由将会受到限制，律师流动所能带来的各种社会效益就无从谈及。设定适当的例外规定，有利于保证律师和律师事务所的发展。

三、利益冲突的理论分类

利益冲突在理论上可以分为以下类型：

（一）委托人和律师的利益冲突与委托人之间的利益冲突

这是根据利益冲突风险的来源所进行的划分。

委托人和律师的利益冲突，是指律师因为其自身的经济利益或者立场利益而可能影响其对委托人的辩护或者代理的情形。

委托人之间的利益冲突，是指现行委托人之间以及现行委托人与前委托人之间的利益冲突。现行委托人之间的利益冲突主要源于律师忠诚的分割；现行委托人与前委托人之间的利益冲突主要源于律师对前委托人秘密信息的保密义务。

（二）同时性利益冲突与连续性利益冲突

在职业行为法上，根据影响委托人利益的风险，可以把利益冲突分为同时性利益冲突和连续性利益冲突。虽然每种冲突都会对忠诚和保密问题造成影响，但是禁止同时性利益冲突规则的侧重点是保证忠诚原则不受影响，而禁止连续性利益冲突规则的侧重点是保密。

在存在同时性利益冲突的情形中，律师的忠诚可能要分割给不同的委托人。例如，在民事案件中担任共同被告的代理人或者在刑事案件中担任共同被告人的辩护人时，可能会发现他们彼此在推卸责任，这是委托人之间的同时性利益冲突。同时性利益冲突并不限于

---

[1] See Deborah L. Rhode and Geoffrey C. Hazard, Jr., *Professional Responsibility and Regulation*, 127 (Second edition, 2007).

委托人之间的同时性冲突，律师也可能发现自己的利益同委托人的利益存在不一致。这些情形对律师的忠诚问题和保密问题产生了影响。

在连续性利益冲突中，问题的侧重点是律师的保密职责。假设律师在案件中代理 A，以维护专利的合法性，律师的工作是成功的；此后，委托人 B 聘请律师起诉 A 来主张该专利的非法性。在代理 B 时，该律师对前委托人 A 承担什么样的义务？忠诚职责在代理关系结束后是否继续存在？无论忠诚问题如何，律师保守职务秘密的问题是难以回避的，律师在代理 A 时可能获知了有关秘密信息，律师不能利用该秘密信息为 B 服务。因此在调整连续性利益冲突的规则中，与案件有关的秘密信息是保护的重点。

（三）个人性利益冲突与推断性利益冲突

个人性利益冲突，是指利益冲突规则的规制影响仅及于应受该利益冲突规则规制的律师本人的情形。

推断性利益冲突，是指利益冲突规则的规制影响不仅及于应受该利益冲突规则规制的律师本人，还及于该律师所在律师事务所的其他律师的情形。这是考虑到同一律师事务所的律师不仅可能存在信息上的交流，还可能存在经济上的联系这一事实。中华全国律师协会 2011 年《律师执业行为规范》第 50 条第 7 项规定，在委托关系终止后，同一律师事务所或同一律师在同一案件后续审理或者处理中又接受对方当事人委托的，律师及律师事务所不得与当事人建立或维持委托关系。这一规定就涉及推断性利益冲突问题。[1]

（四）可以克服的利益冲突与不能克服的利益冲突

可以克服的利益冲突，是指因受影响的委托人或者前委托人就利益冲突的限制作出了明示同意，而可以继续进行辩护或者代理的情形。可以克服的利益冲突情形下，因受到影响的委托人或者前委托人的同意，利益冲突规则的执行成本被限制在了合理范围内。可以克服的利益冲突，也叫作可以容许的利益冲突。

不可克服的利益冲突，是指即使受影响的委托人或者前委托人就利益冲突的限制作出了明示同意，因法律职业行为法的明确限制而不能继续进行辩护或者代理的情形。不可克服的利益冲突情形下，往往不仅涉及受影响的委托人或者前委托人的利益，还涉及他人利益以及司法质量等公共利益。不可克服的利益冲突，也叫作不可容许的利益冲突。

中华全国律师协会将委托人或者前委托人的"明示同意"的表现方式规定为"知情同意书"。中华全国律师协会 2011 年《律师执业行为规范》第 51 条第 2 款规定，律师和律师事务所发现存在可以克服的利益冲突情形的，"应当告知委托人利益冲突的事实和可能产生的后果，由委托人决定是否建立或维持委托关系。委托人决定建立或维持委托关系的，应当签署知情同意书，表明当事人已经知悉存在利益冲突的基本事实和可能产生的法律后果，以及当事人明确同意与律师事务所及律师建立或维持委托关系。"第 52 条规定："委托人知情并签署知情同意书以示豁免的，承办律师在办理案件的过程中应对各自委托人的案件信息予以保密，不得将与案件有关的信息披露给相对人的承办律师。"

---

[1] 中华全国律师协会 2004 年《律师执业行为规范（试行）》第 83 条曾规定："委托人拟聘请律师处理的法律事务，是该律师从事律师职业之前曾以政府官员或司法人员、仲裁人员身份经办过的事务，律师和其律师事务所应当回避。"这一条涉及的就是推断性利益冲突问题。这一规定在中华全国律师协会 2011 年《律师执业行为规范》中已经被取消。

第二节　同时性利益冲突

一、现行委托人之间的利益冲突

现行委托人之间利益冲突的主要根据是，在对委托人进行同时性代理的情况下，律师的忠诚会遭到分割。根据我国现行规定，委托人—委托人利益冲突规则主要有三个，以下分别探讨：

（一）律师不得在同一案件中为双方当事人担任代理人

2017年《律师法》第39条规定："律师不得在同一案件中为双方当事人担任代理人，不得代理与本人或者其近亲属有利益冲突的法律事务。"中华全国律师协会2017年《律师执业行为规范（试行）》第13条作了同样的规定。该规范第51条第1项还规定，"律师在同一案件中为双方当事人担任代理人，或代理与本人或者其近亲属有利益冲突的法律事务的"，律师及律师事务所不得与当事人建立或维持委托关系。此外，最高人民法院、最高人民检察院、公安部、国家安全部、司法部、全国人大常委会法制工作委员会等六机关2012年《关于实施刑事诉讼法若干问题的规定》第4条第2款规定："一名辩护人不得为两名以上的同案犯罪嫌疑人、被告人辩护，不得为两名以上的未同案处理但实施的犯罪存在关联的犯罪嫌疑人、被告人辩护。"最高人民法院《关于适用〈中华人民共和国刑事诉讼法〉的解释》第43条规定："一名被告人可以委托一至二人作为辩护人。""一名辩护人不得为两名以上的同案被告人，或者未同案处理但犯罪事实存在关联的被告人辩护。"这些规定就这些情况下现行委托人之间的利益冲突设定了不可克服的利益冲突规则。

这是我国目前关于现行委托人之间利益冲突的规定。这些规定的基本理由是：律师如果在同一案件中为双方当事人或有利害关系的第三人担任代理人，将会导致律师保守职业秘密的职责和忠诚于委托人的职责发生冲突。以律师在同一案件中为双方当事人担任代理人为例，如果律师同时为民事诉讼原告和被告担任代理人，则律师与原告存在秘密信息的交流，也同被告存在秘密信息的交流。按照忠诚于委托人的职责，律师应当利用从被告那里了解的秘密信息来为原告服务，但是这样将违反其对被告的保守职业秘密的职责，损害被告的利益，同时违反了忠诚于被告的职责。反之，按照忠诚于委托人的职责，律师应当利用从原告那里了解的秘密信息来为被告服务，但是这样将违反其对原告的保守职业秘密的职责，损害原告的利益，同时违反了忠诚于原告的职责。

上述规定对于解决律师在执业活动中的利益冲突起到了重要的作用，但是需要指出的是，上述规定仍然具有很大的局限性，即上述规定的适用范围狭窄。这主要表现在该规则没有规定非诉讼业务中的委托人—委托人利益冲突问题。律师经常在同一事务中代理两个或者两个以上的委托人。例如，几个委托人可能会要求同一律师来为他们创设一个实体，或者律师受委托负责起草一个涉及多个委托人的法律文件。再如，律师如果在商务谈判中代理一方的几个委托人，在这几个委托人之间也可能存在某些利益上的分歧。这种情况下，律师能不能为多个委托人提供代理服务？在多数情况下，多个委托人雇请同一个律师办理某法律事务是具有积极意义的。这样的安排有利于减少律师费用的支出，能够减少交流渠道而节约时间和金钱。但是，这种操作也存在产生利益冲突的可能性。在这种情况下，律师需要进行仔细权衡，在多方利益能够共存的情况下才能进行代理活动。换言之，在这种情况下，并不是绝对禁止进行同时性代理。

律师在执业过程中，可能同时存在诸多并行性的代理关系。例如同时担任若干企业的法律顾问。一般而言，这种非诉讼事务中的并行代理并不存在利益冲突。但是在律师的这些并行性委托人发生严重利益冲突的情况下，则可能不能进行这种并行性的代理。并行性委托人发生争讼性事件情况下，则律师不能对双方进行同时性代理。例如，司法部1992年《关于律师担任企业法律顾问的若干规定》第13条规定："担任企业法律顾问的律师，不得从事有损于聘请单位合法权益的活动，不得在民事、经济、行政诉讼或仲裁活动中担任对立一方当事人的代理人。"第14条规定："担任企业法律顾问的律师在其受聘的两个（或两个以上）的企业之间发生争议时，应当进行调解，但律师不得代理任何一方参加诉讼或仲裁。"

此外，司法部2010年《律师和律师事务所违法行为处罚办法》第7条规定，有下列情形之一的，属于《律师法》第47条第3项规定的律师"在同一案件中为双方当事人担任代理人，或者代理与本人及其近亲属有利益冲突的法律事务的"违法行为：①在同一民事诉讼、行政诉讼或者非诉讼法律事务中同时为有利益冲突的当事人担任代理人或者提供相关法律服务的；②在同一刑事案件中同时为被告人和被害人担任辩护人、代理人，或者同时为2名以上的犯罪嫌疑人、被告人担任辩护人的；③担任法律顾问期间，为与顾问单位有利益冲突的当事人提供法律服务的；④曾担任法官、检察官的律师，以代理人、辩护人的身份承办原任职法院、检察院办理过的案件的；⑤曾经担任仲裁员或者仍在担任仲裁员的律师，以代理人身份承办本人原任职或者现任职的仲裁机构办理的案件的。显而易见，该第4项和第5项内容属于我们以下所讨论的连续性利益冲突问题。因此上述规定所讲的"同一案件"涉及同时性利益冲突和连续性利益冲突两种情况。

（二）同一律师事务所的律师不得担任有利益冲突的双方当事人的代理人

与律师为同一案件双方当事人担任代理人的问题实质相同的另一个问题是，同一律师事务所的律师是否可以为同一案件的双方当事人担任代理人的问题。同一律师事务所的律师为同一案件双方当事人担任代理人，主要涉及两个问题：首先，律师事务所在形式上是一个代理人。在与当事人签订委托协议时，均由同一律师事务所作为协议的一方主体。因此，如果同一律师事务所的不同律师为同一案件双方当事人担任代理人，则在形式上是双方当事人委托了同一个代理人，从而使得律师事务所对委托人忠诚的职责受到了挑战。其次，在律师事务所内部存在重大案件讨论制度，即对于重大、复杂的案件要由律师事务所的律师进行集体讨论。这种发挥律师事务所集体智慧的制度被认为是律师优越于其他非律师代理人员的基本因素之一。但是在集体讨论中不可避免要发生信息的交流，在这种情况下，双方委托人披露给各自律师的信息的秘密性会遭到破坏，一方当事人的信息可能会被另一方获悉而用来损害对方。

司法部在1991年《关于一个律师可否为同一案件两个以上被告人辩护等问题的批复》[1]中曾指出："关于同一律师事务所的两个律师可否分别担任同一经济、民事案件或非诉讼事件双方当事人的代理人和同一律师事务所可否为自诉案件中的自诉人、被告人分别指派律师担任代理人参加诉讼问题。我们亦基本同意你厅意见。鉴于我国大多数县目前一般只设有一个律师事务所的实际情况，我们认为在地处偏远、交通不便，且只设一个律师事务所的县，在当事人分别聘请不同律师事务所的律师确有困难的情况下，如当事人一方已请律师作为代理人，而另一方亦请同一律师事务所的律师作为代理人时，该律师事务所应向当

〔1〕 司发函〔1991〕052号。

事人说明已指派律师为对方当事人担任代理人的情况，如当事人继续坚持要求，该律师事务所可以接受其委托，为其指派另一律师作代理人。在交通方便且设有两个以上律师事务所的县和大、中城市中，双方当事人分别聘请不同律师事务所的律师并无困难，且不会增加负担的情况下，如双方当事人欲同时聘请同一律师事务所两个律师作代理人时，该律师事务所则应建议另一方当事人聘请其他律师事务所律师作代理人。"上述规定的基本精神仍是正确的。但是需要指出的是，双方当事人均同意聘请同一律师事务所律师作为代理人的情况下，律师事务所应当采取必要的信息保密措施，避免双方秘密信息的内部沟通，如不应当再适用案件讨论制度。这实际上是当事人放弃了自己应得的一部分优势。为了避免因此发生争议，律师事务所应当同双方当事人分别制作书面文件，确认该事态的基本情况及委托人对该事态的明确认知和同意。

2017 年《律师执业行为规范（试行）》第 51 条就上述问题的规定，涉及三个方面：

1. 刑事案件。根据该条规定，同一律师事务所的不同律师同时担任同一刑事案件的被害人的代理人和犯罪嫌疑人、被告人的辩护人，构成利益冲突，但在该县区域内只有一家律师事务所且事先征得当事人同意的除外。

2. 民事诉讼、行政诉讼、仲裁案件。根据该条规定，在民事诉讼、行政诉讼、仲裁案件中，同一律师事务所的不同律师同时担任争议双方当事人的代理人，或者本所或其工作人员为一方当事人，本所其他律师担任对方当事人的代理人的，构成利益冲突。

3. 非诉讼业务。根据该条规定，在非诉讼业务中，除各方当事人共同委托外，同一律师事务所的律师同时担任彼此有利害关系的各方当事人的代理人的，构成利益冲突。各方当事人共同委托，实际上就是要求各方当事人就共同代理所涉及的不利情况作出明示同意。

需要注意的是，中国证券监督管理委员会、司法部 2007 年《律师事务所从事证券法律业务管理办法》第 11 条第 1 款规定："同一律师事务所不得同时为同一证券发行的发行人和保荐人、承销的证券公司出具法律意见，不得同时为同一收购行为的收购人和被收购的上市公司出具法律意见，不得在其他同一证券业务活动中为具有利害关系的不同当事人出具法律意见。"这一规定是上述规定的例外，是不可克服的利益冲突。中国证券监督管理委员会 2007 年《〈律师事务所从事证券法律业务管理办法〉第十一条有关规定的适用意见》[1] 规定，下列情形，属于同一律师事务所"同时为同一证券发行的发行人和保荐人、承销的证券公司出具法律意见"，应予禁止：①同一律师事务所以口头或书面等形式，有偿或无偿地同时接受同一证券发行的发行人和保荐人、承销的证券公司委托，为同一证券发行的发行人、保荐人、承销的证券公司出具法律意见的；②同一律师事务所虽未同时接受同一证券发行的发行人和保荐人、承销的证券公司委托，但在接受发行人委托为证券发行人出具法律意见的同时，另外向同一证券发行的保荐人、承销的证券公司出具作为保荐人、承销的证券公司履行自身法定职责依据的专项法律意见，或者出具作为保荐人、承销的证券公司用以证明自己勤勉尽责及减免法律责任目的的专项法律意见的；③同一律师事务所虽未同时接受同一证券发行的发行人和保荐人、承销的证券公司委托，但在接受发行人委托为证券发行人出具法律意见的同时，将该法律意见向同一证券发行的保荐人、承销的证券公司出具，供保荐人、承销的证券公司作为自己履行法定职责的依据，或者用以证明自己勤勉尽责及减免法律责任目的的。

---

[1]　证券期货法律适用意见〔2007〕第 2 号。

（三）律师在未征得委托人同意的情况下，不得接受对方当事人办理其他法律事务的委托

中华全国律师协会 2017 年《律师执业行为规范（试行）》第 52 条第 3 项规定，同一律师事务所接受正在代理的诉讼案件或者非诉讼业务当事人的对方当事人所委托的其他法律业务的，律师应当告知委托人并主动提出回避，但委托人同意其代理或者继续承办的除外。

这个规定的理论基础是律师对委托人的忠诚职责。律师在未征得委托人同意的情况下，接受对方当事人办理其他法律事务的委托，将可能冲淡律师对委托人的忠诚度，甚至出卖其委托人的利益，因此有必要进行限制，即使两个事务之间没有任何联系。根据上述规定，在办结委托事项后，该律师可以接受对方当事人办理其他法律事务的委托。从该规定来看，该规范认为律师对委托人的忠诚职责在该事务办结后终止，不具有延续性。

中华全国律师协会 2017 年《律师执业行为规范（试行）》第 52 条第 4 项规定，律师事务所与委托人存在法律服务关系，在某一诉讼或仲裁案件中该委托人未要求该律师事务所律师担任其代理人，而该律师事务所律师担任该委托人对方当事人的代理人的，律师应当告知委托人并主动提出回避，但委托人同意其代理或者继续承办的除外。这一条是一项可以克服的利益冲突规则，实际上是上述第三项的例外。

二、律师—现行委托人利益冲突

律师与现行委托人之间的冲突是律师执业活动中最常见的类型之一。每个人在现实生活中都要扮演着多种角色。律师也一样，有其自身的利益。从这个角度来讲，律师并不是委托人的十全十美的利益维护者，他们的自身利益有时使得他们在代理委托人的利益时处于非常困难的境地。事实上可以说，委托人—律师关系的建立就是利益冲突的起点，每一个辩护与代理活动都开始于律师和委托人之间的冲突。例如，律师的经济利益促使律师在收费问题上存在追求最大化的倾向，而委托人的经济利益则促使委托人在付费问题上存在追求最小化的倾向。在这种情况下，对于律师—委托人之间的利益进行调整的必要性是显而易见的。

中华全国律师协会 2017 年《律师执业行为规范（试行）》第 50 条规定："办理委托事务的律师与委托人之间存在利害关系或利益冲突的，不得承办该业务并应当主动提出回避。"律师—现行委托人利益冲突的根源包括律师的经济利益与立场利益。所谓经济利益，就是在一定社会经济形态中满足人们经济需要的生产成果。所谓立场利益，是指满足律师在诸如情感、个人关系、公共政策立场等方面需求的社会关系。以下分别探讨。

（一）因律师个人经济利益产生的律师—现行委托人利益冲突

中华全国律师协会 2017 年《律师执业行为规范（试行）》第 46 条规定："律师和律师事务所不得利用提供法律服务的便利，牟取当事人争议的权益。"第 47 条规定："律师和律师事务所不得违法与委托人就争议的权益产生经济上的联系，不得与委托人约定将争议标的物出售给自己；不得委托他人为自己或为自己的近亲属收购、租赁委托人与他人发生争议的标的物。"这些规则涉及两个方面：

1. 律师与现行委托人的直接经济利益冲突。律师和律师事务所不得利用提供法律服务的便利，牟取当事人争议的权益。这一规则的主要目的是防止所谓"助讼图利"问题。所谓"助讼图利"，就是受到帮助的人承诺与帮助者分享任何赔偿，使得帮助他人诉讼的人成了一种有利益的投资者。由于这些行为会鼓励不必要、无价值的诉讼，提出过度的损失要求，导致隐匿证据、贿赂证人等不法行为发生，因而被认为会导致司法腐败。从历史发展来看，禁止律师助讼图利规则本身关注的焦点主要是这种行为对公正司法的影响，强调的

是律师与法院之间的关系。但是从我国的规定来看，上述规则主要反映的是律师在委托人—律师关系中应当遵行的规则。换言之，"根据法律规定，律师享有广泛的权利，能够了解案件的有关情况。特别是基于律师和委托人之间的信任关系，律师能够知悉很多涉及委托人利益的不为他人所知的信息。这一方面有利于律师维护委托人的合法权益，另一方面也存在需要制止律师利用职务之便牟取当事人争议的权益的问题。"[1]因此，我国的上述规定应当说一定程度上进一步延伸了律师职业秘密规则。

需要指出的是，风险代理收费是一种典型的助讼图利行为，但是其具有替代法律援助等积极功能，故在法律的框架内是允许的。除了国家发展和改革委员会、司法部2006年《律师服务收费管理办法》明确规定允许律师依法采取风险代理收费方式外，中华全国律师协会2017年《律师执业行为规范（试行）》第48条也规定："律师事务所可以依法与当事人或委托人签订以回收款项或标的物为前提按照一定比例收取货币或实物作为律师费用的协议。"

此外，司法部2010年《律师和律师事务所违法行为处罚办法》第12条规定，有下列情形之一的，属于《律师法》第48条第3项规定的律师"利用提供法律服务的便利牟取当事人争议的权益的"违法行为：①采用诱导、欺骗、胁迫、敲诈等手段获取当事人与他人争议的财物、权益的；②指使、诱导当事人将争议的财物、权益转让、出售、租赁给他人，并从中获取利益的。这些行为也涉及律师与委托人的利益冲突。

2. 律师与现行委托人的商业往来。律师和委托人之间的交易是难以避免的，律师对委托人的辩护或者代理行为本身就是一种交易行为。除了法律服务之外，就其他与法律服务无关的事项，律师也可以和委托人进行商业交易活动。但是，交易行为的双方之间是存在利益冲突的，而这种冲突在委托人—律师关系之下会给委托人带来更大的风险。

根据上述规定，律师和律师事务所不得与委托人约定将争议标的物出售给自己，不得委托他人为自己或为自己的近亲属收购、租赁委托人与他人发生争议的标的物。这一规则的理论根据是，在律师和委托人之间进行商业交易的过程中，在律师和委托人之间实际上同时存在两种关系，一种是商业交易关系，另一种就是委托人—律师关系。委托人和律师的关系是一种信托关系。委托人将依靠律师来保护其利益，而律师可能了解委托人的秘密信息，处于优势地位。在这种情况下，律师同委托人的商业交易可能会影响律师的独立职业判断，律师对委托人的忠诚可能会受到影响，律师可能会利用委托人的秘密信息来为自己服务。总之，在这种情况下，委托人对律师的信任可能会持续存在，并从委托人—律师关系扩展到他们之间的商业关系。正是这种误解，可能会为律师所利用。

（二）因律师个人立场利益产生的律师—现行委托人利益冲突

2017年《律师法》第39条规定："律师不得在同一案件中为双方当事人担任代理人，不得代理与本人或者其近亲属有利益冲突的法律事务。"中华全国律师协会2017年《律师执业行为规范（试行）》第13条作了同样的规定。该规范第51条第1、2项还规定，律师在同一案件中为双方当事人担任代理人，或代理与本人或者其近亲属有利益冲突的法律事务的，以及律师办理诉讼或者非诉讼业务，其近亲属是对方当事人的法定代表人或者代理人的，律师及律师事务所不得与当事人建立或维持委托关系。这些规定就这些情况下的个人立场利益冲突设定了不可克服的利益冲突规则。

---

[1]　肖胜喜主编：《律师执业概论》，法律出版社1998年版，第158页。

中华全国律师协会 2017 年《律师执业行为规范（试行）》第 52 条第 1 款第 1、2 项规定，在"接受民事诉讼、仲裁案件一方当事人的委托，而同所的其他律师是该案件中对方当事人的近亲属的"，或者"担任刑事案件犯罪嫌疑人、被告人的辩护人，而同所的其他律师是该案件被害人的近亲属的"情况下，律师应当告知委托人并主动提出回避，但委托人同意其代理或者继续承办的除外。这是考虑到这种情况下，律师的立场利益具有一定的间接性，设定了可以克服的利益冲突规则。

（三）因律师个人利益冲突而产生的推断性利益冲突

中国证券监督管理委员会、司法部 2007 年《律师事务所从事证券法律业务管理办法》第 11 条第 2 款规定："律师担任公司及其关联方董事、监事、高级管理人员，或者存在其他影响律师独立性的情形的，该律师所在律师事务所不得接受所任职公司的委托，为该公司提供证券法律服务。"根据该规定，由于律师存在担任公司及其关联方董事、监事、高级管理人员等情形，律师的独立性受到了影响，而律师本身与所在律师事务所其他成员存在经济、信息等方面的联系，因此，其所在律师事务所不得接受所任职公司的委托，为该公司提供证券法律服务。

第三节　连续性利益冲突

一、律师和律师事务所的业务引起的连续性利益冲突

连续性利益冲突也是利益冲突的主要模式之一。从实践情况来看，连续性利益冲突有多种表现形式。如在一审活动中，在与前委托人解除委托关系后，在同一审级中担任对方当事人的代理人；在一审中担任原告的代理人，在与前委托人解除委托关系后在二审活动中担任被告的代理人；等等。如前所述，连续性利益冲突的主要关注点是律师和委托人所交流的信息。保密是律师首要的和基本的职责，如果没有保密义务，律师就不可能获得当事人对有关信息的倾情披露。如果律师在与委托人依法解除委托关系后，在同一案件中担任有利益冲突的他方当事人的代理人，则前当事人告知律师的有关信息会被律师用来反对该前当事人，损害该前当事人的合法权益。退一步而言，即使律师实际上试图维护前当事人信息的秘密性，也是不可行的，因为后一当事人的利益将可能得不到彻底的维护。在这种情况下律师采取适当法律行动的热忱将受到自身动力的限制，使得后一当事人得到的只能是一种有限度的代理。具体而言，这种保护前委托人秘密信息的必要性服务于以下目的：

第一，该利益冲突规则的直接目的，是保护和促进现行的委托人—律师关系。委托人—律师关系的终止并不意味着律师的职责和义务的终止。一般而言，委托人—律师关系终止后，律师的保密义务继续存在。律师所担负的这种保密义务，恰恰是为了促进进行中的委托人—律师关系。如果没有这样的规则，在委托人—律师关系存续的时候，律师就有可能因为某种原因（如为了获取更高的律师费）终止这种关系而代理其他委托人。律师在该代理活动中所获得的秘密信息可能会增加其对其他委托人的价值。在这种情况下，该委托人就有可能担心律师的背叛而不敢、不愿向律师敞开心扉，倾诉秘密。这无疑将会严重影响委托人—律师关系和代理活动的质量。

第二，该规则也有利于保护律师的利益。与同时性利益冲突规则为委托人提供的保护相比，连续性利益冲突规则为委托人提供的是一种相对有限的保护，即仅仅在具有实质联系的案件中取消有关律师的代理资格。设置这种有限度的保护，是为了在保护前委托人利益的同时，兼顾律师的利益。按照同时性利益冲突规则，只要是不利于其现行委托人的案

件，无论是否与本案有实质联系，律师一般均不得代理。这实际上赋予了其现行委托人以否决权，他可以否决律师对于对其利益不利的案件的代理。如果在连续性利益冲突案件中适用这种标准，即前委托人对于律师以后所要代理的不利于该前委托人的案件具有否决权，则随着律师办理案件的数量的不断积淀，其拥有这种否决权的前委托人的数量也会不断增加，其所能代理的案件的数量也就会相应不断减少。"按照适用于现行委托人的同样标准来永久保护前委托人，实际上会破坏律师业的独立性。律师一旦为某个委托人服务，就再也不能承办对该委托人不利的事务。随着律师职业生涯的累进，他们前委托人的数量会与日俱增，他们接办新的案件的能力也会同比例下降。实际上，律师会与特定的委托人和案件永远同条共贯。"[1]长此以往，律师的生计都可能出现问题。因此，对前委托人的保护必须受到必要的限制。

第三，该规则也有利于保护委托人本身和其他委托人的利益。在前委托人对于律师以后所要代理的不利于该前委托人的案件具有否决权的情况下，律师所能代理的案件必然不断减少，其他委托人获得称职律师代理的机会必然也会减少。与此有关的另一个可能结果就是，对于一些小案件，律师可能会担心对该案件的代理会排除律师未来对一些大案件的代理机会，因而会拒绝接受其委托，从而损害委托人获得代理的能力。因此，设定连续性利益冲突规则的时候，必须考虑到委托人对法律服务的选择权问题。[2]

第四，该规则有利于保护委托人解雇律师的权利。2017年《律师法》第32条第1款规定："委托人可以拒绝已委托的律师为其继续辩护或者代理，同时可以另行委托律师担任辩护人或者代理人。"委托人解雇律师的权利是一项重要的权利。如果没有这项权利，将使得律师—委托人关系受到重大影响。这是因为在委托人与律师建立委托关系以后，如果这种关系的继续存在因各种原因处于微妙状态，在缺乏上述规定的情况下，委托人也不敢随时解雇律师，而只能在委托人—律师关系的基础已经遭到破坏的情况下继续维持该关系，从而使得委托人获得满意的、有效的法律帮助的权利遭到了损害。设定上述规则有利于保护委托人及时行使解雇律师的权利。

中华全国律师协会2017年《律师执业行为规范（试行）》第51条第7项规定，在委托关系终止后，同一律师事务所或同一律师在同一案件后续审理或者处理中又接受对方当事人委托的，律师及律师事务所不得与当事人建立或维持委托关系。这是一条不可克服的利益冲突规则。第52条第5项规定，在委托关系终止后一年内，律师又就同一法律事务接受与原委托人有利害关系的对方当事人的委托的，律师应当告知委托人并主动提出回避，但委托人同意其代理或者继续承办的除外。这是一条可以克服的利益冲突规则。但是"同一法律事务"的界定是不清楚的，这与"同一案件"是什么关系并没有得到清晰的界定，这可能造成上述第51条和第52条的执行冲突问题。

二、前职业关系造成的连续性利益冲突

司法部2010年《律师和律师事务所违法行为处罚办法》第7条第4、5项规定，曾担任法官、检察官的律师，以代理人、辩护人的身份承办原任职法院、检察院办理过的案件的，以及"曾经担任仲裁员或者仍在担任仲裁员的律师，以代理人身份承办本人原任职或者现任职的仲裁机构办理的案件的"，属于《律师法》第47条第3项规定的律师"在同一

---

[1] Deborah L. Rhode and Geoffrey C. Hazard, Jr., *Professional Responsibility and Regulation*, 135–36 (Second edition, 2007).

[2] 参见王进喜：《法律伦理的50堂课》，五南图书出版股份有限公司2008年版，第208~210页。

案件中为双方当事人担任代理人，或者代理与本人及其近亲属有利益冲突的法律事务的"违法行为。中华全国律师协会 2017 年《律师执业行为规范（试行）》第 51 条第 3 项规定，曾经亲自处理或者审理过某一事项或者案件的行政机关工作人员、审判人员、检察人员、仲裁员，成为律师后又办理该事项或者案件的，律师及律师事务所不得与当事人建立或维持委托关系。上述规定是我国关于前职业关系造成的连续性利益冲突规则。这一规则的理论根据有：

第一，保守职业秘密。行政机关工作人员、审判人员、检察人员、仲裁员都有保守职业秘密的义务。一般情况下，这种保密职责并不因为前职业关系的终止而消灭。

第二，维护裁判的稳定性。处理过或者审理过某一事项或者案件的行政机关工作人员、审判人员、检察人员、仲裁员，成为律师后又办理该事项或者案件的，不利于维护所作出的裁判的稳定性。

第三，维护相关程序的公平性。处理过或者审理过某一事项或者案件的行政机关工作人员、审判人员、检察人员、仲裁员，成为律师后又办理该事项或者案件的，不可避免地涉及利用因职务便利而获得的信息，甚至不利于对方当事人的信息，这对于对方当事人而言是不公平的。

需要指出的是，上述中华全国律师协会的规范将利益冲突情形限定为"曾经亲自处理或者审理过某一事项或者案件"是比较适当的，司法部 2010 年《律师和律师事务所违法行为处罚办法》的上述规定失于宽泛。例如根据该办法第 7 条第 5 项规定，"曾经担任仲裁员或者仍在担任仲裁员的律师，以代理人身份承办本人原任职或者现任职的仲裁机构办理的案件的"，属于《律师法》第 47 条第 3 项规定的律师"在同一案件中为双方当事人担任代理人，或者代理与本人及其近亲属有利益冲突的法律事务的"违法行为。严格执行该规定的情况下，律师参与仲裁机构活动的积极性无疑会受到抑制。

此外，如果律师在某事务中曾居间调解，则律师也有可能获得双方当事人的秘密信息。在这种情况下，律师也受这样的连续性利益冲突规则的限制。[1]

■思考题

1. 什么是利益冲突？设置利益冲突规则的理论根据是什么？
2. 利益冲突有哪些分类？
3. 同时性利益冲突有哪些表现形式？
4. 连续性利益冲突有哪些表现形式？设定律师和律师事务所的业务引起的连续性利益冲突规则的理论根据是什么？

■参考书目

1. 许身健、刘晓兵编著：《电影中的律师职业伦理》，知识产权出版社 2009 年版。
2. 李本森主编：《法律职业道德概论》，高等教育出版社 2015 年版。
3. 许身健主编：《法律职业伦理案例教程》，北京大学出版社 2015 年版。
4. 王进喜：《法律伦理的 50 堂课》，五南图书出版股份有限公司 2008 年版。
5. ［美］罗伯特·麦克洛斯基著，任东来、孙雯、胡晓进译：《美国最高法院》，中国政法大学出版社 2005 年版。

---

[1]   可参见以下第八章"律师非争讼性业务规则"。

6. ［美］戴维·鲁本著，戴锐译：《律师与正义：一个伦理学研究》，中国政法大学出版社 2010 年版。

7. ［美］玛丽·安·格伦顿著，沈国琴、胡鸿雁译：《法律人统治下的国度——法律职业危机如何改变美国社会》，中国政法大学出版社 2010 年版。

8. ［英］杰拉尔德·汉隆著，程朝阳译：《律师、国家与市场：职业主义再探》，北京大学出版社 2009 年版。

9. ［美］德博拉·L．罗德著，张群、温珍奎、丁见民译：《为了司法/正义：法律职业改革》，中国政法大学出版社 2009 年版。

10. Deborah L. Rhode, *In the Interests of Justice：Reforming the Legal Profession*, Oxford University Press, 2001.

第六章   律师服务收费与财物保管规则

> ■ **本章概要**
>
> 　　律师服务收费的规范化是健全律师制度和推动律师制度发展的保障之一。通过本章学习，了解我国律师服务收费规则的历史沿革，掌握律师服务收费的原则（统一收费原则，公开公平、自愿有偿、诚实信用、便民利民原则，政府指导价和市场调节价相结合原则，按标准收费和接受监督原则），律师服务类型与标准（计件收费、按标的额比例收费、计时收费、协商收费、风险代理收费），律师费用转付，违规、违法收费的监督与查处，律师服务收费争议解决等相关规范要求。此外，律师在执业过程中还时常保管委托人或第三人的财物。通过本章学习，掌握律师保管财物的严格分离原则，熟悉律师保管资金类财物和非资金类财物的规范要求。
>
> ■ **本章关键词**
>
> 　　律师收费；收费类型和标准；律师财物保管

第一节   律师服务收费规则

　　在法律服务市场上，律师及其委托人类似卖家与买家的关系，只不过律师向委托人出售的是一种特殊的商品——法律服务——而委托人应当支付一定的费用以购买这项商品。律师服务收费及其合理性直接关系到律师、律师事务所和委托人的利益，如果不能妥当处置，就可能造成相关利益损失，乃至影响律师的职业形象，甚或酿成消极的社会后果。因此，应当对律师服务收费予以规范化，对包括律师服务收费项目、收费类型、收费标准、付款和结算方式、争议解决方式等在内的事项都作出规制，使之成为健全律师制度和推动律师制度发展的保障之一。

一、律师服务收费概述

　　律师服务收费规则是律师制度的重要组成部分。律师为其委托人提供的法律服务通常是有偿性法律服务，因此有权向委托人收取一定费用。同时，律师也应当履行相应义务。

　　尽管人们通常将律师服务收费简称为律师收费，但律师服务收费的主体，准确地说，其实是律师事务所。律师事务所统一接受委托和收取费用，而非律师以个人名义私下接受委托和收取费用。

　　律师服务收费主要包括服务费（或称代理费）和办案费，前者是律师代理委托人从事法律事务所获得的劳动报酬，数额依据承办业务的性质和收费标准确定；后者是前者之外的其他开销（通常涉及司法、行政、仲裁、鉴定、公证等部门收取的费用和律师从事法律事务过程中发生的查档费、通讯费、复印和打印费、翻译费、交通费、异地办案差旅费，以及获委托人同意而发生的其他费用）。对于其中的服务费而言，律师事务所依法提供下列法律服务，应当按照规定的收费标准向委托人收取费用：接受自然人、法人或者其他组织的委托，担任法律顾问；接受民事案件、行政案件当事人的委托，担任代理人，参加诉讼；接受刑事案件犯罪嫌疑人、被告人的委托或者依法接受法律援助机构的指派，担任辩护人，接受自诉案件自诉人、公诉案件被害人或者其近亲属的委托，担任代理人，参加诉讼；接受委托，代理各类诉讼案件的申诉；接受委托，参加调解、仲裁活动；接受委托，提供非诉讼法律服务；解答有关法律的询问、代写诉讼文书和有关法律事务的其他文书。在服务费和办案费之外，律师事务所及承办律师不得以任何名义向委托人收取其他费用。[1]

二、我国律师服务收费规则沿革

新中国成立以来，我国最早关于律师服务收费的规定是 1956 年司法部出台的《律师收费暂行办法》，该办法首次确认了律师服务按劳取酬的原则。不过，由于我国律师制度一度被取消，《律师收费暂行办法》并没有在全国范围内获得真正意义上的实施。

1978 年，我国律师制度开始恢复，但尚未及制定相关规则，因此在律师制度恢复初期仍然执行上述办法。依据 1980 年第五届全国人民代表大会常务委员会第十五次会议通过的《律师暂行条例》（1982 年实施）第 20 条规定，律师职称标准、奖惩规定和收费办法由司法部另行制订。直至 1981 年，司法部、财政部依据上述条例颁布了《律师收费试行办法》，明确规定：①律师对国家机关、企业、事业单位、社会团体、人民公社和公民提供法律帮助时，由法律顾问处按照本办法规定的收费标准向委托人收费，并出具收据。律师不得私自收费。②法律顾问处应当根据律师承办业务的繁简程度、需时长短、诉讼标的额（实得数额）多寡等实际情况在收费标准表所列的幅度内确定具体收费数额。③律师执行职务以事实为依据，以法律为准绳，律师收费归集体所有，不归个人，收费程序和数额均按规定执行。④律师对下列情况给予法律帮助时，可以减、免收费：因公受损伤请求赔偿的（责任事故除外）；请求赡养、扶养、抚养费而经济确实困难的；请求劳动保险金、抚恤金、救济费的；不涉及财产关系的简单咨询；经当事人工作单位、城市街道办事处或农村人民公社证明，确属经济困难，无力负担的；其他特殊情况需要减收、免收的。⑤在该办法所附的《律师收费标准表》中明确规定了律师办理的四类法律事务及其收费标准：解答法律咨询按件收费；代写法律文书按件收费，办理刑事案件按件收费；以及办理民事案件时，对于不涉及财产关系的按件收费，对于涉及财产关系的按标的额比例收费。以此统一了全国律师服务收费标准。

随着我国社会主义市场经济体制的发展和成熟，上述规定逐渐难以适应律师服务的现实情势，因此，1990 年，司法部、财政部、国家物价局制定了《律师业务收费管理办法及收费标准》，确立了计时收费、计件固定收费和计件按涉及标的额比例收费三种收费方式。原《律师收费试行办法》在上述规范性文件下发同日即告废止。1991 年国家物价局、财政部又下发了《关于发布司法行政系统行政事业性收费项目和标准的通知》，其附件三为《律师服务收费管理办法》，附件四为《律师服务收费标准表》，该通知自当年 12 月 1 日起实施，过去有关收费的规定一律废止。

上述规范性文件对律师服务收费的规定虽然在逐渐进步，但都没有很好地考虑到律师劳动与案件难易、繁简性质和程度的关系，也对律师和委托人之间的协商收费有所限制，

---

[1] 2021 年《关于进一步规范律师服务收费的意见》规定：除律师服务费、代委托人支付的费用、异地办案差旅费外，严禁以向司法人员、仲裁员疏通关系等为由收取所谓的"办案费""顾问费"等任何其他费用。

因此难以调动律师工作的积极性。1996年《律师法》（迄今为止经历了2001年、2007年、2012年、2017年修订）出台后，原有的律师服务收费规则再次与新形势脱节。依据中国共产党十四届三中全会《中共中央关于建立社会主义市场经济体制若干问题的决定》和《中华人民共和国国民经济和社会发展"九五"计划和2010年远景目标纲要》的精神，1997年司法部、国家计委颁布了《律师服务收费管理暂行办法》，其中第3、4条规定，律师担任法律顾问、提供非诉讼法律服务、解答有关法律的询问、代写诉讼文书和有关法律事务的其他文书，由律师事务所与委托人协商确定收费标准。但在一定时期内，与该办法配套的收费标准由于各种原因未能出台。

2000年，国家计委、司法部发布通知，由于各地经济发展水平和律师业的发展状况差异较大，律师服务的成本和群众的承受能力也有较大差异，目前制定全国统一的律师服务收费标准尚有一定困难。鉴于此，为规范律师服务收费行为，有利于促进律师业的健康发展，同意在国家制定的律师服务收费标准下达之前，暂由各省、自治区、直辖市物价部门会同司法行政部门按上述《律师服务收费管理暂行办法》规定的政府定价项目及定价原则，制定在本地区范围内执行的律师服务收费临时标准，并报国家计委、司法部备案。待国家制定新的规定之后，再按国家规定执行。因此，许多省、自治区、直辖市都制定了各自的律师服务收费临时标准。但问题依然存在，诸如收费不透明、收费管理呆滞、收费监督机制缺失、收费争议解决机制不健全、乱收费现象突出、违法违规收费惩戒措施不力，等等。

2004年，司法部颁布《律师事务所收费程序规则》，进一步规范律师服务收费。同年，中共中央转发的《中央司法体制改革领导小组关于司法体制和工作机制改革的初步意见》中，将改革和完善律师服务收费制度作为专门问题予以规定，明确指出应当完善律师服务收费制度，制定律师诉讼代理收费指导性标准，建立健全律师服务收费争议解决制度，完善对律师违法、违纪收费行为的处罚办法。2006年，我国也在"十一五"规划中明确提出将发展法律服务业纳入党和国家的工作大局，把制定新的律师收费管理办法作为律师制度改革的内容。作为回应，国家发展和改革委员会、司法部于同年发布《律师服务收费管理办法》（以下简称《收费办法》），确立公开公平、自愿有偿、诚实信用、便民利民原则，确立政府指导价和市场调节价相结合的律师服务收费体系，并且在计件收费、计时收费、按标的额比例收费之外，还确立了协商收费和风险代理收费等收费方式。2014年，国家发展和改革委员会发布《关于放开部分服务价格意见的通知》，对律师服务政府指导价和市场调节价各自的适用范围作了进一步明确。

2021年，司法部、国家发展和改革委员会、国家市场监督管理总局发布《关于进一步规范律师服务收费的意见》（以下简称《收费意见》），在保持律师服务收费制度连贯性的同时，根据我国律师行业发展的新情况、新要求，推动该制度更加规范和完善。《收费意见》的亮点在于：首先，《收费意见》明确律师服务收费的定价权在于市场主体——律师事务所——而政府部门原则上不予干预；但同时也对政府加强相关监督和管理作出规定，使得市场能够在资源配置方面真正发挥良性、健康的作用。其次，《收费意见》由此前主要通过价格调节来鼓励、促进律师行业的发展，变为重点强调律师的社会责任，引导律师事务所实行普惠性收费，增强广大人民群众的法治获得感。最后，对律师风险代理收费的限制作了更详尽的规定，尤其是对风险代理收费的比例作了细化。

2006年的《收费办法》和2021年的《收费意见》是我国现行律师服务收费的主要法律依据，也是本章教学内容将涉及的重点规范性文件。

三、律师服务收费原则

律师服务收费原则包括统一收费原则，公开公平、自愿有偿、诚实信用、便民利民原则，市场调节价原则，以及按标准收费和接受监督原则。

（一）统一收费原则

依据我国现行《律师法》（2017 年修正）第 25 条第 1 款的规定，律师承办业务，由律师事务所统一接受委托，与委托人签订书面委托合同，按照国家规定统一收费并如实入账。第 48 条规定，律师有私自接受委托、收取费用、接受委托人财物或者其他利益行为的，由设区的市级或者直辖市的区人民政府司法行政部门给予警告，可以处一万元以下的罚款；有违法所得的，没收违法所得；情节严重的，给予停止执业三个月以上六个月以下的处罚。依据 2010 年司法部发布的《律师和律师事务所违法行为处罚办法》第 10 条的规定，上述"私自接受委托、收取费用、接受委托人财物或者其他利益行为"包括：违反统一接受委托规定或者在被处以停止执业期间，私自接受委托，承办法律事务的；违反收费管理规定，私自收取、使用、侵占律师服务费以及律师异地办案差旅费用的；在律师事务所统一收费外又向委托人索要其他费用、财物或者获取其他利益的；向法律援助受援人索要费用或者接受受援人的财物或者其他利益的。此外，依据《收费办法》第 23 条的规定，律师事务所应当接受指派承办法律援助案件。办理法律援助案件不得向受援人收取任何费用。对于经济确有困难，但不符合法律援助范围的公民，律师事务所可以酌情减收或免收律师服务费。也即，对于减免收费的情形也应当由律师事务所统一决定，承办律师个人不得私自作出决定。依据我国《律师事务所收费程序规则》第 11 条的规定，律师事务所应当统一管理委托合同、收费合同、收费票据、印章以及有关介绍信函等。

《收费意见》更是明确必须严格执行统一收案、统一收费的规定：律师事务所应当建立健全收案管理、收费管理、财务管理、专用业务文书、档案管理等内部管理制度，确保律师业务全面登记、全程留痕。建立律师业务统一登记编码制度，加快推进律师管理信息系统业务数据采集，按照统一规则对律师事务所受理的案件进行编号，做到案件编号与收费合同、收费票据一一对应，杜绝私自收案收费。律师服务收费应当由财务人员统一收取、统一入账、统一结算，并及时出具合法票据，不得用内部收据等代替合法票据，不得由律师直接向当事人收取律师服务费。确因交通不便等特殊情况，当事人提出由律师代为收取律师服务费的，律师应当在代收后 3 个工作日内将代收的律师服务费转入律师事务所账户。

之所以规定由律师事务所统一收费（也包括统一决定减免收费和统一管理收费合同、票据等），主要是考虑到律师事务所具有相对健全的内部财务规章与手续，有助于规范律师服务收费，预防和避免律师违反职业伦理规范，减少和扼制违法、违规收费的情形发生，保护律师事务所和委托人的经济利益。不过，在特定情况下，由律师代为垫付或转交是可行的，但应当及时向委托人出具律师事务所开具的收费凭据。

（二）公开公平、自愿有偿、诚实信用、便民利民原则

由于律师与委托人通常基于平等协商建立委托关系，因此民法中的公开公平、平等自愿、诚实信用原则也适用于律师服务收费。

律师事务所应当其执业场所显著位置公示项目、类型、标准、付款和结算方式、争议解决方式等律师服务收费信息，以便委托人和社会知情、监督。律师事务所接受委托，应当与委托人签订律师服务收费合同或者在委托代理合同中载明收费条款。收费合同或收费条款应当包括：收费项目、收费标准、收费方式、收费数额、付款和结算方式、争议解决方式等内容。

律师事务所不得作出违背社会公序良俗或者显失公平的约定，不得采取欺骗、诱导等方式促使当事人接受律师服务价格，不得相互串通、操纵价格。律师事务所不得在协商收费时向当事人明示或者暗示与司法机关、仲裁机构及其工作人员有特殊关系，不得以签订"阴阳"等方式规避律师服务收费限制性规定。

此外，律师事务所应当便民利民，加强内部管理，降低服务成本，为委托人提供方便优质的法律服务。律师事务所办理涉及农民工、残疾人等弱势群体或者与公益活动有关的法律服务事项，可以酌情减免律师服务费。对当事人符合法律援助条件的，律师事务所应当及时告知当事人可以申请法律援助。鼓励律师事务所和律师积极参与公益法律服务。

（三）市场调节价原则

市场调节价是指律师事务所与委托人依据案件本身的情况、律师服务本身的情况、法律服务市场的供求情况和委托人本身的情况等因素，协商确定的律师服务收费标准。

依据《收费意见》的规定，省级律师协会要在同级司法行政部门指导下，制定律师事务所服务费标准制定指引和示范文本，明确律师服务费标准应当载明的收费项目、制定律师服务费标准应当考虑的因素等事项，但不得直接制定律师服务费标准。律师服务收费项目、收费方式、收费标准等原则上由律师事务所制定。在制定律师服务费标准时，律师事务所应当统筹考虑律师提供服务耗费的工作时间、法律事务的难易程度、委托人的承受能力、律师可能承担的风险和责任、律师的社会信誉和工作水平等因素。各省（区、市）律师协会指导设区的市或者直辖市的区（县）律师协会对律师事务所制定的律师服务费标准实施动态监测分析。

（四）按标准收费和接受监督原则

依据《收费办法》第14条的规定，律师事务所应当严格执行价格主管部门会同同级司法行政部门制定的律师服务收费管理办法和收费标准。依据第26、27条的规定，律师服务收费应当接受律师协会、价格主管部门和司法行政部门的监督和检查。此外，依据第15条的规定，律师事务所应当公示律师服务收费管理办法和收费标准等信息，接受社会监督。第28条规定，公民、法人和其他组织认为律师事务所或律师存在价格违法行为，可以通过函件、电话、来访等形式，向价格主管部门、司法行政部门或者律师协会举报、投诉。

依据《收费意见》的规定，律师事务所制定的律师服务费标准，应当每年向所在设区的市或者直辖市的区（县）律师协会备案，备案后一年内原则上不得变更，新设律师事务所在取得执业许可证书10个工作日内，应当制定律师服务费标准并向所在设区的市或者直辖市的区（县）律师协会备案。律师事务所不得超出该所在律师协会备案的律师服务费标准收费。律师事务所应当严格执行明码标价制度，将本所在律师协会备案的律师服务费标准在其执业场所显著位置进行公示，接受社会监督。

四、律师服务收费类型和标准

依据《收费办法》第10条的规定，律师服务收费可以根据不同的服务内容，采取计件收费、按标的额比例收费和计时收费等方式。此外，第9条、第11~13条还规定了协商收费和风险代理收费。这些不同的收费方式有其各自的适用范围和适用上的优势与缺陷。

（一）计件收费

计件的"件"即法律案件或法律事务。计件收费就是律师事务所根据协商或规定的标准，确定每个法律案件或法律事务向委托人收取的费用。依据《收费办法》第10条的规定，计件收费一般适用于不涉及财产关系的法律事务。

计件收费的好处在于所收费用通常较为确定，不易引起争议。弊端在于没有把律师利益和委托人利益"绑定"在一起。律师投入在法律案件或法律事务上的时间精力越多,实际回报率越低,因此律师可能会迅速了结法律案件或法律事务而不顾处理的质量,从而损害委托人的利益。

(二) 按标的额比例收费

按标的额比例收费,即律师事务所根据争议标的数额,依照协商或规定的比例,向委托人收取费用。依据《收费办法》第10条的规定,按标的额比例收费适用于涉及财产关系的法律事务。依据2011年《律师执业行为规范》第47条的规定,律师事务所可以依法与当事人或委托人签订以回收款项或标的物为前提按照一定比例收取货币或实物作为律师费用的协议。

律师事务所应当注意合理确定作为收费基础的争议标的金额。多数案件中,争议标的比较明确,其财产价值也比较容易确定,根据当事人的诉讼金额按比例收费是适当的。但在有些案件中,当事人因为对法律规定不够了解,提出一些不切实际的诉讼请求。此时,律师负有提供法律意见、引导当事人合理确定诉讼请求的责任。如果律师不履行其职责,反而径直根据当事人的诉讼金额按比例收费,不仅不适当,而且不诚信。

(三) 计时收费

计时收费,即律师事务所依照协商或规定的标准,根据承办法律案件或法律事务的律师实际办理该案件或事务所耗用的时间 (或称有效工作时间),乘以单位时间的收费数额,向委托人收取总价。依据《收费办法》第10条的规定,计时收费可适用于全部法律事务。

计时收费的好处在于,由于单位时间收费数额的高低往往和律师的职业资历、素养和声望,以及法律案件和法律事务的复杂程度相关,因此,能够激励律师不断提升自己的职业能力,最终对委托人而言也算是一桩好事。弊端在于,首先,律师有可能为了收取更多费用而有意拖延处理法律案件或法律事务,造成效率低下,从而既耽误了委托人的事情 (尤其是对于一些需要及时甚至从速处理的事情,拖延将损害委托人利益),又让委托人支付过多的费用;并且,由于委托人通常并不具备法律专业知识和实务经验,不能对律师的拖延行为作出有效监督和阻止。其次,计时收费还可能存在时间重复计算,比如,律师为其客户甲办案而前往异地出差,在行程中则为客户乙审查合同,他可能会就这段时间同时向甲和乙收费。

鉴于此,计时收费是律师服务收费规则调整的重要对象。我国目前尚无全国统一的计时收费规则,但是某些地方律师协会从各自实际情况出发,制定了地方性计时收费规则,包括确定了计时收费标准、有效工作时间,并且规定应当制作、提供和整理归档计时收费记录。

(四) 协商收费

协商收费,即委托人与律师事务所遵循意思自治原则,自主协商确定律师服务收费标准。在实践中,委托人与律师事务所往往在计件收费、计时收费、比例收费等收费方式的基础上,协商确定最后的收费数额。这也是尊重法律服务市场的运作规律并针对办理法律案件和法律事务的实际情况作出的灵活性规定,有利于弥补其他收费方式的不足。

(五) 风险代理收费

风险代理收费,也叫做胜诉收费,即律师事先不收取费用或只收取部分费用,待案件胜诉后再按照约定收取相应的费用。由于律师承担一定的风险,所以叫作风险代理收费。由于律师收费附有诉讼目标的实现这一条件,也称附条件收费。它的好处在于,(尤其相较于计件收费)律师利益与委托人利益紧密地"绑定"在一起,颇有些"一荣俱荣、一损俱损"的意味。这使得律师一方面认真评估案件胜诉的可能性，对胜诉无望的案件给予委托人充分提醒，从而一定程度上减少滥讼和缠讼的现象；另一方面也充分调动律师积极性，刺激律师对其承办的案件投入相当精力，提高办案质量，最大限度维护委托人合法权益。此外，由于律师事先不收取费用或只收取部分费用，风险代理收费显然有利于缺少经济资源的委托人，提高他们诉诸司法以捍卫自身权益的机会（也正是因此，风险代理收费被认为是"穷人进入法院大门的钥匙"）。不过，风险代理收费的弊端在于，由于委托人法律专业知识和实务经验的缺乏，当律师为了收取更高胜诉酬金而对案件风险性进行夸大时，委托人很难对此进行有效监督和审查。此外，律师也可能出于谋利冲动而不惜"放手一搏"，不择手段地追求诉讼和胜诉，恰恰造成滥讼和缠讼，消耗司法资源，终致损害委托人利益、对方当事人利益乃至社会公共利益。因此，对于风险代理收费，其适用范围通常有严格的限定。比如，家事案件和刑事诉讼案件，被认为如果适用风险代理收费，将危害家庭关系的维系，或是让委托人产生"花钱买命"的错误认识，因此在许多国家和地区都禁止对此适用风险代理收费。

风险代理收费通常适用于涉及财产关系的民商事案件。不过，依据《收费办法》第11条的规定，下列情形虽然属于涉及财产关系的民事案件，但仍不允许适用风险代理收费：婚姻、继承案件；请求给予社会保险待遇或者最低生活保障待遇的；请求给付赡养费、抚养费、扶养费、抚恤金、救济金、工伤赔偿的；请求支付劳动报酬的等。依据第12条的规定，禁止刑事诉讼案件、行政诉讼案件、国家赔偿案件以及群体性诉讼案件实行风险代理收费。依据第13条的规定，实行风险代理收费，律师事务所应当与委托人签订风险代理收费合同，约定双方应承担的风险责任、收费方式、收费数额或比例。

此外，《收费意见》还规定，律师事务所和律师不得滥用专业优势地位，对律师事务所与当事人各自承担的风险责任作出明显不合理的约定，不得在风险代理合同中排除或者限制当事人上诉、撤诉、调解、和解等诉讼权利，或者对当事人行使上述权利设置惩罚性赔偿等不合理的条件。律师事务所应当与当事人签订专门的书面风险代理合同，并在风险代理合同中以醒目方式明确告知当事人风险代理的含义、禁止适用风险代理案件范围、风险代理最高收费金额限制等事项，并就当事人委托的法律服务事项可能发生的风险、双方约定的委托事项应达成的目标、双方各自承担的风险和责任等进行提示。律师事务所与当事人约定风险代理收费的，可以按照固定的金额收费，也可以按照当事人最终实现的债权或者减免的债务金额（简称"标的额"）的一定比例收费。律师事务所在风险代理各个环节收取的律师服务费合计最高金额应当符合下列规定：标的额不足人民币100万元的部分，不得超过标的额的18%；标的额在人民币100万元以上不足500万元的部分，不得超过标的额的15%；标的额在人民币500万元以上不足1000万元的部分，不得超过标的额的12%；标的额在人民币1000万元以上不足5000万元的部分，不得超过标的额的9%，标的额在人民币5000万元以上的部分，不得超过标的额的6%。

五、律师费用转付

律师费用转付是指在刑事、民事、行政诉讼中，除公诉机关直接进行起诉的案件外，胜诉方为寻求司法救济而聘请律师所支出的费用，由败诉方承担的一种诉讼制度设计。律师费用转付包括单向转付和双向转付两种模式。单向转付模式中，当被告败诉时，被告应承担原告的律师费用，而当原告败诉时，则无须承担被告的律师费用。在双向转付模式中，无论败诉方是原告或被告，败诉方须承担胜诉方的律师费用。在司法实践中，律师费的转付一般局限于当事人约定或者某些特定类型的案件中，如著作权、商标权等具有专业性强、聘请律师需求强烈的案件。

律师费用转付制度起源于英国，后逐渐被其他国家效仿，现在世界上大多数法治国家都确立了该项制度。而在我国，目前尚无十分完备的律师费用转付制度。但是，从法理分析、法律依据和既有案例上看，律师费用转付都有其合理性、合法性与现实性。

从法理分析上看，最高人民法院在 2018 年对《关于建立律师费用转付制度的提案》的答复（以下简称《答复》）中提到：建立律师费用转付制度符合我国法律发展趋势，也符合我国社会发展需要，具有重要意义。律师费用承担模式主要有当事人自己承担律师费用模式、律师费用转付模式。作为诉讼制度组成部分的诉讼费用制度，对其中的律师费用承担模式的改革，一方面可以在改革中兼顾公平与正义，另一方面可以在保证公平与正义的条件下通过制度设计将司法成本降到最低。建立律师费用转付制度，一是可以使经济贫困的人们不再为律师费用的困扰而放弃权利，提高当事人诉讼能力，对侵害方、违约方起到警示、惩罚作用；二是能减少滥用诉权的现象发生，督促当事人对待诉讼的态度更谨慎，促使当事人根据对诉讼的可预测性而采取理性的诉讼策略；三是在一定程度上促成当事人和解，缓解对司法资源的占用，形成良性的诉讼环境，保障当事人享受基本的法律服务，平等地依法维护自己的合法权利。

从法律依据上看，《答复》中提到：目前，我国律师费用由谁承担，相关法律法规没有具有普遍约束力的规定，实践中我国普遍采用的是当事人自己承担的模式。而在近几年中，我国也在开展律师费用转付探索，相关法律、司法解释或规范性文件作出规定，在部分领域把律师费视作胜诉方因这项行为所造成的损失和合理开支而列入诉讼请求的追偿范围，主要体现在：一是最高人民法院《关于适用〈中华人民共和国合同法〉若干问题的解释（一）》第 26 条规定："债权人行使撤销权所支付的律师代理费、差旅费等必要费用，由债务人承担。"二是最高人民法院《关于全面加强知识产权审判工作为建设创新型国家提供司法保障的意见》（法发〔2007〕1 号）第 13 条规定："当事人为诉讼支出的符合规定的律师费，应当根据当事人的请求，综合考虑必要性、全部诉讼请求的支持程度，请求赔偿额和实际判赔偿的比例等因素及合理确定，并计入赔偿范围。"三是《专利法》第 65 条规定："侵犯专利权的赔偿数额……赔偿数额还应当包括权利人为制止侵权行为所支付的合理开支。"四是《著作权法》第 48 条规定："侵犯著作权的赔偿数额……赔偿数额还应当包括权利人为制止侵权行为，而支出的合理开支"。最高人民法院《关于审理著作权民事纠纷案件运用法律若干问题的解释》第 26 条规定："《著作权法》第 48 条第一款规定的制止侵权行为所负担的合理支出，包括权利人或委托代理人对侵权行为调查取证的合理费用。……人民法院根据当事人的诉讼请求和具体案情，可以将符合国家有关部门规定的律师费用计算在赔偿范围内。"五是《商标法》第 56 条规定："侵犯商标专用权的赔偿数额……包括被侵权人为制止侵权行为所支出的合理费用。"最高人民法院《关于审理商标民事纠纷案件运用法律若干问题的解释》的第 17 条规定："《商标法》第 56 条第 1 款规定的制止侵权行为所负担的合理开支，包括权利人或者委托代理人对侵权行为进行调查、取证的合理费用。……人民法院根据当事人的诉讼请求和案件具体情况，可以将符合国家有关部门规定的律师费用计算在赔偿范围内。"六是最高人民法院《关于进一步推进案件繁简分流优化司法资源配置的若干意见》（法发〔2016〕21 号）第 22 条规定："当事人存在滥用诉讼权利、拖延承担诉讼义务等明显不当行为，造成诉讼对方或第三人直接损失的，人民法院可以根据具体情况对无过错方依法提出的赔偿合理的律师费等正当要求予以支持。"七是最高人民法院《关于人民法院进一步深化多元化纠纷解决机制改革的意见》（法发〔2016〕14 号）第 38

条规定："发挥诉讼费用杠杆作用。当事人自行和解而申请撤诉的，免交案件受理费。当事人接受法院委托调解的，人民法院可以适当减免诉讼费用。一方当事人无正当理由不参与调解或者不履行调解协议、故意拖延诉讼的，人民法院可以酌情增加其诉讼费用的负担部分。"《答复》并表示，从现行的法律、司法解释或规范性文件来看，律师费用的转付模式在我国还没有被提到一般性的制度建构层面上来。

从既有案例上看，早在1997年，《最高人民法院公报》列出20世纪福克斯公司诉北京文化艺术出版社音像大世界侵犯著作权纠纷案，该案的判决中就明确写道："原告为保护自己合法权益而寻求司法救济时，支出的合理费用751,456元（其中包括466,241元的律师费）也应当由被告承担。"2006年，在杨文伟诉上海宝钢二十冶公司人身损害赔偿案中，上海市第二中级人民法院也作出了上海宝钢二十冶公司赔偿原告杨文伟支出的律师代理费人民币3000元的终审判决。（而上海市高级人民法院早在2000年作出的《关于印发〈关于民事案件审理的几点具体意见〉的通知》中，第14条便规定，在侵权损害赔偿纠纷案件中，律师费在性质上属于财产利益，原则上可作为损失。）

六、律师服务收费的其他规范要求

依据现行《收费办法》《收费意见》，以及现行《律师法》《律师执业行为规范（试行）》《律师事务所管理办法》《律师事务所收费程序规则》等规范性文件的相关规定，律师和律师事务所在律师服务收费中还应当做到：

律师事务所应当建立健全收费管理制度，及时查处有关违规收费的举报和投诉，不得违反风险代理管理规定收取费用。律师事务所应当按照规定建立健全财务管理制度，建立和实行合理的分配制度及激励机制。律师事务所应当依法纳税。

律师事务所应当直接向委托人收取律师服务费。应委托人请求或者其他原因，由承办律师代交费用的，承办律师应当向律师事务所提供经委托人签字并载明交费数额的委托书。律师事务所与委托人签订合同后，不得单方变更收费项目或者提高收费数额。确需变更的，律师事务所必须事先征得委托人的书面同意。

律师事务所向委托人收取律师服务费，应当向委托人出具合法票据。律师事务所需要预收异地办案差旅费的，应当向委托人提供费用概算，经协商一致，由双方签字确认。确需变更费用概算的，律师事务所必须事先征得委托人的书面同意。律师事务所应当向委托人提供代其支付的费用和异地办案差旅费清单及有效凭证。不能提供有效凭证的部分，委托人可不予支付。

律师事务所和律师不得以诋毁其他律师事务所、律师或者支付介绍费等不正当手段承揽业务。无正当理由，以低于同地区同行业收费标准为条件争揽业务，或者采用承诺给予客户、中介人、推荐人回扣、馈赠金钱、财物或者其他利益等方式争揽业务的，也是应当被禁止的律师执业不正当竞争行为。此外，律师不得与非律师分享律师费。[1]

律师事务所收费后，如果发生下列情况，则应全部或部分退还收取的费用：①委托人因律师过错而提出终止委托关系的，律师事务所应当退还预收的律师服务费；非因律师过错而终止委托关系的，律师事务所已经收取的律师服务费不予退还。②律师事务所因委托人的过错或委托人的要求超出合理范围而终止委托关系的，应当根据承办该项法律事务的实际支出

---

[1] 不允许律师和非律师分享律师费，是为了防止"助讼图利"。助讼图利意即，受助者承诺与帮助者分享财物，使得帮助他人诉讼的人成了一种有利益的投资者。这种行为可能导致鼓励不必要、无价值的诉讼，提出过度的损失要求，导致隐匿证据、贿赂证人等不法行为乃至引发司法腐败，所以应当被禁止。

进行相应扣除，余额部分退还委托人；律师事务所无故终止委托关系的，应当退还已收取的全部律师费，给委托人造成损失的，根据有关规定，律师事务所应当负责赔偿。

律师事务所异地设立的分支机构，应当执行分支机构所在地的收费规定。律师事务所异地提供法律服务，可以执行律师事务所所在地或者提供法律服务所在地的收费规定，具体办法由律师事务所与委托人协商确定。

中国律师参与境外诉讼活动，其所得报酬应与外国律师一致。律师收费可参考诉讼活动所在国的律师收费标准或惯例，采取协商收费或计时收费的办法，由中国律师事务所同当事人之间或同合作办案的外国律师事务所订立收费合同，收取律师费用。

律师事务所应当加强对本所律师的教育管理，引导律师践行服务为民理念，树立正确的价值观、义利观，恪守职业道德和执业纪律，严格遵守律师服务收费各项管理规定。强化内部监督制约，确保律师服务收费全流程可控，认真办理涉及收费的投诉举报，及时纠正律师违法违规收费行为。

七、违规、违法收费的监督与查处

（一）《收费办法》的规定

如上所述，依据《收费办法》，律师服务收费应当接受律师协会、价格主管部门、司法行政部门和社会公众的监督。其中律师协会通过制定和执行行业自治规范来实现对律师服务收费的监督。当律师服务收费出现违规、违法情形时，律师事务所也应当承担相应的责任。对于其他监督主体，具体来说：

1. 价格主管部门的监督。依据《收费办法》第26条的规定，各级价格主管部门应加强对律师事务所收费的监督检查。律师事务所、律师有下列价格违法行为之一的，由政府价格主管部门依照《价格法》和《价格违法行为行政处罚规定》实施行政处罚：不按规定公示律师服务收费管理办法和收费标准的；采取分解收费项目、重复收费、扩大范围等方式变相提高收费标准的；以明显低于成本的收费进行不正当竞争的；其他价格违法行为。

2. 司法行政部门的监督。依据《收费办法》第27条的规定，各级司法行政部门应加强对律师事务所、律师法律服务活动的监督检查。律师事务所、律师有下列违法行为之一的，由司法行政部门依照《律师法》以及《律师和律师事务所违法行为处罚办法》实施行政处罚：违反律师事务所统一接受委托、签订书面委托合同或者收费合同规定的；违反律师事务所统一收取律师服务费、代委托人支付的费用和异地办案差旅费规定的；不向委托人提供预收异地办案差旅费用概算，不开具律师服务收费合法票据，不向委托人提交代交费用、异地办案差旅费的有效凭证的；违反律师事务所统一保管、使用律师服务专用文书、财务票据、业务档案规定的；违反律师执业纪律和职业道德的其他行为。依据《律师法》第50条的规定，律师事务所违反规定接受委托、收取费用的，由设区的市级或者直辖市的区人民政府司法行政部门视其情节给予警告、停业整顿一个月以上六个月以下的处罚，可以处十万元以下的罚款；有违法所得的，没收违法所得；情节特别严重的，由省、自治区、直辖市人民政府司法行政部门吊销律师事务所执业证书。

此外，依据《收费办法》第29条的规定，地方人民政府价格主管部门、司法行政部门超越定价权限，擅自制定、调整律师服务收费标准的，由上级价格主管部门或者同级人民政府责令改正；情节严重的，提请有关部门对责任人予以处分。

3. 社会公众的监督。依据《收费办法》第28条的规定，公民、法人和其他组织认为律师事务所或律师存在价格违法行为，可以通过函件、电话、来访等形式，向价格主管部门、司法行政部门或者律师协会举报、投诉。

（二）《收费意见》的规定

《收费意见》对律师协会、司法行政部门、市场监管部门等主体，各自以及共同强化对律师服务收费的监督检查，作出了较为详尽的规定。具体来说：

1. 加强律师服务收费常态化监管。司法行政部门、律师协会要把律师服务收费作为律师事务所年度检查考核和律师执业年度考核的重要内容，对上一年度有严重违法违规收费行为、造成恶劣社会影响的律师事务所和律师，应当依法依规评定为"不合格""不称职"，开展"双随机一公开"抽查，司法行政部门每年对不少于5%的律师事务所收费情况开展执法检查，对该所承办一定比例的案件倒查委托代理合同、收费票据等，及时发现违法违规收费问题。

2. 加大违法违规收费查处力度。完善违法违规收费投诉处理机制，重点查处涉及群众切身利益的民生类律师服务收费投诉，确保有投诉必受理、有案必查、违法必究。依法依规严肃查处违法违规收费行为，对不按规定明码标价、价格欺诈等违反价格法律法规的行为，由市场监管部门依法作出行政处罚；对私自收费、违规风险代理收费、变相乱收费以及以向司法人员、仲裁员疏通关系为由收取所谓的"办案费""顾问费"等违法违规收费行为，由司法行政部门、律师协会依据《律师法》《律师和律师事务所违法行为处罚办法》等作出行政处罚、行业处分。市场监管部门、司法行政部门对律师事务所和律师违法违规收费行为作出行政处罚的，应当及时抄送同级司法行政部门、市场监管部门。健全律师服务收费诚信信息公示机制，司法行政部门及时在律师诚信信息公示平台公示律师事务所和律师因违法违规收费被处罚处分信息，定期通报违法违规收费典型案例，强化警示教育效果。

八、律师服务收费争议解决

《收费办法》第30条规定，因律师服务收费发生争议的，律师事务所应当与委托人协商解决。协商不成的，可以提请律师事务所所在地的律师协会、司法行政部门和价格主管部门调解处理，也可以申请仲裁或者向人民法院提起诉讼。第31条规定，律师服务收费争议调解办法另行制定。可见，律师服务收费争议解决的途径比较多样，委托人和律师事务所可以有多种选择。

就律师服务收费争议调解来说，依据2007年全国律协发布的《律师协会律师服务收费争议调解规则（试行）》的规定，律师服务收费争议解决办法主要涉及：①规则适用范围：该规则适用于律师服务收费争议的调解。不适用于因律师、律师事务所违规执业行为引起的收费争议。委托人认为律师、律师事务所在办理法律事务中有违规行为的，可以向律师协会投诉。律师协会在审查投诉案件过程中，认为律师、律师事务所无违规行为的，应告知委托人，并可建议委托人就收费争议向律师协会申请调解。②调解原则：收费争议的调解应当坚持自愿调解、及时便捷、遵循规则、公正公平的原则。调解实行一事一理，同一争议一次调解终结，不得再次申请调解。③调解机构设置和职能：中华全国律师协会、各省、自治区、直辖市律师协会成立律师收费争议调解指导委员会，负责指导律师收费争议调解工作。直辖市律师协会、地市级律师协会设立律师收费争议调解委员会，依据该规则进行律师收费争议的调解。④调解管辖：申请调解，应当向被申请人注册地的直辖市律师协会、地市级律师协会提出。⑤调解费用：申请收费争议调解，无须缴纳费用。⑥申请调解的条件：申请人应为收费争议的当事人，具有法律服务协议；有明确的请求事项；属于该规则规定的适用范围。收费争议已被仲裁机构、人民法院或行政执法机关受理的，不得申请调解。⑦申请调解的时效及方式：收费争议的当事人应当在收费争议发生之日起一年内，以书面或口头的形式向律师协会申请调解。⑧调解申请的受理：调解委员会日常工作机构收到调解申请后，应及时审查，认为符合受理条件，并在获得被申请人书面确认同意调解后，以律师协会名义做出受理决定，同时将指定的调解员个人信息及调解时间、地点送达当事人。不符合受理条件或被申请人不同意调解的，应当及时告知申请人不予受理。⑨相关材料的提供：收费争议双方当事人须在律师协会秘书处做出受理决定之日起7个工作日内，向受理机构提供以下材料：申请人须提供的材料包括法律服务协议；调解申请书（一式四份），其中应当写明：申请人（姓名）、地址、联系方式；被申请人的名称、地址、联系方式；申请的事实、理由以及要求，申请人要求所依据的证据材料。被申请人须提供的材料包括法律服务协议，答辩书，相关证据材料。⑩调解要求：调解过程中，调解员应尊重争议双方在收费方面的约定，依据事实、法律及行业规范、惯例，及时公正调解；双方没有约定或约定不明的，以公平原则为准。⑪调节方式：调解可采取以下方式：在调解员主持下，争议双方当面商议；调解员与当事人分别商议；在调解员的安排下，当事人自行协商；调解员认为适当的其他方式。⑫调解协议的达成和效力：双方达成调解协议后，各方当事人和调解员在调解协议书上签字，加盖调解委员会公章。收费争议双方当事人达成调解协议后，视为其对各自民事权利的处分，应当遵照执行。律师事务所无正当理由不履行调解过程中所负义务或不履行已达成的调解协议的，律师协会有权依据律师职业道德基本准则，按照处分程序对该律师事务所进行处分。

第二节　律师财物保管规则

律师在执业过程中时常保管委托人或第三人的财物。委托人基于对特定律师事务所或特定律师的信赖，而将财物交付给律师。如果律师疏于保管或侵占、挪用委托人的财物，将损害委托人对律师的信赖利益，乃至殃及整个律师职业形象。因此，以美国为例，其对律师财物保管作出了严格的规制，要求律师必须分离开自己的财产、委托人的财产和第三人的财产，资金应当保存在律师办公室场所所在州设立的独立账户中或者委托人、第三人同意的其他地方；并且，对违反财物保管规则的律师处以非常严厉的处罚，比如在一个律师侵占、挪用委托人交给律师经手的资金的案件中，法院认为取消律师资格是唯一适当的惩罚，而且一般情况下，这种律师侵占其保管的委托人财产，都应当导致取消律师资格。

我国现行《律师执业行为规范（试行）》对律师财物保管的规定相对粗糙，仅第54、55两条涉及相关规制，应当对此作出进一步完善。其中，第54条规定，律师事务所可以与委托人签订书面保管协议，妥善保管委托人财产，严格履行保管协议。第55条规定，律师事务所受委托保管委托人财产时，应当将委托人财产与律师事务所的财产、律师个人财产严格分离。可见，律师保管委托人财物，必须有书面的保管协议。并且在财物保管中实行严格分离原则，以避免律师非出于维护委托人合法权益的目的，而不适当、甚至错误地使用委托人的财物从而损害委托人的利益。

律师保管的财物，包括资金类财物和非资金类财物。

关于资金类财物的保管。资金属于种类物，因而容易发生混同。这就对资金类财物保管提出了严格分离的要求（也称禁止混同）。如上所述，《律师执业行为规范（试行）》第55条即规定了律师保管财物中的严格分离。此外，我国现行《律师事务所收费程序规则》第17条规定，律师事务所经有关部门批准，可以设立用于存放代委托人保管的合同资金、执行回款、履约保证金等款项的专用账户。律师事务所应当严格管理专用账户，防范风险。

对专用账户资金的支付，必须严格审核把关，专款专用。严禁将专用账户的资金挪作他用。上述全国通行的规范较为简陋，不能跟进发展的形势，迫切需要进一步细化。不过，地方律协有各自的规定，以北京市为例，《北京市律师协会纪律委员会规范执业指引》（第1号）就对资金托管作出了较为详尽的规定：

律师在代理工作中除收取律师费外，还可以为委托人代管资金，包括代付各项委托人必须另行支付的费用。据此，北京市律协纪律委员会指出，律师费（包括经费包干方式）是律师的工作报酬，在支付时发生权属的转移；而为委托人代管的资金具有明显的信托特性，并不发生权属的转移，即其所有权仍然属于委托人而并非属于律师事务所或者承办律师。因此，律师和律师事务所必须正确区分和对待律师业务收入和律师代委托人管理并代为支付的款项。纪委会要求凡在律师事务所正常收费以外受托代委托人保管资金的律师事务所和受指派的律师必须做到：①代管资金必须具有合同依据或者明确的书面形式的委托并存入案卷。②代管资金必须及时存入律师事务所专项帐户或者律师事务所财务部门可以控制的保证安全的其它帐户，严禁使用律师私人帐户，或者将代管资金与律师事务所以及律师个人的资金混存。③代管资金的支出事项必须事先得到委托人的书面授权或者确认并存入案卷。在紧急情况下无法取得委托人授权或者确认时，承办律师必须以绝对必要和有利于委托人为原则，审慎处理代管资金的支出项目，并在条件许可时尽快告知委托人。④承办律师应当在案卷中保留代管资金使用的明细帐目以及凭证复印件。⑤承办律师应当定期（最长不得超过三个月）向委托人报告代管款项的使用情况以及余额。⑥受托事项完成后，如无特别约定，代管款项余额及利息应当退还委托人。⑦律师事务所和承办律师不得以任何理由私自挪用代委托人管理的款项。⑧受托代管委托人资金的律师事务所应当在该款到账后的两个工作日内将委托人的书面授权、已开设的专项账户、代管资金金额、承办律师姓名、业务种类五项基本信息以书面报告、原始凭证的复印件的形式报送律师协会秘书处行业纪律部备案，并保证随时接受核查。此外，该文件还规定，在其发布后，凡以办案经费、预收律师费等名义收取委托人金钱的，如果既未开具收费发票又不按照上述要求进行管理，将可能被认为私自收费，受到相应的纪律处分。私自动用委托人资金的律师或者律师事务所，无论被其动用的资金数额大小，动用的时间长短，或者是否予以弥补，一经查实，纪委会均将给予严厉制裁。以上纪律由律师事务所主管财务的合伙人承担管理和监督责任。未指定合伙人管理事务所财务工作的，或者合伙人分工不明确的，全体合伙人共同承担管理和监督责任。承办律师违反上述纪律，合伙人疏于管理和监督，造成委托人财产损失的，都可能受到纪委会的追究。

关于非资金类财物的保管，主要包括争讼性事务中的证据材料和非争讼事务中的相关文书，等等。证据材料事关委托人诉讼请求能否得到法院支持、在多大程度上得到支持，最终影响到能否胜诉；非争讼性相关文书也关系到委托人合法权益的维护。因此，律师事务所也必须对这类财物作出妥善保管，建立相应的规程。

■**思考题**

一、判断正误

1. 向委托人收取律师服务费，可以由律师事务所统一收取，也可以由律师以个人名义收取。

2. 司法行政部门可以直接制定律师服务收费标准。

3. 委托人提出终止委托关系的，律师事务所一律退还预收的律师服务费。

4. 律师服务收费应当受到来自律师协会、价格主管部门、司法行政部门和社会公众的监督。

5. 计件收费可适用于所有类型的案件。

6. 在特殊情况下，律师可以将自己的财产和其保管的委托人财产混合使用。

二、简答

1. 试述律师服务收费的原则。

2. 试述风险代理收费的限制性规定（适用条件、适用范围、收费比例限制）。

3. 律师服务收费发生争议时，如何进行解决？

4. 大卫·霍夫曼说："我从不将我自己的钱和委托人的钱混到一起。如果把它们截然分开的话，委托人财产更不会被认为属于我自己。"联系律师财物保管规则谈谈你对这句话的理解。

■参考书目

1. 王进喜：《法律职业行为法》，中国人民大学出版社 2014 年版。

2. 王进喜：《美国律师职业行为规则理论与实践》，中国人民公安大学出版社 2005 年版。

3. 马宏俊主编：《律师法学》，北京大学出版社 2013 年版。

4. 许身健主编：《法律职业伦理》，北京大学出版社 2014 年版。

第七章 律师争讼性业务规则

> **■ 本章概要**
>
> 本章介绍了律师争讼业务的分类，律师出庭着装的要求以及庭审的仪表。分析了律师回避的规则，以及律师会见、阅卷和调查取证的内容和规则。讲述了律师对案件承办机关的坦诚性以及庭外宣传的界限。
>
> **■ 本章关键词**
>
> 争讼业务；庭审仪表；回避；会见；阅卷；调查取证；庭外宣传；坦诚性；正当性

第一节 律师争讼性业务规则概述

一、律师的业务分类

律师协会和司法部门并没有对律师业务进行专业分类。根据2017《律师法》第28条规定，律师可以从事下列业务：①接受自然人、法人或者其他组织的委托，担任法律顾问；②接受民事案件、行政案件当事人的委托，担任代理人，参加诉讼；③接受刑事案件犯罪嫌疑人的委托，为其提供法律咨询，代理申诉、控告，为被逮捕的犯罪嫌疑人申请取保候审，接受犯罪嫌疑人、被告人的委托或者人民法院的指定，担任辩护人，接受自诉案件自诉人、公诉案件被害人或者其近亲属的委托，担任代理人，参加诉讼；④接受委托，代理各类诉讼案件的申诉；⑤接受委托，参加调解、仲裁活动；⑥接受委托，提供非诉讼法律服务；⑦解答有关法律的询问、代写诉讼文书和有关法律事务的其他文书。根据2017年《律师法》第30条规定，律师担任诉讼法律事务代理人或者非诉讼法律事务代理人的，应当在受委托的权限内，维护委托人的合法权益。我们认为，律师办理的业务一般意义上可以分为争讼业务和非争讼业务两类。争讼业务是指上述的②③④⑤所包含的业务。

二、争讼程序的正当性

律师在争讼案件中以诉讼程序形式参与调整社会关系。诉讼程序以国家的司法权为依托，是解决社会矛盾和冲突的最有力的和最终的救济方式。按解决冲突的内容可以把诉讼程序细分为刑事诉讼程序、行政诉讼程序、民事诉讼程序三类。诉讼程序是"按照公正而有效地对具体纠纷进行事后的和个别的处理这一轴心而布置的"。其主要特征是：

（一）公正性

诉讼公正作为诉讼活动的最高价值目标，被称作是诉讼的生命。其体现在诉讼过程的公正和诉讼结果的公正两个层面。所谓诉讼过程的公正，也被称为程序公正。其作为刑事诉讼活动所追求的基本价值目标，基本含义是指国家司法机关追究犯罪、惩罚犯罪的刑事追诉活动，必须遵循正当、合理的法律程序。从内容上看，人们一般将程序的中立性、平等性、公开性以及参与性等视为衡量程序公正性的参考标准。

（二）规范性

诉讼程序是由一套科学的程序规则组成的，而程序规则的制定总结了长期诉讼实践的经验，凝结着人类法律思想的精华，反映了诉讼程序自身的规律，对于共同性的程序行为和主体关系具有普遍的适用性。

（三）对话性

诉讼程序不仅有静态的规范性，也有动态的对话性。所谓"对话性"，是指诉讼程序主体之间的信息交流和沟通。为了保证对话的合理性，诉讼程序在设计上应维持当事人之间地位的平等性和竞争性，以及法院、仲裁庭与当事人之间的对立性和统一性。当事人通过辩驳来说服法官、仲裁庭作出有利于自己的裁判，法官、仲裁庭则在此基础上通过判决理由说服当事人各方、上级法院和社会大众。

（四）确定性

诉讼程序最终指向一定的程序结果，此即法院的裁判或者仲裁庭的裁决。裁判一经作出或送达，即发生拘束力、确定力、既判力。非依法定程序，不得任意变更或撤销。

为了保证争讼程序的正当性，律师在争讼案件中注重庭审仪表和言行、坚持回避制度、对案件办案机关坦诚，同时司法机关应该赋予律师会见权、阅卷权以及调查取证权，以保证争讼程序的合法开启。

第二节　庭审仪表与言行

一、庭审仪表

《律师执业行为规范（试行）》第71条规定："律师担任辩护人、代理人参加法庭、仲裁庭审理，应当按照规定穿着律师出庭服装，佩戴律师出庭徽章，注重律师职业形象。"[1]这些规定将有效确保庭审活动的严肃、庄重，从而避免当事人因庭审参与人员庭审礼仪的不规范对案件审理的公正性产生质疑。

律师出庭服装由律师袍和领巾组成[2]。律师出庭着装时，应遵守以下规定：①律师出庭服装仅使用于法庭审理过程中，不得在其他任何时间、场合穿着；②律师出庭统一着装时，应按照规定配套穿着：内着浅色衬衣，佩带领巾，外着律师袍，律师袍上佩带律师徽章。下着深色西装裤、深色皮鞋，女律师可着深色西装套裙；③保持律师出庭服装的洁净、平整，服装不整洁或有破损的不得使用；④律师穿着律师出庭服装时，应表现出严肃、庄重的精神风貌。律师出庭服装外不得穿着或佩带其他衣物或饰品。

会徽的外形与内形为一大一小两个同心圆，象征律师协会的凝聚力与向心力；整个画面设计为众多个体的组合共同托起五颗灿烂的五角星，喻意着由广大律师组成的律师协会，沿着有中国特色律师制度的道路，在党和政府的领导和支持下，开拓进取，不断壮大。

律师徽章由中华全国律师协会统一制作和发放，任何单位和个人不得私自制作。律师对徽章要加以妥善保管，防止丢失，不得转送他人佩带；如有丢失，应立即报告当地律师协会和省级律师协会，由所在省、自治区、直辖市律师协会向中华全国律师协会提交补发申请。

---

〔1〕　2017年1月8日第九届中华全国律师协会常务理事会第二次会议审议通过试行。
〔2〕　2002年3月30日全国律协四届十二次常务理事会通过的《律师出庭服装使用管理办法》。

律师徽章不得用于以下方面：①不得用于任何以营利为目的商标、商业广告；②律师出庭徽章不得用于平时佩带；③不得用于与律师职业无关的任何个人活动；④其他不适于使用的场所。

二、庭审言行

作为法治理念的践行者和守护者，律师说话的权利无疑更加真切地反映了一国法治发展的状况。"律师与当事人直接联系，并具有依赖于不稳定的社会评价的私人开业者的属性，因此倾向于扮演代表无权无势者、维护法定平等性的角色。"当律师在刑事庭审中作为被告人法定权益的捍卫者，与强大的国家机器对抗时，他们说话的权利显得尤为重要，赋予律师在庭审中言论豁免权已是世界各国的通例。联合国《关于律师作用的基本原则》第20条明确规定，律师对于其书面或口头辩护时所发表的有关言论或作为职责任务出现于某一法院、法庭或其他法律或行政当局之前所发表的有关言论，应享有民事和刑事豁免权。

由于历史、政治、文化等原因，律师在中国历史上，长期以来都没有得到足够重视，甚至一度被认为是黑白不分、搬弄是非、教唆滥诉之"元凶"。在这种法律文化之下，律师制度自然无法正常发展，律师也没有说话的权利。直到上世纪八十年代，我国律师制度才得到恢复，继而迅速发展，律师的数量和专业水准大幅提高。《律师法》《刑事诉讼法》都规定了律师在刑事诉讼中的一些基本权利，明确将律师定位为"为当事人提供法律服务的执业人员"，"律师应当维护当事人合法权益，维护法律正确实施，维护社会公平和正义"。法律上赋予律师明确地位，给予了律师在从业中的自信和热情，其所蕴含的对法律正义的执著追求，更是让人们对律师职业逐渐向往。以刑事辩护为例，从某种程度上，当前的刑事辩护律师才是"戴着镣铐跳舞"的那个人，因为他既要对抗公权力、维护当事人的权益，又要注意分寸。第一，《律师执业行为规范（试行）》第72条规定："律师在法庭或仲裁庭发言时应当举止庄重、大方，用词文明、得体。"第二，《律师法》规定律师在法庭上发表的代理、辩护意见不受法律追究。但是，发表危害国家安全、恶意诽谤他人、严重扰乱法庭秩序的言论除外。

第三节　律师回避

律师回避，是指律师因特定身份而依法不得参与办理特定诉讼法律事务的情形。建立律师回避制度是为了维护司法公正和制止律师的不正当竞争。回避制度源于"自然正义"法则中的"任何人不能做自己案件的法官"的基本要求，律师执业回避制度存在诸多必要性。

司法回避制度，也称个案回避制度，是指法官、检察官等相关人员在具体业务上的回避。司法回避制度是为了保护司法环境的廉洁性，保障司法活动的公正性。对于与本人有特定关系的个案、可能影响案件公正的，退出案件办理，由此来消除当事人的疑虑，同时保障当事人的合法权益，确保案件能够得到公正的裁判，从而维护司法的公正性和公信力。司法回避制度有利于"切断"律师与法官、检察官之间在审判案件中的不正当联系，使法官、检察官不受各方面的诱惑与影响，防止和消除少数审判人员办"关系案""人情案""金钱案"。

2019年《法官法》第36条规定，法官从人民法院离任后两年内，不得以律师身份担任诉讼代理人或者辩护人。法官从人民法院离任后，不得担任原任职法院办理案件的诉讼代理人或者辩护人，但是作为当事人的监护人或者近亲属代理诉讼或者进行辩护的除外。

2019 年《检察官法》第 37 条规定，检察官从人民检察院离任后两年内，不得以律师身份担任诉讼代理人或者辩护人。检察官从人民检察院离任后，不得担任原任职检察院办理案件的诉讼代理人或者辩护人，但是作为当事人的监护人或者近亲属代理诉讼或者进行辩护的除外。

2020 年 4 月 17 日最高人民法院《关于对配偶父母子女从事律师职业的法院领导干部和审判执行人员实行任职回避的规定》第 2 条规定，人民法院领导干部和审判执行人员的配偶、父母、子女有下列情形之一的，法院领导干部和审判执行人员应当实行任职回避：①担任该领导干部和审判执行人员所任职人民法院辖区内律师事务所的合伙人或者设立人的；②在该领导干部和审判执行人员所任职人民法院辖区内以律师身份担任诉讼代理人、辩护人，或者为诉讼案件当事人提供其他有偿法律服务的。

根据上述规定：我国关于律师回避的规则如下：

1. 曾经担任法官、检察官的律师，从人民法院、人民检察院离任后二年内，不得以律师身份担任诉讼代理人或者辩护人，即"二年限制"规定。上述"二年限制"规定，主要出于司法公正目的，以杜绝离任人员利用以往工作关系办理人情案、关系案。因此，"二年限制"规定虽然对离任人员从事律师工作会产生较大影响，但还能得到普遍认可。

2. 法官、检察官从人民法院、人民检察院离任后，不得担任原任职法院、检察院办理案件的诉讼代理人或者辩护人，即"终身限制"规定。上述"终身限制"规定，对离任法官、检察官而言，不仅意味着限制其律师执业范围，更是直接影响其职业发展及业务拓展。因此，部分离任人员为谋求更好的律师职业发展，不得不退出本地法律服务市场，选择远走他乡去执业，特别是从基层法院、检察院离任的人员。"终身限制"规定对离任法官、检察官从事律师执业的影响不可谓不大。

3. 法官、检察官被开除后，不得担任诉讼代理人或者辩护人，但是作为当事人的监护人或者近亲属代理诉讼或者进行辩护的除外。

由上可见，司法人员司法回避制度严格，它是对法官、检察官等司法人员执业作出的限制。

第四节 会见、阅卷与调查取证

律师依法享有诸多职业"特权"。为了保证其执业活动正常和有效开展，各国立法都"额外"地赋予律师较为丰富的执业权利并为之提供权利保障。在执业保障权方面，虽然各国立法稍有不同，但以下权利大体都获得了认可：

1. 调查取证权。就我国来说，《律师法》中的相关条款明确规定，律师在接受当事人委托之后，如果办案过程中确实需要，可以向法院及检察院等部门提出收集或调取证据的申请，同时也可以向法院提出通知相关证人出庭作证的申请。如果是律师本人亲自去调查取证，在向有关个人或单位了解其正在办理的法律事务相关信息或情况时，需要出具其本人的律师执业证书，同时也要有其所在律师事务所开具的相应证明文件。

2. 阅卷权。根据《律师法》第 34 条规定，律师担任辩护人的，自人民检察院对案件审查起诉之日起，有权查阅、摘抄、复制本案的案卷材料。

3. 会见权。《刑事诉讼法》第 39 条规定，辩护律师有权与被告人或是在押的犯罪嫌疑人见面或通信。如果其他辩护人想与被告人或是在押的犯罪嫌疑人见面或通信，必须得到法院、检察院等相关部门的批准。

一、会见

律师会见制度是律师权利体系中的一项重要的组成部分，是保障被告人和犯罪嫌疑人权利的重要内容，它不仅为律师的辩护行为提供了充分的事实依据，同时，律师会见制度有利于提升犯罪嫌疑人或被告人对案件进展的认知。律师会见权，是在刑事诉讼过程中，律师依法所享有的会见犯罪嫌疑人、被告人的权利，是刑事诉讼法律体系中的一项基本权利。作为刑事诉讼过程中的一项基本权利，它是其他多种诉讼权利的基础和保障，不仅对于保护犯罪嫌疑人的人权具有重要的意义，同时对于刑事诉讼过程的合法性和合理性也具有重要的意义。《刑事诉讼法》对律师会见制度提出了要求，并针对律师案件处理过程中出现的限制行为，作出了明确的规范，为高效率理论辩诉的开展创造了一定的条件。同时，律师会见制度多采取会面访问的形式进行，这一过程中的监督和管理尤为重要，《刑事诉讼法》规范了对于律师会见过程的监督和管理，使律师可以清楚地把控整个案件的辩护发展方向，以便为犯罪嫌疑人提供更多正当性的辩护权益。

律师会见权充分体现了对犯罪嫌疑人、被告人的人权保障理念，同时也起到了一定的制约作用，使律师在承办刑事诉讼类案件时，可以根据案件的实际情况，更好的确定人权保护的意义和要求。随着民主法治进程的不断深入，公民的权利意识更加明确和具体，对于公平、公正、法治的诉求更为强烈，而律师会见制度的构建和完善，实现了对人权的普及和尊重。2018年《刑事诉讼法》第39条规定，辩护律师可以同在押的犯罪嫌疑人、被告人会见和通信。其他辩护人经人民法院、人民检察院许可，也可以同在押的犯罪嫌疑人、被告人会见和通信。辩护律师持律师执业证书、律师事务所证明和委托书或者法律援助公函要求会见在押的犯罪嫌疑人、被告人的，看守所应当及时安排会见，至迟不得超过48小时。危害国家安全犯罪、恐怖活动犯罪、特别重大贿赂犯罪案件，在侦查期间辩护律师会见在押的犯罪嫌疑人，应当经侦查机关许可。上述案件，侦查机关应当事先通知看守所。辩护律师会见在押的犯罪嫌疑人、被告人，可以了解案件有关情况，提供法律咨询等；自案件移送审查起诉之日起，可以向犯罪嫌疑人、被告人核实有关证据。辩护律师会见犯罪嫌疑人、被告人时不被监听。

（一）会见的手续

《刑事诉讼法》对会见的手续做了明确规定。辩护律师持律师执业证书、律师事务所证明和委托书或者法律援助公函要求会见在押的犯罪嫌疑人、被告人的，看守所应当及时安排会见，至迟不得超过48小时。但是依照会见诉讼权利的职能权属规范，不同案件类型、不同资历的律师其会见受限程度也存在较大差异。

（二）会见内容

辩护律师在不同的诉讼阶段，会见的内容是不同的。会见内容指的是律师在会见过程中所应该了解的案件信息，这是刑事诉讼法律师会见中的内容要件。律师在刑事诉讼过程中依法享有会见权，通过会见权的行使对于案件信息进行整体的认知与把握，以确保信息的准确无误，从而抓住辩护的关键点和突破点，确保辩护的公正性和有效性。会见权是辩护权的一种衍生权利，会见权的立法初衷在于保障当事人的利益，确保司法公正。

（三）会见纪律

1. 不能带非律师参加会见，绝不能带当事人家属参加会见。这里的非律师指的是执业律师、实习律师之外的人，根据《刑事诉讼法》的相关规定，非律师会见需要经人民法院、人民检察院许可。因此，不能带非律师参加会见，更不能带当事人家属参加会见，当事人家属与当事人有利害关系，带其会见极有可能引发串供、毁灭、伪造、转移证据方面的刑事风险。

2. 不能向当事人传递监管场所禁止的各种信息、物品。可以告知当事人家属关于其在看守所具体的通信地址。告知其通信内容一般不宜涉及案情，因为看守所与监狱是打击犯罪的第二战场。

3. 不能为当事人传递任何案件线索，包括检举揭发犯罪的立功线索。在司法实践中，有律师因为当事人传递立功线索制造"假立功"涉嫌徇私枉法罪、包庇罪、行贿罪等罪名而被采取强制措施进入审判程序。另外，也不能透露其他同案犯是否被抓捕归案的消息。

4. 不能让当事人使用律师的手机与外界通电话。使用自己的手机让当事人与外界通电话首先违反了看守所的相关规定，直接的后果将导致律师会见因违规而被终止，甚至看守所将此情况通报给司法局、律师协会，使律师遭受纪律惩戒；更为严重的是，一旦当事人通话导致串供、毁灭、伪造、转移证据材料的后果出现，提供通讯工具的律师则有可能涉嫌刑事犯罪而被采取强制措施。

5. 不能用各种方式与当事人串供、毁灭、伪造、转移证据。这里的各种方式，包括但不限于直接教唆、暗示等方式与当事人交流串供、毁灭、伪造、转移证据。尤其在会见后，不能有意无意透露给当事人亲友关于串供、毁灭、伪造、转移证据方面的信息，尤其不能将具体的证人、证言、证物等内容透露给当事人亲友。

6. 要注意交流说话方式。不仅要注意不能直接教唆当事人说假话作伪证，也要注意因交流说话方式不当产生教唆的嫌疑。为了达到会见目的，律师可以采用全面客观分析事实和证据以及相关法律规定，给当事人自我防御提供知识基础。

7. 耐心倾听当事人陈述。耐心倾听当事人陈述既体现了对当事人的尊重，也是能够全面了解案件基本事实和证据的重要渠道。虽然当事人的陈述有可能避重就轻或者隐瞒事实，但只要律师善于客观分析判断和引导，是能够获得充足的信息的。但需要注意的是，当当事人要求律师对案件前景进行预测的时候，要慎重。

（四）会见形式

会见形式是律师会见制度的一种形式要件。申请会见是刑事诉讼案件双方和多方会面的谈话活动，律师在会见中既掌握了主动权，也必须履行被会见的责任。《刑事诉讼法》第39条对不同形式的刑事犯罪人员的会见形式做出了规定，辩护律师可以同在押的犯罪嫌疑人、被告人会见和通信，其他辩护人经人民法院、人民检察院许可，也可以同在押的犯罪嫌疑人、被告人会见和通信。危害国家安全犯罪、恐怖活动犯罪、特别重大贿赂犯罪案件，在侦查期间辩护律师会见在押的犯罪嫌疑人，应当经侦查机关许可。上述案件，侦查机关应当事先通知看守所。辩护律师会见在押的犯罪嫌疑人、被告人，可以了解案件有关情况，提供法律咨询等；自案件移送审查起诉之日起，可以向犯罪嫌疑人、被告人核实有关证据。辩护律师会见犯罪嫌疑人、被告人时不被监听。

二、阅卷

阅卷是指律师在诉讼辩护或者代理业务活动中查阅、摘抄、复制案卷材料，了解案情的活动。我国对律师的阅卷权做了相关的规定。律师阅卷按诉讼性质不同，可以分为刑事诉讼阅卷、民事诉讼阅卷和行政诉讼阅卷三种。诉讼性质不同，其阅卷的内容、要求也不同。

（一）刑事诉讼中的阅卷

辩护律师的责任是根据事实和法律，提出证明犯罪嫌疑人、被告人无罪、罪轻或者减轻、免除其刑事责任的材料和意见，维护犯罪嫌疑人、被告人的合法权益。律师的职责要靠推翻侦查机关取得的不实证据和反驳检察院的不当指控来完成。要否定公安机关和检察院所说的事实和理由，庭审前律师必须要知道控方掌握了什么材料。因此，阅卷工作十分重要。律师阅卷是指，律师担任辩护人的，自人民检察院对案件审查起诉之日对案卷材料的查阅、摘抄、复制。根据《律师法》第34条，律师担任辩护人的，自人民检察院对案件审查起诉之日起，有权查阅、摘抄、复制本案的案卷材料。

（1）案卷材料的范围。1996年《刑事诉讼法》第36条规定，辩护律师自人民检察院对案件审查起诉之日起，可以查阅、摘抄、复制本案的诉讼文书、技术性鉴定材料。根据这一规定，律师在起诉阶段只能看到搜查证、拘留证、逮捕证、起诉意见书、司法鉴定书等少量材料，犯罪嫌疑人的口供和其他证据材料检察院有权不让律师看。用检察官的话说："你要拿刀杀我，难道还要求我把脖子伸过去吗？"这一条意见，遭到公安局、检察院的强烈抵制。经过了十年的斗争，人大终于接受了律师的意见。2018年《刑事诉讼法》第40条规定，辩护律师自人民检察院对案件审查起诉之日起，可以查阅、摘抄、复制本案的案卷材料。其他辩护人经人民法院、人民检察院许可，也可以查阅、摘抄、复制上述材料。律师到检察院阅卷不再限于"诉讼文书"，而是全部"案卷材料"，当然包括控方掌握的各种证据。对于审判委员会和合议庭的记录以及事关他案的线索材料，律师不应审阅。对于共同犯罪的案件，律师不应局限于查阅委托自己辩护的被告人的卷宗，还应查阅同案的其他被告人的卷宗。如果其他被告人有另案处理的情况，也应作为共同犯罪的资料，调卷加以查阅。

（2）侦查阶段的律师阅卷问题。《刑事诉讼法》未规定侦查阶段律师有阅卷权。侦查阶段，一切都没有确定。犯罪嫌疑人的陈述是真是假，还需要侦查机关调取其他证据去核实。有证据证实的口供才能作为证据使用，没有证据佐证的口供没有证据意义。侦查机关不愿意把正在调查中的事情出示给律师是有道理的。

（3）关于律师向犯罪嫌疑人、被告人展示案卷的问题。《刑事诉讼法》没有对案件向当事人展示问题作出规定。《刑事诉讼法修正案草案（律师稿）》建议《刑事诉讼法》增加一条："在刑事诉讼的任何阶段，辩护律师为了辩护的需要可以向嫌疑人、被告人展示有关的案卷材料。""未经人民法院判决不得确认任何公民有罪"这一基本原则。法院判决前把公安局、检察院的怀疑公布出去，侵犯了公民的权利。律师把案卷材料展示给当事人，是为了更好的为当事人辩护，没有侵犯当事人的权利。不能认为律师构成泄露国家秘密罪。

（4）关于律师向犯罪嫌疑人、被告人家属展示案卷的问题。《刑法修正案（九）》第36条规定在《刑法》第308条后增加一条，作为第308条之一："司法工作人员、辩护人、诉讼代理人或者其他诉讼参与人，泄露依法不公开审理的案件中不应当公开的信息，造成信息公开传播或者其他严重后果的，处三年以下有期徒刑、拘役或者管制，并处或者单处罚金。""有前款行为，泄露国家秘密的，依照本法第398条的规定定罪处罚。""公开披露、报道第一款规定的案件信息，情节严重的，依照第一款的规定处罚。"2017年《律师办理刑事案件规范》第37条规定，律师参与刑事诉讼获取的案卷材料，不得向犯罪嫌疑人、被告人的亲友以及其他单位和个人提供，不得擅自向媒体或社会公众披露。由此可见，辩护律师在审查起诉阶段、审判阶段，不要将案卷材料交由被告人亲友复制、传阅，不宜泄露不公开审理的案件中不应当公开的信息（比如与国家秘密、个人隐私、商业秘密有关的信息），以免构成刑事犯罪。另外，不将上述资料或信息泄露给犯罪嫌疑人亲友，也是为了避免犯罪嫌疑人亲友救人心切，违法帮助其串供、毁灭、伪造、转移证据，甚至导致打击报复证人的现象出现。

（二）民事诉讼中的阅卷

2021年《民事诉讼法》第64条规定，代理诉讼的律师和其他诉讼代理人有权调查收集证据，可以查阅本案有关材料。查阅本案有关材料的范围和办法由最高人民法院规定。2002年《最高人民法院关于诉讼代理人查阅民事案件材料的规定》对民事阅卷做了如下规定：

1. 需要阅卷的情形。代理民事诉讼的律师和其他诉讼代理人有权查阅所代理案件的有关材料。但是，诉讼代理人查阅案件材料不得影响案件的审理。诉讼代理人为了申请再审的需要，可以查阅已经审理终结的所代理案件有关材料。诉讼代理人在诉讼过程中需要查阅案件有关材料的，应当提前与该案件的书记员或者审判人员联系；查阅已经审理终结的案件有关材料的，应当与人民法院有关部门工作人员联系。人民法院应当为诉讼代理人阅卷提供便利条件，安排阅卷场所。必要时，该案件的书记员或者法院其他工作人员应当在场。

2. 阅卷手续。诉讼代理人查阅案件有关材料应当出示律师证或者身份证等有效证件。查阅案件有关材料应当填写查阅案件有关材料阅卷单。

3. 阅卷范围。诉讼代理人在诉讼中查阅案件材料限于案件审判卷和执行卷的正卷，包括起诉书、答辩书、庭审笔录及各种证据材料等。案件审理终结后，可以查阅案件审判卷的正卷。

4. 阅卷要求。诉讼代理人查阅案件有关材料后，应当及时将查阅的全部案件材料交回书记员或者其他负责保管案卷的工作人员。书记员或者法院其他工作人员对诉讼代理人交回的案件材料应当当面清查，认为无误后在阅卷单上签注。阅卷单应当附卷。诉讼代理人不得将查阅的案件材料携出法院指定的阅卷场所。诉讼代理人查阅案件材料可以摘抄或者复印。涉及国家秘密的案件材料，依照国家有关规定办理。复印案件材料应当经案卷保管人员的同意。复印已经审理终结的案件有关材料，诉讼代理人可以要求案卷管理部门在复印材料上盖章确认。复印案件材料可以收取必要的费用。

查阅案件材料中涉及国家秘密、商业秘密和个人隐私的，诉讼代理人应当保密。诉讼代理人查阅案件材料时不得涂改、损毁、抽取案件材料。

（三）行政诉讼中的阅卷

关于行政诉讼中的阅卷，没有具体的相关规定。我们可以参照《行政复议法》第23条规定，行政复议机关负责法制工作的机构应当自行政复议申请受理之日起7日内，将行政复议申请书副本或者行政复议申请笔录复印件发送被申请人。被申请人应当自收到申请书副本或者申请笔录复印件之日起10日内，提出书面答复，并提交当初作出具体行政行为的证据、依据和其他有关材料。申请人、第三人可以查阅被申请人提出的书面答复、作出具体行政行为的证据、依据和其他有关材料，除涉及国家秘密、商业秘密或者个人隐私外，行政复议机关不得拒绝。

三、调查取证

律师调查取证，是指律师在承办法律事务的过程中，走访知情人、收集与案件有关的事实材料的活动。律师进行证据调查不具有法律强制性。《刑事诉讼法》第54条第1款规定："人民法院、人民检察院和公安机关有权向有关单位和个人收集、调取证据。有关单位和个人应当如实提供证据。"从规定"应当如实提供证据"的内容来看，指的是公、检、法人员的调查取证有强制性，没有规定律师有强制取证权。律师的调查取证行为只是一种带有访问性质的活动，不具有强制性。律师调查所取得的证据材料，必须经过法庭调查核实后，才能作为证据使用。律师调查取得的证据不能直接作为法庭定案的依据，必须在法庭调查过程中，经过询问证人、双方当事人质证等环节后，才能确定其证据效力。

（一）律师调查取证意义

1. 有利于增强刑辩律师出庭抗辩能力。对抗式程序控方和辩方的对抗，实质上就是检察官与律师的对抗与争辩。律师在法庭上拥有较高的辩护技巧和具有丰富的出庭经验固然重要，但如果律师不能掌握第一手资料，不是亲自去调取对被告人有利的证据材料，只是复印和使用控方提供给法庭的证据材料到庭应诉，就很难赢得诉讼的胜利。

2. 有利于控诉与辩护职能之平衡。在现代刑事诉讼中，律师主要是为了保护控辩双方诉讼地位的平衡而参与诉讼中来的，律师是站在被告一方的立场上，在法庭展示与检察官抗衡的势力。而律师调取的有关对被告人定罪量刑产生实际影响的证据，是实现控辩力度平衡的重要砝码。

3. 有利于增强收集证据的全面性和真实性。尽管法律要求追诉机关对被告人有利与不利的证据要一并收集，但更多情况下检察官关注的是指控是否成功，容易忽视对被告人有利证据的收集。这时候，就需要律师通过行使调查取证权的过程来收集这些证据。同时，辩护律师的调查活动，可以对司法机关收集证据的活动起到监督作用，避免那些非法证据进入法庭程序并被采纳为裁判的证据。

（二）调查取证的原则

1. 围绕委托人主张的权利进行的原则。民事诉讼要解决的是原、被告双方存在争议的事实，而要解决争议，必须靠证据证明。只有调查取证围绕着争议事实进行，由此取得的证据与争议事实具有直接的因果关系，才有证明力。否则，即属于无用证据。

2. 客观原则。由于案件事实是客观存在的，因此，证明案件事实的证据也应当是客观的。作为诉讼证据，必须是客观存在的事实。无论物证、书证或人证，都不能将虚构的事实和推测、假设后得出的言论写成材料当成证据。为此，律师在调查取证过程中，一定要注意收集、调取与争议事实有直接因果关系或者客观关联的证据。

3. 合法原则。合法原则是指代理律师收集证据应当依照《律师法》《民事诉讼法》及其他法律、法规的相关规定进行。合法收集证据是保证证据具有证明力的前提。违法收集的证据不能作为定案的根据。收集证据合法，主要有以下几个方面：首先，代理律师向有关单位或者个人调查取证时，应当向被调查单位或者个人出示律师执业证和律师调查函或律师调查专用证明，并讲明来意，同时必须告诉被调查人应当如实提供证据。其次，调查笔录应当记明：被调查人姓名、性别、年龄、职业、住址、联系方式等；调查人姓名、性别、年龄、所在律师事务所；调查的年、月、日，调查的地点；调查笔录应交被调查人核对，最后由被调查人签名或者盖章。再次，复制被调查单位的材料，应当交由主管人员核实并加盖其单位公章：注明年、月、日；并附调查人（代理律师）的证明。最后，向证人调查取证，不得采用威胁、诱骗、刑讯等非法手段进行。

4. 细致原则。细致原则是指代理律师在调查取证的过程中，要细致认真，不能马虎行事，要收集或者提取到与证明案件有直接因果关系的各种证据。如，当证人回答询问的内容含糊不清时，代理律师应当明察细问，问出与案件有直接因果关系的内容，并作简单、明了的记录。调查和提取物证时，应以原物为主；如果提取原物确有困难，可以提取复制品；对有可能发生变质、毁灭的物证，应采取相应的保全措施。对书证也应收集和提取原件；提交给法庭时，先交复印件，法庭审判时再提交该书证的原件等。

（三）律师调查取证的分类

2018 年《刑事诉讼法》第 43 条规定："辩护律师经证人或者其他有关单位和个人同意，可以向他们收集与本案有关的材料，也可以申请人民检察院、人民法院收集、调取证据，或者申请人民法院通知证人出庭作证。辩护律师经人民检察院或者人民法院许可，并且经被害人或者其近亲属、被害人提供的证人同意，可以向他们收集与本案有关的材料。"由此可见，律师的调查取证分为两个部分，一部分是自行调查取证，另一部分是协力调查取证。

1. 自行调查取证。《律师法》第 35 条第 2 款规定："律师自行调查取证的，凭律师执业证书和律师事务所证明，可以向有关单位或者个人调查与承办法律事务有关的情况。"这是立法上关于律师调查取证的基础规定，既适用于诉讼活动，也适用于非诉讼活动。

2. 协力调查取证。2018 年《刑事诉讼法》第 41 条规定："辩护人认为在侦查、审查起诉期间公安机关、人民检察院收集的证明犯罪嫌疑人、被告人无罪或者罪轻的证据材料未提交的，有权申请人民检察院、人民法院调取。"《律师法》第 35 条第 1 款规定："受委托的律师根据案情的需要，可以申请人民检察院、人民法院收集、调取证据或者申请人民法院通知证人出庭作证。"协力调查取证申请权对于律师履行辩护、代理职能，维护委托人的合法权益，解决当前我国律师调查取证无力的现象，以及实现辩护律师在调查取证方面与控诉机关平等，有重要的现实意义。

（四）律师调查取证的范围

1. 律师的民事调查取证权偏重收集有关诉讼及非诉讼证据。依据《最高人民法院关于人民法院执行工作若干问题的规定（试行）》，律师接受委托，协助债权人寻找失踪企业、寻找逃逸债务人。协助法院调查、执行、追查被执行人隐藏、转移的财产、账户，维护债权人的合法权益。例如在侵犯知识产权案件中协助查清盗版的书籍、音像制品、软件的来源，调查假冒伪劣产品生产窝点，并获取相应证据，打击假冒伪劣产品，保护知识产权。例如企业资信调查和商业信誉调查、企业不良记录查找、合伙背景、经营状况、财务状况、产品信息、业务信用调查、防止商业欺诈实地调查。例如根据婚姻法"过错赔偿"原则，接受当事人委托调取婚姻不忠证据和财产下落。总之就是根据委托人的需要，对特定事务进行的合法调查。

2. 律师的刑事调查取证权偏重对被告人有利证据的收集。2018 年《刑事诉讼法》第 42 条规定："辩护人收集的有关犯罪嫌疑人不在犯罪现场、未达到刑事责任年龄、属于依法不负刑事责任的精神病人的证据，应当及时告知公安机关、人民检察院。"依照法律职责，刑事律师进行证据调查，不应当寻找和收集不利于被告人的证据，这样容易混淆律师的抗辩职责，而充当了公诉人的角色，律师应当从维护当事人合法权益的角度出发，收集能够证实犯罪嫌疑人、被告人无罪、罪轻或者减轻、免除其刑事责任的事实和理由。

（五）调查取证的技巧

一是司法机关调查之后，辩护律师再行补充调查。同一证据来源，首次调查权属于司法机关，辩护律师享有事后补充调查的权利，一旦发掘出有利于被告人的证据，便会与司法形成相得益彰的效果。

二是先阅卷再调查。仔细阅读案卷，辩护律师可以了解案情，还可以找出案卷中存在的疑点。找准问题，补充调查才可能是有效的。

三是先听取被告陈述再调查取证。被告人最了解案件情况，无论其陈述是否真实，都有助于辩护律师发现问题，以便确定调查取证的方向。其中从调查取证的程序看，辩护律师应当遵循依法调查取证的原则，凡司法机关不得采取的非法取证方法，辩护律师也不得采取。不得威胁、引诱或指使证人作伪证，更不得变造、伪造证据，如果遭到拒绝，也不得强制进行调查。

第五节　对案件承办机关的坦诚性

同为法律职业共同体，国家司法体制中不可或缺的部分，律师的诚信不仅指向作为其准则和依据的法律，作为其服务对象的当事人，同时，还应面向同为法律职业共同体的法官、检察官。律师对于法官和检察官的诚信首先体现在诉讼活动中，主要表现为如实地反映案件事实、真实地提供证据上。律师应当诚信诉讼，维护法官的权威，不实施或引导当事人进行诉讼欺诈行为，不恶意串通制造虚假诉讼，不提供虚假证据、进行虚假陈述，妨害司法秩序，不滥用诉讼权利，妨碍诉讼程序的正常进行。我国《律师法》《刑法》等法律中均有相关规定。

《律师法》规定故意提供虚假证据或者威胁、利诱他人提供虚假证据，妨碍对方当事人合法取得证据的，应该承担相应的法律责任。司法部2010年《律师和律师事务所违法行为处罚办法》第17条规定，有下列情形之一的，属于《律师法》第49条第4项规定的律师"故意提供虚假证据或者威胁、利诱他人提供虚假证据，妨碍对方当事人合法取得证据的"违法行为：①故意向司法机关、行政机关或者仲裁机构提交虚假证据，或者指使、威胁、利诱他人提供虚假证据的；②指示或者帮助委托人或者他人伪造、隐匿、毁灭证据，指使或者帮助犯罪嫌疑人、被告人串供，威胁、利诱证人不作证或者作伪证的；③妨碍对方当事人及其代理人、辩护人合法取证的，或者阻止他人向案件承办机关或者对方当事人提供证据的。

此外，《刑事诉讼法》第44条明确规定，辩护律师和其他辩护人，不得帮助犯罪嫌疑人、被告人隐匿、毁灭、伪造证据或者串供，不得威胁、引诱证人改变证言或者作伪证以及进行其他干扰司法机关诉讼活动的行为。违反前款规定的，应当依法追究法律责任。《刑法》第306条第1款规定："在刑事诉讼中，辩护人、诉讼代理人毁灭、伪造证据，帮助当事人毁灭、伪造证据，威胁、引诱证人违背事实改变证言或者作伪证的，处三年以下有期徒刑或者拘役；情节严重的，处三年以上七年以下有期徒刑。"至此，意味着专门以律师为特殊主体设立了一个罪名，在实践中一般被称为律师伪证罪。

根据上述规定，我国关于争讼性事务中律师对案件承办机关的坦诚性规则，主要包括以下内容。

一、故意向司法机关、行政机关或者仲裁机构提交虚假证据，或者指使、威胁、利诱他人提供虚假证据的

律师工作任务是要探索法律与客观，这两者真实性应该保持相同。然而通常因为证据不充分或者收集证据方式不合乎法律规定而背道而驰。分辨一个律师有没有诚信，要以是不是达成法律的真实性作为要求，而不是以是不是达成客观的真实性作为要求。所以这里讲的虚假证据，既包括实物证据，也包括言词证据。律师向司法机关、行政机关或者仲裁机构提交虚假证据应受处罚的界限是故意。证据是否虚假，应当由事实认定者综合全案的证据和事实来全面判断，而不是由律师加以认定。因此，排除仅仅具有可疑性的证据不仅不能保护上述程序的正当性，反而可能导致具有准确性的证据被排除在外，损害诉讼当事人的利益，因此，在由律师剔除掉其明知虚假的证据后，就足以满足程序的要求，足以保护程序的正当性。律师既然不负探求实体公正的直接责任，则其诚信内涵无需过多地关注于实体正义。过分地强调律师对实体公正负有诚信义务，有时反而会令其走向坦诚性的对立面。以对律师坦诚性中"不得提供虚假证据"为例，虽然其直接目的在于保障诉讼程序正常有效进行，但究其最终目的，仍是为了促使案件实体法律纠纷的圆满解决、当事人实体权利的有效保护。实践中，当事人很可能隐瞒真相，向律师提供虚假证据，而律师只能在能力范围内对证据的真实性进行审查。如果律师在尽了审查义务后，未能发现证据虚假而提供给法庭，就不能追究律师的法律责任。[1]

二、指示或者帮助委托人或者他人伪造、隐匿、毁灭证据，指使或者帮助犯罪嫌疑人、被告人串供，威胁、利诱证人不作证或者作伪证的

2018年《刑事诉讼法》第44条规定："辩护人或者其他任何人，不得帮助犯罪嫌疑人、被告人隐匿、毁灭、伪造证据或者串供，不得威胁、引诱证人作伪证以及进行其他干扰司法机关诉讼活动的行为。违反前款规定的，应当依法追究法律责任，辩护人涉嫌犯罪的，应当由办理辩护人所承办案件的侦查机关以外的侦查机关办理。辩护人是律师的，应当及时通知其所在的律师事务所或者所属的律师协会。"

以律师与法官在诉讼活动中分工来看，律师诚信实际上是司法诚信的基础。在现代主流诉讼模式中，法官在司法活动中扮演一种消极角色，他不对案件事实负担举证责任，不主动对损害施予救济，仅仅是依靠当事人及其代理人（主要是律师）所提供的证据和所提出的主张作出裁判。当事人及其代理律师的诉讼行为是其据以裁判的材料和基础。因此，律师在代理诉讼过程中是否对当事人和法官报以诚信态度，是否全面地向法庭提出当事人的利益诉求，并如实充分提供证据支持，直接决定法官所作出的裁判是否真实地反应案件事实，充分维护当事人合法利益。

三、妨碍对方当事人及其代理人、辩护人合法取证的，或者阻止他人向案件承办机关或者对方当事人提供证据的

在现今世界主流司法体制中，有别于作为国家法治工作者的法官、检察官，律师作为社会法律服务者是以接受当事人的委托并最大限度地维护当事人合法利益而开展其执业活动的，律师行业的一个特征就是经由诉讼双方当事人相互对抗让参与诉讼程序中的行为主体能够尽最大程度探寻最大正义。律师与法官之间还存在着一定程度对抗和监督关系，律师通过积极履行其对当事人的法定和约定义务，在诉讼活动中向法庭如实提供证据反映案件事实，充分、坦诚地表达自己的法律意见。同时，限制法官失信行为活动空间，可以对法官不诚信行为起到很好的监督和抑制作用。律师只有在自身的业务活动当中谨慎地遵守应有的行为规范，只要其业务活动在程序上符合坦诚性要求的相应规范条件，那么不管对于实体正义所探寻的最终结果怎么样，能够说这个律师的业务活动是满足其对案件承办机关的坦诚性要求的。

第六节　庭外言论

律师言论以其发表地点分为庭上言论和庭外言论。庭外言论，可以区分为就一般性法律问题所发表的言论和在裁判程序外就承办案件情况所作的可能影响案件处理的披露。律

---

[1]　王胜明、赵大程主编：《中华人民共和国律师法释义》，法律出版社2007版。

师在庭审中的言论不受限制，但是律师庭外言论受到较多的限制。联合国《关于律师作用的基本原则》第 23 条赋予律师言论自由权。对律师庭外言论的界定主要注意以下几点：①律师发表言论时的身份；②应在法庭审理程序之外发表，包括法庭审理前和审理后阶段；③律师言论应当公开发表；④律师言论的内容包括对其所代理案件的观点、意见、主张，以及与案件有关的信息等。所以对律师庭外言论的限制必须是在上述的场景下的限制。

一、对一般性问题发表的言论

律师就一般性法律问题所发表的言论遵循言论自由的一般规则，就像联合国《关于律师作用的基本原则》第 23 条所规定的那样："与其他公民一样，律师也享有言论、信仰、结社和集会的自由。特别是他们应有权参加有关法律、司法以及促进和保护人权等问题的公开讨论并有权加入或筹组地方的、全国的或国际性的组织和出席这些组织的会议而不致由于他们的合法行为或成为某一合法组织的成员而受到专业的限制。律师在行使这些权利时，应始终遵照法律和公认准则以及按照律师的职业道德行事。"律师在就一般性法律问题发表庭外言论时，不得违反法律的强制性规定。除了遵守关于诽谤等问题的法律外，还应当遵守的最重要的规则，就是关于保守职业秘密的职业行为法。比如，不得泄露国家秘密、个人隐私、商业秘密。《律师和律师事务所违法行为处罚办法》第 13 条规定，律师未经委托人或者其他当事人的授权或者同意，在承办案件的过程中或者结束后，擅自披露、散布在执业中知悉的委托人或者其他当事人的商业秘密、个人隐私或者其他不愿泄露的情况和信息的，属于《律师法》第 48 条第 4 项规定的"泄露商业秘密或者个人隐私的"违法行为。在对律师就一般性法律问题所发表的言论进行规范和治理时，需要在充分尊重言论自由的基础上，进行科学严谨地分类，确立其类型化的界限与外延，以理性的方式进行治理。

二、对所承办案件发表的言论

我国目前的法律体系中缺少律师就承办案件情况所作的可能影响案件处理的披露的专门规定。2004 年《律师执业行为规范（试行）》第 162 条规定："律师不得在公共场合或向传媒散布、提供与司法人员及仲裁人员的任职资格和品行有关的轻率言论。"第 163 条规定："在诉讼或仲裁案件终审前，承办律师不得通过传媒或在公开场合发布任何可能被合理地认为损害司法公正的言论。"可惜这些规定在 2009 年修订时被删除。在《律师法》和中华全国律师协会《律师执业行为规范（试行）》中，涉及律师庭外言论规制的内容少之又少，只是以兜底性条款方式进行规定且用语模糊。对于兜底性条款中"其他行为"的范围如何把握，律师协会和律师之间存在争议，而这种模糊性的规定往往会造成律师协会等机构对律师庭外言论的不当打击。

《刑法修正案（九）》中增加了泄露不应公开的案件信息罪，该罪名在司法界引起了较大的争议。该罪的主体是司法工作人员、辩护人、诉讼代理人或其他诉讼参与人，而因司法工作人员工作的封闭性和律师工作的开放性，实际上该罪主要是在约束律师的行为，对平衡控辩关系起到了负面作用。律师庭外言论规制的缺失主要表现在：一方面，没有对律师发表庭外言论的限制；另一方面，发表庭外言论的律师极易受到律师协会、司法机关等各方的追究和处罚。这种进退维谷的状态意味着我国对律师庭外言论的规制尚待进一步完善。值得欣慰的是，2017 年中华全国律师协会的《律师执业行为规范修正案》第二章"律师执业基本行为规范"第 6 条中增加了一款，规定律师不得利用律师身份和以律师事务所名义炒作个案，干扰司法活动。该条规定虽然没有明确说明是对律师庭外言论的规制，但是限制了律师利用媒体炒作、干扰司法活动的行为，表明我国已经开始重视并加强对律师庭外言论的规制。

律师发表适当的庭外言论是必然存在的，对律师发表庭外言论不应全部禁止，"一刀切"模式不利于改变律师在刑事诉讼中的弱势地位，不利于公众对司法审判情况的了解。公众有权知道司法的进程，但如果律师在一个正在审理的案件中，利用媒体提高自己的辩护优势，则不符合职业规范。关键问题是庭外言论的边界是什么？其实就是要解决律师的言论、公众和媒体就案件获得相关信息的权利与律师庭外言论对案件的公平处理的影响三者之间的平衡。[1] 在构建相关规范体系时，除了力求理解并尊重律师网络言行的正向功能外，也要防范规制措施的过度扩张可能带来的法治风险。律师发表网络言行需要遵循的基本原则包括：

第一，不能带来与保密义务相关的风险。律师职业道德要求律师在代理时候不得公开保密信息，除非得到了当事人的授权。当事人的授权，也仅仅是为了律师能够完成代理工作。我国法律也明确规定，某些案件的信息不得公开，例如涉及未成年人的案件等。律师发表庭外言论，不得违反法律的强制性规定，比如涉及国家秘密、个人隐私、商业秘密的案件，不得以任何形式公布其案情。

第二，不能带来损及当事人利益、社会公共利益和司法权威性的风险。律师发表的庭外言论具有误导性、煽动性、炒作性甚至虚假性，就会损及当事人利益、社会公共利益和司法权威性。例如，律师发表的庭外言论事后被证实为虚假的信息，法院依据案件事实和法律规定作出了判决，但是不少人对该案判决是否受到舆论影响心存疑虑。公众的这种疑虑，就严重损害了司法公信力。不能以侮辱的目的给司法人员和其他诉讼参与人"贴标签""扣帽子"。这种限制的主要目的是维护办案机关和工作人员的称职性，从而维护裁决的稳定性。但是在有合理根据的情况下，对办案机关的管辖权、工作人员的回避等事项提出合理质疑不在此限。

第三，不能带来"不当影响"相关的风险。在一定程度上，律师的庭外言论是有指向的，其目标受众是司法人员。我国2009年《律师执业行为规范》第14条规定，律师不得妨碍国家司法、行政机关依法行使职权的行为。律师发布案件信息，制造舆论压力，形成"虚假民意"，意图影响判决，应当属于该款所指的禁止行为之一。

上述规则适用于尚未得到终局处理的案件，如果案件已经终审或者做出了终审裁决，则裁判庭的独立性、中立性、无罪推定等原则受到不利影响的风险已经消失，对律师庭外宣传进行限制的必要性已经消失。上述规定既适用于正在办理该案件的律师，也适用于曾经承办该案件的律师。十八届四中全会明确提出了"推进以审判为中心的诉讼制度改革"，实际上是对"审判中心主义"的政治确认。所以，应当减少律师庭外不当言论，让辩护活动回归至法庭。

第七节　维护争讼程序的其他正当性

《律师法》第40条规定，律师在执业活动中不得有下列行为：①违反规定会见法官、检察官、仲裁员以及其他有关工作人员；②向法官、检察官、仲裁员以及其他有关工作人员行贿，介绍贿赂或者指使、诱导当事人行贿，或者以其他不正当方式影响法官、检察官、仲裁员以及其他有关工作人员依法办理案件；③故意提供虚假证据或者威胁、利诱他人提

---

[1]　王进喜：《法律职业行为法》，中国人民大学出版社2012年版。

供虚假证据，妨碍对方当事人合法取得证据；④煽动、教唆当事人采取扰乱公共秩序、危害公共安全等非法手段解决争议；⑤扰乱法庭、仲裁庭秩序，干扰诉讼、仲裁活动的正常进行。《律师法》第 49 条规定，律师有下列行为之一的，由设区的市级或者直辖市的区人民政府司法行政部门给予停止执业六个月以上一年以下的处罚，可以处五万元以下的罚款；有违法所得的，没收违法所得；情节严重的，由省、自治区、直辖市人民政府司法行政部门吊销其律师执业证书；构成犯罪的，依法追究刑事责任：①违反规定会见法官、检察官、仲裁员以及其他有关工作人员，或者以其他不正当方式影响依法办理案件的；②向法官、检察官、仲裁员以及其他有关工作人员行贿，介绍贿赂或者指使、诱导当事人行贿的；③故意提供虚假证据或者威胁、利诱他人提供虚假证据，妨碍对方当事人合法取得证据的；④扰乱法庭、仲裁庭秩序，干扰诉讼、仲裁活动的正常进行的；⑤煽动、教唆当事人采取扰乱公共秩序、危害公共安全等非法手段解决争议的；⑥发表危害国家安全、恶意诽谤他人、严重扰乱法庭秩序的言论的。根据上述规定，律师维护争讼程序的正当性还包含以下内容：

一、庭上维护争讼程序的秩序性

（一）不扰乱法庭、仲裁庭秩序

律师与法官、检察官、仲裁员交往场所主要在庭上。审判、仲裁活动有秩序地进行，是依法解决争端的必要保证，不扰乱法庭、仲裁庭秩序就成了律师庭上维护争讼程序的秩序性的应有之义。扰乱法庭、仲裁庭秩序，干扰诉讼、仲裁活动的正常进行的违法行为主要包括：①在法庭、仲裁庭上发表或者指使、诱导委托人发表扰乱诉讼、仲裁活动正常进行的言论的；②阻止委托人或者其他诉讼参与人出庭，致使诉讼、仲裁活动不能正常进行的；③煽动、教唆他人扰乱法庭、仲裁庭秩序的；④无正当理由，当庭拒绝辩护、代理，拒绝签收司法文书或者拒绝在有关诉讼文书上签署意见的。同为法律职业共同体，律师与法官、检察官原本是庭审秩序最忠实的维护者。然而在实践中，律师为追求不当利益，常常对法官、检察官失信。律师诉讼上的失信首先体现在滥用或者教唆当事人滥用诉讼权利上。如在民事诉讼的实践中，不少被告的代理律师，在收到法院的传票后，为了争得更多的诉讼准备时间，不管有理无理一律提出管辖权异议，以拖延诉讼进程。在刑事诉讼中，被告代理律师为谋取证据优势，教唆当事人滥用被告人的沉默权，在法庭上对法官和检察官采取完全不合作的态度，阻碍诉讼的正常推进；还有的律师为了谋取某种不正当利益，不惜违反法律规定，大闹法庭。律师诉讼破坏庭审秩序还体现在证据和案件事实造假行为上。在诉讼过程中，有的律师为追求胜诉以及获取高额风险代理费用，面对毫无胜算的案件，不惜铤而走险，通过伪造证据，唆使当事人或证人提供虚假证言的方式，歪曲案件事实，欺骗法庭，破坏司法公正。

（二）不得混淆诉讼职能

2017 年 1 月 8 日第九届中华全国律师协会常务理事会第二次会议审议通过《律师执业行为规范（试行）》第 65 条规定："律师作为证人出庭作证的，不得再接受委托担任该案的辩护人或者代理人出庭。"

二、庭外维护争讼程序的正当性

律师维护法庭外争讼程序的正当性，不仅反映在法庭上，也存在于法庭以外的交往中。实践中，有些律师秉持"官司打在庭上却决胜于庭外"思想，不惜违反相关规定，会见检察官、法官，向他们送礼、请客，甚至还会有行贿的行为，或对当事人进行暗示，诱导其行贿。以上行为，都使得律师行业具有了灰暗地带。律师庭外维护争讼程序的正当性具有非常重要的决定性意义。

（一）不得违反规定会见有关工作人员

2010 年《律师和律师事务所违法行为处罚办法》第 14 条规定，有下列情形之一的，属于《律师法》第 49 条第 1 项规定的律师"违反规定会见法官、检察官、仲裁员以及其他有关工作人员，或者以其他不正当方式影响依法办理案件的"违法行为：①在承办代理、辩护业务期间，以影响案件办理结果为目的，在非工作时间、非工作场所会见法官、检察官、仲裁员或者其他有关工作人员的；②利用与法官、检察官、仲裁员或者其他有关工作人员的特殊关系，影响依法办理案件的。现实中，律师与检察官、法官的接触并不局限于法庭中。法庭之外，在日常的交往或者学术交流活动中，三者的接触并不鲜见。实际而论，法律职业共同体之间的正常交往，非但无法避免，而且应倡导。因为，这对形成法律职业共同体之间的文化和价值认同是大有裨益的。但是，在办理具体案件过程中，律师与法官、检察官的私下接触，甚至进行不正当的利益交易，不但有损司法机关的公正形象，更有负于案件当事人、社会公众以及法律职业者之间的相互信任。毕竟在诉讼活动里，律师进行业务活动的行为不单单是为了让当事人的权益不受到侵害，同时也对相关司法机关起到一定的制约作用，让他们能够根据法律规范来行使权力，防范他们滥用法律给予他们的权力来侵害个人利益。就实际功能以及制度目的而论，律师与法官、检察官在个案办理中的分离与制约，既是司法公正的基本保证，也是法律职业共同体之间的默示允诺。

第一，禁止单方交流。单方交流，是指以影响案件办理结果为目的而进行的并非所有相关当事方都在场的交流。以与法官和仲裁员的单方交流为例，这种单方交流难以形成实质公正和形式公正的结果。

第二，禁止利用与法官、检察官、仲裁员或者其他有关工作人员的特殊关系，影响依法办理案件。

（二）不得直接或者间接向有关工作人员行贿或者介绍贿赂

2010 年《律师和律师事务所违法行为处罚办法》第 15 条规定，有下列情形之一的，属于《律师法》第 49 条第 2 项规定的律师"向法官、检察官、仲裁员以及其他有关工作人员行贿，介绍贿赂或者指使、诱导当事人行贿的"违法行为：①利用承办案件的法官、检察官、仲裁员以及其他工作人员或者其近亲属举办婚丧喜庆事宜等时机，以向其馈赠礼品、金钱、有价证券等方式行贿的；②以装修住宅、报销个人费用、资助旅游娱乐等方式向法官、检察官、仲裁员以及其他工作人员行贿的；③以提供交通工具、通讯工具、住房或者其他物品等方式向法官、检察官、仲裁员以及其他工作人员行贿的；④以影响案件办理结果为目的，直接向法官、检察官、仲裁员以及其他工作人员行贿、介绍贿赂或者指使、诱导当事人行贿的。总之，就是为牟取私人利益通过一定的为社会规范所不认可的行为试图影响司法资源分配的现象，也就是试图通过影响司法审判来牟取私人利益而采取一定的为社会规范所不认可的行为。

■思考题

1. 律师出庭着装有哪些要求？
2. 律师会见在押未决犯罪嫌疑人、被告人时，应当遵从什么规则？
3. 律师对案件承办机关的坦诚性规则包含哪些要求？
4. 律师的庭外宣传规则包括哪些要求？
5. 律师如何维护争讼程序的秩序性？

■参考书目

1. 王进喜：《法律职业行为法》，中国人民大学出版社 2012 年版。

2. 刘晓兵、程滔编著：《法律人的职业伦理底线：法律职业伦理影响性案件评析》，中国政法大学出版社 2017 年版。

第八章　律师非争讼性业务规则

■ **本章概要**

　　律师为委托人处理具有法律意义的非争讼性事务，从而维护和争取委托人的合法权益。通过本章学习，了解律师非争讼性业务的特征和范围，以及相关规则的历史沿革；掌握律师出具法律意见书、律师作为中间人参加调解和仲裁、律师参与合同谈判等律师非争讼性业务的职业行为规则。

■ **本章关键词**

　　律师非争讼性业务；律师出具法律意见书；律师作为中间人参加调解和仲裁；律师参与合同谈判

第一节　律师非争讼性业务概述

　　律师非争讼性业务，是指律师接受自然人、法人或其他组织的委托，代理其办理非诉讼法律事务的律师业务。非争讼性业务是相对于诉讼性业务而言的，通过律师为委托人处理具有法律意义的非争讼性事务而维护和争取委托人的合法权益。可见，律师非争讼性业务同时具有诉讼外特征和法律特征。就诉讼外特征来说，律师非争讼性业务不受诉讼程序及其时限的约束；律师代理法律事务达到委托人的预期目的，是否具有强制执行力，也取决于法律的特别规定。就法律特征来说，律师代理的法律事务必须是真实、合法和具有法律意义的事务。

　　中华人民共和国成立后，即着手建立新的律师代理制度，但在20世纪50年代，律师代理业务仅限于一定范围的诉讼业务。而随着此后一段特殊历史时期律师制度的中断，律师代理业务也随之中断。直至20世纪80年代恢复律师制度，同时随着市场经济逐渐发展成熟，非争讼性业务便开始获得立法确认，律师越来越深入地参加到市场经济的各种活动中。1988年4月，司法部、中华全国律师协会在深圳召开了"律师办理非诉讼法律事务经验交流会"，对律师的非争讼性业务进行全面概括和总结，对办理非争讼性业务过程中所涉及的政策、法律和有关理论问题进行研究探讨，并就今后如何更好地开展该业务提出了意见和建议。此后，国家和职业自治两个层面的规范性文件中也一再明确律师的非争讼性业务，比如，为了充分发挥律师在集体科技企业产权界定工作中的作用，保障产权界定工作规范、公正地进行，1997年，司法部律师司、国家科委政策法规与体制改革司、国家国有资产管理局政策法规司共同颁布《关于律师从事集体科技企业产权界定法律业务的通知》；为了规范基本建设大中型项目招标投标活动，维护招标投标当事人的合法权益，保障招标投标市场的正常秩序，规范律师从事基本建设大中型项目招标投标法律业务的行业，1998

年，司法部办公厅、国家计划委员会政策研究室共同颁布《关于律师从事基本建设大中型项目招标投标法律业务的通知》；为了指导律师承办国有企业改制与相关公司治理业务，规范律师执业行为，保障律师依法履行职责，充分发挥律师在国有企业改制与公司治理中的作用，2007年，中华全国律师协会颁布《律师承办国有企业改制与相关公司治理业务操作指引》；此外还有中国证监会、司法部分别于2007年、2010年共同颁布的《律师事务所从事证券法律业务管理办法》《律师事务所证券法律业务执业规则（试行）》；等等。这些规范性文件对于规范我国律师非争讼性业务都具有积极的法律价值和社会价值。

依据我国现行《律师法》第28条规定，律师可以从事下列业务：①接受自然人、法人或者其它组织的委托，担任法律顾问；②接受民事案件、行政案件当事人的委托，担任代理人，参加诉讼；③接受刑事案件犯罪嫌疑人、被告人的委托或者依法接受法律援助机构的指派，担任辩护人，接受自诉案件自诉人、公诉案件被害人或者其近亲属的委托，担任代理人，参加诉讼；④接受委托，代理各类诉讼案件的申诉；⑤接受委托，参加调解、仲裁活动；⑥接受委托，提供非诉讼法律服务；⑦解答有关法律的询问、代写诉讼文书和有关法律事务的其它文书。其中，第①⑤⑥⑦项，都属于律师的非争讼性业务。

非争讼性业务通常涉及公司设立与破产清算、公司治理、公司并购、公司投资、证券发行与上市、银行金融融资、房地产开发、国际贸易、知识产权的申请和转让、债权债务清理、税务、许可证、共同财产分割、遗嘱执行和遗产分配等领域。而律师的工作方式则通常包括担任个人、法人或其他组织的法律顾问，参与合同的谈判、签约，作为中间人参加调解和仲裁，解答法律咨询和代写具有法律意义的文书，出具法律意见书和律师函，尽职调查，代办公证，等等。

以下，本章主要从律师出具法律意见书、律师作为中间人参加调解和仲裁、律师参与合同谈判等三方面对律师非争讼性业务规则作出介绍。

第二节　律师出具法律意见书的行为规则

法律意见书是律师或律师事务所接受委托人委托，对某一法律事实或具有法律意义的文书，依据法律规定进行分析、阐释和认定，向委托人或第三人提供法律意见和建议的律师业务文书。2007年中国证监会、司法部共同颁布的《律师事务所从事证券法律业务管理办法》（以下简称《管理办法》）第20条将证券法律业务中的法律意见书定义为"律师事务所及其指派的律师针对委托人委托事项的合法性，出具的明确结论性意见，是委托人、投资者和中国证监会及其派出机构确认相关事项是否合法的重要依据"。第20条同时规定，法律意见应当由律师在核查和验证所依据的文件资料内容的真实性、准确性、完整性的基础上，依据法律、行政法规及相关规定作出。我国司法部2016年修订的《律师执业管理办法》第32条第1款规定，律师出具法律意见，应当严格依法履行职责，保证其所出具意见的真实性、合法性。

根据法律意见书提供对象的不同，可分为向委托人提供的法律文书和向第三人提供的法律文书，前者以建议性质或代理性质居多，后者则以认定性质居多。下面，就以律师在从事证券法律业务中为第三方提供法律意见书为例说明相关行为规则。

依据《管理办法》第6条的规定，律师事务所从事证券法律业务，可以为下列事项出具法律意见：首次公开发行股票及上市；上市公司发行证券及上市；上市公司的收购、重大资产重组及股份回购；上市公司实行股权激励计划；上市公司召开股东大会；境内企业直接或者间接到境外发行证券、将其证券在境外上市交易;证券公司、证券投资基金管理公司及其分支机构的设立、变更、解散、终止;证券投资基金的募集、证券公司集合资产管理计划的设立;证券衍生品种的发行及上市;中国证监会规定的其他事项。

依据 2010 年中国证监会、司法部共同颁布的《律师事务所证券法律业务执业规则(试行)》(以下简称《执业规则》) 第 30 条的规定,法律意见书应当列明以下基本内容:标题,收件人,法律依据,声明事项,法律意见书正文,承办律师、律师事务所负责人签名及律师事务所盖章,律师事务所地址,法律意见书签署日期。

那么,律师在出具法律意见书时,应当遵守哪些行为规则呢?

首先,律师应当做到独立客观,在为第三人出具法律意见书时,不为其他单位和其他个人的意志所左右和摆布。依据《管理办法》第 11 条的规定,同一律师事务所不得同时为同一证券发行的发行人和保荐人、承销的证券公司出具法律意见,不得同时为同一收购行为的收购人和被收购的上市公司出具法律意见,不得在其他同一证券业务活动中为具有利害关系的不同当事人出具法律意见。律师担任公司及其关联方董事、监事、高级管理人员,或者存在其他影响律师独立性的情形的,该律师所在律师事务所不得接受所任职公司的委托,为该公司提供证券法律服务。

其次,律师应当做到勤勉尽责和诚实信用,这通过尽职调查和审慎查验来体现。具体而言:

依据《执业规则》第 3~7 条的规定,律师事务所及其指派的律师,应当进行尽职调查和审慎查验,对受托事项的合法性出具法律意见,并留存工作底稿。律师事务所及其指派的律师从事证券法律业务,应当运用自己的专业知识和能力,依据自己的查验行为,独立作出查验结论,出具法律意见。对于收集证据材料等事项,应当亲自办理,不得交由委托人代为办理;使用委托人提供材料的,应当对其内容、性质和效力等进行必要的查验、分析和判断。律师事务所及其指派的律师对有关事实、法律问题作出认定和判断,应当有适当的证据和理由。律师从事证券法律业务,应当就业务事项是否与法律相关、是否应当履行法律专业人士特别注意义务作出分析、判断。需要履行法律专业人士特别注意义务的,应当拟订履行特别注意义务的具体方式、手段、措施,并予以落实。律师事务所从事证券法律业务,应当建立、健全内部业务质量和执业风险控制机制,确保出具的法律意见书内容真实、准确、完整,逻辑严密、论证充分。

依据《管理办法》第 14、15 条的规定,律师在出具法律意见时,对与法律相关的业务事项应当履行法律专业人士特别的注意义务,对其他业务事项履行普通人一般的注意义务,其制作、出具的文件不得有虚假记载、误导性陈述或者重大遗漏。律师从国家机关、具有管理公共事务职能的组织、会计师事务所、资产评估机构、资信评级机构、公证机构(以下统称公共机构) 直接取得的文书,可以作为出具法律意见的依据,但律师应当履行前述注意义务并加以说明;对于不是从公共机构直接取得的文书,经核查和验证后方可作为出具法律意见的依据。律师从公共机构抄录、复制的材料,经该机构确认后,可以作为出具法律意见的依据,但律师应当履行前述注意义务并加以说明;未取得公共机构确认的,对相关内容进行核查和验证后方可作为出具法律意见的依据。

最后,律师应当出具格式规范、内容明确的结论性意见,并做好记录、确认和后续补充。依据《执业规则》第 29 条的规定,律师应当依据法律、行政法规和中国证监会的规定,在查验相关材料和事实的基础上,以书面形式对受托事项的合法性发表明确、审慎的结论性意见。依据第 36~38 条的规定,法律意见书发表的所有结论性意见,都应当对所查验事项是否合法合规、是否真实有效给予明确说明，并应当对结论性意见进行充分论证、分析。律师事务所对法律意见书进行讨论复核时，应当制作相关记录存入工作底稿，参与讨论复核的律师应当签名确认。法律意见书随相关申请文件报送中国证监会及其派出机构后，律师事务所不得对法律意见书进行修改，但应当关注申请文件的修改和中国证监会及其派出机构的反馈意见。申请文件的修改和反馈意见对法律意见书有影响的，律师事务所应当按规定出具补充法律意见书。此外，依据《管理办法》第21条的规定，法律意见书应当列明相关材料、事实、具体核查和验证结果、国家有关规定和结论性意见。法律意见不得使用"基本符合""未发现"等含糊措辞。依据第22条的规定，有下列情形之一的，律师应当在法律意见中予以说明，并充分揭示其对相关事项的影响程度及其风险：委托人的全部或者部分事项不符合中国证监会规定；事实不清楚，材料不充分，不能全面反映委托人情况；核查和验证范围受到客观条件的限制，无法取得应有证据；律师已要求委托人纠正、补充而委托人未予纠正、补充；律师已依法履行勤勉尽责义务，仍不能对全部或者部分事项作出准确判断；律师认为应当予以说明的其他情形。依据第25条的规定，法律意见书的具体内容和格式，应当符合中国证监会的相关规定。

第三节　律师作为中间人参加调解和仲裁的行为规则

在替代性纠纷解决方式越来越受到重视、应用也越来越广泛的今天，律师作为中立第三方（包括作为调解主持人和作为仲裁人）参与其中的情形也越来越常见。这既有利于强化法律在化解矛盾纠纷方面的权威地位，维护当事人合法权益，促进社会和谐稳定与公平正义；又有利于节约司法资源和诉讼成本，拓展律师业务领域，促进我国律师事业持续健康发展。随着我国社会主要矛盾的变化，人民群众对民主、法治、公平、正义等方面的要求日益增长，需要进一步发挥律师作为中间人参加调解和仲裁工作在化解社会矛盾、促进依法治理中的专业优势和实践优势，在更大范围内实现律师专业法律服务与中国特色非诉讼纠纷解决机制的有机结合。

一、律师作为中间人参加调解的行为规则

2017年，最高人民法院、司法部发布《关于开展律师调解试点工作的意见》（以下简称《意见》），在北京、黑龙江、上海、浙江、安徽、福建、山东、湖北、湖南、广东、四川等11个省（直辖市）进行律师调解试点工作。[1]相关内容主要包括：

确定律师作为中间人参加调解的指导思想。即全面贯彻党的十八大和十八届三中、四中、五中、六中全会精神，深入贯彻习近平总书记系列重要讲话和对律师工作的重要指示精神，围绕全面推进依法治国总目标，深化多元化纠纷解决机制改革，健全诉调对接工作机制，充分发挥律师职能作用，建立律师调解工作模式，创新律师调解方式方法，有效化解各类矛盾纠纷，维护当事人合法权益，促进社会公平正义，维护社会和谐稳定。

阐述律师作为中间人参加调解的基本原则：①坚持依法调解。律师调解工作应当依法进行，不得违反法律法规的禁止性规定，不得损害国家利益、社会公共利益和当事人及其

---

〔1〕　2018年，最高人民法院、司法部又发布了《关于扩大律师调解试点工作的通知》，对2017年《意见》发布后11个省（直辖市）开展律师调解试点工作所取得的明显成效作出肯定，并指出，为进一步推动律师调解试点工作的深入开展，决定将试点工作扩大至全国范围，明确扩大律师调解试点工作的主要任务和要求，进一步加强组织领导和工作保障。

他利害关系人的合法权益。②坚持平等自愿。律师开展调解工作，应当充分尊重各方当事人的意愿，尊重当事人对解决纠纷程序的选择权，保障其诉讼权利。③坚持调解中立。律师调解应当保持中立，不得有偏向任何一方当事人的言行，维护调解结果的客观性、公正性和可接受性。④坚持调解保密。除当事人一致同意或法律另有规定的外，调解事项、调解过程、调解协议内容等一律不公开，不得泄露当事人的个人隐私或商业秘密。⑤坚持便捷高效。律师运用专业知识开展调解工作，应当注重工作效率，根据纠纷的实际情况，灵活确定调解方式方法和程序，建立便捷高效的工作机制。⑥坚持有效对接。加强律师调解与人民调解、行政调解、行业调解、商事调解、诉讼调解等有机衔接，充分发挥各自特点和优势，形成程序衔接、优势互补、协作配合的纠纷解决机制。

明确律师调解案件范围。律师调解可以受理各类民商事纠纷，包括刑事附带民事纠纷的民事部分，但是婚姻关系、身份关系确认案件以及其他依案件性质不能进行调解的除外。

规范律师调解工作程序。人民法院、公共法律服务中心（站）、律师协会和律师事务所应当向当事人提供承办律师调解工作的律师事务所和律师调解员名册，并在公示栏、官方网站等平台公开名册信息，方便当事人查询和选择。律师事务所和律师接受相关委托代理或参与矛盾纠纷化解时，应当告知当事人优先选择调解或其他非诉讼方式解决纠纷。律师调解一般由一名调解员主持。对于重大、疑难、复杂或者当事人要求由两名以上调解员共同调解的案件，可以由两名以上调解员调解，并由律师调解工作室或律师调解中心指定一名调解员主持。当事人具有正当理由的，可以申请更换律师调解员。律师调解员根据调解程序依法开展调解工作，律师调解的期限为 30 日，双方当事人同意延长调解期限的，不受此限。经调解达成协议的，出具调解协议书；期限届满无法达成调解协议，当事人不同意继续调解的，终止调解。律师调解员组织调解，应当用书面形式记录争议事项和调解情况，并经双方当事人签字确认。律师调解工作室或律师调解中心应当建立完整的电子及纸质书面调解档案，供当事人查询。调解程序终结时，当事人未达成调解协议的，律师调解员在征得各方当事人同意后，可以用书面形式记载调解过程中双方没有争议的事实，并由当事人签字确认。在诉讼程序中，除涉及国家利益、社会公共利益和他人合法权益的外，当事人无需对调解过程中已确认的无争议事实举证。在公共法律服务中心（站）、律师协会和律师事务所设立的律师调解组织受理当事人直接申请，主持调解纠纷的，参照上述程序开展。

鼓励调解协议及时履行。经律师调解工作室或律师调解中心调解，当事人达成调解协议的，律师调解员应当鼓励和引导当事人及时履行协议。当事人无正当理由拒绝或者拖延履行的，调解和执行的相关费用由未履行协议一方当事人全部或部分负担。

建立律师调解员回避制度。律师调解员具有以下情形的，当事人有权申请回避：系一方当事人或者其代理人的近亲属的；与纠纷有利害关系的；与纠纷当事人、代理人有其他关系，可能影响公正调解的。律师调解员具有上述情形，当事人要求回避的，律师调解员应当回避，当事人没有要求回避的，律师调解员应当及时告知当事人并主动回避。当事人一致同意继续调解的，律师调解员可以继续主持调解。律师调解员不得再就该争议事项或与该争议有密切联系的其他纠纷接受一方当事人的委托，担任仲裁或诉讼的代理人，也不得担任该争议事项后续解决程序的人民陪审员、仲裁员、证人、鉴定人以及翻译人员等。

二、律师作为中间人参加仲裁的行为规则

首先，律师应当保持中立、公正和独立。律师既然居中进行仲裁，就不应当偏袒任何一方，并且，也不应受到个人、法人或其他组织的干涉，而是应当依法独立作出公正的判断。对此，可以参考我国现行《仲裁员行为考察规定》（以下简称《考察规定》）的规定规范律师行为。依据该规定第3、4条，仲裁员应当根据事实，依照法律，参考国际惯例，并遵循公平合理原则独立公正地审理案件。仲裁员应当独立、公正、勤勉、审慎地处理案件，不代表任何一方当事人利益，平等地对待双方当事人。此外，为了保证贯彻中立性，在法定情形下，律师还应当回避。对此可参考2017年《仲裁法》第34条的规定，仲裁员有下列情形之一的，必须回避，当事人也有权提出回避申请：是本案当事人或者当事人、代理人的近亲属；与本案有利害关系；与本案当事人、代理人有其他关系，可能影响公正仲裁的；私自会见当事人、代理人，或者接受当事人、代理人的请客送礼的。而《考察规定》第7条作出了同样的规定，并且对"其他关系"作出了进一步说明，包括：对于承办的案件事先提供过咨询的；与当事人、代理人现在或两年内曾在同一单位工作的；现任当事人法律顾问或代理人的，或者曾任当事人的法律顾问且离任不满两年的；为本案当事人推荐、介绍代理人的；担任过本案或与本案有关联的案件的证人、鉴定人、勘验人、辩护人、诉讼或仲裁代理人的；其他可能影响公正仲裁的事项。

其次，律师应当尽到勤勉和审慎义务。《考察规定》第4条对此作出了规定。同时，第8、9条还规定了未能履行勤勉和审慎义务所招致的后果：仲裁员在办理案件过程中未尽到勤勉义务，将严重影响案件质量和公正性及结案时限的，属于可被更换的情形。仲裁员聘任期限内违反仲裁员勤勉审慎义务，不认真阅卷，不熟悉案情，严重不负责任的，仲裁委员会有权将其解聘。

最后，律师应当遵守保密义务和避免利益冲突。不同于审判，仲裁往往以不公开方式进行，并且通常涉及商业秘密、当事人隐私、当事人或其他人不愿泄露的信息，甚至还可能涉及国家秘密。因此，律师在作为中间人参加仲裁时应当履行保密义务。这也是第四章所述律师保密义务在律师作为中间人参加仲裁业务中的具体要求。此外，律师也应当遵守利益冲突规则，在仲裁裁决被撤销的情况下，不得代理任何一方当事人进行诉讼。

第四节　律师参与合同谈判的行为规则

合同的签订是典型法律行为，涉及当事人的切身权利义务。因此，对权利义务具有高度敏感性，具备预见、防范和控制法律风险的能力，以及具有严谨、精确表达能力的律师，运用其专业知识和技能，参与合同谈判、协商、起草、修订、审查和签约，既能保证合同签订的合法性，也有利于最大限度维护委托人的合法权益，预防将来可能发生的合同纠纷，或者在合同纠纷发生后也能依据合同作出对委托人有利、无害，或至少是将损失降低到最小的处理。需要注意的是，律师代理合同谈判，但是否有代理签约的资格，取决于委托人是否予以特别授权。

律师应当遵守的行为规则包括：

在备约阶段，律师应当从委托人处获得尽可能全面、充分的信息。这就要求律师与委托人深入交谈，了解其谈判目的和初步意向，作出明确记录以备查考；收集相关资料情报（比如合同双方当事人关注的焦点和可接受的谈判上下限，合同对方当事人的资信情况、商业信誉，等等）和法律政策，并向委托人出具初步法律意见；协助委托人起草合同或拟定谈判方案（合同草案与谈判方案应当兼顾原则性和灵活性，确定哪些事情是己方不可让步的底线，同时也为可接受的、必要的妥协让步留下操作空间），预估谈判中可能遇到的困难并制定应对策略；此外，还应当尽责地为委托人讲解现行相关法律、法规规定，使委托人了解其签订合同的法律环境以及在可能发生合同纠纷时将招致的法律后果或可采用的法律救济手段；最后，律师还可以按照当事人的现有主客观条件，为其分析、预估谈判破裂或谈判成功当事人的利益损益情况。

在缔约阶段，合同双方当事人就有关事项进行谈判、协商。律师参与其中，根据其不同的角色，应当遵守不同的行为规则：①律师代理委托人担任主谈人参与合同谈判。律师应当总揽全局，提纲挈领，引导进程。及时与委托人及委托人方的其他谈判参加人员交换意见，对谈判所涉及的重大问题作出法律说明和解释；依据谈判进行的情况，有针对性地及时修订谈判内容或变更谈判策略，尽可能地推动谈判向理想方向发展；对于争议的焦点，应当在坚持合法性的同时，从"互利共赢"的视角说服合同对方当事人接受己方的要求[1]。②律师仅协助委托人参与合同谈判，律师应当密切跟进谈判流程，对于合同双方当事人的争议和分歧，及时向委托人作出法律说明、解释以供其参考；对于委托人及其谈判人员的重大失误，予以及时有效的纠正和补救；对于谈判中拟定的合同条文，尤其是关乎委托人切身权利义务的条文，应当认真审查，避免违法条文和不利于委托人的条文。总之，无论律师在合同谈判中担任什么角色，都应当做到勤勉审慎，并保持信息交流的畅通性、充分性和及时性。如果最后双方当事人因分歧无法和解而谈判破裂，律师还应当写出谈判纪要以作报备，在其中分析合同签订失败的原因，并着眼于委托人的现有主客观条件和利益期待，提出委托人是否继续谈判、另行谈判或彻底终止谈判的法律意见。如果最后合同得以签订，则律师还应当对合同履行过程中可能遭遇的纠纷和问题对委托人出具预见性法律意见。

在履约阶段，当合同双方当事人谈判成功签订了合同，就涉及合同的履行，但实际中合同并不一定能够自然履行完毕，而是可能发生合同中止、变更或解除等情况。若律师此时仍作为合同一方当事人的代理人，则应当采取及时有效的措施，与合同对方当事人协商确定解决方案。

■思考题

1. 律师出具法律意见书时当勤勉尽责和诚实信用，这主要包括哪些要求？
2. 律师参与合同谈判时应当遵守什么行为规则？

■参考书目

1. 任继鸿主编：《律师实务与职业伦理》，中国政法大学出版社 2014 年版。
2. 付少军、冉赛光主编：《律师法学教程》，中国检察出版社 2011 年版。
3. 王进喜：《法律职业行为法》，中国人民大学出版社 2014 年版。
4. 王进喜：《美国律师职业行为规则理论与实践》，中国人民公安大学出版社 2005 年版。
5. 马宏俊主编：《律师法学》，北京大学出版社 2013 年版。
6. 许身健主编：《法律职业伦理》，北京大学出版社 2014 年版。

---

[1] 美国谈判学会主席尼尔伦伯格在其论著《谈判的艺术》中对谈判作出如下定义："只要人们为了改变相互关系而交换观点，或为某种目的企求取得一致并进行磋商，即是谈判。"尼尔伦伯格认为，一场成功的谈判，对每一方来说都是有限的胜利者；谈判是一个"合作的利己主义的"过程。因此，作为主谈人的律师在合同谈判过程中，虽然旨在为委托人争取"分得最大的蛋糕"，但不能指望对方当事人接受颗粒无收的结果。适当从对方当事人角度考虑问题，才能保证谈判达到预期效果。

第九章　律师事务所内部关系及律师事务所执业行为规则

■ **本章概要**

　　律师事务所是律师的执业机构，是律师管理的基本单元，在律师管理体系中起着重要的作用。本章简要介绍新中国律师执业机构的发展历程，阐述律师执业机构的职责、内部关系，重点讲授律师事务所执业行为规则。

■ **本章关键词**

　　律师事务所；内部管理；职责；行为规则

第一节　律师事务所概述

　　律师事务所是律师的执业机构，在我国，依据《律师法》《律师事务所管理办法》规定，律师事务所须依法设立并取得执业许可证。律师事务所依法开展业务活动，加强内部管理和对律师在执业活动中遵守职业道德、执业纪律的情况进行监督，依法承担相应的法律责任。

　　新中国的律师执业机构，随着律师制度的发展不断发展进步，从单一的国办法律顾问处（律师事务所），已发展到目前以合伙律师事务所为主体，个人律师事务所、国家出资设立的律师事务所多种形式并存的格局。截至 2020 年底，全国共有律师事务所 3.4 万多家。其中，合伙所 2.06 万多家，占 60.59%，国资所 870 多家，占 2.56%，个人所 9400 多家，占 27.65%。从律师事务所规模来看，律师 10 人（含）以下的律师事务所 2.27 万多家，占 66.02%，律师 11 人至 20 人的律师事务所 7100 多家，占 20.83%，律师 21 人至 50 人的律师事务所 3400 多家，占 10.08%，律师 51 人至 100 人的律师事务所 680 多家，占 1.99%，律师 100 人（含）以上的律师事务所 360 多家，占 1.08%。

　　律师事务所的管理越来越受到重视，律师事务所党建工作实现了全覆盖，全国建立律师事务所党组织 8500 多个。

一、新中国律师执业机构发展历程

　　新中国律师制度初创于上个世纪 50 年代。1950 年 12 月，司法部针对当时仍然存在的旧律师与讼棍的活动，发出了《关于取缔黑律师及讼棍事件的通报》。一些大城市开始试创新律师制度，上海市人民法院专门建立了"公设辩护人"室，重点帮助一些刑事被告人，为他们进行辩护，摸索建立律师制度的经验，那是新中国最早的律师执业机构。1954 年 7 月，司法部发出《关于试验法院组织制度中几个问题的通知》，决定在北京、上海、天津、重庆、沈阳等大城市试行开展律师工作。随后，又有一些省、市、县成立法律顾问处，建立了律师组织。当时法律顾问处的设置与建立，由各地法院筹建，报司法厅批准。地方律师协会筹备委员会成立后，法律顾问处的设置与建立，报经省级律师协会筹备委员会批准，并受其领导。

1980年颁布的《律师暂行条例》规定，律师执行职务的工作机构是法律顾问处。"法律顾问处"这一名称源于20世纪50年代律师制度初建时，照搬苏联的模式，《律师暂行条例》予以沿用。随着律师工作的深入开展，这一称谓已不能恰当地反映律师执业机构的性质和它所担负的任务，也与国际上通称的律师事务所叫法不同，不利于律师对外业务的开展。1983年7月，蛇口律师事务所在深圳市挂牌开业，成为新中国最早称为律师事务所的律师工作机构。随后深圳等地的法律顾问处改名为律师事务所，1984年8月，在全国司法行政工作会议闭幕会上，司法部领导讲话明确指出：法律顾问处改称律师事务所。随后，大部分的律师执业机构都采用这一称谓。1996年《律师法》颁布后，所有的律师执业机构都统一称为律师事务所。

根据《律师暂行条例》，法律顾问处是由司法行政机关以行政区划为标准，按照县、市、市辖区设立，目的在于与基层人民法院、人民检察院的设置相适应，便于办案，方便群众委托律师，也便于司法行政机关对律师工作的组织领导和业务监督。随着律师工作的迅速发展，以及社会对律师服务的需求增大，律师事务所的设置突破了原有的规定，形成了一种多层次、多形式、多种类的设置格局。1996年颁布的《律师法》明确了律师事务所的三种形式——国家出资设立的律师事务所、合作律师事务所和合伙律师事务所。根据司法部《律师事务所、社会法律咨询服务机构脱钩改制实施方案》，全国绝大部分国办律师事务所在2000年完成了脱钩改制工作，把原国资律师事务所改制为合伙制律师事务所，小部分被改制为合作律师事务所。司法部《2004年中国律师业发展政策报告》要求强化律师事务所基础管理，建立健全律师事务所管理的各项制度，完善自我约束机制，加强质量内控，规范业务流程，提高服务质量。司法部《2005年中国律师业发展政策报告》提出在律师行业开展为期1年的合伙律师事务所规范建设年活动。

1996年《律师法》颁布以后，司法部颁布了一系列管理办法，以规范对律师事务所的管理，如《律师事务所登记管理办法》《律师事务所分所登记管理办法》《国家出资设立的律师事务所管理办法》《合伙律师事务所管理办法》《合作律师事务所管理办法》《律师违法行为处罚办法》。全国律师协会常务理事会于2004年3月20日通过了《律师事务所内部管理规则（试行）》，第五届中华全国律师协会常务理事会第七次会议审议通过了《全国优秀律师事务所评定办法》《全国优秀律师事务所评定标准》。《律师和律师事务所违法行为处罚办法》自2004年5月1日起施行。个人律师事务所从1994年开始试点。2007年10月修改后的《律师法》确定了我国律师事务所的组织形式为国家出资的律师事务所、合伙律师事务所及个人律师事务所。2008年7月18日司法部发布了《律师事务所管理办法》，2012年、2016年、2018年进行了修订、修正。

党的十八届三中全会决定要求"加强律师事务所的管理"，并明确"加强律师行业党的建设，扩大党的工作覆盖面，切实发挥律师事务所党组织的政治核心作用"。2015年，司法部印发《关于在全国律师队伍中开展全面依法治国教育的意见》再次强调"完善律师事务所决策程序、人员管理、风险控制、质量控制、收益分配等管理制度，建立健全律师事务所管理职责的落实机制，明确律师事务所负责人、合伙人的管理职责"。

二、律师事务所的设立

在我国，律师事务所的设立和发展，根据国家和地方经济社会发展的需要，实现合理分布、均衡发展。律师法规定了律师事务所设立的条件，律师事务所管理办法细化设立的条件、程序以及律师事务所的管理。

律师事务所可以由律师合伙设立、律师个人设立或者由国家出资设立。合伙律师事务所可以采用普通合伙或者特殊的普通合伙形式设立。

设立律师事务所应当具备下列条件：有自己的名称、住所和章程；有符合律师法规定的律师；设立人应当是具有一定的执业经历，且三年内未受过停止执业处罚的律师；有符合国务院司法行政部门规定数额的资产。《律师事务所管理办法》同时规定"省、自治区、直辖市司法行政机关可以根据本地经济社会发展状况和律师业发展需要，适当调整本办法规定的普通合伙律师事务所、特殊的普通合伙律师事务所和个人律师事务所的设立资产数额，报司法部批准后实施"。

律师事务所的设立许可，由设区的市级或者直辖市的区（县）司法行政机关受理设立申请并进行初审，报省、自治区、直辖市司法行政机关进行审核，作出是否准予设立的决定。成立三年以上并具有二十名以上执业律师的合伙律师事务所，根据业务发展需要，可以在本所所在地的市、县以外的地方设立分所。设在直辖市、设区的市的合伙律师事务所也可以在本所所在城区以外的区、县设立分所。

三、律师执业机构的职责

律师事务所对本所执业律师负有教育、管理和监督的职责。律师事务所应当依照《律师法》和有关法律、法规、规章及行业规范，建立健全执业管理和其他各项内部管理制度，加强对本所律师执业行为的监督。规范本所律师执业行为，履行监管职责，对本所律师遵守法律、法规、规章及行业规范，遵守职业道德和执业纪律的情况进行监督，发现问题及时予以纠正。

2016年，中共中央办公厅、国务院办公厅印发《关于深化律师制度改革的意见》对深化律师制度改革作出全面部署。强调加强律师事务所管理，建立科学的律师事务所管理结构，探索律师事务所设立专职管理合伙人。完善律师事务所及其负责人责任追究制度。

第二节　律师事务所内部关系

律师事务所的良好运作，离不开合理有序的管理。

一、律师事务所的内部管理组织结构

2004年3月，为进一步规范律师事务所的内部管理，加强律师队伍建设，全国律师协会常务理事会通过了《律师事务所内部管理规则（试行）》，该规则专章规定了律师事务所内部管理结构，旨在指导律师事务所合理划分管理职责，建立健全日常管理制度，完善决策、执行和监督机构，保障律师事务所合法、有序运行。实践中，不同规模的律师事务所在内部管理组织结构方面不尽相同。

（一）决策机构

决策机构对律师事务所的重大事宜作出决定。律师事务所决策机构的职责包括：①制定律师事务所的发展规划；②修改章程和合伙协议；③撤销、纠正日常管理机构违法、不当的行为；④决定律师事务所的合并、分立、变更形式、解散和清算；⑤吸收和辞退合伙人、合作人，推选律师事务所主任；⑥决定律师事务所的分配、财务、业务等管理制度；⑦决定律师事务所的其他重大事务。

合伙人会议或者律师会议为合伙律师事务所或者国家出资设立的律师事务所的决策机

构；个人律师事务所的重大决策应当充分听取聘用律师的意见。

（二）日常管理机构

律师事务所日常管理机构的职责是依照律师事务所章程及其内部管理制度，负责管理律师事务所的日常工作。律师事务所根据本所章程可以设立相关管理机构或者配备专职管理人员，协助本所负责人开展日常管理工作。律师事务所的日常管理可以实行主任负责制，也可以设立管理委员会、管理部（室）等机构。现在一些大型律师事务所将管理委员会的职能，按照议、决、行、监进行科学职权划分，成立决策委员会、监督与考评委员会。

（三）律师事务所负责人

律师事务所的负责人对内负责对律师事务所的业务活动和内部事务进行管理，对外代表律师事务所，依法承担对律师事务所违法行为的管理责任。

合伙律师事务所的负责人，应当从本所合伙人中经全体合伙人选举产生；国家出资设立的律师事务所的负责人，由本所律师推选，经所在地县级司法行政机关同意。个人律师事务所设立人是该所的负责人。

二、律师事务所内部管理的主要内容

具体来说，律师事务所对内部事务的管理职能主要有人事、业务、财务、行政管理及文化建设等方面。

（一）人事管理

律师事务所应当依法建立健全人员管理制度，加强对律师和其他工作人员的管理，监督律师恪守职业道德和执业纪律，不断提高律师执业水平，依法维护委托人的合法权益。

1. 人员的聘用。律师事务所不得聘用下列人员从事律师业务：①反对中华人民共和国宪法的；②被开除公职或者被吊销律师执业证书的；③受过刑事处罚的，但过失犯罪的除外；④品行不良的；⑤其他因生理、精神等方面的原因不适合从事律师职业的。此外，律师事务所不得接收不符合条件的人民法院、人民检察院离任人员到本所执业或者工作。律师事务所聘用律师和其他工作人员，应当与其签订聘用合同，并应当按照规定为聘用的律师和辅助人员办理失业、养老、医疗等社会保险。

合伙人的入伙及律师晋升合伙人的制度也是人事管理的重要内容。

2. 人力资源配置。"让最合适的人做最合适的事"是人力资源的最佳配置原则，律师事务所的人力资源配置方向应与该律师事务所的最终目标相适应。实现人力资源的最佳配置，人才的引进和培养是一个关键问题，人才的引进和培养必须要有律师事务所的制度作保障。

3. 日常的管理。

（1）实习人员的管理。律师事务所应当依法接受和管理实习人员实习。律师事务所不得指派实习人员单独办理律师业务。律师事务所应当依照《律师法》等有关规定，认真指导申请律师执业实习人员实习，如实出具实习鉴定材料或者相关证明材料。

（2）行政后勤人员的管理。主要是规定和落实各人员的岗位职责，服务于律师。

（3）执业律师的管理。包括：①律师事务所建立律师执业年度考核制度，负责组织对本所律师上一年度执业活动进行考核评议，出具考核意见；②对律师、申请律师执业实习人员在业务及职业道德等方面进行管理，组织所内学习与培训；③建立投诉查处制度。通过处理投诉，查找出现当事人投诉问题的原因，提出适当的补救措施，并改正不能令人满意的程序。

4. 律师离所的管理。律师变更执业机构时应当维护委托人及原律师事务所的利益；律师事务所在接受转入律师时，不得损害原律师事务所的利益。

2008 年北京市律师协会纪律委员会规范执业指引第 4 号，对有关律师转所事宜作了较为详细的规定。包括：①律师变更执业机构，律师与其所在的原律师事务所有义务互相配合，就业务和财务等相关事宜办理交接。②案卷属于律师事务所所有，律师在调离原所之前应当将所办结的案件卷宗全部归档，不得带离原所；在律师调离之前，原所应当向调离的律师主动索取案卷，不得允许律师将办理完结的案件的卷宗带离本所。③对于尚未办理完结的案件，原所及调转律师有义务在调离申请提出后及时以书面方式将该情况通知委托人，并就委托事项是否随律师转入新所征询委托人的意见。如委托人坚持继续委托该调离的律师承办，则该律师有义务在委托人与原所解除委托关系之前，征询拟调入的律师事务所的意见。除存在利益冲突等原因外，新所不得拒绝与委托人建立委托关系，同时原所应当与委托人签订书面的解除委托代理的协议。新所因上述原因不能与委托人建立委托关系的，除委托人明确表示另行委托律师外，原所应当指派其他律师继续办理委托人的委托事项，并与委托人签订书面的变更协议及授权委托书。④原所与新所应当以维护当事人在该案件中的合法权益为原则，协商一致，办理案件档案和费用的交接。

（二）业务管理

律师事务所应当依法建立健全业务管理制度，保证律师事务所正常开展业务活动。

1. 业务的拓展。律师事务所应根据自己的规模、实力、专业化方向等因素确定自身的服务定位，采取多种合法的手段，进行展业宣传。诸如发布广告，建立、注册和使用网站、博客、微信公众号、领英等互联网媒介，印制和使用宣传册等具有业务推广性质的书面资料或视听资料，出版书籍、发表文章，举办、参加、资助会议、评比、评选活动等，

2. 委托合同的签定。律师事务所应当统一接受委托，统一与委托人签订书面委托代理合同。律师事务所应当建立业务登记簿，进行分类登记，编号管理。

律师事务所与委托人签订委托合同时，应当如实告知委托人收费标准、需办理的相关手续、办理委托中应当注意的事项、可能存在的风险和出现的后果。

3. 律师事务所应当加强对本所印章的管理，指派专人保管。律师事务所印章的使用，必须履行相应的批准手续，并在用印登记簿上注明，保存备查。

4. 建立利益冲突检索和回避制度，有效地识别和处理利益冲突问题，以确保律师服务质量。

5. 律师事务所办理重大案件以及其他社会影响较大的案件，应当及时告知律师协会和司法行政机关。律师事务所可以设立专门业务指导机构，对律师办理重大疑难案件进行指导。

6. 业务的质量控制及绩效考评。质量是律师服务的根本，律师事务所及其律师办理业务，应当遵守律师协会制定的业务操作规程，为委托人提供优质的法律服务。要使律师服务质量得到有效的控制，要在律师服务形成的各个环节确定相应的策略、标准，并定期或不定期地加以检查，以确保消费者享受符合规范的服务。在质量控制中，建立相应的制度不可或缺，主要有：①工作日志制度；②案件讨论制度；③请示汇报制度；④客户关照制度。

7. 结案及质量跟踪监督制度。律师事务所应当根据有关规定建立健全档案管理制度。并建立相应制度，对律师的服务质量进行跟踪监督。

（三）财务管理

律师事务所的财务管理大体上包括实行统一的收费制度、事务所的成本核算、分配制

度等几个方面。

1. 律师事务所应当依法建立健全财务管理制度，加强财务管理。

2. 统一收案及收费制度。律师事务所应当统一收取服务费用和办案费用，并给委托人出具合法票据。案件办结后，由律师事务所统一与委托人进行结算。

3. 分配制度。律师事务所应当依照国家有关规定，按照按劳分配、兼顾效率与公平的原则，合理确定分配制度。

4. 律师事务所应依法纳税。

5. 律师事务所应当设立培训、执业责任保险等基金。律师事务所应当参加当地司法行政机关或者律师协会组织的执业责任保险。

（四）行政管理

律师事务所的行政管理主要包括三个方面：办公秩序的管理，会议制度，后勤保障。

办公场所可以反映出律师职业所具有的重要价值观念。同时，良好的办公条件是提供优质律师服务的物质基础，作为律师服务管理的基本单元，律师事务所应当为每一位在册的律师提供最基本的办公条件。律师事务所的办公场所所在的环境应与律师职业的性质与社会声望相称。

律师事务所必须在办公场所的醒目位置张挂律师事务所执业证书、税务登记证书等与律师事务所执业资格相关的证书或许可证等。律师事务所的办公场所必须满足基本的办公功能。应分别设置律师办公区、行政办公区、接待区、图书文档区等。各区域应有比较明确的划分。律师事务所应保证律师能够随时得到其所提供服务领域的最新的法律参考资料。此外，律师事务所每一个人都有责任通过其着装展示一个职业化的办公室所具有的职业精神。

（五）律师事务所文化建设

随着律师业的快速发展，许多律师事务所越来越重视文化对律师事务所建设和发展的无形影响，自觉地开展律师事务所的文化建设。文化对于加强律师事务所建设、提升律师事务所竞争力的作用是不争的事实。律师事务所的文化建设，从根本上讲就是要改善办所理念，确立发展目标，构建共同价值，由此达到激励士气、强化认同、规范行为、增强竞争力的目的。

第三节　律师事务所执业行为规则

律师事务所是律师的执业机构，是律师管理体系中承上启下的重要环节，是律师管理的基本单元。司法行政机关对律师行业的指导、监督，律师协会对律师行业的行业管理，很多方面都需要由律师事务所加以贯彻落实，强化律师事务所对执业行为规则的遵守，是律师事务所良好运作的保障。

一、律师事务所对本所执业律师负有教育、管理和监督的职责

律师事务所作为律师执业机构，律师管理活动中重要环节，对本所执业律师进行教育、管理和监督既是律师事务所的权利，也是律师事务所的义务。律师执业须在律师事务所的管理之下进行，律师事务所依法开展业务活动，加强内部管理和对律师执业行为的监督，依法承担相应的法律责任。

律师事务所应对本所律师遵守法律、法规、规章及行业规范，遵守职业道德和执业纪律的情况进行监督，发现问题及时予以纠正。律师事务所负责人和合伙人应承担起对本所

律师教育、管理和监督责任，从而使律师事务所在律师管理中的基础作用得到充分发挥。

　　律师事务所的自律管理历来是律师管理工作的重要内容。2006 年，司法部副部长赵大程在律师事务所主任培训班的讲话中，要求律师事务所增强管理能力，完善管理职责的落实机制、完善律师教育培训机制、完善律师约束机制、完善对律师执业行为的监督机制、完善对违规违纪行为的惩处机制。具体包括：①明确管理责任，逐步推行律师事务所主任的年度报告制度，以督促检查律师事务所管理职责的落实；推行律师事务所管理职责追究制度，对于不尽职守的管理人员予以一定的处罚，追究相应的责任。完善合伙人、合作人会议制度，健全决策议事程序，通畅决策落实渠道。②律师事务所要建立健全律师职业道德教育培训制度，要健全道德监督机制，定期总结检查本所律师的职业道德表现，要建立谈话提醒制度，对不良的思想倾向和行为倾向要及时批评教育。③律师事务所要从律师执业的各个角度、各个方面、各个环节约束律师，规范律师的行为。完善业务流程管理，加大对接案、签约、收费、结案审查等环节的监督。建立业务质量监控、利益冲突审查制度，防范业务风险。④在完善制度的基础上，设立专人负责对律师的执业活动进行监督管理。建立案件进展报告制度，定期听取承办律师的汇报，要建立与当事人的联系渠道，认真听取当事人的反馈意见。⑤对于违反职业道德和执业纪律的行为，要移交律师协会查处，不护短、不遮丑。律师事务所要建立健全惩处制度，对于违反职业道德和执业纪律的律师要严肃予以处理。合伙人、合作人有严重违反职业道德和执业纪律行为的，要依照协议和章程予以除名。[1]

　　《中共中央关于全面推进依法治国若干重大问题的决定》强调加强律师事务所管理。2015 年 8 月 20 日，孟建柱同志在全国律师工作会议上的讲话中强调"律师事务所要加强对本所律师执业活动的日常监督管理，及时发现纠正存在的问题，决不能捂着护着、养痈遗患。"

　　《律师法》第 50 条规定："律师事务所有下列行为之一的，由设区的市级或者直辖市的区人民政府司法行政部门视其情节给予警告、停业整顿一个月以上六个月以下的处罚，可以处十万元以下的罚款；有违法所得的，没收违法所得；情节特别严重的，由省、自治区、直辖市人民政府司法行政部门吊销律师事务所执业证书：（一）违反规定接受委托、收取费用的；（二）违反法定程序办理变更名称、负责人、章程、合伙协议、住所、合伙人等重大事项的；（三）从事法律服务以外的经营活动的；（四）以诋毁其他律师事务所、律师或者支付介绍费等不正当手段承揽业务的；（五）违反规定接受有利益冲突的案件的；（六）拒绝履行法律援助义务的；（七）向司法行政部门提供虚假材料或者有其他弄虚作假行为的；（八）对本所律师疏于管理，造成严重后果。律师事务所因前款违法行为受到处罚的，对其负责人视情节轻重，给予警告或者处二万元以下的罚款。"

二、律师事务所应当建立健全管理制度，对律师在执业活动中遵守职业道德、执业纪律的情况进行监督

　　《律师法》第 23 条规定："律师事务所应当建立健全执业管理、利益冲突审查、收费与财务管理、投诉查处、年度考核、档案管理等制度，对律师在执业活动中遵守职业道德、执业纪律的情况进行监督。"

　　律师事务所应当依法开展业务活动，加强内部管理和对律师执业行为的监督，依法承

---

〔1〕　李薇薇："司法部：'五大机制'完善律师事务所管理"，载中国法院网 https：//www.chinacourt.org/article/detail/2006/12/id/228137.shtml，访问日期：2019 年 10 月 5 日。

担相应的法律责任。具体体现在建立健全相应的规章制度。

1. 执业管理制度。执业管理制度是律师事务所管理最基本的制度，主要包括收案制度、重大疑难案件的请示报告、集体研究和检查督导制度、质量控制制度、违规律师辞退和除名制度等。

2. 利益冲突审查制度。利益冲突是律师执业活动中需要规制的重要内容。我国《律师法》明确规定："律师不得在同一案件中为双方当事人担任代理人，不得代理与本人或者其近亲属有利益冲突的法律事务"，并要求律师事务所应建立健全利益冲突审查制度。律师事务所受理业务，应当进行利益冲突审查，有效地识别和处理利益冲突问题，不得违反规定受理与本所承办业务及其委托人有利益冲突的业务。如果发现正在办理的业务违反律师业利益冲突原则，应及时采取补救措施，从而保证代理的有效性，防止律师侵犯委托人的利益，使司法制度得以有效运作。

律师应服从律师事务所对受理业务进行的利益冲突审查及其决定。

3. 收费与财务管理制度。律师承办业务，由律师事务所统一接受委托，与委托人签订书面委托合同。律师事务所应当按照有关规定统一收取服务费用并如实入账，向委托人出具有效收费凭证，及时查处有关违规收费的举报和投诉。律师事务所应当按照规定建立健全财务管理制度，建立和实行合理的分配制度及激励机制。

4. 投诉查处制度。律师事务所应当建立投诉查处制度，及时查处、纠正本所律师在执业活动中的违法违规行为，调处在执业中与委托人之间的纠纷；认为需要对被投诉律师给予行政处罚或者行业惩戒的，应当及时向所在地县级司法行政机关或者律师协会报告。

5. 年度考核制度。律师事务所应当建立律师执业年度考核制度，按照规定对本所律师的执业表现和遵守职业道德、执业纪律的情况进行考核，评定等次，实施奖惩，建立律师执业档案和诚信档案。

律师事务所应当于每年的一季度经所在地县级司法行政机关向设区的市级司法行政机关提交上一年度本所执业情况报告和律师执业考核结果，直辖市的律师事务所的执业情况报告和律师执业考核结果直接向所在地区（县）司法行政机关提交，接受司法行政机关的年度检查考核。

6. 档案管理制度。律师事务所应当按照规定建立健全档案管理制度，对所承办业务的案卷和有关资料及时立卷归档，妥善保管。律师承办业务，应当妥善保管与承办事项有关的法律文书、证据材料、业务文件和工作记录。在法律事务办结后，按照有关规定立卷建档，上交律师事务所保管。

三、律师事务所应当依法保障律师及其他工作人员的合法权益，为律师执业提供必要的工作条件

律师事务所属于《劳动合同法》调整规范的用人单位范畴，律师事务所聘用律师和其他工作人员，应当与其签订聘用合同。聘用合同的内容，应当合法、公平、明确、完整。

律师事务所应当保障本所律师和辅助人员享有下列权利：

1. 获得本所提供的必要工作条件和劳动保障。良好的办公条件是提供优质律师服务的物质基础，律师事务所应当为每一位在册的律师提供最基本的办公条件。律师事务所的办公场所所在的环境应与律师职业的性质与社会声望相称。

劳动保障是劳动者享有的基本权利，也是律师事务所应履行的义务。

2. 获得劳动报酬及享受有关福利待遇。合伙律师事务所和国家出资设立的律师事务所应当按照规定为聘用的律师和辅助人员办理失业、养老、医疗等社会保险。个人律师事务所聘用律师和辅助人员的，应当按前款规定为其办理社会保险。

2008年1月1日实施的《劳动合同法》和2008年9月18日国务院颁布实施的《劳动合同法实施条例》，明确将律师事务所纳入《劳动合同法》调整规范的用人单位范畴。2014年中华全国律师协会发布《关于律师事务所贯彻落实〈中华人民共和国劳动合同法〉保障律师最低工资权益的指导意见》，要求建立律师行业最低工资保障制度，依法严格规范律师行业工资支付管理，保障律师从业人员依法获得劳动报酬的权利。

同时，依据《劳动合同法》，律师事务所作为用工单位有义务提供与工作岗位相关的福利待遇。

3. 向本所提出意见和建议。

4. 法律、法规、规章及行业规范规定的其他权利。

四、律师事务所应建立统一收案收费制度

《律师法》第25条第1款规定："律师承办业务，由律师事务所统一接受委托，与委托人签订书面委托合同，按照国家规定统一收取费用并如实入账。"律师不得私自收费，不得接受委托人的财物或者其他利益。律师应当依照法定程序履行职责，不得未经当事人委托或者法律援助机构指派，以律师名义为当事人提供法律服务、介入案件，干扰依法办理案件。

律师私自接受委托、收取费用，接受委托人财物或者其他利益的，由设区的市级或者直辖市的区人民政府司法行政部门给予警告，可以处一万元以下的罚款；有违法所得的，没收违法所得；情节严重的，给予停止执业三个月以上六个月以下的处罚；律师事务所违反规定接受委托、收取费用的，由设区的市级或者直辖市的区人民政府司法行政部门视其情节给予警告、停业整顿一个月以上六个月以下的处罚，可以处十万元以下的罚款；有违法所得的，没收违法所得；情节特别严重的，由省、自治区、直辖市人民政府司法行政部门吊销律师事务所执业证书。律师事务所违反规定接受委托、收取费用的情形包括：①违反规定不以律师事务所名义统一接受委托、统一收取律师服务费和律师异地办案差旅费，不向委托人出具有效收费凭证的；②向委托人索要或者接受规定、合同约定之外的费用、财物或者其他利益的；③纵容或者放任本所律师有"私自接受委托、收取费用，接受委托人财物或者其他利益的"违法行为的。

五、律师及律师事务所必须依法纳税

税收是国家为满足社会公共需要，凭借公共权力，按照法律所规定的标准和程序，参与国民收入分配，强制取得财政收入所形成的一种特殊分配关系。税收是国家（政府）公共财政最主要的收入形式和来源。税收具有无偿性、强制性、固定性的属性。

依法纳税是宪法规定的一项基本义务。《宪法》第56条规定："中华人民共和国公民有依照法律纳税的义务。"早在1989年司法部曾下发关于律师事务所及律师依法纳税问题的通知，通知认为作为专门从事法律工作的律师，应当作为依法纳税的表率和遵纪守法的模范，要求"一、各级司法行政机关应当在近期内组织力量，对律师和律师事务所依法交纳个人收入调节税和奖金税的情况进行一次认真的检查。检查中，凡是发现有漏交税款的，都要按照有关规定及时补交。凡经过批评教育，仍不交纳应交税款的，应给予纪律处分，直至撤销律师资格。……二、各级司法行政机关应当对律师加强依法纳税的教育，组织全体律师认真学习税法，统一认识，提高依法纳税、模范遵守税法的自觉性。要使每一个律师（包括兼职和特邀人员）懂得，严格按照税法的规定办事，不仅是律师应尽的义务，同时也是对律师的纪律要求。今后，凡是个人收入符合纳税规定的，都应当自觉地照章纳税。

要把能否做到这一点作为对律师进行思想政治考核的一项重要内容，使每一个律师都养成依法纳税的良好习惯。三、通过检查工作，各级司法行政机关应当对律师和律师事务所依法纳税问题作出相应的规定，制定必要的制度……使律师依法纳税的工作逐步制度化"。

近年来，我国律师行业纳税额持续增长，合伙人个人所得税和增值税是律师行业纳税主要税种，此外还包括城市维护建设税、教育费附加、房产税等。

律师及律师事务所依法纳税，应履行以下义务：①律师事务所设立申请人应当在领取执业许可证后的六十日内，按照有关规定办理税务登记；②依照法律、行政法规的规定确定的期限缴纳税款、滞纳金或者罚款；③律师事务所应依照法律、行政法规的规定履行代扣、代收税款的义务。

六、律师事务所应当定期组织律师开展时事政治学习、业务学习，总结交流执业经验，以提高律师执业水平

律师事务所是律师执业机构，是律师执业最基本的管理单元。律师事务所管理是律师自我教育、自我约束的实现方式，律师事务所在整个律师工作中处于十分重要的地位。加强律师事务所建设，是强化律师管理、改善律师队伍形象的基础环节。律师事务所的建设，不仅关系到律师事务所自身生存发展，而且直接影响着律师职能作用的发挥。

律师事务所是律师最直接的自律管理组织，担负着提高律师的思想政治素质、业务素质和职业道德素质，监督管理律师执业行为的职责。为了实现这一职责，律师事务所应加强内部管理建设，发挥管理律师的作用。其日常的管理应包括定期组织律师开展时事政治学习、业务学习，总结交流执业经验，以提高律师执业水平。加强对律师执业活动的监管，切实发挥律师事务所对律师的管理作用。

律师是中国特色社会主义法治工作队伍的重要力量，担负着维护当事人合法权益，维护法律正确实施，维护社会公平和正义的使命。《中华全国律师协会章程》第3条明确将"坚持以习近平新时代中国特色社会主义思想为指导，坚持中国共产党领导，团结带领会员高举中国特色社会主义伟大旗帜，坚定维护以习近平同志为核心的党中央权威和集中统一领导，忠实履行中国特色社会主义法治工作队伍的职责使命，加强律师队伍思想政治建设，把拥护中国共产党领导、拥护社会主义法治作为律师从业的基本要求，增强广大律师走中国特色社会主义法治道路的自觉性和坚定性，忠于宪法和法律，自觉践行社会主义核心价值观，维护当事人合法权益、维护法律的正确实施，维护社会公平和正义，为全面依法治国、建设中国特色社会主义法治体系和社会主义法治国家，为把我国建设成为富强民主文明和谐美丽的社会主义现代化强国，实现中华民族伟大复兴而奋斗"规定为律师协会的宗旨。律师事务所应通过自身的日常管理，定期开展时事政治学习，坚定律师正确的政治站位，不忘初心，牢记使命。

委托人委托律师的目的是获得有效的法律帮助，而律师作为提供法律服务的人员，应以其法律智慧和娴熟的法律技能为委托人提供有效服务。律师执业准入，为律师的称职性提供了基本的保障，律师事务所定期组织律师开展业务学习、经验交流活动，为律师参加业务培训和继续教育提供条件，则有助于律师称职性的保持和提升。律师事务所建立健全重大疑难案件的请示报告、集体研究和检查督导制度，规范受理程序，指导监督律师依法办理重大疑难案件，有利于减少和避免执业风险，树立律师良好职业形象。

加强对本所律师的职业道德和执业纪律教育，是律师事务所强化队伍建设管理的重点，通过定期的职业道德和执业纪律教育活动，提升本所律师的职业道德水平与执业纪律水平，有效促进律师队伍依法执业、诚信执业、规范执业。

此外，《律师事务所管理办法》第 50 条还作了如下规定："律师事务所应当依法履行管理职责，教育管理本所律师依法、规范承办业务，加强对本所律师执业活动的监督管理，不得放任、纵容本所律师有下列行为：（一）采取煽动、教唆和组织当事人或者其他人员到司法机关或者其他国家机关静坐、举牌、打横幅、喊口号、声援、围观等扰乱公共秩序、危害公共安全的非法手段，聚众滋事，制造影响，向有关部门施加压力。（二）对本人或者其他律师正在办理的案件进行歪曲、有误导性的宣传和评论，恶意炒作案件。（三）以串联组团、联署签名、发表公开信、组织网上聚集、声援等方式或者借个案研讨之名，制造舆论压力，攻击、诋毁司法机关和司法制度。（四）无正当理由，拒不按照人民法院通知出庭参与诉讼，或者违反法庭规则，擅自退庭。（五）聚众哄闹、冲击法庭，侮辱、诽谤、威胁、殴打司法工作人员或者诉讼参与人，否定国家认定的邪教组织的性质，或者有其他严重扰乱法庭秩序的行为。（六）发表、散布否定宪法确立的根本政治制度、基本原则和危害国家安全的言论，利用网络、媒体挑动对党和政府的不满，发起、参与危害国家安全的组织或者支持、参与、实施危害国家安全的活动；以歪曲事实真相、明显违背社会公序良俗等方式，发表恶意诽谤他人的言论，或者发表严重扰乱法庭秩序的言论。"

《律师和律师事务所违法行为处罚办法》第 30 条还明确了属于《律师法》第 50 条第 8 项规定的律师事务所"对本所律师疏于管理，造成严重后果的"违法行为的情形，对造成严重后果和恶劣影响的，由司法行政机关视其情节给予警告、停业整顿一个月以上六个月以下的处罚，可以处十万元以下的罚款；有违法所得的，没收违法所得；情节特别严重的，吊销律师事务所执业许可证书。律师事务所因违法行为受到处罚的，司法行政机关应当依照《律师法》第 50 条第 2 款的规定，对该所负责人视其管理责任以及失职行为情节轻重，给予相应的行政处罚。

七、律师事务所应当认真指导申请律师执业实习人员实习，如实出具实习鉴定材料和相关证明材料

《律师法》第 5 条第 1 款明确规定："申请律师执业，应当具备下列条件：（一）拥护中华人民共和国宪法；（二）通过国家统一法律职业资格考试取得法律职业资格；（三）在律师事务所实习满一年；（四）品行良好。"实习是申请律师执业的必要条件。

1980 年颁布的《律师暂行条例》第 11 条就规定了"高等院校法律专业毕业生或者经过法律专业训练的人员，经省、自治区、直辖市司法厅（局）考核批准，可以担任实习律师。实习律师的实习期为两年。实习期满，依照本条例第九条规定的程序，授予律师资格；考核不合格的，可以延长其实习期"。有关实习律师的实习管理由司法行政机关负责，具体实习活动由法律顾问处负责。1996 年《律师法》第 10 条规定"申请领取律师执业证书的，应当提交下列文件：……（三）申请人所在律师事务所出具的实习鉴定材料；……"

2006 年，司法部《关于中华全国律师协会请示制定〈申请律师执业人员实习管理规则（试行）〉的批复》（司复〔2006〕21 号）同意中华全国律师协会以行业规范文件形式印发《申请律师执业人员实习管理规则（试行）》，由各地律师协会在地方司法行政机关的指导、监督下，按照新的实习管理制度，规范实习活动，负责实习工作的规划、组织及管理工作。中华全国律师协会 2006 年 11 月 28 日发布《申请律师执业人员实习管理规则（试行）》，其中与律师事务所有关的内容包括：实习人员的实务训练，由接收实习人员实习的律师事务所负责安排并加以管理；律师事务所拟接收实习人员实习的，应当向住所地地市级以上司法行政机关备案；律师事务所不得接收实习人员的情形；实习协议应明确的事项；实习指导律师应当符合的条件；实习指导律师的任务和职责；律师事务所对指导律师履职的监督；

实习期满，律师事务所出具的《实习鉴定书》，以及接收实习人员实习的律师事务所及指导律师在指导实习活动中违规的处理等。由律师协会承担实习管理职责，这是强化律师协会行业自律职能的重要举措。

2010 年 6 月，七届中华全国律师协会第五次常务理事会根据 2008 年 6 月 1 日起施行的《中华人民共和国律师法》，审议通过了修订后的《申请律师执业人员实习管理规则》，其中对进一步强化律师事务所和实习指导律师的教育管理职责加以明确规定，要求"律师事务所对本所实习人员的实务训练，要有切实可行的工作规划；发现实习人员违反实习纪律的，律师事务所和实习指导律师应当给予批评教育；发现实习人员有严重违法违规行为、不符合申请律师执业条件的，律师事务所要及时、主动向律师协会报告，经律师协会查证属实后，解除与该实习人员的实习关系。律师事务所要督促实习指导律师切实履行职责，实习指导律师严重违背职责的，应当终止其指导实习的工作"。

依据《申请律师执业人员实习管理规则》，律师事务所接受申请律师执业人员实习的，应做到以下方面：

1. 接受申请律师执业人员的律师事务所应符合《申请律师执业人员实习管理规则》规定的条件。有下列情形之一的，不得接收实习人员实习：①无符合规定条件的实习指导律师的；②受到停业整顿以下行政处罚或者行业惩戒，自被处罚或者惩戒之日起未满一年的；③受到停业整顿行政处罚，处罚期未满或者期满后未逾三年的；④受到禁止接收实习人员实习的行业惩戒，惩戒期限未满的。

2. 与申请实习人员签订《实习协议》，并出具的本所不具有《申请律师执业人员实习管理规则》第 8 条规定情形的说明。实习协议内容应符合《申请律师执业人员实习管理规则》第 9 条之规定；

3. 律师事务所负责组织实施实习人员的实务训练。律师事务所应当按照中华全国律师协会制定的《实务训练指南》，指派符合条件的律师指导实习人员进行实务训练，并为实习人员进行实务训练提供必要的条件和保障。包括办公场所、设施等硬件及软件的条件和保障。

4. 律师事务所应当对实习活动履行下列管理职责：①定期或者适时召开会议，通报实习人员的实习情况，研究改进实习工作的措施；②对实习指导律师履行职责的情况进行监督，发现问题及时纠正，对严重违背规定职责的，应当停止其指导实习的工作；③对实习人员在实习期间的表现及实习效果进行监督和考查，并在实习结束时为其出具《实习鉴定书》，对实习人员的政治素质、道德品行、业务素质、遵守律师职业道德和实习纪律等方面的情况如实作出评价。

5. 实习人员在实习期间有《申请律师执业人员实习管理规则》规定的违规行为的，律师事务所应当给予批评教育，责令改正，并报告当地的律师协会。青年律师是律师行业的未来，2018 年 11 月，中华全国律师协会印发《关于扶持青年律师发展的指导意见》，就进一步加强对青年律师的教育培养工作，扶持青年律师健康成长，促进律师事业均衡发展作出部署，要求律师事务所加大对青年律师培养的投入，按年度业务收入提取一定比例作为本所青年律师的培养经费，专项用于组织本所内部的青年律师学习、培训和交流，为在生活上有困难的青年律师提供帮扶和救助等。要求律师事务所建立健全青年律师传帮带机制，指派相关业务领域资深律师指导青年律师办案，通过经验交流以及个案指导等多种形式，帮助青年律师提高执业能力和水平。要求律师事务所为青年律师提供更多的业务学习交流平台，组织或选派参加国内外培训、举办技能竞赛、"青苗班""青训营""青拓班"或论坛、沙龙，创造交流机会，提高青年律师执业能力等。

八、律师事务所不得从事法律服务以外的经营活动

《律师法》第27条规定，律师事务所不得从事法律服务以外的经营活动。律师事务所应当在法定业务范围内开展业务活动，不得从事与法律服务无关的其他经营性活动。

《律师和律师事务所违法行为处罚办法》第25条规定，有下列情形之一的，属于《律师法》第50条第3项规定的律师事务所"从事法律服务以外的经营活动的"违法行为：①以独资、与他人合资或者委托持股方式兴办企业，并委派律师担任企业法定代表人或者总经理职务的；②从事与法律服务无关的中介服务或者其他经营性活动的。不得从事与法律服务无关的其他经营性活动。

九、律师和律师事务所应当履行法律援助义务

《律师法》第42条明确规定，律师、律师事务所应当按照国家规定履行法律援助义务，为受援人提供符合标准的法律服务，维护受援人的合法权益。

律师事务所应当依法履行法律援助义务，及时安排本所律师承办法律援助案件，为办理法律援助案件提供条件和便利，无正当理由不得拒绝接受法律援助机构指派的法律援助案件。

律师应当按照国家规定履行法律援助义务，为受援人提供符合标准的法律服务，维护受援人的合法权益，不得拖延、懈怠履行或者擅自停止履行法律援助职责，或者未经律师事务所、法律援助机构同意，擅自将法律援助案件转交其他人员办理。《中华全国律师协会章程》明确规定履行律师协会规定的法律援助义务是个人会员的义务，律师履行法律援助义务，接受律师协会和司法行政部门的监督。

律师事务所拒绝法律援助机构的指派，不安排本所律师办理法律援助案件的，由司法行政部门给予警告、责令改正；情节严重的，给予1个月以上3个月以下停业整顿的处罚。

律师无正当理由拒绝接受、擅自终止法律援助案件或办理法律援助案件收取财物的，由司法行政部门给予警告、责令改正；情节严重的，给予1个月以上3个月以下停止执业的处罚；收取财物的，由司法行政部门责令退还违法所得的财物，可以并处所收财物价值1倍以上3倍以下的罚款。

十、律师事务所不得指派没有取得律师执业证书的人员或者处于停止执业处罚期间的律师以律师名义提供法律服务

我国律师执业实行执业许可制度，申请律师执业，须向设区的市级或者直辖市的区人民政府司法行政部门提出申请，经省、自治区、直辖市人民政府司法行政部门审核，符合执业许可条件，准予执业的，向申请人颁发律师执业证书。律师执业证书是律师依法获准执业的有效证件。律师事务所作为律师的执业机构，统一接受委托人的委托后，指派符合律师法要求的律师承办业务，为委托人提供有效的法律服务。不得指派没有取得律师执业证书的人员（包括非律师和申请律师执业的实习人员）或者处于停止执业处罚期间的律师以律师名义提供法律服务。

律师受到停止执业处罚的，由作出处罚决定的司法行政机关或者由其委托的下一级司法行政机关在宣布或者送达处罚决定时扣缴被处罚律师的执业证书。律师受到停止执业处罚的，应当自处罚决定生效后至处罚期限届满前，将律师执业证书缴存其执业机构所在地县级司法行政机关。

《律师和律师事务所违法行为处罚办法》明确将"纵容或者放任律师在本所被处以停业整顿期间或者律师被处以停止执业期间继续执业"造成严重后果和恶劣影响的情形，规

定为属于《律师法》第50条第8项规定的律师事务所"对本所律师疏于管理，造成严重后果的"违法行为。

十一、律师事务所对受其指派办理事务的律师辅助人员出现的错误，应当采取制止或者补救措施，并承担责任

在律师事务所的运作中，律师辅助人员的作用不可或缺。律师事务所从业人员中，除执业律师外，还有律师辅助人员，有的规模较大的律师事务所，设行政专员、人事专员、财务专员、市场专员、翻译、秘书等岗位。实践中，业界对律师辅助人员队伍的重视度不断增强，律师辅助人员比例也在升高，他们与律师团队共同推进律师事务所的整体发展。

律师事务所应加强对律师辅助人员管理，监督他们履行下列义务：①遵守宪法和法律，遵守职业道德和执业纪律；②依法、诚信、规范执业；③接受本所监督管理，遵守本所章程和规章制度，维护本所的形象和声誉；④法律、法规、规章及行业规范规定的其他义务。

律师事务所对受其指派办理事务的律师辅助人员出现的错误，应当采取制止或者补救措施，并承担责任。

十二、律师事务所有义务对律师、申请律师执业实习人员在业务及职业道德等方面进行管理

律师事务所是律师的执业机构，有义务对律师、申请律师执业实习人员在业务及职业道德方面进行管理。

1. 业务方面的管理。律师事务所对律师、申请律师执业实习人员在业务进行管理，规范本所律师执业行为，履行监管职责，发现问题及时予以纠正。

2. 职业道德方面的管理。职业道德建设是律师队伍建设的重大问题，党的十八届三中全会对进一步完善律师制度作出了重大部署，明确提出要加强职业道德建设，发挥律师在维护公民和法人合法权益方面的重要作用。进一步加强律师职业道德建设，是建设高素质律师队伍的迫切需要。

2014年，司法部印发《关于进一步加强律师职业道德建设的意见》，对进一步加强律师职业道德建设做出全面部署。《关于进一步加强律师职业道德建设的意见》明确，要健全完善进一步加强律师职业道德建设的长效机制。一是要健全完善律师职业道德规范制度体系。二是要健全完善律师职业道德教育培训机制。三是要健全完善律师践行职业道德的监督管理机制。四是要健全完善律师遵守职业道德的考核奖励机制。五是要健全完善律师职业道德建设扶持保障政策。

为贯彻落实司法部《关于进一步加强律师职业道德建设的意见》，中华全国律师协会制定了《律师职业道德基本准则》。律师事务所有义务对律师、申请律师执业实习人员进行职业道德的教育和管理，并将律师遵守职业道德和执业纪律的情况作为律师执业年度考核的重要内容，列入对律师执业水平进行综合评价的指标体系。

■思考题

1. 律师事务所在律师职业伦理建设中的定位？
2. 如何理解律师事务所不得从事法律服务以外的经营活动？
3. 律师事务所合伙人的管理责任？

■参考书目

1. 上海市律师协会第十届律所规范与发展委员会主编：《律师事务所管理实务与探索》，法律出版社 2019 年版。

2. ［美］加里·A．马内尼克著，王进喜等译：《律师事务所管理导论》，中国人民大学出版社 2015 年版。

3.《北京市律师事务所管理手册》，北京市律师协会 2011 年版。

4. ［美］德博拉·L．罗德、小杰弗瑞·C．海泽德著，王进喜等译：《律师的职业责任与规制（第二版）》，中国人民大学出版社 2013 年版。

5. 陈宜编著：《律师执业组织形式和律师管理体制研究》，中国政法大学出版社 2014 年版。

6. 王进喜："律师事务所管理评价体系研究报告"，载《中国司法》2007 年第 8 期。

7.《律师事务所管理评价体系材料汇编》，北京市律师协会 2009 年版。

第十章　律师和律师事务所与司法行政 机关和律师协会的关系规则

■ **本章概要**

　　本章介绍了律师管理体制及我国律师管理体制的发展历程，在我国"两结合"管理体制下，司法行政机关和律师协会对律师行业所担负的职责，律师和律师事务所对司法行政机关和律师协会应遵守的规则。

■ **本章关键词**

　　律师管理体制；司法行政管理；律师协会管理；规则

　　律师管理是指对律师行业及律师群体的管理和规制，是律师制度中的重要内容。如何搞好律师的管理工作，制定好律师管理的制度规范，直接关系到律师制度各项具体制度的构建，对于保障律师事业健康发展有着至关重要的作用。在我国，司法行政部门依照《律师法》对律师、律师事务所和律师协会进行监督、指导，律师协会对律师和律师事务所进行行业管理。律师和律师事务所既是被管理的对象，也是管理的主体，律师和律师事务所应接受司法行政机关监督和指导，遵守律师协会制定的律师行业规范和规则，享有律师协会章程规定的权利，承担律师协会章程规定的义务。

第一节　我国的律师管理体制

　　新中国的律师管理体制是随着律师行业的改革和迅速发展而不断改革创新的，其发展变迁的历程与国家政治、经济、法律的发展变化紧密相关。自新中国成立初期律师制度初创及"文革"结束恢复重建律师制度，为适应市场经济及法治建设的需要，律师执业组织形式经历了从国办所一统天下，合作制所的试点及退出，到目前国资所、合伙所、个人所并存并不断发展的格局，律师管理体制也经历了从单一的政府管理到司法行政机关与律师行业协会共同管理的变化过程。目前在我国，广义的律师管理可以分为四个层次：司法行政机关的管理，律师协会行业的管理，律师事务所的管理和律师的自律。狭义的律师管理仅指司法行政机关的行政管理和律师协会的行业管理。

一、我国律师管理体制的变迁

（一）由法院或司法行政机关管理律师

　　新中国成立以后，我国彻底废除了旧的司法制度，创建新的司法制度。1950年7月颁布的《人民法庭组织通则》和1954年宪法以法律的形式确立了辩护制度。并在废除旧律师制度的同时，着手创建人民律师制度。1950年夏，司法部草拟了《京、津、沪三市辩护人制度试行办法（草案）》准备提交第一届全国司法会议讨论。在同年 7、8 月召开的第一届全国司法会议上，司法部长史良作了《关于目前司法行政工作报告》，明确提出建立新中国律师制度，并要求有条件的地方可以酌予试办。1950 年 12 月，司法部针对当时仍然存在的旧律师与讼棍的活动，发出了《关于取缔黑律师及讼棍事件的通报》。一些大城市开始试创新律师制度，上海市人民法院专门建立了"公设辩护人"室，重点帮助一些刑事被告人进行辩护，摸索建立律师制度的经验。1954 年 7 月，司法部发出《关于试验法院组织制度中几个问题的通知》，决定在北京、上海、天津、重庆、沈阳等大城市试行开展律师工作。随后，又有一些省、市、县成立法律顾问处，建立了律师组织。从 1955 年起，经国务院批准，开始在全国推行律师工作。截至 1957 年 6 月，全国已有法律顾问处 817 个，专职律师和兼职律师分别发展 2528 名和 350 名，30 万人口以上的城市和中级人民法院所在地的县一般都设有法律顾问处，同时，全国已有 14 个省、市、自治区开始筹建律师协会。1957 年下半年，由于极"左"思潮的影响，反右斗争扩大化，一批律师被打成右派，被下放、劳动改造，甚至被判刑，律师队伍受到严重摧残，律师制度被宣布为资产阶级的东西，被彻底否定，律师机构相继瓦解，新中国的律师制度被扼杀在摇篮里。这一时期的律师管理体制，在 1956 年 12 月 6 日，司法部对江苏省司法厅《关于律师工作若干问题的请示的批复》中有明确的表述"在一时还不能成立法律顾问处的情况下，应该把律师办公室设在法院外面，而由法院院长对单个律师的活动从旁加以指导、帮助和监督。（司法部公证律师司按：单个律师的活动应由司法行政机关负责管理）"即由法院或司法行政机关管理律师。

（二）单一的司法行政管理

1979 年律师制度恢复重建，1980 年 8 月 26 日第五届全国人民代表大会常务委员会第十五次会议通过了《中华人民共和国律师暂行条例》。《律师暂行条例》规定，律师是国家的法律工作者，法律顾问处（后来改称律师事务所）受国家司法行政机关的组织领导和业务监督。律师协会是社会团体，其职责是"维护律师的合法权益，交流工作经验，促进律师工作的开展，增进国内外法律工作者的联系"，并无管理职能。司法部副部长李运昌关于《中华人民共和国律师暂行条例》的几点说明中强调："法律顾问处受国家司法行政机关的组织领导和业务监督。这也是从我国的现实情况出发，因为在事实上，律师人员的调配、考核、奖惩、思想教育、专业培训，以及律师经费的管理、律师机构的设置和各项物质设施的筹措等一系列组织建设和行政管理工作，都要各级司法行政机关来抓，也只有各级司法行政机关才能办。这样明确规定出来，有利于律师制度的建立和律师工作的开展，是切合当前的实际需要的。至于律师的业务则由法律顾问处具体领导；当然，各级司法行政机关也应进行指导、检查和督促。"对律师的管理实行单一的司法行政管理。这种司法行政机关对律师机构实行统管的管理体制，在律师制度的恢复和重建时期对设置律师工作机构，组建律师队伍，开展律师业务曾起到积极的推动作用。伴随着我国社会政治、经济的巨大发展，这种管理体制的不合理性和弊端日益显现出来。司法行政机关对律师、律师事务所管理过宽、过滥，事无巨细都要介入管理。例如：律师事务所主任由司法行政机关任命；财务收支由司法行政机关掌握；律师事务所人员调动也由司法行政机关自己做主，不征求律师事务所意见，甚至一些地方律师业务收费及其购置的一些财产也被司法行政机关无偿占用，使律师事务所没有人、财、物的必要的自主权，妨碍律师及律师事务所充分发挥主动性和积极性；把律师事务所视同司法行政机关，采取行政管理的办法管律师，妨碍了律师独立执行职务。而律师行业是专业性很强的职业，其发展有着自身的规律，行政管理机关往往很难深入了解律师行业的实践，缺乏对律师行业发展规律的把握。同时，管理机关的人员数量有限，从而降低了管理效率。律师事务所人员受国家司法行政编制的限制，造成律师队伍发展缓慢。这些弊端的存在，在很大程度上束缚了律师的发展，限制了律师在社会活动中的作用，也严重阻碍了整个律师业的发展壮大。

为了克服单一的司法行政管理体制的各种弊端，律师管理体制必须进行改革，各级司法行政机关逐步采取了一些改革措施，改革律师的管理体制一直是律师工作改革的一个重要方面。1984 年司法部《关于加强和改革律师工作的意见》明确规定，司法行政机关对律师事务所的具体管理事项为：①及时向律师事务所的人员传达党和国家的有关方针、政策、指示，加强律师人员的政治思想工作和业务培训，督促、检查律师事务所执行政策、法律；②审查律师事务所的长远规划、年度计划和财务预决算；③审查律师事务所的重要业务活动方案，特别是重大刑事案件、与检察院、法院有严重分歧的刑事案件的辩护意见；④帮助律师事务所与有关部门疏通渠道，解决工作中遇到的困难和问题；⑤考核、管理律师事务所的干部。从规定可以看出，司法行政机关对律师事务所的管理较之《律师暂行条例》的规定已经有所放手，律师事务所在业务、财务上有了相对的自主权。对其中"审查律师事务所的重要业务活动方案，特别是重大刑事案件、与检察院、法院有严重分歧的刑事案件的辩护意见"，则应该放到当时的社会环境中去加以考量。

1986 年 7 月，全国第一次律师代表大会上成立了中华全国律师协会，大会通过的《中华全国律师协会章程》规定中华全国律师协会的职责为：①对会员进行思想政治教育和职业道德教育、组织会员学习党和国家的方针政策、国家的法律和有关专业知识；②组织开展律师业务研究活动，总结交流律师业务工作经验，举办律师报刊，提高律师的业务水平，推动律师工作开展；③支持律师依法履行职责，维护会员的合法权益；④为会员提供业务信息服务；⑤向有关部门反映关于法制建设问题的建议；⑥举办会员的福利事业；⑦联系省、自治区、直辖市律师协会工作；⑧开展与国外律师及律师团体的交往活动。

1989 年司法部在《关于加强司法行政机关对律师工作的领导和管理的通知》中强调，各级司法行政机关在加强对律师工作的领导和管理时，要充分考虑律师工作的特点，尊重律师事务所的自主权，在人事方面除律师事务所主任外其他工作人员的进出，由律师事务所按有关政策和规定办理。经费方面，律师事务所除按规定上缴管理费，重大开支报司法行政机关审批外，一般性的开支由律师事务所按照有关财务制度自理。

（三）两结合管理体制的提出

1993 年司法部《关于深化律师工作改革的方案》指出，要努力建设有中国特色的律师管理体制，建立司法行政机关的行政管理与律师协会的行业管理相结合的管理体制，经过一段时期的实践后，逐步向司法行政机关宏观管理下的律师协会行业管理体制过渡。司法行政机关对律师工作主要实行宏观管理，其职责是：①制定律师行业发展规划，起草和制定有关律师工作的法律草案、法规草案和规章制度；②批准律师事务所及其分支机构的设立；③负责律师资格的授予和撤销；④负责执业律师的年检注册登记；⑤加强律师机构的组织建设和思想政治工作。

1995 年 7 月召开的第三次全国律师代表大会审议和通过了新的《中华全国律师协会章程》，选举了新一届全国律师协会理事会，并产生了新一届全国律师协会领导班子。141 名理事全部由执业律师组成，会长、副会长、常务理事全部由理事会产生。常务理事会聘任司法部推荐的干部任律协秘书长，秘书处工作人员全部实行聘任制，中华全国律师协会的经费全部来源于律师会费，协会租房办公，与司法行政机关在机构、人员及办公场所等方面完全分开。律师行业管理开始得到体现，这对于充分发挥律师协会的自律作用无疑具有重要的意义。新的章程规定，中华全国律师协会"受中华人民共和国司法部指导和监督"。其职责包括：①组织会员学习国家的法律、政策和有关专业知识，对会员进行职业道德和执业纪律的教育；②制定律师行业规范和准则并组织实施；③组织会员开展律师工作研讨活动，总结、交流律师业务经验；④负责对律师进行培训和业务指导；⑤开拓律师业务领域；⑥支持会员依法执业，维护会员的合法权益；⑦负责对会员的奖励和惩戒工作；⑧指导地方律师协会搞好律师、律师机构的登记、公告等工作；⑨开展与外国、境外律师界的交往活动；⑩举办律师刊物，编辑出版业务资料，为会员提供业务信息；⑪向司法行政机关和国家有关部门提出关于法制建设、律师制度的改革与发展的建议；⑫维护会员间的团结，解决会员间的纠纷；⑬举办会员的福利事业；⑭指导、支持团体会员的工作；⑮办理法律规定的中华人民共和国司法部委托办理的其他事项。

经过几年的改革，司法行政管理对律师行业宏观管理的职能在加强，宏观管理社会法律事务，研究制订律师行业的发展战略、规划和方针、政策、法规；律师行业具体性事务工作转移或下放。律师协会被赋予制定行业规范和准则并组织实施、负责对律师进行培训和业务指导、负责对会员的奖励和惩戒工作、指导地方律师协会搞好律师、律师机构的登记、公告等工作，解决会员间的纠纷等职能，有了行业管理的成分。

二、"两结合"管理体制的确立

1996年通过的《律师法》将"两结合"管理体制确立下来。1996年《律师法》明确了司法行政机关对律师行业的监督、指导，律师协会的性质是社会团体法人，是律师的自律性组织，其职责为：①保障律师依法执业，维护律师的合法权益；②总结、交流律师工作经验；③组织律师业务培训；④进行律师职业道德和执业纪律的教育、检查和监督；⑤组织律师开展对外交流；⑥调解律师执业活动中发生的纠纷；⑦法律规定的其他职责。律师协会按照章程对律师给予奖励或者给予处分。但对律师协会"制定行业规范和准则并组织实施"的职责并没有在法条中加以表述。

2002年5月，第五次全国律师代表大会召开后，新任的第五届中华全国律师协会秘书长贾午光对"两结合"管理的内涵进行了界定，所谓的"两结合"的管理，是指以司法行政机关的宏观管理为核心、律师协会的行业管理为主体、律师事务所的自律性管理为基础、政府宏观调控部门的调控管理为保障的一种管理体制。具体应包括：①加强司法行政机关对律师、律师事务所和律师协会的监督和指导，主要职责是对律师行业进行政策指导、机构管理、人员管理、执业活动监督和业务指导。同时协同有关部门制定适合律师行业特点的政策、法规和规章，为律师事业的发展创造良好的外部环境。②加强律师协会的行业管理。主要职能是保障律师依法执业，维护律师的合法权益；总结交流工作经验；组织业务培训；进行律师职业道德和执业纪律的教育、检查和监督；适当组织开展对外交流；调解法律活动中发生的执业纠纷；按照章程对律师给予奖励或给予处分。③以律师事务所自律性管理为基础，健全民主管理机制、合理的收益分配机制、严格的监督约束机制、规范的业务管理机制。

三、2007年律师法修订后的变化

2007年修改后的《律师法》，在律师管理体制的规定上，延续了"两结合"的管理体制，规定司法行政部门依照律师法对律师、律师事务所和律师协会进行监督、指导，全面强化了区县一级司法行政机关的律师管理和服务职能。另一方面，对律师协会的职责在1996年《律师法》规定的基础上，做了补充和完善，包括制定行业规范和惩戒规则、对律师的执业活动进行考核、组织管理申请律师执业人员的实习活动并予以考核、对律师和律师事务所实施奖惩、受理对律师的投诉或者举报、受理律师的申诉等。

四、十八大对律师业发展作出顶层设计

2013 年，十八届三中全会对进一步深化律师制度的改革做出了重大部署。2014 年，十八届四中全会明确了律师业发展、法治队伍建设的顶层设计，要求加强律师队伍思想政治建设，把拥护中国共产党领导、拥护社会主义法治作为律师从业的基本要求，增强广大律师走中国特色社会主义法治道路的自觉性和坚定性。构建社会律师、公职律师、公司律师等优势互补、结构合理的律师队伍。提高律师队伍业务素质，完善执业保障机制。加强律师事务所管理，发挥律师协会自律作用，规范律师执业行为，监督律师严格遵守职业道德和职业操守，强化准入、退出管理，严格执行违法违规执业惩戒制度。加强律师行业党的建设，扩大党的工作覆盖面，切实发挥律师事务所党组织的政治核心作用。为贯彻四中全会精神，司法部、中华全国律师协会出台了一系列举措。

第二节　司法行政管理

律师行业的发展关系公共利益，律师行业的自律性管理尚不足以维持和推动律师行业的规范、有序发展，律师行业的规制还需要借助国家行政力量。司法行政管理不能缺位，但司法行政对律师行业的职能在于监管而非具体的管理。

2008 年国务院办公厅《关于司法部主要职责内设机构和人员编制规定》[1]明确：司法部拟订司法行政工作方针、政策，起草有关法律法规草案，制定部门规章，制定司法行政工作的发展规划并组织实施。负责指导监督律师工作并承担相应责任。律师公证工作指导司指导监督律师的法律法规和政策的执行工作；承担律师、律师事务所的指导、监督工作；承办特许律师执业考核工作；审批和管理外国及港澳律师事务所驻华（内地）办事机构；承担律师事务所在国（境）外设立分支机构的指导、监督工作；承担企事业单位法律顾问的指导、监督工作。

十八届三中全会对政府转变职能、深化行业改革提出了要求，《中共中央关于全面深化改革若干重大问题的决定》指出，全面深化改革的总目标是完善和发展中国特色社会主义制度，推进国家治理体系和治理能力现代化。要着力解决市场体系不完善、政府干预过多和监管不到位问题。应提升行业监管能力和力度，以稳定和规范行业秩序。2014 年 6 月，国务院下发了《关于促进市场公平竞争维护市场正常秩序的若干意见》，就完善市场监管体制，促进市场公平竞争，维护市场正常秩序作出了部署，提出简政放权、依法监管、公正透明、权责一致、社会共治的基本原则，明确发挥行业组织的自律作用。

2018 年，根据党的十九届三中全会审议通过的《中共中央关于深化党和国家机构改革的决定》《深化党和国家机构改革方案》和第十三届全国人民代表大会第一次会议批准的《国务院机构改革方案》，重新组建司法部，设律师工作局指导、监督律师工作；承办特许律师执业考核工作；指导、监督党政机关、企事业单位法律顾问工作；指导公职律师、公司律师和基层法律服务工作；承办委托香港、澳门律师担任委托公证人工作。

根据《律师法》和司法部发布的《律师执业管理办法》《律师事务所管理办法》《律师和律师事务所违法行为处罚办法》等规范性文件，司法行政机关对律师行业的管理职能包

---

〔1〕 "国务院办公厅关于印发司法部主要职责内设机构和人员编制规定的通知"，载甘肃省人民政府网 http：// www. gansu. gov. cn/ art/2009/2/25/art_755_188026. html，访问日期：2020 年 2 月 3 日。

括负责律师和律师事务所执业许可、日常监督管理等。

一、律师和律师事务所执业许可

在我国，律师执业、律师事务所的设立和执业均需获得行政许可。

律师执业许可，由设区的市级或者直辖市的区（县）司法行政机关受理执业申请并进行初审，报省、自治区、直辖市司法行政机关审核，作出是否准予执业的决定。

律师事务所的设立许可，由设区的市级或者直辖市的区（县）司法行政机关受理设立申请并进行初审，报省、自治区、直辖市司法行政机关进行审核，作出是否准予设立的决定。

二、日常监督管理

司法行政机关对律师和律师事务所的日常监督管理，由不同层级的司法行政机关行使。

（一）县级司法行政机关的职责

1. 县级司法行政机关对其执业机构在本行政区域的律师的执业活动进行日常监督管理，履行下列职责：①检查、监督律师在执业活动中遵守法律、法规、规章和职业道德、执业纪律的情况；②受理对律师的举报和投诉；③监督律师履行行政处罚和实行整改的情况；④掌握律师事务所对律师执业年度考核的情况；⑤司法部和省、自治区、直辖市司法行政机关规定的其他职责。

县级司法行政机关在开展日常监督管理过程中，发现、查实律师在执业活动中存在问题的，应当对其进行警示谈话，责令改正，并对其整改情况进行监督；对律师的违法行为认为依法应当给予行政处罚的，应当向上一级司法行政机关提出处罚建议；认为需要给予行业惩戒的，移送律师协会处理。

2. 县级司法行政机关对本行政区域内的律师事务所的执业活动进行日常监督管理，履行下列职责：①监督律师事务所在开展业务活动过程中遵守法律、法规、规章的情况；②监督律师事务所执业和内部管理制度的建立和实施情况；③监督律师事务所保持法定设立条件以及变更报批或者备案的执行情况；④监督律师事务所进行清算、申请注销的情况；⑤监督律师事务所开展律师执业年度考核和上报年度执业总结的情况；⑥受理对律师事务所的举报和投诉；⑦监督律师事务所履行行政处罚和实行整改的情况；⑧司法部和省、自治区、直辖市司法行政机关规定的其他职责。

县级司法行政机关在开展日常监督管理过程中，对发现、查实的律师事务所在执业和内部管理方面存在的问题，应当对律师事务所负责人或者有关律师进行警示谈话，责令改正，并对其整改情况进行监督；对律师事务所的违法行为认为依法应当给予行政处罚的，应当向上一级司法行政机关提出处罚建议；认为需要给予行业惩戒的，移送律师协会处理。

（二）市级司法行政机关的职责

1. 设区的市级司法行政机关及直辖市的区（县）司法行政机关对律师执业履行下列监督管理职责：①掌握本行政区域律师队伍建设和发展情况，制定加强律师队伍建设的措施和办法；②指导、监督下一级司法行政机关对律师执业的日常监督管理工作，组织开展对律师执业的专项检查或者专项考核工作，指导对律师重大投诉案件的查处工作；③对律师进行表彰；④依法定职权对律师的违法行为实施行政处罚；对依法应当给予吊销律师执业证书处罚的，向上一级司法行政机关提出处罚建议；⑤对律师事务所的律师执业年度考核结果实行备案监督；⑥受理、审查律师执业、变更执业机构、执业证书注销申请事项；⑦建立律师执业档案，负责有关律师执业许可、变更、注销等信息的公开工作；⑧法律、法规、规章规定的其他职责。

2. 设区的市级司法行政机关及直辖市的区（县）司法行政机关对律师事务所执业履行下列监督管理职责：①掌握本行政区域律师事务所的执业活动和组织建设、队伍建设、制度建设的情况，制定加强律师工作的措施和办法；②指导、监督下一级司法行政机关的日常监督管理工作，组织开展对律师事务所的专项监督检查工作，指导对律师事务所重大投诉案件的查处工作；③对律师事务所进行表彰；④依法定职权对律师事务所的违法行为实施行政处罚；对依法应当给予吊销执业许可证处罚的，向上一级司法行政机关提出处罚建议；⑤组织开展对律师事务所的年度检查考核工作；⑥受理、审查律师事务所设立、变更、设立分所、注销申请事项；⑦建立律师事务所执业档案，负责有关律师事务所的许可、变更、终止及执业档案信息的公开工作；⑧法律、法规、规章规定的其他职责。

（三）省、自治区、直辖市司法行政机关的职责

1. 省、自治区、直辖市司法行政机关对律师执业履行下列监督管理职责：①掌握、评估本行政区域律师队伍建设情况和总体执业水平，制定律师队伍的发展规划和有关政策，制定加强律师执业管理的规范性文件；②监督、指导下级司法行政机关对律师执业的监督管理工作，组织、指导对律师执业的专项检查或者专项考核工作；③组织对律师的表彰活动；④依法对律师的严重违法行为实施吊销律师执业证书的处罚，监督、指导下一级司法行政机关的行政处罚工作，办理有关行政复议和申诉案件；⑤办理律师执业核准、变更执业机构核准和执业证书注销事项；⑥负责有关本行政区域律师队伍、执业情况、管理事务等重大信息的公开工作；⑦法律、法规、规章规定的其他职责。

2. 省、自治区、直辖市司法行政机关履行下列监督管理职责：①制定本行政区域律师事务所的发展规划和有关政策，制定律师事务所管理的规范性文件；②掌握本行政区域律师事务所组织建设、队伍建设、制度建设和业务开展情况；③监督、指导下级司法行政机关的监督管理工作，指导对律师事务所的专项监督检查和年度检查考核工作；④组织对律师事务所的表彰活动；⑤依法对律师事务所的严重违法行为实施吊销执业许可证的处罚，监督下一级司法行政机关的行政处罚工作，办理有关行政复议和申诉案件；⑥办理律师事务所设立核准、变更核准或者备案、设立分所核准及执业许可证注销事项；⑦负责本行政区域律师事务所有关重大信息的公开工作；⑧法律、法规规定的其他职责。

第三节　律师和律师事务所与司法行政机关的关系规则

司法行政机关依照《律师法》和《律师执业管理办法》《律师事务所管理办法》的规定对律师和律师事务所进行监督、指导。律师和律师事务所应接受司法行政机关监督和指导。

律师事务所是律师管理体系中承上启下重要环节，是律师管理的基本单元。司法行政机关对律师行业的指导、监督，律师协会对律师行业的行业管理，很多方面都需要由律师事务所加以贯彻落实。对本所执业律师进行教育、管理和监督既是律师事务所的权利，也是律师事务所的义务。律师执业须在律师事务所的管理之下进行，律师事务所依法开展业务活动，加强内部管理和对律师执业行为的监督，依法承担相应的法律责任。

一、不得向司法行政机关提供虚假材料

律师和律师事务所不得向司法行政部门提供虚假材料或者有其他弄虚作假行为。

1. 不得在司法行政机关实施检查、监督工作时，故意隐瞒真实情况，拒不提供有关材料或者提供不实、虚假的材料，或者隐匿、毁灭、伪造证据材料；

2. 不得在参加律师事务所年度检查考核、执业评价、评先创优活动中，提供不实、虚假、伪造的材料或者有其他弄虚作假行为；

3. 在办理律师事务所重大事项变更、设立分所、分立、合并或者终止、清算、注销的过程中，不得提供不实、虚假、伪造的证明材料或者有其他弄虚作假行为。

二、按规定履行报批备案手续

律师变更执业机构，应当向拟变更的执业机构所在地设区的市级或者直辖市的区（县）司法行政机关提出申请，并提交相应材料。

律师事务所变更名称、负责人、章程、合伙协议的，应当经所在地设区的市级或者直辖市的区（县）司法行政机关审查后报原审核机关批准。律师事务所变更住所、合伙人的，应当自变更之日起十五日内经所在地设区的市级或者直辖市的区（县）司法行政机关报原审核机关备案。

《律师和律师事务所违法行为处罚办法》第24条规定，下列情形是属于《律师法》第50条第2项规定的律师事务所"违反法定程序办理变更名称、负责人、章程、合伙协议、住所、合伙人等重大事项"的违法行为：①不按规定程序办理律师事务所名称、负责人、章程、合伙协议、住所、合伙人、组织形式等事项变更报批或者备案的；②不按规定的条件和程序发展合伙人，办理合伙人退伙、除名或者推选律师事务所负责人的；③不按规定程序办理律师事务所分立、合并，设立分所，或者终止、清算、注销事宜的。

律师事务所终止的，应在终止事由发生后向社会公告，依照有关规定进行清算，依法处置资产分割、债务清偿等事务。律师事务所应当在清算结束后十五日内向所在地设区的市级或者直辖市的区（县）司法行政机关提交注销申请书、清算报告、本所执业许可证以及其他有关材料，由其出具审查意见后连同全部注销申请材料报原审核机关审核，办理注销手续。

三、履行报告制度

律师事务所应当于每年的一季度，经所在地县级司法行政机关，向设区的市级司法行政机关提交上一年度本所执业情况报告和律师执业考核结果，直辖市的律师事务所的执业情况报告和律师执业考核结果直接向所在地区（县）司法行政机关提交，接受司法行政机关的年度检查考核。

律师事务所应当建立完善投诉查处制度，及时查处、纠正本所律师在执业活动中的违法违规行为，调处在执业中与委托人之间的纠纷；认为需要对被投诉律师给予行政处罚或者行业惩戒的，应当及时向所在地县级司法行政机关或者律师协会报告。

司法行政机关对律师、律师事务所的违法行为实施行政处罚的，被处罚的律师、律师事务所应当自觉、按时、全面地履行行政处罚决定，并向司法行政机关如实报告履行情况。

律师、律师事务所执业证书如有遗失或者损毁的，应当及时报告所在地县级司法行政机关，经所在地设区的市级或者直辖市区（县）司法行政机关向原审核机关申请补发或者换发。

律师、律师事务所被撤销执业许可、受到吊销执业许可证处罚或者因其他原因终止执业，应将执业证书交所在地县级司法行政机关。律师事务所受到停业整顿处罚的，应当自处罚决定生效后至处罚期限届满前，将执业许可证缴存其所在地县级司法行政机关。

律师受到停止执业处罚、律师事务所受到停业整顿处罚的，应将执业证书交作出处罚决定的司法行政机关或者由其委托的下一级司法行政机关扣缴。

四、配合司法行政机关的约谈、调查

司法行政机关在开展日常监督管理过程中，发现、查实律师、律师事务所在执业活动中存在问题的，可对律师、律师事务所负责人进行警示谈话，律师、律师事务所负责人应认真对待，积极配合，落实整改。

司法行政机关实施行政处罚，应当对律师、律师事务所违法行为的事实、证据进行全面、客观、公正地调查、核实，必要时可以依法进行检查。调查违法行为，可以要求被调查的律师、律师事务所说明情况、提交有关材料，被调查的律师和律师事务所应按要求进行答辩和提交相关证据材料的，配合调查工作。在司法行政机关查处违法行为期间，拒不纠正或者继续实施违法行为，拒绝提交、隐匿、毁灭证据或者提供虚假、伪造的证据的，属于《律师法》规定的违法情节严重或者情节特别严重，司法行政机关应当在法定的行政处罚种类及幅度的范围内从重处罚。

第四节　律师协会行业管理

根据我国《律师法》规定，律师协会是律师的自律性组织，属于社会团体法人。律师协会依照《律师法》、协会章程和行业规范对律师执业实行行业自律。中华全国律师协会章程第二条明确规定"中华全国律师协会是由律师、律师事务所组成的社会团体法人，是全国性的律师自律组织，依法对律师行业实施管理。"

2007年修订后的《律师法》增加了律师协会制定行业规范和惩戒规则，对律师执业活动进行考核、管理实习人员等职能，赋予了律师协会更多的行业管理职能。完善制度和致力于执业环境的改善积极推进律师行业的发展，同时规制律师、律师事务所执业行为。立足于行业利益和行业发展的角度，积极促进公共利益的实现，应是律师协会在律师行业管理中的正确定位。[1]2017年10月，全国律师行业党委成立，负责指导全国律师行业党的建设工作，进一步加强新形势下律师行业党的建设工作，推动律师工作改革发展，以适应新时代党和国家各项事业发展的需要。全国律师行业党委基本职责之一，就是负责中华全国律师协会党的工作，支持中华全国律师协会理事会依照法律和协会章程开展工作，督促协会健全完善管理制度和行业规范，加强行业自律管理，充分发挥行业自律组织的作用。

2016年11月，司法部出台《关于进一步加强律师协会建设的意见》，就充分发挥律师协会职能作用，促进律师事业发展，进一步加强律师协会建设提出重要意见，指出"与新形势新要求相比，当前律师协会建设还存在一些问题，主要是律师协会组织机构还不够健全，行业规范和惩戒规则还不够完善，自律管理能力需要进一步提升，职能作用有待进一步发挥"。要求"进一步加强律师协会思想政治建设、组织建设、制度建设、作风建设、纪律建设、党的建设，充分发挥律师协会职能作用"。

现行《律师法》第46条对律师协会的行业管理职能作出了规定，主要包括以下几个方面：第一，总结、交流律师工作经验；第二，组织律师进行业务培训和职业道德、执业纪律教育；第三，制定行业规范和惩戒规则，对律师执业活动考核，对律师、律师事务所实施奖励和惩戒；第四，组织管理申请律师执业人员的实习活动并进行考核；第五，处理律师执业活动中发生的纠纷，保障律师依法执业。

---

[1]　董春江："对深化'两结合'律师管理体制改革若干问题的思考"，载《中国司法》2005年第7期。

一、总结、交流律师工作经验

《律师暂行条例》将"交流工作经验，促进律师工作的开展"规定为律师协会的职责。1986 年全国律师代表大会通过了《中华全国律师协会章程》，明确规定"组织开展律师业务研究活动，总结交流律师业务工作经验，举办律师报刊，提高律师的业务水平，推动律师工作开展"是律师协会的职责之一。一直以来，各级律师协会在这方面做了大量的工作，并卓有成效。

二、组织律师进行业务培训和职业道德、执业纪律教育

1986 年全国律师代表大会通过了《中华全国律师协会章程》，明确规定"对会员进行思想政治教育和职业道德教育、组织会员学习党和国家的方针政策、国家的法律和有关专业知识"是律师协会的职责之一。

为加强和规范对执业律师的继续教育，提高执业律师的职业道德水准和业务水平，努力为社会提供优质法律服务，1996 年中华全国律师协会制定了《执业律师继续教育试行办法》，建立了律师强制继续教育制度。中华全国律师协会和各省级律师协会成立律师继续教育委员会，具体指导继续教育工作。中华全国律师协会和各省级律师协会组建培训机构，具体负责继续教育工作的组织实施。执业律师继续教育采取举办脱产或业余的短期培训班、讲习班、讲座等多种形式进行。执业律师继续教育的内容包括：律师职业道德和执业纪律教育；专门法律实务培训；新颁布法律法规培训；律师执业技能培训；律师管理法规培训以及涉外进修、学历教育、专业资格教育等。执业律师每年应当参加全国律师协会或省级律师协会培训机构举办的不少于 30 课时的继续教育学习。

2010 年，中国律师培训网正式开通。2011 年，为加强我国西部地区律师教育培训工作，提高律师执业水平，中华全国律师协会启动了"中华全国律师协会西部律师远程培训"项目，运行情况良好。各地律协也采用多种形式，组织律师进行业务培训和职业道德、执业纪律教育。

三、制定行业规范和惩戒规则，对律师执业活动进行考核，对律师、律师事务所实施奖励和惩戒

1. 制定行业规范和惩戒规则。1996 年 10 月，中华全国律师协会常务理事会通过《律师职业道德和执业纪律规范》，规范律师的执业行为，2001 年进行了修订。2004 年中华全国律师协会制订《律师行业规则制定规程（试行）》。2004 年，中华全国律师协会制订并发布《律师执业行为规范（试行）》，2009 年进行了修订，2017 年第 2 次修订并试行。2014 年制订《律师职业道德基本准则》。2018 年，《中华全国律师协会律师业务推广行为规则（试行）》。

1999 年，为加强律师职业道德和执业纪律建设，规范律师执业行为和律师事务所管理活动，规范律师协会对违规会员的惩戒工作，中华全国律师协会制订《律师协会会员处分规则》，2004 年修订，2017 年第二次修订。

2. 对律师执业活动进行考核。2007 年《律师法》将"对律师的执业活动进行考核"明确规定为律师协会的职责内容。为规范律师执业年度考核工作，加强对律师执业活动的监督，2010 年全国律师协会发布《律师执业年度考核规则》，并于 2011 年 1 月 1 日施行。一些地方律师协会依据该考核规则制订了律师执业年度考核实施办法。律师执业年度考核，是指律师协会在律师事务所对本所律师上一年度执业活动进行考核的基础上，对律师的执业表现做出评价，并将考核结果报司法行政机关备案，记入律师执业档案。律师执业年度考核，由设区的市级律师协会和直辖市律师协会负责组织实施；设区的市未建立律师协会

的,可以由所在的省、自治区律师协会负责组织实施。省、自治区、直辖市律师协会指导、监督本区域的律师执业年度考核工作。

3. 对律师、律师事务所实施奖励和惩戒。1995 年修订的《中华全国律师协会章程》首次将"负责对会员的奖励和惩戒工作"规定为律师协会的职责。1996 年《律师法》明确规定"律师协会按照章程对律师给予奖励或者给予处分"。2001 年四届中华全国律师协会常务理事会第十次会议审议通过《中华全国律师协会会员表彰奖励办法》,奖励的实施机构为各级律师协会常务理事会。2003 年 12 月 27 日五届中华全国律师协会常务理事会第七次会议审议通过将《中华全国律师协会会员表彰奖励办法》修改为《律师协会会员奖励办法》,于 2004 年 4 月 1 日正式实施。

1999 年 12 月,四届中华全国律师协会第五次常务理事会通过《律师协会会员违规行为处分规则(试行)》,2004 年修订,2017 年第二次修订。规定律师协会对会员的违规行为实施纪律处分应遵守的规则。中华全国律师协会设立惩戒委员会,负责律师行业处分相关规则的制定及对地方律师协会处分工作的指导与监督。各省、自治区、直辖市律师协会及设区的市律师协会设立惩戒委员会,负责对违规会员进行处分。对会员涉嫌违规案件的调查和纪律处分,由涉嫌违规行为发生时该会员所属律师协会管辖;被调查的会员执业所在的行政区域未设立律师协会的,由该区域所属省、自治区、直辖市律师协会管辖。

2013 年,中华全国律师协会出台《关于进一步加强和改进律师行业惩戒工作的意见》,进一步明确司法行政机关、律师协会及律师事务所对律师监督和惩戒工作职责,建立完善保证律师监督和惩戒工作落实的相关制度。2017 年,司法部、中华全国律师协会联合下发《关于进一步加强律师惩戒工作的通知》,要求加强律师执业权利保障的同时,严格规范律师执业行为。

四、组织管理申请律师执业人员的实习活动并进行考核

2006 年 11 月,中华全国律师协会发布《申请律师执业人员实习管理规则(试行)》,规范申请律师执业人员的实习活动,由律师协会承担实习管理职责。2007 年修改后的《律师法》,将"组织管理申请律师执业人员的实习活动并予以考核"明确为律师协会的职责。

2010 年,中华全国律师协会对《申请律师执业人员实习管理规则》进行了修订。2012 年,中华全国律师协会发布《关于进一步加强和改进申请律师执业人员实习管理工作的意见》,进一步完善申请律师执业人员实习管理工作制度,提高实习管理工作水平。

实践中,地方律协出台了《申请律师执业人员实习管理实施规则》,落实对申请律师执业人员的实习活动的组织管理,并成立了品行审核委员会、实习考核委员会,对实习人员掌握律师职业道德、律师执业基本技能、律师执业管理制度的情况,以及实习人员的品行表现进行考核。

五、处理律师执业活动中发生的纠纷,保障律师依法执业

1996 年《律师法》将"保障律师依法执业,维护律师的合法权益""调解律师执业活动中发生的纠纷"规定为律师协会的职责。

2002 年中华全国律师协会发布《律师协会维护律师依法执业权益委员会规则》,中华全国律师协会和地方各级律师协会设立维护律师依法执业权益委员会,负责全国或本地区律师的维权工作。对在依法执业过程中,被有关机关、企事业单位、其他组织或人员妨害其依法执业,侵犯其人身、财产权益的律师,提供支持和帮助。

2015 年,最高人民法院、最高人民检察院、公安部、国家安全部、司法部联合出台《关于依法保障律师执业权利的规定》,2017 年 4 月,最高人民法院、最高人民检察院、公

安部、国家安全部、司法部和中华全国律师协会联合下发了《关于建立健全维护律师执业权利快速联动处置机制的通知》，进一步明确司法行政机关、律师协会应当建立维护律师执业权利快速处置机制和联动机制，及时安排专人负责协调处理。2017 年 1 月 8 日，司法部副部长熊选国在中华全国律师协会组织召开的关于进一步加强律师协会建设工作座谈会上指出，各律师协会应当成立维护律师执业权利中心、投诉受理查处中心，更好地保障维护律师执业权利、规范律师执业行为。截至 2017 年底，地市级以上律师协会全部成立了律师维权中心明确专人负责接待受理、线索移交、调查核实等工作，律师权利受侵害后投诉不畅的问题从此得到了有效解决。同时，部际层面和各个地方普遍建立了多部门共同参与的律师工作联席会议，加强各成员单位信息共享、整体联动，形成了共同维护律师执业权利的工作格局。[1]

第五节　律师和律师事务所与律师协会的关系规则

《律师执业行为规范（试行）》第 98 条明确规定，律师和律师事务所应当遵守律师协会制定的律师行业规范和规则。律师和律师事务所享有律师协会章程规定的权利，承担律师协会章程规定的义务。

中华全国律师协会章程规定了会员的权利和义务。律师的义务包括：①遵守协会章程，执行协会决议；②遵守律师执业行为规范，遵守协会行业规则和准则；③接受协会的指导、监督和管理；④承担协会委托的工作；⑤承担律师协会委托的工作，履行律师协会规定的法律援助义务；⑥自觉维护律师职业声誉，维护会员间的团结；⑦按规定交纳会费。律师事务所的义务包括：①遵守协会章程；②遵守协会的行业规范，执行协会决议；③教育律师遵守律师执业行为规范；④组织律师参加协会的各项活动；⑤制定、完善内部规章制度；⑥为律师行使权利、履行义务提供必要条件；⑦组织和参加律师执业责任保险；⑧对实习律师加强管理；⑨对律师的执业活动进行考核；⑩按规定交纳会费；⑪承担本会委托的工作。

一、履行登记、备案义务

依照律师法取得律师执业证书的律师，为中华全国律师协会个人会员；依法批准设立的律师事务所为中华全国律师协会团体会员。律师应当在本人执业注册所在地的省、自治区、直辖市律师协会办理会员登记手续。律师个人信息变更也应律师协会备案。新设立的律师事务所，经省、自治区、直辖市司法行政机关核准，取得《律师事务所执业许可证》的律师事务所，自然成为地方律师协会的团体会员。应在执业注册所在地的律师协会办理团体会员登记手续。律师事务所信息变更亦需报律师协会备案。

律师事务所对违法违规执业、违反本所章程及管理制度或者年度考核不称职的律师，将其辞退或者经合伙人会议通过将其除名的，有关处理结果需报所在地县级司法行政机关和律师协会备案。

二、参加律师协会组织业务学习及考核

律师应当参加、完成律师协会组织的律师业务学习及考核。律师事务所应为律师参加业务培训和继续教育提供条件。

律师是取得执业证书，向社会提供法律服务的执业人员。律师以其专业知识和技能向

---

[1]　蔡长春："一系列新举措新机制新做法让律师执业权利更有保障"，载法制网，http：//www.legaldaily.com.cn/locality/content/2018 - 04/27/content_ 7531989. htm，访问日期：2019 年 2 月 18 日。

委托人提供有效的法律服务，并恪守律师职业行为规范。法律职业资格考试及申请律师执业的实习，是律师准入称职性的保障。执业后的继续教育和考核则是律师称职性得以维持的有效制度，通过加强和规范对执业律师的继续教育，提高执业律师的职业道德水准和业务水平，努力为社会提供优质法律服务。根据《律师执业年度考核规则》规定，律师完成继续教育时数，是年度考核的重要内容之一。实践中，不少律师事务所也定期或不定期的开展律师的业务培训、业务学习，提升律师的业务水平。

2018 年，中华全国律师协会出台《关于扶持青年律师发展的指导意见》，要求律师协会组织的律师培训活动对青年律师可实行培训费减免的优惠政策。律师协会、律师事务所要为青年律师提供更多的业务学习交流平台，组织或选派参加国内外培训、举办技能竞赛、"青苗班""青训营""青拓班"或论坛、沙龙，创造交流机会，提高青年律师执业能力。

三、律师参加特定外事活动的备案义务

律师参加国际性律师组织并成为其会员的，以及以中国律师身份参加境外会议等活动的，应当报律师协会备案

中华全国律师协会制定有《关于律师、律师事务所及地方律师协会对外交流活动管理办法》（2003 年 4 月 20 日中华全国律师协会五届五次常务理事会通过，2007 年 11 月 18 日中华全国律师协会六届十次常务理事会修订）。该办法第 4 条规定："律师和律师事务所的对外交流活动主要由地方律协管理。"第 7 条规定："律师、律师事务所及地方律师协会加入国外律师组织、参加其活动时，应上报中华全国律师协会备案。"第 8 条规定："为保障中华全国律师协会掌握各地方律师协会参与对外交流的情况，各地方律师协会应于每年十二月底之前将本年度对外交流情况上报中华全国律师协会。"

四、律师和律师事务所因执业行为成为刑、民事被告，或者受到行政机关调查、处罚的，应当向律师协会书面报告

律师和律师事务所因执业行为成为刑、民事被告，或者受到行政机关调查、处罚的情形，涉及两方面的问题，保障维护律师执业权利和规范律师执业行为。

一方面，保障律师依法执业，维护律师的合法权益是《律师法》赋予律师协会的重要职责，也是律师行业健康发展的重要保障。实践中，还存在侵犯律师执业合法权益的现象。能否保障律师依法执业，关系到律师社会作用能否充分发挥，关系到律师事业的健康发展，更关系到社会公众对律师的信任度。律师和律师事务所因执业行为成为刑、民事被告，或者受到行政机关调查、处罚的，及时向律师协会书面报告，便于律师协会迅速启动维权程序，保障律师和律师事务所的合法权益。律师因依法执业，本人或者近亲属受到威胁、侮辱、报复、人身伤害时，律师协会要积极协调有关部门依法及时制止和处理，并对律师采取必要保护措施。

另一方面，律师协会负有对律师、律师事务所违法违纪行为实施惩戒的职责。律师和律师事务所因执业行为成为刑、民事被告，或者受到行政机关调查、处罚的情形，往往可能涉及执业纠纷、违法违纪行为，律师、律师事务所执业不诚信、不规范，违反职业道德、执业纪律，造成不良社会影响，严重损害律师行业形象。因此，在加强律师执业权利保障的同时，有必要严格规范律师执业行为。律师协会通过律师和律师事务所因执业行为成为刑、民事被告，或者受到行政机关调查、处罚的情形及时上报，及时跟进案件的处理，确保各类违法违规行为得到及时有效的惩戒。

律师事务所在查处、纠正本所律师在执业活动中的违法违规行为，调处在执业中与委托人之间的纠纷时，认为需要对被投诉律师给予行政处罚或者行业惩戒的，应当及时向所

在地县级司法行政机关或者律师协会报告。

五、参加律师协会组织的律师业务研究活动

组织开展律师业务研究活动，总结交流律师业务工作经验，提高律师的业务水平，推动律师工作开展，是各级律师协会重要职责内容。随着我国律师业务领域的不断扩展，律师协会专业委员会的数量也在日益增加，规模逐步扩大，2002 年，中华全国律师协会制订了《中华全国律师协会专业委员会活动规则》，2007 年进行了修订，2014 年再次进行了修订，更名为《中华全国律师协会专业委员会工作规则》。各地方律师协会也制订了专业委员会工作规则。专业委员会的职责包括：专业委员会在中华全国律师协会领导下履行以下职责：①参与规范律师执业行为；②参与推进律师业务建设；③参与开展律师理论研究；④参与繁荣中国特色律师文化；⑤参与促进律师界对外交流合作。专业委员会的活动形式包括交流、研讨、座谈、调研、培训等。专业委员会委员的职责包括：①参加委员会活动，完成专业委员会交办的工作任务；②注重理论和业务研究，每年提交论文或案例；③积极参与律师相关领域业务建设与拓展。

《律师执业行为规范（试行）》要求，律师应当积极参加律师协会组织的律师业务研究活动，完成律师协会布置的业务研究任务。

六、参加律师协会组织的公益活动

中国律师是法治建设的重要力量，律师制度是我国民主政治制度的重要组成部分。律师的职责不仅仅接受委托或者指定，为当事人提供法律服务，还承载着维护社会公平和正义的担当。《律师法》明确规定"律师、律师事务所应当按照国家规定履行法律援助义务，为受援人提供符合标准的法律服务，维护受援人的合法权益"。《律师执业行为规范（试行）》规定" 律师协会倡导律师关注、支持、积极参加社会公益事业"，并要求律师积极参加律师协会组织的公益活动。律师、律师事务所履行法律援助义务，参加社会服务及其他社会公益活动的情况是律师执业年度考核的内容之一，同时也是评优评先的考量因素。

各级律师协会都成立了法律援助工作委员会、公益法律服务与社会责任委员会组织引导辖区律师有序开展公益性法律服务，加强法律援助工作的交流。我国律师是法律援助工作的主力军，在公益法律服务和积极承担社会责任等方面做了大量的工作，赢得了政府、社会和老百姓的理解和认可。

2019 年 10 月，司法部发布《关于促进律师参与公益法律服务的意见》，组织、引导、支持广大律师积极参与公益法律服务，大力发展公益法律服务事业，推动律师公益法律服务制度化、规范化。引导律师自觉履行社会责任，主动参与公益法律服务；倡导每名律师每年参与不少于 50 个小时的公益法律服务或者至少办理 2 件法律援助案件。

七、妥善处理律师执业中发生的纠纷，履行经律师协会调解达成的调解协议、处理决定

律师事务所是律师的执业机构，是律师管理的基本单元。律师事务所的自律管理历来是律师管理工作的重要内容，律师事务所通过建立健全所内各项规章制度，加强对律师执业行为的管理监督，防范业务风险，保障律师提供法律服务的质量。但在实践中，律师执业依然可能发生纠纷，《律师事务所管理办法》要求律师事务所应当建立投诉查处制度，及时查处、纠正本所律师在执业活动中的违法违规行为，调处在执业中与委托人之间的纠纷，妥善处理。对认为需要对被投诉律师给予行政处罚或者行业惩戒的，律师事务所应当及时向所在地县级司法行政机关或者律师协会报告。

受理对律师的投诉或者举报，调解律师执业活动中发生的纠纷，受理律师的申诉，是

律师协会的职责，是实行律师行业实质性管理的体现。律师违法违纪失德失信行为，严重损害律师队伍形象。中共中央三中全会、四中全会《决定》，明确地提出进一步完善并严格执行律师违法违规执业惩戒制度。依法严肃查处律师违法违纪失德失信行为，树立律师行业不护短的形象，加大违规惩戒的警示作用，促使律师自觉遵守行业规范，有助于律师队伍的健康发展。

律师应当执行律师协会就律师执业纠纷作出的处理决定。履行律师协会依照法律、法规、规章及律师协会章程、规则作出的处分决定。

八、律师和律师事务所应当按时缴纳会费

根据《律师法》，中华全国律师协会作为全国性的律师自律性组织，其活动经费主要依靠会费收入，会费是中华全国律师协会充分履行《律师法》规定的职责，保证中华全国律师协会日常工作的正常运行的基本保障。

1988 年，中华全国律师协会一届二次理事会通过了《中华全国律师协会会费暂行管理办法》，1991 年，中华全国律师协会二届二次常务理事会通过《中华全国律师协会会费管理办法》（暂行）。1999 年，中华全国律师协会四届三次常务理事会会议通过《中华全国律师协会会费管理办法》。2002 年中华全国律师协会四届十二次常务理事会议修改为《中华全国律师协会会费收缴及使用管理办法》。中华全国律师协会会员必须履行缴纳会费的义务，会费按年度收缴。

实践中，一些地方律师协会也规定了会费的减免，如北京市律师协会 2017 年修订的《北京市律师协会会费管理办法》规定"公职律师免交个人会费；实习期满并通过本会申请律师执业人员考核，首次领取《律师执业证》的专职和兼职律师，自准予执业日期当月起 12 个月内免交个人会费，第 13 个月至第 24 个月减半交纳个人会费，自第 25 个月开始全额交纳个人会费，第 25 个月至年度考核开始期间的会费按月计算，在年度考核时与下一年度会费一并交纳。但律师在此期间应当连续执业；年满 70 周岁的执业律师，免交个人会费""住所地在石景山区、门头沟区、通州区、大兴区、昌平区、房山区、顺义区、怀柔区、平谷区、密云区、延庆区的律师事务所及外省市律师事务所驻京分所，团体会费按前述标准减半收取""律师事务所律师人数为 3 人以下（含本数）的免交团体会费"。

2012 年，中华全国律师协会《关于进一步加强青年律师培养工作的指导意见》提出"适当减免青年律师执业初期的会费"。2018 年，中华全国律师协会出台《关于扶持青年律师发展的指导意见》，要求对青年律师实行律师协会会费减免的扶持措施，各地律师协会可根据本地区具体情况制定实施细则。对国家和省级贫困县所辖律师事务所执业的青年律师，应当减免其初始执业前三年个人会费。

■思考题

1. 我国律师两结合管理体制的思考？
2. 律师惩戒制度的完善？
3. 司法行政机关和律师协会对律师、律师事务所的约谈制度探讨？

■参考书目

1. 陈宜编著：《律师执业组织形式和律师管理体制研究》，中国政法大学出版社 2014 年版。
2. 王进喜译：《面向新世纪的律师规制》，中国法制出版社 2016 年版。
3. 王进喜：《法律职业行为法》，中国人民大学出版社 2014 年版。

4. 北京市律师协会组编：《境外律师行业规范汇编》，中国政法大学出版社 2012 年版。

5. 姜海涛主编：《深化律师制度改革研究》，法律出版社 2017 年版。

6. 王新清主编：《法律职业道德》，法律出版社 2016 年版。

第十一章　律师服务信息传播规则

■ **本章概要**

　　本章介绍了我国律师业务推广的概念和必要性以及对律师业务推广进行规范的必要性；我国律师业务推广的基本要求和主要途径；我国律师业务推广的规范限制。

■ **本章关键词**

　　律师业务推广；规范必要性；基本原则；主要途径；规范限制

第一节　律师业务推广概述

一、律师业务推广的概念

　　律师业务推广，是指律师和律师事务所通过发布法律服务业务信息等方式扩展业务的活动。2017年1月8日审议通过，2018年12月13日发布的《律师执业行为规范（试行）》第3章"律师业务推广行为规范"专门对"律师业务推广"进行了规定，具体包括"业务推广原则""律师业务推广广告""律师宣传"。2018年1月，中华全国律师协会发布了《中华全国律师协会律师业务推广行为规则（试行）》（以下简称《律师业务推广行为规则（试行）》），其目的是加强行业自律管理，维护律师行业的整体形象，规范律师、律师事务所的业务推广行为。按照《律师业务推广行为规则（试行）》之规定，律师业务推广是指律师、律师事务所为扩大影响、承揽业务、树立品牌，自行或授权他人向社会公众发布法律服务信息的行为。律师业务推广主要包括以下方式：①发布律师个人广告、律师事务所广告；②建立、注册和使用网站、博客、微信公众号、领英等互联网媒介；③印制和使用名片、宣传册等具有业务推广性质的书面资料或视听资料；④出版书籍、发表文章；⑤举办、参加、资助会议、评比、评选活动；⑥其他可传达至社会公众的业务推广方式。

　　此外，一些地方律师协会也针对律师业务推广制定了相应的规范，例如，广东省律师协会就制定了《广东省律师事务所及律师业务推广宣传行为守则》，其目的是规范广东省律师及律师事务所的业务推广宣传行为，鼓励和保障律师之间以及律师事务所之间的公平竞争，维护律师行业的执业秩序，其适用范围是广东省律师及律师事务所为扩大自身影响、承揽律师业务、树立品牌，自行或授权他人开展的各种律师业务推广宣传行为。

二、律师业务推广的必要性

　　按照《中华人民共和国国家标准：国民经济行业分类》的划分，"法律服务"（legal service）属于"商务服务业"这一"大类"下的"中类"，具体还包括"律师及相关法律服务""公证服务""其他法律服务"。按照《中华人民共和国国家标准：国民经济行业分类》的界定，"法律服务"是指律师、公证、仲裁、调解等活动；"律师及相关法律服务"

是指在民事案件、刑事案件和其他案件中，为原被告双方提供法律代理服务，以及为一般民事行为提供的法律咨询服务。

对于"商务服务业"而言，经营者们已经普遍认识到以市场营销手段获得更多客户的重要性，不同种类的业务推广手段因而受到重视，其中以广告最为突出。"广告"的英文单词为"advertise"，按照《牛津英语词典》的解释，其含义为"向公众宣传一种产品或服务，以鼓励人们购买或使用它"或者"让公众知道将要发生的事情"。在汉语中，"广告"两字最直接的展开意义就是"广而告之"，即广泛地向目标大众传递信息。《广告法》对"广告"的定义是"商品经营者或者服务提供者通过一定媒介和形式直接或者间接地介绍自己所推销的商品或者服务的商业广告"。从市场营销的角度看，广告一般具有如下作用：①促进购买。广告的直接目的就是促进产品的销售，在广告中传达有关产品、服务的功能、品质以及自身优势等方面的信息，实现对销售业绩的直接提升。②树立品牌形象。在广告中传达品牌的个性，与消费者建立情感上的联系，让消费者对品牌产生认同，以此培养消费者对品牌的好感度与忠诚度。③树立企业形象。在广告中向公众展示企业实力、社会责任感和使命感，以期获得消费者的认可，增强消费者对企业的好感度和美誉度，从而带动产品销售。[1]

经济学意义上的"服务"是一种可供销售的活动，是以等价交换的形式满足企业、公共团体或其他社会公众的需要而提供的劳务活动或物质产品。在实践中，法律服务一般主要遵循"等价劳动交换"的市场规则，换言之，以提供法律服务换取相应的报酬。因此，法律服务被归入"商务服务业"的范畴，也正是基于这样一种性质划分，法律服务的运作也势必会受到商务服务业一般运作规则的影响，包括借助广告来推广业务。尽管从"法律服务"所处的行业地位来看，利用广告等方式进行业务推广似乎并不存在任何障碍，相反还具有现实基础。然而，在法律界，关于律师职业能否利用广告推广业务，在各国都曾引发过广泛的讨论。换言之，对于律师业务推广的必要性，在不同法制语境下有不同的答案。

在美国，美国律师协会于1969年通过的《职业责任守则》第2条惩戒规则规定，律师不应当通过报纸或杂志广告、广播或者电视公告、城市展示广告或电话簿以及其他商业宣传方式来宣传自己是律师，他也不应当授权或允许其他人为他做上述事项。美国律师协会之所以采取了这样一种态度，原因在于：美国律师界的精英们认为，法律是一种职业（profession），而不是一种商业（business）。允许律师自我炫耀将破坏律师的职业精神，破坏律师的职业形象和声望。这样的态度一直持续到1977年以后才有所改善。1977年6月，美国联邦最高法院在Bates v. State Bar of Arizona案中对律师能否利用广告进行业务推广进行了判决，并对一些极具争议性的问题进行了辨析，也较为全面地展示了在律师广告问题上的对立观点。

1. 关于律师广告是否会对法律职业主义产生负面影响（The Adverse Effect on Professionalism）。亚利桑那州律师协会认为，律师广告将对律师职业产生不利影响，法律职业主义的关键在于法律职业所产生的自豪感（sense of pride），律师广告将导致律师职业的商业化（commercialization），这将严重损害律师的尊严感（sense of dignity）和自我价值（self-worth）。法院认为，从事法律职业必须具备公共服务精神这是毋庸置疑的，但是律师广告与法律职业精神之间是存在张力的。广告会降低律师在社会上的声誉的说法是值得商榷的，

---

[1] 参见萧冰、王茜：《广告的力量》，上海交通大学出版社2016年版，第29~30页。

银行家和工程师也做广告，但并不被认为有损这些职业的声誉。相反，律师没有刊登广告，令公众对该行业的幻想破灭。广告的缺失，反映了该行业未能向社会伸出援手，也未能为社会提供服务。

2. 关于律师广告是否具有天然的误导性（The Inherently Misleading Nature of Attorney Advertising）。亚利桑那州律师协会认为，律师广告天然具有误导性，原因如下：①法律服务在内容和质量上都具有个性色彩，无法通过广告进行比较。②法律服务的消费者不能够根据广告事先确定他需要什么服务。③律师广告只强调与所提供的法律服务关系不大的因素而不会展现相关的技能因素。法院认为，律师广告并非天然具有误导性：①法律服务并非必然缺少衡量标准，一些特定服务，如无争议的离婚案件、简单的收养关系案件，均可以事先确定固定的广告价格；法律服务的特定性并不妨碍律师在广告约定价格的基础上提供必要的法律服务。②并非所有的法律服务消费者都不能事先确定其需要什么法律服务。③认为律师广告不能为选择律师提供完全根据的说法是没有价值的。禁止律师广告只会限制消费者获得法律服务信息的途径，而消除公众对法律服务不了解的最好办法是让他们获得更多的法律服务信息，而不是采取相反的做法。

3. 关于律师广告是否会对司法制度产生消极影响（The Adverse Effect on the Administration of Justice）。亚利桑那州律师协会认为，律师广告将对司法制度产生消极影响，原因如下：①律师广告可能产生挑起诉讼的不良效果，而司法制度的目的是为那些受到不公正待遇的人提供救济。②律师广告可能会鼓励人们将所有的纠纷都带入法庭，从而不必要地扰乱社会安宁。法院认为，律师的广告并不是对司法体系造成绝对损害的根源，相反它可能会带来很大的好处。虽然广告可能会增加司法机制的使用频率，但我们不能接受这样的观念：对一名普通公民而言，默默地忍受错误总比通过法律行动纠正错误要好。在市场经济中，广告作为供给方向需求方表达其服务的可得性和交换条件的传统机制，则有利于解决这一众所周知的问题。因此，律师广告非但不会给司法管理带来危害，反而可能带来许多好处。

4. 关于律师广告是否会带来不利的经济后果（The Undesirable Economic Effects of Advertising）。亚利桑那州律师协会认为，律师广告会带来不利的经济后果，原因有二：①律师广告会增加律师行业的间接成本（overhead costs），这些成本会以增加律师费用的方式转嫁给消费者。②律师执业的额外成本将造成巨大的进入障碍，阻碍或阻止年轻律师进入市场，巩固律师协会现有会员的地位。法院认为，禁止律师广告使消费者更难以找到法律服务中物美价廉者，从而使律师与市场竞争相隔绝，削弱了律师进行价格竞争的动因。律师广告能促使律师在市场竞争中降低法律服务价格。律师广告费用会成为新律师进入法律服务市场的障碍的说法也是缺乏说服力的，如果没有广告，律师必须通过加强同公众的联系来获得业务，而建立这种联系则需要时间，这种时间上的必要性也会成为维护法律服务市场地位既得者利益的手段。

5. 关于律师广告是否会对法律服务质量产生不良影响（The Adverse Effect of Advertising on the Quality of Service）。亚利桑那州律师协会认为，律师通常会以固定的价格为给定的"一揽子"（package）法律服务做广告，并且倾向于不加区别地使用标准化的"一揽子"服务，而不管它是否符合客户的需要。法院认为，对律师广告的限制并不是阻止律师劣质服务的有效方式。无论广告规则如何规定，那些倾向于降低服务质量的律师依然会这么做。此外，标准化费用的广告并不一定意味着律师所提供的服务是不符合标准的。

6. 关于律师广告是否会带来执行上的困难（The Difficulties of Enforcement）。亚利桑那州律师协会认为，由于公众对法律服务缺乏了解，因而特别易于受到律师广告的误导和欺骗。受到误导和欺骗的人由于缺乏判断其得到的法律服务是否符合律师职业标准的能力，因此其事后提起的诉讼缺乏现实的约束力。这样就需要设立专门规范、调整律师广告行为的机构，而律师数量又非常多，因此，对律师广告行为的审查工作非常繁重，很难操作。法院认为，反对律师广告者一方面赞扬律师职业的美德，另一方面又认为其成员会找机会误导和欺骗其委托人，这两种说法自相矛盾。即使有了律师广告，绝大多数律师仍会一如既往地维护法律职业的廉正和尊严，会一如既往地维护法律制度。此外，绝大多数律师会像对待律师职业中其他不当行为一样，反对滥用律师广告的行为，因此，律师广告不难操作。

最后，美国联邦最高法院判决，律师广告作为一种"商业言论"，受美国《宪法第一修正案》的保护，对于不具有虚假性、欺骗性，也不具有误导性的律师广告，各州不得进行全面禁止。

在中国，从前面的论述可知，中国律师界对于律师业务推广是持开放的态度，但是必须严格按照律师协会制定的规范进行。《律师执业行为规范（试行）》第16、17条规定，律师和律师事务所推广律师业务，应当遵守平等、诚信原则，遵守律师职业道德和执业纪律，遵守律师行业公认的行业准则，公平竞争。律师和律师事务所应当通过提高自身综合素质、提高法律服务质量、加强自身业务竞争能力的途径，开展、推广律师业务。业内人士认为，律师业务推广的主要作用可以表现在以下四个方面：①稳定客户。律师业务中，客户可能是流动不定的，这并不是律师行业发展不稳定造成的，而是这个行业的社会特征。但是通过执业推广活动的有效进行，让目标客户更多地了解、熟悉律师的服务特色，进而培养一大批律师业务的忠实拥护者和忠诚于律师的客户，就可以达到稳定客户的目的。市场执业推广活动，也能促进律师广告的需求的增长。②塑造形象。律师事务所在开展推广活动的过程中，通过客观有效的宣传活动，把律师行业的服务特点和良好的品牌形象传送给客户，从而达到广告效益和满足客户个性化的需要。这与律师广告的效果是一致的。③传递信息。执业推广能在律师和客户之间进行长时间和不断更新的信息交流，能将法律服务的信息传递给目标客户，从而解决广告向客户传递信息有限性的矛盾，这是有异于广告的。但在很多手段和资讯供给中，却又少不了广告的作用。④刺激需求。客观上说，执业推广通过推广活动为客户提供的消费刺激、消费倾向和唤起的消费欲，则又完全是属于广告性质的。

三、规范律师业务推广之必要性

在一般的广告宣传中，经常存在以下几类问题：①广告宣传中的虚假性。一些广告不按广告法的要求实事求是地宣传产品、服务，带有很大的虚假性。②广告宣传中的片面性。一些广告在进行宣传时，只讲优点，不讲缺点。③广告宣传中的误导性。一些广告在进行内容设计时，故意模糊一些关键信息，给消费者造成误解。对于不正当的广告，国外存在不同的认定标准。例如，在德国，不正当广告必须具备两个要素：①必须具有竞争的目的；②必须违反善良风俗。在美国，不正当广告的主要情形则包括：①缺乏实证的广告说明；②缺乏必要的披露。[1]

对于不正当广告行为，实践中通常采取的规制措施主要有：①完善广告立法。例如，我国通过《广告法》《刑法》等法律法规对不正当广告行为进行规制；欧盟于1984年出台

---

[1]　刘宁元、司平平、林燕萍：《国际反垄断法》，上海人民出版社2009年版，第226～227页。

了关于误导性广告的管理指令，1997 年进行了修改，2005 年和 2006 年又先后专门制定了《关于误导广告和比较广告的指令》。②加强广告监管。例如，在英国，广告监管主要是通过行业自律机构实施，包括对误导性广告的监管。[1]

在律师业务推广中，律师广告的规制问题历来受到重视。日本学者认为，在律师界，传统的看法是广告乃营利的竞争手段，和负有维护基本人权、实现社会公平正义的使命的律师不相称，会损害律师的品格。而且广告如果有虚假或夸大成分，就成为践踏对律师职业信赖的工具。[2]

律师和律师事务所进行业务推广有多种方式和渠道，很多律师广告和业务推广行为存在夸大宣传、虚假宣传、诋毁同行、不正当竞争、误导甚至欺骗客户等现象，严重损害了律师行业的社会声誉。因此，有必要对律师和律师事务所的业务推广行为进行规范。[3]

1. 规范律师和律师事务所的业务推广，是律师职业属性的基本要求。律师和律师事务所的业务推广，是律师、律师事务所开展业务活动的必要手段。但出于律师职业的特殊性，其业务推广受到比普通商业推广更严格的规范要求。具体来说，律师担负着保障法律正确实施、维护社会公平和正义的职责。律师向社会提供法律服务，一方面是作为谋生手段，另一方面也在一定程度上承担提供公共服务的职能。律师和律师事务所的业务推广不仅关系律师的案源问题，还关系公众对律师职业形象和司法公正的社会认知。因而，律师和律师事务所在进行业务推广活动过程中，应能够"展示法律团体的固有尊严和专业属性"，避免"削弱公众对法律职业的信任和对司法制度的尊重"；[4]律师职业的公共性对律师、律师事务所业务推广的方式和内容提出了更高要求。

2. 规范律师和律师事务所的业务推广，是形成规范有序的法律服务市场的要求。随着社会经济的发展，法律对社会生活的调整日益广泛，律师的业务分工趋于精细，律师的数量大幅增加，法律服务市场中的竞争也越来越激烈。为获得案件委托，有些律师广告称自己是某一领域的专家，夸大自己的专业能力，其不仅没有起到普及法律服务信息的作用，反而对公众造成误导，最终损害委托人的利益；有些律师广告声称"包赢官司""不赢不要钱"，不仅措辞与律师职业形象不符，反而可能造成当事人不合理的期望，一旦律师不能兑现承诺，就会引发纠纷，损害律师行业的整体形象；还有些律师广告宣扬律师与公、检、法机关的密切关系，更直接损害国家的整体司法形象。律师和律师事务所业务推广行为的规范，有助于纠正不适当的宣传行为，从而形成规范有序的法律服务市场。

3. 规范律师和律师事务所的业务推广，也是实现律师业务有效拓展的要求。法律服务不同于一般的商品服务，与获取服务的便捷性和价格因素相比较，对律师专业水平的认可程度和对律师职业操守的信赖程度在委托关系的建立过程中发挥着更加重要的作用。律师和律师事务所采取不适当的业务推广方式，短期内可能会招揽一些当事人，但从长远来看，对其业务拓展是有百害而无一利的。规范律师和律师事务所的业务推广，不仅是对律师的约束，同时也有助于树立律师的职业形象，展示律师的专业属性，从而提高律师的职业竞争力，实现律师业务的有效拓展。

---

〔1〕 李明合、史建：《国外广告自律研究》，河南人民出版社 2010 年版，第 113 页。

〔2〕 ［日］森际康友编，于晓琪、沈军译：《司法伦理》，商务印书馆 2010 年版，第 241 页。

〔3〕 参见中华全国律师协会编：《律师职业伦理》，北京大学出版社 2017 年版，第 171～172 页。

〔4〕 陈宜："律师行贿法官案背后的理性思考"，载《行政法学研究》2005 年第 2 期。

第二节　律师业务推广的基本要求

一、律师业务推广的基本原则

对于律师能否进行业务推广，特别是能否使用广告等一般企业所采用的推广方式进行业务推广，世界各国有着不同的做法。有些国家或地区进行严格的限制。例如，日本规定律师仅可通过名片、招牌、事务所介绍手册等七种方式介绍法律服务信息；我国台湾地区禁止律师利用广播、电视、电影、报纸、广告看板、气球等类似媒介或媒体介绍法律服务信息。有些国家或地区管理相对宽松，如美国对律师进行业务推广的媒介几乎不作限制，仅对业务推广的不当内容作负面清单式的列举。自 2004 年中华全国律师协会通过《律师执业行为规范（试行）》以来，我国对律师的业务推广一直采用较为宽松的管理办法。[1]

《律师执业行为规范（试行）》第 30 条规定，律师和律师事务所不得以有悖律师使命、有损律师形象的方式制作广告，不得采用一般商业广告的艺术夸张手段制作广告。同时根据《律师业务推广行为规则（试行）》第 3 条之规定，律师、律师事务所进行业务推广应当遵守法律法规和执业规范，公平和诚实竞争，推广内容应当真实、严谨，推广方式应当得体、适度，不得含有误导性信息，不得损害律师职业尊严和行业形象。这样的规定特别强调了律师的使命和形象，强调了职业精神中公共服务的一面，法律职业固有的尊严和专业性会在不得体的广告形式中大打折扣。像不适当的音乐、好斗的口号、炫目或古怪的情节等，都不利于建立大众对法律职业的信任。律师和律师事务所进行业务推广，应当采取与律师职业定位相适应的宣传方式；律师广告的投放场所、广告载体、使用的图案、背景、形式都应能够向公众展示律师的尊严，传达律师服务的专业属性和可信赖性，而不是破坏律师的职业形象。律师和律师事务所采取不符合律师职业属性的方式进行业务推广，不仅会造成对律师职业形象的贬损，客观上也不能达到预期的宣传效果。

由此可知，律师业务推广应该遵循的基本原则包括：守法、公平、真实、严谨和得体、适度。其中，严谨、得体和适度原则是律师业务推广不同于一般商业推广的基本原则。严谨得体原则即律师业务推广的内容和形式不宜用夸张、含糊的方法。律师职业应当给人以含蓄、严格、守法、诚实的印象，如果业务推广方式轻佻、夸张，业务推广的内容经不住推敲，以博取眼球为目的，则会破坏社会公众对律师职业的整体印象。适度原则即律师的业务推广应当衡量商业利益和客户利益、社会公众利益、司法职业群体利益之间的关系，不应将商业利益置于首位。如业务推广涉及客户信息时，应以保守客户的秘密作为首要责任，不应为业务推广需要擅自披露客户信息。[2]

二、律师业务推广行为的主要途径

（一）律师业务推广的主体

《律师业务推广行为规则（试行）》第 2 条明确规定律师业务推广是指律师、律师事务所为扩大影响、承揽业务、树立品牌，自行或授权他人向社会公众发布法律服务信息的行为。同时，进一步规定了律师业务推广主要方式：①发布律师个人广告、律师事务所广告；②建立、注册和使用网站、博客、微信公众号、领英等互联网媒介；③印制和使用名片、宣传册等具有业务推广性质的书面资料或视听资料；④出版书籍、发表文章；⑤举办、参

[1]　吴晨："律师业务推广行为规则剖析"，载《中国司法》2018 年第 3 期。
[2]　吴晨："律师业务推广行为规则剖析"，载《中国司法》2018 年第 3 期。

加、资助会议、评选、评比活动；⑥其他可传达至社会公众的业务推广方式。

从上述规定可以看出，律师业务推广的主体是律师和律师事务所。随着互联网技术的不断发展，律师通过自媒体进行业务推广的新形式和新方法层出不穷，无法通过列举形式来定义业务推广行为，因此，《律师业务推广行为规则（试行）》对业务推广的方式的规定采取了列举式加概括式的方式。在律师业务推广主要方式中，律师广告是传统的、主要的律师业务推广方式，律师广告也是律师业务推广的各种形式中最容易对受众产生影响的，因为广告通过各种大众媒介发布，而接触到广告的受众往往缺少对信息的甄别和判断能力。有些国家禁止律师发布广告或通过某些特定的媒介发布广告。同样，我国对律师服务广告也做了特殊的限制，这些限制体现在《律师业务推广行为规则（试行）》第 2 条和第 5 条，主要是从主体身份方面进行。

律师服务广告和其他业务推广方式的区别是，广告是由广告经营者通过一定的媒介或形式向社会公众发布，包括报刊、音像、广播、电视、互联网等形式。广告具有最大的公开性，一般通过大众传播媒介、户外广告标牌或者在公共场所、公共交通工具等形式和场所发布。

《律师业务推广行为规则（试行）》允许律师个人和律师事务所发布律师广告。北京市律协 2000 年颁布施行的《北京市律师事务所执业广告管理办法（试行）》规定律师事务所是唯一的广告主，律师个人不得做广告。这种过于严苛的规定被后来的规范否定了。《律师执业行为规范（试行）》第 18 条规定律师和律师事务所可以依法以广告方式宣传律师和律师事务所以及自己的业务领域和专业特长。该规范同时规定了对于发布广告的限制情形，第 27 条规定，具有下列情况之一的，律师和律师事务所不得发布律师广告：其一，没有通过年度考核的；其二，处于停止执业或停业整顿处罚期间的；其三，受到通报批评、公开谴责未满 1 年的。[1]

（二）律师业务推广的方式和内容

关于律师业务推广的方式，《律师执业行为规范（试行）》第 17 条至第 21 条作出以下规定：①律师和律师事务所应当通过提高自身综合素质、提高法律服务质量、加强自身业务竞争能力的途径，开展、推广律师业务；②律师和律师事务所可以依法以广告方式宣传律师和律师事务所以及自己的业务领域和专业特长；③律师和律师事务所可以通过发表学术论文、案例分析、专题解答、授课、普及法律等活动，宣传自己的专业领域；④律师和律师事务所可以通过举办或者参加各种形式的专题、专业研讨会，宣传自己的专业特长；⑤律

---

[1]　与律师业务推广主体相关，值得讨论的两个问题是：其一，律师事务所或律师个人能否委派非律师人员从事广告推广活动。全国性的律师执业规范对这一问题没有规定，《律师业务推广行为规则（试行）》第 2 条表述为"自行或授权他人"。对于"授权他人"这一业务推广途径的理解应当采取推定授权的理解方式，即如发生非本人直接进行的不当业务推广行为时，需由受益人证明业务推广行为人是否获得受益人的授权，并应由受益人采取积极行为消除不当影响。因此，律师事务所、律师可以委托第三方设计、制作律师广告和律师宣传资料，可以委托广告发布者发布律师服务广告；但律师事务所和律师个人不得自行或者聘请律师以外的人员通过主动拨打电话、在公共场所派发宣传单册等方式进行业务推广和招揽业务。除前述情形外，非律师人员在律师业务推广中只应作为律师事务所或律师的辅助人员，而不能单独开展律师业务推广活动，更不得以律师身份发布广告。其二，律师以个人名义进行推广宣传，是否需经执业的律师事务所同意。《律师执业行为规范（试行）》规定，以律师个人名义发布律师广告，应当注明所任职的律师事务所名称，并载明律师执业证号；但对是否需经所任职的律师事务所同意没有做出规定。因此，要求律师个人进行的业务推广需经执业的律师事务所同意，有利于规范律师个人的业务推广活动；但律师个人可以进行的业务推广活动种类较多，都经执业的律师事务所同意并不现实。

师可以以自己或者其任职的律师事务所名义参加各种社会公益活动。

律师和律师事务所无论采取何种业务推广方式，其宣传内容应符合以下要求：①不得歪曲事实和法律，或使公众对律师产生不合理期望；②不得自我声明或者暗示其被公认或者证明为某一专业领域的权威或专家；③不得进行律师之间或者律师事务所之间的比较宣传；④不得对本人或者其他律师正在办理的案件进行歪曲、有误导性的宣传和评论，恶意炒作案件。

具体到律师业务推广的内容，《律师执业行为规范（试行）》逐项列举了律师个人广告和律师事务所广告可以包括的内容：①律师个人广告的内容，应当限于律师的姓名、肖像、年龄、性别、学历、学位、专业、律师执业许可日期、所任职律师事务所名称、在所任职律师事务所的执业期限；收费标准、联系方法；依法能够向社会提供的法律服务业务范围；执业业绩。②律师事务所广告的内容应当限于律师事务所名称、住所、电话号码、传真号码、邮政编码、电子信箱、网址；所属律师协会；所内执业律师及依法能够向社会提供的法律服务业务范围简介；执业业绩。

从以上规定可以看出，律师个人广告，应当限于以下内容：律师的姓名、肖像、年龄、性别、学历、学位、专业、律师执业许可日期、所任职律师事务所名称、在所任职律师事务所的执业期限；收费标准、联系方法；依法能够向社会提供的法律服务业务范围；执业业绩。律师事务所广告的内容应当限于以下内容：律师事务所名称、住所、电话号码、传真号码、邮政编码、电子信箱、网址；所属律师协会；所内执业律师及依法能够向社会提供的法律服务业务范围简介；执业业绩。对律师广告内容的规定是明确的，"应当限于"的表述排除列举项目以外的信息作为律师广告的内容。但对比律师和律师事务所制作、发布广告的实际情况，还是存在部分需要进一步厘清的问题。

第一，律师个人工作经历是否能作为律师广告的内容。律师个人的工作经历可以反映其执业经验和专业背景，反映其能够向社会提供的法律服务业务信息。一般情形下，应允许将律师工作经历作为律师个人广告或律师事务所广告的内容；但对律师执业前曾在法院、检察院、公安机关等部门任职的经历，可能被认为构成与司法机关存在特殊关系的暗示，故不宜将其作为律师个人广告或律师事务所广告的内容。

第二，律师在其他专业领域的资格、资质能否作为律师广告的内容。现代社会中律师职业的分工越来越细致；同时具有法律和其他专业知识背景的复合型律师在该专业领域的业务办理中将具有明显优势。对相关信息的披露，有助于当事人及时获取有效法律服务。因此，应对律师个人广告内容中的"专业"做扩张解释，允许将律师在其他专业领域的资格、资质作为律师个人广告的内容。

第三，律师和律师事务所获得的荣誉、头衔能否作为律师广告的内容。《律师执业行为规范（试行）》列举的律师个人广告和律师事务所广告的内容项目不包括荣誉、头衔。其第85条规定："律师和律师事务所不得伪造或者冒用法律服务荣誉称号"。"律师和律师事务所不得变造已获得的荣誉称号用于广告宣传"。该条实际上认可法律服务荣誉称号可以作为广告宣传的内容。因此，与律师职业相关的荣誉、头衔可视作执业业绩的范畴，应允许作为律师个人广告或律师事务所广告的内容；但与律师职业无关的荣誉、头衔，如在政府机关或社会组织的兼职、人大代表、政协委员等社会职务、头衔，则不应作为律师个人广告或律师事务所广告的内容。

第四，律师事务所的办公场所图片能否作为律师事务所广告的内容。律师事务所的办公场所图片可以视作住所范畴，应允许作为律师事务所广告的内容。

第五，律师或律师事务所办结的成功案件能否作为执业业绩进行广告宣传。《律师执业行为规范（试行）》列举的律师广告内容包括执业业绩。但《律师法》第48条规定，律师泄露商业秘密或者个人隐私的，可能承担警告、罚款、没收违法所得、停止执业3个月以上6个月以下的行政处罚。《律师和律师事务所违法行为处罚办法》第13条规定，"律师未经委托人或者其他当事人的授权或者同意，在承办案件的过程中或者结束后，擅自披露、散布在执业中知悉的委托人或者其他当事人的商业秘密、个人隐私或者其他不愿泄露的情况和信息的，属于《律师法》第48条第4项规定的'泄露商业秘密或者个人隐私的'违法行为"。律师对在执业活动中知悉的委托人及其他当事人的商业秘密、个人隐私或其他不愿泄露的情况和信息，应予以保密。律师和律师事务所将办结的成功案件作为执业业绩进行宣传，应当充分考虑委托人的感受，尊重委托人的意愿。对已经媒体公开的案件，律师和律师事务所可以进行适当宣传；对尚未公开的案件，律师和律师事务所进行宣传应当征求委托人意见，并且应当对当事人名称以及其他委托人不愿泄露的信息进行必要的技术处理。如委托方以案件涉及国家秘密、商业秘密或个人隐私要求不公开的，则律师和律师事务所不应将其作为执业业绩进行宣传。

第三节　律师业务推广的主要限制

一、我国律师业务推广的规范限制

我国《律师执业行为规范（试行）》第30条、第31条、第32条、第33条和第34条规定了律师宣传的禁止性规则：①不得有悖律师使命、有损律师形象；②不得采用一般商业广告的艺术夸张手段；③不得违反协会相关管理规定；④不得歪曲事实和法律；⑤不得使公众产生不合理期望；⑥不得自我声明或暗示为某一领域权威或专家；⑦不得进行律师或律所之间比较宣传。《律师业务推广行为规则（试行）》对律师业务推广的内容及形式都进行了限制性规定。

关于律师业务推广的内容，根据《律师业务推广行为规则（试行）》第10条之规定，律师、律师事务所进行业务推广时，不得有下列行为：①虚假、误导性或者夸大性宣传。②与登记注册信息不一致。③明示或者暗示与司法机关、政府机关、社会团体、中介机构及其工作人员有特殊关系。④贬低其他律师事务所或者律师的；或与其他律师事务所、其他律师之间进行比较宣传。⑤承诺办案结果。⑥宣示胜诉率、赔偿额、标的额等可能使公众对律师、律师事务所产生不合理期望。⑦明示或者暗示提供回扣或者其他利益。⑧不收费或者减低收费（法律援助案件除外）。⑨未经客户许可发布的客户信息。⑩与律师职业不相称的文字、图案、图片和视听资料。⑪在非履行律师协会任职职责的活动中使用律师协会任职的职务。⑫使用中国、中华、全国、外国国家名称等字样，或者未经同意使用国际组织、国家机关、政府组织、行业协会名称。⑬法律、法规、规章、行业规范规定的其他禁止性内容。

关于律师业务推广的方式，根据《律师业务推广行为规则（试行）》第11条之规定，律师、律师事务所禁止以下列方式发布业务推广信息：①采用艺术夸张手段制作、发布业务推广信息；②在公共场所粘贴、散发业务推广信息；③以电话、信函、短信、电子邮件等方式针对不特定主体进行业务推广；④在法院、检察院、看守所、公安机关、监狱、仲裁委员会等场所附近以广告牌、移动广告、电子信息显示牌等形式发布业务推广信息；⑤其他有损律师职业形象和律师行业整体利益的业务推广方式。

总而言之，律师业务推广应当遵循以下禁止性规则：[1]

（一）禁止不实宣传

《律师执业行为规范（试行）》第32条规定，律师和律师事务所不得进行歪曲事实和法律，或者可能使公众对律师产生不合理期望的宣传。

由于委托关系的建立往往以当事人对律师专业水平的信赖为基础，如果律师和律师事务所的宣传内容不真实或者具有误导性，当事人不能做出准确判断，在建立委托后往往容易发生纠纷。律师和律师事务所也就可能要承担相应的行业处分或行政责任，最终将损害律师群体的职业形象。

一般来说，律师和律师事务所进行业务推广有下列情形之一的，将可能被认为是不实宣传：①对律师事务所或者律师进行不符合实际的陈述或宣传，如虚构办理案件的情况，夸大自己的专业能力等。②自我声明或者暗示其被公认或者证明为某一专业领域的权威或者专家，如未经有权机构认定，使用"最……""优秀""著名""资深"等文字等。③为争揽业务向委托人做虚假承诺，如有些律师在进行业务推广中使用"要胜诉，找XX"的广告语。前述案例中，宁律师未被聘为"XX电视台XX栏目特邀律师"却以该头衔对外宣传，宣传的办案数量不实，自我声明为婚姻法律业务方面的专家，就构成不实宣传的情形。

（二）禁止比较宣传

律师执业活动的性质主要是知识性、判断性的工作，对不同律师和律师事务所提供的法律服务实际上很难确定准确的比较标准。律师和律师事务所在业务推广过程中进行律师之间或者律师事务所之间的比较宣传，往往容易陷入通过贬低同行专业能力和水平的方式招揽业务的误区。其一方面可能造成对有潜在法律需求的当事人的误导，构成不正当竞争行为；另一方面还可能造成对其他律师和律师事务所声誉的损坏，构成民事侵权行为。如果认为其他律师或律师事务所在执业过程中存在违规行为，律师和律师事务所也应当向行业主管部门或行业协会反映，而不是以此作为招揽业务的手段。

故《律师执业行为规范（试行）》第34条规定，"律师和律师事务所不得进行律师之间或者律师事务所之间的比较宣传"。第79条规定，"有下列情形之一的，属于律师执业不正当竞争行为：（一）诋毁、诽谤其他律师或者律师事务所信誉、声誉"。律师和律师事务所违反前述规定的，可能要承担行业处分、行政处罚甚至民事赔偿的责任。

（三）禁止恶意宣传

首先，律师和律师事务所不得以支付介绍费等不正当手段承揽业务。《律师执业行为规范（试行）》第79条规定，采用承诺给予当事人、中介人、推荐人回扣、馈赠金钱、财物或者其他利益等方式争揽业务的，属于律师执业不正当竞争行为。律师或律师事务所采取承诺给予当事人、中介人回扣、中介费或者馈赠财物或其他利益的方式承揽业务，一方面违反了律师行业规范，贬损了律师服务的价值；另一方面，其行为还可能构成商业贿赂等违法犯罪行为，不仅要承担行业处分、行政处罚等责任，还可能承担刑事责任。

其次，律师和律师事务所不得以明显低于同业的收费水平竞争某项法律事务。《律师执业行为规范（试行）》第79条规定，无正当理由，以低于同地区同行业收费标准为条件争揽业务的，属于律师执业不正当竞争行为。而根据《律师服务收费管理办法》的规定，律师服务收费实行政府指导价和市场调节价。对实行政府指导价的法律事务，律师和律师事

---

[1]　中华全国律师协会编：《律师职业伦理》，北京大学出版社2017年版，第179页。

务所无正当理由，以在规定收费标准以下收费为条件吸引当事人的，构成前述不正当竞争行为；对实行市场调节价的法律事务，律师和律师事务所以明显低于同业的收费水平招揽业务，也构成不正当竞争。但值得注意的是，《律师服务收费管理办法》第23条第2款还规定，"对于经济确有困难，但不符合法律援助范围的公民，律师事务所可以酌情减收或免收律师服务费"。该规定对低于同业收费水平的律师收费规定了例外情形。律师在业务推广过程中，应当注意区分为弱势群体提供法律帮助和低价不正当竞争的界限。

（四）自媒体推广的限制

随着互联网技术的发展，律师和律师事务所进行业务推广出现了一些新形式，如通过电子邮件发送广告，在法律类门户网站开设博客，建立律师和律师事务所网站，搜索引擎广告包括关键词广告、关键词竞价排名等形式。关键词广告是指律师或律师事务所付费后可以根据用户在搜索引擎中输入的关键词，在查询结果中刊登自己的广告；关键词竞价排名是指按照付费最高者排名靠前的原则，对购买了同一关键词的律师网站进行排名的一种方式。网络即时通讯工具营销是指通过微信、QQ等网络即时通讯工具进行律师业务宣传的一种方式。对互联网环境下的律师业务推广，我国目前相关法律、法规、规章以及行业规范没有专门规定。

1. 律师和律师事务所在互联网环境下进行业务推广，首先应当遵守律师业务推广的一般规定。如律师和律师事务所在法律类门户网站发布广告或通过电子邮件发送广告，律师广告的内容应当符合《律师执业行为规范（试行）》相关规定的要求，不得进行不真实或不适当的宣传，不得进行律师之间或律师事务所间的比较宣传等。又比如在搜索引擎广告中，律师不得在其网页标签中设置"××专家""胜诉率高""最专业律师"等关键词，[1]不得暗示其被证明为某一专业领域的权威或者专家。

2. 律师和律师事务所在互联网环境下进行业务推广，应格外重视对委托人或其他人不愿泄露的信息承担保密义务，尊重当事人隐私。有些律师和律师事务所将其办理的典型案件放在其网站页面中，应当事先征得当事人同意；未征得当事人同意的，至少应当对当事人名称以及其他当事人不愿泄露的信息采取必要的技术处理。律师和律师事务所通过电子邮件发送广告或者通过网络即时通讯工具进行业务宣传时，也应当尊重当事人的隐私。有些律师或律师事务所为实现业务推广的目标，向一些机构购买潜在当事人的联系信息，并向其发送广告和进行业务宣传，这种方式无疑是不适当的，其涉嫌侵犯潜在当事人的隐私权，也与律师职业群体的专业属性不相符合。《互联网电子邮件服务管理办法》第12条规定："任何组织或者个人不得有下列行为：……（二）将采用在线自动收集、字母或者数字任意组合等手段获得的他人的互联网电子邮件地址用于出售、共享、交换或者向通过上述方式获得的电子邮件地址发送互联网电子邮件。"

3. 律师和律师事务所在互联网环境下进行业务推广，应当注重法律服务业务信息和法律知识信息的区分，注重律师广告的可识别性。律师和律师事务所建立网站，其可能在网站中发布多种信息，既可能是律师姓名、性别、学历、专业、法律服务业务范围、执业业绩等法律服务业务信息，也可能是学术论文、法律常识、专题解答等法律知识信息。由于法律服务业务信息（律师广告）和法律信息在同一平台，其发布的栏目、页面应当严格区分，使律师广告能够为社会公众辨明。

---

〔1〕　参见金竞："律师网络广告规则研究"，中国政法大学2011年硕士学位论文。

4. 律师和律师事务所在互联网环境下进行业务推广，还应当遵守互联网广告管理的相关规范。

（1）任何单位或者个人未经当事人同意或者请求，不得以电子信息方式向其发送广告。以电子信息方式发送广告的，应当明示发送者的真实身份和联系方式，并向接收者提供拒绝继续接收的方式。[1]

（2）律师和律师事务所通过电子邮件发送律师广告时，应当遵守《互联网电子邮件服务管理办法》的规定，不得有下列发送或者委托发送互联网电子邮件的行为：故意隐匿或者伪造互联网电子邮件信封信息；发送包含商业广告内容的互联网电子邮件时，未在互联网电子邮件标题信息前部注明"广告"或者"AD"字样。

二、违反律师业务推广规则的罚则

（一）暂停服务

《律师业务推广行为规则（试行）》第14条规定，律师、律师事务所不得帮助他人违反本规则。在为个人、单位、外地律师、外国律师提供服务或者进行业务合作过程中，发现其存在违反本规则行为的，律师、律师事务所应当告知其本规则的规定，督促其停止违规行为或者停止提供服务、业务合作。在律师业务推广中，律师、律师事务所和他人合作进行业务推广是较为普遍的现象，为规制此类行为，防范律师或律师事务所在发现他人存在违反本规则禁止性行为时，即应承担相应的规范责任。需要注意的是，在时间问题上，本条规定的"发现"既包括能直接证明的发现也包括通过有关材料能推定的"发现"。为避免推定发现的情形，律师、律师事务所应当对合作者的推广行为积极关注，及时发现违规行为。约束非会员造成的执行漏洞，该条规定律师、律师事务所负有不得帮助他人违规的义务。

（二）律协处分

根据《律师执业行为规范（试行）》第106条的规定，律师和律师事务所违反本规范的，律师协会应当依据《律师协会会员违规行为惩戒规则（试行）》和相关行业规范性文件实施处分。律师协会对律师、律师事务所业务推广信息可以采取审查、检查、抽查等方式进行管理，或者根据投诉进行调查处理。律师协会对于违反本规则的行为应当责令律师和律师事务所限期改正，并可根据《律师协会会员违规行为处分规则（试行）》予以查处。《律师协会会员违规行为处分规则（试行）》第16条规定，律师协会决定给予警告及以上处分的，可以同时责令违规会员接受专门培训或者限期整改。这是《律师协会会员违规行为处分规则（试行）》2017年修订新增加的措施，参考该处分规则的规定，将责令限期改正作为律师协会管理违规业务推广行为的措施。责令限期改正和《律师协会会员违规行为处分规则》第16条规定的责令限期整改有所不同，对于一些情节显著轻微的违规业务推广行为，律师协会可用约谈方式责令律师和律师事务所限期整改，不必受处分规则所规定的警告及以上处分门槛的限制。

■ 思考题

1. 什么是律师的业务推广？律师业务推广的目的是什么？
2. 规范律师业务推广的必要性是什么？

---

[1] 参见《广告法》第43条。利用互联网发布、发送广告，不得影响用户正常使用网络。在互联网页面以弹出等形式发布的广告，应当显著标明关闭标志，确保一键关闭。参见《广告法》第44条第2款。

3. 律师业务推广的主要途径?
4. 律师业务推广的规范限制?

■参考书目

1. 王进喜：《美国律师职业行为规则理论与实践》，中国人民公安大学出版社 2005 年版。
2. 许身健：《法律职业伦理》，中国政法大学出版社 2019 年版。

第十二章　公职律师、公司律师职业伦理

■ **本章概要**

　　本章介绍了我国公职律师、公司律师的概念和沿革，对我国公职律师、公司律师的作用进行界定，重点分析了我国公职律师、公司律师的职业伦理规则。

■ **本章关键词**

　　公司律师；公职律师；法律援助律师；执业机构

　　积极推行公职律师、公司律师制度，对于全面深化改革、全面依法治国、依法执政、依法行政共同推进，坚持法治国家、法治政府、法治社会一体建设，推进国家治理体系和治理能力现代化具有重要意义。[1]

第一节　公职律师、公司律师制度概述

一、公职律师、公司律师的概念与特征

（一）公职律师、公司律师的概念

1. 公职律师、公司律师的概念。公职律师、公司律师概念最早出现于 2002 年司法部《关于开展公职律师试点工作的意见》（司发通〔2002〕80 号）《关于开展公司律师试点工作的意见》（司发通〔2002〕79 号），但是上述意见未对公职律师、公司律师作出明确界定，仅规定公职律师任职条件是："①具有中华人民共和国律师资格或司法部颁发的法律职业资格；②供职于政府职能部门或行使政府职能的部门，或经招聘到上述部门专职从事法律事务的人员"。公司律师任职条件是："①具有中华人民共和国律师资格或司法部颁发的法律职业资格；②在企业内部专职从事法律事务工作；③所在企业同意其担任公司律师"。2007 年《律师法》没有涉及公职律师、公司律师。

　　2014 年党的十八届四中全会通过的《中共中央关于全面推进依法治国若干重大问题的决定》要求"各级党政机关和人民团体普遍设立公职律师，企业可设立公司律师，参与决策论证，提供法律意见，促进依法办事，防范法律风险"。2016 年中办、国办印发《关于推行法律顾问制度和公职律师公司律师制度的意见》（以下简称《制度意见》）设定了目标任务："2017 年底前，中央和国家机关各部委，县级以上地方各级党政机关普遍设立法律顾问、公职律师，乡镇党委和政府根据需要设立法律顾问、公职律师，国有企业深入推进

---

〔1〕　参见李明征、葛晓阳："推行法律顾问公职律师公司律师制度意义重大"，载《法制日报》2016 年 6 月 17日，第 2 版。

法律顾问、公司律师制度，事业单位探索建立法律顾问制度，到 2020 年全面形成与经济社会发展和法律服务需求相适应的中国特色法律顾问、公职律师、公司律师制度体系。"2018年司法部通过《公职律师管理办法》《公司律师管理办法》（司发通〔2018〕131 号），进一步明确公职律师、公司律师的概念、性质、任职、职责、监督和管理等。

《公职律师管理办法》《公司律师管理办法》首次在正式文件中明确界定公职律师、公司律师的概念。根据《公职律师管理办法》第 2 条，公职律师是指"任职于党政机关或者人民团体，依法取得司法行政机关颁发的公职律师证书，在本单位从事法律事务工作的公职人员"。根据《公司律师管理办法》第 2 条，公司律师是指"与国有企业订立劳动合同，依法取得司法行政机关颁发的公司律师证书，在本企业从事法律事务工作的员工"。

2. 公职律师、公司律师的种类。根据上述公司律师的概念，公司律师仅包括一种类型，即与国有企业订立劳动合同，在该国有企业从事法律事务工作的员工，不包含任职于国家企业并从事法律事务的公职人员，也不包含非国有企业雇佣的从事法律事务的员工。

根据上述公职律师的概念，公职律师应包括政府律师（即任职于党政机关、人民团体，具有行政编制的律师，以及任职于法律、法规授权的具有公共事务管理职能的事业单位、社会团体及其他组织、具有事业编制的律师）、法律援助律师（任职于政府设立的专门的法律援助机构、具有行政事业编制的律师），即包括任职于国家立法机关、司法机关、行政机关、中国共产党和各民主党派的党务机关、各人民团体和事业单位、社会团体及其他组织的专门律师等两种类型。最初公职律师专指具有行政编制的兼有公务员身份的政府律师，直到 2003 年国务院颁布《法律援助条例》，法律援助律师才开始被正式视为公职律师的一部分。本书中法律援助律师属于狭义法律援助概念，不包括接受指派承担法律援助义务的社会律师，也不包含在各地法律援助机构工作，与法律援助机构签订劳动合同或者劳务合同，专门接受指派提供法律援助，不具有行政事业编制的执业人员。

此外，军队律师属于广义公职律师的范畴。但是我国相关法律法规已经对军队律师做出了规定，并且将社会律师、公职律师、公司律师、军队律师并列为律师的基本类型，[1]这也是通行观点。因此本书中公职律师，是狭义公职律师概念，专指政府律师和法律援助律师，不含军队律师。

完善政府律师制度是建立法治政府的必然要求。在法治国家的治理方式中，政府担负着极为重要的角色。没有政府的法治，就没有国家的法治。而政府的法治程度完全取决于政府实施和制定各种行政规范的科学性。建立政府律师制度，有利于发挥律师作为规则制定的专家职能和各种法律服务职能作用，促进政府按照法定程序和规则履行法定职能，保障政府的行为严格符合国家的法律规定，促进行政管理的统一性和稳定性，从根本上提高政府依法行政的水平。政府律师通过为党政机关、人民团体提供法律咨询、法律意见，参与政府规范、规章制度的制定工作，保障政府的决策、行政工作法治化。政府律师通过专业的法律服务，可以有效地解决政府管理工作中的矛盾和问题，提高政府的决策能力和处理实际问题的效率。

完善法律援助律师制度是实现真正意义上的法律平等的现实要求。在当前社会转型时期，贫富差距拉大，经济困难的弱势群体由于无力支付律师费而被排斥在法律公平的大门之外，使法律面前人人平等成了一种形式，严重有违我国建设社会主义法治国家的目标。

---

〔1〕　详见本书第一章第二节。

建立法律援助律师制度是解决上述问题的有效措施之一。建立法律援助律师制度。在充分调动现有援助资源的基础上，建立法律援助律师制度，将取得律师资格的人员选拔到法律援助律师的队伍，这是建立我国法律援助良好发展机制的必经之途。在世界其他国家，为公民提供必要的法律援助是政府的义务和责任，建立法律援助律师制度来提供法律援助也是许多国家采取的措施之一。由于法律援助律师专门从事法律援助工作，其薪金由政府财政拨款，并在法律和相关制度中明确其权利与义务，使公职律师可以专心从事法律援助工作，从而提高法律援助工作的质量，保证绝大多数人可以获得法律的帮助。

3. 公职律师、公司律师与法律顾问。《制度意见》中除了规定公职律师、公司律师制度，还明确了党政机关、国有企业法律顾问制度，因此有必要区分法律顾问制度与公职律师、公司律师制度。

法律顾问是指依法接受公民、法人或者其他组织的聘请，以自己的专业知识和技能为聘请方提供多方面的法律服务的专业性活动的人员。根据聘方不同，法律顾问可以分为：政府法律顾问、企事业单位法律顾问、社会团体法律顾问、公民法律顾问。因此，《制度意见》中党政机关、国有企业法律顾问制度仅是法律顾问制度的两种特殊类型。

根据《制度意见》，党政机关法律顾问制度是指建立以党内法规工作机构、政府法制机构人员为主体，吸收法学专家和律师参加的法律顾问队伍。党政机关内部专门从事法律事务的工作人员和机关外聘的法学专家、律师，可以担任法律顾问。党内法规工作机构、政府法制机构以集体名义发挥法律顾问作用；国有企业法律顾问是指工商、金融、文化等行业的国有独资或者控股企业（以下简称国有企业）内部专门从事企业法律事务的工作人员和企业外聘的律师，可以担任法律顾问。公职律师、公司律师是作为党政机关、国有企业内部专门从事法律事务的人员担任党政机关、国有企业的法律顾问，社会律师是作为党政机关、国有企业外聘人员担任党政机关、国有企业的法律顾问。

因此，一方面，公职律师、公司律师可以担任党政机关、国有企业法律顾问；另一方面，法律顾问外延更为宽泛，其不仅包括社会律师、公职律师、公司律师，也包括取得法律职业资格的人员，例如法学专家。

（二）公职律师、公司律师的特征

根据上述公职律师、公司律师的内涵和外延，公职律师、公司律师具有如下特征：

1. 法律职业性，即具有法律职业资格。公职律师、公司律师是我国律师的两种特殊类型，其应当具备社会律师的任职条件。通过律师资格考试（2002 年之前）、国家统一司法考试（2018 年之前）、国家法律职业资格统一考试，取得中华人民共和国律师资格或司法部颁布的法律职业资格；符合前述条件的人员，向司法行政部门申请从事公职律师、公司律师，由省、自治区、直辖市人民政府司法行政部门予以审核，作出是否准予执业的决定。

2. 身份双重性。除了具有律师身份，公职律师、公司律师还具有公职身份或者雇佣身份，即任职于公职机构或者与国有企业订立劳动合同。这里的"公职机构"包括政府职能部门和行使政府职能的部门，其中政府职能部门包括权力机关、行政机关、司法机关和军队，行使政府职能的部门是指法律法规授权行使公权力的组织，包括政府设立或认可的法律援助机构。

3. 法律服务的无偿性。公职律师属于公职人员，公司律师属于国有企业雇佣人员，其向所在单位提供的法律服务属于其职责范围，其所提供法律服务的内容、数量和质量可以纳入其工资、薪金的绩效考核范畴，不单独支付报酬。因此，不同于社会律师服务的有偿性，公职律师、公司律师不得直接接受当事人委托，向当事人提供有偿法律服务。

4. 服务对象的特定性。公职律师业务经费由党政机关、人民团体等给予保障，其向社会提供公益法律援助和向所在单位提供法律服务；公司律师报酬由雇佣其的国有企业支付，其只向雇佣其的国有企业提供法律服务。因此，不同于社会律师法律服务对象的不特定性，公职律师、公司律师法律服务对象具有特定性。

5. 法律服务的独立性。公职律师、公司律师主要是向所在单位提供法律服务，这使得公职律师、公司律师的独立性容易受到影响。但是，公职律师、公司律师又同时具有律师资格，具有律师身份，所提供的服务是法律服务，律师的这种身份和法律服务的性质决定了其在业务知识和技能操作上必须具有独立性，即法律的自治品质和法律职业的独立性决定了公职律师、公司律师必须具有独立性。

6. 管理的多重性。由于同时具有双重身份，公职律师、公司律师不同于社会律师的"两结合"的管理，应按照公务员、聘用关系、雇佣关系接受其所在单位的统一管理，同时按照律师身份接受司法行政机关和律师协会的管理，即"三结合"的管理体制。《公职律师管理办法》和《公司律师管理办法》第4条均规定：司法行政机关对公职、公司律师业务活动进行监督、指导；公职、公司律师所在单位对公职、公司律师进行日常管理；律师协会对公职、公司律师实行行业自律。

二、公职律师、公司律师的沿革

1980年《律师暂行条例》将律师性质定位为"国家的法律工作者"，因此律师具有公务员身份，是国家的专业人员，其接受当事人的委托办案或办理其他法律事务，与当事人不是委托代理关系，而是履行公职，执行国家赋予的维护社会主义法制的使命，从而维护委托人的合法权益。[1]1996年《律师法》将律师性质界定为"社会服务人员"，2007年《律师法》才给予律师性质准确的界定，即"为当事人提供法律服务的执业人员"。随着律师性质的界定逐步清晰，我国律师制度也全面和国际接轨，并且我国的律师队伍快速成长，但是其中增加的绝大多数都是"社会律师"，并且《律师法》也仅对社会律师作出规定。[2]我国律师呈现社会律师一元独大发展形势，公职律师、公司律师、军队律师发展在数量上出现严重失衡。

（一）公职律师、公司律师的发展（1993—2013年）

1. 公职律师的发展。我国公职律师始于1985年山西省、吉林省、山东省和河北省等地政府聘请律师担任法律顾问。同一时期，国务院绝大多数部委都设立了法规司、条法司或政策法规司，在全国各省、自治区、直辖市人民政府成立了法制局（处、室），市、县人民政府也分别设立了法制局、处、科或法制办公室。这些法制机构虽然主要职责是负责政府法制的日常工作，但承担的工作中有一部分是属于政府法律顾问的工作，这是政府法律顾问工作专业化发展的开端。

我国的公职律师制度是20世纪90年代在司法行政机关大力推动下逐渐建立起来的。

〔1〕 有观点认为1980年《律师暂行条例》至1996年《律师法》之间的律师都是公职律师，并认为这是公职律师的萌芽发展阶段。本书认为这只是在律师制度发展过程中，对于律师性质准确界定过程中的一个阶段，并不是现代意义上和国际通行的公职律师（或者政府律师）。

〔2〕 有观点认为《律师法》第11条有关"公务员不得兼任执业律师"的规定，会导致公职律师面临"师出无名"的窘境（参见王健："新《律师法》规定，'公务员不得兼任执业律师'公职律师面临'师出无名'的窘境"，载《浙江法制报》2008年4月16日，第3版）。本书认为《律师法》全文并未规定公职律师，其实质是关于社会律师的法律规定。因此，该法第11条中"执业律师"是专指"社会律师"，也不会导致公职律师"师出无名"。

1993 年国务院批转的《司法部关于深化律师工作改革的方案》明确提出在国家机关中进行公职律师试点并且指出：通过试点，逐步在国家机关内部建立为政府及行政部门提供法律服务的律师队伍，担任法律顾问，代理行政诉讼，维护政府和行政部门的合法权益。1994年 8 月司法部提出"公职律师"的概念，[1]随后在 1995 年 2 月，又提出"在有条件的地方，可以试行公职律师制度"，要建立公职律师制度。1996 年 4 月，上海市司法局、上海市浦东新区管委会联合颁发了上海市公职律师执业证，出现了我国第一批公职律师。[2]此后，各地开始陆续出现公职律师。

2002 年 12 月，司法部正式发布了《关于开展公职律师试点工作的意见》（司发通〔2002〕80 号），推动在县（区）级以上地方政府开展公职律师试点，对公职律师的任职条件、职责范围、权利义务等管理方面做出了规定。该文件为我国公职律师制度的建立提供了基本依据，促进了公职律师试点工作在全国的开展。不久全国 31 个省（市、自治区、直辖市）都已开展了公职律师试点。2003 年，国务院颁布的《法律援助条例》规定"法律援助是政府的责任"，一大批从事法律援助工作的公职律师走上工作岗位。2004 年 12 月，司法部明确表示要引导和推动更多的政府机关和企业参与公职律师试点，扩大试点的覆盖面，凡政府部门有试点要求，律师人才资源具备的地方，都要积极开展试点工作。2005 年 7 月14 日，中国证监会举行首批公职律师颁证仪式，153 人获公职律师执业证，中国证监会从而成为第一家开展公职律师试点的中央单位[3]。

2. 公司律师的发展。目前世界上大多数国家都建立起了公司律师制度。越来越多的公司意识到法律已经不仅仅是一项辅助管理的工具，它已经成为经营管理的重要部分，公司律师在公司管理、国内贸易、海外投资等各项领域发挥着不可替代的作用。不同的国家和地区对于公司律师有不同的称谓和定位，例如在美国公司律师被称为"In - House Attorney"或者"Corporate Counsel"，是指在公司法律部（Legal Department）专职从事法律事务工作的律师，目前在各类公司法律事务部工作的专职执业律师约占全美律师的 15%。[4]美国公司律师专职服务于保险、银行、交通运输等公司的法律部门，并不接受社会上的委托，只办理所属公司内部的各种法律事务，根据劳动合同固定为公司提供法律服务，并且在公司中享有很高的地位，获得优厚的报酬，退休后还能享受公司管理人员的待遇。[5]

1994 年 8 月，司法部首次提出了探索建立公司律师制度的设想。2002 年 10 月，在我国加入世界贸易组织近 1 年后，司法部颁布《关于开展公司律师试点工作的意见》，首次对于公司律师制度作出规定，随后公司律师试点工作在全国展开。公司律师制度经历了 2002年、2003 年快速发展，但由于受到企业法律顾问制度以及配套制度不完善等因素影响，到2011 年全国开展公司律师试点工作省份由 31 个萎缩到 27 个。[6]截至 2014 年，我国开展公

---

〔1〕　参见马青红："浅析中国政府律师制度的宪政理论及实践"，载《山西警官高等专科学校学报》2001 年第 4期。

〔2〕　上海市浦东新区管理委员会、上海市司法局：《关于〈上海市浦东新区公职律师试行办法〉的批复》，1995年 8 月 24 日。首批 28 名公职律师全部由在职的从事法制工作的公务员组成，分别在新区 9 个职能局和外高桥保税区管委会。

〔3〕　参见侯捷宁："153 人成为证监会首批公职律师"，载《证券日报》2005 年 7 月 15 日，第 3 版。

〔4〕　参见周塞军：《发达国家律师管理制度》，时事出版社 2001 年版，第 126 页。

〔5〕　参见孙文胜、董静洁、梁俊杰："公司律师制度刍议"，载《经济论坛》2006 年第 14 期。

〔6〕　参见程滔、杨璐："公司律师制度在我国试行的困境及出路"，载《中国司法》2012 年第 8 期。

司律师试点工作十余年，公司律师有 1770 人，仅占同时期我国执业律师的 0.8%。[1]

（二）公职律师、公司律师的发展（2014 年以来）

在司法行政机关大力推动下，经过试点，我国逐步建立起公职律师、公司律师制度。公职、公司律师制度的建立对于促进依法行政，维护政府合法权益，促进市场和谐运作，维护企业合法权益，以及改变我国律师行业结构单一的状况发挥了重要作用。但是 2014 年之前，我国公职律师、公司律师制度缺乏立法保障，全国各地做法不一，发展状况不均衡，这在一定程度上限制了公职律师、公司律师制度的进一步发展。

2014 年党的十八届四中全会通过的《中共中央关于全面推进依法治国若干重大问题的决定》首次将设立公职律师、公司律师作为全面推进依法治国的重大举措之一。2016 年《制度意见》明确了公职律师、公司律师发展的路线图和时间表。2018 年司法部通过的《公职律师管理办法》《公司律师管理办法》全面规定了公职律师、公司律师的性质、任职、职责、监督和管理等。截至 2018 年 5 月，全国共有超过 8000 家党政机关、人民团体设立了公职律师，公职律师总数达到 2.4 万余人，1000 余家国有企业设立了公司律师，公司律师总数超过 4600 人。[2]

截至 2019 年，公职律师制度改革工作普遍在全国各地开展，形成一支数量多达 31000 多人的业务精良且素质过硬的公职律师队伍。[3] 目前公职律师制度仍面临一些问题和困难：其一，公职律师队伍规模较小，人数很少；其二，公职律师参与行政诉讼、复议、政府信息公开等具体法律事务多，为重大决策、重大事项提供的法律意见少；其三，针对公职律师的体制机制有待完善，需要在法律、法规层面进行全面规范；[4]其四，公职律师保障中存在办案经费保障、职级晋升保障方面的问题；[5]其五，公职律师职责定位与其他机构或者人员存在重叠，普遍出现"一人两岗"现象；其六，公职律师双重身份可能引发职业伦理冲突。[6]

三、公职律师、公司律师的任职

（一）公职律师的任职

1. 任职程序。《公职律师管理办法》规定了公职律师一般任职条件（一般执业）和特别任职条件（特许执业）。[7]申请颁发公职律师证书，应当由申请人所在单位向司法行政机关提交下列材料：①国家统一法律职业资格证书或者律师资格证书；②申请人的居民身份证明和公职人员身份证明；③申请人本人填写、经所在单位同意并签章的公职律师申请表；④申请人符合《公职律师管理办法》第 5 条第 4 项规定条件的工作经历、执业经历证明。

中央党政机关和人民团体公职人员申请担任公职律师的，由所在单位审核同意后向司

---

[1]　参见吴玲："我国公司律师制度研究"，载《中国律师》2014 年第 4 期。

[2]　参见"司法部举办中央单位公职律师中央企业公司律师培训班 60 余家中央单位、中央企业已设立公职律师、公司律师"，载《中国司法》2018 年第 6 期。

[3]　参见"司法部律师工作局负责人就《公职律师管理办法》和《公司律师管理办法》答记者问"，司法部网站，http://www.moj.gov.cn/news/content/2019-01/07/zcjd_226176.html，2019 年 12 月 30 日。

[4]　参见杨立新："不仅要应对法律纠纷，还要参与重大决策　公职律师的法律职责有哪些"，载《人民论坛》2018 年第 25 期。

[5]　参见四川省司法厅课题组、陈明国："中国特色公职律师运行机制的完善研究"，载《中国司法》2017 年第 10 期。

[6]　参见李鑫："中国特色公职律师制度的试点经验及其完善路径研究"，载《兰州大学学报（社会科学版）》2018 年第 1 期。

[7]　详见本书第一章第二节。

法部提出申请。实行垂直管理体制的中央党政机关在地方的各级直属管理单位和派出派驻单位的公职人员申请担任公职律师的，也可以由所在单位审核同意后向当地省、自治区、直辖市司法行政机关提出申请。省级党政机关和人民团体公职人员申请担任公职律师的，由所在单位审核同意后向当地省、自治区、直辖市司法行政机关提出申请。设区的市级或者直辖市的区（县）级及以下党政机关和人民团体公职人员申请担任公职律师的，由所在单位审核同意后向当地设区的市级或者直辖市的区（县）司法行政机关提出申请。

司法行政机关对收到的公职律师申请，应当进行审查。设区的市级或者直辖市的区（县）司法行政机关对收到的公职律师申请，应当提出初审意见后再报省、自治区、直辖市司法行政机关审查。经审查，申请人符合公职律师任职条件、申请材料齐全的，司法部或者省、自治区、直辖市司法行政机关应当向申请人颁发公职律师证书。

2. 执业证书的注销。公职律师有下列情形之一的，由原颁证机关收回、注销其公职律师证书：①本人不愿意继续担任公职律师，经所在单位同意后向司法行政机关申请注销的；②所在单位不同意其继续担任公职律师，向司法行政机关申请注销的；③因辞职、调任、转任、退休或者辞退、开除等原因，不再具备担任公职律师条件的；④连续两次公职律师年度考核被评定为不称职的；⑤以欺诈、隐瞒、伪造材料等不正当手段取得公职律师证书的；⑥其他不得继续担任公职律师的情形。

3. 公职律师转社会律师。担任公职律师满 3 年并且最后一次公职律师年度考核被评定为称职的人员，脱离原单位后申请社会律师执业的，可以经律师协会考核合格后直接向设区的市级或者直辖市的区（县）司法行政机关申请颁发社会律师执业证书，其担任公职律师的经历计入社会律师执业年限。

（二）公司律师的任职

1. 任职程序。《公司律师管理办法》规定了公司律师一般任职条件（一般执业）和特别任职条件（特许执业）。[1] 申请颁发公司律师证书，应当由申请人所在单位向司法行政机关提交下列材料：①国家统一法律职业资格证书或者律师资格证书；②申请人的居民身份证明和企业员工身份证明；③申请人本人填写、经所在单位同意并签章的公司律师申请表；④申请人符合该办法第 5 条第 4 项规定条件的工作经历、执业经历证明。

中央企业员工申请颁发公司律师证书的，由所在单位审核同意后向司法部提出申请。中央企业在地方的各级分支机构和子企业的员工申请颁发公司律师证书的，也可以由所在单位审核同意后向当地省、自治区、直辖市司法行政机关提出申请。省属企业员工申请颁发公司律师证书的，由所在单位审核同意后向当地省、自治区、直辖市司法行政机关提出申请。其他国有企业员工申请颁发公司律师证书的，由所在单位审核同意后向当地设区的市级或者直辖市的区（县）司法行政机关提出申请。

司法行政机关对收到的公司律师申请，应当进行审查。设区的市级或者直辖市的区（县）司法行政机关对收到的公司律师申请，应当提出初审意见后再报省、自治区、直辖市司法行政机关审查。经审查，申请人符合公司律师任职条件、申请材料齐全的，司法部或者省、自治区、直辖市司法行政机关应当向申请人颁发公司律师证书。探索实施公司律师职前培训制度。

2. 执业证书的注销。公司律师有下列情形之一的，由原颁证机关收回、注销其公司律

---

[1] 详见本书第一章第二节。

师证书：①本人不愿意继续担任公司律师，经所在单位同意后向司法行政机关申请注销的；②所在单位不同意其继续担任公司律师，向司法行政机关申请注销的；③因辞职、调任、转任、退休或者辞退、开除等原因，不再具备担任公司律师条件的；④连续两次公司律师年度考核被评定为不称职的；⑤以欺诈、隐瞒、伪造材料等不正当手段取得公司律师证书的；⑥其他不得继续担任公司律师的情形。

3. 公职律师转社会律师。担任公司律师满 3 年并且最后一次公司律师年度考核被评定为称职的人员，脱离原单位后申请社会律师执业的，可以经律师协会考核合格后直接向设区的市级或者直辖市的区（县）司法行政机关申请颁发社会律师执业证书，其担任公司律师的经历计入社会律师执业年限。

四、公职律师、公司律师职业伦理的作用

为了适应我国政治、经济和社会的发展需要，需要不断完善律师队伍结构，发展公职律师、公司律师工作是其中重要的一环，而公职律师、公司律师的职业行为规则作为调整公职律师、公司律师与其职业身份有关的活动中应该遵守的行为规范，具有重要的作用。

（一）公职律师、公司律师职业行为规则的指导作用

公职律师、公司律师职业行为规则的主体内容是规范公职律师、公司律师的执业，通过制定职业行为规则来加强对公职律师、公司律师执业的约束和指导，通过对违反律师职业行为规则的行为加以行业处分或者行政处罚，以确保公职律师、公司律师队伍的建设和发展，使得公职律师、公司律师能够适应其身份的双重性，并且保证公职律师、公司律师在法律工作上的公正、称职且平等，展现公职律师、公司律师的专业性从而顺利地促进法律事务的解决。

（二）公职律师、公司律师职业行为规则的保障作用

公职律师、公司律师属于党政机关、人民团体、国有企业的内部人员同时又是律师，律师应该具有职业上的独立性，公职律师、公司律师的制度设立需要充分保障公职律师、公司律师的独立性。但是由于公职律师、公司律师的服务对象单一并且较为固定，只能为本单位提供法律服务而不得向社会提供有偿服务。在这种条件下，公职律师、公司律师的自主性必然降低，独立性必然被削弱，审慎思考的能力也必然下降。从公职律师、公司律师这种职业特性出发，需要建立特殊的相关职业行为规则用来保障公职律师、公司律师的职业独立性，从而为公职律师、公司律师制度的巩固和发展提供保障。因为有效的职业行为规则是一道保护屏障，可以保护在规范和科学的职业行为规则指导下的职业行为，发挥公职律师、公司律师的独立性和自治性。

第二节　公职律师职业伦理的主要内容

由于我国公职律师制度仍在探索中，《律师法》《律师执业管理办法》《律师执业行为规范（试行）》等没有明确规定公职律师的职业伦理规范。但是作为律师仍应遵循律师职业伦理，本书中论述的关于律师职业伦理规则也适用于公职律师。因此，本节将注重研究公职律师特殊职业伦理规则。

一、公职律师的主要职责

作为执业律师，公职律师除应当承担《律师法》规定主要律师义务[1]，也要承担《公职律师管理办法》第三章规定的主要职责。此外根据《公务员法》，政府律师需要承担公务员的职责[2]，根据《法律援助法》，法律援助律师则需要承担特殊职责。公职律师主要职责具体包括：

1. 参与决策与立法。由于政府律师直接从事法律服务，与政府及其职能部门有着最直接的联系。身为法律职业人员，公职律师具有丰富的法律知识、缜密的思维能力、精准的表达能力，因此公职律师参与行政立法具有重要意义，应当把公职律师参与决策与立法作为一项公职律师的基本权利确定下来。公职律师参与立法的途径包括：①直接参与立法：直接参与行政法规、政府规章的论证和起草工作；②间接参与立法：通过对于法律草案、行政法规规章草案提供法律意见的方式来参与立法，发挥公职律师的专业优势。《公职律师管理办法》第15条规定："公职律师所在单位应当按照国家有关规定，建立健全决策合法性审查机制，将公职律师参与决策过程、提出法律意见作为依法决策的重要程序。公职律师所在单位讨论、决定重大事项之前，应当听取公职律师的法律意见。依照有关规定应当听取公职律师的法律意见而未听取的事项，或者公职律师认为不合法的事项，不得提交讨论、作出决定。公职律师所在单位起草、论证有关法律法规规章草案、党内法规草案和规范性文件送审稿，应当安排公职律师参加，或者听取其法律意见。"

2. 列席政府会议及发表意见。公职律师中的政府律师主要职责是担任各级政府及其职能部门的法律顾问，为政府决策提供法律服务，因此，公职律师必须要了解政府及其职能部门的具体工作。公职律师了解工作的方式不仅仅是查阅政府公报、公文等，更应该把列席政府会议作为一项基本工作制度，并且保证公职律师的发言权，从而保证公职律师履行职责中的知情权。政府及其职能部门与公职律师之间属于以法律服务为客体的法律关系，二者之间互相享有权利，并且互相负有义务：从权利的角度来说，政府及其职能部门享有公职律师提供各种法律服务的权利，而公职律师有权利获知其所在政府及其职能部门的全面的政府信息；从义务的角度来说，政府负有通知公职律师列席政府会议的义务，使公职律师能够及时掌握信息，而公职律师负有为其所在的政府提供合格法律服务的义务，帮助政府解决行政决策中的法律问题，促进政府依法行政。《公职律师管理办法》第16条规定："公职律师所在单位应当完善公职律师列席重要会议、查阅文件资料、出具法律意见、审签相关文书的工作流程和制度安排，提供必要的办公条件和经费支持，保障公职律师依法履行职责。"

二、公职律师的行为规则

公职律师在承担上述职责的同时，必须履行相应职业行为规则。

（一）公职律师的一般行为规则

在公职律师的职业行为规则方面，公职律师要遵守社会律师所必须遵循的职业道德和执业纪律以及其他义务，例如遵守法律、保守国家秘密、遵守纪律、勤勉尽责等。律师—委托人之间是一种信赖关系，对委托人合法利益的忠诚是律师与委托人之间建立良好互信委托关系的前提，也是律师职业的本质要求，这就要求在执业中律师对待委托人的合法利益应该尽职尽责、竭尽全能，而不能有所懈怠、保留或回避。确立律师义务最重要的价值

---

[1]　详见本书第3~11章。

[2]　详见本书第19章。

在于维系委托人与律师之间的信赖关系，以保护委托人的利益，促进公职律师顺利履行职责。此外，公职律师应当履行下列义务：

1. 不得从事有偿法律服务。公职律师的公益性就决定其不能提供有偿法律服务，不得在其他律师事务所和法律服务所等法律服务机构兼职，这一方面保证向公职机构提供服务的质量。另一方面，参与法律市场竞争，容易造成律师业务上的竞争无序状态，必须对此加以约束。不得以律师身份办理本级政府或本单位以外的诉讼与非诉讼案件，不得利用法律援助牟取不正当利益。《公职律师管理办法》第14条第2款规定："公职律师应当接受所在单位的管理、监督，根据委托或者指派办理法律事务，不得从事有偿法律服务，不得在律师事务所等法律服务机构兼职，不得以律师身份办理所在单位以外的诉讼或者非诉讼法律事务。"

2. 接受监督管理。公职律师接受司法行政机关的业务指导和监督，加入律师协会，履行会员的义务，接受律师协会的行业管理，参加司法行政机关或律师协会组织的培训，参加律师年度考核。接受监督管理的义务，这是公职律师负有的原则性义务，这不仅是对社会律师的基本要求，更是对公职律师的基本要求。[1]《公职律师管理办法》第17条规定："公职律师应当加入律师协会，享有会员权利，履行会员义务。中央党政机关和人民团体的公职律师加入全国律师协会。省级及以下党政机关和人民团体的公职律师，中央党政机关和人民团体在地方的各级直属管理单位和派出派驻单位的公职律师，加入单位所在地的地方律师协会，同时是全国律师协会的会员。"司法行政机关承担公职律师管理工作，负责公职律师执业机构的组建，组织管理在各公职机构的公职律师，负责公职律师执业机构和人员的注册、年审和培训以及对违规律师的查处等工作，并承担推进各级政府及其职能部门公职律师的配备工作。

公职律师作为律师，要接受"两结合"的司法行政机关的监督指导和律师协会行业管理，同时还要接受所在公职机构的管理。所以，可以把它理解成为"三结合"的管理体制，在这种体制模式中，司法行政机关负责对公职律师的资质管理和执业活动监督管理，重点抓公职律师的"准入和准出"；公职律师所在单位负责公职律师的具体业务管理以及公职律师基于公务员身份基础之上的人、财、物方面的管理；律师协会负责公职律师行业管理，主要承担公职律师学习、培训与交流以及行业业务指导等职责。三者各负其责，各司其职，分工合作，共同对公职律师进行管理。因此，接受三部门的监督管理应成为公职律师一项不可或缺的义务。《公职律师管理办法》第四章具体规定了公职律师"三结合"的管理体制。

3. 正确处理利益冲突问题。公职律师作为律师，其理所当然也会面对利益冲突的问题，主要体现在以下几方面：

（1）公职律师在担任公职期间，如面对与先前担任其他职务处理的事务有冲突时，应当回避，不能再代表公职机构处理该事务，除非没有其他人员有资格处理这项事务。

（2）公职律师对任职期间正在处理的事务，不能与对方当事人就私人雇佣问题进行谈

---

[1]　对于公职律师的管理也一直困扰司法行政机关。司法部在《关于开展公职律师试点工作的意见》中曾作出了原则性规定，即"公职律师由所在单位管理，司法行政机关负责其资质管理和业务指导。""公职律师应加入所在地律师协会，参加律师协会组织的培训和执业纪律教育活动。"但是直到2005年第六次全国律师代表大会上，公职律师和公司律师组成的"两公律师代表团"单独出现，公职律师才被正式纳入律师协会的行业管理中。

判，这在实质上是一种同时性的利益冲突规则。此项禁止主要是为了防止公职律师以权谋私，有利于保持公职人员的廉洁性，更能保护所在公职机构的利益。

（3）公职律师即使在辞职后，也不能利用其在担任公职期间因其处理过事务所获取的信息，用于以后的私人执业。这是为了避免公职律师任职期间就图谋促进今后的私人执业，滥用职权，作出不利于任职单位和公共利益的决定；此外，这也是为了避免律师进出政府服务领域可能会带来腐败的问题。在美国，律师进出政府从事法律服务工作的现象被称为"旋转门"现象。"旋转门"包括从政府律师向私人律师方向的流动，也包括从私人律师到政府律师方向的流动。这种流动给政府工作带来了新鲜血液，保证了政府法律工作的称职性，但也在律师的忠诚性等方面带来了一些挑战。

4. 服从管理机构的管理。《公职律师管理办法》第19条第2款规定："党政机关和人民团体可以根据工作需要，加强对本系统公职律师工作的统一指导和管理，在所属各单位之间统筹调配和使用公职律师。"因此，公职律师还需要服从政府律师管理机构的统一指导和管理。2007年《律师法》及司法部有关规定并未明确公职律师的管理机构。

各地在公职律师试点过程中，结合各地发展情况出台不同的公职律师管理机构的模式：①公职律师办公室。在区县司法行政机关内设置公职律师办公室，负责公职律师的管理和协调工作。一般由分管县长、区长、区县司法局分管领导、区县政府职能部门负责人组成公职律师管理工作委员会，办公经费由财政单独划拨，对于散落于各机关的政府律师进行管理。②公职律师事务所。在市、市辖区、县设立专门公职律师事务所，由政府律师所在单位和同级司法行政机关实行双重管理，由同级公职律师事务所提供业务指导、协调和后勤服务保障，这种方式，有效地实现了司法行政机关对公职律师队伍的管理。[1]③公职律师岗位。不独立设立公职律师事务所或公职律师办公室，其公职律师几乎全部都是任职于政府各部门的具有法律职业资格的公务员，只设置公职律师岗位，其并不专门从事法律工作，平时只是政府各业务部门的工作人员，一般只承担本单位涉及法律需要介入的工作，由其所在单位和司法行政机关对其进行"双重管理"，其中单位主要是进行人事、考核培训、职务晋升等管理，司法行政机关则负责资质管理和业务监督。[2]

从目前公职律师试点工作来看，公职律师事务所模式推广难度较大，公职律师岗位容易带来公职律师职责不清的问题。对于政府律师，本书建议设立公职律师办公室作为政府律师的管理机构，既便于对政府律师统一指导和管理，又便于党政机关和人民团体统筹调配和使用公职律师，有利于政府律师提供高效、专一的法律服务。作为党政机关、人民团体内设机构，公职律师办公室对上对下都没有行政领导职能，但是不论对上还是对下都有一定的业务上的隶属领导职能；其可以设置首席公职律师一名作为行政领导，全面负责公职律师办公室的工作，其内部可以根据实际需要，按不同的业务门类设置若干个室。对于法律援助律师，由于其服务对象相对固定、服务内容相对稳定、服务地域相对确定，因此

---

[1]　参见张文静："广州市公职律师工作的十年实践与发展路径探析"，载《中国司法》2012年第7期。

[2]　有学者根据公职律师主体资格授予层级、行业管理归属、业务范畴划分将上文涉及的公职律师界定为："规范式结构"，合于规范的公职律师机构，是指依法履行公职，纳入国家行政编制，国家财政负担工资福利的公务人员组成机构；"复合式结构"，主要是指依法履行公职，纳入国家事业编制，国家财政负担工资福利，具有律师资格和执业资格的律师组建的法律援助机构；"边缘式结构"，是指在尚未设立公职律师机构或者法律援助机构的地方，司法行政机关内具有律师资格的公务人员，在从事司法行政管理工作的同时，兼职公职律师业务。参见刘焱："公职律师制度论纲"，载《规划·规范·规则——第六届中国律师论坛优秀论文集》，第50~51页。

从方便法律援助律师执业的角度，本书建议在有条件的情况之下，设立专门的公职律师事务所。这种安排，一方面，便于受援人在固定工作场所，寻求法律援助律师为其提供法律服务；另一方面，便于法律援助律师集中执业，对于案件管理、业务监督、业务学习等方面都具有积极意义。

公职律师管理所模式是公职律师制度的重要组成部分，要充分发挥该项制度的实际作用，实现该项制度的转型升级，同时要完善公职律师规范体系，科学确定公职律师的管理体制和管理模式，完善公职律师的遴选机制，强化公职律师的职能保障机制。[1]

（二）法律援助律师的特殊行为规则

《律师法》和《法律援助法》明确规定，律师必须依法履行法律援助义务。除了接受指派并且提供法律服务的社会律师之外，为了满足弱势群体的法律需求，自《法律援助条例》确认了为弱势群体提供法律援助是政府的责任。因此国家设立专门的法律援助机构，提供资金，由专门法律援助律师为特定的需要法律服务的人群提供法律援助。因此为受援人提供法律援助是法律援助律师的主要职责。

1. 解答法律咨询。法律援助机构日常运作中，法律援助律师需要承担起解答法律咨询的职责，包括上门咨询、电话咨询、网络咨询等多种方式。对公民申请的法律咨询服务，法律援助律师应当即时办理；复杂疑难的，可以预约择时办理。

2. 审查法律援助申请。法律援助律师需要协助法律援助机构对于公民的法律援助进行审查，作出是否给予法律援助的决定；如认为申请人提交的申请材料需要查证的，应当向有关机关、单位调查核实，可以适当延长审查期限。如经审查认为申请人提交的申请材料不齐全或者内容不清楚的，应当发出补充材料通知或者要求申请人作出说明。

3. 接受指派、承办法律援助案件。承办法律援助案件的律师应当根据承办案件的需要，依照司法部、律师协会有关律师执业规范的要求，做好会见、阅卷、调查取证、解答咨询、参加庭审等工作，依法为受援人提供法律服务。法律援助机构应当对承办法律援助案件的律师的法律援助活动进行业务指导和监督，保证法律援助案件质量。对重大、复杂、疑难的法律援助案件，法律援助机构应当组织集体研究，确定承办方案，确保办案的质量和效果。

4. 履行法定职责，依法维护受援人的合法权益，高质量办理法律援助案件。法律援助律师在提供法律援助时不得收取任何财物，无正当理由不得拒绝、拖延或者终止承办的法律援助事项。法律援助律师在承办案件中，需要承担如下职责：

（1）委托权限：应当在受委托的权限内，通过和解、调解、申请仲裁和提起诉讼等方式依法最大限度维护受援人合法权益。法律援助律师代理受援人以和解或者调解方式解决纠纷的，应当征得受援人同意。对于民事诉讼法律援助案件，法律援助律师应当告知受援人可以向人民法院申请司法救助，并提供协助。

（2）会见：法律援助律师应当持律师执业证书、律师事务所证明和法律援助公函要求会见在押的犯罪嫌疑人、被告人。法律援助律师会见受援人，应当制作会见笔录。会见笔录应当经受援人确认无误后签名或者按指印；受援人无阅读能力的，法律援助律师应当向受援人宣读笔录，并在笔录上载明。对于指定辩护的案件，法律援助律师应当在首次会见犯罪嫌疑人、被告人时，询问是否同意为其辩护，并制作笔录。犯罪嫌疑人、被告人不同

---

〔1〕　参见汤维建："政府法律顾问和公职律师制度的构建与完善"，载《贵州民族大学学报（哲学社会科学版）》2017 年第 3 期。

意的，应当书面告知人民法院、人民检察院、公安机关和法律援助机构。

（3）调查取证：法律援助律师承办案件，应当根据需要依法进行调查取证，并可以根据需要请求法律援助机构出具必要的证明文件或者与有关机关、单位进行协调。

（4）开庭审理和不开庭审理：对于人民法院开庭审理的刑事案件，法律援助律师应当做好开庭前准备；庭审中充分陈述、质证；庭审结束后，法律援助律师应当向人民法院提交刑事辩护或者代理书面意见。对于人民法院决定不开庭审理的指定辩护案件，法律援助律师应当自收到法律援助机构指派函之日起10日内以及在接到人民法院不开庭通知之日起10日内向人民法院提交刑事辩护书面意见。对于其他不开庭审理的刑事案件，法律援助律师应当按照人民法院规定的期限提交刑事辩护或者代理书面意见。

（5）通报和报告：法律援助律师应当向受援人通报案件办理情况，答复受援人询问，并制作通报情况记录。法律援助律师应当按照法律援助机构要求报告案件承办情况。法律援助案件有下列情形之一的，法律援助律师应当向法律援助机构报告：①主要证据认定、适用法律等方面有重大疑义的；②涉及群体性事件的；③有重大社会影响的；④其他复杂、疑难情形。

5. 监督、检查法律援助案件的办理工作。法律援助机构应当对本机构律师办理法律援助案件的质量进行监督，发现问题的，应当及时纠正。有事实证明法律援助律师不依法履行职责时，受援人可以要求法律援助机构予以更换，也可以向法律援助机构或者司法行政机关检举法律援助承办人员疏于履行法律援助职责或违反职业道德、执业纪律的行为。

6. 承担其他法律援助事务。法律援助律师负责接待群众来电来访，代写法律文书，收集相关数据，参加法律援助机构组织法律援助工作的对外宣传交流和管理培训，负责整理法律援助案件的档案资料。

第三节　公司律师职业伦理的主要内容

与公职律师发展历程相似，公司律师制度仍处于试点之中，相关律师管理规范中没有明确规定公司律师职业伦理。除应遵守律师一般职业行为规则之外，公司律师也应遵守特别职业行为规则。

一、公司律师的主要职责

作为执业律师，公司律师承担《律师法》规定的律师义务职责之外，还要根据《公司律师管理办法》第三章规定承担其他职责，具体包括：

1. 参与决策、规章制定，从事合同审核及涉诉事务。公司律师作为国有企业内部人员与国有企业内部各职能部门有着最直接的联系。身为法律职业人员，公司律师具有丰富的法律执业经验，主要以参与国有企业内部决策、规章制定、从事重大合同审核、处理涉诉事务等，发挥公司律师的专业优势。《公司律师管理办法》第15条规定："公司律师所在单位应当建立健全决策合法性审查机制，将公司律师参与决策过程、提出法律意见作为依法决策的重要程序。公司律师所在单位讨论、决定企业经营管理重大事项之前，应当听取公司律师的法律意见。依照有关规定应当听取公司律师的法律意见而未听取的事项，或者公司律师认为不合法的事项，不得提交讨论、作出决定。公司律师所在单位制定、修改企业章程、董事会运行规则等规章制度，对外签署合同、协议，处理涉及本企业的诉讼、仲裁、调解等法律事务，应当安排公司律师参加或者审核。"

2. 列席企业重要会议及发表意见。公司律师主要职责是担任国有企业的法律顾问，为国有企业决策提供法律服务，因此，公司律师必须以各种方式了解企业运作，其中列席企业重要会议是作为一项法律顾问基本工作制度，保证公司律师的发言权，从而保证公司律师履行职责中的知情权。《公司律师管理办法》第16条规定："公司律师所在单位应当完善公司律师列席重要会议、查阅文件资料、出具法律意见、审签相关文书的工作流程和制度安排，提供必要的办公条件和经费支持，保障公司律师依法依规履行职责。"

二、公司律师的行为规则

公司律师作为律师，首先应该遵守适用于律师的职业行为规则，公司律师在执业中违反律师职业行为规定的，分别由司法行政部门按照《律师法》《律师执业管理办法》《律师和律师事务所违法行为处罚办法》等相关规定予以处罚，并且由律师协会根据相关规定予以纪律处分。除此之外，公司律师还由于其法律服务的特性而遵循下述职业行为规则。

（一）维护本企业的合法权益

《公司律师管理办法》第3条规定："公司律师应当拥护中国共产党领导，拥护社会主义法治，模范遵守宪法和法律，忠于职守，勤勉尽责，恪守律师职业道德和执业纪律，维护本企业合法权益，维护法律正确实施，维护社会公平和正义。"相对于《律师法》第2条，该条将"维护当事人合法权益"明确为"维护本企业合法权益"。作为企业内部员工的公司律师，必须明确公司律师的委托人是企业，企业是公司律师的服务对象。但是企业是一种组织性委托人，企业行为是通过其股东、董事、经理等自然人代理人的行为来实现。当股东、董事、经理利益发生分歧时，公司律师常常遇到这样的问题，即要确定谁在代表委托人，可以代表其行事，这是公司律师执业中常见的代理人特殊利益冲突问题。

（二）不得从事有偿法律服务

《公司律师管理办法》第14条第2款规定："公司律师应当接受所在单位的管理、监督，根据委托或者指派办理法律事务，不得从事有偿法律服务，不得在律师事务所等法律服务机构兼职，不得以律师身份办理所在单位以外的诉讼或者非诉讼法律事务。"这是因为设立公司律师就是鉴于公司律师作为企业内部人员，不仅熟悉企业结构和企业文化，而且兼具律师的专业素质，公司律师不存在因为其他委托人而分散精力的问题或者代理其他委托人和所属企业产生利益冲突问题，从而有利于公司律师对本企业提出兼具法律专业性和企业特点的法律意见，使得法律服务相比社会律师更加具有针对性，同时又比企业法律顾问等更具专业性。

将法律因素与企业目标和现状等因素结合在一起而提供法律意见是公司律师的制度设计意义之所在，也是公司律师的核心竞争力，所以公司律师服务对象是特定的。公司律师违反上述规定可能会面临行业处分甚至是行政处罚。

（三）接受监督管理

《公司律师管理办法》第17条规定："公司律师应当加入律师协会，享有会员权利，履行会员义务。中央企业的公司律师加入全国律师协会。省属及以下国有企业的公司律师，中央企业在地方的各级分支机构和子企业的公司律师，加入单位所在地的地方律师协会，同时是全国律师协会的会员。"公司律师作为企业的员工，当然要遵循劳动合同的约定遵守企业的规章制度并拥有普通企业员工的权利。除此之外，公司律师作为律师同样要遵守我国"两结合"的管理体制，即一方面公司律师应当接受所在地司法行政机关的业务指导和监督，主要体现在公司律师需要提供年度工作总结和所在单位出具的证明其专职从事法律事务工作的材料等进行律师年检注册；另一方面公司律师作为一名执业律师应当加入其所在地的律师协会并参加律师协会组织的培训活动和职业纪律教育活动等不断增强其职业水平提高服务技能，公司律师需要遵守律师协会的章程和行业规范，同时也享有律师协会赋予律师的权利保障。《公司律师管理办法》第四章专门规定了适用于公司律师的"三结合"律师管理体制。

此外，《公司律师管理办法》第 13 条专门规定公司律师的主要职责，即公司律师可以受所在单位委托或者指派从事下列法律事务：①为企业改制重组、并购上市、产权转让、破产重整等重大经营决策提供法律意见；②参与企业章程、董事会运行规则等企业重要规章制度的制定、修改；③参与企业对外谈判、磋商、起草、审核企业对外签署的合同、协议、法律文书；④组织开展合规管理、风险管理、知识产权管理、法治宣传教育培训、法律咨询等工作；⑤办理各类诉讼和调解、仲裁等法律事务；⑥所在单位委托或者指派的其他法律事务。

（四）正确处理利益冲突问题

利益冲突规则的理论基础是公司律师作为一名律师对于委托企业负有保密义务和忠诚义务，否则公司律师无法真正地开展工作，公司律师制度也无法发挥其应有之效。公司律师服务对象的相对性决定其在任职期间只能接受本企业的委托，一般不会出现利益冲突事项。但是在公司律师与社会律师的转化过程中的律师内部流动中，则可能会产生相关的利益冲突，这就要求律师在这种情况下遵循利益冲突原则。

1. 公司律师在任职期间，如面对与先前担任其他职务处理的事务有冲突时，应当回避，不能再代表其所在国有企业处理该事务，除非没有其他人员有资格处理这项事务。

2. 公司律师对在任职期间正在处理的事务，不能与对方当事人就私人雇佣问题进行谈判，这在实质上是一种同时性的利益冲突规则。此项禁止主要是为了防止公司律师以权谋私，保护所在国有企业合法权益。

3. 公司律师转换为社会律师或者辞职后，也不能利用其任职期间因其处理过事务所获取的信息，用于以后的私人执业。这是为了避免公司律师任职期间就图谋促进今后的私人执业，滥用职权，作出不利于所在企业的决定。公司律师可以与社会律师相互转换，如果律师在转换过程中先后代理了有利益冲突的委托人，则需要律师按照职业行为规则平衡好前后委托人的利益冲突。

4. 公司律师任职于不同国有企业，也应遵守利益冲突规则。这种因公司律师内部流动导致利益冲突的情形可能更为常见。解决此类型利益冲突问题，公司律师应该遵循与国有企业订立的保密协议或者是劳动合同等规定，即使离职后也应该对原国有企业负有保密义务。为了保证公司律师制度的顺利实施，保证公司律师与社会律师转化、公司律师内部流动的利益冲突得到妥善解决，应该在公司律师职业行为规则中着重体现出允许自由流动的同时应该遵守委托人利益至上和保障流动平稳有序进行。

■思考题

1. 什么是公职律师、公司律师？我国的公职律师包括哪些种类？
2. 申请取得公职律师、公司律师执业证书，应当具备哪些条件、经历哪些程序？
3. 公职律师职业行为规则主要包括哪些内容？
4. 公司律师职业行为规则主要包括哪些内容？
5. 什么是公职律师、公司律师的"三结合"律师管理体制？

■参考书目

1. 林庆坚：《行政法治在路上：政府公职律师手记》，人民出版社 2017 年版。

2. 陶光辉：《公司法务部：揭开公司法务的面纱》，法律出版社 2016 年版。

3. 刘卫主编：《公司律师业务与技能》，中国法制出版社 2014 年版。

第十三章　律师对法律职业的职责

■ **本章概要**

　　律师是法律职业的一员，律师对法律职业的职责主要体现在以下几个方面：其一，对律师职业内部而言，律师之间应当互相尊重、平等竞争；其二，律师与法官、检察官之间应当互相尊重、相互监督；其三，律师不得帮助无执业权的人执业；其四，律师应当积极参加公益性活动，履行法律援助的义务；其五，律师还要维护业外活动的适正性，不得从事经营性活动，在业外不得从事不端行为。

■ **本章关键词**

　　互相尊重；平等竞争；法律职业的适正性；法律援助

　　律师作为法律职业共同体中的一员，维护法律职业的纯洁性与适正性。法官、检察官、律师崇尚法律、信仰法律，三方之间相互理解、相互监督、相互尊重，日本把三方称为"法曹"，体现"一荣俱荣、一损俱损"的关系，他们共同与破坏司法独立的势力抗争，共同维护社会的公平正义，而不是形成腐败链条，相互腐蚀。律师与律师作为同行要相互配合、相互尊重、同业互敬、公平竞争。律师为社会提供公益法律服务，除履行行业责任，还要尽社会责任，在业外活动中维护法律职业的尊严与形象。

第一节　互相尊重、平等竞争

　　律师在从事执业活动的过程中，不可避免与自己的同行发生各种各样的关系。作为律师职业中的一员，律师在处理与同行之间的关系时，既要维护自身的利益，又要尊重作为同行的其他律师的利益，进而维护律师行业的整体利益。律师与律师之间相互协助、相互尊重，遵守律师的行为准则和同行之间的竞争规则，只有这样，才能营造良好的执业氛围，维护律师的声誉，才能使律师职业获得全社会的认可。

一、相互尊重

　　无论是同一委托人委托的律师之间、同一方的律师之间，还是与对方律师之间都要相互尊重，共同维护委托人的利益。

　　其一，相互信任、相互配合。律师在处理法律事务时应当具有团队精神、合作意识，彼此帮助。同一委托人委托的律师之间、同一方的律师之间要相互配合，共同维护委托人的合法权益。律师不得阻挠或者拒绝委托人委托其他律师参与代理，不得妨碍和干扰其他律师正常执行职务。共同代理的律师之间应明确分工，密切协作，意见不一致时及时通报委托人。在实践中，共同代理的律师可能是同一律师事务所的律师，也可能是不同律师事务所的律师。如果共同代理的律师就代理事项观点不同，律师之间应首先进行协商，尽可能求得统一，但不能为了求得观点的一致而无原则地放弃自己的观点。在各方意见差异较大，不能统一的情况下，应及时向委托人报告，由委托人做出决定。在委托人做出决定以前，共同代理的律师应当本着有利于委托人的原则进行代理活动。

其二，相互独立、相互尊重。律师在从事代理、辩护活动时，应当保持执业的独立性，即使是同一方的律师，在与其他律师进行协商、交流时，应本着维护自己当事人的原则进行，不能以牺牲委托人的利益为代价求得意见的统一。律师对律师之间协商的意见只能向委托人提供建议，最终仍应由委托人决定。对律师所掌握的对其委托人不利但对同一方的其他当事人有利的证据，在其他当事人委托的律师请求提供时，律师应当予以拒绝，但委托人同意的除外。律师与对方律师的关系上，在法庭中，两军对垒，势不两立，针锋相对，但是他们之间要相互尊重，不应该有辱骂或人身攻击的行为，以证据及法律上的主张来支持己方当事人的权益，而不能对对方的律师进行人身攻击。在李某某轮奸案件中，双方代理律师在互联网上，从一开始的隔空对话，冷嘲热讽，到最后竟然乱成一团，不但对立的双方演变为互相攻击，连同一阵营的辩护律师也产生深刻的矛盾，先后到律师协会投诉另一方违纪。更有甚者，并未承办案件的某些律师也深深卷入该案，参与骂仗，语出惊人，毫无底线。正如李某某案承办律师之一陈律师所言："头上有血，身上有伤，心中有痛。"之所以出现这种乱象，原因很多，关键是律师之间缺乏尊重。

二、平等竞争

律师在法律服务市场中与同行公开、平等、公正地竞争，以形成良好的竞争秩序，建立规范的法律服务市场。律师执业不正当竞争行为是指律师和律师事务所为了推广业务，违反自愿、平等、诚信原则和律师执业行为规范，违反法律服务市场及律师行业公认的行业准则，采用不正当手段与同行进行业务竞争。律师的不正当竞争行为会损害律师形象、声誉，破坏律师行业的公平竞争秩序，扰乱法律服务市场，具有极大的危害性，为此司法部早在1995年颁布的《关于反对律师行业不正当竞争行为的若干规定》第4条规定：律师或律师事务所的下列行为，属不正当竞争行为：①通过招聘启事、律师事务所简介、领导人题写名称或其他方式，对律师或律师事务所进行不符合实际的宣传；②在律师名片上印有律师经历、专业技术职务或其他头衔的；③借助行政机关或行业管理部门的权力，或通过与某机关、部门联合设立某种形式的机构而对某地区、某部门、某行业或某一种类的法律事务进行垄断的；④故意诋毁其他律师或律师事务所声誉，争揽业务的；⑤无正当理由，以在规定收费标准以下收费为条件吸引客户的；⑥采用给予客户或介绍人提取"案件介绍费"或其他好处的方式承揽业务的；⑦故意在当事人与其代理律师之间制造纠纷的；⑧利用律师兼有的其他身份影响所承办业务正常处理和审理的。

《律师法》第26条规定，律师事务所和律师不得以诋毁其他律师事务所、律师或者支付介绍费等不正当手段承揽业务。我国律师法对律师事务所及律师的不正当竞争行为主要列举两个方面，即诋毁同行或者支付介绍费，但以不正当手段承揽业务不限于这两个方面，所以还用了一个"等"。这种立法技术是采取列举加兜底的方法，既有助于广大律师理解以加强自律，又便于监管机关进行监督。"诋毁"是指以不存在的或者虚假的信息对其他律师事务所、律师的声誉进行打击、破坏，以期达到抬高自己、贬损同行的目的，从而限制或者减少同业竞争者的业务范围或业务数量，以使自己的经济利益最大化。例如，在某企业招聘法律顾问的过程中，某律师得知另外一个律师在与自己竞争，于是在应聘时，向招聘方诽谤竞争对手，编造竞争对手曾经给他的委托人造成过很大的损失的谎言，以使自己达到担任该企业法律顾问的目的。诋毁行为属于我国《反不正当竞争法》所明令禁止的不正当竞争行为。该法第 11 条规定："经营者不得编造、传播虚假信息或者误导性信息，损害竞争对手的商业信誉、商品声誉。"诋毁是向自己的客户或者可能成为自己客户的人虚假宣传，指名道姓地贬低竞争对手，或者虽不指名道姓，但听者也能通过其陈述而轻易知晓其所指向的人。"支付介绍费"就是通过允诺给介绍人支付劳务费或者馈赠金钱、实物等手段，达到承揽某业务的目的。另外，按照司法部规章的规定，律师事务所、律师给委托人回扣也属于典型的不正当竞争行为。给付介绍人介绍费，以及向委托人给付回扣的行为，其结果是挤压了竞争对手的从业空间，而使自己获取了不法利益。

第二节　维护法律职业的适正性

律师与其他法律职业者特别是检察官、法官保持一种良性的关系，共同维护法律职业的适正性。

一、相互独立、彼此尊重

律师与检察官的关系。其一，律师与检察官是典型的对立统一关系，分工不同、目的是一致的。在法庭上，辩护律师站在被追诉人的角度，其工作是依据事实和法律，提出犯罪嫌疑人无罪、罪轻或者减轻、免除其刑事责任的材料和意见，以维护其合法权益；而检察官则站在国家的立场上揭露犯罪，搜集被指控人有罪或罪重的证据，全力对抗被指控人及其律师的辩护，以维护国家利益。二者社会分工不同，但目的一致，可谓殊途同归，即他们以相同的法律为信仰，以及共同捍卫法律的尊严为使命的。检察官不简单等同于民事诉讼的原告，他不能仅仅以追求胜诉为目的，而是负有"客观性公正"的义务，既要收集犯罪嫌疑人的有罪证据也要收集无罪证据。而律师也不能为追求胜诉而不择手段，律师要以维护法律为己任，不能逾越法律的底线。其二，二者诉讼地位平等、立场相对。律师与检察官之间的关系更突出地表现在对抗和制约方面。律师与检察官是对手，两者互不相让，在法庭上唇枪舌剑，对案件的事实、证据和适用法律而展开针锋相对的论辩。检察官的基本观念是查明犯罪事实，为受害人讨回公道，以伸张正义，决不放过一个罪犯，一定要使其得到应有的惩罚。辩护律师的基本观念是合法的权利必须得到保护，有罪事实的认定必须要达到能够"排除合理怀疑"的程度，其无罪、罪轻的任何事实情节都不能被忽视；决不能冤枉一个无辜者，即使是犯了滔天大罪的人拥有的那部分合法的权利也是神圣不可侵犯的，决不能被随意践踏；对犯罪的惩罚也只能与其违法犯罪行为相适应，不能加重一丝一毫。双方地位平等，虽然检察官代表国家利益，但双方没有高低、贵贱、从属之分，他们之间的平等是诉讼活动得以顺利举行的条件之一，这种平等不仅是在审判阶段，在审前阶段也要平等。

二、相互监督

律师是一个独立、自律与自治的行业，律师避免其他机关特别是行政机关的干预和影响，但是律师自治也有弊端，同行也存在相互祖护的情况，确实有些律师违规违法来满足当事人违法的要求，如帮助当事人仿造证据，因此对律师的外部监督必不可少。如果检察人员侵犯了当事人的诉讼权利或人身权利，律师还会依法提出控告，相反检察官作为法律的监督者，对律师的不当违法行为也要举报，但是在我国律师与检察官之间没有形成良性的关系，由于两者存在对抗性，这种对抗又不平衡，检察官没有把律师看成是对公权滥用的制约力量，相反认为律师的辩护行为是"捣乱"，是有意挑毛病，和他对着干。相当多的律师因为给被告人作了无罪辩护而获罪，因为无罪辩护意味着与办案机关站在了对立面。在错误的观念和偏见支配下，报复律师，追究律师的责任。律师因刑辩而身陷囹圄。据统计，大多数以涉嫌"辩护人帮助毁灭、伪造证据罪"被拘留、逮捕的律师是无罪的。

律师在遵守职业道德和诉讼程序方面主动接受法官的监督，同时监督法官正确行使司法权力。律师监督法官是否按照刑诉法规定的程序审理案件，虽然公检法之间也存在相互制约的关系，他们之间更强调的是相互的配合。而律师作为外部的力量，处于独立的诉讼地位，与案件的结果没有利害关系，当法官在审理案件的过程中违反诉讼程序，有剥夺或限制当事人的合法权益的行为时，律师有权予以指出；有权代理当事人申请回避；对法院错误的判决，有权提出代理当事人提出上诉或申诉，以保证审判的公正。法官对律师的制约表现在，律师有违反法庭纪律的，应当予以警告和制止，对于律师不正确的意见可以不采纳，对律师的行贿行为，不仅抵制，而且要举报。美国律师协会《职业行为示范规则》8.3 对上述举报法律职业的不当行为作了规定：如果律师知道其他律师违反了《职业行为规则》，并且该行为使该其他律师的诚实性、可信性或者作为律师在其他方面的适当性存在重大疑问，则该律师应当向适当的律师管理机构报告；如果律师知道法官违反了有关司法行为规则，并且该行为使该法官作为法官的适当性存在重大疑问，则该律师应当向适当的机构报告。[1]

最高人民法院、司法部 2004 年《关于规范法官和律师相互关系维护司法公正的若干规定》，对于律师对法官的监督和法官对律师的监督作出了一些规定。该规定第 12 条规定：律师对于法官有违反本规定行为的，可以自行或者通过司法行政部门、律师协会向有关人民法院反映情况，或者署名举报，提出追究违纪法官党纪、政纪或者法律责任的意见。法官对于律师有违反本规定行为的，可以直接或者通过人民法院向有关司法行政部门、律师协会反映情况，或者提出给予行政处分、行政处罚直至追究法律责任的司法建议。这一规定本身的目的是强调法官和律师之间的互相监督，但是这一规定本身并没有将法律职业之间的监督制度化，并且没有涉及律师之间的监督、法官之间的监督，律师、法官和其他法律职业人员的相互监督，给法律职业的相互监督机制留下了很大的缺口，进而影响法律职业的适正性。

第三节　不得帮助无执业权的人执业

法律服务具备专业能力和操作技能，体现执业的适格性。我国实行执业许可制度，只有持有设区的市级或者直辖市的区人民政府司法行政部门颁布的律师执业证书才能执业。《律师法》第 13 条规定："没有取得律师执业证书的人员，不得以律师名义从事法律服务业务；除法律另有规定外，不得从事诉讼代理或者辩护业务。"没有取得律师执业证书的人员，除法律另有规定外，一律不得从事诉讼代理和辩护业务。因为诉讼代理和辩护业务直接关系到当事人的合法权益和司法秩序，从事诉讼代理和辩护业务的人员范围应当严格限定，不能任意放开诉讼代理或者辩护业务，否则不利于维护法律的正确实施，也不利于维护当事人的合法权益。这里的"除法律另有规定外"的法律规定主要指《民事诉讼法》

---

〔1〕　王进喜译：《美国律师协会职业行为示范规则》，中国人民公安大学出版社 2005 年版，第 115 页。

《行政诉讼法》《刑事诉讼法》的有关规定。依照《民事诉讼法》第 61 条和《行政诉讼法》第 31 条的规定，当事人的近亲属、有关的社会团体或者所在单位推荐的人以及经人民法院许可的其他公民，可以受托代理当事人的民事诉讼或者行政诉讼；依照《刑事诉讼法》第 33 条的规定，犯罪嫌疑人、被告人的监护人、亲友可以受托为辩护人。需要指出的是，除了诉讼代理和辩护业务外，没有取得律师执业证书的人员，只要不以律师名义，可以从事一些与法律有关的服务活动，如解答有关法律的询问，接受当事人委托参加调解、仲裁活动，代写诉讼文书，担任法律顾问等。该项规定为司法行政部门整顿法律服务市场秩序，取缔"黑律师"提供法律依据。律师和律师事务所都不得帮助无律师执业证书的人以律师名义提供法律服务。这体现在以下三个方面：

1. 律师事务所不得指派没有取得律师执业证书的人员或者处于停止执业处罚期间的律师以律师名义提供法律服务。不得指派没有取得律师执业证书的人员（包括非律师和申请律师执业的实习人员）或者处于停止执业处罚期间的律师以律师名义提供法律服务。律师受到停止执业处罚的，由作出处罚决定的司法行政机关或者由其委托的下一级司法行政机关在宣布或者送达处罚决定时扣缴被处罚律师的执业证书。律师受到停止执业处罚的，应当自处罚决定生效后至处罚期限届满前，将律师执业证书缴存其执业机构所在地县级司法行政机关。

2. 采用出具或者提供律师事务所介绍信、律师服务专用文书、收费票据等方式，为尚未取得律师执业证书的人员或者其他律师事务所的律师违法执业提供便利的。律师事务所为尚未取得律师执业证书的人员提供便利，如许可未取得律师执业证的人员以执业律师身份接受当事人委托签署协议、收取费用，许可并协助未取得律师执业证的人员以执业律师身份出具法律意见，指派申请律师执业实习人员单独出庭参加诉讼等，均构成了对禁止性规定的违反。

3. 为未取得律师执业证的人员印制律师名片、标志或者出具其他有关律师身份证明，或者已知本所人员有上述行为而不制止的。未取得律师执业证的人员不得以律师名义执业。律师事务所对本所律师及辅助人员遵守执业规范与纪律负有监督、管理职责，不得为未取得律师执业证的辅助人员违法执业提供便利，律师事务所为未取得律师执业证的人员印制律师名片、提供律师徽章、律师出庭服装或者出具其他有关律师身份证明，属于协助未取得律师执业证的人员以律师身份违法执业，应给予纪律处分。律师事务所明确本所律师或者辅助人员为未取得律师执业证的辅助人员违法执业提供便利，应履行监督管理职责，予以制止。律师事务所未履行职责，放任、默许本所人员协助实施违法执业的，应属于协助未取得律师执业证的人员以律师身份违法执业。

第四节　从事公益活动

一、积极参加社会公益

律师在提供法律服务的过程中，同时还要履行社会责任，这是因为：一方面，律师提供法律服务的最终目的是维护人权，实现社会的公平正义，因此律师不能只扮演挣钱的角色，律师要为弱势群体，为权利被践踏的人伸张正义，并敢于挑战权威，挑战体制。另一方面，律师职业最根本的价值是为公众服务的精神，公正和公共福祉则是公共服务的目标，社会责任是律师社会角色的必然要求。律师是面向社会提供法律服务的职业人员，因此，律师在履行职责的同时就是在践行社会责任。此外，律师承担的是高于自己目标，超出其个人利益的社会义务，如法律援助、公益诉讼等。法律援助制度是人文关怀精神的展示，即为贫、弱、残等社会特殊群体，以减、免费的方式，提供法律帮助，保障公民的合法权益得以平等实现，律师则是法律援助中的主要力量。

中央全面深化改革领导小组审议通过的《关于深化律师制度改革的意见》《关于加快推进公共法律服务体系建设的意见》明确提出要引导律师自觉履行社会责任，积极参与公益性法律服务。2019年10月23日司法部印发了《关于促进律师参与公益法律服务的意见》。公益法律服务，是指律师事务所、律师为公民、法人和其他组织提供的无偿法律服务。该意见从六个方面规定了促进律师参与公益法律服务的主要措施：一是拓展服务领域。鼓励律师担任村（居）法律顾问、参与普法宣传、参与法治帮扶、调解矛盾纠纷、协助党政机关做好信访接待、涉法涉诉案件化解工作等。二是增强服务实效。准确把握人民群众新需求，重点为城乡困难群众和特殊群体提供民生领域法律服务，主动服务国家重大发展战略。加强与社会力量合作，创新服务形式，积极发展"互联网＋"公益法律服务。三是明确服务要求。倡导每名律师每年参与不少于50个小时的公益法律服务或者至少办理2件法律援助案件。要求律师在公益法律服务中做到勤勉尽责，保证服务质量。四是提升服务能力。发展公益法律服务机构和公益律师队伍，加强公益法律服务业务技能培训和研讨交流，做优做强律师公益法律服务品牌，促进公益法律服务专业化、职业化。五是注重示范引领。积极培养和选树公益法律服务先进典型，总结推广有益经验和做法，鼓励青年律师、实习律师参与公益法律服务，明确中共党员律师等应当在公益法律服务中发挥表率作用。六是开展考核评价。将公益法律服务情况作为律师执业年度考核和律师事务所年度检查考核的重要内容。完善公益法律服务评价机制，将评价结果与律师事务所、律师评先评优挂钩。

二、履行法律援助的义务

法律援助是律师为经济困难或特殊案件的当事人给予无偿法律帮助的一项法律制度。法律援助制度对保障社会贫弱者的合法权益，促进司法公正，维护社会公平和正义，维护社会稳定，具有重要意义。建立和实施法律援助制度，是国家为保障实现"公民在法律面前一律平等"的基本权利而履行的宪法义务。我国《刑事诉讼法》《未成年人保护法》《妇女权益保障法》《老年人权益保障法》等多部法律都对法律援助制度作出了明确规定。2003年7月，国务院颁布《法律援助条例》，对我国法律援助制度作出了全面、系统的规定，标志着我国法律援助制度体系的基本形成。《法律援助条例》将法律援助定位为政府责任、律师义务、公众参与。

律师和律师事务所都是实施法律援助的义务主体。《刑事诉讼法》第35条规定："犯罪嫌疑人、被告人因经济困难或者其他原因没有委托辩护人的，本人及其近亲属可以向法律援助机构提出申请。对符合法律援助条件的，法律援助机构应当指派律师为其提供辩护。犯罪嫌疑人、被告人是盲、聋、哑人，或者是尚未完全丧失辨认或者控制自己行为能力的精神病人，没有委托辩护人的，人民法院、人民检察院和公安机关应当通知法律援助机构指派律师为其提供辩护。犯罪嫌疑人、被告人可能被判处无期徒刑、死刑，没有委托辩护人的，人民法院、人民检察院和公安机关应当通知法律援助机构指派律师为其提供辩护。"《法律援助条例》第6条规定："律师应当依照律师法和本条例的规定履行法律援助义务，为受援人提供符合标准的法律服务，依法维护受援人的合法权益，接受律师协会和司法行政部门的监督。"根据上述规定，律师是实施法律援助的义务主体显而易见。

同时，《法律援助条例》第21条规定，法律援助机构可以指派律师事务所安排律师办理法律援助案件。另外，根据《法律援助条例》第27条的规定，律师事务所拒绝法律援助机构的指派，不安排本所律师办理法律援助案件的，由司法行政部门给予相应的行政处罚。上述规定表明，律师事务所也是实施法律援助的义务主体。2021年《法律援助法》再次作了明确规定。《律师法》融合了上述关于实施法律援助义务主体的规定，将律师和律师事务所都规定为实施法律援助的义务主体，并在第47条和第50条分别规定了相应的法律责任。

律师为受援人提供法律援助应当和办理其他案件一样，行使同样的权利，履行同样的勤勉义务。实践中，由于办理法律援助案件只能获取较少的办案补贴，有些律师在履行法律援助义务时没有积极性，敷衍塞责，走过场，做样子，使法律援助流于形式，没有发挥应有的作用。在这方面，律师事务所负有监督、管理之责。因此，《律师法》不仅明确规定了律师和律师事务所的法律援助义务，而且规定律师和律师事务所应当"为受援人提供符合标准的法律服务"。所谓"符合标准"，是指律师办理法律援助案件应当与办理其他案件一样，遵循相同的标准，履行同样的勤勉义务，最大限度地保护受援人的合法权益。只有这样才能使受援人享受到优质的法律服务，才能真正实现国家建立法律援助制度的目的。

《律师执业行为规范（试行）》第94条规定，律师和律师事务所应当按照国家规定履行法律援助义务，为受援人提供法律服务，维护受援人的合法权益。《律师协会会员违规行为处分规则（试行）》第22条规定，本项规定是针对律师未依法履行法律援助义务的违规行为的纪律处分。《律师执业管理办法》第45条规定："律师应当按照国家规定履行法律援助义务，为受援人提供符合标准的法律服务，维护受援人的合法权益，不得拖延、懈怠履行或者擅自停止履行法律援助职责，或者未经律师事务所、法律援助机构同意，擅自将法律援助案件转交其他人员办理。"上述法律和部门规章是本项规定的依据，律师拒绝接受指派办理法律援助案件，或者接受指派后未履行职责或擅自转交他人办理，均构成对依法履行法律援助义务的违反。

第五节　维护业外活动的适正性

律师作为提供法律服务的专业人员遵守较高的职业道德，不仅要遵守业内的职业道德操守，其业外的行为也要受到约束。

一、律师不得从事经营性的活动

《律师法》第27条规定，律师事务所不得从事法律服务以外的经营活动，《律师执业行为规范（试行）》第93条也作出此项规定。律师执业机构的律师事务所属于非营利性的专业服务组织，律师执业的目标不是追求经济利益的最大化，而是应当以维护当事人合法权益、维护法律正确实施，维护社会的公平正义为职责使命。律师事务所虽然也有营利，但其最终目的，是为了更好地发展公益事业，更好地实现为社会提供法律服务的职能，不能像企业和公司一样从事其他经营活动。这样规定既可以降低律师事务所的对外活动责任风险，也能保证律师事务所尽心尽职地提供优质高效的法律服务。律师事务所是律师为社会提供法律服务的执业机构，是以公益为目的的。

《律师法》第50条还规定，如果律师事务所从事法律服务以外的经营活动，则要受到相应的处罚。《律师和律师事务所违法行为处罚办法》第25条规定有下列情形之一的，属于《律师法》第50条第3项规定的律师事务所"从事法律服务以外的经营活动的"违法行为：①以独资、与他人合资或者委托持股方式兴办企业，并委派律师担任企业法定代表人或者总经理职务的；②从事与法律服务无关的中介服务或者其他经营性活动的。

二、律师在业外不得从事不端行为

律师要谨言慎行，维护业外活动的适当性，从而维护律师的职业形象。我国《律师执业行为规范（试行）》第15条对律师禁止性行为做了规定：①产生不良社会影响，有损律师行业声誉的行为；②妨碍国家司法、行政机关依法行使职权的行为；③参加法律所禁止的机构、组织或者社会团体；④其他违反法律、法规、律师协会行业规范及职业道德的行为。⑤其他违反社会公德，严重损害律师职业形象的行为。

律师的言行出格，比如律师网上"炫富"，不仅损害的是律师个人、律师事务所的声誉，也损害整个律师队伍的整体形象，虽然律师的职业相对自由，但是律师作为法律人，应该约束自己在庭外的言行。律师维护当事人的合法权益为其权利据理力争，但是要在合法的限度内，律师办案不能妨碍司法、行政机关的行使权力行为，律师不能突破执业行为规范，如有的律师在网上炒作负面舆论，甚至操纵舆论，给司法机关、行政机关施加压力，这些行为非但不能推动司法公正，反而是破坏法治的行为。此外，律师不得参加法律禁止的机构、组织和团体。基于律师独立性、公益性、专业性的考量，律师不能参加有损其职业本质，造成大众对其职业丧失信赖的机构、组织和团体。

律师是一个自律与自治的行业，律师的自律性表现为行业自律，即律师自我管理、自我约束。国家对律师的职务活动不能进行干预，而由律师自己的组织即律师协会对律师进行有效地管理，即律师协会通过行业规范的制定、律师组织活动、律师培训、律师惩戒等事项对律师进行管理。律师自律表现为律师个人自律，律师在执业过程中，严格要求自己，恪守职业道德和执业行为规则。律师与一般的社会工作者或者一般的经营者不同，作为从事法律服务的专业人员，其业务活动直接关系到委托人的切身利益，且肩负着维护公民基本人权和公平正义的使命，这一特殊的法律地位必然导致社会对律师的职业道德水准提出特殊的要求。虽然律师职业极具独立性，但律师的执业活动不是没有界限的，律师职业更强调严格的自律和严格的职业道德，其要承担一些民间的商人或者社会工作者甚至自由职业者不能承担的义务。

■思考题

1. 律师在业内应当怎样维护其职业的适正性？
2. 律师的法律援助义务包含哪些内容？
3. 律师事务所为什么不能从事法律服务以外的经营活动？

■参考书目

1. 王进喜：《法律职业行为法》，中国人民大学出版社2014年版。
2. ［美］德博拉·L.罗德、小杰弗瑞·C.海泽德著，王进喜等译：《律师的职业责任与规制（第二版）》，中国人民大学出版社2013年版。
3. 王进喜：《美国律师职业行为规则理论与实践》，中国人民公安大学出版社2005年版。
4. 刘晓兵、程滔编著：《法律人的职业伦理底线：法律职业伦理影响性案件评析》，中国政法大学出版社2017年版。
5. 台北律师公会主编：《法律伦理》，五南图书出版股份有限公司2015年版。
6. 姜世明：《律师伦理法》，新学林出版股份有限公司2008年版。

第十四章　律师职业责任

■ **本章概要**

　　律师违反《律师法》以及律师的执业行为规范等要承担职业责任，轻则受到律师协会和司法行政机关给予的惩戒和行政处罚，重则被追究刑事责任，给委托人或他人造成损失的还要承担赔偿责任。本章分别论述了律师的行业责任、行政责任、民事责任与刑事责任。

■ **本章关键词**

　　职业责任；行政责任；行业责任；民事责任；刑事责任

　　律师职业责任是指律师在执业中因故意或过失违反国家法律、法规的规定以及律师职业规范所应承担的责任，包括行政责任、行业责任、民事责任及刑事责任。律师的职业责任主要强调的是律师在执业中违反律师有关法律、法规以及职业操守产生的责任，不包含律师在执业之外的违法、违规行为。此外，律师事务所的职业责任有两个方面，一是律师事务所违反相关的法律和行业规范，要承担相应的法律责任；二是律师事务所对于律师违法或违规，在特定的情况下也要承担一定的责任。

　　律师作为提供法律服务的职业群体，拥有较高的职业道德，并遵守律师行业的行为规范，一旦违反，轻者受到行业的惩戒，给客户造成损失的还要承担民事责任，重者可能会被吊销律师执业证书，甚至被追究刑事责任。规定律师的职业责任，一方面维护当事人的合法权益，另一方面维护律师行业的声誉及整体的信誉。

第一节　律师的行政责任

　　我国律师管理实行的是司法行政机关宏观管理下的律师协会行业管理，司法行政机关对律师和律师事务所进行指导和监督。根据司法部 2010 年颁布的《律师和律师事务所违法行为处罚办法》（以下简称《处罚办法》），律师和律师事务所有违法行为，司法行政机关给予行政处罚。因此，本节分为律师的行政责任、律师事务所的行政责任。

一、行政处罚的种类与机关

（一）对律师处罚的种类与机关

　　根据《律师法》第 47~49 条、第 51 条第 1 款以及《处罚办法》第 31 条第 1 款的规定，司法行政机关对律师的违法行为给予警告、罚款、没收违法所得、停止执业处罚的，由律师执业机构所在地的设区的市级或者直辖市区（县）司法行政机关实施；给予吊销执业证书处罚的，由许可该律师执业的省、自治区、直辖市司法行政机关实施。

与 1996 年《律师法》相比，2017 年《律师法》在对律师行政处罚的种类方面有两个变化：①增加了罚款这一处罚种类；②将对律师停止执业处罚 3 个月以上 1 年以下这一单一的处罚幅度，调整为 3 个月以下、3 个月以上 6 个月以下以及 6 个月以上 1 年以下三个幅度，从而更为丰富、更为灵活。

（二）对律师事务所处罚的种类与机关

根据《律师法》第 50 条、第 51 条第 2 款以及《处罚办法》第 31 条第 2 款的规定，司法行政机关对律师事务所的违法行为给予警告、罚款、没收违法所得、停业整顿处罚的，由律师事务所所在地的设区的市级或者直辖市区（县）司法行政机关实施；给予吊销执业许可证书处罚的，由许可该律师事务所设立的省、自治区、直辖市司法行政机关实施。

与 1996 年《律师法》相比，2017 年《律师法》在对律师事务所行政处罚的种类方面有两个变化：①删除了责令改正这一处罚措施，增加了警告这一处罚种类；②将对律师事务所停业整顿的期限明确为 1 个月以上 6 个月以下。

二、行政处罚的程序

根据《处罚办法》第 35 条至第 37 条的规定，行政处罚程序如下：

（一）调查

司法行政机关对律师、律师事务所违法行为的事实、证据进行全面、客观、公正地调查、核实。司法行政机关可以委托下一级司法行政机关或者违法行为发生地的司法行政机关进行调查，也可以委托律师协会协助进行调查。

（二）听证

律师、律师事务所对司法行政机关给予的行政处罚，享有陈述权、申辩权，要求听证的，司法行政机关应当召开听证会。

（三）决定

司法行政机关根据律师、律师事务所违法行为的事实、性质、情节以及危害程度，在法定的处罚种类及幅度的范围内进行裁量，作出具体处罚决定。

（四）救济

律师或律师事务所对行政处罚决定不服的，有权依法申请行政复议或者提起行政诉讼；因司法行政机关违法给予行政处罚受到损害的，有权依法提出赔偿要求。

三、行政处罚的事由

（一）律师行政处罚的事由

《律师法》第六章规定了律师的法律责任，司法部颁布的《处罚办法》对《律师法》中第 47 条至第 49 条律师的法律责任进行了细化，按照《处罚办法》第 5~22 条，律师承担行政责任的事项如下：

1. 律师同时在两个以上律师事务所执业。除了《律师法》第 47 条第 1 项规定的情形，《处罚办法》第 5 条又具体规定了两种情形：①在律师事务所执业的同时又在其他律师事务所或者社会法律服务机构执业的；②在获准变更执业机构前以拟变更律师事务所律师的名义承办业务，或者在获准变更后仍以原所在律师事务所律师的名义承办业务的。

2. 以不正当手段招揽业务。针对《律师法》第 47 条第 2 项的规定，《处罚办法》第 6 条又细化为四种情形：①以误导、利诱、威胁或者作虚假承诺等方式承揽业务的；②以支付介绍费、给予回扣、许诺提供利益等方式承揽业务的；③以对本人及所在律师事务所进行不真实、不适当宣传或者诋毁其他律师、律师事务所声誉等方式承揽业务的；④在律师事务所住所以外设立办公室、接待室承揽业务的。

3. 在同一案件中为双方当事人担任代理人，或者代理与本人及其近亲属有利益冲突的法律事务。针对《律师法》第47条第3项的规定，《处罚办法》第7条细化为五项情形：①在同一民事诉讼、行政诉讼或者非诉讼法律事务中同时为有利益冲突的当事人担任代理人或者提供相关法律服务的；②在同一刑事案件中同时为被告人和被害人担任辩护人、代理人，或者同时为2名以上的犯罪嫌疑人、被告人担任辩护人的；③担任法律顾问期间，为与顾问单位有利益冲突的当事人提供法律服务的；④曾担任法官、检察官的律师，以代理人、辩护人的身份承办原任职法院、检察院办理过的案件的；⑤曾经担任仲裁员或者仍在担任仲裁员的律师，以代理人身份承办本人原任职或者现任职的仲裁机构办理的案件的。

4. 从人民法院、人民检察院离任后2年内担任诉讼代理人或者辩护人的。《处罚办法》第8条规定：曾经担任法官、检察官的律师，从人民法院、人民检察院离任后2年内，担任诉讼代理人、辩护人或者以其他方式参与所在律师事务所承办的诉讼法律事务的，属于《律师法》第47条第4项规定的"从人民法院、人民检察院离任后二年内担任诉讼代理人或者辩护人的"违法行为。

5. 拒绝履行法律援助义务。针对《律师法》第47条第5项的规定，《处罚办法》第9条细化为两种情形：①无正当理由拒绝接受律师事务所或者法律援助机构指派的法律援助案件的；②接受指派后，懈怠履行或者擅自停止履行法律援助职责的。

6. 私自接受委托、收取费用，接受委托人财物或者其他利益。针对《律师法》第48条第1项之规定，《处罚办法》第10条具体分为四种情形：①违反统一接受委托规定或者在被处以停止执业期间，私自接受委托，承办法律事务的；②违反收费管理规定，私自收取、使用、侵占律师服务费以及律师异地办案差旅费用的；③在律师事务所统一收费外又向委托人索要其他费用、财物或者获取其他利益的；④向法律援助受援人索要费用或者接受受援人的财物或者其他利益的。

7. 接受委托后，无正当理由，拒绝提供辩护或者代理，不按时出庭参加诉讼或者仲裁。《处罚办法》第11条规定：律师接受委托后，除有下列情形之外，拒绝辩护或者代理，不按时出庭参加诉讼或者仲裁的，属于《律师法》第48条第2项规定的违法行为：①委托事项违法，或者委托人利用律师提供的法律服务从事违法活动的；②委托人故意隐瞒与案件有关的重要事实或者提供虚假、伪造的证据材料的；③委托人不履行委托合同约定义务的；④律师因患严重疾病或者受到停止执业以上行政处罚的；⑤其他依法可以拒绝辩护、代理的。

8. 利用提供法律服务的便利牟取当事人争议的权益。有下列情形之一的，属于《律师法》第48条第3项规定的律师"利用提供法律服务的便利牟取当事人争议的权益的"违法行为：①采用诱导、欺骗、胁迫、敲诈等手段获取当事人与他人争议的财物、权益的；②指使、诱导当事人将争议的财物、权益转让、出售、租赁给他人，并从中获取利益的。律师不但不能向当事人索取正常收费以外的其他的金钱、财物和利益，也不得牟取当事人争议的权益。

9. 泄露商业秘密或者个人隐私。《律师法》第38条第1款规定，律师应当保守在执业活动中知悉的国家秘密和当事人的商业秘密。商业秘密是指不为公众所知悉，能为权利人带来经济利益，具有实用性并经权利人采取保密措施的技术信息和经营信息；公民的隐私包括公民个人事务、个人信息、个人领域方面。律师基于与当事人的信赖关系以及所享有阅卷、调查取证的权利，律师有可能知悉商业秘密或个人隐私，对此律师负有保密的义务。

当事人出于对律师的信任，将自己的隐私或者将某项技术秘密告诉律师，如果律师告诉了别人，就会使当事人对律师产生不信任感，并丧失律师的声誉；另一方面商业秘密和个人隐私一旦被泄露，就会损害当事人的名誉，或者给当事人带来经济上的损失。

10. 违反规定会见法官、检察官、仲裁员以及其他有关工作人员，或者以其他不正当方式影响依法办理案件。《律师法》第 40 条规定，律师在执业活动中不得违反规定会见法官、检察官、仲裁员以及其他有关工作人员。《律师执业管理办法》第 36 条、《律师执业行为规范（试行）》第 69 条规定，禁止律师与法官、检察官、仲裁员私下接触。《仲裁法》第 34 条第 4 项规定，仲裁员私自会见当事人、代理人，当事人有权提出回避。律师作为代理人与案件承办人员的见面应符合以下要求：第一，会见应当且只能在工作时间、工作场所，禁止在非工作时间、非工作场所的私下会见。第二，为了保障案件的公正处理，世界各国禁止案件承办人员与律师的单方会见，以防止偏袒。基于各方当事人具有同等的诉讼权利，案件承办人员应保障各方当事人及代理人享有同等的诉讼权利和机会，因此，会见时应当各方当事人或委托人一起，不得是单方面会见。

11. 向法官、检察官、仲裁员以及其他有关工作人员行贿、介绍贿赂或者指使、诱导当事人行贿。《处罚办法》第 15 条将《律师法》第 49 条第 1 款第 2 项规定的"向法官、检察官、仲裁员以及其他有关工作人员行贿，介绍贿赂或者指使、诱导当事人行贿的"细化为四项内容：①利用承办案件的法官、检察官、仲裁员以及其他工作人员或者其近亲属举办婚丧喜庆事宜等时机，以向其馈赠礼品、金钱、有价证券等方式行贿的；②以装修住宅、报销个人费用、资助旅游娱乐等方式向法官、检察官、仲裁员以及其他工作人员行贿的；③以提供交通工具、通讯工具、住房或者其他物品等方式向法官、检察官、仲裁员以及其他工作人员行贿的；④以影响案件办理结果为目的，直接向法官、检察官、仲裁员以及其他工作人员行贿、介绍贿赂或者指使、诱导当事人行贿的。

12. 向司法行政机关提供虚假材料或者其他弄虚作假行为。有下列情形之一的，属于《律师法》第 49 条第 1 款第 3 项规定的律师"向司法行政部门提供虚假材料或者有其他弄虚作假行为的"违法行为：①在司法行政机关实施检查、监督工作中，向其隐瞒真实情况，拒不提供或者提供不实、虚假材料，或者隐匿、毁灭、伪造证据材料的；②在参加律师执业年度考核、执业评价、评先创优活动中，提供不实、虚假、伪造的材料或者有其他弄虚作假行为的；③在申请变更执业机构、办理执业终止、注销等手续时，提供不实、虚假、伪造的材料的。

13. 故意提供虚假证据或者威胁、利诱他人提供虚假证据，妨碍对方当事人合法取得证据。《处罚办法》第 17 条规定下列三种情形属于《律师法》第 49 条第 1 款第 4 项规定的律师"故意提供虚假证据或者威胁、利诱他人提供虚假证据，妨碍对方当事人合法取得证据的"违法行为：①故意向司法机关、行政机关或者仲裁机构提交虚假证据，或者指使、威胁、利诱他人提供虚假证据的；②指示或者帮助委托人或者他人伪造、隐匿、毁灭证据，指使或者帮助犯罪嫌疑人、被告人串供，威胁、利诱证人不作证或者作伪证的；③妨碍对方当事人及其代理人、辩护人合法取证的，或者阻止他人向案件承办机关或者对方当事人提供证据的。

14. 扰乱法庭、仲裁庭秩序，干扰诉讼、仲裁活动的执行。《处罚办法》第 19 条规定了下列四种情形属于《律师法》第 49 条第 1 款第 6 项规定的律师"扰乱法庭、仲裁庭秩序，干扰诉讼、仲裁活动的正常进行的"违法行为：①在法庭、仲裁庭上发表或者指使、诱导委托人发表扰乱诉讼、仲裁活动正常进行的言论的；②阻止委托人或者其他诉讼参与人出庭，致使诉讼、仲裁活动不能正常进行的；③煽动、教唆他人扰乱法庭、仲裁庭秩序的；④无正当理由，当庭拒绝辩护、代理，拒绝签收司法文书或者拒绝在有关诉讼文书上签署意见的。

15. 煽动、教唆当事人采取扰乱公共秩序、危害公共安全等非法手段解决争议。《处罚办法》第20条规定，有下列情形之一的，属于《律师法》第49条第1款第7项规定的律师"煽动、教唆当事人采取扰乱公共秩序、危害公共安全等非法手段解决争议的"违法行为：①煽动、教唆当事人采取非法集会、游行示威，聚众扰乱公共场所秩序、交通秩序，围堵、冲击国家机关等非法手段表达诉求，妨害国家机关及其工作人员依法履行职责，抗拒执法活动或者判决执行的；②利用媒体或者其他方式，煽动、教唆当事人以扰乱公共秩序、危害公共安全等手段干扰诉讼、仲裁及行政执法活动正常进行的。

16. 发表危害国家安全、恶意诽谤他人、严重扰乱法庭秩序的言论。《处罚办法》第21条规定，有下列情形之一的，属于《律师法》第49条第1款第8项规定的律师"发表危害国家安全、恶意诽谤他人、严重扰乱法庭秩序的言论的"违法行为：①在承办代理、辩护业务期间，发表、散布危害国家安全，恶意诽谤法官、检察官、仲裁员及对方当事人、第三人，严重扰乱法庭秩序的言论的；②在执业期间，发表、制作、传播危害国家安全的言论、信息、音像制品或者支持、参与、实施以危害国家安全为目的的活动的。

17. 泄露国家秘密。《处罚办法》第22条规定，律师违反保密义务规定，故意或者过失泄露在执业中知悉的国家秘密的，属于《律师法》第49条第1款第9项规定的"泄露国家秘密的"违法行为。

（二）律师事务所行政处罚的事由

律师事务所承担责任有两个方面，一是由于律师隶属于某个律师事务所，因此律师违法或违规时，律师事务所在特定的情况下要承担责任，以此加强律师事务所的管理；另一方面，律师事务所在执业过程中违反法律和行业规定，也要承担法律责任。《处罚办法》第23条至第30条对《律师法》中第50条律师事务所的法律责任进行了细化，律师事务所承担行政责任的情形如下：

1. 违反规定接受委托、收取费用的。有下列情形之一的，属于《律师法》第50条第1款第1项规定的律师事务所"违反规定接受委托、收取费用的"违法行为：①违反规定不以律师事务所名义统一接受委托、统一收取律师服务费和律师异地办案差旅费，不向委托人出具有效收费凭证的；②向委托人索要或者接受规定、合同约定之外的费用、财物或者其他利益的；③纵容或者放任本所律师有《处罚办法》第10条规定的违法行为的。这里的第3项《处罚办法》第10条即律师"私自接受委托、收取费用，接受委托人财物或者其他利益的"违法行为。

2. 违反法定程序办理变更名称、负责人、章程、合伙协议、住所、合伙人等重大事项的。《处罚办法》第24条规定有下列情形之一的，属于《律师法》第50条第1款第2项规定的律师事务所"违反法定程序办理变更名称、负责人、章程、合伙协议、住所、合伙人等重大事项的"违法行为：①不按规定程序办理律师事务所名称、负责人、章程、合伙协议、住所、合伙人、组织形式等事项变更报批或者备案的；②不按规定的条件和程序发展合伙人，办理合伙人退伙、除名或者推选律师事务所负责人的；③不按规定程序办理律师事务所分立、合并，设立分所，或者终止、清算、注销事宜的。

3. 从事法律服务以外的经营活动的。《处罚办法》第25条规定有下列情形之一的，属于《律师法》第50条第1款第3项规定的律师事务所"从事法律服务以外的经营活动的"

违法行为：①以独资、与他人合资或者委托持股方式兴办企业，并委派律师担任企业法定代表人或者总经理职务的；②从事与法律服务无关的中介服务或者其他经营性活动的。

4. 以诋毁其他律师事务所、律师或者支付介绍费等不正当手段承揽业务的。律师事务所从事或者纵容、放任本所律师从事《处罚办法》第6条规定的违法行为的，属于《律师法》第50条第1款第4项规定的律师事务所"以诋毁其他律师事务所、律师或者支付介绍费等不正当手段承揽业务的"违法行为。《处罚办法》第6条即以不正当手段承揽业务的违法行为。

5. 违反规定接受有利益冲突的案件的。《处罚办法》第27条规定有下列情形之一的，属于《律师法》第50条第1款第5项规定的律师事务所"违反规定接受有利益冲突的案件的"违法行为：①指派本所律师担任同一诉讼案件的原告、被告代理人，或者同一刑事案件被告人辩护人、被害人代理人的；②未按规定对委托事项进行利益冲突审查，指派律师同时或者先后为有利益冲突的非诉讼法律事务各方当事人担任代理人或者提供相关法律服务的；③明知本所律师及其近亲属同委托事项有利益冲突，仍指派该律师担任代理人、辩护人或者提供相关法律服务的；④纵容或者放任本所律师有《处罚办法》第7条规定的违法行为的。《处罚办法》第7条即律师在同一案件中为双方当事人担任代理人，或者代理与本人及其近亲属有利益冲突的法律事务的违法行为。

6. 拒绝履行法律援助义务的。《处罚办法》第28条规定，有下列情形之一的，属于《律师法》第50条第1款第6项规定的律师事务所"拒绝履行法律援助义务的"违法行为：①无正当理由拒绝接受法律援助机构指派的法律援助案件的；②接受指派后，不按规定及时安排本所律师承办法律援助案件或者拒绝为法律援助案件的办理提供条件和便利的；③纵容或者放任本所律师有《处罚办法》第9条规定的违法行为的。《处罚办法》第9条规定即律师拒绝履行法律援助义务的违法行为。

7. 向司法行政部门提供虚假材料或者有其他弄虚作假行为的。《处罚办法》第29条规定有下列情形之一的，属于《律师法》第50条第1款第7项规定的律师事务所"向司法行政部门提供虚假材料或者有其他弄虚作假行为的"违法行为：①在司法行政机关实施检查、监督工作时，故意隐瞒真实情况，拒不提供有关材料或者提供不实、虚假的材料，或者隐匿、毁灭、伪造证据材料的；②在参加律师事务所年度检查考核、执业评价、评先创优活动中，提供不实、虚假、伪造的材料或者有其他弄虚作假行为的；③在办理律师事务所重大事项变更、设立分所、分立、合并或者终止、清算、注销的过程中，提供不实、虚假、伪造的证明材料或者有其他弄虚作假行为的。

8. 对本所律师疏于管理，造成严重后果的。《处罚办法》第30条规定有下列情形之一，造成严重后果和恶劣影响，属于《律师法》第50条第1款第8项规定的律师事务所"对本所律师疏于管理，造成严重后果的"违法行为：①不按规定建立健全内部管理制度，日常管理松懈、混乱，造成律师事务所无法正常运转的；②不按规定对律师执业活动实行有效监督，或者纵容、袒护、包庇本所律师从事违法违纪活动，造成严重后果的；③纵容或者放任律师在本所被处以停业整顿期间或者律师被处以停止执业期间继续执业的；④不按规定接受年度检查考核，或者经年度检查考核被评定为"不合格"的；⑤不按规定建立劳动合同制度，不依法为聘用律师和辅助人员办理失业、养老、医疗等社会保险的；⑥有其他违法违规行为，造成严重后果的。

第二节　律师的行业处分

我国对律师和律师事务所实行"两结合"的管理，律师协会是律师的自治组织，《律师法》赋予律师协会惩戒权，因此，除了司法行政机关对律师、律师事务所实行行政处罚外，律师协会对律师、律师事务所实施行业纪律处分。我国的行政责任与行业责任的区别在于，行政责任是律师或律师事务所实施了行政违法行为，性质相对严重；而行业处分是律师或律师事务所实施了违纪行为，性质上要轻，处罚的程序与行政处罚相比要轻。在实践的操作中，律师协会通常对违纪律师、律师事务所进行处罚，如果认为律师、律师事务所违纪严重，则移送司法行政机关进行处罚。

一、行业处分的种类与机构

（一）处分的种类

根据《律师协会会员违规行为处分规则（试行）》（以下简称《处分规则》）第15条的规定，律师协会对会员的违规行为实施纪律处分的种类有：①训诫；②警告；③通报批评；④公开谴责；⑤中止会员权利1个月以上1年以下；⑥取消会员资格。训诫，是一种警示性的纪律处分措施，是最轻微的惩戒方式，适用于会员初次因过失违规或者违规情节显著轻微的情形。训诫采取口头或者书面方式。采取口头训诫的，应当制作笔录存档。警告，是一种较轻的纪律处分措施，适用于会员的行为已经构成了违规，但情节较轻，应当及时予以纠正和警示的情形。通报批评、公开谴责适用于会员故意违规、违规情节严重，或者经警告、训诫后再次违规的行为。中止会员权利1个月以上1年以下，是指在会员权利中止期间，暂停会员享有的律师协会章程规定的全部会员权利，但并不免除该会员的义务。除口头训诫外，其他处分均需作出书面决定。

其中，"警告"是2017年修改的《处分规则》新增的惩戒措施。这六种措施按照律师违规的情节及危害程度不同，区分故意与过失、初次和再次违规给予不同程度的纪律处分。此外，律师协会在给予违规会员警告以上的纪律处分时，可附加对违规会员进行教育或责令限期整改的措施，但该措施不得单独使用。

（二）行业处分的机构

我国律师协会对律师进行纪律处分的机构为律师惩戒委员会，中华全国律师协会的惩戒委员会对地方律协的惩戒委员会有指导和监督的作用。根据《处分规则》第9条的规定，我国只有两级律师协会的惩戒委员会对律师具有处分的职能，即省、自治区、直辖市的律师协会惩戒委员会，以及设区的市级律师协会惩戒委员会。

惩戒委员会由执业8年以上的律师，或者具有律师行业管理经验的人员组成，可以聘请相关领域专家担任顾问。惩戒委员会的主任和副主任的产生办法，即由同级律协会长办公会提名，经同级律协常务理事会或理事会决定产生。

二、行业处分的管辖与机构

《处分规则》的第10条至第11条规定了惩戒的管辖，即违规行为发生时由该会员所属律师协会管辖。若被调查会员在涉嫌违规行为发生后，加入其他律师协会导致所属律师协会变更的，仍由涉嫌违规行为发生时所属律协负责管辖。违规行为持续期间，被调查会员先后加入两个以上律协时，两个以上律协委员会都有管辖权，一般由最先立案的律协惩戒委员会行使管辖权。如果两个以上的地方律协管辖权发生争议，由双方协商解决，协商不成的，报共同的上一级律师协会指定管辖。在有管辖权的律协作出纪律处分决定生效时，若被处分的会员已经加入其他地方律协的，为便于惩戒措施的执行，应由会员现执业所在地的律师协会执行。

除取消会员资格的惩戒措施由省、自治区、直辖市律师协会作出，设区的市的律协只有对上一级省、自治区、直辖市律协的建议权；其他惩戒措施的决定由省、自治区、直辖市律师协会或者设区的市律师协会作出。由于中止会员权利1个月以上1年以下、取消会员资格的纪律处分措施属于违规会员情节较重的处分行为，因此受到这两种纪律处分措施可能会受到司法行政机关的行政处罚。

三、行业处分的程序

（一）投诉

按照《处分规则》第43条的规定，投诉人可以自己投诉，也可以委托他人投诉。投诉的方式可以口头，也可以采用书面形式。口头方式即直接来访，删去了电话投诉方式，以保证投诉人的实名投诉。书面形式可以以信函和邮件的方式。

投诉人对涉嫌违规的律师投诉后，律协开展调查，但对于没有投诉的律协可以主动依职权进行调查，以保证律协对会员的监管与自我净化。律协除要求投诉人提供具体事实和相关的证据材料外，还应当制作投诉记录，填写投诉登记表。

（二）立案

对于投诉的案件，惩戒委员会应当在接到投诉之日起10个工作日内对案件作出是否立案的决定。根据《处分规则》第49条的规定，具有下列情形之一的不予立案：①不属于本协会受理范围的；②不能提供相关证据材料或者证据材料不足的；③证据材料与投诉事实没有直接或者必然联系的；④匿名投诉或者投诉人身份无法核实，导致相关事实无法查清的；⑤超过处分时效的；⑥投诉人就被投诉会员的违规行为已提起诉讼、仲裁等司法程序案件的；⑦对律师协会已经处理过的违规行为，没有新的事由和证据而重复投诉的；⑧其他不应立案的情形。

惩戒委员会应在做出立案决定之后的10个工作日内，向投诉人、被调查会员发出立案通知。立案通知应当列明投诉人名称、投诉内容等事项，并要求被调查会员在20个工作日内作出书面的申辩。惩戒委员会应告知被调查会员本案调查组组成人员和日常工作机构的工作人员名单，并告知其有申请回避的权利。

（三）调查

对于一般案件，应当委派2名以上委员会委员成立调查组进行调查；对于重大、疑难、复杂的案件，惩戒委员会成立由惩戒委员会委员和律协邀请的相关部门人员组成的联合调查组共同进行调查。

调查人员携调查函进行调查，调查人员在调查过程中，应当遵守全面原则、公开原则和客观原则。调查的范围不受投诉内容的限制，调查过程中，发现投诉以外的其他违纪违规行为的，调查人员有义务一并调查。发现被调查会员以外的其他会员，有与本案关联的涉嫌违规的行为的，有权依职权主动对其进行调查。

在完成调查、收集、整理、归纳、分析全部案卷调查材料等工作后，调查人员应形成调查终结报告。调查终结报告中应包含调查事实以及处分建议，调查终结报告构成本案的调查结果。调查终结报告中的调查事实以及处分建议作为建议性意见，由惩戒委员会作出最终的决定。

（四）听证

惩戒委员会在作出处分决定前，有义务告知被调查会员有申请听证的权利。若被调查会员申请听证的，在程序上，应当自惩戒委员会告知后的 7 个工作日内向惩戒委员会提出书面听证申请。若惩戒委员会作出暂停会员资格、取消会员资格等较严重的处分决定，涉嫌违规会员要求听证的，则惩戒委员会必须组织听证。

决定举行听证的，应当在听证召开 7 个工作日前，向申请听证的被调查的会员送达《听证通知书》，《听证通知书》的内容应当包括听证庭的举行时间、地点、听证庭的组成人员名单，以及提醒被调查人员可以申请回避等程序性事项。

被调查会员具有正当理由，可以申请延期。经批准后只可延期一次，延期时限届满，任何人不得再行延期。被调查会员不陈述、不申辩或者不参加听证的视为放弃听证权利。被调查会员申请延期后仍未按延期后的期限参加听证的，视为放弃听证权利。被调查会员放弃听证权利，并不影响惩戒委员会作出任何调查和处分的决定。

为了保障听证庭的中立性，听证成员由不属于调查人员的惩戒委员会的 3 至 5 名委员担任。

（五）决定

惩戒委员会在听取或审阅听证庭评议报告，或者在审阅调查终结报告后，集体作出决定，决定书包含以下内容：投诉人的基本信息；被调查会员的基本信息、律师执业证书号码、所在律师事务所；投诉的基本事实和诉求；被调查会员的答辩意见；惩戒委员会依据相关证据查明的事实；惩戒委员会对本案作出的决定及其依据；申请复查的权利、期限；作出决定的律师协会名称；作出决定的日期；以及惩戒委员会认为应当载明在决定书中的事项。

（六）复查

只有省、自治区、直辖市律师协会设立复查机构，复查委员会应当由业内和业外人士组成。业内人士包括：执业律师、律师协会及司法行政机关工作人员。业外人士包括：法学界专家、教授；司法机关或者其他机关、组织的有关人员。为保证复查的独立性和公正性，担任惩戒委员会委员的，不能成为本级律师协会或上级律师协会复查委员会的成员，不得参与其所在地方律师协会会员处分的复查案件。

受处罚的律师有申请复查的权利，复查申请应当直接向复查委员会提出，由复查委员会审查决定是否受理。复查委员会应当履行下列职责：①受理复查申请；②审查申请复查事项；③作出复查决定；④其他职责。

复查采用书面审理方式，如果申请人提供了新的证据材料，复查庭可以视情况决定是否组织质证。如果组织质证，可以采取口头或者书面方式进行。在书面审理为原则的基础上，复查庭可以决定是否需要询问申请人，是否需要听取申请人陈述申辩意见。复查庭作出的维持原处分决定或者变更原处分决定的复查决定为最终决定，自作出之日起生效。

四、行业处分的事项

（一）利益冲突行为

1. 直接利益冲突。《处分规则》第 20 条规定，以下情形属于直接利益冲突：①律师在同一案件中为双方当事人担任代理人，或代理与本人或者其近亲属有利益冲突的法律事务的；②律师办理诉讼或者非诉讼业务，其近亲属是对方当事人的法定代表人或者代理人的；③曾经亲自处理或者审理过某一事项或者案件的行政机关工作人员、审判人员、检察人员、仲裁员，成为律师后又办理该事项或者案件的；④同一律师事务所的不同律师同时担任同一刑事案件的被害人的代理人和犯罪嫌疑人、被告人的辩护人，但在该县区域内只有一家律师事务所且事先征得当事人同意的除外；⑤在民事诉讼、行政诉讼、仲裁案件中，同一律师事务所的不同律师同时担任争议双方当事人的代理人，或者本所或其工作人员为一方当事人，本所其他律师担任对方当事人的代理人的；⑥在非诉讼业务中，除各方当事人共同委托外，同一律师事务所的律师同时担任彼此有利害关系的各方当事人的代理人的；⑦在委托关系终止后，同一律师事务所或同一律师在同一案件后续审理或者处理中又接受对方当事人委托的；⑧担任法律顾问期间，为顾问单位的对方当事人或者有利益冲突的当事人代理、辩护的；⑨曾经担任法官、检察官的律师从人民法院、人民检察院离任后，2年内以律师身份担任诉讼代理人或者辩护人；⑩担任所在律师事务所其他律师任仲裁员的仲裁案件代理人的；⑪其他依据律师执业经验和行业常识能够判断为应当主动回避且不得办理的利益冲突情形。

　　以上情形属于直接利益冲突，代理有直接利益冲突的案件风险大，对委托人损害大，律师的代理必须被绝对禁止。该条的最后一项即第11项是兜底条款，受条文限制，不可能穷尽所有直接利益冲突的情形，对于属于法条规定之外的情形，需要结合律师执业经验、行为常识等进行综合考量。

　　律师、律师事务所存在上述直接利益冲突行为的，给予训诫、警告或者通报批评的纪律处分；情节严重的，给予公开谴责、中止会员权利3个月以下的纪律处分。司法行政机关依据《律师法》第47条、第50条规定给予相应的行政处罚。这里的"情节严重"，《处罚办法》第39条规定，律师、律师事务所的违法行为有下列情形之一的，属于《律师法》规定的违法情节严重或者情节特别严重，应当在法定的行政处罚种类及幅度的范围内从重处罚：①违法行为给当事人、第三人或者社会公共利益造成重大损失的；②违法行为性质、情节恶劣，严重损害律师行业形象，造成恶劣社会影响的；③同时有两项以上违法行为或者违法涉案金额巨大的；④在司法行政机关查处违法行为期间，拒不纠正或者继续实施违法行为，拒绝提交、隐匿、毁灭证据或者提供虚假、伪造的证据的；⑤其他依法应当从重处罚的。结合该条规定的利益冲突行为，需要从主观过错程度、违规行为表现、损害后果、补救措施等多个维度评估违规行为是否达到"情节严重"。

　　2. 间接利益冲突。《处分规则》规定未征得各方委托人的同意而从事以下代理行为之一的，给予训诫、警告或者通报批评的纪律处分：①接受民事诉讼、仲裁案件一方当事人的委托，而同所的其他律师是该案件中对方当事人的近亲属的；②担任刑事案件犯罪嫌疑人、被告人的辩护人，而同所的其他律师是该案件被害人的近亲属的；③同一律师事务所接受正在代理的诉讼案件或者非诉讼业务当事人的对方当事人所委托的其他法律业务的；④律师事务所与委托人存在法律服务关系，在某一诉讼或仲裁案件中该委托人未要求该律师事务所律师担任其代理人，而该律师事务所律师担任该委托人对方当事人的代理人的；⑤在委托关系终止后1年内，律师又就同一法律事务接受与原委托人有利害关系的对方当事人的委托的；⑥其他与上述第①至第⑤项情况相似，且依据律师执业经验和行业常识能够判断的其他情形。

　　间接利益冲突是指律师或律师事务所代理某一项委托事项时，该委托事项与正在或曾经或拟代理的其他委托事项或者与律师、律师事务所自身利益虽然不是直接对立，但有一定的利害关系，可能影响委托方的利益，经各方委托人的同意后，律师、律师事务所可代理该委托事项。间接利益冲突的严重程度不及直接利益冲突，但是处理不当会造成很大的损害。间接利益冲突要经委托人书面确认的明示同意，方可建立委托关系。

　　律师、律师事务所故意未经各方当事人书面同意，与委托人建立或维持委托关系，从事相关代理行为的，给予训诫、警告或者通报批评的纪律处分。司法行政机关依据《律师法》第 47 条、第 50 条规定给予相应的行政处罚。

（二）代理不尽责的行为

1. 代理不尽职尽责。《处分规则》第 22 条规定，以下四种情形属于提供法律服务不尽责：①超越委托权限，从事代理活动的；②接受委托后，无正当理由，不向委托人提供约定的法律服务的，拒绝辩护或者代理的，包括：不及时调查了解案情，不及时收集、申请保全证据材料，或者无故延误参与诉讼、申请执行，逾期行使撤销权、异议权等权利，或者逾期申请办理批准、登记、变更、披露、备案、公告等手续，给委托人造成损失的；③无正当理由拒绝接受律师事务所或者法律援助机构指派的法律援助案件的，或者接受指派后，拖延、懈怠履行或者擅自停止履行法律援助职责的，或者接受指派后，未经律师事务所或者法律援助机构同意，擅自将法律援助案件转交其他人员办理的；④因过错导致出具的法律意见书存在重大遗漏或者错误，给当事人或者第三人造成重大损失的，或者对社会公共利益造成危害的。

勤勉尽责是律师职业道德的基本要求，律师接受当事人委托后，应当在授权范围内，按照约定为当事人提供法律服务，维护当事人的合法权益。《律师法》第 29 条至第 33 条对于律师常年担任法律顾问、诉讼法律事务或非诉讼法律事务代理人、辩护人应当履行的职责作出了原则性的规定，并在第 47 条至第 50 条规定了对律师和律师事务所不尽责行为的行政处罚。《律师执业管理办法》第 29 条至第 35 条进一步补充和细化了律师出具法律意见、提供咨询、代写法律文书、风险告知、诚实守信等相关要求。《律师执业行为规范（试行）》第 7 条规定"律师应当诚实守信、勤勉尽责，依据事实和法律，维护当事人合法权益，维护法律正确实施，维护社会公平和正义"。

律师或律师事务所存在以上四类不尽责行为的，视情节轻重，给予训诫、警告或者通报批评的纪律处分；情节严重的，给予公开谴责、中止会员权利 3 个月以上 1 年以下或者取消会员资格的纪律处分。司法行政机关依据《律师法》规定给予相应的行政处罚。

2. 利用提供法律服务的便利，损害委托人的利益。《处分规则》第 23 条规定，利用提供法律服务的便利，具有以下情形之一的，给予训诫、警告或者通报批评的纪律处分；情节严重的，给予公开谴责、中止会员权利 3 个月以上 1 年以下或者取消会员资格的纪律处分：①利用提供法律服务的便利牟取当事人利益；接受委托后，故意损害委托人利益的；②接受对方当事人的财物及其他利益，与对方当事人、第三人恶意串通，向对方当事人、第三人提供不利于委托人的信息、证据材料，侵害委托人的权益；③为阻挠当事人解除委托关系，威胁、恐吓当事人或者扣留当事人提供的材料的。

律师在办案的过程中会获悉委托人个人、家庭或企业的信息，如果律师利用这些信息、资料和便利条件牟取当事人利益或者损害当事人利益，应当给予纪律处分。律师或律师事务所存在以上利用法律服务便利损害当事人利益行为的，给予训诫、警告或者通报批评的纪律处分；情节严重的，给予公开谴责、中止会员权利 3 个月以上 1 年以下或者取消会员资格的纪律处分。司法行政机关依据《律师法》规定给予相应的行政处罚。

（三）泄露秘密或者个人隐私的行为

1. 泄露商业秘密和个人隐私。《律师法》第 38 条第 1 款、《律师执业管理办法》第 43 条第 1 款、《律师执业行为规范（试行）》第 9 条第 1 款规定，律师应当保守在执业活动中知悉的国家秘密、商业秘密，不得泄露当事人的隐私。除《律师法》《律师执业管理办法》《律师执业行为规范（试行）》外，对于律师在代理案件过程中的保密义务，《刑事诉讼法》《民事诉讼法》《行政诉讼法》也做出了明确规定。

　　律师在执业过程中知晓的当事人商业秘密、个人隐私，非经当事人同意，不得泄露，不得用于委托事务以外的用途，不得在公开开庭时出具和质证。律师或律师事务所泄露当事人商业秘密、个人隐私的，应给予警告、通报批评或者公开谴责的纪律处分；情节严重的，给予中止会员权利3个月以上6个月以下的纪律处分。

　　2. 违反规定披露、散布不公开审理案件的信息等。我国《民事诉讼法》第137条、《行政诉讼法》第54条、《刑事诉讼法》第188条都规定不公开审理的案件，律师对在代理不公开审理案件过程中获取的案件信息、材料负有保密义务，包括案件当事人基本信息、法律文书等，不得披露、散布。此外，对于律师本人代理的案件，或者其他律师代理的案件中的重要信息、证据材料，不得泄露。《处分规则》第25条规定：违反规定披露、散布不公开审理案件的信息、材料，或者本人、其他律师在办案过程中获悉的有关案件重要信息、证据材料的，应给予通报批评、公开谴责或者中止会员权利6个月以上1年以下的纪律处分；情节严重的，给予取消会员资格的纪律处分。

　　【案例】

　　2013年2月17日李某某等人的强奸（轮奸）案发生后，李某某等五名被告人的家属相继为他们委托了辩护律师，其中成年人王某的二审辩护律师周某自2013年9月5日起陆续在腾讯微博、新浪微博、网易博客上披露了案件当事人的通讯内容、会见笔录等，并且以文字形式披露了有关案件情况、有关辩护人的辩护内容等，对案发现场的有关视频内容进行了描述。在庭审当天向聚集在法院外面的人员介绍庭审情况，发表意见感受，出示该案证据材料，表达对法院审理工作的不满。2014年3月25日北京律协对周律师给予公开谴责的行业纪律处分。

　　3. 泄露国家秘密。我国《律师法》第38条第1款、《行政诉讼法》第32条、《律师执业管理办法》第43条第1款、《律师执业行为规范（试行）》第9条第1款都有律师保守国家秘密的规定，国家秘密涉及国家利益与安全，一旦泄露，应给予公开谴责、中止会员权利6个月以上1年以下的纪律处分；情节严重的，给予取消会员资格的纪律处分。

　　（四）违规收案、收费的行为

　　1. 违规收案、收费。《处分规则》第27条规定，违规收案、收费的情形包括：①不按规定与委托人签订书面委托合同的；②不按规定统一接受委托、签订书面委托合同和收费合同，统一收取委托人支付的各项费用的，或者不按规定统一保管、使用律师服务专用文书、财务票据、业务档案的；③私自接受委托，私自向委托人收取费用，或者收取规定、约定之外的费用或者财物的；违反律师服务收费管理规定或者收费协议约定，擅自提高收费的；④执业期间以非律师身份从事有偿法律服务的；⑤不向委托人开具律师服务收费合法票据，或者不向委托人提交办案费用开支有效凭证的；⑥在实行政府指导价的业务领域违反规定标准收取费用，或者违反风险代理管理规定收取费用。

　　我国《律师法》《律师事务所管理办法》《律师执业管理办法》《律师执业行为规范（试行）》规定，律师承办业务，由律师事务所统一接受委托，与委托人签订书面委托合同，按照国家规定由律师事务所向委托人统一收取费用并入账，律师事务所向委托人开具发票。律师个人不得收取费用，无论是什么费用，办案费还是差旅费都不能进入律师个人账户。

　　此外，律师在执业期间不得以非律师身份从事法律服务，如有些执业律师以客户单位员工身份从事法律服务并获取报酬，但律师可以作为案件当事人的近亲属，以公民代理的身份参与诉讼、仲裁并不违反法律规定，但不能从中获取任何形式的报酬或权益。

根据《收费办法》第 5 条第 1 款的规定，民事诉讼案件，行政诉讼案件，国家赔偿案件，为刑事案件犯罪嫌疑人提供法律咨询、代理申诉和控告、申请取保候审、担任被告人的辩护人或自诉人、被害人的诉讼代理人，各类诉讼案件的申诉，实行政府指导价。

律师、律师事务所违反规定收案、收费具有以上情形的，给予训诫、警告或者通报批评的纪律处分；情节严重的，给予公开谴责、中止会员权利 1 个月以上 1 年以下或者取消会员资格的纪律处分。

2. 向当事人索取不当利益。《处分规则》第 28 条规定，假借法官、检察官、仲裁员以及其他工作人员的名义或者以联络、酬谢法官、检察官、仲裁员以及其他工作人员为由，向当事人索取财物或者其他利益的，给予公开谴责或者中止会员权利 3 个月以上 6 个月以下的纪律处分。

律师事务所及承办律师不得以任何名义向委托人收取其他费用，有些律师假借法官、检察官、仲裁员以及其他工作人员的名义或者以联络、酬谢法官、检察官、仲裁员以及其他工作人员为由，向委托人索取财物或者其他利益，委托人出于自己案件胜诉或其他委托事务成功的期待，迫于无奈，很多时候会接受律师提出的要求，有些当事人也会提出打点司法人员的要求，这不仅违反了《收费办法》，更涉嫌妨碍司法公正，损害了司法机关、政府部门以及相关人员的社会形象，造成人民群众对于执法公正的质疑。

有以上情形的，给予公开谴责或者中止会员权利 3 个月以上 6 个月以下的纪律处分。

（五）不正当竞争的行为

我国《律师法》第 26 条、第 47 条，《律师执业管理办法》第 41 条、第 42 条，《律师事务所管理办法》第 45 条都要求律师公平竞争，《律师执业行为规范（试行）》第三章关于律师、律师事务所的宣传和业务推广的规定中都有禁止律师和律师事务所不正当竞争行为的规定。2018 年中华全国律师协会颁布的《律师业务推广行为规则（试行）》专门对律师和律师事务所的业务推广做了规制，目的在于维护律师整体的声誉与形象。

1. 以不正当手段招揽业务。律师和律师事务所作为法律服务的提供者，可以在行业管理规范许可的范围内，通过多种方式展示专业能力，获取交易机会。在争揽业务时，应当遵循自愿、平等、公平、诚信原则。《处分规则》第 28 条规定，具有下列以不正当手段争揽业务的行为之一的，给予训诫、警告或者通报批评的纪律处分；情节严重的，给予公开谴责、中止会员权利 1 个月以上 1 年以下或者取消会员资格的纪律处分：①为争揽业务，向委托人作虚假承诺的；②向当事人明示或者暗示与办案机关、政府部门及其工作人员有特殊关系的；③利用媒体、广告或者其他方式进行不真实或者不适当宣传的；④以支付介绍费等不正当手段争揽业务的；⑤在事前和事后为承办案件的法官、检察官、仲裁员牟取物质的或非物质的利益，为了争揽案件事前和事后给予有关人员物质的或非物质利益的；⑥在司法机关、监管场所周边违规设立办公场所、散发广告、举牌等不正当手段争揽业务的。

2. 其他不正当竞争行为。律师所提供的法律服务，不仅具有非常强的专业性，更具有公共性，应当以提高自身素质、提高服务质量、加强自身业务竞争实力的途径开展业务推广，不得通过诋毁同行、故意制造矛盾等不正当竞争方式损害律师职业群体形象。具有下列不正当竞争行为之一的，给予通报批评、公开谴责或者中止会员权利 1 个月以上 1 年以下的纪律处分；情节严重的，给予取消会员资格的纪律处分：①捏造、散布虚假事实，损害、诋毁其他律师、律师事务所声誉的；②哄骗、唆使当事人提起诉讼，制造、扩大矛盾，影响社会稳定的；③利用与司法机关、行政机关或其他具有社会管理职能组织的关系，进行不正当竞争的。

（六）妨碍司法公正的行为

司法公正是人民对于法治社会最根本的期待，律师、法官、检察官、仲裁员以及司法机关的其他工作人员，作为法律职业共同体的重要成员，律师与法官、检察官、仲裁员以及其他工作人员，共同维护司法的公平与正义。律师在案件代理过程中，应依法履行职责，不得与法官、检察官、仲裁员以及其他工作人员发生不正常交往的情形，影响案件公正审理。

1. 律师与司法人员、仲裁人员违规会见。《律师法》第40条第4项，《律师执业管理办法》第36条，《律师执业行为规范（试行）》第68条、第69条规定，律师不得与司法人员、仲裁人员违规会见。律师与司法人员、仲裁人员会见应该在工作时间、工作场所，承办案件的人员应保障各方当事人及代理人享有同等的诉讼权利和机会，以防偏袒。律师在承办案件期间，违反规定与案件承办人员私下会见的，给予中止会员权利6个月以上1年以下的纪律处分；情节严重的给予取消会员资格的纪律处分。

2. 律师利用特殊关系影响依法办案。《处分规则》第32条规定，利用与法官、检察官、仲裁员以及其他有关工作人员的特殊关系，打探办案机关内部对案件的办理意见，承办其介绍的案件，影响依法办理案件的，予以纪律处分。《处分规则》第31条的律师违规会见司法人员、仲裁人员，第33条规定的律师贿赂行为具有密切关联，均构成妨碍司法公正，应当给予中止会员权利6个月以上1年以下的纪律处分；情节严重的给予取消会员资格的纪律处分。

3. 律师贿赂行为。《处分规则》第33条规定，向法官、检察官、仲裁员及其他有关工作人员行贿，许诺提供利益、介绍贿赂或者指使、诱导当事人行贿的，给予中止会员权利6个月以上1年以下的纪律处分；情节严重的给予取消会员资格的纪律处分。《律师法》第40条第5项，《律师执业行为规范（试行）》第70条都规定，律师不得介绍贿赂或者指使、诱导当事人行贿。本条规定是在《律师法》第40条第5项的基础上，吸收了《律师执业行为规范（试行）》第70条第1款关于"许诺回报或者提供其他利益（包括物质利益和非物质形态的利益）"的内容，并从文字上进行简化为"许诺提供利益"。

（七）以不正当方式影响依法办理案件的行为

律师凭借自己的专业知识、能力、经验完成当事人委托的事务，律师引导当事人通过合法的途径、方式解决争议，不得采取煽动、教唆和组织当事人或者其他人员到司法机关或者其他国家机关静坐、举牌、打横幅、喊口号、声援、围观等扰乱公共秩序、危害公共安全的非法手段，聚众滋事，制造影响，向有关部门施加压力。《律师执业管理办法》第37条、第38条、第39条以及《律师事务所管理办法》第50条规定律师不得以不正当方式影响依法办理案件。

1. 律师实施恶意干扰案件审理的行为。《处分规则》第34条规定，影响司法机关依法办理案件，具有以下情形之一的，给予中止会员权利6个月以上1年以下的纪律处分；情节严重的给予取消会员资格的纪律处分：①未经当事人委托或者法律援助机构指派，以律师名义为当事人提供法律服务、介入案件，干扰依法办理案件的；②对本人或者其他律师正在办理的案件进行歪曲、有误导性的宣传和评论，恶意炒作案件的；③以串联组团、联署签名、发表公开信、组织网上聚集、声援等方式或者借个案研讨之名，制造舆论压力，攻击、诋毁司法机关和司法制度的；④煽动、教唆和组织当事人或者其他人员到司法机关或者其他国家机关静坐、举牌、打横幅、喊口号、声援、围观等扰乱公共秩序、危害公共安全的非法手段，聚众滋事，制造影响，向有关机关施加压力的；⑤发表、散布否定宪法确立的根本政治制度、基本原则和危害国家安全的言论，利用网络、媒体挑动对党和政府的不满，发起、参与危害国家安全的组织或者支持、参与、实施危害国家安全的活动的；⑥以歪曲事实真相、明显违背社会公序良俗等方式，发表恶意诽谤他人的言论，或者发表严重扰乱法庭秩序的言论的。

近年来，有关各种以不正当方式炒作案件、制造舆论给司法机关施压的报道屡屡见诸网络和媒体，其中总会出现一些律师的身影。如杭州莫某某纵火案中，律师杨某采取谩骂、侮辱、歪曲事实等手段，攻击、诋毁国家司法机关和司法制度，肆意对案件等进行歪曲、有误导性的宣传和评论，还利用发表公开信、组织网上聚集与声援、煽动和组织相关人员到司法机关围观等方式，恶意炒作案件，制造舆论压力，影响司法机关依法办理案件，造成了极为恶劣的社会影响，受到纪律处分。

2. 律师扰乱相关场所秩序。《处分规则》第 35 条规定，不遵守法庭、仲裁庭纪律和监管场所规定、行政处理规则，具有以下情形之一的，给予中止会员权利 6 个月以上 1 年以下的纪律处分；情节严重的给予取消会员资格的纪律处分：①会见在押犯罪嫌疑人、被告人时，违反有关规定，携带犯罪嫌疑人、被告人的近亲属或者其他利害关系人会见，将通讯工具提供给在押犯罪嫌疑人、被告人使用，或者传递物品、文件；②无正当理由，拒不按照人民法院通知出庭参与诉讼，或者违反法庭规则，擅自退庭；③聚众哄闹、冲击法庭，侮辱、诽谤、威胁、殴打司法工作人员或者诉讼参与人，否定国家认定的邪教组织的性质，或者有其他严重扰乱法庭秩序的行为。

《律师法》第 40 条第 8 项，《律师执业管理办法》第 39 条，《律师执业行为规范（试行）》第 72 条都有要求律师遵守相关工作场所秩序的规定。律师不遵守法庭、仲裁庭纪律和监管场所规定、行政处理规则，扰乱法庭、仲裁庭等相关场所工作秩序，给予纪律处分。

3. 律师故意提供虚假证据或妨碍合法取证。《处分规则》第 36 条规定，故意向司法机关、仲裁机构或者行政机关提供虚假证据或者威胁、利诱他人提供虚假证据，妨碍对方当事人合法取得证据的，给予中止会员权利 6 个月以上 1 年以下的纪律处分；情节严重的给予取消会员资格的纪律处分。

本条款的制定依据是《律师法》第 40 条第 6 项、《律师执业管理办法》第 39 条第 4 项、《律师执业行为规范（试行）》第 64 条的规定。律师承办案件或其他法律事务，帮助当事人收集、整理、分析、识别、组织、提交证据是律师的职责，尤其是在诉讼案件中，证据对案件结果有决定性作用。律师构成本条规定的提交虚假证据行为，应具备主观故意。

（八）违反司法行政管理或者行业管理的行为

律师和律师事务所应当接受司法行政机关的行政管理和律师协会的行业管理。律师、律师事务所违反司法行政机关的行政管理或律师协会的行业管理，具备本条规定情形的，应给予相应的纪律处分。

1. 律师违反只能在一个律师事务所执业。《律师法》第 10 条第 1 款、《律师执业管理办法》第 47 条第 1 款都不允许律师在两个以上的律师事务所执业。《处分规则》第 37 条规定，同时在两个律师事务所以上执业的或同时在律师事务所和其他法律服务机构执业的，给予警告、通报批评或者公开谴责的纪律处分；情节严重的，给予中止会员权利 1 个月以上 3 个月以下的纪律处分。

2. 不服从管理。律师、律师事务所提供虚假材料、违法执业、拒不改正违纪行为就会受到纪律处分。《处分规则》第 38 条规定，不服从司法行政管理或者行业管理，具有以下情形之一的，给予中止会员权利 6 个月以上 1 年以下的纪律处分；情节严重的给予取消会员资格的纪律处分：①向司法行政机关或者律师协会提供虚假材料、隐瞒重要事实或者有其他弄虚作假行为的；②在受到停止执业处罚期间，或者在律师事务所被停业整顿、注销后继续执业的；③因违纪行为受到行业处分后在规定的期限内拒不改正的。

3. 律师事务所疏于管理。律师事务所是律师的执业机构，应当依法开展业务活动，加强内部管理和对律师执业行为的监督，依法承担相应的法律责任。《处分规则》第 39 条规定，具有下列情形之一的，给予警告、通报批评或者公开谴责的纪律处分；情节严重的，给予中止会员权利 1 个月以上 6 个月以下的纪律处分；情节特别严重的，给予取消会员资格的纪律处分：①不按规定建立健全执业管理和其他各项内部管理制度，规范本所律师执业行为，履行监管职责，对本所律师遵守法律、法规、规章及行业规范，遵守职业道德和执业纪律的情况不予监督，发现问题未及时纠正的；②聘用律师或者其他工作人员，不按规定与应聘者签订聘用合同，不为其办理社会统筹保险的；③不依法纳税的；④受到停业整顿处罚后拒不改正，或者在停业整顿期间继续执业的；⑤允许或者默许受到停止执业处罚的本所律师继续执业的；⑥未经批准，擅自在住所以外的地方设立办公点、接待室，或者擅自设立分支机构的；⑦恶意逃避律师事务所及其分支机构债务的；⑧律师事务所无正当理由拒绝接受法律援助机构指派的法律援助案件；或者接受指派后，不按规定及时安排本所律师承办法律援助案件或者拒绝为法律援助案件的办理提供条件和便利的；⑨允许或者默许本所律师为承办案件的法官、检察官、仲裁员牟取物质的或非物质的利益的；允许或者默许给予有关人员物质的或非物质利益的。

4. 律师事务所违反其他管理规定的。律师事务所具有下列情形之一的，给予警告、通报批评或者公开谴责的纪律处分；情节严重的，给予中止会员权利 1 个月以上 6 个月以下的纪律处分；情节特别严重的，给予取消会员资格的纪律处分：①使用未经核定的律师事务所名称从事活动，或者擅自改变、出借律师事务所名称的；②变更名称、章程、负责人、合伙人、住所、合伙人协议等事项，未在规定的时间内办理变更登记的；③采取不正当手段阻挠合伙人、合作人、律师退所的；④将不符合规定条件的人员发展为合伙人或者推选为律师事务所负责人的；⑤以独资、与他人合资或者委托持股方式兴办企业，并委派律师担任企业法定代表人、总经理职务，或者从事与法律服务无关的中介服务和其他经营性活动的；⑥采用出具或者提供律师事务所介绍信、律师服务专用文书、收费票据等方式，为尚未取得律师执业证书的人员或者其他律师事务所的律师违法执业提供便利的；⑦为未取得律师执业证的人员印制律师名片、标志或者出具其他有关律师身份证明，或者已知本所人员有上述行为而不制止的。

（九）其他应处分的违规行为

《处分规则》第 42 条规定，律师事务所放任、怂恿或者指使律师从事违法违规行为的，与违法违规律师一并予以相应的处分。律师事务所作为律师的执业机构，有义务规范本所律师的职业行为，履行监管职责，对于本所律师违规行为给当事人造成的损失承担民事责任。《律师法》第 23 条，第 54 条规定了律师事务所对律师的监督责任，以及律师事务所承担的责任。律师事务所未尽到管理职责，放任、怂恿或者指使律师从事违法违规行为的，也构成对法律法规、部门规章、行业规范的违反，应当与实施违规行为的律师一并受到行业纪律惩戒。

第三节　律师的民事责任

律师民事责任仅限于财产责任，主要是为了弥补当事人的经济损失，承担责任的方式是赔偿损失，因此，又称作赔偿责任。

一、律师民事责任的构成要件

律师民事责任是指律师在执行职务过程中违法执业或因自己的过错，给委托人或第三人的合法权益造成损失时而应承担的民事赔偿责任。律师也不例外，律师因工作失误给当事人造成经济损失，应承担民事责任。律师承担民事赔偿责任的依据即《律师法》第54条的规定："律师违法执业或者因过错给当事人造成损失的，由其所在的律师事务所承担赔偿责任。律师事务所赔偿后，可以向有故意或者重大过失行为的律师追偿。"律师民事责任的构成要件如下：

（一）不法行为

律师有不法行为给委托人或第三人造成损害，从行为性质上，既可能是侵权行为，也可能是违约行为；从行为方式上，既可能是积极的作为，也可以是消极的不作为。

1. 违约行为。律师为委托人提供法律服务通常基于两者之间签订的委托代理合同，律师作为法律专业人士，对当事人负有忠诚的义务，并具有高度的注意义务。如果律师不全面或者不适当履行合同义务，给委托人造成损失，就应当承担责任。律师不尽职尽责，如无故不出庭，没有做好出庭准备就匆忙出庭，以致在法庭上不能有针对性地发表意见，甚至无话可说；没有及时起诉或上诉，致使超过诉讼时效的；未在法定期限内提出执行申请，致使超过申请执行期限的。

2. 侵权行为。律师因不当执业给委托人或第三人造成损失，如：遗失重要证据，造成委托人败诉。泄露委托人的商业秘密和隐私，委托人基于对律师的信任，将商业秘密或者自己的隐私告诉律师，律师无论是有意还是无意泄露，给客户造成损失，就应当承担责任。此外还有越权代理，即律师未经委托人特别授权，擅自代为承认、变更诉讼请求，或者自行和解。利用职务之便谋取当事人争议的权益。再有律师见证错误，给委托人造成巨大损失。

律师对第三人的侵权表现为泄露第三人的商业秘密和隐私，给他人造成损失；律师以诋毁其他律师等不正当方式争揽业务致其他律师或律师事务所名誉受损的。某律师事务所金某与林某转到另一律师事务所，因他们转所并带走案源，该律师事务所的负责人非常不满，为争夺案源，给客户单位写信捏造事实诋毁两位律师，造成客户解除与两律师的委托关系，两位律师一怒之下将该律师事务所及负责人告上法庭，法院作出判决认为构成商业诋毁。

此外，在证券业务中，由律师负责出具的法律意见书具有虚假陈述的内容，导致信赖该法律意见书的不特定的投资人的利益遭受损失。我国《证券法》第163条规定专业中介机构（包括律师事务所）在证券市场信息披露中应承担的义务，其中就包括对其所出具报告内容的真实性、准确性、完整性进行核查与验证的义务。如律师未尽勤勉职责，没有全面审查上市公司的材料而使信息披露不真实或不全面。

（二）损害事实

律师因过错给当事人造成了实际的财产损失，损害事实是侵权责任的必备要件。如果没有实际的损失，即便律师工作存在错误，也不承担民事责任，即"无损害则无赔偿"。律师的过错与委托人的损害结果之间有因果关系，即损害确由律师过错造成的，如果是正常的败诉或是律师过错之外原因导致的非正常败诉，都不应承担民事责任。现实生活中许多人败诉归结为律师的原因，因而要求律师承担民事责任，这是不正确的。我国的司法制度决定，律师只是提供法律帮助，律师的行为，不能从根本上决定案件的胜败，起决定作用的是法官。因此，不能凡是败诉，都要律师承担民事责任。造成损害而承担责任把握以下三个方面：

1. 律师承担民事责任是在律师执业的过程中发生的与执行职务有关的行为，如果与执行职务无关，如交通肇事，则属于一般民事责任，而且由律师个人来承担民事责任。在日本，律师受到惩戒还包括与律师执业无关的行为，因为这些行为虽与律师的职务无关，但被认为有失作为律师品行的，如与他人打架，欠人钱财等。

2. 律师的过错与委托人的损害结果之间有因果关系。即损害确由律师过错造成的，如果是正常的败诉或是律师过错之外原因导致的非正常败诉，都不应承担赔偿责任。现实生活中许多人败诉归结为律师的原因，因而要求律师承担赔偿责任，这是不正确的。我国司法制度决定，律师只是提供法律帮助，律师的行为，不能从根本上决定案件的胜败，起决定作用的是法官。因此，不能凡是败诉，都要律师承担民事责任。

3. 赔偿根据责任由律师所在的律师事务所承担。当事人与律师事务所签订合同，律师以律师事务所名义办理法律事务，不能以个人的名义承接法律事务，其在执业的过程中的行为被视为律师事务所的行为，因此所造成的损失应由律师事务所承担并赔偿。律师事务所赔偿后，可以向有故意或者重大过失行为的律师追偿。

（三）过错

承担民事责任，律师主观上有过错。过错原则是律师承担民事责任的重要原则，没有过错不承担民事责任。过错包括故意和过失，实践中律师故意侵犯当事人的利益是绝少的，大多数是由于过失给委托人造成损害，如超过诉讼时效起诉或上诉；遗失了案件的主要证据；无意泄露了委托人的秘密等。

律师在为当事人提供法律服务的过程中，负有忠实义务和保密义务。律师作为专家还负有高度的注意义务，这是因为律师拥有专业知识和专业技能，负有专家责任，具有比一般人要求更高的义务。

二、律师民事责任的承担

要使律师的民事责任能够得到真正的履行，首先应当提高律师的赔偿能力。这既有利于增强律师抵御执业风险的能力，也便于当事人遭受的损失能够得到及时、足额的补偿。律师民事责任承担通常有如下三种方式：

（一）建立律师赔偿基金

律师赔偿基金即从律师执业费中提取一定比例或数额的律师赔偿责任基金。由司法行政机关或律师协会制定出一个较为合理的比例或适当的数额之后，每位律师将定期从其执业费中按此标准提取相应的赔偿责任基金。这实际上是一种行业内部的律师职业保险，并通过整个律师行业的经济实力来提高每位律师在具体案件中的赔偿能力。有的国家以律师协会为单位，各律师事务所按所收入的律师费上缴 0.5%，作为律师赔偿金，实行专款专用。

（二）建立律师责任保险

纵观世界各国，如美国、加拿大等国家律师责任赔偿的基本做法是：律师向保险公司投"律师执业责任保险"，一旦律师工作失误，给当事人造成经济损失，经当事人提出索赔请求，由律师事务所申请保险公司代为赔偿。保险公司查清经济损失确系律师责任后，即向当事人交付一定限额以内的赔偿金。其最高限额取决于律师交纳的保险费的多少。如果保险公司的最高赔偿额仍不足以赔偿当事人的损失，则由该责任律师继续承担民事责任，如还不能赔偿，由其所在律师事务所负连带民事责任。"律师责任险"是执业责任险中的一种，它借助商业保险的方式以整个社会的力量来提高律师的赔偿能力，在赔偿能力上更容易得到当事人的信任，因此也更有利于提高律师的执业信誉。目前，律师投保执业责任险已经成为发达国家的一种普遍做法，我国在这方面起步较晚，有关制度还需要进一步完善。

（三）律师事务所与当事人约定

由律师事务所根据代理事项的具体情况与当事人约定最高赔偿限额，这种做法有利于解决实际履行律师赔偿责任的可能性问题。在当前我国律师事务所整体实力还不够雄厚的情况下，这种约定赔偿限额的做法既符合实际情况，也体现了律师事务所"量力而行"的诚实态度。在这方面，我国的律师事务所已经开始了积极的探索。

第四节　律师的刑事责任

律师刑事责任是指律师对其违反《律师法》及《刑法》的行为所应承担的法律后果。律师刑事责任主体只能是律师，即取得律师执业证书的人，非律师实施犯罪，只是一般的刑事犯罪。这里的律师刑事责任与其执业活动密切相联，即律师在执业活动而产生的刑事责任。律师承担刑事责任是因其违反《律师法》的规定并触犯了《刑法》，律师因故意犯罪，不仅要被吊销执业证书，还要被追究刑事责任。

一、律师执业中常见的几个罪名

根据《律师法》和《刑法》的规定，律师在执业中受到刑事责任追究的主要有以下几种罪名：

（一）泄露不应公开的案件信息罪

我国《刑法修正案（九）》增加了"泄露不应公开的案件信息罪"，即在《刑法》第308条后增加一条，作为第308条之一："司法工作人员、辩护人、诉讼代理人或者其他诉讼参与人，泄露依法不公开审理的案件中不应当公开的信息，造成信息公开传播或者其他严重后果的，处3年以下有期徒刑、拘役或者管制，并处或者单处罚金。有前款行为，泄露国家秘密的，依照本法第三百九十八条的规定定罪处罚。公开披露、报道第一款规定的案件信息，情节严重的，依照第一款的规定处罚。……"根据第308条之一，一共有四个罪名：泄露不应公开的案件信息罪；故意泄露国家秘密罪；过失泄露国家秘密罪；披露、报道不应公开的案件信息罪。"单位犯前款罪的，对单位判处罚金，并对其直接负责的主管人员和其他直接责任人员，依照第一款的规定处罚"。

1. 故意泄露国家秘密罪、过失泄露国家秘密罪。律师在执行职务中会接触国家机密文件和资料信息，律师负有保密的义务，如果律师违反法律的规定，泄露国家秘密，给国家安全造成危害或者对国家利益造成重大损失，则构成故意泄露国家秘密罪、过失泄露国家秘密罪。构成故意泄露国家秘密罪、过失泄露国家秘密罪的要件是：①知悉了国家秘密。即在执业过程中获得了侦查、起诉犯罪的秘密，因律师在诉讼中享有较广泛的权利，包括阅卷、会见、调查。②有泄露行为，包括故意和过失。即明知道一旦泄露可能对案件的侦查、起诉或审判有影响仍故意泄露，或因保管不善，疏忽大意或过于自信而泄露国家秘密。

《刑法》第308条之一规定的故意泄露国家秘密罪、过失泄露国家秘密罪与第398条规定的故意泄露国家秘密罪、过失泄露国家秘密罪的区别在于，第308条之一限于不公开审理的案件，泄露国家秘密，显然这个范围小于第398条的规定的范围。虽然第398条第1款是针对国家机关工作人员，但该条第2款作了扩大解释，包括"非国家机关工作人员"也可以作为犯罪主体，因此律师作为非国家机关工作人员，泄露国家机密，情节严重的，同样要追究刑事责任。

2. 泄露不应公开的案件信息罪。我国三大诉讼法规定了涉及国家秘密、商业秘密、个人隐私、未成年人犯罪等案件，法院可以依职权或依申请进行不公开审理，因此规制不公开审理案件的泄密行为，不仅可以有效保护国家利益和个人权益，而且有利于保障审判活动的正常进行。从司法实践看，不少不公开审理的案件也确实存在司法工作人员、辩护人或其他诉讼参与人等故意泄露不应当公开的案件信息的情况，前些年报道的李某某强奸案就是一个典型例子。

3. 披露、报道不应公开的案件信息罪。该罪被置于刑法分则第六章"妨害社会管理秩序罪"中的第二节"妨害司法罪"，该罪既可能是个人行为，也可能是职务行为。该罪的构成要件包括：犯罪主体既可能是自然人如记者、编辑以及其他掌握不应公开的案件信息的人，也可能是单位如媒体和其他发布信息的公司、企业、事业单位、机关、团体等。犯罪客体是国家司法机关的正常诉讼活动，是国家司法权的正常行使，而犯罪对象是不应公开的案件信息。犯罪的主观要件可能是故意，也可能是过失。在客观方面是情节严重的行为。

有律师担心该条会妨碍律师的职业活动，该条约束的主体不限于律师，还包括司法工作人员，该条规定对入罪行为做了比较严格的限定，泄露的必须是依法不公开审理案件中不应当公开的信息，而且必须造成相应的后果。

（二）虚假诉讼罪

《刑法修正案（九）》在《刑法》第307条后增加一条，作为第307条之一：以捏造的事实提起民事诉讼，妨害司法秩序或者严重侵害他人合法权益的，处3年以下有期徒刑、拘役或者管制，并处或者单处罚金；情节严重的，处3年以上7年以下有期徒刑，并处罚金。单位犯前款罪的，对单位判处罚金，并对其直接负责的主管人员和其他直接责任人员，依照前款的规定处罚。

单方或者与他人恶意串通，采取伪造证据、虚假陈述等手段，捏造民事法律关系，虚构民事纠纷，向人民法院提起民事诉讼，致使人民法院采取保全措施，或者开庭审理、干扰正常司法活动，或者作出裁判文书、制作财产分配方案、立案执行仲裁裁决和公证债权文书的，应当以虚假诉讼罪定罪处罚。如果律师明知当事人方捏造事实、提供虚假证据，或者律师为委托人出主意让其进行虚假诉讼就要承担责任。

【案例】

当事人郑娟华与他人发生民事纠纷，其房产被法院查封，为挽回其经济损失，经某律师事务所林某阳授意，郑娟华在被告人蒋冬慧的帮助下，多次通过银行转账、取现、再转账的方式，形成郑娟华向被告人蒋冬慧借款人民币112万元的银行流水，并出具了郑娟华向蒋冬慧借款人民币130万元的虚假借条，虚构被告人郑娟华向被告人蒋冬慧借款人民币130万元的事实。后蒋冬慧向福州市鼓楼区人民法院提请民事诉讼，要求郑娟华返还上述借款及利息，林某阳担任了被告人郑娟华该民事案件的委托代理人，收取代理费用人民币3000元。法院做出（2014）鼓民初字第177号民事调解书，蒋冬慧、郑娟华确认双方之间的借款金额为人民币129.9万元，并就还款事宜达成协议。蒋冬慧以被告人郑娟华拒不履行生效民事调解书为由，向法院申请强制执行。确认经评估拍卖被告人郑娟华相关房产，蒋冬慧可参与分配执行款金额为人民币 376 512.05 元。2016 年 9 月 29 日，蒋冬慧协助公安机关抓获被告人郑娟华。法院判决：林某阳犯虚假诉讼罪，判处有期徒刑 9 个月，缓刑 1 年，并处罚金人民币 5000 元。[1]

（三）行贿罪

无论司法机关还是仲裁机关办案都应秉持公正，不偏不倚，但是司法腐败的存在，导致律师通过违法手段谋求对其委托人有利的裁决结果，律师的行贿，司法、仲裁人员的受贿必然导致枉法裁判。《律师法》第 49 条第 1 款第 2 项规定，律师在执业活动中，向法官、检察官、仲裁员以及其他有关工作人员行贿或者指使、诱导当事人行贿的，构成犯罪的，依法追究刑事责任。

律师行贿是指律师为了以影响案件为目的，给法官、检察官、仲裁员以及其他工作人员财物；介绍贿赂是指律师在法官、检察官、仲裁员以及其他有关工作人员和当事人之间穿梭或牵线搭桥，撮合行贿和受贿完成的行为，具体可以表现为代收贿赂、代为转交贿赂和传达贿赂要求或方式等。《刑法》第 389 条、第 390 条及第 392 条分别规定了行贿罪、介绍贿赂罪及其处罚。律师以各种名义或以影响案件办理结果为目的，直接向法官、检察官、仲裁员以及其他工作人员行贿、介绍贿赂或者指使、诱导当事人行贿的，构成犯罪，需要追究刑事责任。

【案例】

刘某是河南省安阳市某房地产开发有限责任公司的法律顾问，在一起借贷纠纷案件的审理及执行中，为在法院采取诉讼保全、尽快执行案件等事项上牟取不正当利益，刘某与该公司法定代表人向司法人员行贿共计人民币 206 万元。经河南省安阳县法院审理认定，刘某的行为构成单位行贿罪，判处两年有期徒刑。

二、辩护人、诉讼代理人毁灭、伪造证据、妨害作证罪

《刑法》第 306 条规定："在刑事诉讼法中，辩护人、诉讼代理人毁灭、伪造证据，帮助当事人毁灭、伪造证据，威胁、引诱证人违背事实改变证言或者作伪证的，处三年以下有期徒刑或者拘役；情节严重的，处三年以上七年以下有期徒刑。辩护人、诉讼代理人提供、出示、引用的证人证言或者其他证据失实，不是有意伪造的，不属于伪造证据。"律师在刑事诉讼中，提供虚假证据，隐瞒重要事实或者威胁、利诱他人提供虚假证据隐瞒重要事实的，构成犯罪的，依法追究其刑事责任。

该条是专门针对律师的罪名，本意上是防止律师伪造证据，维护司法活动的顺利进行，保障司法公正。任何人包括律师在内，只要触犯该条规定的刑律，均应追究刑事责任，但是把律师作为特殊主体单独作出规定，是对律师的歧视。一些公安司法机关，借助于这些规定，片面理解，错误适用，容易形成对律师的职业报复，控辩对抗，在我国控辩不平衡，检察官出于各种心理利用该条对律师进行报复。

刑法 306 条"引诱证人违背事实改变证言"，法律没有界定什么是"引诱"。实践中随意对律师"出入人罪"。只要证人改变证言，就一概认定律师"引诱"。这好比给律师设置了陷阱，参与刑事诉讼的律师随时都可能锒铛入狱，通常侦查人员与辩护律师调取的证据不一致，一旦证言改变，就是律师诱导。例如，某律师办案时认为被告人亲属主动取来的

---

[1]　https：//www.sohu.com/a/246088562_ 457603。

一份由三名证人用圆珠笔合写的证言形式上不妥，同时也为了了解证言内容的真实、可靠性，即前往证人单位。在证人表示证言内容属实后，律师提出让三名证人用钢笔重新书写证言，内容与原证言无一字之差。律师在庭审中出示了该证据。然而，检察机关以该证据与事实不符为由，认为律师指使他人出伪证。本案中，律师只不过是去核实，并提出由圆珠笔书写该重抄。被告人亲属去取证言并不是律师授意，所以证据的虚假应与律师主观故意无关。因此，律师出于自我保护，不重复取证，律师虽然排除了个人风险，却没有尽到一名律师的职责，长此以往会损害刑事辩护制度。

三、律师的职业豁免权

（一）律师职业豁免权的概念与内涵

律师职业豁免权又称刑事辩护豁免权或者律师言论豁免权，是指律师在履行职责的过程中发表的言论不受指控和法律追究的权利，包括作证的豁免权与责任豁免权。强调律师因履行职责而享有的特权，即律师因执业行为及职务行为本身而产生的言论享有豁免权。豁免的言论既包括口头的，也包括书面的；既包括法庭辩论阶段言论，也包括法庭调查中的言论；既包括庭上的言论，也包括庭下在办理本案过程中的言论。律师职业豁免权应涵盖以下内容：①在履行职责时，律师的言论不受法律追究。律师在案件中所作的任何陈述，不会因诽谤或包庇被追究民事或刑事责任。②律师为协助法庭查明案件，在法庭调查阶段的为举证、质证而发表的言辞，也不应受法律追究。③律师接受被告人的委托担任辩护人，依职权作出无罪或罪轻的辩护，不能因为被告人罪大恶极，罪不容赦，追究律师的责任。

（二）律师职业豁免权的范围

联合国《关于律师作用的基本原则》第20条规定："律师对于其书面或口头辩护时发表的有关言论，作为职责任务出现于某一法院、法庭或其他法律或行政当局之前，所发表的有关言论，应享有民事或刑事豁免权。"刑事责任一般指侮辱罪、诽谤罪、伪证罪、包庇罪等，民事责任指侵犯名誉权、隐私权应承担的责任等。我国《刑事诉讼法》第48条规定：辩护律师对在执业活动中知悉的委托人的有关情况和信息，有权予以保密。但是，辩护律师在执业活动中知悉委托人或者其他人，准备或者正在实施危害国家安全、公共安全以及严重危害他人人身安全的犯罪的，应当及时告知司法机关。2017年《律师法》第37条第2款规定："律师在法庭上发表的代理、辩护意见不受法律追究。但是，发表危害国家安全、恶意诽谤他人、严重扰乱法庭秩序的言论除外。"这一条确立了律师庭审言论的豁免权。律师在法庭上发表的代理、辩护意见不受法律追究，不仅包括律师不受侵权、诽谤等民事责任的追究，也不受伪证、包庇等刑事责任的追究。

《律师法》也规定了律师应当保守在执业活动中知悉的国家秘密、商业秘密以及个人隐私。《刑事诉讼法》第62条第1款规定，凡是知道案件情况的，都有作证的义务。律师基于职业的特殊性负有保密的义务。我国《刑事诉讼法》第48条规定的保密范围限于辩护律师在执业活动中知悉的委托人的有关情况和信息，包括辩护律师在接受委托、会见过程中了解到的委托人的有关情况和信息，也包括辩护律师在调查过程中了解到的与委托人有关的情况和信息。这些情况和信息包括被追诉人不愿意透露的犯罪事实。规定律师保密的权利是维护辩护律师与被追诉人的信任关系。根据该条规定，意味着在法律上免除了辩护律师对上述情况和信息的举报作证义务，赋予辩护律师刑事豁免权。

（三）律师职业豁免权的完善

1. 扩大律师职业豁免权的范围。2017年《律师法》第37条第2款规定："律师在法庭上发表的代理、辩护意见不受法律追究。但是，发表危害国家安全、恶意诽谤他人、严重扰乱法庭秩序的言论除外。"虽然这一条确立了律师庭审言论的豁免权，但其范围狭窄仅限于律师在法庭上发表的代理、辩护意见不受法律追究。笔者认为应扩大其范围，包括律师与委托人之间的通信，即律师与委托人凡与法庭诉讼程序有关的通信，也应享有豁免。

2. 修改《刑法》第 306 条与《刑事诉讼法》第 48 条的规定。《刑法》第 306 条与《刑事诉讼法》第 48 条规定与律师职业豁免权的规定相冲突，《刑事诉讼法》第 48 条是对《刑法》第 306 条程序上的保障，其内容几乎是一致的。《刑法》第 306 条将律师作为特殊犯罪主体，会使法律赋予律师职业豁免这一权利落空。这两条使律师办案如履薄冰，由于该条缺陷导致多名律师因伪证罪而被追究刑事责任，而且造成某些司法人员对律师进行职业报复。笔者认为，其一，在伪证罪的刑罚对象方面，不应该直接针对律师，而是将其与侦查、检控等司法工作人员同等对待。取消引诱证人作伪证这一款，引诱证人作伪证不能构成犯罪，引诱是泛道德主义的规定，属于违反职业道德的范畴。其二，诱导性询问在交叉询问中属于一种询问的规则，在西方允许律师对对方证人进行诱导性的询问。其三，引诱证人违背事实改变证言的含义模糊，过于笼统。证人具有独立人格和行为能力，能够独立负责，因此证人作伪证应由其自己承担责任，而在我国不追究证人的责任，相反却追究律师的责任。

3. 完善律师职业豁免权保障机制。无救济则无权利，增加律师职业豁免权的救济手段和保障机制，即在《刑法》《刑事诉讼法》中增加侵犯执业律师人身权和职业豁免权的相关罪名和刑事诉讼程序保障等规定。

■ **思考题**

1. 简述行政处罚的程序。
2. 律师行业处罚与行政处罚的区别。
3. 论述律师的职业豁免权。

■ **参考书目**

1. 王进喜：《法律职业行为法》，中国人民大学出版社 2014 年。

2. ［美］德博拉·L．罗德、小杰弗瑞·C．海泽德著，王进喜等译：《律师的职业责任与规制（第二版）》，中国人民大学出版社 2013 年版。

3. 王进喜：《美国律师职业行为规则理论与实践》，中国人民公安大学出版社 2005 年版。

4. 刘晓兵、程滔编著：《法律人的职业伦理底线：法律职业伦理影响性案件评析》，中国政法大学出版社 2017 年版。

5. 台北律师公会主编：《法律伦理》，五南图书出版股份有限公司 2015 年版。

6. 张升星：《司法言论之专业伦理与民事责任》，元照出版有限公司 2014 年版。

第十五章 法官的职业伦理

■ 本章概要

在司法运行过程中，法官居于司法活动的中心，作为法律的执行者创造和维系着司法的公平和正义，其言行、举止都对当事人及社会公众产生极大的影响。法官职业伦理作为影响和制约法官行为的重要因素，其状况如何直接决定了法律实施的效果，也影响着广大群众对人民法院的信心以及对法律的信赖。因此，加强对法官职业伦理的研究对打造一支高素质的法官队伍，确保公正、廉洁、高效司法，促进社会主义法治国家的建设和人民司法事业的健康发展具有十分重要的意义。

第一节 法官职业伦理概述

一、基本概念

法官职业伦理的主体是法官，因此探讨法官职业伦理首先要对法官的角色以及定位有一个明晰的认识，在此基础上再对法官职业化概念和价值加以分析。

法官职业伦理是法官在业内行为和业外活动中所应遵循的行为和道德准则的总和。它是随着法官职业的出现、发展而形成的一种社会意识形态和行为准则，它既是约束法官行为的潜在规则、体现自律的基本内应力，又是法官享有良好社会地位和声誉的有效保障。法官职业伦理有与社会伦理道德观念相适应的一面，体现并服从于伦理的一般性规定。但它又与法官职业本身有密不可分的联系，区别于一般的社会伦理，具有自身的价值特点和评判标准。

法官职业伦理主要具有以下几个特征。其一，法官职业伦理的主体是法官。由于我国法治建设的历史，法官队伍的构成相对来说较为复杂。法官的职业化水平较低，一套系统的法官职业伦理一直未能形成。现在，随着我国法治进程的推进和司法改革的深化，法官职业伦理的独特性和重要性也愈加凸显，其主体应当是拥有审判权的职业法官。由于分工的不同，法院内部还有书记员、司法警察、行政和后勤人员等一些其他工作人员，但职责的不同决定了法官职业伦理的主体仅是法官，因为只有职业法官才是专门行使国家审判权的人员。其二，法官职业伦理既约束法官的业内行为，也约束法官的业外活动。一方面，法官职业伦理规范法官履行各项审判职能时的职业行为。因为法官的基本职责就是行使审判权，解决社会纠纷，维护公平正义。那么法官在审理案件过程中的各种行为，包括立案、保全、调查、庭审、调解、裁判、执行等均应受到法官职业伦理的约束。另一方面，虽然法官的主要活动是对案件进行裁判，但法官的一些非职业活动在一定程度上也影响着法官的形象。并且，在社会公众的心目中，法官代表公平，彰显正义，法官的言行对社会具有较强的引导和示范作用。因此，在日常生活中，法官也应当以职业伦理的基本标准严格要求自己，做好社会道德的风向标。由此，一些与法官职业形象相关的业外活动，也应当受到法官职业伦理的约束。其三，法官职业伦理由法官职业的内在规律确定，兼具法律与道德的特点。林肯曾经说过，法律是显露的道德，道德是隐藏的法律。而法律与道德都旨在约束法官的行为，并对法官进行追责。法律对法官的各类行为规范进行了成文规定，道德则大多建立在不成文的规定之上。但无论法律还是道德，都是以一个法治国家的价值规范为基础的。因此，法律和道德相互融合于法官职业伦理之中，共同对法官的行为进行规范和约束。作为一种职业伦理，法官职业伦理是一种行为标准，是法官在从事法律职业时为了维护法官的职业形象，规范自身行为，在伦理道德方面所应当遵循的基本准则。从更高层次上来看，法官职业伦理更是一种价值伦理，蕴含着法官应遵从的内在精神信仰。在这个意义上，它包含三个层面的含义。其一，遵守社会普通公众的伦理要求，做守法者。这是法官职业伦理的最低要求，之所以称为最低要求，是因为一个法官首先应当是一个合格的公民、守法的公民，并且具备一般公民的道德素质。其二，正确行使自由裁量权，依法审理案件。这是法官职业伦理的基本要求，是法官公正、优质、高效履行司法职责的必然要求。因为司法公正，说到底，还是根植于法官能否运用司法智慧和职业理性，依法裁断案件。其三，遵循内心的良知，做护法者。守护法律、公正司法、维护正义，这是法官这一职业与生俱来的天然的要求，这一要求需要法官无论是在业外还是业内均应守护良知与正义，对法律具有忠诚的信仰，并具有坚强的护法品格。

二、法官职业伦理的价值分析

法官职业伦理与司法目的、司法行为、司法环境以及社会的发展需要相适应，它既反映了法官自身的价值取向，又反映了社会对法官的角色期待以及对司法机构和司法活动公平正义的期待，因而具有多重价值功能。

（一）对法官的价值功能

法官职业伦理通过规范层次的外在约束，有效防止了自由裁量权的滥用，为实现司法公正提供了一种制度保障。此外，法官职业伦理的真正施行最终需要依靠法官自身的良知与责任心。因此，当职业伦理被法官群体所认同且遵循为内在需要时，能够激励法官更好地工作，提高司法审判质量。

1. 有效规范法官行为，防止自由裁量权的滥用。法官职业伦理遵循司法的基本价值观，包含对法官的基本行为要求，支配法官对法律和当事人的态度，从而有效地规范法官行为，对法官正确、理性地运用法律起重要作用。遵守法官职业伦理可以使法官严格约束自身行为，恪守职业操守，理性运用自由裁量权，使得裁判更加公正。

2. 激励法官更好地工作，提高司法质量。法官职业伦理通过社会舆论、风俗习惯、思想教育等手段，使法官形成了内心的善恶标准和法律信仰，提高了法官群体的思想道德水平，使其自觉地提升职业境界，树立发自内心的坚定信仰以及对职业追求的自觉自愿，最终使职业伦理成为法官的内在精神，贯穿于司法的全过程，使公正审判获得有力地执行和遵守。此外，职业伦理也使得法官能够更加正确与深刻地认识到法官这份职业的社会责任感和社会价值，促使其热爱本职工作，忠于职守，更好地投入工作，以高度的荣誉感和责任感行使审判权力，自觉抵制社会不良诱惑，在工作中保持清正廉明，全面提高司法质量。

（二）对当事人和公众的价值功能

1. 使当事人获得公正裁判，保障当事人合法权益。法官职业伦理通过规范法官行为、增强法官社会责任感，使得法官能够恪守职业操守，抵制不良诱惑，在职业道德和职业理性的基础上适用法律。法官以独立的人格，排除外界的干扰，在职业伦理的引领下，遵从宪法和法律，以对法律的真诚和对社会、对人民的责任，发挥主观能动性进行审判，此时的裁判必定是公正的。此外，法官职业伦理促使法官不断提高自身业务能力。因此，法官在履行职责的过程中不断汲取新知识、精研法理、探讨审判实践、参加业务培训，不断提高自身辨别是非、判断证据、驾驭庭审的能力。法官业务能力的提高让法官能够更加准确地适用法律，将错误裁判的可能性降到最低，使当事人能够获得正当的、公正的裁判，有力保障了当事人的合法权益。

2. 社会公众对法院和法官更加信服和尊重。法官职业伦理规范法官理性运用法律、正确行使审判权，激励法官公正司法、努力提高司法质量，促使法官不断提高自身道德意识和业务能力，这都构成了法官权威的基础。法官如果凭借自身高尚的道德情操并本着司法为民的职业良知，以过硬的业务能力做出的裁判必将获得当事人发自内心的信服，从而带动社会公众对法官的信任、对法官的尊重。因此，法官职业伦理有助于提高法官和法院的社会权威，使公众对法官的判决更加信服和遵从。

（三）对社会的价值功能

1. 对社会道德风气的示范和引导作用。社会道德是一定时期内社会大多数人道德水平和文明素质的体现，影响整个社会风气和生活秩序。法官职业伦理是社会道德的重要组成部分，其要求高于一般的职业伦理道德，因此，对整个社会道德风尚起示范和指导的作用。法官无论是在执法办案中，还是在业外活动中都秉承法官职业伦理，维护良好的职业形象，认真贯彻立法宗旨，有利于教育公民自觉遵守法律，促进全社会法治意识的提高。此外，法官高度的社会责任感让他们在个人行为中也会严格要求自己，表现出正直、诚实、善良、进取等高尚的道德品质，积极做好社会公众的道德楷模，引导公众遵纪守法，促进良好社会道德风尚的形成。

2. 对构建和谐社会的调节和促进作用。法官职业伦理通过社会舆论、风俗习惯、内心感染和思想教育等方式，使法官形成内心的法律信仰、正义情怀、清正风骨，全身心地投入本职工作，公正地进行审判，依法惩治危害社会治安、经济发展等犯罪，依法调节民事、经济关系，平等保护各类市场主体的合法权益，全方位协调社会关系。法官职业伦理的不断推进，有助于树立服务大局、关注民生、司法为民的法院和法官形象。法官业内和业外的规范行为也可以带动整个社会的道德文明和精神文明的进步，全面促进社会主义和谐社会的建设。

三、我国部分法官职业伦理缺乏的现象分析

虽然最高人民法院已经于 2001 年颁布了《法官职业道德基本准则》，并于 2010 年进行了修订，但是从我国法官职业伦理的现状来看，法官对职业伦理的认识深度仍然不够，忽视了法官职业的特殊性，理论研究也是处于起步称段，没有系统的培育机制，而且在司法实践中，部分法官显现出了职业伦理缺乏的现象。

（一）对法官职业伦理缺乏关注，认识不够

法官是存在于社会中的个体，他们的司法活动对于社会的稳定和发展具有极为重要的作用。但是法官这一职业阶层的重要性在社会中缺乏重视。人们较少从法律职业的角度来认识司法及其从事司法活动的主体——法官将司法孤立地、静态地、机械地理解为一种制度上的分工，忽视司法对于制定法实施的主动性和能动性，忽视司法对于制定法的检验和评判功能，更忽视司法将社会和法律的价值判断转化为法律技术问题从而解决纠纷恢复社会秩序的纽带和桥梁作用，进而对于专门从事司法活动的法官的作用也是一种机械且表面化的理解，将法官简单地当作法律适用的机器，不承认法官职业的特殊性与专业性，不承认法官职业所应具有的各种专门知识、技能、经验与维系其共同认知的伦理道德与行为规则。[1]

（二）法官职业伦理理论研究落后，缺乏培育机制

长期对法官职业伦理缺乏关注，导致我国法官职业伦理的理论研究相对落后。法官法实施后，随着依法治国步伐的加快，法官职业作为有别于其他行业的独立职业，逐渐为社会所共同认识和接受，法官职业伦理研究被提上日程。法学界出现了一批专门研究法官职业伦理的学者，最高人民法院和地方各级法院也不断探索和制定了一些法官行为规范。但总的来看，还缺乏系统性和规范化。2001 年颁布、2010 年修订的《法官职业道德基本准则》，从司法权和法官职业的本质特性出发，系统规定了法官在职务活动和日常生活中应该遵守的规范，为法官提供了一套体系较为完整、内容相对充实的职业道德规范和行为准则。

（三）法官职业伦理缺失，法官自律性有待加强

法官职业伦理的缺失致使某些法官职业道德低下，在具体的司法实践中可能表现为诸多方面。比如未能做到公正严明执法，违规与一方当事人或者其代理人单独会面，泄露合议庭和审委会研究意见给一方当事人；接受当事人及其代理人吃请、送礼，办关系案、人情案以及枉法裁判损害当事人合法权益等。又如司法行为欠缺文明和规范，对当事人的态度蛮横，不认真听取当事人的陈述，语言不文明，在开庭时不遵守庭审规则，随意接听电话等。作为法官，这些行为既违背了法官职业伦理，也使得社会公众对司法的公正性和有效性持怀疑态度，挑战了司法的公信力。人们渴望司法具有保障公民基本权利和自由的强大力量，主持公道。因此，当法官职业伦理缺失导致司法行为无法体现公平正义时，群众的不满情绪也会异常强烈。在现实生活中，有些判决的既判力得不到有效实现，执行难的问题突出，甚至还时有暴力抗法、侵犯法官人身权益的恶性事件发生，这些现象的出现虽有一定的主、客观因素，但与法官职业伦理缺失，司法权威受损也是不无关系的。

第二节　法官职业伦理的主要内容

随着经济的发展和社会的进步，特别是依法治国基本方略的实施，法院在建设社会主义法治国家、构建和谐社会、保障和服务经济与社会科学发展等方面，担负的职责和任务越来越重要，人们对于法官应当遵守行为规范的各种要求也越来越严格。作为居于社会司法活动的中心地位的法官，其职业伦理水准的高低直接影响社会司法水平，影响公众对司法形象的总体评价。在业内关系中，法官职业伦理主要内容如下。

一、法官的职业伦理规范

（一）独立

独立是法官实现审判公正的基本保证。我国法官职业行为法对法官的独立要求表现为以下几个方面：

1. 坚持和维护人民法院依法独立行使审判权的原则。1982 年《宪法》第 126 条规定："人民法院依照法律规定独立行使审判权，不受行政机关、社会团体和个人的干涉。"人民法院依法独立行使审判权，不是赋予人民法院什么特权，而是一种重任，其目的在于使人

---

[1]　吕忠梅："职业化视野下的法官特质研究"，载《中国法学》2003 年第 6 期。

民法院更好地履行宪法职能。因此，法官必须坚持和维护人民法院依法独立行使审判权的原则。最高人民法院 2010 年《法官职业道德基本准则》第 8 条规定，法官应当"坚持和维护人民法院依法独立行使审判权的原则，客观公正审理案件，在审判活动中独立思考、自主判断，敢于坚持原则，不受任何行政机关、社会团体和个人的干涉，不受权势、人情等因素的影响"。

各级人民法院应当支持法官依法独立审判案件。最高人民法院 2005 年《关于依法保障法官权利的若干规定》第 2 条规定："保障法官依法审判案件，不受行政机关、社会团体和个人的干涉。各级人民法院应当采取必要措施保障法官依法审判案件不受干涉，对干涉者可以向有关机关提出予以处理或者处分的司法建议。"

2. 不受外界不当影响。最高人民法院 2010 年《法官职业道德基本准则》第 12 条规定，法官应当"认真贯彻司法公开原则，尊重人民群众的知情权，自觉接受法律监督和社会监督，同时避免司法审判受到外界的不当影响"。为进一步落实公开审判的宪法原则，扩大司法公开范围，拓宽司法公开渠道，保障人民群众对人民法院工作的知情权、参与权、表达权和监督权，维护当事人的合法权益，提高司法民主水平，规范司法行为，促进司法公正，最高人民法院 2009 年《关于司法公开的六项规定》就立案公开、庭审公开、执行公开、听证公开、文书公开、审务公开作了明确规定。法官应当自觉接受法律监督和社会监督，同时避免司法审判受到包括舆论在内的外界不当影响。

3. 维护法官之间的独立。法官的独立不仅要求法官不受外部的影响，还要求法官不受其他法官的态度或者行为的影响。最高人民法院 2010 年《法官职业道德基本准则》第 14 条规定，法官应当"尊重其他法官对审判职权的依法行使，除履行工作职责或者通过正当程序外，不过问、不干预、不评论其他法官正在审理的案件"。这一规定不仅适用于同一法院之间的法官，也适用于上下级法院之间的法官。

2019 年《法官法》对法官的独立义务进行了细致规定，其中第 6 条和第 7 条明确规定，法官依法履行职责，受法律保护，不受行政机关、社会团体和个人的干涉。法官审判案件，应当以事实为根据，以法律为准绳，秉持客观公正的立场。第 9 条规定，院长、副院长、审判委员会委员、庭长、副庭长除履行审判职责外，还应当履行与其职务相适应的职责。第 10 条规定在履行与其职务相适应的职责时，法官应当履行下列义务：严格遵守宪法和法律；秉公办案，不得徇私枉法；依法保障当事人和其他诉讼参与人的诉讼权利；维护国家利益、社会公共利益，维护个人和组织的合法权益；保守国家秘密和审判工作秘密，对履行职责中知悉的商业秘密和个人隐私予以保密；依法接受法律监督和人民群众监督；通过依法办理案件以案释法，增强全民法治观念，推进法治社会建设；法律规定的其他义务。

最高人民法院 2010 年《关于进一步加强合议庭职责的若干规定》（法释〔2010〕1 号）第 7 条规定，除提交审判委员会讨论的案件外，合议庭对评议意见一致或者形成多数意见的案件，依法作出判决或者裁定。下列案件可以由审判长提请院长或者庭长决定组织相关审判人员共同讨论，合议庭成员应当参加：①重大、疑难、复杂或者新类型的案件；②合议庭在事实认定或法律适用上有重大分歧的案件；③合议庭意见与本院或上级法院以往同类型案件的裁判有可能不一致的案件；④当事人反映强烈的群体性纠纷案件；⑤经审判长提请且院长或者庭长认为确有必要讨论的其他案件。上述案件的讨论意见供合议庭参考，不影响合议庭依法作出裁判。

对于合议庭和审判委员会的评议活动，为了在制度上保障法官独立发表意见，不受其他因素的干扰，最高人民法院还就发言顺序进行了规定。最高人民法院 2002 年《关于人民法院合议庭工作的若干规定》（法释〔2002〕25号）第10条第1款规定，"合议庭评议案件时，先由承办法官对认定案件事实、证据是否确实、充分以及适用法律等发表意见，审判长最后发表意见；审判长作为承办法官的，由审判长最后发表意见。对案件的裁判结果进行评议时，由审判长最后发表意见。审判长应当根据评议情况总结合议庭评议的结论性意见"。最高人民法院2010年《关于进一步加强合议庭职责的若干规定》第6条第2款规定："合议庭成员评议时发表意见不受追究。"最高人民法院2010年《关于改革和完善人民法院审判委员会制度的实施意见》（法发〔2010〕3号）第16条第1、2款规定："审判委员会讨论案件实行民主集中制。审判委员会委员发表意见的顺序，一般应当按照职级高的委员后发言的原则进行，主持人最后发表意见。审判委员会应当充分、全面地对案件进行讨论。审判委员会委员应当客观、公正、独立、平等地发表意见，审判委员会委员发表意见不受追究，并应当记录在卷。"

4. 维护人民法院审级独立。根据我国法律的规定，最高人民法院监督指导地方各级人民法院和专门人民法院的审判业务工作，上级人民法院监督指导下级人民法院的审判业务工作。监督指导的范围、方式和程序应当符合法律规定。各级人民法院在法律规定范围内履行各自职责，依法独立行使审判权。法官在日常工作中应当维护人民法院的审级独立，维护当事人的合法权益。

根据最高人民法院2010年《关于规范上下级人民法院审判业务关系的若干意见》，最高人民法院通过审理案件、制定司法解释或者规范性文件、发布指导性案例、召开审判业务会议、组织法官培训等形式，对地方各级人民法院和专门人民法院的审判业务工作进行指导；高级人民法院通过审理案件、制定审判业务文件、发布参考性案例、召开审判业务会议、组织法官培训等形式，对辖区内各级人民法院和专门人民法院的审判业务工作进行指导；中级人民法院通过审理案件、总结审判经验、组织法官培训等形式，对基层人民法院的审判业务工作进行指导。基层人民法院和中级人民法院对于已经受理的下列第一审案件，必要时可以根据相关法律规定，书面报请上一级人民法院审理：①重大、疑难、复杂案件；②新类型案件；③具有普遍法律适用意义的案件；④有管辖权的人民法院不宜行使审判权的案件。上级人民法院对下级人民法院提出的移送审理请求，应当及时决定是否由自己审理，并下达同意移送决定书或者不同意移送决定书。上级人民法院认为下级人民法院管辖的第一审案件，属于上述所列类型，有必要由自己审理的，可以决定提级管辖。

5. 提高司法水平，巩固审判独立的基础。审判独立的基础之一是审判机关的公信力，而审判机关公信力的基础之一，则是法官的司法水平。因此，作为法官个体，应当努力提高司法水平，巩固审判独立之基础。最高人民法院2010年《法官职业道德基本准则》第9条规定，法官应当"坚持以事实为根据，以法律为准绳，努力查明案件事实，准确把握法律精神，正确适用法律，合理行使裁量权，避免主观臆断、超越职权、滥用职权，确保案件裁判结果公平公正"。第23条规定，法官应当"坚持学习，精研业务，忠于职守，秉公办案，惩恶扬善，弘扬正义，保持昂扬的精神状态和良好的职业操守"。

（二）中立

在司法活动中，中立表现为主观的中立与客观的中立两个方面。所谓主观的中立，就是不存在法官个人利益等事项造成的偏袒。所谓客观的中立，就是法官的言行在客观上要表现为中立，能够表现为能为常人所感受到的中立。

1. 回避。规范法官主观中立的制度是回避制度。最高人民法院2010年《法官职业道德基本准则》第13条规定，法官应当"自觉遵守司法回避制度，审理案件保持中立公正的立场，平等对待当事人和其他诉讼参与人，不偏袒或歧视任何一方当事人，不私自单独会见当事人及其代理人、辩护人"。为进一步规范审判人员的诉讼回避行为，维护司法公正，最高人民法院 2011 年制定了《关于审判人员在诉讼活动中执行回避制度若干问题的规定》，该规定将诉讼回避分为了三种情况：

（1）因特定关系的存在而回避的情形。最高人民法院 2011 年《关于审判人员在诉讼活动中执行回避制度若干问题的规定》第 1 条第 1 款规定："审判人员具有下列情形之一的，应当自行回避，当事人及其法定代理人有权以口头或者书面形式申请其回避：（一）是本案的当事人或者与当事人有近亲属关系的；（二）本人或者其近亲属与本案有利害关系的；（三）担任过本案的证人、翻译人员、鉴定人、勘验人、诉讼代理人、辩护人的；（四）与本案的诉讼代理人、辩护人有夫妻、父母、子女或者兄弟姐妹关系的；（五）与本案当事人之间存在其他利害关系，可能影响案件公正审理的。"上述所称近亲属，包括与审判人员有夫妻、直系血亲、三代以内旁系血亲及近姻亲关系的亲属。

此外，最高人民法院、司法部 2004 年《关于规范法官和律师相互关系维护司法公正的若干规定》第 4 条还规定，法官应当严格执行回避制度，如果与本案当事人委托的律师有亲朋、同学、师生、曾经同事等关系，可能影响案件公正处理的，应当自行申请回避，是否回避由本院院长或者审判委员会决定。应当注意的是，这一规定的适用需要满足质（与本案当事人委托的律师有亲朋、同学、师生、曾经同事等关系）和量（达到了可能影响案件公正处理的程度）两个方面的要求。[1]

（2）因审判人员不当行为引发的回避情形。最高人民法院 2011 年《关于审判人员在诉讼活动中执行回避制度若干问题的规定》第 2 条规定："当事人及其法定代理人发现审判人员违反规定，具有下列情形之一的，有权申请其回避：（一）私下会见本案一方当事人及其诉讼代理人、辩护人的；（二）为本案当事人推荐、介绍诉讼代理人、辩护人，或者为律师、其他人员介绍办理该案件的；（三）索取、接受本案当事人及其受托人的财物、其他利益，或者要求当事人及其受托人报销费用的；（四）接受本案当事人及其受托人的宴请，或者参加由其支付费用的各项活动的；（五）向本案当事人及其受托人借款，借用交通工具、通讯工具或者其他物品，或者索取、接受当事人及其受托人在购买商品、装修住房以及其他方面给予的好处的；（六）有其他不正当行为，可能影响案件公正审理的。"这些都是因审判人员的不当行为引发的回避情形。

（3）重审回避。重审回避的目的，是避免法官因就某案件先前的判断影响对该案件的重新审判。最高人民法院 2011 年《关于审判人员在诉讼活动中执行回避制度若干问题的规定》第 3 条规定："凡在一个审判程序中参与过本案审判工作的审判人员，不得再参与该案其他程序的审判。但是，经过第二审程序发回重审的案件，在一审法院作出裁判后又进入第二审程序的，原第二审程序中合议庭组成人员不受本条规定的限制。"

为维护司法公正和司法廉洁，防止法院领导干部及法官的私人利益与公共利益发生冲突，最高人民法院 2011 年印发了《关于对配偶子女从事律师职业的法院领导干部和审判执行岗位法官实行任职回避的规定（试行）》。根据该规定，人民法院领导干部和审判、执行岗位法官的配偶、子女在其任职法院辖区内从事律师职业的，应当实行任职回避。人民法

---

[1] 从实践来看，这些回避规定的执行往往存在缺乏法官相关信息、收集证据困难等难题，造成回避制度一定程度上成了"空转"的制度。关于回避制度的实践情况，参见张友好："论我国申请法官回避的现状及改革"，载《清华法学》2012 年第 4 期。

院在选拔任用干部时，不得将具备任职回避条件的人员作为法院领导干部和审判、执行岗位法官的拟任人选。人民法院在补充审判、执行岗位工作人员时，不得补充具备任职回避条件的人员。在该规定施行前具备任职回避条件的法院领导干部和审判、执行岗位法官，应当自该规定施行之日起 6 个月内主动提出任职回避申请；相关人民法院应当自该规定施行之日起 12 个月内，按照有关程序为其办理职务变动或者岗位调整的手续。在该规定施行前不具备任职回避条件，但在该规定施行后具备任职回避条件的法院领导干部和审判、执行岗位法官，应当自任职回避条件具备之日起 1 个月内主动提出任职回避申请；相关人民法院应当自申请期限届满之日起 6 个月内，按照有关程序为其办理职务变动或者岗位调整的手续。具备任职回避条件的法院领导干部和审判、执行岗位法官在前述规定期限内没有主动提出任职回避申请的，相关人民法院应当自申请期限届满之日起 6 个月内，按照有关程序免去其所任领导职务或者将其调离审判执行岗位。

2. 言行中立。法官的言行中立表现在两个方面：

（1）未决案件中的中立。未决案件中的中立，是指法官在未决案件的处理过程中，不得以任何形式表现出偏袒。

例如，2010 年《法官行为规范》第 40 条第 3 项规定，法官在"与一方当事人接触时，应当保持公平，避免他方当事人对法官的中立性产生合理怀疑"。

未决案件中的言行中立，还要求法官在庭外不得就正在审理的案件发表意见。法院的意见，应当在进行审理与评议以后，在判决书中予以表述。在案件未决之前，法官就案件发表意见，只能表明法官已经形成了预断，因而丧失了作为法官的中立性，损害了当事人获得不偏不倚的法庭的审判这一基本人权。最高人民法院 2009 年《关于人民法院接受新闻媒体舆论监督的若干规定》第 4 条规定："对于正在审理的案件，人民法院的审判人员及其他工作人员不得擅自接受新闻媒体的采访。对于已经审结的案件，人民法院可以通过新闻宣传部门协调决定由有关人员接受采访。对于不适宜接受采访的，人民法院可以决定不接受采访并说明理由。"2010 年《法官行为规范》第 84 条也规定，法官"接受新闻媒体采访必须经组织安排或者批准"；"在接受采访时，不发表有损司法公正的言论，不对正在审理中的案件和有关当事人进行评论，不披露在工作中获得的国家秘密、商业秘密、个人隐私及其他非公开信息"。

（2）已决案件中的中立。所谓已决案件中的中立，就是指法官不得就已决案件发表意见。法院的意见，应当在进行审理与评议以后，在判决书中充分表述，而不应在案件审结后再行发表补充意见，否则，就可能是在支持诉讼某一方，事实上成了该方诉辩者。法官在判决中未能充分说明其意见，这还可能影响当事人行使上诉等诉讼权利。此外，这种言论还可能影响对案件的二审或者再审，损害其他法官的独立性。因此，在已决案件受到舆论质疑的情况下，法官不得自行进行辩护。对于不当的评判，应当由人民法院新闻宣传主管部门予以回应。最高人民法院 2009 年《关于人民法院接受新闻媒体舆论监督的若干规定》第 6 条规定，人民法院接受新闻媒体舆论监督的协调工作由各级人民法院的新闻宣传主管部门统一归口管理。新闻宣传主管部门应当为新闻媒体提供新闻报道素材，保证新闻媒体真实、客观地报道人民法院的工作。新闻媒体报道人民法院的工作失实时，新闻宣传主管部门负责及时澄清事实，进行回应。

（三）得体

最高人民法院 2010 年《法官职业道德基本准则》第 24 条规定，法官应当"坚持文明司法，遵守司法礼仪，在履行职责过程中行为规范、着装得体、语言文明、态度平和，保持良好的职业修养和司法作风"。得体要求体现在以下方面：

1. 遵守庭审司法礼仪。2010 年《法官行为规范》就法官庭审时的礼仪作了明确规定。根据该规范，法官在出庭时的注意事项包括：①准时出庭，不迟到，不早退，不缺席。②在进入法庭前必须更换好法官服或者法袍，并保持整洁和庄重，严禁着便装出庭；合议庭成员出庭的着装应当保持统一。③设立法官通道的，应当走法官通道。④一般在当事人、代理人、辩护人、公诉人等入庭后进入法庭，但前述人员迟到、拒不到庭的除外。⑤不得与诉讼各方随意打招呼，不得与一方有特别亲密的言行。⑥严禁酒后出庭。

根据该规范，法官在庭审中的言行注意事项包括：①坐姿端正，杜绝各种不雅动作；②集中精力，专注庭审，不做与庭审活动无关的事；③不得在审判席上吸烟、闲聊或者打瞌睡，不得接打电话，不得随意离开审判席；④平等对待与庭审活动有关的人员，不与诉讼中的任何一方有亲近的表示；⑤礼貌示意当事人及其他诉讼参加人发言；⑥不得用带有倾向性的语言进行提问，不得与当事人及其他诉讼参加人争吵；⑦严格按照规定使用法槌，敲击法槌的轻重应当以旁听区能够听见为宜。

最高人民法院 2002 年《人民法院法官袍穿着规定》也规定，法官在审判法庭开庭审判案件时应当穿着法官袍；法官袍应当妥善保管，保持整洁。

最高人民法院 2010 年《关于进一步加强合议庭职责的若干规定》第 5 条规定，开庭审理时，合议庭全体成员应当共同参加，不得缺席、中途退庭或者从事与该庭审无关的活动。合议庭成员未参加庭审、中途退庭或者从事与该庭审无关的活动，当事人提出异议的，应当纠正。合议庭仍不纠正的，当事人可以要求休庭，并将有关情况记入庭审笔录。

2. 言行得体。最高人民法院 2010 年《法官职业道德基本准则》第 22 条规定，尊重当事人和其他诉讼参与人的人格尊严，避免盛气凌人、"冷硬横推"等不良作风；尊重律师，依法保障律师参与诉讼活动的权利。

（四）称职

法官的称职表现在多个方面：

1. 忠诚于司法事业。法官应当牢固树立社会主义法治理念，忠于党、忠于国家、忠于人民、忠于法律，做中国特色社会主义事业的建设者和捍卫者。

法官应当坚持和维护中国特色社会主义司法制度，认真贯彻落实依法治国基本方略，尊崇和信仰法律，模范遵守法律，严格执行法律，自觉维护法律的权威和尊严。

法官应当热爱司法事业，珍惜法官荣誉，坚持职业操守，恪守法官良知，牢固树立司法核心价值观，以维护社会公平正义为己任，认真履行法官职责。

法官应当维护国家利益，遵守政治纪律，保守国家秘密和审判工作秘密，不从事或参与有损国家利益和司法权威的活动，不发表有损国家利益和司法权威的言论。

2. 业务过硬。法官应当严格遵守法定办案时限，提高审判执行效率，及时化解纠纷，注重节约司法资源，杜绝玩忽职守、拖延办案等行为。

法官应当牢固树立以人为本、司法为民的理念，强化群众观念，重视群众诉求，关注群众感受，自觉维护人民群众的合法权益。

法官应当注重发挥司法的能动作用，积极寻求有利于案结事了的纠纷解决办法，努力实现法律效果与社会效果的统一。

法官应当认真执行司法便民规定，努力为当事人和其他诉讼参与人提供必要的诉讼便利，尽可能降低其诉讼成本。

3. 廉洁自律。最高人民法院 2010 年《法官职业道德基本准则》第 15 条规定，法官应当"树立正确的权力观、地位观、利益观，坚持自重、自省、自警、自励，坚守廉洁底线，依法正确行使审判权、执行权，杜绝以权谋私、贪赃枉法行为"。第 16 条规定，法官应当"严格遵守廉洁司法规定，不接受案件当事人及相关人员的请客送礼，不利用职务便利或者法官身份谋取不正当利益，不违反规定与当事人或者其他诉讼参与人进行不正当交往，不在执法办案中徇私舞弊"。

（五）尽责

1. 维护法律职业适正性。法官应当维护法律职业适正性。最高人民法院、司法部 2004 年《关于规范法官和律师相互关系维护司法公正的若干规定》第 12 条第 2 款规定，"法官对于律师有违反本规定行为的，可以直接或者通过人民法院向有关司法行政部门、律师协会反映情况，或者提出给予行业处分、行政处罚直至追究法律责任的司法建议"。法官、检察官、律师都是法律职业人员，维护法律职业的适正性是法官应尽的职责。[1]

2. 保守职业秘密。2019 年《法官法》第 10 条第 5 项规定，法官应"保守国家秘密和审判工作秘密，对履行职责中知悉的商业秘密和个人隐私予以保密"；最高人民法院 2010 年《法官职业道德基本准则》第 7 条也规定，法官应当"维护国家利益，遵守政治纪律，保守国家秘密和审判工作秘密，不从事或参与有损国家利益和司法权威的活动，不发表有损国家利益和司法权威的言论"。根据这些规定，法官保守职业秘密的范围包括国家秘密和评议秘密、当事人的商业秘密与隐私等审判工作秘密。就审判工作秘密而言，法官应当遵守最高人民法院 1990 年《关于保守审判工作秘密的规定》，防止泄露审判工作秘密，以保证审判工作的顺利进行，维护审判机关的尊严和社会的稳定。

需要指出的是，保守职业秘密不仅仅是法官的义务和职责，也是法官的权利。联合国《关于司法机关独立的基本原则》第 15 条明确规定，"法官对其评议和他们在除公开诉讼过程外履行职责时所获得的机密资料，应有义务保守职业秘密，并不得强迫他们就此类事项作证"。只有保证了法官评议等活动的秘密性，才能够保证法官做到独立、中立。因此，保护法官职业秘密，是一项重要的公共利益。一些国家通过公共利益豁免规则，对法官评议过程的自由性和秘密性提供了保护。[2]

二、法官在业外活动中的职业行为法

法官是其所服务的社会的组成部分之一。法官的行为必须保持高标准，严要求，但是这并不意味着法官必须与社会相隔绝。与社会绝对隔绝的法官队伍，不仅不可能促进司法质量，还可能削弱公众对司法的信心。但是，法官在业外的一些活动，与其司法身份有着密切联系，如果处理不当，就有可能损害司法职务。换言之，法官的业外活动不得对法官正当履行司法职务造成不利影响。因此，对于法官在业外的活动，也必须加以适当规制，以避免法官的偏倚或者社会对法官的偏倚印象、损害公众对司法的信心，以及法官分心于非司法事务。

---

[1] 最高人民法院 2001 年《法官职业道德基本准则》第 17 条曾规定："法官根据获得的情况确信，其他法官有可能或已经违反法官职业道德，或者其他法律工作者有可能或已违反职业道德，影响司法公正的，应当采取适当的措施向有关部门或者有关机关反映。"这一规定设定了法官维护法律职业适正性的强制性职责。但是这一规则未见于 2010 年《法官职业道德基本准则》。因此，2010 年《法官职业道德基本准则》的规定变成了一种裁量性的权利，这降低了对法官的要求。

[2] 例如澳大利亚《1995 年证据法》第 129 条规定："（1）下列人员，或者受该人员指挥或者控制的与该诉讼或者仲裁有关的人员，不得就作出裁决的原因或者就该裁决的评议情况提供证据：（a）澳大利亚的法官或者国外的法官……"

（一）不得滥用司法声望

最高人民法院 2010 年《法官职业道德基本准则》第 18 条规定，法官应当"妥善处理个人和家庭事务，不利用法官身份寻求特殊利益。按规定如实报告个人有关事项，教育督促家庭成员不利用法官的职权、地位谋取不正当利益"。最高人民法院 2010 年《法官行为规范》第 85 条规定，在法官本人或者亲友与他人发生矛盾时，应当"保持冷静、克制，通过正当、合法途径解决"；"不得利用法官身份寻求特殊照顾，不得妨碍有关部门对问题的解决"。第 86 条规定，在法官本人及家庭成员遇到纠纷需通过诉讼方式解决时，"对本人的案件或者以直系亲属代理人身份参加的案件，应当依照有关法律规定，平等地参与诉讼"；"在诉讼过程中不以法官身份获取特殊照顾，不利用职权收集所需证据"；"对非直系亲属的其他家庭成员的诉讼案件，一般应当让其自行委托诉讼代理人，法官本人不宜作为诉讼代理人参与诉讼"。

滥用法官司法声望有多种形式，例如以法官身份寻求特别的照顾、以法官身份促进他人的利益。滥用司法声望可能并不会对法官的裁决活动造成直接的不利影响，但是这会使人们对法官守法的品性产生怀疑，进而怀疑其作出的裁决的可靠性，从而失去对司法的尊重。

（二）不得不当兼职或者从事营利性经营活动

2019 年《法官法》第 22 条规定："法官不得兼任人民代表大会常务委员会的组成人员，不得兼任行政机关、监察机关、检察机关的职务，不得兼任企业或者其他营利性组织、事业单位的职务，不得兼任律师、仲裁员和公证员。"最高人民法院 2010 年《法官职业道德基本准则》第 17 条规定，法官应当"不从事或者参与营利性的经营活动，不在企业及其他营利性组织中兼任法律顾问等职务，不就未决案件或者再审案件给当事人及其他诉讼参与人提供咨询意见"。根据最高人民法院 2012 年《关于人民法院落实廉政准则防止利益冲突的若干规定》第 3 条之规定，人民法院工作人员不得从事下列营利性活动：①本人独资或者与他人合资、合股经办商业或者其他企业；②以他人名义入股经办企业；③以承包、租赁、受聘等方式从事经营活动；④违反规定拥有非上市公司（企业）的股份或者证券；⑤本人或者与他人合伙在国（境）外注册公司或者投资入股；⑥以本人或者他人名义从事以营利为目的的民间借贷活动；⑦以本人或者他人名义从事可能与公共利益发生冲突的其他营利性活动。违反该条规定的，依照《人民法院工作人员处分条例》第 63 条的规定处理。根据该规定，持有上市公司的股票，并不属于被禁止的营利性活动。[1]

此外，最高人民法院 2004 年《关于现职法官不得担任仲裁员的通知》还指出，"法官担任仲裁员，从事案件的仲裁工作，不符合有关法律规定，超出了人民法院和法官的职权范围，不利于依法公正保护诉讼当事人的合法权益。因此，法官不得担任仲裁员"。

就法官的兼职和从事经营活动进行限制，主要是为了减少法官需要进行回避的情形（法官不得兼任企业、事业单位的职务，不得兼任律师），维护司法独立（法官不得兼任行政机关的职务），维护其他法官作出判决的稳定性（法官不得就未决案件或者再审案件给当事人及其他诉讼参与人提供咨询意见），保证法官不会因分心而影响司法职责（不从事或者参与营利性的经营活动）等。

---

〔1〕　最高人民法院 2012 年《关于人民法院落实廉政准则防止利益冲突的若干规定》第 6 条规定："人民法院工作人员在审理相关案件时，以本人或者他人名义持有与所审理案件相关的上市公司股票的，应主动申请回避。违反本条规定的，依照《人民法院工作人员处分条例》第 30 条的规定处理。"

（三）依法参加写作、授课等活动

法官作为精通法律的专业人员，以写作、授课等方式进行法律教育、宣传和研究，对于整个社会是有益的。但是应当对法官的写作、授课活动进行适当限制，以避免表现出偏袒、影响未决案件的审理，影响已决判决的终局性，以及泄露审判职业秘密。最高人民法院 2010 年《法官行为规范》第 83 条规定，法官"在不影响审判工作的前提下，可以利用业余时间从事写作、授课等活动"；"在写作、授课过程中，应当避免对具体案件和有关当事人进行评论，不披露或者使用在工作中获得的国家秘密、商业秘密、个人隐私及其他非公开信息"；"对于参加司法职务外活动获得的合法报酬，应当依法纳税"。因此，在不涉及具体案件和当事人以及职业秘密的情况下，法官在写作、授课等活动中可以涉及一般性的法律问题。

（四）杜绝其他影响法官形象的行为

2010 年《法官职业道德基本准则》第 25 条规定，法官应当"加强自身修养，培育高尚道德操守和健康生活情趣，杜绝与法官职业形象不相称、与法官职业道德相违背的不良嗜好和行为，遵守社会公德和家庭美德，维护良好的个人声誉"。

就可能影响法官形象的行为进行限制，其目的在于维护司法职业的尊荣，维护社会对于司法的信心，从而维护司法。

第三节　法官职业责任

最高人民法院 2010 年《法官职业道德基本准则》第 28 条规定："各级人民法院负责督促实施本准则，对于违反本准则的行为，视情节后果予以诫勉谈话、批评通报；情节严重构成违纪违法的，依照相关纪律和法律规定予以严肃处理。"为了规范人民法院工作人员的行为，促进人民法院工作人员依法履行职责，确保公正、高效、廉洁司法，最高人民法院于 2009 年制定了《人民法院工作人员处分条例》。

一、处分的种类与期间

对法官的处分种类为：警告、记过、记大过、降级、撤职、开除。

受处分的期间为：①警告，6 个月；②记过，12 个月；③记大过，18 个月；④降级、撤职，24 个月。

受处分期间不得晋升职务、级别。其中，受记过、记大过、降级、撤职处分的，不得晋升工资档次；受撤职处分的，应当按照规定降低级别。

受开除处分的，自处分决定生效之日起，解除与人民法院的人事关系，不得再担任公务员职务。

同时有两种以上需要给予处分的行为的，应当分别确定其处分种类。应当给予的处分种类不同的，执行其中最重的处分；应当给予撤职以下多个相同种类处分的，执行该处分，并在一个处分期以上、多个处分期之和以下，决定应当执行的处分期。

受处分期间受到新的处分的，其处分期为原处分期尚未执行的期限与新处分期限之和。处分期最长不超过 48 个月。

二、处分的适用

有下列情形之一的，应当在《人民法院工作人员处分条例》分则规定的处分幅度以内从重处分：①在共同违纪违法行为中起主要作用的；②隐匿、伪造、销毁证据的；③串供或者阻止他人揭发检举、提供证据材料的；④包庇同案人员的；⑤法律、法规和该条例分则中规定的其他从重情节。

有下列情形之一的，应当在该条例分则规定的处分幅度以内从轻处分：①主动交代违纪、违法行为的；②主动采取措施，有效避免或者挽回损失的；③检举他人重大违纪、违法行为，情况属实的；④法律、法规和该条例分则中规定的其他从轻情节。

主动交代违纪、违法行为，并主动采取措施有效避免或者挽回损失的，应当在该条例分则规定的处分幅度以外降低一个档次给予减轻处分。

应当给予警告处分，又有减轻处分情形的，免予处分。

违纪、违法行为情节轻微，经过批评教育后改正的，可以免予处分。

在人民法院作出处分决定前，已经被依法判处刑罚、罢免、免职或者已经辞去领导职务，依照该条例需要给予处分的，应当根据其违纪违法事实给予处分。

被依法判处刑罚的，一律给予开除处分。

人民法院工作人员退休之后违纪违法，或者在任职期间违纪、违法，在处分决定作出前已经退休的，不再给予纪律处分；但是，应当给予降级、撤职、开除处分的，应当按照规定相应降低或者取消其享受的待遇。

三、处分的解除、变更和撤销

受开除以外处分的，在受处分期间有悔改表现，并且没有再发生违纪、违法行为的，处分期满后应当解除处分。

解除处分后，晋升工资档次、级别、职务不再受原处分的影响。但是，解除降级、撤职处分的，不视为恢复原级别、原职务。

有下列情形之一的，应当变更或者撤销处分决定：①适用法律、法规或者该条例规定错误的；②对违纪、违法行为的事实、情节认定有误的；③处分所依据的违纪、违法事实证据不足的；④调查处理违反法定程序，影响案件公正处理的；⑤作出处分决定超越职权或者滥用职权的；⑥有其他处分不当情形的。

处分决定被变更，需要调整被处分人员的职务、级别或者工资档次的，应当按照规定予以调整；处分决定被撤销的，应当恢复其级别、工资档次，按照原职务安排相应的职务，并在适当范围内为其恢复名誉。因变更而减轻处分或者被撤销处分人员的工资福利受到损失的，应当予以补偿。

四、应受处分的行为

（一）违反政治纪律的行为

散布有损国家声誉的言论，参加旨在反对国家的集会、游行、示威等活动的，给予记大过处分；情节较重的，给予降级或者撤职处分；情节严重的，给予开除处分。因不明真相被裹挟参加上述活动，经批评教育后确有悔改表现的，可以减轻或者免予处分。

参加非法组织或者参加罢工的，给予记大过处分；情节较重的，给予降级或者撤职处分；情节严重的，给予开除处分。因不明真相被裹挟参加上述活动，经批评教育后确有悔改表现的，可以减轻或者免予处分。

违反国家的民族、宗教政策，造成不良后果的，给予记大过处分；情节较重的，给予降级或者撤职处分；情节严重的，给予开除处分。因不明真相被裹挟参加上述活动，经批评教育后确有悔改表现的，可以减轻或者免予处分。

在对外交往中损害国家荣誉和利益的，给予记大过处分；情节较重的，给予降级或者撤职处分；情节严重的，给予开除处分。

非法出境，或者违反规定滞留境外不归的，给予记大过处分；情节较重的，给予降级或者撤职处分；情节严重的，给予开除处分。

未经批准获取境外永久居留资格，或者取得外国国籍的，给予记大过处分；情节较重的，给予降级或者撤职处分；情节严重的，给予开除处分。

有其他违反政治纪律行为的，给予警告、记过或者记大过处分；情节较重的，给予降级或者撤职处分；情节严重的，给予开除处分。

（二）违反办案纪律的行为

违反规定，擅自对应当受理的案件不予受理，或者对不应当受理的案件违法受理的，给予警告、记过或者记大过处分；情节较重的，给予降级或者撤职处分；情节严重的，给予开除处分。

违反规定应当回避而不回避，造成不良后果的，给予警告、记过或者记大过处分；情节较重的，给予降级或者撤职处分；情节严重的，给予开除处分。

明知诉讼代理人、辩护人不符合担任代理人、辩护人的规定，仍准许其担任代理人、辩护人，造成不良后果的，给予警告、记过或者记大过处分；情节较重的，给予降级处分；情节严重的，给予撤职处分。

违反规定会见案件当事人及其辩护人、代理人、请托人的，给予警告处分；造成不良后果的，给予记过或者记大过处分。

违反规定为案件当事人推荐、介绍律师或者代理人，或者为律师或者其他人员介绍案件的，给予警告处分；造成不良后果的，给予记过或者记大过处分。

违反规定插手、干预、过问案件，或者为案件当事人通风报信、说情打招呼的，给予警告、记过或者记大过处分；情节较重的，给予降级或者撤职处分；情节严重的，给予开除处分。

依照规定应当调查、收集相关证据而故意不予收集，造成不良后果的，给予警告、记过或者记大过处分；情节较重的，给予降级或者撤职处分；情节严重的，给予开除处分。

依照规定应当采取鉴定、勘验、证据保全等措施而故意不采取，造成不良后果的，给予警告、记过或者记大过处分；情节较重的，给予降级或者撤职处分；情节严重的，给予开除处分。

依照规定应当采取财产保全措施或者执行措施而故意不采取，或者依法应当委托有关机构审计、鉴定、评估、拍卖而故意不委托，造成不良后果的，给予警告、记过或者记大过处分；情节较重的，给予降级或者撤职处分；情节严重的，给予开除处分。

违反规定采取或者解除财产保全措施，造成不良后果的，给予警告、记过或者记大过处分；情节较重的，给予降级或者撤职处分；情节严重的，给予开除处分。

故意违反规定选定审计、鉴定、评估、拍卖等中介机构，或者串通、指使相关中介机构在审计、鉴定、评估、拍卖等活动中徇私舞弊、弄虚作假的，给予警告、记过或者记大过处分；情节较重的，给予降级或者撤职处分；情节严重的，给予开除处分。

故意违反规定采取强制措施的，给予警告、记过或者记大过处分；情节较重的，给予降级或者撤职处分；情节严重的，给予开除处分。

故意毁弃、篡改、隐匿、伪造、偷换证据或者其他诉讼材料的，给予记大过处分；情节较重的，给予降级或者撤职处分；情节严重的，给予开除处分。

指使、帮助他人作伪证或者阻止他人作证的，给予降级或者撤职处分；情节严重的，给予开除处分。

故意向合议庭、审判委员会隐瞒主要证据、重要情节或者提供虚假情况的，给予警告、记过或者记大过处分；情节较重的，给予降级或者撤职处分；情节严重的，给予开除处分。

故意泄露合议庭、审判委员会评议、讨论案件的具体情况或者其他审判执行工作秘密的，给予记过或者记大过处分；情节较重的，给予降级或者撤职处分；情节严重的，给予开除处分。

故意违背事实和法律枉法裁判的，给予降级或者撤职处分；情节严重的，给予开除处分。

因徇私而违反规定迫使当事人违背真实意愿撤诉、接受调解、达成执行和解协议并损害其利益的，给予警告、记过或者记大过处分；情节较重的，给予降级或者撤职处分；情节严重的，给予开除处分。

故意违反规定采取执行措施，造成案件当事人、案外人或者第三人财产损失的，给予记大过处分；情节较重的，给予降级或者撤职处分；情节严重的，给予开除处分。

故意违反规定对具备执行条件的案件暂缓执行、中止执行、终结执行或者不依法恢复执行，造成不良后果的，给予记大过处分；情节较重的，给予降级或者撤职处分；情节严重的，给予开除处分。

故意违反规定拖延办案的，给予警告、记过或者记大过处分；情节较重的，给予降级或者撤职处分；情节严重的，给予开除处分。

故意拖延或者拒不执行合议庭决议、审判委员会决定以及上级人民法院判决、裁定、决定、命令的，给予警告、记过或者记大过处分；情节较重的，给予降级或者撤职处分；情节严重的，给予开除处分。

私放被羁押人员的，给予记大过处分；情节较重的，给予降级或者撤职处分；情节严重的，给予开除处分。

违反规定私自办理案件的，给予警告、记过或者记大过处分；情节较重的，给予降级或者撤职处分；情节严重的，给予开除处分。

内外勾结制造假案的，给予降级、撤职或者开除处分。

伪造诉讼、执行文书，或者故意违背合议庭决议、审判委员会决定制作诉讼、执行文书的，给予记大过处分；情节较重的，给予降级或者撤职处分；情节严重的，给予开除处分。

送达诉讼、执行文书故意不依照规定，造成不良后果的，给予警告、记过或者记大过处分。

违反规定将案卷或者其他诉讼材料借给他人的，给予警告处分；造成不良后果的，给予记过或者记大过处分。

对外地人民法院依法委托的事项拒不办理或者故意拖延办理，造成不良后果的，给予警告、记过或者记大过处分；情节严重的，给予降级或者撤职处分。

阻挠、干扰外地人民法院依法在本地调查取证或者采取相关财产保全措施、执行措施、强制措施的，给予警告、记过或者记大过处分；情节较重的，给予降级或者撤职处分；情节严重的，给予开除处分。

有其他违反办案纪律行为的，给予警告、记过或者记大过处分；情节较重的，给予降级或者撤职处分；情节严重的，给予开除处分。

（三）违反廉政纪律的行为

利用职务便利，采取侵吞、窃取、骗取等手段非法占有诉讼费、执行款物、罚没款物、案件暂存款、赃款赃物及其孳息等涉案财物或者其他公共财物的，给予记大过处分；情节较重的，给予降级或者撤职处分；情节严重的，给予开除处分。

利用司法职权或者其他职务便利，索取他人财物及其他财产性利益的，或者非法收受他人财物及其他财产性利益，为他人谋取利益的，给予记大过处分；情节较重的，给予降级或者撤职处分；情节严重的，给予开除处分。

利用司法职权或者其他职务便利为他人谋取利益，以低价购买、高价出售、收受干股、合作投资、委托理财、赌博等形式非法收受他人财物，或者以特定关系人"挂名"领取薪酬或者收受财物等形式，非法收受他人财物，或者违反规定收受各种名义的回扣、手续费归个人所有的，依照前述规定处分。

行贿或者介绍贿赂的，给予记过或者记大过处分；情节较重的，给予降级或者撤职处分；情节严重的，给予开除处分。

向审判、执行人员行贿或者介绍贿赂的，依照前述规定从重处分。

挪用诉讼费、执行款物、罚没款物、案件暂存款、赃款赃物及其孳息等涉案财物或者其他公共财物的，给予记过或者记大过处分；情节较重的，给予降级或者撤职处分；情节严重的，给予开除处分。

接受案件当事人、相关中介机构及其委托人的财物、宴请或者其他利益的，给予警告、记过或者记大过处分；情节较重的，给予降级或者撤职处分；情节严重的，给予开除处分。

违反规定向案件当事人、相关中介机构及其委托人借钱、借物的，给予警告、记过或者记大过处分。

以单位名义集体截留、使用、私分诉讼费、执行款物、罚没款物、案件暂存款、赃款赃物及其孳息等涉案财物或者其他公共财物的，给予警告、记过或者记大过处分；情节较重的，给予降级或者撤职处分；情节严重的，给予开除处分。

利用司法职权，以单位名义向公民、法人或者其他组织索要赞助或者摊派、收取财物的，给予记过或者记大过处分；情节较重的，给予降级或者撤职处分；情节严重的，给予开除处分。

故意违反规定设置收费项目、扩大收费范围、提高收费标准的，给予警告、记过或者记大过处分；情节较重的，给予降级或者撤职处分；情节严重的，给予开除处分。

违反规定从事或者参与营利性活动，在企业或者其他营利性组织中兼职的，给予记过或者记大过处分；情节较重的，给予降级或者撤职处分；情节严重的，给予开除处分。

利用司法职权或者其他职务便利，为特定关系人谋取不正当利益，或者放任其特定关系人、身边工作人员利用本人职权谋取不正当利益的，给予记过或者记大过处分；情节较重的，给予降级或者撤职处分；情节严重的，给予开除处分。

有其他违反廉政纪律行为的，给予警告、记过或者记大过处分；情节较重的，给予降级或者撤职处分；情节严重的，给予开除处分。

（四）违反组织人事纪律的行为

违反议事规则，个人或者少数人决定重大事项，或者改变集体作出的重大决定，造成决策错误的，给予警告、记过或者记大过处分；情节较重的，给予降级或者撤职处分；情节严重的，给予开除处分。

故意拖延或者拒不执行上级依法作出的决定、决议的，给予警告、记过或者记大过处分；情节较重的，给予降级或者撤职处分；情节严重的，给予开除处分。

对职责范围内发生的重大事故、事件不按规定报告、处理的，给予记过或者记大过处分；情节较重的，给予降级或者撤职处分；情节严重的，给予开除处分。

对职责范围内发生的违纪、违法问题隐瞒不报、压案不查、包庇祖护的，或者对上级交办的违纪违法案件故意拖延或者拒不办理的，给予记大过处分；情节较重的，给予降级或者撤职处分；情节严重的，给予开除处分。

压制批评，打击报复，扣压、销毁举报信件，或者向被举报人透露举报情况的，给予记过或者记大过处分；情节较重的，给予降级或者撤职处分；情节严重的，给予开除处分。

在人员录用、招聘、考核、晋升职务、晋升级别、职称评定以及岗位调整等工作中徇私舞弊、弄虚作假的，给予警告、记过或者记大过处分；情节较重的，给予降级或者撤职处分；情节严重的，给予开除处分。

弄虚作假，骗取荣誉，或者谎报学历、学位、职称的，给予警告、记过或者记大过处分；情节较重的，给予降级或者撤职处分；情节严重的，给予开除处分。

拒不执行机关的交流决定，或者在离任、辞职、被辞退时，拒不办理公务交接手续或者拒不接受审计的，给予警告、记过或者记大过处分；情节较重的，给予降级或者撤职处分；情节严重的，给予开除处分。

旷工或者因公外出、请假期满无正当理由逾期不归，造成不良后果的，给予警告、记过或者记大过处分；情节较重的，给予降级或者撤职处分；情节严重的，给予开除处分。

以不正当方式谋求本人或者特定关系人用公款出国，或者擅自延长在国外、境外期限，或者擅自变更路线，造成不良后果的，给予警告、记过或者记大过处分；情节较重的，给予降级或者撤职处分；情节严重的，给予开除处分。

有其他违反组织人事纪律行为的，给予警告、记过或者记大过处分；情节较重的，给予降级或者撤职处分；情节严重的，给予开除处分。

（五）违反财经纪律的行为

违反规定进行物资采购或者工程项目招投标，造成不良后果的，给予警告、记过或者记大过处分；情节较重的，给予降级或者撤职处分；情节严重的，给予开除处分。

违反规定擅自开设银行账户或者私设"小金库"的，给予警告处分；情节较重的，给予记过或者记大过处分；情节严重的，给予降级或者撤职处分。

伪造、变造、隐匿、毁弃财务账册、会计凭证、财务会计报告的，给予警告、记过或者记大过处分；情节较重的，给予降级或者撤职处分；情节严重的，给予开除处分。

违反规定挥霍浪费国家资财的，给予警告处分；情节较重的，给予记过或者记大过处分；情节严重的，给予降级或者撤职处分。

有其他违反财经纪律行为的，给予警告、记过或者记大过处分；情节较重的，给予降级或者撤职处分；情节严重的，给予开除处分。

（六）失职行为

因过失导致依法应当受理的案件未予受理，或者不应当受理的案件被违法受理，造成不良后果的，给予警告、记过或者记大过处分。

因过失导致错误裁判、错误采取财产保全措施、强制措施、执行措施，或者应当采取财产保全措施、强制措施、执行措施而未采取，造成不良后果的，给予警告、记过或者记大过处分；造成严重后果的，给予降级、撤职或者开除处分。

因过失导致所办案件严重超出规定办理期限，造成严重后果的，给予警告、记过或者记大过处分。

因过失导致被羁押人员脱逃、自伤、自杀或者行凶伤人的，给予记过或者记大过处分；造成严重后果的，给予降级、撤职或者开除处分。

因过失导致诉讼、执行文书内容错误，造成严重后果的，给予警告、记过或者记大过处分。

因过失导致国家秘密、审判执行工作秘密及其他工作秘密、履行职务掌握的商业秘密或者个人隐私被泄露，造成不良后果的，给予警告、记过或者记大过处分；情节较重的，给予降级或者撤职处分；情节严重的，给予开除处分。

因过失导致案卷或者证据材料损毁、丢失的，给予警告、记过或者记大过处分；造成严重后果的，给予降级或者撤职处分。

因过失导致职责范围内发生刑事案件、重大治安案件、重大社会群体性事件或者重大人员伤亡事故的，使公共财产、国家和人民利益遭受重大损失的，给予记过或者记大过处分；情节较重的，给予降级或者撤职处分；情节严重的，给予开除处分。

有其他失职行为造成不良后果的，给予警告、记过或者记大过处分；情节较重的，给予降级或者撤职处分；情节严重的，给予开除处分。

（七）违反管理秩序和社会道德的行为

因工作作风懈怠、工作态度恶劣，造成不良后果的，给予警告、记过或者记大过处分。

故意泄露国家秘密、工作秘密，或者故意泄露因履行职责掌握的商业秘密、个人隐私的，给予记过或者记大过处分；情节较重的，给予降级或者撤职处分；情节严重的，给予开除处分。

弄虚作假，误导、欺骗领导和公众，造成不良后果的，给予警告、记过或者记大过处分；情节较重的，给予降级或者撤职处分；情节严重的，给予开除处分。

因酗酒影响正常工作或者造成其他不良后果的，给予警告、记过或者记大过处分；情节较重的，给予降级、撤职处分；情节严重的，给予开除处分。

违反规定保管、使用枪支、弹药、警械等特殊物品，造成不良后果的，给予警告、记过或者记大过处分；情节较重的，给予降级或者撤职处分；情节严重的，给予开除处分。

违反公务车管理使用规定，发生严重交通事故或者造成其他不良后果的，给予警告、记过或者记大过处分；情节较重的，给予降级或者撤职处分；情节严重的，给予开除处分。

妨碍执行公务或者违反规定干预执行公务的，给予记过或者记大过处分；情节较重的，给予降级或者撤职处分；情节严重的，给予开除处分。

以殴打、辱骂、体罚、非法拘禁或者诽谤、诬告等方式侵犯他人人身权利的，给予记过或者记大过处分；情节较重的，给予降级或者撤职处分；情节严重的，给予开除处分。

体罚、虐待被羁押人员，或者殴打、辱骂诉讼参与人、涉诉上访人的，依照前款规定从重处分。

与他人通奸，造成不良影响的，给予警告、记过或者记大过处分；情节较重的，给予降级或者撤职处分；情节严重的，给予开除处分。

与所承办案件的当事人或者当事人亲属发生不正当两性关系的，依照前述规定从重处分。

重婚或者包养情人的，给予撤职或者开除处分。

拒不承担赡养、抚养、扶养义务，或者虐待、遗弃家庭成员的，给予警告、记过或者记大过处分；情节较重的，给予降级或者撤职处分；情节严重的，给予开除处分。

吸食、注射毒品或者参与嫖娼、卖淫、色情淫乱活动的，给予撤职或者开除处分。

参与赌博的，给予警告或者记过处分；情节较重的，给予记大过或者降级处分；情节严重的，给予撤职或者开除处分。

为赌博活动提供场所或者其他便利条件的，给予警告、记过或者记大过处分；情节较重的，给予降级、撤职处分；情节严重的，给予开除处分。

在工作时间赌博的，给予记过、记大过或者降级处分；屡教不改的，给予撤职或者开除处分。

挪用公款赌博的，给予撤职或者开除处分。

参与迷信活动，造成不良影响的，给予警告、记过或者记大过处分。

组织迷信活动的，给予降级处分；情节较重的，给予撤职处分；情节严重的，给予开除处分。

违反规定超计划生育的，给予降级处分；情节较重的，给予撤职处分；情节严重的，给予开除处分。

有其他违反管理秩序和社会道德行为的，给予警告、记过或者记大过处分；情节较重的，给予降级或者撤职处分；情节严重的，给予开除处分。

■思考题

1. 根据我国法律规定，法官的独立有哪些具体要求？
2. 法官的中立有哪些要求？
3. 法官在业外活动中应当遵循哪些要求？
4. 对法官的纪律处分有哪些形式？
5. 法官作为一种职业，应该具备什么样的职业伦理要求才能成为社会公平和正义的守护神？

■参考书目

1. ［爱尔兰］J. M. 凯利著，王笑红译：《西方法律思想简史》，法律出版社 2002 年版。
2. 王新清主编：《法律职业道德》，法律出版社 2007 年版。
3. 王海明：《伦理学原理》，北京大学出版 2005 年版。
4. 李本森主编：《法律职业伦理》，北京大学出版社 2008 年版。
5. 中华人民共和国最高人民法院政治部编：《法官职业化建设指导与研究》，人民法院出版社 2005 年版。
6. 张秀：《法律伦理学案例专题研究》，社会科学文献出版社 2017 年版。
7. 陈宜、王进喜主编：《律师公证制度与实务》，中国政法大学出版社 2014 年版。
8. 王进喜：《法律职业行为法》，中国人民大学出版社 2014 年版。
9. 王进喜主编：《律师与公证制度》，中国人民大学出版社 2013 年版。

第十六章　检察官职业伦理

■ **本章概要**

　　本章分析了检察官职业伦理的概念、特征、主要内容、职业责任。检察官职业伦理是指检察官、检察官辅助人员以及其他相关人员在开展与其职业身份有关的活动中应当遵守的准则，主体、对象和内容具有特定性。在国际层面，目前有多个公约或者文件涉及检察官职业伦理。在国内层面，根据法律和有关文件的规定，对检察官执业伦理的具体要求包括坚定信念、执法为民、维护法治、追求正义、树立正确执法理念、依法履行职务行为、保持公正性、履行客观义务、保守职业秘密、提升职业素养、自觉接受监督、慎重社会交往、谨慎发表言论、保持健康生活方式、严格约束近亲属、离职后继续保持良好操守、遵守礼仪。检察官因为违反检察官职业伦理而违反了国家公务员管理纪律或者法律法规的规定，应承担的不利后果，包括纪律责任和司法责任。

■ **本章关键词**

　　检察官；职业伦理；具体要求；职业责任

第一节　检察官职业伦理概述

一、检察官职业伦理的概念

　　检察官职业伦理，是指检察官、检察官辅助人员以及其他相关人员在开展与其职业身份有关的活动中应当遵守的准则。从理论上讲，检察官职业伦理，可以进一步分为检察官的外部伦理和内部伦理。所谓检察官的外部伦理，是指检察官基于职务行使及其特殊身份而在对外联系中需遵循的行为准则；所谓检察官的内部伦理，则是指检察官在检察机关内部工作中应当遵循的行为准则。区分检察官外部伦理和内部伦理的主要依据在于：前者旨在约束检察官的对外行为，包括检察官在履行职务过程中应当遵守的行为准则和检察官因为其特殊身份而在私人活动和社交活动中应当遵守的行为准则；而后者旨在约束检察官在检察机关内部的行为，包括检察官与上级检察首长的行为关系准则，以及检察官与同僚的行为关系准则。[1]

　　在结构意义上，检察官职业伦理是检察官与其职业相关主体之间的一种客观交往关系。检察官职业伦理并不是单个因素的结构，其包括作为职业伦理主体的检察官、检察官职业

---

[1]　参见万毅："检察官职业伦理的划分"，载《国家检察官学院学报》2014年第1期。

伦理关系、检察官职业伦理规范以及检察官职业伦理秩序四种构成要素。在功能意义上，检察官职业伦理产生于检察官职位本身，同时又对检察官个体具有濡化作用。检察官可能并没有感知，但是，这种濡化过程却实在地发挥着作用。因此，检察官职业伦理可以在很大程度上优化检察官职业的内在结构，将检察官职业巩固为一种稳定的关系，并使得检察官职业共同体成员由法律认同感提升至伦理认同感，从而保证检察官职业群体的有效互动及效能发挥。[1]

二、检察官职业伦理的特征

(一) 主体具有特定性

检察官职业伦理的主体是检察官及其辅助人员。2019 年《检察官法》第 2 条规定，检察官是依法行使国家检察权的检察人员，包括最高人民检察院、地方各级人民检察院和军事检察院等专门人民检察院的检察长、副检察长、检察委员会委员和检察员。除了检察官，检察官辅助人员应当遵守相关伦理准则，包括检察官助理和书记员。按照检察院内部的机构设置，根据职责分工的不同，除了职业检察官及其辅助人员，检察院内部还设有负责内勤、党建、研究等的司法行政人员岗位。虽然他们与职业检察官的司法活动有着密切的联系，但他们毕竟不是职业检察官，二者之间的职业差异还是有本质上的区别。基于此，二者之间的职业伦理要求也大不相同，后者只需要遵守基本的司法行政人员的职业伦理即可。

(二) 对象具有特定性

检察官职业伦理规范的对象是特定的，主要指向检察官的职业行为及其各种社会活动。这些活动既包括业内活动，也包括业外活动。检察官职业伦理首先调整的是检察官的职业行为。例如"忠诚"的职业伦理要求检察官忠于党、忠于国家、忠于人民，忠于事实和法律，忠于人民检察事业，恪尽职守，勇于奉献；"公正"要求检察官树立"正义"的理念，独立行使检察权，坚持法律面前人人平等，自觉维护程序公正和实体公正；"严明"要求检察官在执法活动中要"严格执法，文明办案，刚正不阿，敢于监督，勇于纠错，捍卫宪法和法律的尊严"；等等。同时，为了维护检察官和法治的形象与尊严，也需要规范检察官的业外行为。例如，在公共场合及新闻媒体上，检察官不应发表有损法律严肃性、权威性，有损检察机关形象的言论。未经批准，不应对正在办理的案件发表个人意见或者进行评论。在职务外活动中应当约束言行，避免公众对检察官公正执法和清正廉洁产生合理怀疑，避免对履行职责产生负面作用，避免对检察机关的公信力产生不良影响，等等。总体来说，这些职业伦理不同于普通的职业伦理，相比较而言，前者的要求更高，规范得更严格。检察官是弘扬社会正气行为的体现，代表着法律公正无私的形象。因此，检察官的言行必须要谨慎，不管是在检察官自己日常的职业活动中，还是在业外活动中，检察官应模范地遵守法律职业伦理，尤其是检察官职业伦理，成为公民行为的道德楷模。

(三) 内容具有特定性

检察官职业伦理的核心是公正司法。作为一种特殊的法律职业，检察官的任务是通过行使检察权，追究犯罪嫌疑人的违法犯罪活动，保护人民群众的生命、财产和健康安全，保障公民的人身权利、民主权利和其他权利，维护正常的社会秩序。同时，检察官还应通过自己的司法实践，教育公民自觉地遵守宪法和法律，积极同违法犯罪行为作斗争。检察官的行为主要体现在程序活动中，处理的是各个行为主体之间的关系。这说明，检察官的

---

[1] 参见宋远升："论检察官职业伦理的构成及建构"，载《法学评论》2014 年第 3 期。

职业伦理具有两方面的内容：一是规范检察官的职业行为；二是培养起高尚的生活情操和道德水平。因此，检察官职业伦理的主体分为基本原则、公诉机关内部的关系与合作、与其他机关和人员的关系与合作、业外活动四个方面。基本原则涉及职业行为的合法性、公正性、勤勉、忠诚、适正性、职业尊严等静态的价值目标，这些价值目标的动态实现可以规定在其他规范中。在公诉机关内部的关系与合作中，可以就检察官上下级之间的关系、同事之间的关系作出规定。至于与其他机关和人员的关系与合作，可就检察机关与人民法院、公安机关、检察官与警察、举报者、犯罪嫌疑人、被告人、对方当事人、被害人、证人、一般公众、新闻媒体的关系作出决定；在业外活动方面，可以就可能与检察官职业身份相关、对检察官职业尊严有所影响的业外活动作出规定。

三、关于检察官职业伦理的国际规范

联合国《关于检察官作用的准则》规定，检察官应当遵守的基本准则包括：在任何时候都保持其职业的荣誉和尊严，始终根据法律以及公认的职业标准和道德行事；始终一贯迅速而公平地依法行事，尊重和保护人的尊严，维护人权从而有助于确保法定诉讼程序和刑事司法系统的职能顺利地运行；不偏不倚地履行其职能，并避免任何政治、社会、文化、性别或任何其他形式的歧视；保证公众利益，按照客观标准行事，适当考虑嫌疑犯和受害者的立场，并注意一切有关的情况，无论对嫌疑犯有利或不利；对掌握的情况保守秘密，除非履行职责或司法上的需要有不同的要求；在受害者的个人利益受到影响时应考虑其观点和所关心的问题，并确保按照《为罪行和滥用权力行为受害者取得公理的基本原则宣言》，使受害者知悉其权利。

《检察官职业责任标准和基本职责及权利声明》规定检察官应该遵循如下基本原则：任何时候都要维护检察官职业的荣誉和尊严；始终以专业的态度行事，遵守法律、行业规则和职业伦理；在任何时候都要保持最高的正直和谨慎；随时掌握有关法律发展的最新情况；努力做到言行一致、独立公正；要始终保护被告人获得公正审判的权利，尤其要确保依照法律或公正审判的要求披露有利于被告人的证据；始终服务于和保护公众利益；尊重、保护和维护人类尊严和人权的普遍概念。

第二节　检察官职业伦理的主要内容

一、我国关于检察官职业伦理的规定

（一）《检察官法》中的法定义务

检察官应当履行下列义务：严格遵守宪法和法律；秉公办案，不得徇私枉法；依法保障当事人和其他诉讼参与人的诉讼权利；维护国家利益、社会公共利益，维护个人和组织的合法权益；保守国家秘密和检察工作秘密，对履行职责中知悉的商业秘密和个人隐私予以保密；依法接受法律监督和人民群众监督；通过依法办理案件以案释法，增强全民法治观念，推进法治社会建设；法律规定的其他义务。

（二）《检察官职业道德基本准则》中的基本准则

2016 年 12 月，最高人民检察院召开第十二届检察委员会第五十七次会议，通过《检察官职业道德基本准则》，要求全体检察官遵照执行，检察辅助人员参照执行。基本准则包括五条，分别为：为坚持忠诚品格，永葆政治本色；坚持为民宗旨，保障人民权益；坚持担当精神，强化法律监督；坚持公正理念，维护法制统一；坚持廉洁操守，自觉接受监督。

（三）《检察官职业行为基本规范（试行）》中的基本规范

2010 年 9 月，最高人民检察院检察委员会第十一届第四十二次会议讨论通过《检察官职业行为基本规范（试行）》，目的是规范检察官职业行为，保障和促进检察官严格、公正、文明、廉洁执法。根据该规定，检察官应当遵守的基本规范包括六大方面：职业信仰、履职行为、职业纪律、职业作风、职业礼仪、职务外行为。

1. 职业信仰。检察官的职业信仰是检察官个人信仰的集中体现。检察官是行使国家检察权的人员，是中国特色社会主义事业的建设者、捍卫者，职业信仰的内容应当包括：①坚定的政治信念，建设和捍卫中国特色社会主义事业，坚持中国共产党领导。②热爱祖国，维护国家安全、荣誉和利益，维护国家统一和民族团结，同一切危害国家的言行作斗争。③坚持依法治国基本方略，坚持服务大局，维护公平正义，忠实履行检察官职责，促进司法公正，提高检察机关执法公信力。④坚持执法为民，密切联系群众，倾听群众呼声，妥善处理群众诉求。⑤恪守职业道德，铸造忠诚品格，强化公正理念，树立清廉意识，提升文明素质。

2. 履职行为。检察官的履职行为是检察官职业伦理的外在体现。在行使检察权、履行法律监督职责的过程中，应当自觉做到如下要求：①坚持依法履行职责，严格按照法定职责权限、标准和程序执法办案。②坚持客观公正，重证据，重调查研究，依法全面、客观地收集、审查和使用证据，坚决杜绝非法取证，依法排除非法证据。③坚持打击与保护相统一，实体与程序相统一，惩治与预防相统一，坚持执行法律与执行政策相统一，坚持强化审判监督与维护裁判稳定相统一。④坚持理性、平和、文明、规范执法，善于用群众信服的方式执法办案。⑤重视化解矛盾纠纷，通过释法说理努力做到案结、事了、人和，促进社会和谐稳定。

3. 职业纪律。检察官的职业纪律是保障检察官恪守职业伦理的重要制度。检察官在履职过程中应当严守各方面的纪律，包括政治纪律、组织纪律、工作纪律、廉洁从检纪律、办案纪律、保密纪律、枪支弹药和卷宗管理纪律、公务和警用车辆使用纪律等。

4. 职业作风。检察官的职业作风是履职态度、办案理念和自我要求的重要体现。检察官的职业作风包括：①良好的思想作风，解放思想，实事求是，与时俱进，锐意进取，开拓创新，研究新情况，解决新问题，创造性地开展工作。②良好的学风，坚持理论联系实际，提高理论水平和解决实际问题的能力。③良好的工作作风，密切联系群众，遵循客观规律，注重调查研究，察实情，讲实话，办实事，求实效，不搞形式主义，不弄虚作假。④良好的领导作风，坚持民主集中制，自觉开展批评与自我批评，以身作则，率先垂范。⑤良好的生活作风，艰苦奋斗，勤俭节约，克己奉公，甘于奉献，反对奢侈浪费。⑥良好的执法作风，注重团结协作，提高办案效率，不要特权、逞威风。

5. 职业礼仪。检察官的职业礼仪是检察官职业尊严的重要保障。检察官在履职过程中的礼仪涉及诸多方面：①工作礼仪，团结、关心和帮助同事。②着装礼仪，按规定着检察制服、佩戴检察徽标，着便装大方得体。③接待和语言礼仪，对人热情周到，使用文明礼貌用语。④外事礼仪，遵守国际惯例，尊重国格人格和风俗习惯，维护国家形象。

6. 职务外行为。检察官的职务外行为在一定程度上直接或者间接反映了检察官的司法良知和职业素养。检察官的职务外行为需要接受以下引导和约束：①慎重社会交往，约束自身行为，不参加与检察官身份不符的活动。②谨慎发表言论，避免因不当言论对检察机关造成负面影响，遵守检察新闻采访纪律，就检察工作接受采访应当报经主管部门批准。③遵守社会公德，积极参加社会公益活动。④弘扬家庭美德，增进家庭和睦，妥善处理家庭矛盾和与他人的纠纷。⑤培养健康情趣，坚持终身学习，崇尚科学，反对迷信，追求高尚，抵制低俗。

二、我国关于检察官职业伦理的具体要求

（一）坚定信念

检察机关是国家的法律监督机关、检察官是行使国家检察权的检察人员，是中国特色社会主义事业的建设者、捍卫者，社会公平正义的守护者和公共利益的代表者。因此，检察官职业信仰的重要内容之一即是坚定信念。信念是信仰的起点，信仰由信念发展而来。这主要体现在《检察官职业行为基本规范（试行）》第1、2、3、7条的规定。

（二）执法为民

执法为民是宪法原则的具体体现，我国《宪法》第2条第1款明确规定："中华人民共和国的一切权力属于人民。"与这一宪法原则相呼应，《宪法》第27条第2款明确要求，一切国家机关和国家工作人员必须"努力为人民服务"。检察机关是国家机关的组成部分，检察官是国家工作人员的组成部分，因此，执法为民是其对宪法原则的具体实践。这主要体现在《检察官职业行为基本规范（试行）》第4条的规定中。

（三）维护法治

检察官在法治国家中担任着重要的角色，代表国家追诉犯罪，维护国家公民的利益和权利，监督违法行为，保障国家法律统一正确实施，法治思维是检察官履行法律监督职责的底线思维。此外，维护法治还需要检察官树立牢固的法律信仰，检察官的法律信仰是指检察官在执行法律和履行法律监督职责过程中对法的认可和自觉运用以及最终形成思维价值指向上对法律的高度崇尚。这主要体现为《检察官职业行为基本规范（试行）》第5条的规定。

（四）追求正义

一般认为，法是实现正义的手段，法的价值之一在于实现正义。法律对正义的实现作用，总体上体现为：分配权利以确立正义；惩罚罪行以伸张正义；补偿损失以恢复正义。检察官有责任确保适当的人因适当的罪行而被检控，并在可能的情况下将违法者绳之以法。这主要体现为《检察官职业行为基本规范（试行）》第6条的规定。

（五）树立正确执法理念

理念是一种价值观念、认识和信念或价值观，属于意识形态范畴。执法理念是执法人员对法律的功能、作用和法律实施所持有的态度和观念，其具有稳定性，对执法活动及执法效果具有决定性的影响作用，贯穿于整个法律实践过程中，潜移默化地影响、传承于后人，并培育着一个国家的法治传统和法律精神。《检察官职业行为基本规范（试行）》第17～20条规定了检察官在将执法理念外化为职务行为时应该遵循的基本规则。

（六）依法履行职务行为

检察官作为行使检察权的国家工作人员，其行为正当性具备宪法及法律基础，不受行政机关、社会团体和个人的干涉，但同时也应该严格按照规定的权限和程序认真履行职责。我国《宪法》第136条规定："人民检察院依照法律规定独立行使检察权，不受行政机关、社会团体和个人的干涉。"我国《检察官法》第6条规定："检察官依法履行职责，受法律保护……"第10条规定，检察官应当履行的义务，包括"严格遵守宪法和法律"。《检察官职业行为基本规范（试行）》第9条对此做出了进一步规定。

（七）保持公正性

综合国内学者的研究成果，一般认为公正的基本内涵是指从一定的原则和准则出发对

人们的行为和作用所作的相应评价，也指一种平等的社会状况，即按同一原则和标准对待相同情况的人和事。司法公信力的确立与提高，有赖每一位司法者的公正，它需要在每一具体的案件中得到实践与体现。我国《检察官法》第 10 条规定，检察官应当履行的义务，包括"秉公办案，不得徇私枉法"。《检察官职业行为基本规范（试行）》第 10 条作出了进一步规定。

（八）履行客观义务

检察官的客观义务，是指检察官为了发现案件真实，不应站在当事人的立场，而应站在客观的立场上进行活动。我国《检察官法》第 10 条规定，检察官应当履行的义务包括"维护国家利益、社会公共利益，维护个人和组织的合法权益"。《检察官职业行为基本规范（试行）》第 16 条对此作出了进一步规定。

（九）保守职业秘密

同律师、医生、心理师等职业人员一样，检察官在履行职务的过程中也会获得国家秘密、商业秘密以及个人隐私，这些信息在广义上可以统称为检察官的"职业秘密"。各国检察官职业伦理都要求检察官必须保守职业秘密，我国也不例外。我国《检察官法》第 10 条规定，检察官应当履行的义务包括"保守国家秘密和检察工作秘密"。与国家秘密相比，检察官在履行职务行为的过程中获得的诸如商业秘密、个人隐私等检察秘密，虽然没有系统性的立法规定，但也散见在诸多法律条文中，检察官同样负有保守秘密的义务。

（十）提升职业素质

一般认为，检察官的职业素质与检察官能否履行好职务行为密切相关。检察官的职业素质包括以下几个方面的能力：新形势下群众工作能力；维护社会公平正义能力；新媒体时代舆论引导能力；科技信息应用能力；拒腐防变能力。如何将这些能力体现在检察官履行职务的过程中，是每一位检察官需要认真思考的问题。《检察官职业行为基本规范（试行）》对此也作出了规定。

（十一）自觉接受监督

检察官既是法律的维护者，又是法律的执行者，还要接受法律的监督。根据我国宪法和法律的规定，各级人民检察院都由本级人民代表大会产生，对它负责，受它监督。这说明，人民检察院接受国家权力机关的监督是由法律规定的，同时，这种监督应该是严格依法进行的。此外，检察官自觉接受群众监督，目的是严格依法办事，更好地惩治违法犯罪，保护人民合法权益。我国《检察官法》第 10 条规定，检察官应当履行的义务包括"接受法律监督和人民群众监督"。《检察官职业行为基本规范（试行）》第 24 条作出了进一步规定。

（十二）慎重社会交往

检察官正常的社会交往活动本无可厚非，但是一旦检察官参与的社会活动将影响公众对检察官公正性的信任，检察官就应该拒绝参与此类社会活动，因为维持和加强公众对检察官及司法制度的信任，是检察官的职业义务。检察官因身份特殊，往往成为外界人士想要结交的对象，为了避免此等交往结果引发外界对检察官职权行使公正性的质疑，检察官在选择社会交往对象时需要小心谨慎。检察官可以参加符合法律规定的不妨碍公正和维护司法权威、不影响检察工作的学术研究和其他社会活动，可以写作与法律有关或其他方面的作品，但是主题应该是积极向上的，能够产生正向引导，并且在内容上要把握好度，不要泄露国家秘密和检察秘密。《检察官职业行为基本规范（试行）》第 45 条对此作出了规定。

（十三）谨慎发表言论

检察官的公开言论是职务外行为中应该慎重对待的问题。一般情况下，就"谨慎发表言论"而言，检察官需要遵守如下规则：保守国家秘密和检察秘密，不披露履职过程中获得的商业秘密和个人隐私；不评论其他司法人员经办的案件；避免对检察机关的公信力产生不良影响的言论；处理好与各种社交媒体之间的关系，严格约束自己在社交媒体上的言论。当然，检察官还负有加强和促进社会公众对司法制度的信赖之义务，在以案释法中应当遵循四项原则：合法规范原则；及时有效原则；协同配合原则；保守秘密原则。《检察官职业行为基本规范（试行）》第46条对此作出了规定。

（十四）保持健康生活方式

检察官保持生活充实、身心健康、个人与社会和谐的健康生活方式，是检察官职业伦理的要求，也是培养自身高尚情操的重要条件。这要求检察官应当培养健康情趣，坚持终身学习。《检察官职业行为基本规范（试行）》第49条对此作出了规定。

（十五）严格约束近亲属

在实践中，司法人员有不少问题是出在近亲属或其他关系密切的人员身上。因此，检察官应向近亲属或其他关系密切的人告知检察官职业伦理的要求，教育近亲属等人模范执行有关清正廉洁的规定，对他们严格要求，是检察官保持自身廉洁的重要保障，也是检察官对其近亲属等人的关心、爱护、负责任的表现。

（十六）离职后继续保持良好操守

关于公务员辞职或退休后在一定期限内规避原权力的内容，《公务员法》的规定有两个：一是不得到与原工作业务直接相关的单位任职；二是不得从事与原工作业务直接相关的营利活动。我国《检察官法》第37条第1、2款规定："检察官从人民检察院离任后2年内，不得以律师身份担任诉讼代理人或者辩护人。检察官从人民检察院离任后，不得担任原任职检察院办理案件的诉讼代理人或者辩护人，但是作为当事人的监护人或者近亲属代理诉讼或者进行辩护的除外。"这些都要求检察官在离职后，其行为依然要谨慎、适度、守法，继续保持良好的操守，维护其良好的形象和检察官职业的公信力。

（十七）遵守礼仪

检察官应当遵守各项检察礼仪规范，注重检察职业礼仪约束。职务行为中的礼仪包括：遵守工作礼仪，团结、关心和帮助同事，爱护工作环境，营造干净整洁、宽松和谐、风清气正的工作氛围；遵守着装礼仪，按规定着检察制服、佩戴检察徽标，着便装大方得体；遵守接待和语言礼仪，对人热情周到，亲切和蔼，耐心细致，平等相待，一视同仁，举止庄重，精神振作，礼节规范；使用文明礼貌用语，表达准确，用语规范，不说粗话、脏话。职务外活动，关系到检察机关和检察官的外在形象。检察官在职务外活动中，应当注重职业荣誉，约束自己的言行，不使用有损检察职业形象的语言，不做有损检察官身份的事情，不穿着检察正装、佩戴检察标识到营业性娱乐场所进行娱乐、休闲活动或者在公共场所饮酒，不参与赌博、色情、封建迷信活动以及其他不健康、不文明的活动。避免公众对检察官公正执法和清正廉洁执法产生合理怀疑，避免对履行职责产生负面作用，避免对检察机关的公信力产生不良影响。

第三节 检察官职业责任

一、检察官职业责任的概念

检察官职业责任,指检察官不遵守检察官职业伦理,从而违反了相关纪律或者法律法规,需要承担的不利后果。

《检察人员纪律处分条例》规定,本条例的纪律处分适用于违反纪律或者法律、法规规定应当受到纪律追究的检察人员。《检察官法》规定,检察官有下列行为之一的,应当给予处分,构成犯罪的,依法追究刑事责任:贪污受贿、徇私枉法、刑讯逼供的;隐瞒、伪造、变造、故意损毁证据、案件材料的;泄露国家秘密、检察工作秘密、商业秘密或者个人隐私的;故意违反法律法规办理案件的;因重大过失导致案件错误并造成严重后果的;拖延办案,贻误工作的;利用职权为自己或者他人谋取私利的;接受当事人及其代理人利益输送,或者违反有关规定会见当事人及其代理人的;违反有关规定从事或者参与营利性活动,在企业或者其他营利性组织中兼任职务的;有其他违纪违法行为的。检察官的处分按照《检察人员纪律处分条例》办理。《人民检察院组织法》规定,人民检察院实行司法责任制,建立健全权责统一的司法权力运行机制。可见,我国检察官违反纪律或者法律、法规规定的责任包括纪律责任和司法责任。

二、检察官的违纪行为及责任

(一)承担违纪责任的情形

1. 违纪行为。为了严肃检察纪律,规范检察人员行为,保证检察人员依法履行职责,确保公正廉洁司法,根据《人民检察院组织法》《公务员法》《检察官法》等法律法规,参照《中国共产党纪律处分条例》等党内法规,结合检察机关的实际,《检察人员纪律处分条例》的分则规定了七大类违纪行为,按照同类相近和由重到轻的原则进行排序。

第一,违反政治纪律的行为,主要是反对党的领导和反对党的基本理论、基本路线、基本纲领、基本经验、基本要求的行为。例如,公开发表违背四项基本原则,违背、歪曲党的改革开放决策,或者其他有严重政治问题的文章、演说、宣言、声明等的;妄议中央大政方针,破坏党的集中统一领导的;丑化党和国家形象,或者诋毁、诬蔑党和国家领导人,或者歪曲党史、军史的;组织、参加旨在反对党的领导、反对社会主义制度或者敌视政府等组织的;组织、参加会道门或者邪教组织的;搞团团伙伙、结党营私、拉帮结派、培植私人势力或者通过搞利益交换、为自己营造声势等活动捞取政治资本的;在国(境)外、外国驻华使(领)馆申请政治避难,或者违纪后逃往国(境)外、外国驻华使(领)馆的;在国(境)外公开发表反对党和政府的文章、演说、宣言、声明等的;等等。

第二,违反组织纪律的行为,主要是违反民主集中制原则、违背"四个服从"(党员个人服从党的组织,少数服从多数,下级组织服从上级组织,全党各个组织和全体党员服从党的全国代表大会和中央委员会)要求的行为。例如,拒不执行组织的分配、调动、交流等决定;在特殊时期或者紧急状况下,拒不执行组织决定;离任、辞职或者被辞退时,拒不办理公务交接手续或者拒不接受审计;按照有关规定或者工作要求,向组织请示报告重大问题、重要事项;领导干部违反有关规定组织、参加自发成立的老乡会、校友会、战友会等,情节严重;在干部选拔任用工作中,违反干部选拔任用规定;在临时出国(境)团(组)中擅自脱离组织,或者从事外事、机要等工作的检察人员违反有关规定同国(境)外机构、人员联系和交往;等等。

第三，违反办案纪律的行为，主要是违反案件办理程序规定，影响案件公正处理的行为。例如，故意伪造、隐匿、损毁举报、控告、申诉材料，包庇被举报人、被控告人，或者对举报人、控告人、申诉人、批评人打击报复的；采用刑讯逼供等非法方法收集犯罪嫌疑人、被告人供述，或者采用暴力、威胁等非法方法收集证人证言、被害人陈述的；违反有关规定阻碍律师依法行使会见权、阅卷权、申请收集调取证据等执业权利，情节较重的；私自会见案件当事人及其近亲属、辩护人、诉讼代理人、利害关系人、中介组织，或者接受上述人员提供的礼品、礼金、消费卡等财物，以及宴请、娱乐、健身、旅游等活动的；负有监督管理职责的检察人员因故意或者重大过失，不履行或者不正确履行监督管理职责，导致司法办案工作出现错误，情节较重的；对领导干部违规干预司法办案活动、司法机关内部人员过问案件，两次以上不记录或者不如实记录的，或者授意不记录、不如实记录的，或者对如实记录的检察人员打击报复的；等等。

第四，违反廉洁纪律的行为，主要是检察人员特别是领导干部以权谋私的违纪行为。例如，利用职权或者职务上的影响为他人谋取利益，本人的配偶、子女及其配偶等亲属和其他特定关系人收受对方财物，情节较重的；向从事公务的人员及其配偶、子女及其配偶等亲属和其他特定关系人赠送明显超出正常礼尚往来的礼品、礼金、消费卡等的；利用职权或者职务上的影响操办婚丧喜庆事宜，在社会上造成不良影响的；利用职权或者职务上的影响，侵占非本人经管的公私财物，或者以象征性地支付钱款等方式侵占公私财物，或者无偿、象征性地支付报酬接受服务、使用劳务的；用公款旅游、借公务差旅之机旅游或者以公务差旅为名变相旅游的；以考察、学习、培训、研讨、参展等名义变相用公款出国（境）旅游的；违反办公用房管理规定，决定或者批准兴建、装修办公楼、培训中心等楼堂馆所，超标准配备、使用办公用房的；用公款包租、占用客房或者其他场所供个人使用的；等等。

第五，违反群众纪律的行为，主要是破坏检察机关与人民群众密切联系的违纪行为。例如，在检察工作中违反有关规定向群众收取、摊派费用的；在从事涉及群众事务的工作中，刁难群众、吃拿卡要的；对群众合法诉求消极应付、推诿扯皮，损害检察机关形象的；对待群众态度恶劣、简单粗暴，造成不良影响的；遇到国家财产和人民群众生命财产受到严重威胁时，能救而不救，情节较重或者情节严重的；不按照规定公开检察事务，侵犯群众知情权的；等等。

第六，违反工作纪律的行为，主要是领导干部履行队伍管理职责不力和检察人员违反工作管理规定的行为。例如，在工作中不负责任或者疏于管理，不传达贯彻、不检查督促落实党和国家，以及最高人民检察院的方针政策和决策部署，或者作出违背党和国家，以及最高人民检察院方针政策和决策部署的错误决策的；本系统和本单位发生公开反对党的基本理论、基本路线、基本纲领、基本经验、基本要求或者党和国家，以及最高人民检察院方针政策和决策部署行为的；不正确履行职责或者严重不负责任，致使发生重大责任事故，给国家、集体利益和人民群众生命财产造成较大损失的；不履行全面从严治检主体责任或者履行全面从严治检主体责任不力，造成严重后果或者恶劣影响的；工作时间或者工作日中午饮酒，经批评教育仍不改正的；承担司法办案任务时饮酒的；携带枪支、弹药、档案、案卷、案件材料、秘密文件或者其他涉密载体饮酒的；佩戴检察标识或者着司法警察制服在公共场所饮酒的；饮酒后驾驶机动车辆的；等等。

第七，违反生活纪律的行为，主要指"四风问题"和违反社会主义道德的行为。例如，生活奢靡、贪图享乐、追求低级趣味，造成不良影响的；与他人发生不正当性关系，造成不良影响的；利用职权、教养关系、从属关系或者其他相类似关系与他人发生性关系的；违背社会公序良俗，在公共场所有不当行为，造成不良影响的；等等。

2. **违法犯罪行为或者违反党纪行为。** 受到党纪处分或者行政处罚，应当追究纪律责任的，可以根据生效的党纪处分决定、行政处罚决定认定的事实、性质和情节，经核实后依照规定给予纪律处分。检察人员有其他违法行为，须追究纪律责任的，应当视具体情节给予警告直至开除处分。

检察人员有刑法规定的行为，虽不构成犯罪或者不以犯罪论处，但须追究纪律责任的，应当视具体情节给予警告直至开除处分。检察人员有贪污贿赂、渎职侵权等刑法规定的行为涉嫌犯罪的，应当给予撤职或者开除处分。因犯罪被判处刑罚的，应当给予开除处分。因犯罪情节轻微，被人民检察院依法作出不起诉决定的，或者被人民法院免予刑事处罚的，给予降级、撤职或者开除处分。

（二）纪律处分

纪律处分是指检察人员违反相关纪律行为，根据其违纪行为的事实、性质和情节，按照纪律处分条例的有关规定作出的处分。根据《检察人员纪律处分条例》的规定，处分分为：警告、记过、记大过、降级、撤职、开除。纪律处分期间分别为：警告，6个月；记过，12个月；记大过，18个月；降级、撤职，24个月。

（三）纪律处分的具体适用

对于违反纪律情节轻微，经批评教育确已认识错误的，可以免予处分。情节显著轻微，不认为构成违纪的，不予处分。

有下列情形之一的，可以从轻或者减轻处分：主动交代本人应当受到纪律处分的问题的；检举他人应当受到纪律处分或者法律追究的问题，经查证属实的；主动挽回损失、消除不良影响或者有效阻止危害结果发生的；主动上交违纪所得的；有其他立功表现的。

有下列情形之一的，应当从重或者加重处分：在集中整治过程中，不收敛、不收手的；强迫他人违纪的；本条例另有规定的。故意违纪受处分后又因故意违纪应当受到纪律处分的，应当从重处分。从轻、从重处分，是指在规定的违纪行为应当受到的处分幅度以内，给予较轻或者较重的处分。减轻、加重处分，是指在规定的违纪行为应当受到的处分幅度以外，减轻或者加重一档给予处分。

一人有两种以上应当受到处分的违纪行为，应当分别确定其处分种类。应当给予的处分种类不同的，执行其中最重的处分；应当给予撤职以下多个相同种类处分的，执行该处分，并在最高处分期间以上，多个处分期间之和以下，决定应当执行的处分期间。处分期间最长不超过48个月。

一个违纪行为同时触犯本条例两个以上条款的，依照处分较重的条款定性处理。一个条款规定的违纪构成要件全部包含在另一个条款规定的违纪构成要件中，特别规定与一般规定不一致的，适用特别规定。

二人以上共同故意违纪的，对起主要作用的，从重处分，另有规定的除外；对其他成员，按照其在共同违纪中所起的作用和应负的责任，分别给予处分。对于经济方面共同违纪的，按照个人所得数额及其所起的作用，分别给予处分。对起主要作用，情节严重的，按照共同违纪的总数额给予处分。教唆他人违纪的，应当按照其在共同违纪中所起的作用追究纪律责任。

三、检察官的司法责任

(一)承担司法责任的情形

检察人员应当对其履行检察职责的行为承担司法责任,在职责范围内对办案质量终身负责。司法责任包括故意违反法律法规责任、重大过失责任和监督管理责任。

故意违反法律法规责任,是指检察人员在司法办案工作中,故意实施下列行为之一而应当承担的司法责任:包庇、放纵被举报人、犯罪嫌疑人、被告人,或使无罪的人受到刑事追究的;毁灭、伪造、变造或隐匿证据的;刑讯逼供、暴力取证或以其他非法方法获取证据的;违反规定剥夺、限制当事人、证人人身自由的;违反规定限制诉讼参与人行使诉讼权利,造成严重后果或恶劣影响的;超越刑事案件管辖范围初查、立案的;非法搜查或损毁当事人财物的;违法违规查封、扣押、冻结、保管、处理涉案财物的;对已经决定给予刑事赔偿的案件拒不赔偿或拖延赔偿的;违法违规使用武器、警械的;其他违反诉讼程序或司法办案规定,造成严重后果或恶劣影响的。

重大过失责任,是指检察人员在司法办案工作中有重大过失,怠于履行或不正确履行职责,造成下列后果之一而应当承担的司法责任:认定事实、适用法律出现重大错误,或案件被错误处理的;遗漏重要犯罪嫌疑人或重大罪行的;错误羁押或超期羁押犯罪嫌疑人、被告人的;涉案人员自杀、自伤、行凶的;犯罪嫌疑人、被告人串供、毁证、逃跑的;举报控告材料或其他案件材料、扣押财物遗失、严重损毁的;举报控告材料内容或其他案件秘密泄露的;有其他严重后果或恶劣影响的。

监督管理责任,是指负有监督管理职责的检察人员因故意或重大过失怠于行使或不当行使监督管理权,导致司法办案工作出现严重错误而应当承担相应的司法责任。

同样,有些情形下不应当承担司法责任:①检察人员做出的与司法办案活动无关的其他违纪违法行为,依照法律及《检察人员纪律处分条例》等有关规定处理。②司法办案工作中虽有错案发生,但检察人员履行职责时尽到必要注意义务,没有故意或重大过失的,不承担司法责任。③检察人员在事实认定、证据采信、法律适用、办案程序、文书制作以及司法作风等方面不符合法律和有关规定,但不影响案件结论的正确性和效力的,属司法瑕疵,依照相关纪律规定处理。

(二)承担司法责任的主体

独任检察官承办并作出决定的案件,由独任检察官承担责任。检察官办案组承办的案件,由其负责人和其他检察官共同承担责任。办案组负责人对职权范围内决定的事项承担责任,其他检察官对自己的行为承担责任。检察辅助人员参与司法办案工作的,根据职权和分工承担相应的责任。检察官有审核把关责任的,应当承担相应的责任。

属于检察长(副检察长)或检察委员会决定的事项,检察官对事实和证据负责,检察长(副检察长)或检察委员会对决定事项负责。检察长(副检察长)除承担监督管理的司法责任外,对在职权范围内作出的有关办案事项决定承担完全责任。对于检察官在职权范围内作出决定的事项,检察长(副检察长)不因签发法律文书承担司法责任。检察官根据检察长(副检察长)的要求进行复核并改变原处理意见的,由检察长(副检察长)与检察官共同承担责任。检察长(副检察长)改变检察官决定的,对改变部分承担责任。

检察官向检察委员会汇报案件时,故意隐瞒、歪曲事实、遗漏重要事实、证据或情节,导致检察委员会作出错误决定的,由检察官承担责任;检察委员会委员根据错误决定形成的具体原因和主观过错情况承担部分责任或不承担责任。

上级人民检察院不采纳或改变下级人民检察院正确意见的,应当由上级人民检察院有关人员承担相应的责任。下级人民检察院有关人员故意隐瞒、歪曲事实，遗漏重要事实、证据或情节，导致上级人民检察院作出错误命令、决定的，由下级人民检察院有关人员承担责任；上级人民检察院有关人员有过错的，应当承担相应的责任。

（三）承担司法责任的内容

对经调查属实应当承担司法责任的人员，根据《检察官法》《检察人员纪律处分条例》《检察人员执法过错责任追究条例》等有关规定，分别按照下列程序作出相应处理：①应当给予停职、延期晋升、调离司法办案工作岗位以及免职、责令辞职、辞退等处理的，由组织人事部门按照干部管理权限和程序办理；②应当给予纪律处分的，由人民检察院纪检监察机构依照有关规定和程序办理；③涉嫌犯罪的，由人民检察院纪检监察机构将犯罪线索移送有关机关处理。

（四）追究司法责任的程序

对检察人员在司法办案工作中违纪违法行为和司法过错行为的检举控告，由人民检察院纪检监察机构受理，并进行调查核实。经调查后认为应当追究检察官故意违反法律法规责任或重大过失责任的，应当报请检察长决定后，移送省、自治区、直辖市检察官惩戒委员会审议。

最高人民检察院和省、自治区、直辖市设立检察官惩戒委员会，由检察官代表、其他从事法律职业的人员和有关方面代表组成，其中检察官代表不少于半数。检察官惩戒委员会审议惩戒事项时，人民检察院纪检监察机构应当及时向检察官惩戒委员会通报当事检察官的故意违反法律法规或重大过失事实及拟处理建议、依据，并就其故意违反法律法规或重大过失承担举证责任，当事检察官有权申请有关人员回避，进行陈述、辩解、申请复议。

审议结束后，经全体委员的 2/3 以上的多数通过，检察官惩戒委员会根据查明的事实和法律规定作出无责、免责或给予惩戒处分的建议，提出构成故意违反职责、存在重大过失、存在一般过失或者没有违反职责等审查意见。惩戒委员会的审查意见应当送达当事检察官和有关人民检察院。当事检察官对审查意见有异议的，可以向惩戒委员会提出，惩戒委员会应当对异议及其理由进行审查，作出决定。检察官惩戒委员会提出审查意见后，人民检察院依照有关规定作出是否予以惩戒的决定，并给予相应处理。当事法官、检察官对惩戒决定不服的，可以向作出决定的人民法院、人民检察院申请复议，并有权向上一级人民法院、人民检察院申诉。

■思考题

1. 检察官职业伦理的概念与特征是什么？
2. 检察官应当遵守的基本规范有哪些？
3. 如何理解对检察官履行客观义务的要求？
4. 检察官承担司法责任的情形有哪些？

■参考书目

1. ［瑞士］古尔蒂斯·里恩著，王新玥、陈涛译：《美国和欧洲的检察官》，法律出版社 2019 年版。
2. 张永进：《中外检察官办案责任制比较研究》，中国人民公安大学出版社 2019 年版。
3. 温辉：《检察官职业道德与行为规范》，知识产权出版社 2018 年版。
4. 龙宗智：《检察官客观义务论》，法律出版社 2014 年版。
5. 农中校、刘缨：《检察官职业化建设探索与研究》，中国检察出版社 2008 年版。

第十七章　公证员职业伦理

■ **本章概要**

　　本章介绍了公证员概念与任职、公证员职业伦理概念与作用及内容，要理解和掌握公证员的任职条件、公证员职业伦理主要内容以及公证职业责任的规定。

■ **本章关键词**

　　公证员；公证员职业伦理；公证职业责任

　　公证制度是我国司法制度的重要组成部分，在民事活动和经济交往中具有预防纠纷、化解矛盾的特殊社会功能，是国家为保障公证机构和公证员依法履行职责，规范公证行为，预防纠纷，维护民商事活动的正常秩序，保障国家利益、公共利益以及自然人、法人和其他组织的合法权益，而设立的一种预防性司法证明制度。公证员职业伦理是我国公证制度和法律职业伦理制度的重要组成部分。

第一节　公证员职业伦理概述

一、公证员的概念与任职

　　公证是公证机构根据自然人、法人或者其他组织的申请，依照法律规定对民事法律行为、有法律意义的事实和文书的真实性、合法性予以证明并赋予法律效力的活动。为规范公证活动，保障公证机构和公证员依法履行职责，预防纠纷，保障自然人、法人或者其他组织的合法权益，2005 年 8 月 28 日第十届全国人民代表大会常务委员会第十七次会议通过《中华人民共和国公证法》，该法自 2006 年 3 月 1 日起施行（2015 年、2017 年两次修正）。这标志着中国特色的公证法律制度的最终成型，我国的公证制度日臻完善。[1]此外，我国民事诉讼法、合同法、继承法、收养法、担保法等也有有关公证制度的内容。

　　（一）公证员的概念

　　《公证法》第 16 条规定："公证员是符合本法规定的条件，在公证机构从事公证业务的执业人员。"《公证员执业管理办法》第 2 条规定："公证员是符合《公证法》规定的条件，经法定任职程序，取得公证员执业证书，在公证机构从事公证业务的执业人员……"据此，公证员是法律工作者，既是公证机构独立办理公证事务的执业人员，也是公证机构的核心成员和基本构成人员，他们具有良好的专业技能和公证执业要求的法律知识。公证员有权

―――――――――

〔1〕　时显群、刘国涛主编：《律师与公证学》，重庆大学出版社 2005 年版，第 324 页。

承办所有公证业务，享有公证法规定的权利，同时应履行公证法规定的义务。公证员办理公证事务，应当在公证书上署名。

（二）公证员的任职

1. 公证员的任职条件。担任公证员应当具备的条件大致包括积极条件、特殊条件、消极条件三方面。

在积极条件方面，《公证法》第18条规定了担任公证员应当具备的条件：①具有中华人民共和国国籍；②年龄25周岁以上65周岁以下；③公道正派，遵纪守法，品行良好；④通过国家统一法律职业资格考试取得法律职业资格；⑤在公证机构实习2年以上或者具有3年以上其他法律职业经历并在公证机构实习1年以上，经考核合格。这些条件包括国籍条件、年龄条件、品行条件、专业条件、经历条件等。

《公证法》还规定了公证员考核任职制度，以作为公证员基本准入制度的补充，此为担任公证员应当具备的特殊条件。《公证法》第19条规定，从事法学教学、研究工作，具有高级职称的人员，或者具有本科以上学历，从事审判、检察、法制工作、法律服务满10年的公务员、律师，已经离开原工作岗位，经考核合格的，也可以担任公证员。为规范公证员考核任职工作，充分发挥公证员考核任职制度的作用，司法部制定了《公证员考核任职工作实施办法》。

同时，《公证法》第20条规定了公证员任职的消极条件，即有下列情形之一的，不得担任公证员：①无民事行为能力或者限制民事行为能力的；②因故意犯罪或者职务过失犯罪受过刑事处罚的；③被开除公职的；④被吊销公证员、律师执业证书的。

2. 公证员的任免程序。根据《公证法》第21条的规定，担任公证员，应当由符合公证员条件的人员提出申请，经公证机构推荐，由所在地的司法行政部门报省、自治区、直辖市人民政府司法行政部门审核同意后，报请国务院司法行政部门任命，并由省、自治区、直辖市人民政府司法行政部门颁发公证员执业证书。《公证员执业管理办法》第10、11条进一步规定，符合公证员基本准入条件和考核任职条件的人员报请审核，应当提交的材料内容。

根据《公证员执业管理办法》的规定，省、自治区、直辖市司法行政机关应当自收到报审材料之日起20日内完成审核。对符合规定条件和公证员配备方案的，作出同意申请人担任公证员的审核意见，填制公证员任职报审表，报请司法部任命；对不符合规定条件或者公证员配备方案的，作出不同意申请人担任公证员的决定，并书面通知申请人和所在地司法行政机关。司法部应当自收到省、自治区、直辖市司法行政机关报请任命公证员的材料之日起20日内，制作并下达公证员任命决定。司法部认为报请任命材料有疑义或者收到相关投诉、举报的，可以要求报请任命机关重新审核。省、自治区、直辖市司法行政机关应当自收到司法部下达的公证员任命决定之日起10日内，向申请人颁发公证员执业证书，并书面通知其所在地司法行政机关。

公证员变更执业机构，应当经所在公证机构同意和拟任用该公证员的公证机构推荐，报所在地司法行政机关同意后，报省、自治区、直辖市司法行政机关办理变更核准手续。公证员跨省、自治区、直辖市变更执业机构的，经所在的省、自治区、直辖市司法行政机关核准后，由拟任用该公证员的公证机构所在的省、自治区、直辖市司法行政机关办理变更核准手续。

《公证法》第24条规定，公证员有下列情形之一的，由所在地的司法行政部门报省、自治区、直辖市人民政府司法行政部门提请国务院司法行政部门予以免职：①丧失中华人民共和国国籍的；②年满65周岁或者因健康原因不能继续履行职务的；③自愿辞去公证员职务的；④被吊销公证员执业证书的。根据《公证员执业管理办法》的规定，被吊销公证员执业证书的，由省、自治区、直辖市司法行政机关直接提请司法部予以免职。提请免职，应当提交公证员免职报审表和符合法定免职事由的相关证明材料。司法部应当自收到提请免职材料之日起20日内，制作并下达公证员免职决定。

3. 公证员执业证书。根据《公证员执业管理办法》的规定，公证员执业证书是公证员履行法定任职程序后在公证机构从事公证执业活动的有效证件。公证员执业证书由司法部统一制作。证书编号办法由司法部制定。公证员执业证书由公证员本人持有和使用，不得涂改、抵押、出借或者转让。公证员执业证书损毁或者遗失的，由本人提出申请，所在公证机构予以证明，提请所在地司法行政机关报省、自治区、直辖市司法行政机关申请换发或者补发。执业证书遗失的，由所在公证机构在省级报刊上声明作废。

公证员变更执业机构的，经省、自治区、直辖市司法行政机关核准，予以换发公证员执业证书。公证员受到停止执业处罚的，停止执业期间，应当将其公证员执业证书缴存所在地司法行政机关。公证员受到吊销公证员执业证书处罚或者因其他法定事由予以免职的，应当收缴其公证员执业证书，由省、自治区、直辖市司法行政机关予以注销。

二、公证员职业伦理的概念和作用

（一）公证员职业伦理的概念

公证员职业伦理是指公证员在履行职务活动中所应遵循的伦理规范的总和，是调整公证职业内部公证员之间的关系以及公证员与社会各方面关系的行为准则，是评价公证员执业行为的善恶、荣辱的标准，对公证员具有特殊的约束力。公证员职业伦理属于法律职业伦理的范畴，它在公证人员工作生活中占有十分重要的位置。

就适用对象而言，公证员职业伦理不仅适用于依法取得资格的执业公证员，也包括办理公证的辅助人员和其他工作人员，主要规范公证员的履行职务行为；从调整的内容看，公证员职业伦理既包括办理公证业务的行为准则，也包括公证人员的观念、意识。公证员树立高尚的职业伦理，带头遵守公民基本道德规范和职业伦理，是其履行公证职责、公正执法的必然要求。

（二）公证员职业伦理的作用

公证员职业伦理是公证制度的基本构成要素，对公证行业的发展具有重大意义、发挥积极作用。

加强公证员职业伦理建设，是公证公信力的基本保障，是公证行业的立业之本。始终维护和不断增强公证公信力是公证制度的本质属性和公证人员的职责使命。在公证员职业伦理建设方面强调"维护和增强公证公信力"，就是要引导广大公证人员进一步牢固树立公信意识，进一步坚定维护和增强公证公信力的主动性、自觉性，把维护公信力、增强公信力的要求自觉融入公证执业活动的各个环节和各个方面，切实做到"依法履责、充分履责、规范履责、诚信履责"，是为社会提供优质高效公证法律服务，始终维护和不断增强公证公信力的根本保障。[1]积极营造有利于公证公信力建设的环境和氛围，进一步树立公证行业良好社会形象。同时，在法律没有调控的领域，要避免公证员的恣意，就需要依靠公证员自身的职业伦理；将公证发展成为服务型、主动型行业需要公证员的职业伦理；提供法律

---

[1] 参见邹璇："论公证职业道德建设"，载《法制与社会》2012年第33期。

之外的高效公证服务更需要公证员的职业伦理。[1]

加强公证员职业伦理建设，是建设高素质公证员队伍的重要措施，是进一步深化公证改革、推进公证事业发展的重要环节。随着依法治国、建设社会主义法治国家方略的深入贯彻实施，公证员等法律服务从业人员所扮演的角色越来越重要。《中共中央关于全面推进依法治国若干重大问题的决定》提出发展律师、公证等法律服务业，统筹城乡、区域法律服务资源，发展涉外法律服务业。公证法律服务业能否适应时代和社会对法律服务业提出的更高要求，在很大程度上取决于公证员队伍的整体素质。公证员整体素质除了法律知识、理论以及执业技巧等业务素质之外，也应当包括职业伦理等道德素质。

第二节 公证员职业伦理的主要内容

近年来，随着我国经济社会的发展，公证事业面临着新的形势和发展机遇。《公证法》对规范公证员执业行为和提升公证员自身素质做出了明确规定，对于进一步加强公证队伍建设和加快推动公证事业发展具有重要的现实意义，也对公证员职业伦理建设提出新的更高的要求。公证员职业伦理的依据主要是《公证法》《公证机构执业管理办法》《公证程序规则》，以及中国公证协会（含原中国公证员协会）制定的《公证员职业道德基本准则》（以下简称《基本准则》）《公证执业违规行为惩戒规则（试行）》（以下简称《惩戒规则（试行）》）和《关于实施〈公证执业违规行为惩戒规则（试行）〉若干问题的规定》。《基本准则》除序言和附则外，分为忠于法律、尽职履责，爱岗敬业、规范服务，加强修养、提高素质，廉洁自律、尊重同行，附则五个部分，共29条，规定了我国公证员的职业伦理的基本原则和一般规则。

一、公证员职业伦理的基本原则

公证员职业伦理的基本原则引导公证员根据职业伦理的基本规范，合法合规合理地提供公证法律服务。具体包括忠于法律、爱岗敬业、加强修养、廉洁自律等四个方面。

（一）忠于法律

《公证法》第3条规定，公证机构办理公证，应当遵守法律，坚持客观、公正的原则。为此，《基本准则》第1、2、3、6条要求：①公证员应当忠于宪法和法律，自觉践行社会主义法治理念；②公证员应当政治坚定、业务精通、维护公正、恪守诚信，坚定不移地做中国特色社会主义事业的建设者、捍卫者；③公证员应当依法办理公证事项，恪守客观、公正的原则，做到以事实为依据、以法律为准绳；④积极采取措施纠正、制止违法违规行为。公证员在履行职责时，对发现的违法、违规或违反社会公德的行为，应当按照法律规定的权限，积极采取措施予以纠正、制止。

（二）爱岗敬业

公证员应当热爱公证工作，爱岗敬业。在岗位上尽职尽责，确立强烈的职业责任感、荣誉感，这是公证员职业道德的核心。对此，《基本准则》第7、11、12条具体要求：①珍惜职业荣誉。公证员应当珍惜职业荣誉，强化服务意识，勤勉敬业、恪尽职守，为当事人提供优质高效的公证法律服务。②注重文明礼仪，维护职业形象。按照《基本准则》的要求，公证员应当注重礼仪，做到着装规范、举止文明，维护职业形象。现场宣读公证词时，

---

[1] 参见李全息、梁允钟："对公证职业道德的一些看法"，载《中国公证》2011年第4期。

应当语言使用规范、吐字清晰，避免使用可能引起他人反感的语言表达方式。③积极履行监督义务。公证员如果发现已生效的公证文书存在问题或其他公证员有违法、违规行为，应当及时向有关部门反映。

（三）加强修养

公证员素质水平的高低会直接影响公证职责的顺利履行，对此，《基本准则》第14至19条具体要求：①遵守社会公德。公证员应当牢固树立社会主义荣辱观，遵守社会公德，倡导良好社会风尚。②具有良好的个人修养和品行。公证员应当道德高尚、诚实信用、谦虚谨慎，具有良好的个人修养和品行。公证员应当树立正确的人生观和价值观，保持心理平衡。③忠于职守。公证员应当忠于职守、不徇私情、弘扬正义，自觉维护社会公平和公众利益。④热爱集体，团结协作。公证员应当热爱集体，团结协作，相互支持、相互配合、相互监督，共同营造健康、有序、和谐的工作环境。⑤不断提高自身的业务能力和职业素养。公证员应当不断提高自身的业务能力和职业素养，保证自己的执业品质和专业技能满足正确履行职责的需要。⑥终身学习，勤勉进取。公证员应当树立终身学习理念，勤勉进取，努力钻研，不断提高职业素质和执业水平。

（四）廉洁自律

公证员应当清正廉洁，慎独自律，拒绝诱惑，尊重同行，对此，《基本规则》第20、23条具体要求：①廉洁自律。公证员应当树立廉洁自律意识，遵守职业道德和执业纪律。②相互尊重。要求公证员应当相互尊重，与同行保持良好的合作关系，公平竞争，同业互助，共谋发展。

为切实提高公证员队伍思想政治素质、职业道德素质和专业素质，不断增强公证员的职业使命感、荣誉感和社会责任感，司法部于2017年7月4日发布了《关于建立公证员宣誓制度的决定》，建立公证员宣誓制度，并明确要求首次取得或者重新取得公证员执业证书的人员，应当进行公证员宣誓。公证员宣誓应当在公证员取得公证员执业证书之日起6个月内进行，采取分次集中的方式进行。公证员宣誓誓词为：我是中华人民共和国公证员。我宣誓：忠于祖国，忠于人民，忠于宪法和法律，拥护中国共产党的领导，拥护社会主义法治，依法履行职责，客观公正执业，遵守职业道德，勤勉敬业，廉洁自律，为全面依法治国、建设社会主义法治国家努力奋斗！

二、公证员职业伦理的具体规则

（一）公证员的违法行为

公证员应当遵守《刑法》《公证法》《公证员执业管理办法》中的相关规定，如有违反前述规定的行为的，属于公证员违法行为，可能导致其承担相应的刑事责任、行政责任、民事责任。

1. 禁止跨机构执业。《公证法》第23条第1项规定，公证员不得同时在二个以上公证机构执业。如公证员违反前述规定，应当依据《公证法》第41条第3项给予其行政处罚。

2. 不得从事其他有偿职业。《公证法》第23条第2项规定，公证员不得从事有报酬的其他职业。公证机构的公益性质，决定了公证员只能从其执业的公证机构获取报酬。如公证员违反前述规定，应当依据《公证法》第41条第4项给予其行政处罚。

3. 遵守法定回避制度。《公证法》第23条第3项规定，公证员不得为本人及近亲属办理公证或者办理与本人及近亲属有利害关系的公证。《基本规则》第4条要求公证员应当自觉遵守法定回避制度，不得为本人及近亲属办理公证或者办理与本人及近亲属有利害关系的公证。公证员违反前述规定，应当依据《公证法》第41条第5项给予其行政处罚。

4. 不得私自出具公证书。《公证法》第 23 条第 4 项规定，公证员不得私自出具公证书。为保证公证书的真实性和合法性，《公证程序规则》第 40、41 条规定了公证书审批制度。如公证员违反前述规定，应当依据《公证法》第 42 条第 1 项给予其行政处罚。

5. 不得为不真实、不合法的事项出具公证书。《公证法》第 23 条第 5 项规定，公证员不得为不真实、不合法的事项出具公证书。如公证员违反前述规定，应当依据《公证法》第 42 条第 2 项给予其行政处罚；情节严重的，可能会承担刑事责任。

6. 不得侵占、挪用公证费或者侵占、盗窃公证专用物品。《公证法》第 23 条第 6 项规定，公证员不得侵占、挪用公证费或者侵占、盗窃公证专用物品。如公证员违反前述规定，应当依据《公证法》第 42 条第 3 项给予其行政处罚。

7. 不得毁损、篡改公证文书或者公证档案。《公证法》第 23 条第 7 项规定，公证员不得毁损、篡改公证文书或者公证档案。如公证员违反前述规定，应当依据《公证法》第 42 条第 4 项给予其行政处罚；情节严重的，可能会承担刑事责任。

8. 保守执业秘密。《公证法》第 22 条第 1 款和《公证员执业管理办法》第 4 条第 1 款均规定：公证员应当遵纪守法，恪守职业道德，依法履行公证职责，保守执业秘密。《公证法》第 23 条第 8 项规定，公证员不得泄露在执业活动中知悉的国家秘密、商业秘密或者个人隐私。《基本准则》第 5 条规定，公证员应当自觉履行执业保密义务，不得泄露在执业中知悉的国家秘密、商业秘密或个人隐私，更不得利用知悉的秘密为自己或他人谋取利益。如公证员违反前述规定，应当依据《公证法》第 42 条第 5 项给予其行政处罚，情节严重的，可能承担刑事责任。

9. 不从事不正当竞争行为。《公证法》第 13 条第 3 项规定，公证机构不得以诋毁其他公证机构、公证员或者支付回扣、佣金等不正当手段争揽公证业务。《基本准则》第 25 条规定，公证员不得从事以下不正当竞争行为：①利用媒体或其他手段炫耀自己，贬损他人，排斥同行，为自己招揽业务；②以支付介绍费、给予回扣、许诺提供利益等方式承揽业务；③利用与行政机关、社会团体的特殊关系进行业务垄断；④其他不正当竞争行为。如公证员违反前述规定，应当依据《公证法》第 41 条第 1 项给予其行政处罚。

10. 合法收取公证费用。《公证法》第 13 条第 5 项规定，公证机构不得违反规定的收费标准收取公证费。如公证员违反前述规定，应当依据《公证法》第 41 条第 2 项给予其行政处罚。

11. 履行告知义务。《公证法》第 27 条第 2 款规定，公证机构受理公证申请后，应当告知当事人申请公证事项的法律意义和可能产生的法律后果，并将告知内容记录存档。《基本规则》第 8 条要求公证员在履行职责时，应当告知当事人、代理人和参与人的权利和义务，并就权利和义务的真实意思和可能产生的法律后果做出明确解释，避免形式上的简单告知。如公证员未尽职履行告知义务，导致当事人、公证事项的利害关系人损失的，可能会被认定为存在过错，公证机构承担相应的民事赔偿责任；公证机构赔偿后，可以向有故意或者重大过失的公证员追偿。

12. 遵守程序规定。《公证法》第四章和《公证程序规则》等规范明确规定了公证员办理公证应当遵循的程序性规定。《基本规则》第 10 条要求公证员应当严格按照规定的程序和期限办理公证事项，杜绝疏忽大意、敷衍塞责和延误办证的行为。如公证员未能遵守程序规定，导致当事人、公证事项的利害关系人损失的，可能会被认定为存在过错，公证机构承担相应的民事赔偿责任；公证机构赔偿后，可以向有故意或者重大过失的公证员追偿。

依据《惩戒规则（试行）》的有关规定，公证员有上述违法行为的，也应当给予其惩戒。

（二）公证员的违纪行为

公证员应当遵守《惩戒规则（试行）》中的相关规定，如有违反前述规定的行为的，属于公证员一般违法行为、公证员执业中的违纪行为。

1. 不发表不当评论。《基本准则》第 13 条要求公证员不得利用媒体或采用其他方式，对正在办理或已办结的公证事项发表不当评论，更不得发表有损公证严肃性和权威性的言论。如公证员违反前述规定，视情节依据《惩戒规则（试行）》第 28 条第 1、2 项等规定，给予其惩戒。

2. 不得谋取、接受不当利益。《基本准则》第 21 条要求，公证员应当妥善处理个人事务，不得利用公证员的身份和职务为自己、亲属或他人谋取利益。《基本准则》第 22 条要求，公证员不得索取或接受当事人及其代理人、利害关系人的答谢款待、馈赠财物或其他利益，如公证员违反前述规定，视情节依据《惩戒规则（试行）》第 30 条第 2、3 项等规定，给予其惩戒。

3. 避免不当干预。《基本准则》第 24 条要求，公证员不得以不正当方式或途径对其他公证员正在办理的公证事项进行干预或施加影响。如公证员违反前述规定，视情节依据《惩戒规则（试行）》第 27 至 31 条相关规定，给予其惩戒。

4. 禁止违规宣传。公证员应依法依规进行个人宣传，宣传范围应仅限于其所在公证机构、现任职务、办公地址、联系方式，不得在公证员名片上印有曾担任过的行政职务、荣誉职务、专业技术职务或者其他头衔。如公证员违反前述规定，依据《惩戒规则（试行）》第 28 条第 1 项，给予其惩戒。

5. 平等、热情地对待公证当事人、代理人和参与人。《基本准则》第 9 条要求，公证员在执行职务时，应当平等、热情地对待当事人、代理人和参与人，要注重其民族、种族、国籍、宗教信仰、性别、年龄、健康状况、职业的差别，避免言行不慎使对方产生歧义。如公证员在执行职务时，有刁难当事人，服务态度恶劣，造成不良影响的行为，或者对应当受理的公证事项，无故推诿不予受理的，依据《惩戒规则（试行）》第 27 条第 1、2、3、4 项，给予其惩戒。

6. 确保公证质量。公证质量是公证工作的生命线，是公证行业健康发展的基石。公证员应当自觉坚守依法、中立、客观、规范的公证职业理念，自觉践行精雕细琢、精益求精、力求完美的工匠精神，强化公证质量意识。如公证员发生重大公证质量事故，限期整改仍未改正的，依据《惩戒规则（试行）》第 31 条第 7 项，给予其惩戒。

（三）接受管理监督

根据法律规定，我国实行司法行政机关行政管理与公证协会行业管理相结合的公证管理体制，因此公证员应当接受司法行政机关行政管理和公证协会的行业管理。

1. 接受司法行政机关的行政管理。《公证法》第 5 条规定，司法行政部门依照法律规定对公证机构、公证员和公证协会进行监督、指导。司法行政机关对公证机构和公证员的行政管理具体包括以下内容：①按照规定程序批准公证机构的设立，颁发公证机构执业证书；②按照统筹规范、合理布局的原则，依法对公证机构的执业区域、外部管理体制等进行调整和规范，实现公证资源的优化配置；③对推选产生的公证机构负责人予以核准和备案；④根据公证法的规定，对公证员进行考核、任免；⑤对公证协会进行监督、指导；⑥会同有关部门制定公证收费标准；⑦对公证机构和公证员的执业活动进行监督指导，并对其违法行为进行处罚。司法部制定了《公证机构执业管理办法》《公证员执业管理办法》《公证程序规则》，对公证机构、公证员和公证协会进行监督、指导，并另制定了《遗嘱公证细则》《公证机构办理抵押登记办法》等规章。

2. 接受公证协会的行业管理。《公证法》第 4 条规定，全国设立中国公证协会，省、自治区、直辖市设立地方公证协会。中国公证协会和地方公证协会是社会团体法人。中国公证协会章程由会员代表大会制定，报国务院司法行政部门备案。公证协会是公证业的自律性组织，依据章程开展活动，对公证机构、公证员的执业活动进行监督。[1]《公证员执业管理办法》第 4 条第 2 款规定：公证员应当加入地方和全国的公证协会。中国公证协会由司法部主管，由公证员、公证机构、公证管理人员及其他与公证事业有关的专业人员、机构组成的全国性的社会团体法人。中国公证协会是全国性公证行业组织；地方公证协会是地区性公证行业组织，接受中国公证协会的指导。

第三节　公证职业责任

一、公证职业责任的概念

公证职业责任是指由于公证人员的违法和违反职业道德规范所造成的，公证机构和公证员对当事人等所承担的责任，包括惩戒处分、行政法律责任、民事法律责任和刑事法律责任。公证职业责任能够确保办理公证当事人的合法权益，有利于加强公证人员的事业心和责任感，有利于提高公证的质量和效益，有利于提高公证机构在民众中的声誉。

《公证员执业管理办法》第 21 条规定，司法行政机关应当依法建立健全行政监督管理制度，公证协会应当依据章程建立健全行业自律制度，加强对公证员执业活动的监督，依法维护公证员的执业权利。公证员和公证机构的负责人被投诉和举报、执业中有不良记录或者经年度考核发现有突出问题的，所在地司法行政机关应当对其进行重点监督、指导。对年度考核发现有突出问题的公证员和公证机构的负责人，由所在地或者设区的市司法行政机关组织专门的学习培训。司法行政机关实施监督检查，可以对公证员办理公证业务的情况进行检查，要求公证员及其所在公证机构说明有关情况，调阅相关材料和公证档案，向相关单位和人员调查、核实有关情况。公证员及其所在公证机构不得拒绝司法行政机关依法实施的监督检查，不得谎报、隐匿、伪造、销毁相关证据材料。

《公证员执业管理办法》第 22 条也规定，公证机构应当按照规定建立、完善各项内部管理制度，对公证员的执业行为进行监督，建立公证员执业过错责任追究制度，建立公证员执业年度考核制度。公证机构应当为公证员依法执业提供便利和条件，保障其在任职期间依法享有的合法权益。

二、公证员执业中违纪行为的处分

公证员有违反执业纪律和职业道德规范的行为由公证协会给予处分。公证员执业中违纪行为的处分，又称公证员惩戒。《公证员执业管理办法》第 32 条规定："公证协会依据章程和有关行业规范，对公证员违反职业道德和执业纪律的行为，视其情节轻重，给予相应的行业处分。公证协会在查处公证员违反职业道德和执业纪律行为的过程中，发现有依据《公证法》的规定应当给予行政处罚情形的，应当提交有管辖权的司法行政机关处理。"

（一）公证员执业中违纪行为的处分形式与适用条件

根据《惩戒规则（试行）》的规定，对公证员的惩戒形式有六种：训诫、警告、通报

---

[1]　有关公证协会的职能范围参见袁钢、李建亮："《公证法》设立公证协会专章可行性初探"，载《中国公证》2017 第 1 期。

批评、公开谴责、中止会员权利、取消会员资格。其适用条件分别是：

1. 《惩戒规则（试行）》第27条规定，公证员有下列情形之一的，予以训诫；情节严重的予以警告或通报批评：①无正当理由拒绝受理公证申请的；②服务态度恶劣，造成不良影响的；③无正当理由，不按期出具公证书的；④不予受理、不予办理或终止办理公证的决定未按规定通知当事人，造成不良影响的；⑤违反执业区域管理规定受理公证业务的；⑥不执行公证行业信息平台录入和查询规定的。

2. 《惩戒规则（试行）》第28条规定，公证员有下列情形之一的，予以警告；情节严重的，予以通报批评或公开谴责：①在媒体上或者利用其他手段对本机构或本人进行虚假宣传，误导当事人、社会公众或社会舆论，造成不良影响的；②故意诋毁、贬损其他公证机构或者公证人员声誉的；③故意干扰其他公证机构或者其他公证人员正常办理公证业务的；④不按规定缴纳会费、公证赔偿基金，不参加公证执业责任保险的；⑤上报的统计数据存在瞒报、夸大等造假行为的；⑥不按规定履行复查义务的。

3. 《惩戒规则（试行）》第29条规定，公证员有下列情形之一的，予以通报批评，情节严重的，予以公开谴责或中止会员权利：①不按法定程序出具公证书的；②同时在两个以上公证机构执业的；③同时从事有报酬的其他职业的；④严重违反复查处理程序或复查处理结果违法，造成不良影响的；⑤遗失丢失公证文书或者公证档案，情节严重的。

4. 《惩戒规则（试行）》第30条规定，公证员有下列情形之一的，予以公开谴责；情节严重的，予以中止会员权利：①通过压价、支付佣金、支付回扣等不正当方式争揽公证业务的；②在公证收费之外，直接或变相收取当事人财物的；③利用执业便利为自己或者他人牟取、收受不正当利益的；④拒不执行地方公证协会复查争议投诉处理意见的；⑤擅自减免、提高公证收费或不向当事人开具收费凭证的；⑥尚未取得公证员执业证的人员直接或变相独立办理《公证法》第11条规定的公证事项的；⑦泄露在执业活动中知悉的国家秘密、商业秘密或者个人隐私的；⑧对投诉人或相关人员进行打击报复的；⑨拒不履行惩戒决定的。

5. 《惩戒规则（试行）》第31条规定，公证员有下列情形之一的，予以中止会员权利，情节严重的，取消会员资格：①私自出具公证书的；②故意为不真实、不合法的事项出具公证书的；③因重大过失为不真实、不合法的事项出具公证书，造成重大损失的或者造成恶劣社会影响的；④泄露在执业活动中知悉的国家秘密、商业秘密或者个人隐私，造成重大损失或恶劣社会影响的；⑤毁损、篡改、遗弃公证文书或者公证档案，情节严重的；⑥侵占、挪用公证费或者侵占、盗窃公证专用物品的；⑦发生重大公证质量事故，限期整改仍未改正的；⑧受到司法行政机关停止执业或停业整顿行政处罚期间，继续执业或变相执业的；⑨其他严重违反公证法律法规或者职业道德和执业纪律的行为，造成严重不良影响的。

（二）公证员执业中违纪行为的处分实施

公证员执业中违纪行为处分的实施主要包括惩戒机构、惩戒管辖、惩戒投诉及处理、惩戒调查、惩戒决定的作出和送达、惩戒决定的复核等内容。

1. 惩戒机构。中国公证协会和地方公证协会设立惩戒委员会，惩戒委员会是对公证员实施惩戒的专门机构。

2. 惩戒管辖。惩戒案件一般由地方公证协会的惩戒委员会受理，中国公证协会惩戒委员会认为影响较大、案情重大的案件也可以自行受理。

3. 惩戒投诉及处理。投诉人可以直接投诉，也可以委托他人投诉，受理投诉的惩戒委员会有权要求投诉人提出具体的事实和有关证据材料。司法行政机关建议给予惩戒的，惩戒委员会应该受理。

4. 惩戒调查。根据《惩戒规则（试行）》的规定，惩戒委员会受理后，应当在规定时间内通知投诉人、被投诉人及其所在公证机构的负责人，并告知被投诉人及其所在公证机构负责人到惩戒委员会说明情况或者提供书面答辩材料。投诉人、被投诉人及有关人员应当如实回答调查人员的询问，并协助调查，不得阻挠。调查应当制作笔录，接受调查的人应当在调查笔录上签字或盖章。调查终结，惩戒委员会应当对调查结果进行审查，根据不同情况，分别作出如下决定：①不属于地方公证协会受理范围的，作出撤销案件的决定；②投诉所称的事实不存在或证据不充分的，作出不予惩戒决定；③确有应予以惩戒情形的，作出予以相应惩戒的决定。

对可能给予暂停会员资格或者取消会员资格的案件，惩戒委员会应告知当事人本人及其所在公证机构负责人有陈述、申辩的权利，当事人放弃陈述或者申辩权利的，不影响作出决定。

5. 惩戒决定的作出和送达。《惩戒规则（试行）》规定，惩戒委员会作出决定后，应当制作书面决定书，决定书应当载明事实和证据、决定及依据、申诉的权利与期限等内容。决定书经惩戒委员会主任审核后，由地方公证协会会长签发。决定书应当在签发后的5个工作日内，送达被投诉会员，并在决定书生效后将处理结果告知投诉人。

6. 惩戒决定的申诉。《惩戒规则（试行）》规定，被投诉公证员对惩戒委员会的决定不服的，可以在收到惩戒决定书之日超10个工作日内向作出决定的地方公证协会提出申诉。被投诉公证员逾期未提起申诉的，惩戒决定书自申诉期满后发生效力。申诉应当以书面形式提出，并载明申诉人的基本情况、申诉的具体事实、理由、证据等内容。地方公证协会在受理申诉后，由常务理事会或理事会对案件进行复查。复查时应当对原决定所依据的事实、证据等进行全面审查。常务理事会或理事会可成立专门或临时机构负责上述复查工作。地方公证协会应在受理申诉之日起30个工作日内，根据不同情况作出如下复查决定：①认为原决定认定事实清楚，适用依据正确，程序符合规定，维持原决定；②认为原决定在认定事实、适用依据或履行程序方面存在错误的，要求惩戒委员会重新做出决定或直接另行作出决定。复查决定应当有三分之二以上的常务理事或理事参加表决，由参与表决的过半数通过。地方公证协会要求惩戒委员会重新作出决定的，惩戒委员会不得以相同的事实和理由作出相同的决定。依照《惩戒规则（试行）》申诉程序作出的惩戒决定为最终决定。申诉惩戒决定由地方公证协会会长签发，自签发之日起生效，并于生效之日起5个工作日内送达被投诉公证员。

三、公证机构和公证员执业中违法犯罪行为的法律责任

公证机构和公证员执业中违法犯罪行为的法律责任包括行政法律责任、民事法律责任、刑事法律责任等。

（一）公证机构和公证员执业中违法行为的行政法律责任

公证机构和公证员执业中违法行为的行政法律责任为最主要的法律责任形式。公证员和公证机构执业中违法行为的行政法律责任具体表现为司法行政部门所给予的行政处罚。根据《公证法》的规定，司法行政部门对公证机构的行政处罚分为警告、罚款、没收违法所得、停业整顿四种；司法行政部门对公证员的行政处罚分为警告、罚款、停止执业、没收违法所得、吊销执业证书五种。

《公证法》第41条规定，公证机构及其公证员有下列行为之一的，由省、自治区、直辖市或者设区的市人民政府司法行政部门给予警告；情节严重的，对公证机构处1万元以上5

万元以下罚款，对公证员处 1000 元以上 5000 元以下罚款，并可以给予 3 个月以上 6 个月以下停止执业的处罚；有违法所得的，没收违法所得：①以诋毁其他公证机构、公证员或者支付回扣、佣金等不正当手段争揽公证业务的；②违反规定的收费标准收取公证费的；③同时在两个以上公证机构执业的；④从事有报酬的其他职业的；⑤为本人及近亲属办理公证或者办理与本人及近亲属有利害关系的公证的；⑥依照法律、行政法规的规定，应当给予处罚的其他行为。

《公证法》第 42 条第 1、2 款规定，公证机构及其公证员有下列行为之一的，由省、自治区、直辖市或者设区的市人民政府司法行政部门对公证机构给予警告，并处 2 万元以上 10 万元以下罚款，并可以给予 1 个月以上 3 个月以下停业整顿的处罚；对公证员给予警告，并处 2000 元以上 1 万元以下罚款，并可以给予 3 个月以上 12 个月以下停止执业的处罚；有违法所得的，没收违法所得；情节严重的，由省、自治区、直辖市人民政府司法行政部门吊销公证员执业证书；构成犯罪的，依法追究刑事责任：①私自出具公证书的；②为不真实、不合法的事项出具公证书的；③侵占、挪用公证费或者侵占、盗窃公证专用物品的；④毁损、篡改公证文书或者公证档案的；⑤泄露在执业活动中知悉的国家秘密、商业秘密或者个人隐私的；⑥依照法律、行政法规的规定，应当给予处罚的其他行为。因故意犯罪或者职务过失犯罪受刑事处罚的，应当吊销公证员执业证书。

《公证机构执业管理办法》第 36 条规定，公证机构有《公证法》第 41 条、第 42 条规定所列行为之一的，由省、自治区、直辖市司法行政机关或者设区的市司法行政机关依据《公证法》的规定，予以处罚。公证机构违反《公证法》第 25 条规定，跨执业区域受理公证业务的，由所在地或者设区的市司法行政机关予以制止，并责令改正。

根据《公证机构执业管理办法》，司法行政机关对公证机构违法行为实施行政处罚，应当根据有关法律、法规和司法部有关行政处罚程序的规定进行。司法行政机关在对公证机构作出行政处罚决定之前，应当告知其查明的违法行为事实、处罚的理由及依据，并告知其依法享有的权利。口头告知的，应当制作笔录。公证机构有权进行陈述和申辩，有权依法申请听证。公证机构对行政处罚不服的，可以依法申请行政复议或者提起行政诉讼。

《公证员执业管理办法》第 29 条规定：公证员有《公证法》第 41 条、第 42 条所列行为之一的，由省、自治区、直辖市或者设区的市司法行政机关依据《公证法》的规定，予以处罚。公证员有依法应予以吊销公证员执业证书情形的，由所在地司法行政机关逐级报请省、自治区、直辖市司法行政机关决定。

根据《公证员执业管理办法》的规定，司法行政机关对公证员实施行政处罚，应当根据有关法律、法规和司法部有关行政处罚程序的规定进行。司法行政机关查处公证员的违法行为，可以委托公证协会对公证员的违法行为进行调查、核实。司法行政机关在对公证员作出行政处罚决定之前，应当告知查明的违法行为事实、处罚的理由及依据，并告知其依法享有的权利。口头告知的，应当制作笔录。公证员有权进行陈述和申辩，有权依法申请听证。公证员对行政处罚决定不服的，可以依法申请行政复议或者提起行政诉讼。

同时，《公证员执业管理办法》第 35 条规定，司法行政机关及其工作人员在公证员职务任免、公证员执业证书管理、对公证员执业活动实施监督检查的过程中，有滥用职权、玩忽职守、徇私舞弊、干预公证员依法执业行为的，应当依法追究责任人员的行政责任。《公证机构执业管理办法》第 43 条规定，司法行政机关及其工作人员在公证机构设立审批、公证机构执业证书管理、对公证机构实施监督检查、年度考核的过程中，有滥用职权、玩忽职守、徇私舞弊、干预公证机构依法独立行使公证职能行为的，应当依法追究责任人员的行政责任；构成犯罪的，依法追究刑事责任。

《公证机构执业管理办法》还规定，公证协会依据章程和有关行业规范，对公证机构违反执业规范和执业纪律的行为，视其情节轻重，给予相应的行业处分。公证协会在查处公证机构违反执业规范和执业纪律行为的过程中，发现有依据《公证法》的规定应当给予行政处罚情形的，应当提交有权管辖的司法行政机关处理。

（二）公证机构和公证员执业行为的民事法律责任

《公证法》第 43 条第 1 款规定："公证机构及其公证员因过错给当事人、公证事项的利害关系人造成损失的，由公证机构承担相应的赔偿责任；公证机构赔偿后，可以向有故意或者重大过失的公证员追偿。"《公证员执业管理办法》第 33 条也规定，公证员因过错给当事人、公证事项的利害关系人造成损失的，公证机构依法赔偿后，可以向有故意或者重大过失的公证员追偿。

2020 年 12 月 23 日最高人民法院审判委员会修改后的《关于审理涉及公证活动相关民事案件的若干规定》规定，当事人、公证事项的利害关系人提供证据证明公证机构及其公证员在公证活动中具有下列情形之一的，人民法院应当认定公证机构有过错：①为不真实、不合法的事项出具公证书的；②毁损、篡改公证书或者公证档案的；③泄露在执业活动中知悉的商业秘密或者个人隐私的；④违反公证程序、办证规则以及国务院司法行政部门制定的行业规范出具公证书的；⑤公证机构在公证过程中未尽到充分的审查、核实义务，致使公证书存在错误或者不真实的；⑥对存在错误的公证书，经当事人、公证事项的利害关系人申请仍不予纠正或者补正的；⑦其他违反法律、法规、国务院司法行政部门强制性规定的情形。当事人提供虚假证明材料申请公证致使公证书错误造成他人损失的，当事人应当承担赔偿责任。公证机构依法尽到审查、核实义务的，不承担赔偿责任；未依法尽到审查、核实义务的，应当承担与其过错相应的补充赔偿责任；明知公证证明的材料虚假或者与当事人恶意串通的，承担连带赔偿责任。

《公证法》第 14 条规定，公证机构应当建立执业过错责任追究制度。《公证机构执业管理办法》第 27 条也有相应规定。为增强公证机构及其公证员承担责任、抵御风险的能力，提高我国公证机构的公信力，中国公证协会与保险公司签订了公证责任保险合同，公证责任保险具有强制性，投保人是中国公证协会，被保险人是在中华人民共和国境内依法行使国家公证职能的公证机构，保险人是中国人民保险公司。在某一公证机构及其公证员给当事人、公证事项利害关系人造成损失的，首先由保险公司赔付；如果受损失的一方认为这样仍不足以弥补其损失，还可以向作出错误公证的公证机构索赔。公证机构赔偿后，可以向有重大过错的公证员追偿。公证保险责任赔偿的发生应当基于以下条件：①公证机构及其公证人员在执业过程（即办理公证事项的过程）中存在过错；②因公证机构及其公证人员的过错给公证申请人或利害关系人造成了损失。如果公证机构及其公证人员没有过错，或当事人没有遭受损失，或其遭受的损失与公证机构及其公证人员的执业过错没有因果关系，则公证机构不承担赔偿责任。此外，为保障公证机构的稳定发展，还应该建立公证员执业保证金制度和公证赔偿基金制度，提高公证员和公证机构抵御风险的能力。

（三）公证机构和公证员执业中犯罪行为的刑事法律责任

根据《公证法》第 42 条第 1、2 款的规定和刑法的有关规定，公证机构或其公证员因执业行为构成犯罪的，应当追究其刑事责任。因故意犯罪或者职务过失犯罪受刑事处罚的，应当吊销公证员执业证书。最高人民检察院在 2009 年 1 月《关于公证员出具公证书有重大失实行为如何适用法律问题的批复》中指出，《公证法》施行以后，公证员在履行公证职责过程中，严重不负责任，出具的公证书有重大失实，造成严重后果的，依照《刑法》第229条第3款的规定，以出具证明文件重大失实罪追究刑事责任。

■思考题

1. 什么是公证员？
2. 申请取得公证员执业证书，应当具备哪些条件、经历哪些程序？
3. 什么是公证员职业伦理？
4. 公证员职业伦理主要包括哪些内容？
5. 什么是公证职业责任？

■参考书目

1. 马宏俊主编：《公证法学》，北京大学出版社2013年版。
2. 王公义主编：《中国公证新探：法理与案例》，清华大学出版社2018年版。
3. 马宏俊主编：《公证实务》，北京大学出版社2012年版。
4. 王桂芳编著：《公证制度与实务》，广西师范大学出版社2016年版。

第十八章　仲裁员职业伦理

```
■ 本章概要
    本章围绕着仲裁员职业伦理与仲裁实践，进行了全方位的论述。第一节主要论
述：仲裁员职业伦理的概念、意义与基本规则；第二节主要论述：仲裁庭的职责、
仲裁员职业伦理构成的基本要素、仲裁员职业伦理的主要内容；第三节主要论述：
仲裁员职业责任的内涵、仲裁员职业责任的形式、仲裁员职业责任的理论学说、仲
裁员责任的立法和执业的司法实践、仲裁员责任制度的法理基础。

■ 本章关键词
    仲裁员；法律职业；道德伦理；执业实践
```

第一节　仲裁员职业伦理概述

一、仲裁员职业伦理的概念

"仲裁"一词，从字义上讲，"仲"字表示地位居中的意思；"裁"字表示对是非进行评断、做出结论的意思。"仲裁"，意即由地位居中的人对争议事项公正地做出评断和结论，也就是居中公断之意。

仲裁作为一种法律制度，是指根据当事人之间的协议，对双方当事人发生争议的事项，由一定的机构以第三者的身份居中作出具有约束力的裁决，以解决当事人之间的争议，确定当事人之间的权利义务关系。

仲裁员职业伦理是仲裁员在长期的仲裁实践过程中所形成的职业认知与行为规范。有观点认为，仲裁员与法官不同，法官是国家各级审判机关的工作人员，而仲裁员则不是一种专门职业，他可能是商人、教授、会计师、技术专家等。职业伦理一般与职业的形成密切相关，似乎按照前述观点，既然仲裁员不属于专门职业人员，自然也就不存在职业伦理了。事实上，这种观点值得商榷。

1. 从各国仲裁制度的发展来看，基本都已经形成了一套独有的仲裁规则，对于仲裁员的资格条件、行为规范也提出了特定的要求。前述观点否认仲裁员作为专门职业人员的逻辑起点是：仲裁员基本都是来自其他各行各业的人。事实上，就仲裁员的来源而言，一般分为专任仲裁员与兼任仲裁员。兼任仲裁员主要是从其他各个领域中选择一定的专业性人士作为仲裁员，以应对各种复杂的仲裁事务，但并不能以此认定仲裁员不属于一种专门的职业。正如在法院审判中也引入了陪审员制度，陪审员虽不是专门的法官，但依然要遵守法官职业伦理。此外，根据《国家统一法律职业资格考试实施办法》的规定，国家统一法律职业资格考试是国家统一组织的选拔合格法律职业人才的国家考试。初次担任法律类仲

裁员应当通过国家统一法律职业资格考试，取得法律职业资格。这些都说明：仲裁员具备作为一种专门职业的现实基础，因而也需要专门的职业伦理规范。

2. 目前，我国有关仲裁员的职业伦理规范主要包括两大类：一类是全国性仲裁委员会制定的仲裁员职业伦理规范，如《中国国际经济贸易仲裁委员会、中国海事仲裁员委员会仲裁员守则》；另一类是地方仲裁委员会制定的仲裁员职业伦理规范，如《北京仲裁委员会仲裁员守则》《上海仲裁委员会仲裁员守则》《珠海仲裁委员会仲裁员守则》等。由此可见，我国目前尚未制定全国统一的仲裁员职业伦理规范。根据我国《仲裁法》第 15 条第 2 款之规定，中国仲裁协会是仲裁委员会的自律性组织，根据章程对仲裁委员会及其组成人员、仲裁员的违纪行为进行监督。因此，有观点认为，我国应该对已有的各类仲裁员守则进行总结，由中国仲裁协会制定全国性的仲裁员职业伦理规范，这不仅是仲裁员行业发展的需求，也具有很重要的现实意义与法律意义。我们基本上赞同前述观点，也主张应该由中国仲裁协会制定全国性仲裁员职业伦理规范。事实上，在我国台湾地区，仲裁员职业伦理规范也包括两个部分：一部分是各个专业性的仲裁协会制定的仲裁员职业伦理规范，如我国台湾地区营建仲裁协会制定的仲裁人伦理规范；另一部分就是由我国台湾地区仲裁协会制定的仲裁人伦理规范。

二、仲裁员职业伦理的意义

仲裁不仅是工商业发达的国家极为重视的制度，也是国际贸易间解决纠纷的利器。仲裁员是整个仲裁制度有效运作的根本，其行为是否符合伦理要求，直接关系到仲裁制度的公信力程度。因此，建构仲裁员职业伦理具有十分重要的现实意义。

1. 有利于提高人们对仲裁员的信任度。仲裁员能否达到社会与公众期许的较高的道德水准，在于仲裁员能否自觉地遵守职业行为规则。仲裁员只有严守职业行为规则，才能在处理案件的过程中获得社会的公信与尊重。仲裁员与法官不同，其权力不是来源于法律的授予，而是来源于当事人的信任和授权。只有好的仲裁员才可能被当事人信任，从而被选择担当解决问题的重任。否则，仲裁员的公信度就会大打折扣。作为仲裁员也要自觉遵守行业守则，努力增强公众对仲裁的信心。

2. 有利于提高仲裁案件的质量。瑞士学者 Lalive 有一句名言：仲裁的质量只取决于仲裁员，即通常所说的有什么样的仲裁员，就有什么样的仲裁。[1]仲裁员遵守职业行为规范，坚持公正办案，可以使案件得到正确的处理，也有利于提高案件处理的质量。案件是否能得到公正的处理，不仅在于办案人员的学识高低，还在于办案人员是否能站在中立的立场，秉公办案，不偏袒任何一方，这一切都有赖于仲裁员用自己行业的规范来约束自己。

3. 有利于提高仲裁员的素质，保证仲裁员队伍的纯洁性。规定仲裁员行为规范，告诉仲裁员应当做什么、不应当做什么，有利于仲裁员自我教育、自我约束，从而提高仲裁员的素质。仲裁行为规范是以仲裁员自觉遵守和服从的意愿为前提的。一般来说，仲裁员在办理案件时的行为是免责的，但仲裁员有如下行为，则须承担法律责任：私自会见当事人、代理人或者接受当事人、代理人的请客送礼，有索贿受贿、徇私舞弊、枉法裁决行为。对上述仲裁员，仲裁委员会将不再续聘甚至解聘，从而纯洁仲裁员队伍，维护仲裁员的声誉。

---

[1]   参见李本森：《法律职业伦理》，北京大学出版社 2016 年版，第 228 页。

第二节　仲裁员职业伦理的主要内容

一、仲裁庭的职责

仲裁庭行使权力的同时，不能滥用当事人授予的职权，抛开法律而自行其是，而必须在国家法律和仲裁规则许可的范围内开展仲裁活动，在仲裁过程中承担一定的法律义务和道德义务。具体地说，依《仲裁法》和有关法规的规定，仲裁庭的职责主要有：

1. 独立公正地仲裁案件。仲裁依法独立进行，不受行政机关、社会团体和个人的干涉。仲裁员在仲裁案件时，应当排除外来因素的影响，独立断案，也不受仲裁委员会的内部干涉，更不能代表任何一方当事人的利益。

2. 不得私自接触当事人及其代理人。即仲裁员不得私自会见当事人、代理人或接受当事人、代理人的请客送礼，否则必须回避；仲裁员不得索贿受贿、徇私舞弊、枉法裁决，否则其所作裁决经当事人申请并提出证据证明后，将为法院所撤销。当然，仲裁员在仲裁案件调解过程中，在特定地点与一方当事人或代理人单独会见则不在禁止之列。

3. 自觉披露可能有损独立公正审理的任何情况并回避。即，仲裁员是本案当事人或当事人、代理人的近亲属，或与本案有利害关系，或与本案当事人有其他关系可能会影响公正仲裁的，应及时向仲裁委员会披露情况，并主动请求回避。

4. 严格保守仲裁秘密。仲裁原则上不公开进行。保密性是仲裁的优势之一，仲裁员应该保守仲裁秘密，不得向外界透露任何有关案情、案件实体审理及程序进行的情况。

5. 勤勉谨慎地履行自己的职责。仲裁员应认真审阅案件的全部材料，开庭前独任仲裁员或仲裁庭应拟妥或商定庭审方案，开庭时认真主持庭审，庭后认真合议并制作裁决书，在规定时间内及时结案等。

6. 积极参加学术活动，加强仲裁业务学习和理论研究，提高仲裁业务水平和办案质量，树立和维护仲裁的良好声誉等。[1]

二、仲裁员的职业伦理的基本原则

总体来看，《中国国际经济贸易仲裁委员会、中国海事仲裁委员会仲裁员守则》基本上根据仲裁活动的规律对仲裁员提出了若干要求，这些要求可以概括为一个基本的特点：与诉讼过程中的法官的一般伦理规则相似。仲裁员本身也是一种法官，只不过它是双方当事人临时任命的且只对自己争议案件具有裁判权力的法官。因而，这些条文基本上表现了法官职业伦理的一般特征。

职业形象原则，《中国国际经济贸易仲裁委员会、中国海事仲裁委员会仲裁员守则》第10条规定，在开庭审理时，仲裁员不得出现倾向性，注意提问和表达意见的方式方法，避免对关键性问题作出过早的结论，避免出现与当事人争议或对峙的局面。这是为了树立仲裁员的中立形象，保持当事各方对仲裁庭公正裁决的信任。由于仲裁庭临时组织，各仲裁员之间的地位平等，因而需要设立首席仲裁员。这就对首席仲裁员提出了更多义务性要求，这是为了保证仲裁庭能够保持高效率的工作。仲裁员应当严格保守仲裁秘密，不得向外界透露任何有关案件实体和程序上的情况，包括案情、审理过程、仲裁庭合议等情况；亦不得向当事人透露尤其是本人的看法和仲裁庭合议的情况。这一要求与法官的保密义务类似，

---

[1]　参见张斌生主编：《仲裁法新论》，厦门大学出版社2004年版，第218页。

是为了保障当事人的权利与隐私。

职业身份使用许可义务是比较特殊的一个义务，表现在《中国国际经济贸易仲裁委员会、中国海事仲裁委员会仲裁员守则》第15条：仲裁员需要以仲裁委员会名义对外参加有关仲裁的会议或活动，发表文章或讲演，应当事先得到仲裁委员会的同意。这一义务也是为了维护仲裁庭的权威，因为仲裁庭是由多个仲裁员组成的集体，其成员个人不能不受约束地随意代表仲裁庭，避免因此对仲裁庭造成不良影响。

仲裁员职业道德的基本准则应当是公正、诚信、独立、文明。

（一）公正

《决胜全面建成小康社会 夺取新时代中国特色社会主义伟大胜利——在中国共产党第十九次全国代表大会上的报告》以及中国共产党第十八届中央委员会第四次全体会议通过的《中共中央关于全面推进依法治国若干重大问题的决定》强调，努力让人民群众在每一个司法案件中感受到公平正义。仲裁公正是指仲裁构成之公正，即仲裁过程的公正和仲裁结果的公正两方面的有机结合，也就是程序公正和实体公正的结合。仲裁过程的公正即仲裁程序的公正或正当，仲裁结果的公正也就是裁决公正、实体公正。

仲裁公正对仲裁活动具有基石作用，对实体法律正义具有保障作用，对仲裁员形象具有提升作用，对市场经济秩序具有维系作用，对社会风气具有引导作用。所以，应把仲裁公正作为仲裁员职业道德的首要准则加以确立。

（二）诚信

我国仲裁事业经过艰苦创业已获得长足发展，成为构建和谐社会、解决民商事纠纷的一项重要的、不可或缺的法律制度。仲裁作为非诉讼救济方式越来越受到人们的重视，全国仲裁受理案件的数量和标的总额保持连续多年增长，但制约仲裁工作发展的瓶颈性问题仍然存在，其中之一就是仲裁诚信问题。

诚信最初是作为一项道德要求被提出来的，目的是通过追求善良风俗，追求公平、平衡，追求公共秩序，实现人与人、人与社会间的公平最大化。随着易物交换所带来的商品经济的发展，以及社会生产分工的日益细化和私有制的壮大，各种交易也应运而生。诚信作为交易的一般规范性原则和日常行为道德准则，正式形成并被广为接受，成为经济活动和社会生活中的行为规范。在法律上最早实现道德法律化的是罗马法中的诚信契约和诚信诉讼。诚信原则自引入法律领域起便成为实体法和程序法的共同准则。

加强仲裁员职业道德建设，提高仲裁公信力，必须防止虚假仲裁。实践中，存在着少数当事人通过恶意申请仲裁或手拉手虚假仲裁方式，损害案外人合法权益的现象。例如，两方当事人合谋以虚假仲裁的方式，将本属于案外人的财产裁决给一方当事人。如果对虚假仲裁的裁决予以强制执行，不仅损害案外人的合法权益，也会严重损害仲裁与司法的公信力。虚假仲裁与虚假诉讼非常类似。对于虚假诉讼，《民事诉讼法》规定了第三人撤销之诉制度。但对于虚假仲裁，权益受损的案外人却暂无明确的救济途径。《民事诉讼法》对于虚假仲裁和虚假诉讼的态度是一致的，强调均应予以遏制和制裁。

（三）独立

《仲裁法》第14条规定：仲裁委员会独立于行政机关，与行政机关没有隶属关系。仲裁委员会之间也没有隶属关系。仲裁员的独立性起源于古老的自然公正原则，即任何人不得担任自己案件的法官或者仲裁员，与案件不得存有利益冲突。国际律师协会（IBA）在1987年制定的《国际仲裁员道德守则》（IBA守则）将不独立定义为不具备独立性的仲裁员与一方当事人之间，或与该当事人有密切联系的人之间存在某种关系。与公正性相比，独立性具有外部性的特征，可以通过客观标准来判定。独立性侧重于仲裁员与当事人之间的关系，即仲裁员与当事人或其代理律师之间不存在影响仲裁员独立裁决的密切关系，这种关系可以是金钱的、职业的、商业的或家庭的等。缺乏独立性不仅可以表现为对一方当事人的偏袒，或者和一方当事人有友好密切关系；也可以表现为对一方当事人存有歧视，或者与一方当事人有过节或存在敌意关系。仲裁机构独立行使仲裁权是现代民主政治的最基本要求。那么，如何强化仲裁独立呢？

第一，全面准确理解仲裁独立。根据《世界司法独立宣言》和《国际律师协会关于司法独立最低限度标准的规则》确立的且为世界各国普遍承认的司法独立最低标准，完整的仲裁独立概念应包括实质独立、身份独立、集体独立、内部独立。这四个方面的内容又可归纳为两类，即作为整体的仲裁机构独立与作为个体的仲裁员独立。

第二，严格落实《仲裁法》的规定，彻底根除地方保护主义。树立法制统一的思想，维护法律的尊严，从维护社会主义市场经济秩序的高度克服狭隘的地方保护主义。

第三，保障办案经费，提高仲裁员报酬。高薪制是十分必要的：其一，可以通过高薪吸引优秀的法律人才，提高仲裁员的整体素质。其二，高薪制度会让仲裁员提高工作的积极性，严于律己，公正执法。其三，通过丰厚的待遇可以让仲裁员免除生活的后顾之忧，能够抵挡住金钱的诱惑，做到洁身自好。

（四）文明

尚书《舜典》的疏解对"文明"一词的解释是：经天纬地曰文，照临四方曰明。此说最能揭示文明的真谛。中国古代先民创造"文明"一词本是借用自然界的现象，来说明人类社会的理想与追求。我们今天所说的文明固然不是指自然文明，但是人类的文明一词显然是受到自然文明的启发借鉴而来的，并在此基础上使文明概念至少包括了三层含义：一是文明的创新力，人类自己的创造与大自然相比，尽管微不足道，但也弥足珍贵，应当为之自豪；二是文明的变化性，文明的行为不仅改变了自然，也改变了人类自身和人类生活的环境，包括社会环境；三是文明的进步性，文明能够给人带来幸福，带来利益和安全，从而推动人类社会进步。文明是仲裁员良好职业道德素质、职业纪律观念和职业形象的综合展现，是仲裁员职业道德的重要准则之一。

仲裁员职业道德的文明准则具有亲和性、良好的沟通性、平等性等特点。

第一，亲和性。廉、正、谦、和是仲裁员的道德形象，也是仲裁员的道德义务。仲裁员要做道德人，不做经济人。与职业法官不同，仲裁员不履行仲裁员职责的时候可能从事各种职业。许多仲裁员本身就是律师或企业家，可以在职业活动当中以不损害他人利益为前提合理地追求自己利益的最大化。但是仲裁员一旦开始履行仲裁员义务，经济人假说便不能适用。履行仲裁义务的仲裁员应当在一定程度上具备所谓的道德人的思想境界。仲裁员不应当利用仲裁员身份或仲裁活动为自己的业务或职业寻求好处。仲裁员只有在自认为没有利害关系并且自己有能力及时处理该案件时才可以接受指定。[1] 仲裁员应当廉洁，不崇尚奢华，尽可能避免多方应酬。仲裁员仲裁过程中及结案后，都不得为自己和亲友从当事人及其关联人处获得任何物质的或非物质的友情利益。

仲裁员尤其是首席仲裁员要谦虚谨慎、从善如流，具有亲和力、凝聚力。在仲裁过程中，由于人们的经历、职业不同，看问题的方法、角度不同，对证据判断、事实认定、法

---

〔1〕　参见潘俊星：《仲裁文化概论》，西安出版社2003年版。

律适用有分歧是正常现象。仲裁员要培养虚心听取他人意见的气度，听得进来自各方面的意见，切忌主观武断、盛气凌人，始终注意营造仲裁的和谐融洽氛围。总之，仲裁员应该按照仲裁法的要求，认真学习，严于律己，切实履行职责；严格依法办案，做到公正、廉洁、高效，依法维护当事人的合法权益，为促进市场经济的健康发展，构建和谐社会作出贡献。

第二，良好的沟通性。许多仲裁案件的当事人在签订仲裁条款的时候对仲裁并不知晓，更谈不上了解，在发生纠纷后，往往是受律师或法院的指点才来到仲裁机构的。对这些当事人来说，仲裁机构、仲裁员乃至仲裁的一切都是新鲜的。仲裁员在办理案件的过程中要关注当事人，使仲裁为当事人所了解、接受和欢迎，让每一个当事人成为仲裁制度的正面宣传员，因为当事人是仲裁之树常青的土壤，没有当事人也就没有仲裁。可亲才可信，仲裁员一旦在当事人心目中树立起良好的可信形象，他们会心悦诚服地听从劝解，案件的顺利解决也就有了基础。

第三，平等性。仲裁员要平等地对待双方当事人，不代表、不偏袒、不歧视、不压制任何一方当事人。无论当事人的民族、职业、身份、社会地位、资产状况、企业性质、所在地域及案件争议标的等情况有何区别，均应确保双方当事人在仲裁中的法律地位平等，确保双方当事人平等地行使各项仲裁权利，确保双方当事人有平等地进行举证、质证、辩论的机会。

通过以上分析可以得出结论，我国仲裁员职业道德的基本准则就是公正、诚信、独立、文明。其中，公正是核心准则，诚信和独立是基础准则，文明是形象准则。这四个准则是具有内在逻辑联系、密不可分的统一整体。

三、仲裁员职业伦理的内容

（一）国外有关仲裁员职业行为规范的内容

美国仲裁协会和美国律师协会（以下简称 AAA 和 ABA）以及国际仲裁员协会《国际仲裁员行为准则》主要规定了如下行为准则：

第一，仲裁员应维护仲裁程序的廉正和公平。仲裁员不应自己谋求指定。除非有足够的时间、精力和能力，否则不应接受指定或任命。一经担任仲裁员，便应避免与当事人建立金钱、商业、职业、家庭或社交联系，或谋求金钱或私利，也不得接受当事人的礼物和实质性款待。仲裁员不应超越也不应缩小当事人的协议授权，并应按仲裁规则的要求进行仲裁程序。国际仲裁员协会准则还要求，接受仲裁指定应通晓仲裁语言，否则不宜接受。

第二，披露可能影响公正或可能造成不公平或偏袒印象的任何利害关系或亲属关系。仲裁员应尽力了解并持续向当事人和其他仲裁员披露现存的或以往的与当事人之间或重要证人之间相关的金钱、商业、职业、家庭或社交方面的关系，以及与仲裁结果直接或间接相关的金钱或个人利害关系。披露之后，除非当事人同意，否则不宜担任本案仲裁员。若全体当事人要求某仲裁员回避，即应回避。AAA 和 ABA 规范规定，非全体当事人要求某仲裁员回避的，一般也应回避，但该仲裁员仔细考虑事实后，认为回避理由不充分，他（或她）们能担当此任并能无私和公平地裁决案件，而回避会造成另一方当事人不恰当或不合理的花费或将有违公平待遇原则时，仍可继续担任仲裁员。国际仲裁员协会的准则还规定，若当事人就其是否有资格担任仲裁员的有关事项，进行查询，该仲裁员也应予以答复。以往曾被本案当事人指定为仲裁员的情况也应披露。对于披露范围，国际仲裁员协会的准则还明确规定，以往的关系，除非职业或商业等非同小事的关系，间接关系，除非业已查明者，否则无需披露。但拒不作披露可以成为不能担任仲裁员的原因。

第三，不应与当事人私下接触。除非讨论是否愿意接受指定的问题，仲裁员不得与一方当事人庭外讨论案件。即使讨论的问题不涉及实体问题而纯为程序问题，也应适时通告对方，在给予对方表示意见的机会后才作出最后决定。国际仲裁员协会的准则还规定，若仲裁员在仲裁过程中与一方当事人有不正当接触，其他仲裁员有权经协商采取一定行动，如要求其停止该种接触等。若仍不停止，可告知一方当事人在极端情况下提出质询，或采取其他措施。

第四，给当事人平等待遇，并勤勉地实施仲裁程序。仲裁员应平等公允而耐心有礼地对待当事人，仲裁员之间应彼此给予充分参与程序的机会，相互礼遇并促使当事人效仿。应给予当事人亲自出庭或委托代理人陈述的充分机会和自由。在案情需要时，积极调查。应尽力防止当事人拖延、纠缠或扰乱。应采用适当方式仲裁，使费用不占当事人争议权益太大的比例。除非能保证已给缺席当事人适当通知，否则不过早作出缺席裁决。另外，仲裁员应建议但不逼迫当事人和解。

第五，独立、公正、审慎地作出裁决。仲裁员不应慑于外界压力而摇摆不定，影响决断。仲裁员不应把作出裁决的职责托付给他人。

第六，仲裁员应忠实于职责的信托关系，应当为当事人保密。仲裁员不应利用在仲裁中了解的情况牟取私利或损害他人。仲裁员应保守仲裁程序和决定的秘密。裁决宣布前不应透露讨论情况和案件结果。除非法律要求，不得在裁决后程序中给予协助。不应就报酬问题与当事人讨价还价或与当事人单方面接触。国际仲裁员协会的准则规定，虽应保密，但若发现其他仲裁员有重大过失或欺诈，认为有责任披露时可披露该类情况。

第七，非中立仲裁员的例外。在国际商事仲裁中，有些国家要求仲裁员必须是中立的，不代表任何一方当事人的利益，而另一些国家却允许经当事人约定，仲裁员可为非中立仲裁员，在仲裁过程中可以偏向于指定他的一方当事人。这就导致仲裁员行为准则的具体内容彼此之间存在差异。AAA 和 ABA 的道德规范与国际仲裁员协会的行为准则就代表了两个不同的类型，具有典型意义。不过，无论在哪一种情形下，仲裁庭作为一个整体都应毫不例外地保持公正、独立，仲裁程序的公正性、裁决的公平合法性均不得有半点疑问。这是任一仲裁制度存在和得到承认的基础和先决条件。

非中立仲裁员情况下的机制是这样的，一方当事人指定的仲裁员偏向这一方，另一方当事人指定的仲裁员则偏向另一方，由于对等关系，一比一，数量上保持平衡，在另一方当事人要求这一方当事人指定的仲裁员回避时，不必回避。双方指定的仲裁员若达成一致即形成裁决意见定案，若形不成一致意见，交由第三名仲裁员裁断，第三名仲裁员是中立的，所以整个程序仍然是公平的，仲裁结果自然也能保持公正。非中立仲裁员的出现，必然有一定的渊源，或经当事人约定，或依惯例一般均如此行事，但不管怎样，都必须符合准据法的要求，否则裁决将没有执行力。AAA 和 ABA 道德规范准许当事人指定的仲裁员为非中立仲裁员，与中立仲裁员分别遵循不同的规范。但国际仲裁员协会行为准则，正如其导言所述，采取坚决措施，不管采用什么指定方式，所有仲裁员均须遵守同一行为准则。国际仲裁员协会仲裁员准则是一个中立仲裁员的行为准则。

（二）我国有关仲裁员行为规范的内容

第一，诚实信用。仲裁员作为纠纷的裁决者，判定当事人之间的权利与义务关系，应当秉承善意、恪守诚信。如果仲裁员缺乏诚信，那么快捷、公正、保密的仲裁程序根本就无从谈起。《北京仲裁委员会仲裁员守则》第 3 条规定了诚实信用的道德义务，让仲裁员从诚信的高度来约束自己的行为，即仲裁员一旦接受选定或指定，就应付出相应的时间、精力，尽职尽责、毫不迟延地审结案件。鉴于实践中存在着少数仲裁员不论是否有相应时间、精力与能力，随意接受案件、隐瞒应披露的事项以及不遵守保密规定的现象，《北京仲裁委员会仲裁员守则》第3条规定，仲裁员只有确信自己具备下列条件，方可接受当事人的选定或北京仲裁委员会主任的指定：

1. 能够毫不偏袒地履行职责。只有不偏袒地处理案件，案件才能得到公正的审理。仲裁员无论是由哪一方的当事人选任的，他都不代表任何一方当事人的利益，而要在双方当事人之间保持中立，平等地对待双方当事人。

2. 具有解决案件所需的知识、经验和能力。仲裁是专业性、实践性很强的工作，仲裁员需要具备解决争议所需的知识、经验和能力。如果被选定的仲裁员不具备某方面的学识与经验，不要勉强，不能为了面子而办理自己不能胜任的案件，仲裁员必须确实相信自己具有丰富知识和经验以解决该案，才能接受选定或指定，否则就不能在仲裁中正常发挥作用，影响仲裁的质量。拒绝接受自己不熟悉的专业领域的案件，也是对当事人、对仲裁委员会负责的表现。

3. 能够付出相应的时间、精力，并按照《北京仲裁委员会仲裁规则》与《北京仲裁委员会关于提高仲裁效率的若干规定》要求的期限审理案件。仲裁员在接受指定或选定时应首先考虑自己是否有足够的时间和精力办理案件。仲裁员都是兼职，工作忙或个人事务多，可以不接受选定或指定，一旦接受选定或指定，受人之托，忠人之事，就不能再以工作忙为由耽误案件审理。否则，不仅拖延了审理，也使自己和仲裁庭的信誉受损。

4. 参与审理且尚未审结的案件不满10件。人的精力有限，手中案件太多难免顾此失彼，影响办案质量。而且，仲裁员办案不仅涉及自己的时间，也牵扯其他仲裁员的时间，手中的案件多了，会与其他仲裁员在时间安排上发生冲突，因此，如果仲裁员正在审理的案件太多，就应拒绝选任或指定。

第二，公正廉洁独立。公正是指仲裁员审理案件时要公平合理，不徇私偏袒。公正是仲裁的灵魂和生命。

廉洁是公正的保证。仲裁员不得以任何直接或间接方式接受当事人或其代理人的请客、馈赠或提供的其他利益，亦不得代人向仲裁员实施请客送礼或提供其他好处和利益。对仲裁员提出这样的要求，也是国际商事仲裁的通例。

独立与廉洁一样都是公正的保障。仲裁员应当独立地审理案件，不因任何私利、外界压力而影响裁决的公正性。没有独立的仲裁，就不是真正的仲裁。仲裁员在法律和仲裁规则的范围内，依其特有的专业知识、经验依法独立地审理案件，一方面不受仲裁委员会的干预。仲裁委员会依照法律规定的条件并结合实际情况聘任仲裁员，依法对违法的仲裁员予以除名；依法决定是否受理案件，根据当事人的委托或者依法指定仲裁员；以及从事其他有关仲裁的管理和实务性工作。一旦仲裁庭组成直至作出仲裁裁决，仲裁委员会即不再介入仲裁审理和裁决的实质性工作，对案件的审理与裁决完全由仲裁庭独立进行。另一方面不受行政机关、社会团体和个人的干涉，尤其行政机关不得对案件的审理与裁决施加消极的影响。此外，仲裁庭还要独立于法院，虽然法律授予法院对裁决有必要的监督权，但是这并不等于仲裁附属于审判。只有这样，才能为仲裁的公正性、权威性创造良好的外部环境与条件。

仲裁员披露是一项被普遍接受的保证仲裁权主体公正性的原则，它是指仲裁员主动披露其与当事人或代理人之间的某种关系，以便于当事人和仲裁机构考虑此种关系是否影响该仲裁员的独立性和公正性。仲裁员披露不仅被规定在仲裁员行为规范中，在仲裁法及仲裁规则中也有明确规定。《北京市仲裁委员会仲裁规则》[1]采用了国际通行的仲裁员信息披露制度，明确信息披露是仲裁员的重要义务，要求仲裁员决定接受选定或者指定的，知悉与案件当事人或者代理人存在可能导致当事人对仲裁员独立性、公正性产生怀疑的情形，应当书面披露，并且这种披露义务持续于整个仲裁过程中；仲裁员的披露将由仲裁机构转交双方当事人并允许当事人提出书面意见。这样规定既增强了对仲裁员的约束力，也为当事人申请回避提供了必要的信息，保障当事人的知情权。仲裁员与当事人应当保持足够远的距离。仲裁员与当事人应当没有利害关系，仲裁员应当绝对居间中立，不存在任何倾向性。仲裁员在履行职责期间应当避免与当事人产生金钱的、商业的、职业的、家庭的、社会的、个人的关系，因为这些关系可能会导致仲裁员的不公正或偏见。由于仲裁员一般不是专职人员，其来源也呈现多元性，所以通常仲裁员与当事人的关系远比法官同当事人的关系来得复杂，有的仲裁员是桃李满天下的教授，有的是专家型行政干部，有的是律师，有的是商界人士，因此有时会有仲裁员与其学生、仲裁员与其下级、仲裁员与其同业竞争者出现在同一案件中的情况。有时即使仲裁员具备极为高尚的品德，不会为这些关系所影响，也难免招致社会的不信任和议论。

《北京仲裁委员会仲裁员守则》第9条规定，仲裁员不得在本会的仲裁案件中担任代理人。这主要是考虑到我国实行的是机构仲裁，当事人只能从机构的仲裁员名册中选择仲裁员，而仲裁机构的仲裁员人数有限，范围较窄，加上仲裁员之间合作共事、经验交流日益频繁，因而很可能产生在此案担任代理人，在他案中又与此案仲裁员共为仲裁庭组成人员的情况。仲裁员既坐台上又坐台下（既担任仲裁员又代理本会案件）的特殊身份难免导致当事人对仲裁公正性的疑虑。虽然多年的工作经验表明，仲裁庭能否公正审理取决于仲裁庭成员的自身素质，而不是代理人是否是仲裁员。而且，随着仲裁员披露制度的实行，这种情况可通过仲裁员回避等措施来避免。但是，因仲裁员担任代理人，造成仲裁庭组成人员的回避，延缓案件审理进程，这对回避的仲裁员以及当事人来说很不公平，在一定程度上降低了当事人对仲裁程序公正与仲裁裁决的认同。因此从维护当事人的合法权益出发，明确禁止仲裁员代理本会的仲裁案件（包括代理执行与撤销本会仲裁裁决的案件）。此外，牺牲自身利益，对容易引发当事人合理怀疑的行为进行规避，对维护仲裁委员会的公信力和仲裁员队伍的整体形象具有重要的意义。

第三，平等、公允地对待双方当事人。仲裁员必须站在客观公正的立场，考虑案件的全部情况，查清事实，分清是非，合法、公正地作出裁决，维护当事人双方的合法权益。超脱各种利益和人情关系，本着自己的良知和对法律精神的理解进行裁决。绝对不能偏袒任何一方当事人，更不得作为任何一方代理人行事。仲裁员如果将自己视作当事人一方的代表，只考虑当事人一方的情况，只维护当事人一方的利益，就难免产生倾向性，出现歧视或偏袒，影响裁决的公正性。如在开庭审理时，注意提问和表达意见的方式，不得出现倾向性；本着查证事实的目的进行提问，避免偏向或诱导性的提问；给予双方同等的辩论

---

[1]　《北京仲裁委员会仲裁规则》（2019年7月第七届北京仲裁委员会第四次会议审议并通过，2019年9月1日起施行）第22条规定，仲裁员信息披露：①仲裁员任职后，应当签署保证独立、公正仲裁的声明书，声明书由秘书转交各方当事人。②仲裁员知悉与案件当事人或者代理人存在可能导致当事人对其独立性、公正性产生合理怀疑的情形的，应当书面披露。③当事人应当自收到仲裁员书面披露之日起10日内就是否申请回避提出书面意见。④当事人以仲裁员披露的事项为由申请仲裁员回避的。⑤当事人在上述第③款规定的期限内没有申请回避的，不得再以仲裁员曾经披露的事项为由申请回避。

机会。

《北京仲裁委员会仲裁员守则》第 4 条规定，仲裁员为谋求选定而与当事人接触的，属于不符合仲裁员道德规范的行为。仲裁员为谋求选定而与当事人进行接触的行为，使仲裁员处于有求于人之境地，有违仲裁员的独立性和公正性。

《北京仲裁委员会仲裁员守则》第 8 条规定，仲裁员在仲裁期间不得私自会见一方当事人、代理人，接受其提供的证据材料；不得以任何直接或间接方式（包括但不限于谈话、电话、信件、传真、电传、电子邮件等方式）单独同一方当事人、代理人谈论有关仲裁案件的情况。在调解过程中，仲裁庭应慎重决定由一名仲裁员单独会见一方当事人或其代理人；如果仲裁庭决定委派一名仲裁员单独会见一方当事人或其代理人，应当有秘书人员在场，并告知对方当事人。仲裁员除了在履行职责期间应当避免与当事人产生各种关系之外，有的仲裁机构还进而要求仲裁员在仲裁案件结束后避嫌。

第四，勤勉高效。仲裁员要有高度的责任感，应把当事人的授权，视作病人将治病的权利交给医生，认认真真地对待每一起案件，一丝不苟，认真核实证据，查明事实，正确适用法律，公平、公正地解决争议，才能不辜负当事人的信任与期望。

仲裁员不仅应勤勉，还要守时。仲裁的一大优势就是其简便与快捷，当事人对仲裁最大的要求，就是公正、及时地解决争议。如果仲裁员不严格遵守时间，不积极地推进仲裁，尽快结案，就会加重当事人在时间、精力、财力上的负担和损失，甚至会使仲裁失去意义。迟来的正义非正义。仲裁员通常都有自己的职业和事务，往往工作繁忙，这是实际情况，但是当事人选择了仲裁，有偿请求仲裁员尽快解决他们之间的纠纷，仲裁员接受指定后若不积极作为，实际上便造成了当事人利益的损害。有些国家的法律对此有严格的规定，例如，当发现仲裁员不适当地拖延履行职责时，当事人可以此理由提出仲裁员回避请求；仲裁庭超出法律规定或当事人规定的期限作出裁决，如果因此造成裁决书被宣告无效，仲裁庭应负赔偿义务。英美法系国家虽然通常持仲裁员责任豁免理论，但是美国法院有判例仍然判定仲裁员应对没有及时裁决负民事责任，认为不公正的延迟裁决不是司法行为，应当承担责任，仲裁员如果不能迅速处理纠纷，应该在开始就拒绝接受案件。《北京仲裁委员会关于提高仲裁效率的若干规定》从提高仲裁效率着眼，作了如下规定：

1. 提前预防仲裁员因无法保证办案时间而导致案件超审限。仲裁员在组庭后连续满 20 天不能参加案件审理的，应及时告知北京仲裁委员会，并视情况决定是否接受选定或指定，或者退出案件审理；仲裁员在审理期限内连续满 60 天不能参加案件审理的，应拒绝接受选定或指定，或者退出案件审理。这样规定可以有效防止某些仲裁员因无法保证办案时间而导致的审理超期限。

2. 对开庭审理与裁决书制作时间予以明确规定，要求每一个环节均按时间要求进行，以保整个程序高效、顺畅地展开。从仲裁程序各阶段入手，对仲裁庭每个仲裁阶段的审理时间包括首次开庭时间、每次开庭之间的时间间隔以及裁决书制作时间等作了详细的规定。同时还规定仲裁庭未经合议或经合议对裁决未达成基本共识的情况下，拟定裁决书的方法以及时间要求。其目的是在保证审理质量与裁决质量的前提下，每一步骤连接紧凑避免迟延，从而保证仲裁庭在规定期限内尽快结案，确保仲裁制度优越性的发挥。

3. 仲裁员应在规定期限内提供制作裁决的书面意见。仲裁庭未经合议或经合议对裁决未达成基本共识的，仲裁员应自审理终结之日或合议之日起 5 日内，就案件事实、证据、定性、责任、适用法律、裁决意见和理由等提出制作裁决的书面意见，由首席仲裁员或其指定的仲裁员进行汇总，拟定裁决书草稿。之所以这样规定是因为有利于仲裁员研究案情，提高裁决质量。有利于尽快并充分反映不同意见，仲裁庭集思广益，提高仲裁效率。[1]

4. 增加规定仲裁员迟延情况下本会予以更换的权力。仲裁员迟延致使案件超审限，情节严重的，本会有权在征得当事人同意后予以更换。这样规定一方面可以保证当事人能够获得及时的救济，另一方面也增加了仲裁员的危机意识，毕竟更换的规定是直接针对其正在办理的案件，因而有利于督促仲裁员按照规定的时间要求推进仲裁程序。

第五，保密。仲裁员要忠实地履行保密义务。保密义务包括两个方面：一是仲裁员不得向当事人或外界透露本人的看法和合议庭合议的情况，对涉及仲裁程序、仲裁裁决的事项应保守秘密。二是仲裁员还要为当事人保密，尤其是要保护当事人的商业秘密不被泄露。这是由仲裁程序的不公开审理原则决定的，因此，仲裁员应有保密意识。仲裁员如果泄露仲裁秘密，不论是有意还是无意，都是违反仲裁员职业道德的行为，不仅不利于裁决的作出，而且会给当事人造成重大损失，影响其商业前景。

第六，相互尊重。相互尊重主要指仲裁员之间的相互配合与支持。仲裁员应该尊重其他仲裁员对案件发表意见的权利，以宽容的态度理解和接受分歧，在互敬的基础上，自由地探讨，真诚地交流。但这不是说违背公正原则的妥协与迁就，而是指仲裁庭成员在时间安排上的体谅与配合。在审理和制作裁决过程中仲裁庭成员应共同努力、共尽义务，不仅要提出问题，更要提出解决问题的方案和办法。

第三节　仲裁员职业责任

一、仲裁员责任的内涵

责任是行为人违反其所承担的义务或职责而应承担的后果，法律上的责任是指行为人不履行合同义务或违反法律上规定的义务而应承担的法律后果。对于责任，还存在一种纪律上的责任，即违反了行业的行为规范要承担纪律上的处分，这一类型的责任跟行为人的道德自律相关联。学者凯尔森认为，法律责任的内涵与法律义务的内涵相互关联，一个人在法律上要对一定行为负责，即他要承担相应的法律责任。如果行为人作出了违反相应规定的行为，就应受到制裁。仲裁员若无权行使权力、越权行使权力、怠于行使权力都属于不当行使权力的行为，适当进行仲裁程序和作出裁决既是权力又是义务。仲裁员不当行使权力和不当履行义务就要为此承担相应的责任。因此，仲裁员承担责任的基础源于仲裁员享有的权力和负担的义务。

1. 仲裁员的责任涉及仲裁的核心问题，即涉及当事人和仲裁员之间的内在关系。对仲裁员责任问题的考虑要思考一些基本的潜在问题，如仲裁员义务的性质是什么？为什么这些义务是强制性的？仲裁员会在多大程度上受制于他的义务？对这些问题的阐释需要考虑仲裁的特性。仲裁是一种独特的争议解决方式，与调解、诉讼不同。调解中的第三者只是起着居中调和的作用，以双方当事人的意愿摆在首位，若一方当事人不同意继续调解，则调解立即终止；若双方当事人对争议解决形成合意，可以以此合意为基础作出调解协议，但该协议仅约束双方当事人，并不具有强制执行力；若一方当事人事后反悔不予执行调解协议，调解协议效力即终止，另一方当事人不能向法院申请强制执行。仲裁，是以双方当事人之间存在的仲裁协议为基础，通过当事人委任或相关指定机构指定独任仲裁员或3名

---

〔1〕　参见王新清主编：《法律职业道德》，法律出版社2016年版，第222页。

仲裁员组成仲裁庭审理当事人之间的争议，独任仲裁员或仲裁庭有权作出具有法律约束力的仲裁裁决。如果有一方当事人拒不执行仲裁裁决，那么，对方当事人有权向法院申请强制执行。仲裁这一方式具有一定的契约性（以当事人的合意为基础），又体现了一定的准司法性（仲裁裁决具有强制执行力）。[1]

2. 仲裁也不同于诉讼，因为在诉讼中，审理案件的法院是国家成立的审判机关，代表国家行使公权力，对争议案件具有法定的管辖权。法院受理案件之后，审理案件的法官一般都是指定的，不存在当事人协议选择法官的情形；而在机构仲裁中，仲裁机构一般都被认定为民间性组织，并且，很多仲裁机构都备有由各行各业专业人士组成的仲裁员名册，仲裁员的指定大都在名册的范围之内。仲裁实行一裁终局制，不仅审案期限较诉讼短，而且费用也比诉讼低廉。因此，同诉讼相比，仲裁具有更多灵活性。对于仲裁员责任承担问题，需要面临个人遵从法律的问题，当个人面对法律规定、法律要求时，是否会遵守法律规定，取决于一系列之因素：①法律要求人民如何行为之规定，必须明确到人民能理解、能依循；②人民已被告知该法律之存在与内容；③人民有遵守该法律之机会；④人民有遵守该法律之能力；⑤遵守法律符合人民之利益；⑥人民具有遵守法律符合其利益之意识形态、价值观或其他主观认知之因素。简言之，即法律的规定要明确，义务人了解法律的确切意涵，义务人有服从法律规定的机会，义务人充分了解违反法律规定的后果等。

3. 综观目前的法律规定，还没有涉及对仲裁员不当使用权力或不当履行义务的行为进行监督的机制。虽然仲裁不受管制的理念一直为效率和公众的愿望所捍卫，但随着实践中不断增加对仲裁员公正性的担忧以及仲裁受案量的暴涨，导致问题频出。第一个问题，即我们是否应该继续保持仲裁不受监管的性质；第二个问题，即不受监管的仲裁价值是否超过了它所引发的问题。对此，笔者认为，这两个问题的答案是否定的。如有学者认为，增加仲裁员的责任程度会使社会得到最佳的利益。当前的体制允许仲裁员作出严重错误的决定而不加解释，忽视对仲裁程序的保护；或仲裁员从事假公济私、不披露利益冲突，甚至实施不公平行为，甚少或根本不对来自行业或法律的指责产生恐惧。如果不对仲裁进行更多的监督，那么，这一现状会反过来阻碍当事人对仲裁的使用。在仲裁实践中，如果仲裁员无正当理由辞职，或未能遵守裁决案件的最后期限，或未能在适当的时候延长最后期限，违反及时作出裁决的义务，那么，他们应对由此产生的所有损失承担责任。

二、仲裁员责任的形式

仲裁员的不当行为可能会引起各种类型的责任：

（一）民事责任

仲裁员的民事责任，是指仲裁员对于仲裁过程中的不当行为（不当行使权力或不当履行义务）承担的法律上的责任。大多数国家的立法和仲裁实践对于仲裁员民事责任是持肯定态度的，只是责任的范围有大小之分，主要存在3种理论。

1. 仲裁员绝对豁免论。仲裁员绝对豁免论认为，仲裁员行使仲裁职责的行为是一种替代法院解决争议的准司法行为，那么，仲裁员就应与法官一样，对其在仲裁过程中的任何作为或不作为而给当事人带来的损失不承担任何个人民事责任。目前，主要是美国的学者持这一观点。仲裁员责任绝对豁免论的基础是仲裁豁免论，该论是法官所享有的司法豁免论在仲裁领域的延伸。仲裁员在裁判案件时具有"准司法人员"的身份，对仲裁员实行责

---

〔1〕　参见彭丽明：《仲裁员责任制度比较研究》，法律出版社2017年版，第24页。

任豁免，一方面，可以适度维护仲裁员的公正性和独立性，免受心存不满的当事人的干扰；另一方面，可以吸引优秀的专业人士进入仲裁领域，担任仲裁员，促进仲裁制度的发展。

2. 仲裁员有限豁免论。仲裁员有限豁免论，是指仲裁员只在一定范围和一定条件内对其不当行为享有豁免，超出一定范围和一定条件须承担责任。目前，大多数国家持这一观点。仲裁员可以享受豁免的范围和条件主要包括：其一，仲裁员依据有效的仲裁协议进行仲裁，并且当事人或仲裁机构对仲裁员的指定是有效的，只要其是以仲裁员的身份（而不是以调解者的身份）进行仲裁，就能享有豁免。但如果仲裁员依据的是无效的仲裁协议进行仲裁，或者采用欺骗的方式进行仲裁，就不能享有豁免。[1] 其二，仲裁员违反与当事人之间的法律或合同上的义务、未能披露对案件裁判产生影响的利益冲突问题、对参与仲裁程序中的人（包括律师、专家、证人）违反了保密义务，并且，由于仲裁员的上述不当行为导致当事人或第三人遭受损害。其三，仲裁员无正当理由拒绝进行仲裁程序，未能按照当事人约定的期限或法律规定的期限作出公正的裁决。

3. 仲裁员承担完全责任论。仲裁员承担完全责任论主张，仲裁员承担责任的范围是广泛的，只要仲裁员未能履行其所承担的义务，就应当承担相应的法律责任。一些大陆法系国家的立法主张这一观点。一般认为，仲裁员作为专业服务人员，应与律师、医生、审计师、建筑师等专业人员一样承担专业注意责任。即仲裁员提供仲裁服务时，负有勤勉、小心、公平行事的义务，若在仲裁过程中故意作出不当行为或因过失作出不当行为，且该行为给当事人造成一定的经济损失，则仲裁员须承担一定的法律责任。仲裁员在仲裁过程中须始终保持公正性和独立性，平等对待双方当事人，不得存在欺诈行为、收受贿赂行为或滥用职权行为，否则，仲裁当事人可以以此为据对裁决提出异议并申请撤销裁决，还可以要求仲裁员承担个人责任。

（二）刑事责任

就社会正义的维护而言，刑法是最后的底线，只有当不当行为冲破底线对社会产生了极大的危害性时，国家才会启动刑事责任的追究程序。仲裁员在仲裁过程中的不当行为若触犯了仲裁地国的刑事法律规定，就应当承担刑事责任。断言仲裁员没有刑事责任是言过其实的，他们须对犯罪行为负责。仲裁员在行使准司法职能时，通常也会做与法官类似的违法行为，一些国家的法律在贿赂犯罪或枉法裁判罪中也规定了仲裁员的刑事责任。例如，德国《刑法典》规定的受贿罪就包括仲裁员，日本、韩国《刑法》规定的受贿罪也把仲裁员涵盖在内。有的国家在规定法官枉法裁判的刑法条文中，同时规定了仲裁员承担刑事责任的情形，如菲律宾、新加坡的刑法规定。目前，在单行立法中详细明确规定仲裁员刑事责任的只有日本《仲裁法》。

（三）纪律责任

仲裁机构或仲裁协会通常会颁布一些规范仲裁员行为的文件，如仲裁规则、仲裁员守则、仲裁员道德准则、仲裁员行为规范等。如果仲裁员在仲裁过程中作出严重违背职业道德或行为规范的行为，就要根据相关规定对其进行相应的纪律处分，如通报批评、减少办案报酬、撤销委任、停止执业、除名。除名通常发生在采用仲裁员名册制的机构仲裁中，是最严厉的一种纪律处分，针对的是仲裁员在仲裁过程中存在极其严重的故意不当行为。

仲裁员的纪律责任承担主要是以仲裁员违背了其应承担的道义和严格的自律性。仲裁

〔1〕　参见宋连斌主编：《仲裁法》，武汉大学出版社2010年版，第85页。

员的自我约束与行业的监督规范从内外两个方面有效保证仲裁的高质量。一方面，仲裁机构通常会对仲裁员在仲裁过程中的行为进行必要的监督，具体表现为：仲裁机构制定各类与仲裁员的行为规范相关联的文件，并且仲裁员在办案前必须签署声明书。这些举措促使仲裁员在仲裁活动中必须遵守相应的纪律，而且也针对可能出现的违纪行为规定了相应的处理措施。另一方面，通过国家仲裁法律的规定，严格规范仲裁员的职业纪律和守法意识，对违纪、违法者予以除名并承担相关的纪律责任。

三、仲裁员责任的理论学说

（一）仲裁员责任论

一些大陆法系国家认为，当事人直接或间接地指定仲裁员，让仲裁员为解决其争议服务同时为此仲裁服务支付费用，双方之间实际上形成了自成一类的契约关系。仲裁员身份具有合同性，而不是准法官性质。

因此这些大陆法系国家主张仲裁员应像法官一样，承担专业注意责任和公正责任。

如果因疏忽给当事人造成了损失，则要承担民事责任，而且仲裁员应当公正地履行职责，平等地对待各方当事人，不得接受贿赂，不得欺诈和滥用职权，否则可以撤销裁决或对裁决提出异议，并且可以要求仲裁员个人承担责任。

（二）仲裁豁免论

英美法系国家流行着源自司法豁免论的仲裁豁免论，其主要内容是：仲裁员的仲裁行为豁免于民事责任，仲裁员对仲裁过程中因其过失或其他情况而导致的不公正裁决及给一方当事人带来的损失不承担任何个人责任。

在英美国家，这种观点还认为，不但仲裁员可以享有仲裁豁免权，仲裁豁免权还延伸至仲裁机构。

理论依据在于：①仲裁是替代法院解决争议的一种方式，仲裁员履行的是一种准司法职能。②实行仲裁员责任豁免，可以保持仲裁程序的完整性。因为如果让仲裁员承担个人责任，败诉一方当事人可能会滥用申诉权随意指控仲裁员缺乏应有小心而对裁决提出异议，要求重新审理，仲裁作为一种省时省钱的解决争议方式，必然因此而失去应有的价值。③国家政策鼓励仲裁。因为仲裁作为替代诉讼的争议解决方法，一直被大力推广和鼓励，而仲裁豁免论显然有利于国家这项政策的实现。④避免仲裁质量下降。如果仲裁员面临着承担责任的风险，会使仲裁员在仲裁过程中过分小心，并且可能导致一些有责任心和有能力的人因为害怕承担责任而拒绝接受委任，从而可能引起仲裁质量下降，使仲裁事业蒙受损失，这显然是不明智的。[1]

（三）仲裁员责任有限豁免论

上述两种观点都不足以服众。要求仲裁员承担完全的责任和仲裁员绝对豁免，都缺乏有说服力的理由，前者可能不利于支持仲裁，后者可能不利于保障仲裁质量。为了调和上述两种完全不同的主张，人们提出了仲裁员责任有限豁免论。

这种折中观点认为，仲裁员在一定范围内可以享受豁免，但超出一定范围则不免除其责任，而且以承担过错责任为限度。这个范围主要指：其一，程序上的限制；其二，契约上的限制。

---

〔1〕　参见黄进、宋连斌、徐前权：《仲裁法学》，中国政法大学出版社 2008 年版，第 63 页。

四、仲裁员责任的立法和司法实践

1. 规定仲裁员应当承担责任。作出此种规定的主要是大陆法系国家，分两种情形。有些国家规定仲裁员应承担完全的民事责任（奥地利、秘鲁、澳大利亚、丹麦、南非、意大利、法国）。另一些国家仅规定仲裁员承担有限度的民事责任（德国、挪威、瑞士、瑞典、荷兰、日本）。

2. 规定应当免除仲裁员的责任。作出此种规定的主要是英美法系国家和地区，如美国、英国、新西兰、印度等国和香港地区以及解决国际投资争端中心、国际商会仲裁院等组织。

3. 关于仲裁员的责任问题，立法上无规定，实践上无案件，理论上无讨论存在此种情况的国家主要有朝鲜和捷克等。但事实上，在这些国家中，仲裁员也是免责的。

4. 《仲裁法》的有关规定及评析。《仲裁法》第38条规定：仲裁员私自会见当事人、代理人或接受其请客送礼，情节严重，或者索贿受贿、徇私舞弊、枉法裁决，应承担法律责任，仲裁委员会应当将其除名。根据此条，至少从字面上看，仲裁员可能承担刑事责任、行政性责任及民事责任。至于仲裁机构的责任，《仲裁法》未涉及。一般所谓的仲裁责任，即指仲裁庭成员、仲裁机构对当事人承担的民事责任。从这个角度讲，中国《仲裁法》对仲裁责任尚无明确而完整的规定。

全面采纳有限豁免论更有利。有限豁免论意味着，仲裁员认定事实不清、适用法律不当以及裁决被撤销或拒绝执行并不必然导致承担仲裁责任，仲裁员、仲裁机构只对其故意的不当行为或重大疏忽造成的后果负责。

这种主张，适当地平衡了仲裁员、仲裁机构和当事人之间的利益，前者不得恣意武断，后者不能随意发难，既吸收了豁免论支持仲裁员、仲裁机构履职的司法性优点，也与普遍商事合同的契约性相区别。

五、仲裁员责任制度的法理基础

仲裁员责任制度的法理基础，来源于仲裁制度与仲裁法。在任何社会中，社会主体基于自身的需要而对不同权益的欲求，使得各个社会主体根据自己的意思自愿为各自不同的社会行为，在此过程中，不可避免地会在不同的利益主体之间产生各种社会冲突。社会冲突经常、大量地出现，不仅破坏了整个社会秩序的稳定与社会主体之间的祥和，而且使社会主体自身利益的实现受到极大的阻碍，因而，解决社会冲突便成为社会控制以致维持人类存续的重要方面。

在人类历史的不同发展阶段，社会对解决冲突的要求不同，因而解决社会冲突的手段也不完全相同，但总的说来，"私力救济"是社会冲突的最原始、最简单的解决方法。当"私力救济"力所不及时，社会主体对冲突的解决转而求助于社会公力，于是，随着"私力救济"作为一种普遍的社会现象在人类文明史上的消失，作为"公力救济"的象征，诉讼便成为备受人们青睐的解决社会冲突的重要手段。无论是日耳曼粗俗的裁决方式，还是今天理性化的审判方式，诉讼作为一种解决社会冲突的技能化的审判活动，的确发挥了很大的解决纠纷的社会功效。但是，随着社会经济与科技的迅猛发展，日益繁多、复杂的纠纷案件的不断出现，社会对纠纷解决机制的要求也就越来越高，特别是在市场经济条件下，市场经济的法律属性，使得各个不同的利益主体不再因"出身"不同而享受不同的权利，承担不同的义务。市场经济促使人们之间由世袭的"身份"关系转而成为理性的契约关系。为了实现社会各种资源的最优配置，使其发挥最大效用，竞争是不可避免的。竞争的存在必然要求利益不同的市场主体基于平等的地位，按照自己的意思自愿而参与活动，当纠纷发生时，争议的对方当事人也同样希望以一种既能尊重当事人意愿，又经济、迅速的方式来解决纠纷，仲裁制度与仲裁法正是适应这种社会需求而产生并发展起来的。

基于对仲裁的本质属性和仲裁员与仲裁当事人关系的不同认识和理解，不同法律制度对仲裁员责任制度有着不同的规定。就仲裁的性质而言，国际商事仲裁理论界历来就存在学说纷争，这些理论主要包括：契约说，司法权说，司法契约混合说和自治理论。仲裁员是否应该承担责任，主要视其是以仲裁的契约性抑或司法性为理论依据。

(一) 仲裁员的契约责任——以仲裁契约性为基础

仲裁的契约性质是指：仲裁员裁定管辖权的权力来源于仲裁协议，仲裁是基于当事人的意志和合意创立的，仲裁员与当事人之间存在着一种特殊的合同关系。基于此种合同关系，仲裁员接受当事人的指定，理所当然地应按照当事人的期待提供与当事人在合同中约定的品质相符合的服务，提供专业知识解决争议，并在作出仲裁裁决后接受当事人的报酬；如果仲裁员在执行职务过程中有懈怠行为或者有侵害当事人的不当行为，当事人可以依照合同诉请仲裁员赔偿。因此，仲裁的契约性是仲裁员承担契约责任的法理基础。

大陆法系国家普遍将仲裁的性质认定为契约性，认为仲裁员与仲裁当事人之间存在合同关系，因此在确定仲裁员责任时，要求仲裁员与其他为当事人提供服务的技术专业人员一样，要为其故意或过失行为给当事人造成的损失承担仲裁责任。

(二) 仲裁员的法律责任——以法律的规定为依据

法律责任，即有关国家规范仲裁活动的法律所直接规定的责任。在实践中，这种责任主要表现为注意义务责任和公正责任。注意义务责任，是指仲裁员同医生、建筑师、工程师、审计员一样，在履行其职责时，应具有专业注意（Professional Care），如果违反该义务而给当事人造成损失，则要负法定责任。所谓公正责任，是指仲裁员应公正地履行其职责，不得接受贿赂，不得欺诈和滥用职权，否则可以撤销裁决或者对裁决提出异议，并且可以要求仲裁员对有关损失承担个人责任。[1]

通常情况下，法律责任包括民事责任和刑事责任。对于仲裁员应承担民事法律责任是没有疑义的，而仲裁员是否应承担刑事责任，在仲裁理论和实践上存在较大争议。

仲裁法律责任的实质是对公正行为义务的约束。随着仲裁在解决各种争议中的运用不断发展，它已成为我们这个社会赖以公正地确定法律权利的司法制度的重要组成部分。因此，仲裁员不仅对仲裁当事人承担契约责任，作为崇尚正义、主持公道的理想人物化身，他们对于整个社会也负有重大责任。更有国外学者将仲裁形象地比喻为没有龙骨的裁判船，认为属于私权利主宰下的仲裁，其仲裁员需得到公共权力的监督。

(三) 仲裁员责任豁免——以仲裁司法性为基础

强调仲裁司法性质的英美法系国家将仲裁视为一种准司法活动，普遍强调仲裁员的准法官的特殊身份，赋予其仲裁责任豁免权。由于在民商事纠纷解决方面，仲裁发挥着与诉讼相近的作用。因此，司法豁免论自然就延伸到仲裁领域，形成了仲裁责任豁免论。该理论的核心内容是：仲裁员的仲裁行为豁免于民事责任，仲裁员对于仲裁过程中因其过失或其他情况而导致的裁决不公及给一方当事人带来的损失不承担任何个人责任。

仲裁豁免论在理论上的依据是仲裁的司法性质。根据司法权理论，仲裁员行使着类似法官的权力，其活动相当于司法活动。如果仲裁员享有与法官一样的豁免权，可以保证仲裁程序的完整性。由于仲裁的目的是廉价而迅速地解决纠纷，所以允许当事人滥用诉权将

---

[1]　参见肖永平编：《中国仲裁法教程》，武汉大学出版社 1997 年版，第 68 页。

使上述优势都不能实现，使仲裁失去其价值，并且还可能给不正直的当事人提供机会，故意拖延仲裁程序的顺利进行。仲裁员承担民事责任同样会使仲裁员在仲裁过程中过分小心，并且导致有责任心和有能力的人拒绝接受任命，从而可能引起仲裁质量的下降，不能有效地解决纠纷，这对仲裁本身的发展是不利的，同时与社会的安定要求相违背。

在历史上，美国法院根据鼓励仲裁业发展的国内政策，给予仲裁员绝对豁免权，将一些带有行政性的行为作为准司法行为而予以豁免，甚至将仲裁员的粗心、疏忽或者故意的不诚实也包括在豁免范围内。而英国在颁布 1996 年《仲裁法》之前，其判例法给予仲裁员的豁免几乎也没有限制。

绝对豁免论的主要功效在于保证仲裁员在不受当事人的不当影响和外界干扰下，独立地审理仲裁案件，实现仲裁效益。然而，该理论显然表现出了对仲裁公正性保障的匮乏。因为，广泛的责任豁免会使仲裁责任人疏于防范义务，并可能会导致仲裁员滥用自由裁量权而使仲裁出现不公正的结果。

（四）仲裁员有限责任豁免

一方面，强调仲裁的契约性质，是为了区分仲裁员和法官的不同身份。一个很好的例子便是：仲裁员要向仲裁当事人收取较高费用，而法官是国家公务员，其工资从国家财政中开支。根据美国一家非盈利的公共利益研究组织公共市民（Public Citizen）的报告，由仲裁机构收取的行政费用可比法院收取的相同服务的费用高出大约 700%。因此，让仲裁员完全享受法官的绝对司法豁免权是不合适的。

另一方面，考虑到仲裁员的准司法性，在其裁决过程中除了遵从当事人的意愿，还负有执行国家强行法，维护公共利益的责任。一个很贴切的例子便是：仲裁员对于一项雇佣合同的仲裁，因为考虑到国家强行法律的规定，有可能作出违背双方当事人意志的裁决结果。

事实上，以 20 世纪 70 年代为分界点，当代国际商事仲裁与早期近代仲裁最大的区别之一，便是当代仲裁对争议的裁决适用法律。这无疑也为传统上被认为属于私人（Private）性质的仲裁，渗入了公共（Public）因素。随着国际商事仲裁可争议性的扩大，一些涉及反垄断争议、证券争议和知识产权争议等案件的处理无疑需要适用强行法，而同时，为了保护公共利益，某些强制性的合同法律规则也会在处理案件时加以适用。按美国学者 Owen Fiss 的话来说，就是对于这些案件的裁决帮助我们来给予我们社会一种一致性和内部的同一性。在该种情况下，则应考虑赋予仲裁员一定的豁免权。

仲裁员责任豁免制度的主要功效，是保证仲裁员不受当事人的不当影响和司法干扰，保持仲裁员和仲裁的独立性；而仲裁员应承担仲裁责任制度则更强调要求仲裁员认真负责地履行职责。减少仲裁员滥用职权的可能性，从而保持仲裁的公正性。两者是一个问题的两个方面，实施过程中可能存在着一些矛盾。但二者并不是绝对对立的，过于强调某一方面，都会有很大的局限性。有限仲裁责任豁免其实是作了一个很好的平衡，其核心便是：仲裁员的责任豁免应该是有限度的。基于仲裁的准司法性，尽管仲裁员在某些方面起到准法官的作用，但不能无视仲裁员与法官之间的本质区别：法官的权力是来自宪法和国家法律的授权，而仲裁员的权力来自当事人通过仲裁协议的授权，他与其当事人之间存在着一种基于契约的经济关系（如收取仲裁费用），而法官只是拿国家工资，承担着解决社会争议职责的国家公务人员。但是仲裁员只有承担着类似法官的功能时，才应享受司法豁免。

从国际实践来看，越来越多原先采取仲裁员绝对豁免责任论的国家，转而采用有限豁免责任理论。

六、仲裁员的责任：信任的负担

仲裁员有违公正性和独立性的行为产生仲裁员的责任问题。就仲裁而言，当事人自主选择仲裁员解决其纠纷，很大程度上是基于对仲裁员的专业和操守的信任，而且仲裁员的收费也来自当事人，因此，当出现仲裁员不尽职乃至存在不法行为时，必然会涉及追究其法律责任的问题。所谓信而有义，仲裁员须承担信任的责任。法律责任多种多样，这里仅限于讨论仲裁员的民事责任问题。然而，什么是仲裁员民事责任的法律基础？仲裁员应否具有一定程度的民事责任豁免？哪些行为应导致仲裁员的民事责任？又需进一步分析。

在法律性质上，大陆法系国家将仲裁员的责任归结于仲裁员承职（receptum arbitri）理论，认为仲裁员接受当事人的委任，依照仲裁协议承担对有关争议作出裁决的职责。换句话说，通过仲裁员接受委任，在仲裁员与当事人之间形成了合同关系，仲裁员的责任是一种违约责任。

本质上，是否给予仲裁员民事免责是一项公共政策的考量，需要权衡豁免的利弊。绝对的豁免难以形成对仲裁员的有效制约。它构成不了一种外在的激励机制，使仲裁员真正对所解决的争议、当事人以及仲裁本身的公正性承担责任。在绝对豁免制度下，仲裁员的种种不当行为以及自由裁量权的滥用都会受到完全的保护。加上对仲裁裁决的司法审查范围的限定性，当出现仲裁员的重大过失甚至是故意而致的不法行为，当事人往往难以获得救济。在这种情形下，仲裁已不再是诉讼机制的补充，而异化成为诉讼的对立，事实上自我否定了仲裁存在的应有之义。另一方面，不受限制的专家责任——仲裁员承职理论，对于仲裁也存在负面影响。可以设想，一旦仲裁员像一般的专业人士负有责任，则当事人会借此直接或间接地影响对己不利的裁决的做出，导致仲裁员难以客观地裁判，从而扭曲仲裁程序。

实际上，站在保证仲裁员公正与独立裁判的立场上，绝对的豁免和完全的专家责任均各走极端，无法达到目的。因此，更合适的应是仲裁员的限制责任观。即，仲裁员必须承担责任，但应在限定的范围内，以保障仲裁决定过程的独立性和公正性（使仲裁员免受骚扰和威胁），保障仲裁裁决的终局性，并使合格的仲裁员不至于畏而却步。

仲裁员的民事责任范围取决于对仲裁员的不当行为的界定。广义上，仲裁员不当行为略可分为两类：一是积极的不法行为，一是消极的不作为。前者是故意所为，通常针对特定一方当事人，故只有受侵害方具有求偿权；后者是过失所致，所侵害的是仲裁本身之目的（即作出一个终局的仲裁裁决），一般当事双方都有求偿权。积极的不法行为包括：诈欺、受贿、恶意、不当离职。消极的不作为包括：未披露利害关系、未遵循当事人要求、未履行仲裁规则中的责任、不参加庭审以及不及时做出裁决等。一般而言，不作为需达到一定严重程度才可让仲裁员承担责任。因此，仅当积极的不法行为以及严重的不作为之时始产生仲裁员的民事责任。程序上还有一点值得强调，即如果当事人在仲裁中已知悉仲裁员的不法行为而未及时抗辩，则嗣后不得再以同样的理由要求损害赔偿。

在我国，对仲裁员的责任问题存在立法规定。《仲裁法》第38条规定了两种仲裁员承担法律责任的事由：①私自会见当事人、代理人，或者接受当事人、代理人的请客送礼，情节严重的；②仲裁员在仲裁该案时有索贿受贿，徇私舞弊，枉法裁决行为的。此时除了仲裁员应当依法承担法律责任外，仲裁委员会应当将其除名。但法律责任所指为何，《仲裁法》语焉不详。对仲裁员的私人身份界定，可以排除行政责任，而新近修订的《刑法》又明确了仲裁员的刑事责任，故可推定《仲裁法》中所指的主要是仲裁员的民事责任和刑事责任。除此之外，《仲裁法》中还提及对仲裁员的除名措施。按照《国务院法制办公室关于进一步加强仲裁员、仲裁工作人员管理的通知》，仲裁员的重大违法违纪事件需建立报告制度，并对除名的违法违纪仲裁员实行"禁入"制度——任何仲裁委在任何时候不得再聘请。考虑到我国实行的是指定仲裁员名册制，除名事实上意味着该仲裁员终身被禁。尽管此项措施不可谓不严厉，但就性质上还应该认定为是自律性质的纪律处分，不构成对仲裁员民事责任的取代。

■ 思考题

1. 仲裁员职业伦理与职业行为规则之间的区别。
2. 仲裁员职业伦理的主要内容有哪些？
3. 仲裁员职业责任包括哪些方面？
4. 仲裁员职业伦理能否完全等同于法官职业伦理？为什么？

■ 参考书目

1. 王进喜：《法律职业行为法》，中国人民大学出版社 2014 年版。
2. 许身健：《法律职业伦理》，中国政法大学出版社 2019 年版。
3. 马宏俊主编：《公证与律师制度》，北京大学出版社 2010 年版。
4. 杨秀清、史飚：《仲裁法学》，厦门大学出版社 2019 年版。
5. 李广辉、林泰松：《仲裁法学》，中国法制出版社 2019 年版。

第十九章　涉法公务员职业伦理

■ **本章概要**

　　本章介绍了我国涉法公务员职业伦理的具体要求；涉法公务员的职业责任与惩戒。

■ **本章关键词**

　　涉法公务员；涉法公务员职业伦理；职业责任；职业惩戒

第一节　涉法公务员概述

一、涉法公务员的内涵

　　根据《国家统一法律职业资格考试实施办法》第 2 条第 2 款之规定，行政机关中初次从事行政处罚决定审核、行政复议、行政裁决、法律顾问的公务员，应当通过国家统一法律职业资格考试，取得法律职业资格。《公务员法》第 25 条第 2 款也要求国家对行政机关中初次从事行政处罚决定审核、行政复议、行政裁决、法律顾问的公务员均实行统一法律职业资格考试制度。由此可知，"初次从事行政处罚决定审核、行政复议、行政裁决、法律顾问的公务员"已经被纳入"法律职业人员"的范畴。本书主要是为了讨论法律职业人员的职业伦理问题，

　　因而，本书将行政机关中从事行政处罚决定审核、行政复议、行政裁决、法律顾问的公务员，统称为涉法公务员。本书在使用"涉法公务员"这一概念时更多的是倾向于实务中的界定方法。

二、涉法公务员的基本素养

　　行政执法的重要功能是建构和维护秩序，这主要是依靠行政执法行为，而行政执法行为在一定程度上受行政执法体制、行政执法方式与程序的制约，更受涉法公务员素质制约。涉法公务员的素质不仅在一定程度上决定行政执法行为，也在一定程度上决定行政执法体制、行政执法方式与程序。姜明安教授认为，涉法公务员的素质主要包括三类素质：一是政治思想素质；二是文化知识与业务能力素质；三是法律知识、法律意识和法治观念方面的素质。其中，涉法公务员的法律知识、法律意识和法治观念方面的素质对于保证行政执法质量、实现行政执法建构、维护秩序的功能和作用是至关重要的。主要原因有三点：①法律不是僵死的教条，法律是有灵魂的，法律的灵魂即是法律的目的、原则、精神，而执法者要真正正确理解法律的目的、原则、精神，必须依赖于其法律意识和法治观念。②法律不是法律条文的堆积，法律是一个由各种相互联系、相互依赖的法律规范构成的有机整体。执法者在适用某一法律的某一具体条文时，不仅要正确理解该条文的内涵和外延，

而且必须同时考虑相应法律的相关条文，甚至要考虑其他法律的相关条文。③法律适用不是简单、机械、对号入座地将法条适用于立法者事先设计好的某种确定的情境的活动，法律适用完全是一种创造性的复杂劳动。[1]

在实践中，不同层级的规范都对涉法公务员的基本素质也进行了规定。例如，中共中央、国务院印发的《法治政府建设实施纲要（2015—2020年）》明确规定："全面实行行政执法人员持证上岗和资格管理制度，未经执法资格考试合格，不得授予执法资格，不得从事执法活动。健全纪律约束机制，加强职业道德教育，全面提高执法人员素质。"《湖南省行政程序规定》第56条规定："……行政执法人员应当按照省人民政府规定参加行政执法培训，经考试合格，并取得行政执法证件，持证上岗。"此外，《国家统一法律职业资格考试实施办法》还明确规定，行政机关中初次从事行政处罚决定审核、行政复议、行政裁决、法律顾问的公务员，应当通过国家统一法律职业资格考试，取得法律职业资格。由此可见，对于涉法公务员而言，不仅需要取得法律职业资格，还需要具备良好的职业伦理素养。

第二节 涉法公务员职业伦理的具体要求

一、涉法公务员职业伦理的概念

涉法公务员职业伦理是指涉法公务员在从事行政处罚决定审核、行政复议、行政裁决等行政行为过程中应该遵守的行为准则。由于涉法公务员的职业行为主要是行政处罚决定审核、行政复议、行政裁决等行政行为，因此，涉法公务员的职业伦理包含了行政执法的基本原则。此外，由于涉法公务员的身份是国家公务员，因此，涉法公务员职业伦理也包含了公务员伦理的基本规则。

二、涉法公务员职业伦理的内容

涉法公务员职业伦理的内容主要包括两个部分：一是行政执法的基本原则；二是公务员伦理的基本规则。

（一）遵守行政执法的基本原则

一般认为，行政执法的基本原则是指行政执法人员在从事行政执法过程中必须遵守的，贯穿于行政执法全过程，对行政执法活动具有普遍指导意义的根本性准则。我们认为，作为涉法公务员职业伦理的基础，行政执法的基本原则主要包括合法、合理、高效三个原则。

1. 合法原则。合法原则是指行政执法应该有法可依，严格按照法律规范进行，不得与法律相抵触。具体来讲，合法原则主要包括以下三个方面的要求：①任何行政执法权都必须基于法律的授权才能存在。②任何行政执法权的行使应依据法律、遵守法律，不得与法律相抵触。③任何行政执法权的授予和委托及其运用都必须具有法律依据，符合法律宗旨。根据我国《行政处罚法》第4条的规定，公民、法人或者其他组织违反行政管理秩序的行为，应当给予行政处罚的，依照《行政处罚法》由法律、法规、规章规定，并由行政机关依照《行政处罚法》规定的程序实施。"行政机关是实施法律法规的重要主体，要带头严格执法，维护公共利益、人民权益和社会秩序。执法者必须忠实于法律，既不能以权压法、以身试法，也不能法外开恩、徇情枉法。"[2]

[1] 参见姜明安：《行政法》，北京大学出版社2017年版，第307~308页。

[2] 习近平："在十八届中央政治局第四次集体学习时的讲话"，载中共中央文献研究室编：《习近平关于全面依法治国论述摘编》，中央文献出版社2015年版，第57页。

2. 合理原则。合理原则是指涉法公务员在从事行政执法活动时，不仅要符合法律的规定，还要符合法律的意图和精神，符合公平正义等法律理性。具体来讲，合理原则主要包括以下四个方面的要求：①行政自由裁量行为的动机符合法律目的，必须符合社会公共利益。②行政自由裁量行为必须在正当考虑的基础上作出。③行政裁量行为的内容要符合情理。④行政执法程序要正当，要遵循公平、公开、公正原则。根据我国《行政处罚法》第5条的规定，行政处罚遵循公正、公开的原则。设定和实施行政处罚必须以事实为依据，与违法行为的事实、性质、情节以及社会危害程度相当。对违法行为给予行政处罚的规定必须公布；未经公布的，不得作为行政处罚的依据。

3. 高效原则。高效原则是指在行政执法活动中，要做到迅速、准确、有效。具体而言，高效原则主要包括以下三个方面的要求：①涉法公务员要依法独立行使职权，把外部环境对执法的干扰减少到最低程度。②行政执法必须符合最广大人民利益。③坚持时效性与及时性，确保行政执法行为的有效性。根据我国《行政复议法》第4条的规定，行政复议机关履行行政复议职责，应当遵循合法、公正、公开、及时、便民的原则，坚持有错必纠，保障法律、法规的正确实施。

（二）遵守公务员伦理的基本规则

公务员伦理（ethics of civil service），也称为行政伦理，是伦理在公共行政关系与公共行政活动中的具体体现。一般认为，研究公务员伦理是分析行政人员作为道德主体的可能性、必要性，探究行政人员的道德品质及其价值选择与伦理责任等问题的理论，它是以"责、权、利"的统一为基础，以协调个人、组织与社会的关系为核心的行政行为准则和规范系统。[1]有观点认为，公务员伦理是一种复合型伦理，其包括组织伦理、体制伦理、行为伦理以及政策伦理等。根据国家公务员局于2011年发布的《公务员职业道德培训大纲》，公务员伦理的基本规则包括以下内容：

1. 忠于国家。忠于国家是公务员的天职，具体而言，忠于国家主要包括以下三个方面的内容：①忠于中国特色社会主义事业，坚决拥护中国共产党的领导，坚定理想信念，在思想上、政治上、行动上与党中央保持高度一致。②忠于国家利益，维护党和政府形象、权威，维护国家统一和民族团结，严守国家秘密，同一切危害国家利益的言行作斗争。③忠于国家宪法，模范遵守法律法规，按照法定的权限、程序和方式执行公务，知法守法、依法办事，维护法律尊严。

2. 服务人民。服务人民是公务员的根本宗旨，具体而言，服务人民主要包括以下四个方面的内容：①树立和坚持马克思主义群众观点，尊重人民群众历史主体地位，坚持以人为本、执政为民，对人民负责，为人民服务，受人民监督，让人民满意，永做人民公仆。②增强对人民群众的深厚感情，保持同人民群众的血肉联系，把实现好、维护好、发展好最广大人民根本利益作为工作的出发点和落脚点。③坚持群众路线，尊重群众首创精神，深入调查研究，问政于民、问需于民、问计于民，积极回应人民群众要求。④提高为人民服务的本领，善于做群众工作，努力提供均等、高效、廉价、优质公共服务，促进科学发展和社会和谐。"涉及群众的问题，要准确把握社会心态和群众情绪，充分考虑执法对象的切身感受，规范执法言行，推行人性化执法、柔性执法、阳光执法，不要搞粗暴执法、'委

---

〔1〕　参见谭功荣编著：《公务员制度比较研究》，重庆出版社2007年版，第357页。

托暴力'那一套。但是，不论怎么做，对违法行为一定要严格尺度、依法处理。"[1]

3. 恪尽职守。恪尽职守是公务员的立身之本，具体而言，恪尽职守主要包括以下四个方面的内容：①增强职业使命感和责任意识，树立正确的世界观、权力观、事业观，把个人价值的实现融入为党和人民事业的不懈奋斗之中。②弘扬职业精神，勇于创造、敢于担当，顾全大局、甘于奉献，在完成急难险重任务、应对突发事件等考验面前冲锋在前。③发扬职业作风，求真务实、勤于任事、艰苦奋斗、淡泊名利，兢兢业业做好本职工作。④严守职业纪律，严于律己、谨言慎行，不玩忽职守、敷衍塞责，不滥用职权、徇私枉法。

4. 公正廉洁。公正廉洁是公务员的基本品质，具体而言，公正廉洁主要包括以下三个方面的内容：①崇尚公平，履职为公，办事出于公心，努力维护和促进社会公平正义；②正气在身，坚持真理、崇尚科学，诚实守信、为人正派，不以私情废公事，不拿原则做交易；③为政以廉，坚守信念防线、道德防线、法纪防线，不以权谋私，勇于同腐败现象做斗争，弘扬传统美德，模范遵守社会公德和家庭美德。

第三节 涉法公务员的职业责任与惩戒

一、涉法公务员职业责任

涉法公务员职业责任，也称为涉法公务员法律责任，主要是指涉法公务员在从事行政执法过程中违反了法律的规定而必须承担的不利的法律后果。这种责任具有如下特点：①涉法公务员职业责任是以涉法公务员特定身份为基础的，责任主体特定。②涉法公务员职业责任以违法为基本属性，在追究其责任时应以涉法公务员行为是否违法为前提。涉法公务员职业责任必须是涉法公务员实施了某种违法的作为或不作为而导致的不利法律后果。③涉法公务员职业责任与涉法公务员职务行为有关联，是一种连带责任的体现。④涉法公务员职业责任具体形式多样化，有民事责任、行政责任、刑事责任。

（一）民事责任

涉法公务员的民事责任，是指涉法公务员在从事行政执法过程中因违法行为给公民、法人或其他组织造成损害的，依法承担的民事赔偿责任。根据我国《国家赔偿法》第16条第1款之规定，赔偿义务机关赔偿损失后，应当责令有故意或者重大过失的工作人员或者受委托的组织或者个人承担部分或者全部赔偿费用。

（二）行政责任

涉法公务员的行政责任，也称为涉法公务员的行政处分，是指涉法公务员在从事行政执法行为过程中违反行政法律、法规，依法应当承担的法律责任。涉法公务员的行政责任在具体制度上则主要体现为涉法公务员惩戒制度，在本节第二部分将详细阐述。我国《行政复议法》第35条规定，行政复议机关工作人员在行政复议活动中，徇私舞弊或者有其他渎职、失职行为的，依法给予警告、记过、记大过的行政处分；情节严重的，依法给予降级、撤职、开除的行政处分。根据我国《行政处罚法》第83条规定，行政机关对应当予以制止和处罚的违法行为不予制止、处罚，致使公民、法人或者其他组织的合法权益、公共利益和社会秩序遭受损害的，对直接负责的主管人员和其他直接责任人员依法给予处分。

---

[1] 习近平："严格执法，公正司法"，载中共中央文献研究室编：《十八大以来重要文献选编》（上），中央文献出版社2014年版，第722页。

（三）刑事责任

涉法公务员的刑事责任，是指涉法公务员在从事行政执法过程中违反了刑事法律，依法应当承担的法律责任。我国《行政复议法》第 35 条规定，行政复议机关工作人员在行政复议活动中，徇私舞弊或者有其他渎职、失职行为的，构成犯罪的，依法追究刑事责任。根据我国《行政处罚法》第 83 条规定，行政机关对应当予以制止和处罚的违法行为不予制止、处罚，致使公民、法人或者其他组织的合法权益、公共利益和社会秩序遭受损害的，情节严重构成犯罪的，依法追究直接负责的主管人员和其他直接责任人员刑事责任。

二、涉法公务员惩戒制度

我国《公务员法》及《行政机关公务员处分条例》确立了我国公务员惩戒制度。由于涉法公务员本身具有公务员身份，因此也适用公务员惩戒制度的一般性规定。

（一）惩戒的事由

根据我国《公务员法》第 59 条之规定，公务员应当遵纪守法，不得有下列行为：①散布有损宪法权威、中国共产党和国家声誉的言论，组织或者参加旨在反对宪法、中国共产党领导和国家的集会、游行、示威等活动；②组织或者参加非法组织，组织或者参加罢工；③挑拨、破坏民族关系，参加民族分裂活动或者组织、利用宗教活动破坏民族团结和社会稳定；④不担当，不作为，玩忽职守，贻误工作；⑤拒绝执行上级依法作出的决定和命令；⑥对批评、申诉、控告、检举进行压制或者打击报复；⑦弄虚作假，误导、欺骗领导和公众；⑧贪污贿赂，利用职务之便为自己或者他人谋取私利；⑨违反财经纪律，浪费国家资财；⑩滥用职权，侵害公民、法人或者其他组织的合法权益；⑪泄露国家秘密或者工作秘密；⑫在对外交往中损害国家荣誉和利益；⑬参与或者支持色情、吸毒、赌博、迷信等活动；⑭违反职业道德、社会公德和家庭美德；⑮违反有关规定参与禁止的网络传播行为或者网络活动；⑯违反有关规定从事或者参与营利性活动，在企业或者其他营利性组织中兼任职务；⑰旷工或者因公外出、请假期满无正当理由逾期不归；⑱违纪违法的其他行为。

（二）惩戒的方式

根据《公务员法》及《行政机关公务员处分条例》的规定，行政机关公务员处分的方式分为警告、记过、记大过、降级、撤职、开除。行政机关公务员受警告处分的期限为 6 个月，受记过处分的期限为 12 个月，受记大过处分的期限为 18 个月，受降级、撤职处分的期限为 24 个月。行政机关公务员在受处分期间不得晋升职务和级别，其中，受记过、记大过、降级、撤职处分的，不得晋升工资档次；受撤职处分的，应当按照规定降低级别。行政机关公务员受开除处分的，自处分决定生效之日起，解除其与单位的人事关系，不得再担任公务员职务。

（三）惩戒适用的标准

1. 关于违反政治纪律的惩戒标准。根据《行政机关公务员处分条例》第 18 条第 1 款之规定，有下列行为之一的，给予记大过处分；情节较重的，给予降级或者撤职处分；情节严重的，给予开除处分：①散布有损国家声誉的言论，组织或者参加旨在反对国家的集会、游行、示威等活动的；②组织或者参加非法组织，组织或者参加罢工的；③违反国家的民族宗教政策，造成不良后果的；④以暴力、威胁、贿赂、欺骗等手段，破坏选举的；⑤在对外交往中损害国家荣誉和利益的；⑥非法出境，或者违反规定滞留境外不归的；⑦未经批准获取境外永久居留资格，或者取得外国国籍的；⑧其他违反政治纪律的行为。

2. 关于违反组织纪律的惩戒标准。根据《行政机关公务员处分条例》第 19 条之规定，有下列行为之一的，给予警告、记过或者记大过处分；情节较重的，给予降级或者撤职处分；情节严重的，给予开除处分：①负有领导责任的公务员违反议事规则，个人或者少数人决定重大事项，或者改变集体作出的重大决定的；②拒绝执行上级依法作出的决定、命令的；③拒不执行机关的交流决定的；④拒不执行人民法院对行政案件的判决、裁定或者监察机关、审计机关、行政复议机关作出的决定的；⑤违反规定应当回避而不回避，影响公正执行公务，造成不良后果的；⑥离任、辞职或者被辞退时，拒不办理公务交接手续或者拒不接受审计的；⑦旷工或者因公外出、请假期满无正当理由逾期不归，造成不良影响的；⑧其他违反组织纪律的行为。

3. 关于玩忽职守行为的惩戒标准。根据《行政机关公务员处分条例》第 20 条之规定，有下列行为之一的，给予记过、记大过处分；情节较重的，给予降级或者撤职处分；情节严重的，给予开除处分：①不依法履行职责，致使可以避免的爆炸、火灾、传染病传播流行、严重环境污染、严重人员伤亡等重大事故或者群体性事件发生的；②发生重大事故、灾害、事件或者重大刑事案件、治安案件，不按规定报告、处理的；③对救灾、抢险、防汛、防疫、优抚、扶贫、移民、救济、社会保险、征地补偿等专项款物疏于管理，致使款物被贪污、挪用，或者毁损、灭失的；④其他玩忽职守、贻误工作的行为。

4. 关于违法行政行为的惩戒标准。根据《行政机关公务员处分条例》第 21 条之规定，有下列行为之一的，给予警告或者记过处分；情节较重的，给予记大过或者降级处分；情节严重的，给予撤职处分：①在行政许可工作中违反法定权限、条件和程序设定或者实施行政许可的；②违法设定或者实施行政强制措施的；③违法设定或者实施行政处罚的；④违反法律、法规规定进行行政委托的；⑤对需要政府、政府部门决定的招标投标、征收征用、城市房屋拆迁、拍卖等事项违反规定办理的。

5. 关于违反诚实信用原则的惩戒标准。根据《行政机关公务员处分条例》第 22 条之规定，弄虚作假，误导、欺骗领导和公众，造成不良后果的，给予警告、记过或者记大过处分；情节较重的，给予降级或者撤职处分；情节严重的，给予开除处分。

6. 关于违反廉洁纪律的惩戒标准。根据《行政机关公务员处分条例》第 23 条之规定，有贪污、索贿、受贿、行贿、介绍贿赂、挪用公款、利用职务之便为自己或者他人谋取私利、巨额财产来源不明等违反廉政纪律行为的，给予记过或者记大过处分；情节较重的，给予降级或者撤职处分；情节严重的，给予开除处分。

7. 关于违反财经纪律的惩戒标准。根据《行政机关公务员处分条例》第 24 条之规定，违反财经纪律，挥霍浪费国家资财的，给予警告处分；情节较重的，给予记过或者记大过处分；情节严重的，给予降级或者撤职处分。

8. 关于滥用职权行为的惩戒标准。根据《行政机关公务员处分条例》第 25 条之规定，有下列行为之一的，给予记过或者记大过处分；情节较重的，给予降级或者撤职处分；情节严重的，给予开除处分：①以殴打、体罚、非法拘禁等方式侵犯公民人身权利的；②压制批评，打击报复，扣压、销毁举报信件，或者向被举报人透露举报情况的；③违反规定向公民、法人或者其他组织摊派或者收取财物的；④妨碍执行公务或者违反规定干预执行公务的；⑤其他滥用职权，侵害公民、法人或者其他组织合法权益的行为。

9. 关于违反保密义务的惩戒标准。根据《行政机关公务员处分条例》第 26 条之规定，泄露国家秘密、工作秘密，或者泄露因履行职责掌握的商业秘密、个人隐私，造成不良后果的，给予警告、记过或者记大过处分；情节较重的，给予降级或者撤职处分；情节严重的，给予开除处分。

10. 关于违反社会公德的惩戒标准。根据《行政机关公务员处分条例》第 29 条第 1 款之规定，有下列行为之一的，给予警告、记过或者记大过处分；情节较重的，给予降级或者撤职处分；情节严重的，给予开除处分：①拒不承担赡养、抚养、扶养义务的；②虐待、遗弃家庭成员的；③包养情人的；④严重违反社会公德的行为。

（四）惩戒的程序

我国《公务员法》对公务员惩戒程序进行了原则性规定。根据《公务员法》第63条之规定，对公务员的处分，应当事实清楚、证据确凿、定性准确、处理恰当、程序合法、手续完备。公务员违纪违法的，应当由处分决定机关决定对公务员违纪违法的情况进行调查，并将调查认定的事实以及拟给予处分的依据告知公务员本人。公务员有权进行陈述和申辩；处分决定机关不得因公务员申辩而加重处分。处分决定机关认为对公务员应当给予处分的，应当在规定的期限内，按照管理权限和规定的程序作出处分决定。处分决定应当以书面形式通知公务员本人。《行政机关公务员处分条例》在此基础上，对公务员惩戒程序进行了细化。

根据《行政机关公务员处分条例》第39条第1款之规定，任免机关对涉嫌违法违纪的行政机关公务员的调查、处理，按照下列程序办理：①经任免机关负责人同意，由任免机关有关部门对需要调查处理的事项进行初步调查。②任免机关有关部门经初步调查认为该公务员涉嫌违法违纪，需要进一步查证的，报任免机关负责人批准后立案。③任免机关有关部门负责对该公务员违法违纪事实做进一步调查，包括收集、查证有关证据材料，听取被调查的公务员所在单位的领导成员、有关工作人员以及所在单位监察机构的意见，向其他有关单位和人员了解情况，并形成书面调查材料，向任免机关负责人报告。④任免机关有关部门将调查认定的事实及拟给予处分的依据告知被调查的公务员本人，听取其陈述和申辩，并对其所提出的事实、理由和证据进行复核，记录在案。被调查的公务员提出的事实、理由和证据成立的，应予采信。⑤经任免机关领导成员集体讨论，作出对该公务员给予处分、免予处分或者撤销案件的决定。⑥任免机关应当将处分决定以书面形式通知受处分的公务员本人，并在一定范围内宣布。⑦任免机关有关部门应当将处分决定归入受处分的公务员本人档案，同时汇集有关材料形成该处分案件的工作档案。

受到处分的行政机关公务员对处分决定不服的，依照《中华人民共和国公务员法》和《中华人民共和国监察法》的有关规定，可以申请复核或者申诉。复核、申诉期间不停止处分的执行。行政机关公务员不因提出复核、申诉而被加重处分。

■思考题

1. 涉法公务员的概念？
2. 涉法公务员职业伦理的概念？
3. 涉法公务员职业伦理的内容是什么？
4. 涉法公务员惩戒适用的标准是什么？

■参考书目

1. ［美］特里·L.库珀著，张秀琴译：《行政伦理学：实现行政责任的途径》，中国人民大学出版社2001年版。
2. 张康之、李传军主编：《行政伦理学教程》，中国人民大学出版社2015年版。

第二十章　与法律职业活动相关的其他涉法专业人员职业伦理

■ **本章概要**

　　本章介绍了与法律职业活动相关的其他涉法专业人员的职业伦理，主要包括人民警察、监察官、基层法律服务工作者、司法鉴定人员等四类人员。职业伦理内容主要包括从业要求、职业准则、职业规范以及相应的职业责任和惩戒措施等。

■ **本章关键词**

　　人民警察；监察官；基层法律服务工作者；司法鉴定人；职业伦理

第一节　概　述

　　"制定有职业道德守则，这是将一个行业界定为职业的根本属性。除了适当的专业化教育要求、通过职业所制定的程序展示称职性之外，界定职业活动中适当行为的职业道德守则的存在，是职业的一个标识。"[1] 一般来说，法律职业人员具有相同的准入资格，法律职业之间存在着相互流动的机制。从狭义角度上讲，法律职业仅仅包括律师、法官、检察官、公证人员。但是，在司法实践中一些涉法专业人员与法律职业活动存在着密切联系。同时，这一类涉法专业人员具备专业性、独立性、公共性等职业特征，往往具有与法律职业相似的职业伦理，并在自我治理的过程中发挥着重要的作用。

　　在我国，这类涉法专业人员主要包括人民警察、监察官、基层法律服务工作者、司法鉴定人员等四类人员。这些人员的职业活动与法律职业存在着极为密切的联系。例如，人民警察中的司法警察属于司法辅助人员，监狱警察属于法律执行人员，人民警察中的侦查人员以及监察委员会中的监察官与刑事诉讼密切相关，基层法律服务工作者以为基层群众提供法律服务为主要职业活动，司法鉴定人员以专门知识或者技术对涉诉专门性问题进行鉴别和判断。这些涉法专业人员在长期的职业化发展过程中，随着自身的职业定位和职业功能的不断完善，形成了具有角色特征的职业伦理。涉法专业人员职业伦理的体系与法律职业伦理存在一定程度的相似性，内容上主要涉及行业准入条件、从业条件、职业权利和义务、职业行为规则以及相应的职业责任和惩戒措施等方面，并各自构成了一个相对完整的职业伦理体系。这些人员的职业活动对于法律职业来说具有重要意义，可以影响法律职业追寻的目标价值。因此，有必要对涉法专业人员的职业伦理进行介绍。

---

[1] Peter D. Barnett, *Ethics in Forensic Science: Professional Standards for Practice of Criminalistics*, 6（CRC Press，2001）.

第二节　人民警察职业伦理的主要内容

一、警察职业概述

（一）人民警察的职业属性和职业范围

人民警察具有特殊的职业属性，是最能够体现国家强制力的机关之一。作为一种职业，警察职能具有多样性特征，职业工作对象兼具复杂性和广泛性，职能突出强制性和对抗性特征。这些警察职业的特殊属性是警察职业伦理构建的前提条件。2012年《人民警察法》第2条第1款规定，人民警察的任务是维护国家安全，维护社会治安秩序，保护公民的人身安全、人身自由和合法财产，保护公共财产，预防、制止和惩治违法犯罪活动。

按照人民警察的职业范围来划分，警察可以分为：公安机关人民警察（含交通警察、森林警察、海关缉私警察、铁路警察、民航警察等）、国家安全机关人民警察、司法行政机关中的监狱人民警察以及人民法院、人民检察院的司法警察。[1]

（二）人民警察的担任条件

一方面，人民警察是国家最为庞大的公务员队伍，担任人民警察，首先应满足公务员应当具备的条件。我国2018年《公务员法》第13条之规定，公务员应当具备的条件包括：①具有中华人民共和国国籍；②年满18周岁；③拥护中华人民共和国宪法，拥护中国共产党领导和社会主义制度；④具有良好的政治素质和道德品行；⑤具有正常履行职责的身体条件和心理素质；⑥具有符合职位要求的文化程度和工作能力；⑦法律规定的其他条件。

另一方面，人民警察具有不同于一般公务员的职业素质要求，担任人民警察除满足公务员条件外，还应满足人民警察应当具备的条件，包括积极条件、消极条件。2012年《人民警察法》第26条规定，担任人民警察应当具备下列条件：①年满18岁的人民；②拥护中华人民共和国宪法；③有良好的政治、业务素质和良好的品行；④身体健康；⑤具有高中毕业以上文化程度；⑥自愿从事人民警察工作。有下列情形之一的，不得担任人民警察：①曾因犯罪受过刑事处罚的；②曾被开除公职的。

同时，担任人民警察领导职务还应当具备下列条件：①具有法律专业知识；②具有政法工作经验和一定的组织管理、指挥能力；③具有大学专科以上学历；④经人民警察院校培训，考试合格。[2]

（三）人民警察的职权

1. 公安机关人民警察的职权。2012年《人民警察法》第6条规定，公安机关的人民警察按照职责分工，依法履行下列职责：①预防、制止和侦查违法犯罪活动；②维护社会治安秩序，制止危害社会治安秩序的行为；③维护交通安全和交通秩序，处理交通事故；④组织、实施消防工作，实行消防监督；⑤管理枪支弹药、管制刀具和易燃易爆、剧毒、放射性等危险物品；⑥对法律、法规规定的特种行业进行管理；⑦警卫国家规定的特定人

---

[1]　2012年《人民警察法》第2条第2款规定：人民警察包括公安机关、国家安全机关、监狱、劳动教养管理机关的人民警察和人民法院、人民检察院的司法警察。2013年12月28日闭幕的第十二届全国人大常委会第六次会议通过了《关于废止有关劳动教养法律规定的决定》，劳教制度被依法废止。因此，劳动教养管理机关已不复存在。2018年《人民法院组织法》第50条第2款、2018年《人民检察院组织法》第45条第2款均规定："司法警察依照《中华人民共和国人民警察法》管理。"

[2]　2012年《人民警察法》第28条。

员，守卫重要的场所和设施；⑧管理集会、游行、示威活动；⑨管理户政、国籍、入境出境事务和外国人在中国境内居留、旅行的有关事务；⑩维护国（边）境地区的治安秩序；⑪对被判处拘役、剥夺政治权利的罪犯执行刑罚；⑫监督管理计算机信息系统的安全保护工作；⑬指导和监督国家机关、社会团体、企业事业组织和重点建设工程的治安保卫工作，指导治安保卫委员会等群众性组织的治安防范工作；⑭法律、法规规定的其他职责。

2. 国家安全机关人民警察的职权。2015 年《国家安全法》第 42 条第 1 款规定，国家安全机关依法搜集涉及国家安全的情报信息，在国家安全工作中依法行使侦查、拘留、预审和执行逮捕以及法律规定的其他职权。

3. 监狱人民警察的职权。2012 年《监狱法》第 12 条第 2 款规定，监狱的管理人员是人民警察。2012 年《监狱法》第 5 条规定，监狱的人民警察依法管理监狱、执行刑罚、对罪犯进行教育改造等活动，受法律保护。

4. 人民法院司法警察的职责。2012 年最高人民法院《人民法院司法警察条例》第 2 条规定，人民法院司法警察是中华人民共和国人民警察的警种之一。2012 年最高人民法院《人民法院司法警察条例》第 3 条规定，人民法院司法警察的任务是预防、制止和惩治妨碍审判活动的违法犯罪行为，维护审判秩序，保障审判工作顺利进行。2012 年最高人民法院《人民法院司法警察条例》第 7 条规定，人民法院司法警察的职责包括：①维护审判秩序；②对进入审判区域的人员进行安全检查；③刑事审判中押解、看管被告人或者罪犯，传带证人、鉴定人和传递证据；④在生效法律文书的强制执行中，配合实施执行措施，必要时依法采取强制措施；⑤执行死刑；⑥协助机关安全和涉诉信访应急处置工作；⑦执行拘传、拘留等强制措施；⑧法律、法规规定的其他职责。

5. 人民检察院司法警察的职责。2013 年最高人民检察院《人民检察院司法警察条例》第 2 条规定，人民检察院司法警察是中华人民共和国人民警察的警种之一，依法参与检察活动。2013 年最高人民检察院《人民检察院司法警察条例》第 3 条规定，人民检察院司法警察的任务是通过行使职权，维护社会主义法制，维护检察工作秩序，预防、制止妨碍检察活动的违法犯罪行为，保障检察工作的顺利进行。2013 年最高人民检察院《人民检察院司法警察条例》第 7 条规定，人民检察院司法警察依法履行下列职责：①保护人民检察院直接立案侦查案件的犯罪现场；②执行传唤、拘传；③协助执行监视居住、拘留、逮捕，协助追捕在逃或者脱逃的犯罪嫌疑人；④参与搜查；⑤提押、看管犯罪嫌疑人、被告人和罪犯；⑥送达有关法律文书；⑦保护出席法庭、执行死刑临场监督检察人员的安全；⑧协助维护检察机关接待群众来访场所的秩序和安全，参与处置突发事件；⑨法律、法规规定的其他职责。

（四）人民警察的义务[1]

2012 年《人民警察法》第 20 条规定，人民警察必须做到：①秉公执法，办事公道；②模范遵守社会公德；③礼貌待人，文明执勤；④尊重人民群众的风俗习惯。

---

[1] 人民警察具有公务员身份，我国 2018 年《公务员法》第 14 条规定了公务员应当履行的义务包括：①忠于宪法，模范遵守、自觉维护宪法和法律，自觉接受中国共产党领导；②忠于国家，维护国家的安全、荣誉和利益；③忠于人民，全心全意为人民服务，接受人民监督；④忠于职守，勤勉尽责，服从和执行上级依法作出的决定和命令，按照规定的权限和程序履行职责，努力提高工作质量和效率；⑤保守国家秘密和工作秘密；⑥带头践行社会主义核心价值观，坚守法治，遵守纪律，恪守职业道德，模范遵守社会公德、家庭美德；⑦清正廉洁，公道正派；⑧法律规定的其他义务。

2012 年《人民警察法》第 21 条规定，人民警察遇到公民人身、财产安全受到侵犯或者处于其他危难情形，应当立即救助；对公民提出解决纠纷的要求，应当给予帮助；对公民的报警案件，应当及时查处。人民警察应当积极参加抢险救灾和社会公益工作。

二、人民警察职业伦理的概念和特征

人民警察的职业伦理是指人民警察在依法维护国家安全，维护社会治安秩序，保护公民的人身安全、人身自由和合法财产，保护公共财产，预防、制止和惩治违法犯罪活动中，应当坚持遵循的道德要求、行为准则和价值判断。人民警察职业伦理一般由职业理想、职业态度、职业责任、职业技能、职业纪律、职业良心、职业荣誉和职业作风等要素构成。

一般来说，人民警察职业伦理具有以下四个方面的特征。[1]

1. 政治性。人民警察是人民民主专政的重要工具和维护稳定的专门力量，是武装行政的治安行政力量和刑事司法力量，是党绝对领导下的执法队伍，承担着巩固共产党执政地位、维护国家长治久安、保障人民安居乐业、服务经济社会发展的重大政治和社会责任。人民警察职业伦理建设要坚持马克思主义指导地位，坚持中国共产党的领导。

2. 实践性。伦理道德作为一种社会规范，属于上层建筑的范畴，不会凭空产生、孤立存在。人民警察职业伦理是在长期的工作实践基础上形成的，人民警察的各项工作的不断发展进步决定着人民警察职业伦理的具体内容。同时，人民警察的职业伦理又保障、推定了各项工作实践，两者相伴相生、相辅相成。

3. 相对性。从人民警察职业伦理的发展历史上看，人民警察职业伦理不是一成不变的，而是随着国家法治建设的发展而发展并与之共同进步，既有历史传承又有时代创新。同时，由于人民警察的职业范围不同，其职业伦理的具体内容也会有所侧重。

4. 群众性。人民警察职业伦理是人民警察在承担本职工作、人际关系调整中逐步形成的。这种职业伦理形成于广大人民警察队伍的共同行为中，又反过来对每一位人民警察的职业行为进行规范。因此，每一位人民警察既是促进职业伦理形成的主体，又是职业伦理约束的对象。

三、人民警察职业伦理的基本准则

我国人民警察职业伦理的基本准则主要体现在以下法律规定中：

2012 年《人民警察法》第 4 条规定，人民警察必须以宪法和法律为活动准则，忠于职守，清正廉洁，纪律严明，服从命令，严格执法。

2012 年《监狱法》第 13 条规定，监狱的人民警察应当严格遵守宪法和法律，忠于职守，秉公执法，严守纪律，清正廉洁。

2012 年最高人民法院《人民法院司法警察条例》第 5 条规定，人民法院司法警察必须以宪法和法律为活动准则，全心全意为人民服务，忠于职守，清正廉洁，服从命令，严格执法。

2013 年最高人民检察院《人民检察院司法警察条例》第 5 条规定，人民检察院司法警察必须忠实执行宪法和法律，服务人民，忠于职守，清正廉洁，纪律严明，服从命令，严格、公正、文明、规范执法。

总体来说，人民警察职业伦理从依法履职、忠于职守、廉洁自律、严守纪律、服从命令、规范执法等方面做了全面规定，为进一步丰富人民警察职业伦理的具体要求提供了基本遵循。

---

[1] 参见公安部宣传局编：《〈公安机关人民警察职业道德规范〉解读》，中国人民公安大学出版社 2013 年版，第 1～2 页。

四、人民警察职业伦理的具体内容

（一）公安机关人民警察职业伦理

2011年9月，根据公安工作和公安队伍建设新情况、新发展，公安部对《人民警察职业道德规范》进行了修订，颁布了《公安机关人民警察职业道德规范》，对公安机关人民警察职业伦理进行了高度概括，具体内容是：忠诚可靠、秉公执法、英勇善战、热诚服务、文明理性、严守纪律、爱岗敬业、甘于奉献、清正廉洁、团结协作。其中，"忠诚可靠""秉公执法"是核心、是灵魂，体现了公安队伍的政治本色；"英勇善战""热诚服务"是根本，从打击犯罪、服务人民两个方面强调了公安民警的职业修养；"文明理性""严守纪律"是基础，对公安民警的日常行为提出了严格要求；"爱岗敬业""甘于奉献"是关键，体现了优良的公安传统作风；"清正廉洁""团结协作"是保障，体现了公安民警最基本的职业操守。[1]

1. 忠诚可靠。忠诚是中华民族传统伦理道德规范的重要内容，忠诚可靠作为公安机关人民警察职业伦理的首要规范，其主要内涵包括听党指挥、热爱人民、忠于法律三个方面。

（1）听党指挥。警察作为国家机器的重要组成部分，是维护国家稳定的武装执法力量，历来都是为统治阶级服务的。人民警察队伍必须坚持党的领导，拥护党的领导，巩固党的执政地位。

（2）热爱人民。"立警为公，执法为民""全心全意为人民服务"是人民警察的庄严承诺，2012年《人民警察法》第3条规定："人民警察必须依靠人民的支持，保持同人民的密切联系，倾听人民的意见和建议，接受人民的监督，维护人民的利益，全心全意为人民服务。"

（3）忠于法律。是指人民警察在执法过程中必须坚持有法必依，执法必严，违法必究，"必须以宪法和法律为活动准则"。[2]

2. 秉公执法。秉公执法要求人民警察在执法活动中，一切以国家和人民的利益为重，严格依法办事认真履职，自觉维护法律的尊严和严肃性。2012年《人民警察法》第20条强调，人民警察必须做到秉公执法，办事公道。秉公执法一直是人民警察职业道德规范的重要内容之一，主要内容包括以事实为据、秉持公正、惩恶扬善。

（1）以事实为据。以事实为根据，是我国法律适用的一项基本原则。要求人民警察在执法过程中必须依法收集证据，尽可能查明案件的事实真相，使案件的实体问题和程序问题的解决都建立在得到证据充分证明的事实之上。

（2）秉持公正。公正是人类最古老的道德范畴之一，是人类社会追求的永恒价值。在现代文明社会中，公正是衡量一个社会法治水平和文明程度的重要标准之一。秉持公正要求人民警察在执法活动中必须具备高度法治观念，做到公正执法，树立人民警察的执法权威。

（3）惩恶扬善。是指惩戒恶性，显扬善举。人民警察作为打击犯罪、保护人民、维护社会公平正义的武装执法力量，必须坚决捍卫国家和人民的利益，坚决惩处危害国家和人民利益的邪恶势力和犯罪活动，为人民群众创造安居乐业的工作和生活环境，为经济社会发展创造良好条件。

---

[1] 参见公安部宣传局编：《〈公安机关人民警察职业道德规范〉解读》，中国人民公安大学出版社2013年版，第6页。

[2] 2012年《人民警察法》第4条。

3. 英勇善战。英勇善战是带有鲜明警察职业特色的伦理规范，基于人民警察职业的危险性和使命的崇高性而提出。主要内容包括坚忍不拔、机智果敢、崇尚荣誉。

（1）坚忍不拔。指人民警察应当信念坚定、意志顽强。一方面，人民警察要以党和国家利益为重，心系人民，信仰法律，坚定信念；另一方面，要以对党和国家高度负责的精神，以顽强的意志不辱警察使命。

（2）机智果敢。强调人民警察在履职过程中能够做到随机应变，当机立断，处事勇敢果断。既讲究智谋、善断，又强调勇于战斗，做到有勇有谋、大智大勇。

（3）崇尚荣誉。古罗马名言"荣誉是人生的第二遗产"，崇尚荣誉是人民警察崇高的精神追求，是人民警察面对困难、奉献进取的强大精神动力。

4. 热诚服务。为人民服务是人民警察的根本宗旨。热诚服务，要求人民警察在履职过程中既诚恳又热情，主要内容包括情系民生、服务社会、热情周到。

（1）情系民生。就是要求人民警察用真情对待百姓之事，用实意回应群众诉求。坚持"从群众中来、到群众中去"的工作理念，深入基层，深入群众，做好基层警务工作。

（2）服务社会。人民警察是社会治理体系建设的重要参与者，服务经济社会发展是公安机关一项重大政治和社会责任。要求人民警察将服务社会视为根本职责，摒弃"机械服务""警力有限""无限服务"等错误理念，要在人民警察在其职责范围内不断扩张服务形式，创新服务内容。

（3）热情周到。这是对人民警察服务群众的道德要求，也是构建和谐警民关系的重要举措。强调人民警察要提高自身修养，树立警察队伍形象。

5. 文明理性。文明理性是人民警察职业道德修养的理想境界，也是新时代人民群众对警察执法行为提出的基本要求。主要内容包括理性平和、文明礼貌、诚信友善。

（1）理性平和。一方面，理性要从人民警察的行为角度理解，指人民警察应经过分析、思考，形成自己的判断和推理，进而正确理解法律并恰当地运用法律。另一方面，要求人民警察以平静的执法心态、良善的执法举措、公正的执法结果，实施执法行为。

（2）文明礼貌。是人民警察精神风貌和作风素质的外在表现，彰显着人民警察谦虚谨慎、礼貌待人和以理服人的工作态度和工作方式。

（3）诚信友善。诚信是指人民警察基于忠实社会公共安全利益包含的职责与义务而形成的实事求是、言行一致的心理意识、原则规范和行为活动的总和。友善要求人民警察在履职过程中保持有理有节、谦虚平和、温和尊重的履职态度。

6. 严守纪律。严明的纪律是人民警察正确履职的重要保证，是提升人民警察队伍工作能力的重要源泉，是提高人民警察精神文明素质的重要条件。主要内容包括遵章守纪、保守秘密、令行禁止。

（1）遵章守纪。人民警察是纪律队伍，为保障警务工作的秩序和工作效率，确保警察队伍建设与发展，根据警务工作特点，制定了一系列规章制度。遵章守纪就是要求人民警察要在全面了解和把握各项规章制度内容的基础上，切实按照制度要求约束和调节自身履职行为。

（2）保守秘密。人民警察在履职过程中将接触到大量的国家秘密、商业秘密、个人隐私。另外，警务工作本身就具有相当的秘密属性。这些都要求人民警察在履职过程中，不断增强保密意识，严格遵守保密制度。

（3）令行禁止。要求人民警察做到有令则行、有禁则止。这是人民警察队伍纪律作风的体现，也是警务工作职业特点的必然要求。

7. 爱岗敬业。爱岗敬业是对人民工作态度的普遍性要求，追求履职过程中的奉献精神。主要内容包括恪尽职守、勤学善思、精益求精。

（1）恪尽职守是指谨慎、认真、全力做好本职工作，要忠于职守、勤勉尽责。

（2）勤学善思，即勤于学习、善于思考。警务活动具有高度的时代性特征，人民警察应当不断自觉学习、善于学习新知识、新技能，面对复杂的警务工作勤于思考、善于思考。

（3）精益求精是指人民警察在履职过程中应当做到业精技强，不断提升自身工作能力，努力追求优质高效的工作效能。

8. 甘于奉献。奉献是社会主义职业道德的本质特征，是一种真诚自愿、克己奉公、服务社会的行为。甘于奉献是人民警察在处理个人利益与党和人民利益、与警察事业关系的重要规范。主要内容包括任劳任怨、顾全大局、献身使命。

（1）任劳任怨是中华民族自古推崇的高尚美德。要求人民警察要兢兢业业、不辞劳苦地做好本职工作，保持对警务工作的热情和执著追求。

（2）顾全大局是社会主义集体主义道德原则在警务工作中的具体体现。要求人民警察要树立大局意识，自觉服从大局，处理好整体与局部、个人与集体的利益关系，在警务工作中做到协同作战，服从统一指挥。

（3）献身使命是人民警察崇高的精神和道德境界，意指完成使命、全心全意奉献一生，做到忠诚使命、履行使命、不辱使命。

9. 清正廉洁。清正廉洁的基本含义是为官品行端正，正直廉洁，不贪污徇私。古今中外，清正廉洁都为为官从政的必备之德，也是中外警察的共性要求。主要内容包括艰苦朴素、情趣健康、克己奉公。

（1）艰苦朴素是指吃苦耐劳、勤俭节约的作风。党倡导的艰苦朴素的作风是人民警察应予以继承和发扬的优良传统，是人民警察应尽的道德义务和责任。

（2）情趣健康。人民警察在工作中必须要接触社会阴暗面，能否抵制诱惑、保持高尚的精神追求具有极强的警示意义和现实意义。这要求人民警察应当品行端正、作风正派，追求精神健康，注重生活小节，结交健康朋友。

（3）克己奉公包含着两层含义，克己是奉公的前提，奉公是克己的目的。人民警察是国家执法人员，这决定了人民警察必须具备克己奉公、无私奉献的职业道德品质。要求人民警察严于律己，正确对待个人利益，热爱警务工作，对本职工作怀有敬畏和勤勉之心。

10. 团结协作。团结协作是人民警察队伍的优良作风，是指在党的统一领导下，为完成警务工作任务，不同区域的各级机关之间，不同部门、不同警种之间要团结一致、紧密配合、相互支持、协同作战。主要内容包括精诚合作、勇于担当、积极向上。

（1）精诚合作是指人民警察为了履行职责，要打破地域、部门、警种的分割，相互支持，密切配合。

（2）勇于担当强调对职责的积极承担，在警务工作实践中敢于直面困难，勇于接受挑战。

（3）积极向上是一种优良的人格品质。对于人民警察来说，积极向上要求人民警察做到保持积极心态，对工作保持热情和斗志，学会调整自身负面情绪，具备开拓创新的意识和精神。

（二）监狱人民警察职业伦理

2011年9月，司法部结合监狱人民警察的职业特征和工作特点，颁布了《监狱劳教人民警察职业道德准则》和《监狱劳教人民警察职业行为规范》。[1]

2011 年司法部《监狱劳教人民警察职业道德准则》语言较为简略，在内容上体现为宣传口号性话语，具体内容仅为 32 个字：热爱祖国，对党忠诚；执法公正，管理文明；教育为本，安全为先；廉洁守纪，敬业奉献。2011 年司法部《监狱劳教人民警察职业行为规范》对监狱人民警察的职业行为作出了较为详细的规定，是监狱人民警察职业行为的重要标准。

1. 忠于党。坚持中国共产党领导，始终与党中央保持高度一致，自觉维护中央权威。

忠于祖国。坚持国家利益高于一切，自觉维护国家安全、荣誉和利益，维护国家统一和民族团结，同一切危害国家利益的言行作斗争。

忠于人民。坚持以人为本、执法为民，坚定不移地维护人民群众合法权益，切实实现好、维护好、发展好最广大人民根本利益。

忠于法律。坚持依法治国基本方略，维护宪法和法律的统一、尊严和权威，维护社会公平正义，促进社会和谐，维护社会稳定。

2. 管理规范。牢固树立法治观念，严格依法办事，自觉维护法律权威和尊严。

严格按照法定权限、条件和程序办理收监、（加）减刑（期）、假释、暂予监外执行、释放。

严格狱政管理，做到严格、公正、科学、文明管理，坚持直接管理。

坚持以人为本，实行因人施教、分类教育、以理服人。

严格执行安全生产、劳动工时、劳动保护和劳动报酬制度，合理组织罪犯劳动，矫正其恶习，培养其劳动习惯。

严格执行生活卫生制度，保障罪犯的生活和健康权益，杜绝狱内重大疫情发生。

尊重罪犯人格，依法保障和维护罪犯的人身安全、合法财产和辩护、申诉（述）、控告、检举以及其他未被依法剥夺或者限制的权利。

坚持惩治与预防相结合，加强狱情分析，消除安全隐患，依法打击狱内违法犯罪，维护监所安全稳定。实行狱务公开，自觉接受监督，提高执法透明度。

3. 纪律规范。严守政治纪律，不发表、不传播不符合监狱人民警察身份的言论，不参加非法组织，不参加非法集会、游行、示威等活动。

严守组织纪律，坚决执行上级决定和命令，服从领导，听从指挥，令行禁止。

严守群众工作纪律，牢记全心全意为人民服务的根本宗旨，不得利用工作之便侵占和损害人民群众的利益；尊重罪犯亲属，对反映的问题和提出的合理要求，要认真对待，不得推诿扯皮、故意刁难。

严守工作纪律，遵守各项工作规定，讲究工作质量和效率。

严守廉政纪律，认真执行廉洁从政准则和廉洁自律规定，淡泊名利，防腐拒贿，自觉做到不与罪犯亲属发生非工作关系的往来，不接受可能影响公正执法的宴请、消费、娱乐等活动，不以个人名义经商办企业，不利用职权为亲友经商提供方便，不利用罪犯的社会关系进行生产经营活动等。

严守保密纪律，强化保密意识，自觉保守国家秘密和工作秘密，防止失密泄密。

---

[1]　2013 年 12 月 28 日闭幕的第十二届全国人大常委会第六次会议通过了《关于废止有关劳动教养法律规定的决定》，劳教制度被依法废止。因此，劳动教养管理机关已不复存在。本部分主要介绍监狱人民警察的职业行为规范。

4. 作风规范。保持和发扬良好思想作风，解放思想，实事求是，与时俱进，开拓创新，研究新情况，解决新问题，创造性地开展工作。

保持和发扬良好学风，牢固树立终身学习意识，坚持理论联系实际，注重学以致用，提高职业素养。

保持和发扬良好工作作风，爱岗敬业，勤勉尽责，严谨细致，注重团结协作，提高工作水平。

保持和发扬良好领导作风，坚持民主集中制，充分发扬民主，维护集中统一，自觉开展批评与自我批评，以身作则，率先垂范。

保持和发扬良好生活作风，培养高尚道德操守和健康生活情趣，艰苦奋斗，勤俭节约，志存高远，积极向上。

5. 形象规范。按照规定穿着警察制服，佩带标识徽章，保持警容严整，端庄大方。

语言文明规范，提倡说普通话，杜绝有损罪犯人格和尊严的用语。

执行公务时，行为举止得体，体现良好精神风貌；着警服时行举手礼，不便行举手礼时，行注目礼。

接待来宾，热情周到；涉外工作遵守外事纪律和国际惯例。

办公场所保持整洁、安静，讲究卫生，办公桌椅摆放整齐，文件资料放置有序。

五、人民警察的职业纪律和责任

（一）职业纪律[1]

2012 年《人民警察法》第 22 条规定，人民警察不得有下列行为：①散布有损国家声誉的言论，参加非法组织，参加旨在反对国家的集会、游行、示威等活动，参加罢工；②泄露国家秘密、警务工作秘密；③弄虚作假，隐瞒案情，包庇、纵容违法犯罪活动；④刑讯逼供或者体罚、虐待人犯；⑤非法剥夺、限制他人人身自由，非法搜查他人的身体、物品、住所或者场所；⑥敲诈勒索或者索取、收受贿赂；⑦殴打他人或者唆使他人打人；⑧违法实施处罚或者收取费用；⑨接受当事人及其代理人的请客送礼；⑩从事营利性的经营活动或者受雇于任何个人或者组织；⑪玩忽职守，不履行法定义务；⑫其他违法乱纪的行为。

2012 年《人民警察法》第 23 条规定，人民警察必须按照规定着装，佩带人民警察标志或者持有人民警察证件，保持警容严整，举止端庄。

2012 年《监狱法》第 14 条规定，监狱的人民警察不得有下列行为：①索要、收受、侵占罪犯及其亲属的财物；②私放罪犯或者玩忽职守造成罪犯脱逃；③刑讯逼供或者体罚、虐待罪犯；④侮辱罪犯的人格；⑤殴打或者纵容他人殴打罪犯；⑥为谋取私利，利用罪犯

---

[1] 我国 2018 年《公务员法》第 59 条规定，公务员应当遵纪守法，不得有下列行为：①散布有损宪法权威、中国共产党和国家声誉的言论，组织或者参加旨在反对宪法、中国共产党领导和国家的集会、游行、示威等活动；②组织或者参加非法组织，组织或者参加罢工；③挑拨、破坏民族关系，参加民族分裂活动或者组织、利用宗教活动破坏民族团结和社会稳定；④不担当，不作为，玩忽职守，贻误工作；⑤拒绝执行上级依法作出的决定和命令；⑥对批评、申诉、控告、检举进行压制或者打击报复；⑦弄虚作假，误导、欺骗领导和公众；⑧贪污贿赂，利用职务之便为自己或者他人谋取私利；⑨违反财经纪律，浪费国家资财；⑩滥用职权，侵害公民、法人或者其他组织的合法权益；⑪泄露国家秘密或者工作秘密；⑫在对外交往中损害国家荣誉和利益；⑬参与或者支持色情、吸毒、赌博、迷信等活动；⑭违反职业道德、社会公德和家庭美德；⑮违反有关规定参与禁止的网络传播行为或者网络活动；⑯违反有关规定从事或者参与营利性活动，在企业或者其他营利性组织中兼任职务；⑰旷工或者因公外出、请假期满无正当理由逾期不归；⑱违纪违法的其他行为。

提供劳务；⑦违反规定，私自为罪犯传递信件或者物品；⑧非法将监管罪犯的职权交予他人行使；⑨其他违法行为。监狱的人民警察有上述所列行为，构成犯罪的，依法追究刑事责任；尚未构成犯罪的，应当予以行政处分。

2012年最高人民法院《人民法院司法警察条例》第26条规定，人民法院司法警察应当按照规定着装，佩戴警用标志，保持警容严整，举止端庄。人民法院司法警察在执行职务时，应当携带人民警察证。

2013年最高人民检察院《人民检察院司法警察条例》第24条规定，人民检察院司法警察应当按照规定着装，佩带警用标志，保持警容严整，举止端庄。人民检察院司法警察在执行职务时，应当携带人民警察证。

（二）职业责任

人民警察职业责任是指人民警察因违法违纪所应承担的责任，包括行政处分、刑事责任、损害赔偿等内容。

1.《人民警察法》中的责任规定。2012年《人民警察法》第48条规定，人民警察有该法第22条所列行为之一的，应当给予行政处分；构成犯罪的，依法追究刑事责任。行政处分包括警告、记过、记大过、降级、撤职、开除等方式。对受行政处分的人民警察，按照国家有关规定，可以降低警衔、取消警衔。对违反纪律的人民警察，必要时可以对其采取停止执行职务、禁闭的措施。

2012年《人民警察法》第49条规定，人民警察违反规定使用武器、警械，构成犯罪的，依法追究刑事责任；尚不构成犯罪的，应当依法给予行政处分。

2012年《人民警察法》第50条规定，人民警察在执行职务中，侵犯公民或者组织的合法权益造成损害的，应当依照《中华人民共和国国家赔偿法》和其他有关法律、法规的规定给予赔偿。

2.2010年《公安机关人民警察纪律条令》第二章第7～25条对公安机关人民警察各种违法违纪行为及其适用的处分措施进行了详细列举，主要包括人民警察违法政治纪律、组织纪律、办案纪律、工作纪律、作风纪律等内容。具体处分措施包括了警告、记过、记大过、降级、撤职、开除等。

3.2012年《监狱和劳动教养机关人民警察违法违纪行为处分规定》第7～19条对监狱警察各种违法违纪行为及其适用的处分规则/措施进行了详细列举，主要包括监狱警察违法政治纪律、工作纪律、作风纪律等内容。具体处分措施包括了警告、记过、记大过、降级、撤职、开除等。

第三节　监察官职业伦理的主要内容

一、概念的界定

2018年《监察法》第14条规定："国家实行监察官制度，依法确定监察官的等级设置、任免、考评和晋升等制度。"2021年8月，第十三届全国人民代表大会常务委员会第三十次会议通过了《中华人民共和国监察官法》，自2022年1月1日起施行。《监察官法》第3条以列举的方式规定了归纳了监察官的人员范围，同时明确国有企业监察机构工作人员、监察专员不纳入监察官范围，但参照该法进行监督管理。[1]

探讨监察官职业伦理首先应明确监察官范围，2018 年《监察法》和 2021 年《监察官法》存在着"监察官""监察人员""监察专员""监察机构工作人员"等不同表述。从理论上讲，监察官是依法行使监察权的专业人员。[2]虽然国有企业监察机构工作人员、监察专员不纳入监察官范围，但是《监察官法》立足责任法定位，规定国有企业监察机构工作人员、监察专员应当参照《监察官法》的相关要求进行严格监督管理，一体贯彻落实党中央关于加强纪检监察干部队伍建设的相关要求。要求对国有企业监察机构人员的监督管理参照执行本法有关规定，立法本意是对监察人员加强监督、严格管理。本着这一精神，《监察官法》第七章"监察官的监督和惩戒"的规定，应当参照执行；其他章的内容凡是符合加强监督、严格管理要求的，也要参照执行；但涉及等级制度等方面的条文不能参照。[3]

监察官职业伦理应当围绕监察职能构建完善，体现出监察工作的自身特点，并反映出我国监察官的理想信念、职业素质、道德准则。虽然"国有企业监察机构工作人员、监察专员"在《监察官法》中未被列入监察官范围，但是不论在哪个岗位，只要承担具体监察职责，都应当依法接受管理和监督，也必然受到监察官职业伦理的约束和规制。因此，国有企业监察机构工作人员、监察专员的职业伦理也纳入本教材的介绍范围之内。

综上所述，监察官职业伦理是指各级监察机构中依法行使监察权、负有监察职责的监察人员，在与其职业身份有关的活动中应当遵守的伦理规范。

二、监察官职业伦理的特征

2021 年《监察官法》在总则部分对监察官履职提出了原则要求，强调监察官应当忠诚坚定、担当尽责、清正廉洁；以事实为根据，以法律为准绳，客观公正地履行职责，保障当事人的合法权益；严格按照规定的权限和程序履行职责，坚持民主集中制，重大事项集体研究。监察官的履职要求决定了监察官职业的特点，进而决定了监察官职业伦理区别于其他职业伦理的特殊性。

（一）政治性

监察官职业伦理的政治性来源于监察机关、监察工作、监察人员本身的属性。一方面，监察机关是具有政治属性，国家监察体制改革本身于法有据的重大政治改革，具有政治属性是监察机关的一个重要特点。[4]另一方面，监察工作内容本身也具有很强的政治属性，《监察法》第 6 条规定："国家监察工作坚持标本兼治、综合治理，强化监督问责，严厉惩治腐败；深化改革、健全法治，有效制约和监督权力；加强法治教育和道德教育，弘扬中华优秀传统文化，构建不敢腐、不能腐、不想腐的长效机制。"这表明监察官从事监察工作除了要依法监督问责惩治腐败外，也要达到惩前毖后治病救人的效果，通过开展思想政治工作进行理想信念宗旨教育使国家公职人员达到不想腐的理想廉政状态，本质上具有政治

---

[1]　《监察官法》第 3 条规定，监察官包括下列人员：①各级监察委员会的主任、副主任、委员；②各级监察委员会机关中的监察人员；③各级监察委员会派驻或者派出到中国共产党机关、国家机关、法律法规授权或者委托管理公共事务的组织和单位以及所管辖的行政区域等的监察机构中的监察人员、监察专员；④其他依法行使监察权的监察机构中的监察人员。对各级监察委员会派驻到国有企业的监察机构工作人员、监察专员，以及国有企业中其他依法行使监察权的监察机构工作人员的监督管理，参照执行本法有关规定。

[2]　袁钢："国家治理视阈下中国特色监察制度研究"，载《南京大学学报（哲学·人文科学·社会科学）》2019 年第 2 期。

[3]　贾金峰："准确理解和把握监察官的范围"，载《中国纪检监察》2021 年第 17 期。

[4]　陈光斌："监察官职业伦理：概念、渊源和内容"，载《法学评论》2020 年第 5 期。

工作的特点。再一方面，监察官与党的纪检干部具有包容重合的关系，担任监察官需要具有良好的政治素质、道德品行和廉洁作风。在监察体制改革试点中，政治属性是考察选任的必备条件。比如，北京市在监察试点改革时，从检察院转隶到监察委的全部是中共党员。[1]

（二）法律性

2021年《监察官法》第5条规定，监察官应当维护宪法和法律的尊严和权威，以事实为根据，以法律为准绳，客观公正地履行职责，保障当事人的合法权益。这体现出监察官职业伦理的法律性特征。监察权来自于宪法和法律的规定[2]，监察工作开展也必须按照法律规定实施。监察官职业具有法律职业的诸多特点，监察履职工作具有准司法属性，必须严格按照法律至上、职权独立、公平公正、遵守程序的准司法伦理规范开展监察工作。

（三）自律性

监察官队伍建设事关新时代纪检监察工作高质量发展，"打铁还需自身硬"，防止"灯下黑"、提升自身免疫力，是监察官队伍建设中的重大问题。2021年《监察官法》在总则中强调，监察官应当严格自我约束、接受各方面监督。把加强对监察官的管理和监督明确为重要立法目的，要求监察官做严格自律、作风优良、拒腐防变的表率，自觉接受组织监督和民主监督、社会监督、舆论监督，将自觉接受监督作为监察官的法定义务。

三、监察官职业伦理的主要内容

建设一支高素质监察官队伍是开展监察工作的基本保证。监察官的政治素养、道德素质、法治理念、业务能力决定了国家监察职能的实现程度。2018年《监察法》第56条规定："监察人员必须模范遵守宪法和法律，忠于职守、秉公执法，清正廉洁、保守秘密；必须具有良好的政治素质，熟悉监察业务，具备运用法律、法规、政策和调查取证等能力，自觉接受监督。"这对监察官职业伦理所提出的总体要求，也是构建具体监察官职业伦理的指导性原则。具体来说，监察官职业伦理包括以下主要内容：

（一）依法履职

"模范遵守宪法和法律"是《监察官法》确立的监察官基本义务之一，尤其在履行监察职责上，监察委员会应当依照法律规定独立行使监察权，不受行政机关、社会团体和个人的干涉。2018年《监察法》第5条规定，国家监察工作严格遵照宪法和法律，以事实为根据，以法律为准绳；在适用法律上一律平等，保障当事人的合法权益；权责对等，严格监督；惩戒与教育相结合，宽严相济。首先，监察官应当以法治思维和法治方式开展工作，包括案件线索处置、初核、立案、调查、作出处置决定等都要以监察法等法律法规为标准。平等地适用法律，严格遵守相关法律规定，不得违法侵犯公民、法人和其他组织的合法权益。其次，监察官在履职过程中要体现行使权力和责任担当相统一的思想。2018年《监察法》第3条规定，各级监察委员会是行使国家监察职能的专责机关，"专责机关"，与"专门机关"相比，不仅强调监察委员会的专业化特征、专门性职责，更加突出强调了监察委员会的责任，行使监察权不仅仅是监察委员会的职权，更重要的是职责和使命担当。[3]最

〔1〕 转引自秦前红："监察机关依法开展自我监督之路径研究"，载《深圳社会科学》2018年第1期。

〔2〕 我国《宪法》第127条第1款规定：监察委员会依照法律规定独立行使监察权，不受行政机关、社会团体和个人的干涉。

〔3〕 参见中共中央纪律检查委员会、中华人民共和国国家监察委员会法规室编写：《〈中华人民共和国监察法〉释义》，中国方正出版社2018年版，第63页。

后，坚持宽严相济的原则，贯彻执政党"惩前毖后、治病救人"的政策。

（二）忠于职守

忠于职守是指监察官必须认真履行职责，坚守工作岗位，恪尽职守勤勉尽责，努力提高工作质量和效率，保证对监察职业的忠诚。这种职业忠诚不同于一般意义的"忠诚"，监察官职业伦理中的职业忠诚具有特定内涵，要求监察官要忠于执政党，[1]忠于国家，忠于人民，忠于法律。

（三）清正廉洁

清正廉洁是中国传统文化的重要内容之一。监察官队伍本身以维护公权力清正廉洁为自身履职使命，这就决定了监察官在工作内外都要加强自我约束，做到廉洁奉公，不利用职权谋取私利。清正廉洁不仅是监察官职业准入和履行监察职能的基本要求，也是对监察官开展考核的重要方面。

（四）履职回避

监察官队伍负有反腐败、调查职务犯罪、职务违法的重要使命，履职回避是确保监察工作客观、公正、合法的程序性规定，有利于排除可能影响监察工作公信力的一切主客观因素，树立监察官队伍良好的职业形象。2018年《监察法》第58条规定，办理监察事项的监察人员有下列情形之一的，应当自行回避，监察对象、检举人及其他有关人员也有权要求其回避：①是监察对象或者检举人的近亲属的；②担任过本案的证人的；③本人或者其近亲属与办理的监察事项有利害关系的；④有可能影响监察事项公正处理的其他情形的。

（五）保守职业秘密

监察官在履行监督、调查等职务行为的过程中会接触、知悉国家秘密、商业秘密和个人隐私，监察官保守秘密是职业伦理必不可少的重要内容。2018年《监察法》第18条第2款规定："监察机关及其工作人员对监督、调查过程中知悉的国家秘密、商业秘密、个人隐私，应当保密。"与此同时，为防止监察官发生泄密问题，避免利益冲突，监察法对监察官脱密期和从业限制进行了严格规定。"监察机关涉密人员离岗离职后，应当遵守脱密期管理规定，严格履行保密义务，不得泄露相关秘密。监察人员辞职、退休三年内，不得从事与监察和司法工作相关联且可能发生利益冲突的职业。"[2]

（六）报告备案制度

报告备案是监察法中确立的一项监察官应当履行的义务。主要目的在于完善监察过程管控制度，防止监察官违反职业规则，泄漏监察事项相关信息、以案谋私等情况出现。2018年《监察法》第57条规定："对于监察人员打听案情、过问案件、说情干预的，办理监察事项的监察人员应当及时报告。有关情况应当登记备案。发现办理监察事项的监察人员未经批准接触被调查人、涉案人员及其特定关系人，或者存在交往情形的，知情人应当及时报告。有关情况应当登记备案。"

（七）从业限制

一方面，为了避免监察官在职期间利用手中权力为他人谋取利益换取离任后的回报，或在离任后利用自己在原单位的影响力谋取不当利益，2021年《监察官法》规定监察官在离任三年内，不得从事与监察和司法工作相关联且可能发生利益冲突的职业；离任后，不得担任原任职监察机关办理案件的诉讼代理人或者辩护人等。另一方面，为了严格规范监

---

〔1〕　2018年《监察法》第2条规定：坚持中国共产党对国家监察工作的领导。
〔2〕　2018年《监察法》第59条。

察官亲属从业。2021 年《监察官法》对监察官亲属的从业行为作出限制性规定，要求监察官应当遵守有关规范领导干部配偶、子女及其配偶经商办企业行为的规定。监察官的配偶、父母、子女及其配偶不得以律师身份担任该监察官所任职监察机关办理案件的诉讼代理人、辩护人，或者提供其他有偿法律服务。从而避免出现监察官的亲属利用监察官影响力获取不正当利益的问题。

（八）接受监督

1. 监察官要接受人大监督。2018 年《监察法》第 53 条规定："各级监察委员会应当接受本级人民代表大会及其常务委员会的监督。各级人民代表大会常务委员会听取和审议本级监察委员会的专项工作报告，组织执法检查。县级以上各级人民代表大会及其常务委员会举行会议时，人民代表大会代表或者常务委员会组成人员可以依照法律规定的程序，就监察工作中的有关问题提出询问或者质询。"

2. 监察官要自觉接受外部监督。2018 年《监察法》第 54 条："监察机关应当依法公开监察工作信息，接受民主监督、社会监督、舆论监督。"

3. 监察官要接受内部组织对监察权行使的监督和制约。2018 年《监察法》第 55 条规定："监察机关通过设立内部专门的监督机构等方式，加强对监察人员执行职务和遵守法律情况的监督，建设忠诚、干净、担当的监察队伍。"

（九）监察申诉制度

2018 年《监察法》第 60 条规定，监察机关及其工作人员有下列行为之一的，被调查人及其近亲属有权向该机关申诉：①留置法定期限届满，不予以解除的；②查封、扣押、冻结与案件无关的财物的；③应当解除查封、扣押、冻结措施而不解除的；④贪污、挪用、私分、调换以及违反规定使用查封、扣押、冻结的财物的；⑤其他违反法律法规、侵害被调查人合法权益的行为。受理申诉的监察机关应当在受理申诉之日起 1 个月内作出处理决定。申诉人对处理决定不服的，可以在收到处理决定之日起 1 个月内向上一级监察机关申请复查，上一级监察机关应当在收到复查申请之日起 2 个月内作出处理决定，情况属实的，及时予以纠正。

四、监察官职业责任

监察官职业责任是指监察官因违反监察法律规范或者有关法律规定，从而应承担的不利后果，包括政务处分、党纪处分、刑事责任、国家赔偿等等。加强监察官职业责任制度体系建设，有利于强化对监察官依法行使职权的监督管理，维护监察机关和监察官队伍的形象和威信。2021 年《监察官法》对监察官责任追究作出了规定，具体列明了应当追究监察官责任的情形，并且规定了暂停履职、终身追责问责等制度。监察官职业责任事由主要体现在 2018 年《监察法》第 61 条、第 65 条、第 67 条，以及 2021 年《监察官法》第 52 条、第 53 条、第 54 条。

第四节　基层法律服务工作者职业伦理的主要内容

司法部 2017 年《基层法律服务工作者管理办法》第 2 条规定："符合本办法规定的执业条件，经司法行政机关核准取得《基层法律服务工作者执业证》，在基层法律服务所执业，为社会提供法律服务的人员，是基层法律服务工作者。"

基层法律服务工作者应当遵守宪法和法律，恪守职业道德和执业纪律，做到依法执业、诚信执业、规范执业。基层法律服务工作者执业应当以事实为依据，以法律为准绳。基层法律服务工作者应当接受国家、社会和当事人的监督。[1]

一、执业条件

执业条件是指基层法律服务工作者在知识、能力、品德、经历方面的各项条件，包括基本条件和核准条件。

（一）基本条件

司法部 2017 年《基层法律服务工作者管理办法》第 6 条规定，申请基层法律服务工作者执业，应当具备下列条件：①拥护中华人民共和国宪法；②高等学校法律专业本科毕业，参加省、自治区、直辖市司法行政机关组织的考试合格；③品行良好；④身体健康；⑤在基层法律服务所实习满 1 年，但具有 2 年以上其他法律职业经历的除外。各省、自治区、直辖市的自治县（旗），国务院审批确定的国家扶贫开发工作重点县，西部地区省、自治区、直辖市所辖县，可以将前款第 2 项规定的学历专业条件放宽为高等学校法律专业专科毕业，或者非法律专业本科毕业并具有法律专业知识。此外，司法部 2017 年《基层法律服务工作者管理办法》第 8 条规定了基层法律服务工作者执业的消极条件，包括：①因故意犯罪受到刑事处罚的；②被开除公职的；③无民事行为能力或者限制民事行为能力的。上述人员不得参加省、自治区、直辖市司法行政机关组织的考试或者申请执业核准。

（二）核准条件

《基层法律服务工作者执业证》是由设区的市级或者直辖市的区（县）司法行政机关核准颁发的资格证书。司法部 2017 年《基层法律服务工作者管理办法》第 13 条规定，对有下列情形之一的申请执业核准的人员，司法行政机关应当作出不准予执业核准的决定：①具有该办法第 8 条规定情形之一的；②曾因严重违法违纪违规行为被基层法律服务所解除聘用合同或者劳动合同的；③曾被吊销律师执业证书或者受到停止执业处罚期限未满的；④具有法律职业资格或者律师资格、公证员资格并已在律师事务所或者公证机构执业的。

二、执业规范

（一）不得私自接案、收费。

司法部 2017 年《基层法律服务工作者管理办法》第 33 条规定："基层法律服务工作者应当遵守基层法律服务所统一收案、统一委派、统一收费的相关规定。"委托人所支付的费用应当直接交付基层法律服务工作者所在的基层法律服务所，基层法律服务工作者不得直接向委托人收取费用。[2]

（二）与司法机关、仲裁委员会、行政执法机关的关系

司法部 2017 年《基层法律服务工作者管理办法》第 35 条第 1 款规定："基层法律服务工作者在执业过程中应当遵守司法、仲裁和行政执法活动的有关制度，尊重司法机关、仲裁委员会和行政执法机关及其工作人员依法行使职权。"一方面，基层法律服务工作者应当遵守法庭、仲裁庭纪律，遵守出庭时间、举证时限、提交法律文书期限及其他程序性规定。在案件审理过程中，应当尊重法庭、仲裁庭，服从审判长、首席仲裁员主持。另一方面，司法行政机关负责对基层法律服务工作的管理和指导，基层法律服务工作者应当遵守相关行政机关制定的规范，积极配合司法行政机关对基层法律服务工作者的日常活动和遵守职业道德、执业纪律的情况进行的指导和监督。

---

[1] 司法部 2017 年《基层法律服务工作者管理办法》第 25 条。
[2] 2010 年《江苏省基层法律服务工作者执业行为规范（试行）》第 63 条。

（三）遵守任职回避的规定

基层法律服务工作者任职回避，是指基层法律服务工作者因特定身份而依法不得参与特定法律服务事务的情形。司法部 2017 年《基层法律服务工作者管理办法》第 26 条第 2 项规定，基层法律服务工作者可以"代理参加民事、行政诉讼活动"，2021 年《民事诉讼法》第 61 条第 2 款第 1 项也规定，律师、基层法律服务工作者可以担任诉讼代理人。根据司法部 2017 年《基层法律服务工作者管理办法》第 35 条第 2 款的规定，"曾担任法官的基层法律服务工作者，不得担任原任职法院办理案件的诉讼代理人"。

前法官加入基层法律服务工作者队伍，对提高基层法律服务质量，提升基层法律服务工作者队伍整体水平具有重要作用。但是，这种职业流动同时也存在着负面影响，如果基层法律服务工作者作为诉讼代理人利用前法官身份的影响力参加诉讼活动，必将对司法公正造成不良影响。关于基层法律服务工作者回避的规则直接体现在司法部 2017 年《基层法律服务工作者管理办法》、2019 年《法官法》、最高人民法院 2011 年《关于审判人员在诉讼活动中执行回避制度若干问题的规定》等规定中。

2019 年《法官法》第 36 条第 2 款规定："法官从人民法院离任后，不得担任原任职法院办理案件的诉讼代理人或者辩护人，但是作为当事人的监护人或者近亲属代理诉讼或者进行辩护的除外。"最高人民法院 2011 年《关于审判人员在诉讼活动中执行回避制度若干问题的规定》第 8 条第 2、3、4 款规定："审判人员及法院其他工作人员从人民法院离任后，不得担任原任职法院所审理案件的诉讼代理人或者辩护人，但是作为当事人的监护人或者近亲属代理诉讼或者进行辩护的除外。本条所规定的离任，包括退休、调离、解聘、辞职、辞退、开除等离开法院工作岗位的情形。本条所规定的原任职法院，包括审判人员及法院其他工作人员曾任职的所有法院。"

（四）保守秘密

基层法律服务工作者的保密义务是指基层法律服务工作者应当保守在执业活动中得知的国家秘密、商业秘密和个人隐私的义务。基层法律服务与律师的工作很相似，业务范围非常广泛，除不能办理刑事诉讼案件外，几乎可以涉足律师的全部业务范围。与律师的保密义务相似，基层法律服务工作者的保密义务是其为委托人提供有效代理的前提。如果基层法律服务工作者不负有保密义务，则在其与委托人之间就不可能存在坦率的交流，基层法律服务工作者参与诉讼代理就可能受到不利影响。司法部 2017 年《基层法律服务工作者管理办法》第 37 条规定：基层法律服务工作者应当保守在执业活动中知悉的国家秘密、商业秘密和个人隐私。

三、基层法律服务工作者对职业的职责

（一）与同行之间的关系

司法部 2017 年《基层法律服务工作者管理办法》第 36 条规定："基层法律服务工作者应当尊重同行，同业互助，公平竞争，共同提高执业水平。"

1. 基层法律服务工作者应当互相尊重、团结合作。这是维护职业尊严、增强队伍凝聚力的体现和要求。具体来说，基层法律服务工作者不得阻挠或者拒绝委托人再委托其他基层法律服务工作者和基层法律服务所参与同一事由的法律服务。就同一事由提供法律服务的基层法律服务工作者之间应明确分工，相互协作，意见不一致时应当及时通报委托人决定。基层法律服务工作者不得在公众场合及传媒上发表贬低、诋毁、损害同行声誉的言论。在庭审或谈判过程中各方基层法律服务工作者应互相尊重，不得使用挖苦、讽刺或者侮辱

性的语言。[1]

2. 禁止不正当竞争。基层法律服务工作者执业不正当竞争行为是指基层法律服务工作者和基层法律服务所为了推广业务，违反自愿、平等、诚信原则和基层法律服务工作者执业行为规范，违反基层法律服务市场及基层法律服务行业公认的行业准则，采用不正当手段与同行进行业务竞争，损害其他基层法律服务工作者合法权益的行为。一般来说，基层法律服务工作者在与委托人及其他人员接触时，不得采取故意诋毁其他基层法律服务工作者声誉、无正当理由降低收费、承诺给予回扣或者中介费、明示或者暗示与相关机关及人员具有特殊关系、承诺法律服务结果等不正当竞争行为来承揽业务。

（二）积极履行法律援助义务

法律援助，是国家建立的为经济困难公民和符合法定条件的其他当事人无偿提供法律咨询、代理、刑事辩护等法律服务的制度，是公共法律服务体系的组成部分。法律援助在保障公民合法权益、发展社会公益事业，实现"公民在法律面前人人平等"原则，健全完善社会保障体系，健全社会主义法治，保障人权等方面有着极为重要的作用。我国《法律援助法》第16条确立基层法律服务工作者提供法律援助的主体地位，司法部2017年《基层法律服务工作者管理办法》第34条规定："基层法律服务工作者应当按照有关规定履行法律援助义务。"根据2004年司法部《律师和基层法律服务工作者开展法律援助工作暂行管理办法》相关规定，基层法律服务工作者履行法律援助义务应当做到以下几点：

1. 积极承担法律援助义务并接受监督。基层法律服务工作者每年应当接受法律援助机构的指派，办理一定数量的法律援助案件，基层法律服务工作者承办法律援助案件，应当接受司法行政机关、法律援助机构的业务指导和监督，接受受援人和社会的监督。

2. 严格遵守法律援助相关规定。基层法律服务所接到指派通知后，应当在24小时内，根据案件的具体情况和需要，安排合适人员承办，基层法律服务工作者应当在接受案件指派后的3个工作日内与受援人或其法定监护人、法定代理人签订委托代理协议。基层法律服务工作者在日常业务工作中发现当事人符合法律援助条件时，可以将当事人的有关案件材料转交其所在地的法律援助机构进行审查。法律援助机构应当在3个工作日内完成审查，做出是否提供法律援助的决定。

基层法律服务工作者自法律援助案件办结后15日内，应当向指派案件的法律援助机构提交承办案件的材料，接受法律援助机构的审查。

3. 尽职勤勉完成法律援助。承办法律援助案件的基层法律服务工作者，应当根据承办案件的需要，依照司法部、基层法律服务工作者执业规范的要求，尽职尽责地履行法律服务职责，遵守职业道德和执业纪律。

对重大、复杂、疑难的法律援助案件，基层法律服务所应当组织集体研究，确定承办方案，确保办案的质量和效果。

基层法律服务所应当对基层法律服务工作者办理法律援助案件的质量进行监督，发现问题的，应当及时纠正。

（三）维护基层法律服务工作者的声誉和社会形象

基层法律服务可以有效弥补基层社会矛盾化解机制中的结构性缺陷，促进法治社会、和谐社会的建立，其长期存在与发展是我国社会主义初级阶段，尤其是现阶段社会转型时

---

[1] 参见2010年《江苏省基层法律服务工作者执业行为规范（试行）》第75~78条。

期，维护基层稳定、化解社会矛盾的必然要求。基层法律服务者长期扎根基层、熟悉民情、深得群众的信赖，是培养群众法律意识、推进依法解决纠纷、化解社会矛盾的重要力量。[1]基层法律服务工作者应当注重自身职业修养，维护职业声誉，以法律法规以及社会公认的道德规范约束自己的言行。司法部2017年《基层法律服务工作者管理办法》第38条规定："基层法律服务工作者应当爱岗敬业、坚持原则、诚实守信、举止文明、廉洁自律，自觉维护执业声誉和社会形象。"

（四）参加教育培训

参加政治学习和业务培训是基层法律服务工作者的权利之一。[2]随着社会政治、经济情况的不断变化，法律也在不断的发展。为了保持必需的法律知识和技能，基层法律服务工作者应当与法律和法律服务的变化并进，参加继续学习和教育，并遵守继续法律教育的所有要求。司法部2017年《基层法律服务工作者管理办法》第39条规定："基层法律服务工作者应当勤奋学习，加强职业修养，积极参加司法行政机关组织的业务培训，不断提高专业水平和服务技能。"

四、基层法律服务工作者的称职性与职业责任

（一）称职性

基层法律服务所应当依法与在本所执业的基层法律服务工作者签订聘用合同或者劳动合同。[3]基层法律服务工作者称职性以考核结果来体现。司法部2017年《基层法律服务工作者管理办法》第20条规定："基层法律服务所应当建立对基层法律服务工作者执业实绩和遵守职业道德、执业纪律情况的年度考核制度。年度考核结果分为优秀、称职、基本称职、不称职四个等次。年度考核结果应当作为对基层法律服务工作者奖惩的依据。"

司法部2017年《基层法律服务工作者管理办法》第23条规定，基层法律服务工作者有下列情形之一的，基层法律服务所可以按照有关规定解除聘用合同或者劳动合同：①在年度考核中连续两年被评为不称职的；②严重违反本所规章制度，经多次教育仍不改正的；③无正当理由连续停止执业满三个月的；④因患病或者非因公负伤，在规定的医疗期满后不能从事基层法律服务工作的。基层法律服务所按照前款规定与基层法律服务工作者解除聘用合同或者劳动合同的，应当报所在地县级司法行政机关备案，并按照规定程序办理注销手续。

司法部2017年《基层法律服务工作者管理办法》第49条规定，基层法律服务工作者有下列情形之一的，基层法律服务所可以按照有关规定解除聘用合同或者劳动合同：①有该办法第46条第1款第13至17项规定行为，情节严重的；②有该办法第46条第1款第18、19、20项规定行为之一的；③因故意犯罪受到刑事处罚的。

（二）基层法律服务工作者的职业责任

基层法律服务工作者职业责任，是指基层法律服务工作者因为违反法律法规或者司法行政机关管理的相关规定，从而应承担的不利后果。具体来说，基层法律服务工作者承担职业责任的事由包括：

司法部2017年《基层法律服务工作者管理办法》第46条规定：基层法律服务工作者有下列行为之一的，由所在地县级司法行政机关或者直辖市的区（县）司法行政机关予以

〔1〕　胡晓军："我国基层法律服务的定位与发展研究"，载《中国司法》2014年第7期。
〔2〕　司法部2017年《基层法律服务工作者管理办法》第31条。
〔3〕　司法部2017年《基层法律服务工作者管理办法》第18条。

警告；有违法所得的，依照法律、法规的规定没收违法所得，并由设区的市级或者直辖市的区（县）司法行政机关处以违法所得 3 倍以下的罚款，罚款数额最高为 3 万元。

1. 超越业务范围和诉讼代理执业区域的；

2. 以贬损他人、抬高自己、虚假承诺或者支付介绍费等不正当手段争揽业务的；

3. 曾担任法官的基层法律服务工作者，担任原任职法院办理案件的诉讼代理人的；

4. 冒用律师名义执业的；

5. 同时在基层法律服务所和律师事务所或者公证机构执业，或者同时在两个以上基层法律服务所执业的；

6. 无正当理由拒绝履行法律援助义务的；

7. 明知委托人的要求是非法的、欺诈性的，仍为其提供帮助的；

8. 在代理活动中超越代理权限或者滥用代理权，侵犯被代理人合法利益的；

9. 在同一诉讼、仲裁、行政裁决中，为双方当事人或者有利害关系的第三人代理的；

10. 不遵守与当事人订立的委托合同，拒绝或者疏怠履行法律服务义务，损害委托人合法权益的；

11. 在调解、代理、法律顾问等执业活动中压制、侮辱、报复当事人，造成恶劣影响的；

12. 不按规定接受年度考核，或者在年度考核中弄虚作假的；

13. 泄露在执业活动中知悉的商业秘密或者个人隐私的；

14. 以影响案件审判、仲裁或者行政裁定结果为目的，违反规定会见有关司法、仲裁或者行政执法人员，或者向其请客送礼的；

15. 私自接受委托承办法律事务，或者私自收取费用，或者向委托人索要额外报酬的；

16. 在代理活动中收受对方当事人、利害关系人财物或者与其恶意串通，损害委托人合法权益的；

17. 违反司法、仲裁、行政执法工作有关制度规定，干扰或者阻碍司法、仲裁、行政执法工作正常进行的；

18. 泄露在执业活动中知悉的国家秘密的；

19. 伪造、隐匿、毁灭证据或者故意协助委托人伪造、隐匿、毁灭证据的；

20. 向有关司法人员、仲裁员或者行政执法人员行贿、介绍贿赂，或者指使、诱导委托人向其行贿的；

21. 法律、法规、规章规定应予处罚的其他行为。司法行政机关对基层法律服务工作者实施上述行政处罚的同时，应当责令其改正。

第五节　司法鉴定人员职业伦理的主要内容

全国人大常委会 2015 年《关于司法鉴定管理问题的决定》（以下简称全国人大《决定》）第 1 条将司法鉴定定义为"在诉讼活动中鉴定人运用科学技术或者专门知识对诉讼涉及的专门性问题进行鉴别和判断并提供鉴定意见的活动"。司法鉴定制度是我国司法制度的重要组成部分，是实施法律的重要保障，也是实现司法公正、提高司法效率、保证司法独立和树立司法权威的重要基础之一。司法鉴定人员是从事鉴定的专业人员，司法部 2005 年《司法鉴定人登记管理办法》第 3 条将司法鉴定人定义为"运用科学技术或者专门知识对诉讼涉及的专门性问题进行鉴别和判断并提出鉴定意见的人员"。

司法鉴定人员职业伦理对发挥司法鉴定的功能作用，更好地保障诉讼活动顺利进行和维护人民群众合法权益至关重要。2009年12月，司法部印发了《司法鉴定职业道德基本规范》，主要内容是：崇尚法治，尊重科学；服务大局，执业为民；客观公正、探真求实；严谨规范、讲求效率；廉洁自律、诚信敬业；相互尊重、持续发展。我国现行司法鉴定制度将司法鉴定人员职业道德、职业纪律作为规则渊源之一，根据全国人大《决定》第12条的规定，鉴定人从事司法鉴定业务，应当遵守职业道德和职业纪律。司法部颁布的一系列关于司法鉴定的部门规章对鉴定人遵守职业道德和执业纪律，提高从业人员职业道德素质作了明确规定。[1]司法部2014年《司法鉴定机构内部管理规范》对鉴定人的职业道德和执业纪律在执业场所的公示制度以及遵守情况年度绩效评价、考核和奖惩做了原则性规定。[2]可见，关于司法鉴定人职业道德和执业纪律的相关规范性法律文件构成了司法鉴定人员职业伦理的主要内容，具体包括如下几个方面：

一、职业准入条件

全国人大《决定》第4条建立了司法鉴定人员的登记制度，明确规定了司法鉴定人员的职业准入条件，包括：①具有与所申请从事的司法鉴定业务相关的高级专业技术职称；②具有与所申请从事的司法鉴定业务相关的专业执业资格或者高等院校相关专业本科以上学历，从事相关工作5年以上；③具有与所申请从事的司法鉴定业务相关工作10年以上经历，具有较强的专业技能。同时，全国人大《决定》对司法鉴定人员职业准入的消极条件也作了明确要求："因故意犯罪或者职务过失犯罪受过刑事处罚的，受过开除公职处分的，以及被撤销鉴定人登记的人员，不得从事司法鉴定业务。"

司法部2005年《司法鉴定人登记管理办法》对从事司法鉴定的人员所应具备的条件从正反两个方面进行了细化。第12条规定，个人申请从事司法鉴定业务，应当具备以下条件：①拥护中华人民共和国宪法，遵守法律、法规和社会公德，品行良好的公民；②具有相关的高级专业技术职称；或者具有相关的行业执业资格或者高等院校相关专业本科以上学历，从事相关工作5年以上；③申请从事经验鉴定型或者技能鉴定型司法鉴定业务的，应当具备相关专业工作10年以上经历和较强的专业技能；④所申请从事的司法鉴定业务，行业有特殊规定的，应当符合行业规定；⑤拟执业机构已经取得或者正在申请《司法鉴定许可证》；⑥身体健康，能够适应司法鉴定工作需要。第13条规定，有下列情形之一的，不得申请从事司法鉴定业务：①因故意犯罪或者职务过失犯罪受过刑事处罚的；②受过开除公职处分的；③被司法行政机关撤销司法鉴定人登记的；④所在的司法鉴定机构受到停业处罚，处罚期未满的；⑤无民事行为能力或者限制行为能力的；⑥法律、法规和规章规定的其他情形。

二、行为规则

（一）执业机构的唯一性

司法鉴定机构是司法鉴定人员的执业机构，司法鉴定人只能在一个司法鉴定机构执业。全国人大《决定》第8条第2款规定："鉴定人应当在一个鉴定机构中从事司法鉴定业务。"司法部2005年《司法鉴定人登记管理办法》第3条第3款规定："司法鉴定人应当在一个司法鉴定机构中执业。"之所以这样规定，目的在于维护司法鉴定机构的独立性，这种独立

---

[1]　司法部2016年《司法鉴定程序通则》第4条；司法部2005年《司法鉴定人登记管理办法》第6条；司法部2014年《司法鉴定机构内部管理规范》第3条。

[2]　司法部2014年《司法鉴定机构内部管理规范》第10条、第26条。

性是保障司法鉴定有效进行的重要机制。

（二）司法鉴定人负责制

司法部 2005 年《司法鉴定人登记管理办法》第 22 条规定，"对鉴定意见负责"是司法鉴定人应当履行的义务之一。司法鉴定人应受所在司法鉴定机构指派按照规定时限独立完成鉴定工作，并出具鉴定意见。司法鉴定人负责制包括了对鉴定程序和鉴定意见的具体要求。

一方面，司法部 2016 年《司法鉴定程序通则》第 5 条规定："司法鉴定实行鉴定人负责制度。司法鉴定人应当依法独立、客观、公正地进行鉴定，并对自己作出的鉴定意见负责。司法鉴定人不得违反规定会见诉讼当事人及其委托的人。"之所以强调"独立、客观、公正"，是因为司法鉴定人与律师不同，律师以法律专家的身份接受委托，辅助委托人获得与对方当事人平等的诉讼能力，作用在于弥补委托人能力不足。而司法鉴定人的作用是为了弥补事实认定者能力的不足，因此，应该保持与事实认定者一致的独立地位。违反规定会见诉讼当事人及其委托人，将破坏司法鉴定人员作为事实认定者的知识辅助者的居中地位。

另一方面，司法鉴定意见书应当由司法鉴定人签名。多人参加的鉴定，对鉴定意见有不同意见的，应当注明。[1] 这一规定明确了司法鉴定人对鉴定意见的负责制度。司法鉴定人对鉴定意见独立负责，为鉴定意见的客观性和公正性提供了保证。在共同鉴定、会检鉴定、协助鉴定等多人参加的鉴定中，各个司法鉴定人之间的身份平等、各自独立，相互之间不存在隶属关系，鉴定意见之间不受相互影响和制约，对鉴定意见不一致的，鉴定人有权保留自己的鉴定意见。

（三）不得私自接受委托

全国人大《决定》第 9 条第 1 款规定："……鉴定人从事司法鉴定业务，由所在的鉴定机构统一接受委托。"司法部 2019 年《司法鉴定执业活动投诉处理办法》第 10 条将司法鉴定人在执业活动中私自接受司法鉴定委托的，明确视为违法违规的情形。司法鉴定活动的开展，需要司法鉴定机构组织所属的司法鉴定人，以统一的司法鉴定实施程序、技术标准和技术操作规范进行，应当遵守相关法律、法规和有关制度。可以说，司法鉴定活动离不开相关的组织性要素，由司法鉴定机构统一接受委托，有利于减少和杜绝司法鉴定人对鉴定活动独立性、客观性和公正性的破坏。

（四）回避

回避是一项重要的司法制度，是实现程序公正和实体公正重要的保障性制度。在司法鉴定活动中确立鉴定人回避制度，是为了维护司法鉴定公正，保证司法鉴定人能够客观、公正、中立地开展鉴定活动，最终得出科学、可靠的鉴定意见。司法部 2005 年《司法鉴定人登记管理办法》第 22 条规定，"依法回避"是司法鉴定人应当履行的义务之一。司法部 2016 年《司法鉴定程序通则》第 7 条规定："司法鉴定人在执业活动中应当依照有关诉讼法律和本通则规定实行回避。"司法部 2016 年《司法鉴定程序通则》第 20 条规定："司法鉴定人本人或者其近亲属与诉讼当事人、鉴定事项涉及的案件有利害关系，可能影响其独立、客观、公正进行鉴定的，应当回避。司法鉴定人曾经参加过同一鉴定事项鉴定的，或者曾经作为专家提供过咨询意见的，或者曾被聘请为有专门知识的人参与过同一鉴定事项

---

[1]　司法部 2016 年《司法鉴定程序通则》第 37 条。

法庭质证的，应当回避。"此外，最高人民检察院 2006 年《人民检察院鉴定规则（试行）》第 8 条、公安部 1980 年《刑事技术鉴定规则》第 4 条也对相关鉴定人的回避做出了具体的规定。

（五）出庭作证制度

依法出庭作证，回答与鉴定有关的询问，是司法鉴定人应当履行的义务之一。[1]全国人大《决定》第 11 条规定："在诉讼中，当事人对鉴定意见有异议的，经人民法院依法通知，鉴定人应当出庭作证。"司法部 2016 年《司法鉴定程序通则》第 43 条规定："经人民法院依法通知，司法鉴定人应当出庭作证，回答与鉴定事项有关的问题。"第 46 条规定："司法鉴定人出庭作证，应当举止文明，遵守法庭纪律。"司法鉴定人出庭作证作为一种法定义务，是司法程序中贯彻直接言词原则的强制性规定之一。司法鉴定人出庭陈述、接受询问、参与质证，应当保持客观性和中立性。[2]同时，司法鉴定人在法庭上的言语应当通俗易懂，[3]便于作为外行的法官和诉讼当事人理解、分析、判断司法鉴定意见及司法鉴定人员陈述的内容。此外，司法鉴定人应确保语言的准确性，不能以牺牲准确性而追求通俗易懂。《美国法证科学学会良好法证科学实践指导原则》规定，"法证科学工作者应当以简洁、易懂的语言表达其关于事实的意见，但是必须小心谨慎，因为这样的做法可能导致过于简单化，失去某些精确性"。

（六）保守执业秘密

司法部 2005 年《司法鉴定人登记管理办法》第 22 条规定，"保守在执业活动中知悉的国家秘密、商业秘密和个人隐私"，是司法鉴定人应当履行的义务之一；司法部 2016 年《司法鉴定程序通则》第 6 条规定："司法鉴定机构和司法鉴定人应当保守在执业活动中知悉的国家秘密、商业秘密，不得泄露个人隐私。"一般来说，司法鉴定人保守执业秘密的内容涉及几个方面。其一，要保守鉴定材料涉及的秘密信息。例如，笔迹鉴定中有关文件中的秘密信息。其二，要注重鉴定过程中对当事人隐私的保护。例如，司法部 2016 年《司法鉴定程序通则》第 26 条规定："鉴定过程中，需要对被鉴定人身体进行法医临床检查的，应当采取必要措施保护其隐私。"其三，要注重对鉴定意见等相关信息的保密。例如，亲子鉴定的所获结果。但是依照法律、法规或者约定就鉴定意见向委托方进行全面披露者除外。其四，要注重保密的延续性。司法鉴定人在执业行为后依然对保密信息负有保密义务。其五，司法鉴定人在开展相关科学研究和教育活动中，要避免将具体案例中的保密信息披露。

（七）妥善管理鉴定材料

司法部 2016 年《司法鉴定程序通则》第 12 条第 3 款对鉴定材料的范围做了明确界定：鉴定材料包括生物检材和非生物检材、比对样本材料以及其他与鉴定事项有关的鉴定资料。"妥善保管送鉴的鉴材、样本和资料"，是司法鉴定人应当履行的义务之一。[4]鉴定资料在司法程序中具有证据属性，如果在鉴定环节导致鉴定材料污染、损毁、丢失等情况，直接影响了鉴定意见的可采性。因此，"司法鉴定机构应当建立鉴定材料管理制度，严格监控鉴

---

[1]　司法部 2005 年《司法鉴定人登记管理办法》第 22 条。

[2]　南京市司法局《司法鉴定人职业道德和职业纪律规定》第 13 条规定：司法鉴定人出庭参与质证应当忠于法律，忠于客观事实，不偏不倚，依法解答当事人和司法机关的询问。

[3]　2008 年《北京市高级人民法院、北京市司法局关于司法鉴定人出庭作证的规定（试行）》第 10 条第 1 款规定：询问过程中，司法鉴定人对与鉴定事项有关的质询应以通俗易懂的语言如实作答，与鉴定事项无关的内容，经审判人员同意，有权拒绝回答。

[4]　司法部 2005 年《司法鉴定人登记管理办法》第 22 条。

定材料的接收、保管、使用和退还。司法鉴定机构和司法鉴定人在鉴定过程中应当严格依照技术规范保管和使用鉴定材料，因严重不负责任造成鉴定材料损毁、遗失的，应当依法承担责任"。[1]

（八）遵守科学技术规范

司法鉴定人从事司法鉴定业务，应当尊重科学，遵守技术操作规范。[2]司法鉴定是科学与法律的交汇，因此，司法鉴定既要反映科学的要求，也要反映法律的要求。司法鉴定是对自然科学规律的运用，是经社会（规则）筛选后，对自然规则的选择性运用。从本质上来说，司法鉴定活动是鉴定人个体对案件中的专门性问题的一种认知和判断。[3]现代科学技术的发展，为司法鉴定活动提供了更多的仪器设备和科学方法，也带来了更为复杂的操作实施问题。相应地，司法鉴定的技术实施程序的有效性得到了前所未有的关注。

一方面，司法鉴定人应当坚持科学原则，鉴定技术必须符合可靠性要求。司法部2016年《司法鉴定程序通则》第23条规定，司法鉴定人进行鉴定，应当依下列顺序遵守和采用该专业领域的技术标准、技术规范和技术方法：①国家标准；②行业标准和技术规范；③该专业领域多数专家认可的技术方法。

另一方面，司法鉴定人不仅仅应当就检验事项作出某个意见，还必须就得出该意见的过程和根据提供信息，以便他人能够独立验证其意见的真实性，达到科学研究方法的可复审性要求。这意味着鉴定意见所依据的数据、获得数据所使用的方法和用于分析的材料，要加以保留。[4]司法部2016年《司法鉴定程序通则》第27条规定："司法鉴定人应当对鉴定过程进行实时记录并签名。记录可以采取笔记、录音、录像、拍照等方式。记录应当载明主要的鉴定方法和过程，检查、检验、检测结果，以及仪器设备使用情况等。记录的内容应当真实、客观、准确、完整、清晰，记录的文本资料、音像资料等应当存入鉴定档案。"

（九）参加教育培训

教育培训是提高司法鉴定队伍的政治素质、业务素质和职业道德素质，保障司法鉴定质量的重要措施。参加岗前培训和继续教育不但是司法鉴定人的基本权利之一，也是基本义务之一。[5]司法部2007年《司法鉴定教育培训规定》第4条规定："司法鉴定人应当积极参加教育培训，学习政治理论和业务知识，不断提高执业能力和水平，加强职业道德修养。司法鉴定人接受岗位培训后，方可以司法鉴定人的名义独立进行执业活动；司法鉴定人完成规定的继续教育学时是申报评定司法鉴定专业技术职称任职资格的条件之一。"可见，教育培训是司法鉴定人开展执业活动、申报职称的基本条件。

司法鉴定人的教育培训主要包括岗位培训和继续教育。岗位培训是指以适应职业岗位任职的需要，达到司法鉴定岗位资质要求和执业能力为目的的学习和培训活动。岗位培训的对象包括申请司法鉴定执业的人员和已取得司法鉴定人执业证书尚未独立执业的人员。岗位培训的内容包括国家有关政策方针、鉴定业务知识、相关法律知识、职业道德、职业

---

[1] 司法部2016年《司法鉴定程序通则》第22条。
[2] 全国人大《决定》第12条；司法部2016年《司法鉴定程序通则》第4条。
[3] 参见王进喜：《法律职业行为法》，中国人民大学出版社2014年版，第230页。
[4] 参见王进喜：《法律职业行为法》，中国人民大学出版社2014年版，第239页。
[5] 司法部2005年《司法鉴定人登记管理办法》第21条、第22条。

纪律和执业规则等。[1]继续教育是指司法鉴定人执业后，为进一步改善知识结构、提高执业能力而进行的学历教育和非学历教育。[2]目的是不断提高司法鉴定人的政治素质、业务素质和职业道德素质，实现可持续发展。继续教育的内容主要是司法鉴定的新理论、新知识、新技术、新方法。继续教育实行年度学时制度，司法鉴定人参加继续教育，每年不得少于40学时。继续教育的每学时为50分钟。[3]

为保障司法鉴定人岗前培训和继续教育顺利进行，司法部2014年《司法鉴定机构内部管理规范》第25条规定：司法鉴定机构应当建立完善教育培训和业务考评制度，支持和保障本机构人员参加在岗培训、继续教育和学术交流与科研活动，定期组织本机构人员开展业务交流和专题讨论。

三、职业责任与惩戒

司法部2005年《司法鉴定人登记管理办法》第4条第1款规定："司法鉴定管理实行行政管理与行业管理相结合的管理制度。"司法部2019年《司法鉴定执业活动投诉处理办法》第24条规定，司法行政机关应当根据对投诉事项的调查结果，分别作出以下处理：①被投诉人有应当给予行政处罚的违法违规行为的，依法给予行政处罚或者移送有处罚权的司法行政机关依法给予行政处罚；②被投诉人违法违规情节轻微，没有造成危害后果，依法可以不予行政处罚的，应当给予批评教育、训诫、通报、责令限期整改等处理；③投诉事项查证不实或者无法查实的，对被投诉人不作处理，并向投诉人说明情况。涉嫌违反职业道德、执业纪律和行业自律规范的，移交有关司法鉴定协会调查处理；涉嫌犯罪的，移送司法机关依法追究刑事责任。可见，我国司法鉴定管理实行司法行政机关和行业协会"两结合"的管理体制。目前，对于鉴定人的违法违规行为的投诉，给予司法鉴定人的职业责任追究主要包括行政处罚、行业处分、刑事处罚等方式。

（一）投诉受理范围

司法部2019年《司法鉴定执业活动投诉处理办法》第10条规定，公民、法人和非法人组织认为司法鉴定机构或者司法鉴定人在执业活动中有下列违法违规情形的，可以向司法鉴定机构住所地或者司法鉴定人执业机构住所地的县级以上司法行政机关投诉：①司法鉴定机构组织未取得《司法鉴定人执业证》的人员违规从事司法鉴定业务的；②超出登记的业务范围或者执业类别从事司法鉴定活动的；③司法鉴定机构无正当理由拒绝接受司法鉴定委托的；④司法鉴定人私自接受司法鉴定委托的；⑤违反司法鉴定收费管理规定的；⑥违反司法鉴定程序规则从事司法鉴定活动的；⑦支付回扣、介绍费以及进行虚假宣传等不正当行为的；⑧因不负责任给当事人合法权益造成损失的；⑨司法鉴定人经人民法院通知，无正当理由拒绝出庭作证的；⑩司法鉴定人故意做虚假鉴定的；⑪其他违反司法鉴定管理规定的行为。

（二）行政处罚与刑事责任追究

全国人大《决定》第13条规定，鉴定人或者鉴定机构有违反本决定规定行为的，由省级人民政府司法行政部门予以警告，责令改正。鉴定人或者鉴定机构有下列情形之一的，由省级人民政府司法行政部门给予停止从事司法鉴定业务3个月以上1年以下的处罚；情节严重的，撤销登记：①因严重不负责任给当事人合法权益造成重大损失的；②提供虚假

---

[1]　司法部2007年《司法鉴定教育培训规定》第7条。
[2]　司法部2007年《司法鉴定教育培训规定》第11条。
[3]　司法部2007年《司法鉴定教育培训规定》第13条。

证明文件或者采取其他欺诈手段，骗取登记的；③经人民法院依法通知，拒绝出庭作证的；④法律、行政法规规定的其他情形。鉴定人故意作虚假鉴定，构成犯罪的，依法追究刑事责任；尚不构成犯罪的，依照前款规定处罚。

司法部 2005 年《司法鉴定人登记管理办法》第 29 条规定，司法鉴定人有下列情形之一的，由省级司法行政机关依法给予警告，并责令其改正：①同时在两个以上司法鉴定机构执业的；②超出登记的执业类别执业的；③私自接受司法鉴定委托的；④违反保密和回避规定的；⑤拒绝接受司法行政机关监督、检查或者向其提供虚假材料的；⑥法律、法规和规章规定的其他情形。

司法部 2005 年《司法鉴定人登记管理办法》第 30 条规定，司法鉴定人有下列情形之一的，由省级司法行政机关给予停止执业 3 个月以上 1 年以下的处罚；情节严重的，撤销登记；构成犯罪的，依法追究刑事责任：①因严重不负责任给当事人合法权益造成重大损失的；②具有该办法第 29 条规定的情形之一并造成严重后果的；③提供虚假证明文件或者采取其他欺诈手段，骗取登记的；④经人民法院依法通知，非法定事由拒绝出庭作证的；⑤故意做虚假鉴定的；⑥法律、法规规定的其他情形。

（三）司法鉴定人的民事责任

司法部 2005 年《司法鉴定人登记管理办法》第 31 条规定："司法鉴定人在执业活动中，因故意或者重大过失行为给当事人造成损失的，其所在的司法鉴定机构依法承担赔偿责任后，可以向有过错行为的司法鉴定人追偿。"

■思考题

1. 我国的涉法类专业人员包括哪些人员？
2. 人民警察的职业伦理主要包括哪些内容？
3. 监察官的职业伦理主要包括哪些内容？
4. 基层法律服务工作的职业伦理主要包括哪些内容？
5. 司法鉴定人员的职业伦理主要包括哪些内容？

■参考书目

1. 王进喜：《法律职业行为法》，中国人民大学出版社 2014 年版。
2. 中共中央纪律检查委员会、中华人民共和国国家监察委员会法规室编写：《〈中华人民共和国监察法〉释义》，中国方正出版社 2018 年版。